LA LEY CONCURSAL Y LA MEDIACIÓN CONCURSAL: UN ESTUDIO CONJUNTO REALIZADO POR ESPECIALISTAS

Pedro B. Martín Molina
José Mª del Carre Díaz-Gálvez
Mª Antonia Lopo López
(Coordinadores)

LA LEY CONCURSAL
Y LA MEDIACIÓN CONCURSAL:
UN ESTUDIO CONJUNTO
REALIZADO POR ESPECIALISTAS

Pedro B. Martín Molina
José Mª del Carre Díaz-Gálvez
Mª Antonia Lopo López
(Coordinadores)

Eladio Acevedo Heranz
Ana Isabel Benito de los Mozos
Marcos Bermúdez Ávila
Fernando Caballero García
Fco. Javier Carretero Espinosa de los Monteros
José María Casasola Díaz
Mª Dolores de las Heras García
Elena del Corral Losada
Enrique Díaz Revorio
María Teresa Enciso Alonso-Muñumer
Federico Fernández de Buján
Antonio Fuentes Bujalance
María Gallardo Monge
Ana María Gallego Sánchez
Raúl N. García Orejudo
José Antonio Izuel Gastón
Manuel Jaén Vallejo
Rafael Leonés Valverde
Pedro Malagón Ruiz
Olga Martín Alonso
Alfonso Martínez Areso
Eva María Martínez Gallego
Alfonso Merino Rebollo
Mª José Miranda de las Heras
Antonio Montero Domínguez
Carlos Nieto Delgado
Roberto Niño Estébanez
Ana María Orellana Cano
Andres Pacheco Guevara
Maria Jesús Palmero Sandin
Ildefonso Prieto García-Nieto
Fernando Rodríguez Prieto
Andrés Sánchez Magro
Santiago Senent Martínez
Rafael Soriano Guzmán
Aner Uriarte Codón
César Suárez Vázquez
Jacinto Talens Seguí
Francisco Javier Vaquer Martín
Macarena Valcarcel García
Teresa Vázquez Pizarro
Eloy Velasco Núñez
Ana Isabel Viaña Ranilla
Rafael Yangüela Criado

Dykinson, S.L.

FUNDIECO
FUNDACION INSTITUTO DE DERECHO CONCURSAL

fe d'erratas

Editorial DYKINSON, S.L.
Meléndez Valdés, 61 - 28015 Madrid
Teléfono (+34) 915442846 - (+34) 915442869
e-mail: info@dykinson.com
http://www.dykinson.es
http://www.dykinson.com
Consejo Editorial véase www.dykinson.com/quienessomos

ISBN: 978-84-9031-994-9
Depósito Legal: M-12449-2014

Preimpresión:
Besing Servicios Gráficos, S.L.
Tlf. (91) 8551464

Imprime:
Safekat, S.L.
www.safekat.com

ÍNDICE

MEDIACIÓN CONCURSAL

Prólogo

Cuando la Fundación me propuso que redactara unas líneas como Prólogo para este libro, me sentí sumamente honrado por aparecer en el mismo, ya que es el cuarto manual basado en los Foros celebrados por FUNDIECO y confirma que ha "nacido" una verdadera colección jurídica en la materia concursal. La temática abordada en los distintos capítulos, planteada bajo el formato "pregunta-respuesta", alcanza el logro de conformarse como una profunda y exhaustiva visión de las distintas parcelas del Derecho Concursal, y cada uno de los escritos se convierte en verdaderas lecciones magistrales de indudable interés y manifiesta claridad para quien se acerque a profundizar en la materia concursal .

La figura del Administrador Concursal se ha convertido, en mi opinión, en un verdadero ejercicio profesional que requiere de una formación integral tanto en materia jurídica como económica-empresarial y que conlleva importantes dosis de responsabilidad. El Administrador Concursal debe estar preparado para enfrentarse a las situaciones de insolvencia, ofreciendo respuestas eficaces y rápidas, que permitan dar seguridad jurídica al Juzgado, al concursado y a todos los agentes que se ven afectados por el mismo.

Y gracias al Real Decreto 980/2013, de 13 de diciembre, nace la figura del Mediador Concursal. La transformación socio-jurídica que en los últimos años está sufriendo España, debido a las circunstancias económicas propias de una época de crisis estructural, junto con la gravedad y el dramatismo de las múltiples situaciones de insolvencia que rodean a los ciudadanos, requieren de una figura que tramite con diligencia y profesionalidad los acuerdos extrajudiciales de la deuda. Algunos capítulos de este libro afronta el tratamiento del procedimiento de mediación mercantil y concursal y analiza la figura del Mediador Concursal.

Es una obra multidisciplinar, no sólo en la materia sino también en los autores. Todos son verdaderos especialistas en la materia mercantil y concursal, de reconocido prestigio en sus áreas y con una contrastada y exitosa trayectoria profesional y/o forense, que dan un valioso contenido a este libro. El hecho de que sean Magistrados y Secretarios Judiciales de lo Mercantil, o bien profesionales especializados en esta materia ejerciendo su profesión de Administradores Concursales, dota a este manual de un riguroso contenido teórico siempre apegado a los aspectos casuísticos, jurisprudenciales y prácticos.

Y concluyo, señalando al lector que lo mejor está, sin duda, por descubrir en las páginas que siguen. No obstante, no quisiera terminar este prólogo sin manifestar "de corazón" mi gratitud más sentida, en primer lugar y ante todo, a cada uno de los autores que han hecho realidad este libro, y en segundo lugar, a cada una de las personas que forman parte de la Fundación, que, con su constancia y su buen hacer, permiten que año tras año se puedan organizar foros cuyo resultado es este magnífico manual.

Pedro-Bautista Martín Molina
Presidente FUNDIECO

ADMINISTRACIÓN CONCURSAL

ALGUNAS CUESTIONES SOBRE EL *FRESH MONEY* Y LA REFINANCIACION DE LA DEUDA

Mª Dolores de las Heras García
Magistrada-Juez titular del Juzgado de lo Mercantil nº1 de Murcia

SUMARIO: FRESH MONEY: **1. ¿Cuál es la finalidad de su protección?- 2. ¿Quién puede ser destinatario del privilegio del dinero fresco?- 3. ¿Cómo se calificaría en caso de que haya sido efectuado por una persona especialmente relacionada con el deudor?- 4. ¿Es acertado el tratamiento que recibe en la LC?- 5. ¿Y si la financiación es postconcursal que beneficio obtendría?- 6. ¿Cuál sería el objeto de las refinanciaciones postconcursales?-** ACUERDOS DE REFINANCIACION: **1. ¿Cuál es la finalidad de su protección?- 2. ¿Qué requisitos son precisos para que estén protegidos?:** 2.1.- Materiales: *2.1.1. ¿Cuándo debe entenderse que la ampliación del crédito disponible es significativa? 2.1.2. ¿Puede constituir su contenido exclusivo las daciones en pago? 2.1.3. ¿Están protegidos sus contenidos adicionales?* 2.2.-Formales: *2.2.1. ¿Es necesario que todos los acreedores refinancien? 2.2.2. ¿Qué acreedores pueden suscribirlos? 2.2.3. ¿Qué debe entenderse por corto y medio plazo? 2.2.4. ¿En qué momento debe designarse al experto independiente? 2.2.5. ¿Qué ocurre si el notario se percata de que no reúne los requisitos del 71.6?* **3. ¿Por qué fue necesario concederles mayor protección tras la reforma del 2011? 4. ¿Cuándo pueden ser homologados? 5. ¿Qué efectos produce la homologación? 6. ¿Qué tipo de ejecuciones se paralizan con la mera solicitud de homologación? 7. ¿Cuándo puede ser impugnada la homologación? 8. ¿Qué puede ocurrir si no se cumple el acuerdo tras la homologación? 9. ¿Estaría legitimado un acreedor financiero dotado de garantía real para impugnar el acuerdo homologado? 10. ¿Se pueden impugnar declarado el concurso? 11. ¿Por qué motivos si reuniera todos los requisitos del art.71.6 de la LC? Reflexion Final.**

Vamos a analizar algunas cuestiones controvertidas acerca de los privilegios o garantías otorgadas por la reforma del 2011 al dinero nuevo o "*fresh Money*" y a los acuerdos de refinanciación como mecanismos incentivadores de la utilización de esas figuras alternativas al concurso por parte de los deudores con dificultades económicas, algunas de las cuales han sido zanjadas por la reciente Ley 14/2013 (la "Ley de emprendedores").

FRESH MONEY

La protección del "*fresh money* "es una de las novedades más importantes que se introdujeron en la LC tras su reforma por Ley 38/201, que establece que el 50% de los nuevos ingresos de tesorería que la empresa reciba gracias al acuerdo de refinanciación que cumplan los requisitos del art.71.6 de la LC tendrán la consideración de crédito contra la masa si posteriormente se declara el concurso, y el otro 50 % de privilegio general (artículos 84.2.11ª y 91.6º de la LC).

1. ¿CUÁL ES LA FINALIDAD DE LA PROTECCIÓN DEL *FRESH MONEY*?

La finalidad de su protección no es otra que tratar de incentivar los acuerdos preconcursales que conceden o amplíen la financiación, pues son frecuentes los acuerdos preconcursales que conceden quitas o esperas, pero infrecuentes los que conceden financiación, –crédito disponible–, a pesar que de ello, –de la financiación preconcursal de empresas en crisis–, depende en gran medida nuestra recuperación económica.

2. PERO LOS ART. 84.2.11ª Y 91.6ºLC ¿SÓLO PREMIAN EN LA CLASIFICACIÓN COMO CRÉDITOS CONTRA LA MASA O CONCURSAL CON PRIVILEGIO GENERAL LOS CRÉDITOS BANCARIOS QUE SUPONGAN NUEVOS INGRESOS DE TESORERÍA Y NO LOS DE PROVEEDORES, TRABAJADORES, ETC.? ¿QUIÉN PUEDE SER EL DESTINATARIO DEL PRIVILEGIO DEL DINERO FRESCO?

La cualidad del financiador no viene especificada en la Ley Concursal, a diferencia de lo que ocurre en la legislación italiana que se refiere expresamente a "*banco o intermediario financiero cualificado*".

El hecho de que se refieran a financiaciones concedidas en el marco de un acuerdo de refinanciación que reúnan las condiciones del art. 71.6 de la LC hace que aunque normalmente el "*frehs money*" premie a los acreedores profesionales, –bancos e intermediarios financieros–, no lo sea exclusivamente, pues dichos acuerdos pueden alcanzarse con acreedores profesionales, pero también con otras categorías de acreedores (proveedores, suministradores, trabajadores...) que, por tanto, podrían beneficiarse del privilegio del "*frehs money*", como acontece en el modelo francés siempre que se realicen "*nuevos ingresos*" en las condiciones legalmente exigidas, con una excepción, pues no pueden beneficiarse de este privilegio, aparte del propio deudor, las personas especialmente relacionadas con él.

3. ¿CÓMO SE CALIFICARÍA ESE NUEVO INGRESO EN CASO DE QUE HAYA SIDO EFECTUADO POR UNA PERSONA ESPECIALMENTE RELACIONADA CON EL DEUDOR?

El art, 84.2.11° LC dice expresamente que no tendrán consideración de créditos contra la masa "*los ingresos de tesorería realizados por el propio deudor o por sus socios o personas especialmente relacionadas a través de una operación de aumento de capital, préstamo o actos con análoga finalidad*".

Es criticable la exclusión del ámbito de protección del "*frehs money*" que supone ese precepto del socio financiador, que en ocasiones sería el único dispuesto a efectuar esa refinanciación, pero es que además no sólo se excluye en nuestro ordenamiento jurídico (a diferencia con el italiano, por ejemplo) la consideración del "*frehs money*" procedente del socio de la consideración de crédito prededucible en su mitad, sino que en su totalidad va a tener la consideración de crédito subordinado por ser persona especialmente relacionada con el deudor.

Aunque desde algún sector se mantiene que como el art.84.2.11° de la LC sólo dice que no es crédito contra la masa el dinero fresco si el acreedor es socio del deudor o persona especialmente relacionada con el deudor, el restante 50% que financió el socio o persona relacionada éste sí que es crédito con privilegio general del art.91.6° LC ó incluso que gozará de este privilegio general el 100% dada la redacción del artículo 91.6°de la LC que señala que es privilegio general el dinero fresco "*en la cuantía no reconocida como crédito contra la masa*".

4. ¿ES ACERTADO EL TRATAMIENTO QUE RECIBE EL *FRESH MONEY* EN LA LC?

En cuanto al tratamiento que se le dio con la reforma al llamado "*privilegio del dinero nuevo*" no está exento de polémica.

Durante la tramitación de la reforma UGT se opuso a la protección de la financiación preconcursal del dinero de tesorería, porque dice que refuerza de forma muy desproporcionada "*la posición de las entidades financieras en el concurso, en perjuicio de otros acreedores, fundamentalmente los trabajadores*".

En la doctrina hay quien propuso, –durante la tramitación del proyecto de la ley de reforma–, que en caso de que el deudor fuera declarado en concurso de acreedores, los créditos que supongan nuevos ingresos de tesorería y hayan sido concedidos en el marco de un acuerdo de refinanciación homologado deberían tener en su totalidad la consideración de privilegio general previsto en el número 6º del artículo 91 de la LC, y no de crédito contra la masa en su mitad, y ello por entender que la solución por la que finalmente optó la reforma es criticable porque es muy complicado –además de poco técnico– prever que un crédito sea en parte contra la masa (extraconcursal) y en parte privilegiado (concursal), categorías que son incompatibles (art. 84.1 LC).

Otros defendieron que debería haber merecido la consideración de crédito contra la masa en su totalidad. Esta solución a mi juicio hubiese sido la más adecuada, porque fomentaría, sin duda, las refinanciaciones. Es, además, la seguida en Francia e Italia, donde el 100% prededucible. Y supone un mayor incentivo que la solución española. La vía intermedia por la que ha optado el legislador, –considerar el 50% prededucible y el otro 50% privilegio general–, puede resultar poco atractiva para los acreedores financieros porque ya suelen ocupar posición privilegiada, y no sólo en relación de privilegio general sino también especial, pues con frecuencia son acreedores con garantía real.

Y menos atractiva resulta todavía si se tiene en cuenta que con la reforma efectuada en la LC por la Ley 38/11 el tratamiento créditos contra la masa fue modificado, distinguiéndose ahora entre los supuestos de suficiencia de masa activa y supuestos de insuficiencia.

En caso de suficiencia de masa el criterio de pago de créditos contra la masa sigue siendo el de su vencimiento, pero se faculta a la administración concursal a alterar ese criterio atendiendo al "*interés del concurso*", por lo que podría decidir posponer o postergar el pago el pago del "*frehs money*" al no contemplarse entre los créditos que no pueden ser objeto de postergación, pues sólo pueden ser excluidos de la facultad moduladora de la administración concursal los créditos salariales, de los trabajadores, los alimenticios, los tributarios y los de la Seguridad Social.

Y en caso de insuficiencia de masa el nuevo art.176 bis 2 de la LC no sigue el criterio del vencimiento en el pago de los créditos contra la masa, sino que contempla un orden de prelación de esos créditos donde la mitad del "*frehs money*" ocuparía el último lugar dentro de la categoría residual "*demás créditos contra la masa*", después de satisfechos los créditos salariales de los 30 últimos días antes de la declaración del concurso y en cuantía que no supere el doble del salario mínimo interprofesional, los créditos por salarios e indemnizaciones en la cuantía que resulte de multiplicar el triple del salario mínimo interprofesional, por alimentos y por costas y gastos judiciales.

5. ¿Y SI LA FINANCIACIÓN ES POSTCONCURSAL QUÉ BENEFICIO OBTENDRÍA?

Las refinanciaciones planteadas y alcanzadas dentro del concurso ya declarado pueden serlo como contenido de un convenio propuesto anticipadamente (art.104 y ss de la LC) o de forma ordinaria (art.111 y ss). Estas financiaciones no están sometidas al riesgo de rescisión concursal por haber sido alcanzadas en el seno del concurso, y sabemos que sólo son rescindibles los actos realizados dentro de los dos años anteriores a la declaración del concurso, pero en la práctica son muy poco frecuentes por la obligación de las entidades financieras de provisionar el 25 % de deuda viva impuesta por el Banco de España (Circular 4/2004 de 22 de diciembre, modificada por Circular 3/2010, de 29 de junio) por la sola declaración del concurso de un prestatario. Para fomentarlas la reforma por Ley 38/2011 prevé que el dinero procedente de esa refinanciación reciba la consideración de crédito contra la masa si después se abre la liquidación por incumplimiento del convenio.

Dice el actual art. 84.2 nº 11 de la LC que son créditos contra la masa: "*En caso de liquidación, los créditos concedidos al concursado en el marco de un convenio conforme a lo dispuesto en artículo 100.5.*" Se zanja así polémica anterior sobre su carácter concursal o de crédito contra la masa, de la que se hizo eco la sentencia del Tribunal Supremo de fecha 4 de diciembre de 2012 (nº recurso: 1041/2010), que si bien consideró créditos concursales dichos créditos lo hizo según la norma aplicable por razones de vigencia, pero reconociendo que tras la reforma deben considerarse crédito contra la masa.

6. ¿CUÁL SERÍA EL OBJETO DE LAS REFINANCIACIONES POSTCONCURSALES?

Su objeto es mucho más amplio que las preconcursales protegidas, pues no se precisa las exigencias del "*fresh Money*" preconcursal, es decir, no es necesario que se trate de una nueva aportación de tesorería, –pueden limitarse a refinanciar deudas preexistentes–, ni es preciso que conste en un acuerdo de refinanciación que cumpla los requisitos del art.71.6 LC.

ACUERDOS DE REFINANCIACIÓN

Pero si la protección del "*frehs money*" fue importante, la reforma introducida en relación con los acuerdos de refinanciación por Ley 38/2011 de 10 de octubre, fue sin duda su tema estrella.

1. ¿CUÁL ES LA FINALIDAD DE LA PROTECCIÓN DE LOS ACUERDOS DE REFINANCIACIÓN?

La introducción de de los acuerdos de refinanciación previos al concurso en la Ley Concursal estuvo motivada por la necesidad de protección frente al ejercicio de acciones rescisorias concursales, que se hizo patente tras varias resoluciones de diversos Juzgados Mercantiles que consideraban que era de aplicación la presunción *iuris tantum* de perjuicio a la masa prevista en el nº 2 del art.71.3 de la LC a las nuevas garantías que normalmente se suscriben en dichos acuerdos para ampliar o modificar los plazos de vencimiento de los créditos e incluso aplicaban a las entidades financieras la subordinación por mala fe del art.73.3 de la LC. Lo que supuso, como consecuencia que dichas entidades no estuvieran dispuestas a refinanciar, provocando la paralización de las refinanciaciones.

Precisamente la paralización de estos acuerdos es lo que se pretendió evitar con la reforma introducida en la LC por el RD 3/2009 otorgándoles protección. Pero dicha protección se produjo de forma muy limitada, pues sólo les alcanzaba frente a las acciones rescisorias si la empresa, ante el fracaso de la refinanciación, tenía que recurrir finalmente al proceso concursal.

Con la reforma efectuada en la Ley Concursal por Ley 38/2011 se les otorga una mayor protección porque prevé la posibilidad de la homologación judicial de los acuerdos de refinanciación y, además, porque se prevé expresamente que la comunicación al Juzgado del inicio de las negociaciones para alcanzar un acuerdo de refinanciación se benefician de los mismos efectos que produce la comunicación previa prevista en el articulo 5 bis de la LC para la comunicación de las negociaciones para presentar un convenio anticipado.

2. ¿QUÉ REQUISITOS SON PRECISOS PARA QUE LOS ACUERDOS DE REFINANCIACIÓN ESTÉN PROTEGIDOS?

Son necesarios que reúnan una serie de requisitos sustantivos y otros formales.

2.1. Requisitos sustantivos

Se enumeran en el artículo 71.6 de la LC cuando señala que:

"Son acuerdos de refinanciación*: los alcanzados por el deudor en virtud de los cuales se proceda al menos a la ampliación significativa del crédito disponible o a la modificación de sus obligaciones, bien mediante la prorroga de su plazo de vencimiento, bien mediante el establecimiento de otras contraídas en sustitución de aquellas. Tales acuerdos habrán de responder, en todo caso, a un plan de viabilidad que permita la continuidad de la actividad del deudor en el corto y medio plazo"*

La expresión *"al menos"* que la LC utiliza para referirse a los dos posibles contenidos del acuerdo, –una ampliación significativa del crédito disponible o/y una modificación de sus obligaciones–, supone que se exige ese contenido mínimo y además de forma alternativa, no cumulativamente, al emplear la conjunción disyuntiva.

Al referirse a ese contenido mínimo la Ley Concursal utiliza un concepto jurídico indeterminado, pues exige que la ampliación del crédito disponible sea significativa.

2..1.1. ¿Cuándo debe entenderse que la ampliación del crédito disponible es significativa?

Durante la tramitación parlamentaria de la reforma introducida en la Ley Concursal por la Ley 38/2011 se presentaron dos enmiendas en el Senado, la número 67 y la 137, que además de pretender aglutinar en un título específico de la LC, –el décimo–, toda la dispersa regulación relativa a los acuerdos de refinanciación, precisaban que la ampliación del crédito debía ser al menos del 10% y la prórroga de plazo de 3 años, pero fueron rechazadas en el trámite del Congreso. A mi juicio siempre que la ampliación de crédito o del plazo de vencimiento permita la continuidad de la actividad en el corto y medio plazo deberá entenderse que es significativa y estará protegida.

2.1.2. ¿Podría constituir el contenido mínimo del acuerdo exclusivamente daciones en pago?

La respuesta es que no, pues son operaciones de extinción de la obligación, por ser entregas de bienes *pro soluto*, con efectos liberatorios para el deudor, y no son, por tanto, negocios jurídicos novatorios. Ahora bien, si podrían constituir contenido adicional del acuerdo si van acompañando a una operación de *"ampliación significativa del crédito disponible", o a la "modificación de sus obligaciones"* que permita la continuidad de la actividad.

2.1.3. ¿Tienen protección concursal esos otros contenidos adicionales?

En principio parecería que la pregunta merecería una respuesta positiva porque el art.71.6 LC extiende la protección frente a las acciones rescisorias además de a los acuerdos de refinanciación *"a los negocios, actos y pagos realizados y las garantías constituidas en ejecución de tales acuerdos"*, pero lo mas lógico es considerar que no todo contenido es protegible, sino únicamente las operaciones que se contemplen en el plan y que contribuyan a conseguir la viabilidad de la empresa.

2.2. Requisitos formales o procesales

Se enumeran también en el 71.6 LC, y son los siguientes:

1°. En primer lugar, es preciso que el acuerdo sea suscrito por acreedores cuyos créditos representen al menos el 60 %, –de tres quintos habla el precepto–, del pasivo del deudor en la fecha de adopción del acuerdo de financiación.

A. ¿Es necesario que todos los acreedores refinancien sus deudas?
No, podría hacerlo un sólo acreedor, pero en este caso si su crédito no representa el mínimo necesario del pasivo, el 60%, es preciso que otros acreedores muestren su conformidad con su firma hasta alcanzar ese porcentaje del pasivo, y ello porque puede no estar interesado en refinanciar pero si en evitar la declaración de concurso de su deudor y por ello en suscribirlo.

B. ¿Qué acreedores pueden suscribir acuerdos de refinanciación?
Tratándose de un acuerdo extraconcursal, pueden adherirse y apoyar la refinanciación todo tipo de acreedores, incluso los que de de-

clararse el concurso se calificarían como subordinados, pese a que quedarían privados de derecho de voto, Que no se excluyan a los acreedores especialmente relacionados con el deudor, que si fracasase en acuerdo y se declarase el concurso sus serían créditos subordinados, ha sido criticado en distintos foros de opinión porque, como ya señalaba el REFOR en el 2009, puede dar lugar a que se finjan créditos para alcanzar el porcentaje del pasivo exigido. Ahora bien, en la sección sexta podría ser declarado cómplice del concurso culpable aquél que en connivencia con el deudor fingió créditos para al alcanzar la mayoría del 60 %.

La exigencia de ese primer requisito parece lógica porque de lo que se trata es que el acuerdo tenga la mayoría de los apoyos de sus acreedores, del 60%, pero sin exigirse la unanimidad de los acreedores que harían inviable la medida.

2.º Como segundo requisito se exige que el acuerdo responda a un plan de viabilidad que permita la continuidad de la actividad del deudor en el corto y medio plazo, y que dicho plan sea informado por un experto independiente designado por el Registrador Mercantil.

Este segundo requisito plantea numerosos problemas;

A. ¿Que debe entenderse por "***corto y medio plazo***"?

No lo determina la Ley Concursal. Las normas contables nos pueden dar alguna pista, pero el Plan General de Contabilidad contempla sólo el *"corto"* y el *"largo"* plazo, situando en un año la frontera entre uno y otro. De forma que si largo es más de un año, podría pensarse que medio y corto es menos de un año. Por su parte, entre sus notas técnicas el REFOR entendió que ese plazo debe ser inferior a 5 años en consonancia con el término de proposición de los convenios.

En la práctica en las refinanciaciones no se suele acudir a expertos independientes, sino que en el acuerdo se acompaña el plan de viabilidad de la empresa, informado por el auditor o el economista designado *ad hoc* por el deudor.

Y ello pese a que experto cumple una función esencial en materia de refinanciación, proporcionando a los acreedores la información necesaria sobre la posibilidad de devolución de sus créditos, por ello a mi juicio es importante que sea un experto independiente ajeno a la sociedad deudora y no designada por ella, lo que atribuye mayores garantías al acuerdo.

Tres novedades fueron introducidas por la reforma efectuada por la Ley 38/2011 en relación al experto independiente:

1. La posibilidad de elaborar el informe sobre el grupo de empresas incurso en causa de insolvencia.
2. La necesidad de que el informe sea favorable. No se exigía expresamente antes reforma, pero resultaba obvia su necesidad.
3. La posibilidad de incluir reservas o limitaciones.

B. ¿En qué momento debe procederse al nombramiento del experto?

Esta es una cuestión discutida desde que el RD 3/2009 introdujo en la LC la regulación de los acuerdos de refinanciación.

Los Registradores Mercantiles venían siendo partidarios de no designar al experto independiente hasta que el plan de viabilidad estuviera firmado y aprobado, para garantizar su imparcialidad.

Hay quien defendía que el experto debería ser nombrado por el Registro Mercantil con la simple solicitud del deudor que quiere refinanciar sus deudas para poder trabajar con él en todo el proceso de negociación del acuerdo, pero esta solución no parecía congruente con la remisión que hacia el art. 71 de la LC al RRM, en cuyos preceptos no se configura el experto como una especie de asesor permanente de las partes.

Parece que la mejor solución sería permitir que se presente al Registro un esquema o acuerdo básico de la refinanciación, todavía sin firmar, sobre el que se solicite el dictamen del experto de manera que sus reservas o planteamientos puedan incorporarse al acuerdo definitivo, y ello porque por la importancia de la información que el informe transmite a los acreedores, es interesante que lo tengan antes de la suscripción del acuerdo. Solución que podría entenderse que fue por la que apostó implícitamente la LC tras la reforma por Ley 38/ 2011 porque añadió en el art. 71 de la LC, en relación a este requisito, que "*cuando el informe contuviera reserva o limitaciones de cualquier clase, su importancia deberá ser expresamente evaluada por los firmantes del acuerdo*", de lo que parece inferirse que la designación de experto debe efectuarse durante la realización propuesta plan viabilidad, después de presentado el esquema sobre el que se solicite dictamen, de forma que la-s reserva-s o limitación-es pueda-n incorporarse al texto definitivo del plan.

Pero esta cuestión ha sido definitivamente zanjada con la introducción por la Ley 14/2013, de 27 de septiembre, de apoyo a los emprendedores y su internacionalización del nuevo art. 71 bis en la LC que lleva por rúbrica "*Nombramiento del experto por el Registrador*" tras el cual queda clara la posibilidad de designar al experto independiente mientras se está negociando, al señalar que "*La solicitud del nombramiento se hará mediante instancia firmada por el deudor, incluso antes de que esté concluido el acuerdo y redactado un plan definitivo*" y "*En el caso de que no se hubiera suscrito aún el acuerdo y estuviere pendiente su negociación deberá acompañarse un proyecto de acuerdo y del plan de viabilidad o, al menos, el acuerdo marco o pacto preliminar en que se fijan las condiciones de la negociación*".

Otra cuestión controvertida era que la remisión al procedimiento de designación del experto regulado en el RRM que se contenía en el art. 71.6.2º de la LC hasta su supresión por la Ley 14/2013 hacía aplicable el plazo máximo de 15 días para su designación por el registrador, el de 5 días para la aceptación por el experto, y el plazo de 1 mes de elaboración del informe. Plazos que, en ocasiones, resultaban demasiado largos para la necesidad de celeridad que precisan estos acuerdos.

Problema que ha sido también resuelto por la reciente Ley 14/2003 al señalar en el apartado 5 del art.71bis de la LC que "*El informe deberá ser emitido en el plazo que hubiere señalado el solicitante y en todo caso en el de un mes, contado desde la aceptación del nombramiento y sin perjuicio de la posibilidad de prórroga o prórrogas sucesivas por causas justificadas. Si el informe no fuera emitido en plazo se entenderá caducado el encargo, procediéndose por el registrador a un nuevo nombramiento".*

Por otra parte, a diferencia de lo que ocurre con el nombramiento de la administración concursal, –en relación con la cual se especifica en el 27.4 que "*se nombraran por el Juez procurando una distribución equitativa de designaciones entre los incluidos en la listas que existan*"–, la reforma de la LC por Ley 28/2011 no estableció ningún criterio de designación en relación con el experto independiente, salvo el "*prudente arbitrio*" del Registrador Mercantil, entre los incluidos en un listado que se remite al Registro Mercantil y que pertenezcan a la profesión directamente relacionada con el objeto del acuerdo. Como no existe una profesión directamente relacionada con el objeto del acuerdo debe entenderse que se refiere preferentemente a economistas o auditores, más relacionados con la elaboración de planes de viabilidad.

Además, la Ley establece varias medidas para garantizar la independencia del experto, aparte de su designación por el Registrador Mercantil;

- Está sometido al mismo régimen de incompatibilidad que los peritos previsto en la LEC.
- Puede ser recusado por deudor y acreedores intervinientes.
- No puede ser nombrado administrador concursal si después se declara el concurso.
- Existe la posibilidad de exigírsele responsabilidad.

Su retribución no es fijada por el deudor, sino por el Registrador Mercantil siguiendo los criterios de los colegios profesionales y lo establecido por el Ministerio de Justicia. La Ley 14/ 2013 ha añadido al respecto en el art.71bis.3 de la LC que *"El Registrador, antes de proceder al nombramiento, podrá solicitar varios presupuestos a uno o a varios profesionales idóneos y antes de decidirse sobre el más adecuado".*

3º. El tercer y último requisito es que el acuerdo se formalice en instrumento público, –escritura pública o póliza notarial–, al que deben unirse todos los documentos que justifiquen su contenido y cumplimiento de los requisitos anteriores.

Hay quien ha defendido que sólo debería haberse exigido este requisito formal cuando en ejecución del acuerdo deba constituirse alguna garantía que exija para su constitución el otorgamiento de escritura pública o póliza, para no incrementar los costes del acuerdo.

A. ¿Qué ocurre si el notario detecta que no se cumple alguno o no se cumplen todos los requisitos exigidos por la ley?

En este caso los acuerdos no tendrán protección frente a la rescisión, pero entiendo que el notario no podría oponerse al otorgamiento del acuerdo de refinanciación por ese motivo, en contra de lo apuntado en un Boletín del Consejo Superior del Notariado poco después de introducirse su regulación en la LC por RD 3/ 09 la regulación de los acuerdos de refinanciación, –concretamente BCSN de fecha 24/04/ 2009–, en el que se afirmaba que "*sin el cumplimiento* de los requisitos de la D A 4ª *no cabe la autorización de la escritura que contenga el acuerdo de refinanciación*". A mi juicio esta afirmación no es acertada porque la no concurrencia de los requisitos legales no supone ilegalidad del acuerdo de financiación, por lo que debe quedar al margen del control de legalidad del notario, y debe ser el juez ante el que se tramite el concurso el que declare cumplidos o incumplidos los requisitos legales y aplicable o inaplicable el régimen de blindaje de los acuerdos de refinanciación.

3. ¿POR QUÉ FUE NECESARIO CONCEDERLES MAYOR PROTECCIÓN CON LA REFORMA DEL 2011?

Los acuerdos de refinanciación recibían hasta la reforma de la LC por Ley 38/2011 una protección muy limitada, pues tan sólo se les concedía blindaje frente a futuras acciones rescisorias si se declara después el concurso, pero no los protegía de ejecuciones singulares, ni llegaban constituir un procedimiento preventivo del concurso, al no impedir que el acreedor disidente solicitase la declaración de concurso necesario de su deudor.

Por eso, para evitar esa posibilidad las sociedades vinieron acogiéndose a la utilización de la figura inglesa de los "*schemes of arrangement*" que es un mecanismo de refinanciación "preconcursal" que ofrece el derecho inglés y que está siendo utilizada no sólo por las sociedades inglesas, sino también por sociedades de otros Estados europeos.

El procedimiento denominado *Scheme of Arrangoment*, en español REGIMENES DE ACUERDO, una vez iniciado, la Corte Superior de Justicia de Inglaterra y Gales debe analizar la razonabilidad y justificación de los acuerdos de refinanciación propuestos y constatar que existe el apoyo de entidades acreedoras suficientes, y de obtenerse una autorización judicial favorable, dichos acuerdos de refinanciación son vinculantes para la totalidad de las entidades acreedoras de la sociedad en crisis.

Además cuando una empresa se acoge a esa figura goza de una protección parecida a la del famoso CAPITULO 11 de EEUU, es decir los acreedores no pueden ejecutar los activos que tienen como garantía de la operación de que se trate.

Por sus ventajas, son varias las sociedades, no sólo inglesas, sino también de otros países, las que se acogieron a esa figura para resolver procesos de financiación estancados. En España es el caso, por ejemplo de La Seda de Barcelona y el de Metrovacesa.

Una solución parecida a la solución inglesa es la que recoge la reforma de la LC por Ley 38/11 aunque no llega a alcanzar sus efectos. Con la reforma de nuestra LC lo que se ha pretendido es que los acuerdos de refinanciación afecten a todos los acreedores, de forma que el acuerdo produzca efectos de "*escudo protector*", no sólo frente a las acciones rescisorias, como ocurría hasta ahora, sino frente a los concursos necesarios e incluso frente ejecuciones singulares, convirtiendo así a los acuerdos de refinanciación en una verdadera alternativa al concurso.

Pero para que ello ocurra, –para que los acuerdos de refinanciación extiendan sus efectos *erga omnes*, incluso frente a los acreedores que se hubiesen manifestado en contra del mismo, –salvo acreedores con garantía real–, es preciso que sean homologados judicialmente.

4. ¿CUÁNDO PODRÁN SER HOMOLOGADOS?

La respuesta la da actualmente la Disposición Adicional 4ª de la LC, que requiere para ello:

1º. Que además de la concurrencia de los tres requisitos que precisan esos acuerdos para que no puedan ser objeto de rescisión, –los del art.71.6 LC–, cuenten con el apoyo de acreedores que representen al menos el 55% del pasivo titularidad de entidades financieras en el momento de la adopción del acuerdo. Este porcentaje se ha visto reducido con la reciente Ley 14/2013, de 27 de septiembre, de apoyo a los emprendedores y su internacionalización, con la finalidad de facilitar la conclusión de acuerdos de refinanciación, pues con anterioridad estaba fijado en un 75%.

2º. Que el acuerdo no suponga un sacrificio desproporcionado para las entidades financieras que no lo suscriban o apoyen.

3º. Que el deudor solicite al Juez la homologación poniendo en su conocimiento que concurren esa mayoría de al menos el 55% del pasivo titularidad de entidades financieras.

5. ¿QUÉ EFECTOS PRODUCE LA HOMOLOGACIÓN? ¿SON SUFICIENTES?

La regulación que contiene la reforma sobre la homologación de los acuerdos de refinanciación y sus efectos, si bien ha de valorarse positivamente, no llega lo lejos que otros mecanismos preconcursales que se contemplan en otras legislaciones de nuestro entorno, pues los efectos que produce la homologación judicial del acuerdo son dos muy limitados, uno de carácter necesario y otro potestativo.

El necesario, es que en todo caso produce la extensión del acuerdo de espera, –no es de quita–, a todos los acreedores financieros, –no a los de otra clase–, que sean titulares de créditos no garantizados, –no los garantizados con garantía real–.

El potestativo, es que si lo solicita el deudor se paralizan por el Secretario mediante Decreto las ejecuciones singulares hasta la homologación y en todo caso por plazo máximo de 1 mes. Esta solicitud de paralización de ejecuciones por ese tiempo es vinculante para el Secretario.

6. ¿A QUÉ TIPO DE EJECUCIONES SE REFIERE?

La LC no precisa que tipo de ejecuciones singulares deben paralizarse por el Secretario con la mera solicitud, si todas o sólo las de las entidades financieras. Ante este silencio de la LC podría pensarse que la paralización se extenderá a cualquier tipo de ejecución. Pero parece más lógico que se refieran a las ejecuciones de acreedores financieros y además que no gocen de garantía real, pues son las únicas cuya paralización el Juez puede declarar subsistente al acordar la homologación por el plazo de espera previsto en la refinanciación, pero nunca superior a tres años. Sólo los acreedores financieros sin garantía real están afectados por la homologación.

7. ¿CUÁNDO PUEDEN SER IMPUGNADA LA HOMOLOGACIÓN?

La homologación se produce, dice la LC, por el procedimiento de urgencia en el plazo más breve posible. Esto quiere decir que tras la solicitud de homologación por el deudor, el Juez con la mayor dilación debe efectuar un juicio de legalidad (comprobar se reúne los apoyos necesarios) y de oportunidad (que no supone un sacrificio desproporcionado) y si es favorable acuerda la homologación sin dar la posibilidad hacer alegaciones a los interesados. Pero para no causarles indefensión la LC permite que en los 15 días hábiles desde la publicación de la resolución de homologación del acuerdo ante el Juez, los acreedores "*afectados por la homologación que no hubiesen prestado su consentimiento*", –los acreedores financieros disidentes que no sean titulares de créditos dotados con garantía real–, puedan impugnar la homologación, por dos motivos únicamente:

1°. Falta de concurrencia del porcentaje exigido para la homologación.

2°. Sobre la valoración de la desproporción del sacrificio exigido.

La impugnación se tramitará por cauce del incidente concursal. Si hay varias se acumularan, dándose traslado al deudor y a los acreedores que son parte en el acuerdo de refinanciación para que puedan oponerse a la impugnación. Y contra sentencia no cabe recurso de apelación. Desde el día siguiente en que se publique la sentencia en el BOE se producen los efectos de la homologación del acuerdo.

En todo caso las entidades afectadas por la homologación, es decir, los acreedores financieros que no cuentan con garantía real, mantendrán sus derechos frente a los obligados solidariamente con el deudor y frente a sus fiadores y avalistas, quienes no podrán invocar ni la aprobación del acuerdo, ni los efectos de la homologación en perjuicio de aquellos (es una excepción al régimen previsto en el art. 1851 CC: "*la prorroga concedida al deudor por el acreedor sin consentimiento del fiador extingue la fianza*").

8. ¿QUÉ PUEDE OCURRIR SI NO SE CUMPLE EL ACUERDO DE REFINANCIACIÓN?

Si el acuerdo no se cumple se puede pedir ante el Juez la declaración de su incumplimiento. Solicitud que se tramita por cauce incidental. Aunque la LC se refiere a cualquier acreedor, adherido o no, la legitimación ha de entenderse limitada únicamente a los acreedores afectados por el acuerdo, es decir, los financieros, ya que los demás acreedores podrían presentar la solicitud de concurso necesario del deudor, y ello porque el efecto que produce la declaración de incumplimiento es la posibilidad de solicitar el concurso necesario, o de iniciar ejecuciones singulares.

9. ¿ESTARÍA LEGITIMADO UN ACREEDOR FINANCIERO DOTADO DE GARANTÍA REAL PARA IMPUGNARLOS?

En principio no porque no estaría afectado por la homologación del acuerdo, pero si el acreedor ha ejecutado la garantía y no ha visto satisfecho íntegramente su crédito, dejará de estar garantizado y por ello pasará a ser acreedor afectado por la homologación, y en consecuencia estaría legitimado para instar el incumplimiento.

Contra la sentencia que resuelva la impugnación no cabe recurso.

10. ¿SE PUEDEN IMPUGNAR LOS ACUERDOS DE REFINANCIACIÓN DECLARADO EL CONCURSO?

Los acuerdos que reúnen los requisitos previstos en el art.71.6 de la LC, si fracasan y se declara posteriormente el concurso podrían beneficiarse de la exención del ámbito de las rescisorias concursales. No obstante, si quedan sometidas a la posibilidad del ejercicio de las acciones rescisorias y demás acciones de impugnación, –rescisoria general pauliana, rescisión por lesión, nulidad o anulabilidad–, pero en este caso estaría legitimada exclusivamente la administración concursal para su ejercicio, con exclusión, por tanto, de la legitimación subsidiaria de los acreedores (72.2 LC). Pero si no reúnen los requisitos del 71.6 los acreedores también estarían legitimados de forma subsidiaria.

11. ¿POR QUÉ MOTIVOS PODRÍAN IMPUGNAR LA ADMINISTRACIÓN CONCURSAL UN ACUERDO DE REFINANCIACIÓN QUE REÚNA TODOS LOS REQUISITOS DEL ART.71.6 DE LA LC?

Entiendo que por falta de los requisitos sustantivos, –porque no concurra el contenido mínimo, porque no es idóneo para la viabilidad empresaria a corto o medio plazo, etc.–, aunque es complicado que no sea idóneo para la viabilidad si cuenta con el informe favorable del experto independiente. De ser así podría exigírsele responsabilidad al experto independiente.

Por otra parte, las refinanciaciones preconcursales que no reúnan los requisitos del art.71.6. de la LC no supone que sean rescindibles en todo caso, pues dicho apartado no debe entenderse en el sentido que todas las refinanciaciones no comprendidas en su ámbito serían automáticamente rescindidas, sino que estas otras quedan sometidas al régimen rescisorio general del art.71 de la LC, apartados 1 a 5.

REFLEXION FINAL

A modo de conclusión señalar que si bien la actual regulación de los acuerdos de refinanciación ha de valorarse positivamente en general, sobre todo si se compara con la legislación anterior, pues supone un avance hacia la previsión de un verdadero "concurso alternativo" al vincular a los no firmantes si son homologados, a diferencia de la regulación introducida por el RD 3/2009 que se limitó a regular un aspecto muy concreto de los acuerdos de refinanciación, esto es, la imposibilidad de que quedasen afectados, en determinadas condiciones, por la acción rescisoria concursal (art. 71.1), en el caso de fracaso del propio acuerdo.

Sin embargo, continúan configurándose de un modo criticable, fundamentalmente porque en caso de homologación judicial de un acuerdo de refinanciación alcanzado con el 55% de los acreedores financieros, pueden paralizarse las ejecuciones y la espera pactada se extiende a todos los acreedores financieros, pero no los de otra clase ni a los titulares de créditos con garantía real, esta es sin duda el defecto más importante de la reforma, pues impide concebir los acuerdos de refinanciación como una verdadera alternativa al concurso, y no impedirá que nuestras financiaciones continúen "fugándose" a los modelos anglosajones, especialmente a los *"schemes of arrangement"* del Reino Unido, teniendo en cuenta que los acreedores financieros generalmente están dotados de garantía real.

LA COMPETENCIA DEL JUZGADO DE LO MERCANTIL FRENTE A OTRAS JURISDICCIONES

ALFONSO MERINO REBOLLO
Magistrado especialista en lo mercantil

SUMARIO: **1. Introducción.- 2. ¿Son los Juzgados Mercantiles competentes para conocer los litigios derivados de los viajes combinados o son los Juzgados de 1ª Instancia?- 3. ¿Cuáles son los problemas competenciales a los que se enfrentan los Juzgados Mercantiles a la hora de resolver litigios sobre condiciones generales de la contratación?** 3.1. ¿Cabe entender que el art. 86.ter.2.d) LOPJ diferencia entre acciones individuales (arts. 6, 7 y 8 de la Ley 7/1998, de 13 de abril, de Condiciones Generales de la Contratación) [en adelante LCGC] y colectivas (art. 12 LCGC), de forma que solo las últimas son competencia de los Juzgados Mercantiles? 3.2. ¿Qué órgano es el competente cuando lo que se pretende es la declaración de nulidad de un contrato o su resolución por vicio del consentimiento? 3.3. ¿Qué órgano es el competente cuando se ejercitan tales acciones acumuladamente? 3.4. ¿Qué conflictos podemos encontrar con la nueva Ley 1/2013? **4. ¿Son los Juzgados Mercantiles competentes para decidir sobre la sucesión de empresa en las enajenaciones de empresas o de unidades productivas?- 5. ¿Son competentes los Juzgados Mercantiles para conocer un litigio en el que se acumulen cualquier tipo de acción de reclamación de deudas contra la sociedad con las acciones de responsabilidad de sus administradores sociales por las deudas de dicha sociedad?**

1. INTRODUCCIÓN

El Decreto de Unificación de Fueros promulgado en 1.868 determinó la desaparición de los Juzgados de lo Mercantil que no volverán a reaparecer hasta la LO 8/2003, de 9 de julio, de reforma de la Ley Orgánica del Poder Judicial (en adelante LOPJ).

Los Juzgados de lo Mercantil son órganos jurisdiccionales, unipersonales y especializados pertenecientes al orden jurisdiccional civil, a los que se atribuye el conocimiento de determinadas materiales de carácter civil y mercantil (BanaclochePalau). Estos órganos judiciales forman parte de la jurisdicción ordinaria, que se divide en cuatro órdenes jurisdiccionales, integrándose dentro del orden jurisdiccional civil, como se evidencia de la Exposición de Motivos de la LO 8/2003.

El artículo 86 ter de la LOPJ recoge las competencias tanto concursales como no concursales de los juzgados de lo mercantil. En concreto, dice su párrafo 1:

> *1.- Los juzgados de lo mercantil conocerán de cuantas cuestiones se susciten en materia concursal, en los términos previstos en su Ley reguladora.*
> *En todo caso, la jurisdicción del juez del concurso será exclusiva y excluyente en las siguientes materias:*
> 1. *Las acciones civiles con trascendencia patrimonial que se dirijan contra el patrimonio del concursado con excepción de las que se ejerciten en los procesos sobre capacidad, filiación, matrimonio y menores a las que se refiere el título I del Libro IV de la Ley de Enjuiciamiento Civil. Con el mismo alcance conocerá de la acción a que se refiere el artículo 17.1 de la Ley Concursal.*
> 2. *Las acciones sociales que tengan por objeto la extinción, modificación o suspensión colectivas de los contratos de trabajo en los que sea empleador el concursado, así como la suspensión o extinción de contratos de alta dirección, sin perjuicio de que cuando estas medidas supongan modificar las condiciones establecidas en convenio colectivo aplicable a estos contratos se requerirá el acuerdo de los representantes de los trabajadores. En el enjuiciamiento de estas materias, y sin perjuicio de la aplicación de las normas específicas de la Ley Concursal, deberán tenerse en cuenta los principios inspiradores de la ordenación normativa estatutaria y del proceso laboral.*
> 3. *Toda ejecución frente a los bienes y derechos de contenido patrimonial del concursado, cualquiera que sea el órgano que la hubiera ordenado.*
> 4. *Toda medida cautelar que afecte al patrimonio del concursado, excepto las que se adopten en los procesos civiles que quedan excluidos de su jurisdicción en el número primero y sin perjuicio de las medidas cautelares que puedan decretar los árbitros durante un procedimiento arbitral. LO 5/2011.*
> 5. *Las que en el procedimiento concursal debe adoptar en relación con la asistencia jurídica gratuita.*
> 6. *Las acciones tendentes a exigir responsabilidad civil a los administradores sociales, a los auditores o, en su caso, a los liquidadores, por los perjuicios causados al concursado durante el procedimiento.*

El art. 86 ter, apartado 2, señala que los Juzgados de lo Mercantil conocen, asimismo, de cuantas cuestiones sean de la competencia del orden jurisdiccional civil respecto de las siguientes materias:

1. *Competencia desleal,*
2. *Propiedad industrial (tanto derechos de patente, marcas, dibujos y modelos industriales y modelos de utilidad).*

3. Propiedad intelectual
4. Publicidad
5. Cuantas cuestiones se promuevan dentro de este orden jurisdiccional al amparo de la normativa reguladora de las sociedades mercantiles y cooperativas
6. Pretensiones que se promuevan al amparo de la normativa en materia de transportes, nacional e internacional.
7. Pretensiones relativas a la aplicación del Derecho Marítimo
8. Acciones relativas a condiciones generales de la contratación, en los casos previstos en la legislación sobre esta materia.
9. Recursos contra las resoluciones de la Dirección General de Registros y del Notariado, en materia de recurso contra la calificación del Registrador Mercantil, con arreglo a lo dispuesto por la LH para este procedimiento.
10. De los procedimientos de aplicación de los arts. 81 y 82 TCE y su derecho derivado así como las cuestiones de competencia del orden jurisdiccional civil respecto de procedimientos de aplicación de los arts. 1 (conductas colusorias) y 2 (abuso posición dominante) de la Ley de defensa de la Competencia (según DA 1ª de la Ley 5/07, de 3 de junio).

Debe advertirse en primer lugar que en este catálogo de materias o acciones no están incluidas cuestiones que tradicionalmente se han vinculado a la disciplina mercantil –contrato de agencia, de franquicia o de distribución–, queda también fuera todas las cuestiones referidas a la contratación bancaria, que también se han entendido por la doctrina como propias del derecho de comercio. No se incluyen contratos que tienen su regulación en el Código de comercio –compraventa mercantil, comisión, depósito y afianzamiento mercantiles– y otros que originariamente tuvieron su normativa en el Código de comercio pero que en la actualidad disponen de regulación propia –contrato de seguro; quedan también fuera del conocimiento de los juzgados mercantiles los instrumentos de pago mercantiles esenciales– la letra de cambio, el cheque y el pagaré.

Se atribuyen sin embargo competencias no mercantiles –propiedad intelectual y protección de los consumidores frente a las condiciones generales abusivas–, e incluso se fijan competencias respecto de cuestiones o materias que tienen un marcado perfil público derivados de la disciplina de los mercados –la competencia de los artículos 81 y 82 del Tratado de la Comunidad Europea y tras la reforma de la Ley de Defensa de la Competencia la posibilidad de conocer de procedimientos que hasta ahora tenían su enjuiciamiento y recursos ante el Tribunal de Defensa de la Competencia y la jurisdicción contencioso-administrativa.

En definitiva el catálogo de competencias no puede considerarse preciso o acertado, ni siquiera coherente con una sistemática definida.

La novedad de la Ley y la asignación de materias han dado lugar a que se hayan planteado algunos problemas competenciales.

Junto con problemas de naturaleza material se advierten otras cuestiones de índole procesal que en nada ayudan a clarificar el panorama, v. gr. los conflictos que genera la posible acumulación objetiva de acciones de distinta naturaleza por los demandantes o la flexibilidad con la que puede acudirse a la reconvención.

Una aplicación excesivamente rígida de las normas sobre atribución de competencias puede suponer un retroceso en algunas instituciones procesales que se habían considerado una garantía para el ciudadano y que agilizaban los procedimientos al evitar la división de la continencia de muchos de ellos, favorecer la acumulación de acciones, eludir problemas de prejudicialidad civil y permitir que la prueba se desarrollara en un solo procedimiento.

Por lo tanto, en el debate sobre los conflictos de competencias entre los juzgados civiles y los mercantiles debe evaluarse la incidencia práctica de los criterios que se puedan adoptar, evitando situaciones paradójicas como la de que en aquellos partidos judiciales en los que existan juzgados mercantiles exclusivos la aplicación de las normas sobre competencia impida que se acumulen acciones competencia de los Juzgados 1ª Instanciacon las que son propias de la competencia mercantil y, sin embargo, en capitales de provincia de litigiosidad más reducida en la que no hay juzgados mercantiles únicos sino juzgados de primera instancia con competencia en materia mercantil esa acumulación de acciones sea posible.

Son muchos los supuestos problemáticos que se han planteado y que se siguen planteando en la actualidad sobre la atribución de competencias de los Juzgados Mercantiles frente a otras jurisdicciones. Por tanto, nos limitaremos a examinar los que actualmente están dando lugar a una mayor litigiosidad.

2. ¿SON LOS JUZGADOS MERCANTILES COMPETENTES PARA CONOCER LOS LITIGIOS DERIVADOS DE LOS VIAJES COMBINADOS O SON LOS JUZGADOS DE 1ª INSTANCIA?

El contrato de viaje combinado es aquél celebrado entre una agencia de viajes con un consumidor o usuario, que tiene por objeto la prestación de al menos, dos de los siguientes servicios: a) transporte, b) alojamiento, c) otros servicios turísticos "no accesorios del transporte o del alojamiento y que constituyan una parte significativa del viaje combinado, en los términos fijados en la documentación de la oferta y en la ley, siempre que estos servicios hayan sido vendidos u ofrecidos en venta con arreglo a un precio global y sobrepasen las veinticuatro horas o una noche de estancia".[1]

Actualmente está regulado en el Libro IV, artículos 150 a 165 del Texto Refundido de la Ley General para la Defensa de los Consumidores y Usuarios, aprobado por el Real Decreto Legislativo 1/2007, de 16 de noviembre (TRLGDCU).

Lo que determina que se deba conocer por el Juzgado de lo Mercantil es que la pretensión ejercitada en la demanda se promueva al amparo de la

---

[1] LÓPEZ QUIROGA, J., "*Contrato de pasaje. Contrato de viaje combinado*", en Manual de Derecho del Transporte, Martínez Sanz, F. (dir.), Puetz, A. (Coord.), Marcial Pons, Madrid, 2010, pp. 450.

normativa de transportes [art. 86 ter.2,b) LOPJ], y no que pueda tener algún tipo de relación con una empresa de transporte. El problema consistirá, por lo tanto, en comprobar que la pretensión ejercitada en la demanda tenga su sustento en la normativa en materia de transportes, en sus modalidades aérea, por carretera, por ferrocarril, marítimo o multimodal, la cual consiste en una compleja y muy diversa regulación tanto nacional como internacional.

Cuando la acción ejercitada tenga como fundamento los derechos que a la parte actora concede la legislación reguladora de los viajes combinados deberá tenerse en cuenta que la misma no forma parte integrante de la normativa en materia de transportes, pues su objeto no es propiamente regular, en un ámbito determinado, el traslado de mercancías o personas a cambio de precio, sino la combinación de servicios turísticos que una agencia vende a un precio global, incluyendo alojamiento, transporte u otros servicios turísticos no accesorios a ellos.

Por tanto, en principio, las demandas en las que se exige responsabilidad al amparo de la normativa reguladora de los viajes combinados, en tanto que no constituyen propiamente pretensiones apoyadas en la materia propia de los transportes, no son competencia del Juzgado de lo Mercantil.

No obstante, puede surgir una excepción a esta regla general, de manera que la demanda podría ser presentada en los juzgados mercantiles si, por las circunstancias concretas del caso, la contienda suscitada se fundase de modo principal, directo y expreso en la aplicación de la normativa en materia de transportes.

Será, por ello, la normativa alegada como fundamento de la pretensión la que determine la competencia de los Juzgados Mercantiles o de 1ª Instancia.

Este es el sentir de la doctrina jurisprudencial de nuestras Audiencias Provinciales, v. gr. Auto AP de Madrid, sección 13ª, de 13-1-2012, o de la sección 28ª, auto de 6-11-2009, o AAP de Barcelona, sección 15ª, de 19-12-2012.

3. ¿CUÁLES SON LOS PROBLEMAS COMPETENCIALES A LOS QUE SE ENFRENTAN LOS JUZGADOS MERCANTILES A LA HORA DE RESOLVER LITIGIOS SOBRE CONDICIONES GENERALES DE LA CONTRATACIÓN?[2]

La competencia sobre las acciones de condiciones generales de la contratación aparecen reguladas en el art. 86 ter.2.d) de la LOPJ.

El primer encuentro de magistrados especialistas en mercantil, celebrado en Valencia los días 9 y 10 de diciembre de 2004, ya alcanzaron, en esta materia, la conclusión consistente en que no basta con la existencia de una pretensión basada en un contrato con condiciones generales de contratación para determinar la competencia de los Juzgados Mercantiles.

En esta materia nos podemos plantear los siguientes interrogantes, a saber:

---

[2] En este apartado seguimos lo ya escrito por la Ilma. doña Ana María Gallego Sánchez, Magistrada Especialista de lo Mercantil y Titular del Juzgado Mercantil Nº 12 de Madrid.

3.1. ¿Cabe entender que el art. 86.ter.2.d) LOPJ diferencia entre acciones individuales (arts. 6, 7 y 8 de la Ley 7/1998, de 13 de abril, de Condiciones Generales de la Contratación) [en adelante LCGC] y colectivas (art. 12 LCGC), de forma que solo las últimas son competencia de los Juzgados Mercantiles?

A la hora de deslindar la competencia entre los Juzgados de lo Mercantil y los de Primera Instancia, se ha de partir de la interpretación del art. 86.ter.2,d) LOPJ.

En materia de condiciones generales de la contratación, no todas las acciones son específicas y particulares de tal materia. En efecto, el art. 6, reglas de interpretación, el art. 7, acción de no incorporación, y el art. 8, acción de nulidad, de la LCGC, prevén acciones que de por sí, según su naturaleza y régimen jurídico, ya existían en el Derecho Común de obligaciones y contratos.

En cambio, sí puede predicarse esa especialidad y particularidad en la previsión normativa contenida en la legislación en materia de condiciones generales respecto de las acciones colectivas del art. 12 LCGC, donde no existe acción asimilable ni equiparable en el derecho general de contratos, de ahí precisamente su especifidad, acción que goza de un régimen legal particular, por su legitimación y efectos. Este es el caso particularmente previsto en la legislación sobre condiciones generales, sin que pueda reconducirse a acciones paralelas comunes del Derecho de contratos, tal como pretende especificar el art. 86 ter.2.d) LOPJ.

Ello se evidencia, además y de modo más reciente, con el Título V del Libro I del TRLDCU, donde bajo el epígrafe “Procedimientos Judiciales y Extrajudiciales de Protección de los Consumidores y Usuarios”, su art. 53, sólo hace referencia a la acción colectiva de cesación, no a las individuales, otorgándole la especialidad a la que se refiere el art. 86 ter.2.d) LOPJ, incluso con previsiones particularísimas sobre legitimación, art. 54, o imprescriptibilidad, art. 56.

Ello se ha de poner precisamente en conexión con el ámbito y extensión de la competencia objetiva de los Juzgados de lo Mercantil y de los Juzgados de Primera Instancia. Los Juzgados de lo Mercantil se especializan competencialmente respecto de los de 1ª Instancia para asumir el conocimiento, no de todo el Derecho Mercantil, sino solamente de aquellas materias particularmente vinculadas a la regulación del mercado en su conjunto, v. gr. la competencia concursal, que afecta a una pluralidad de sujetos relacionados con el concursado, desde acreedores a trabajadores, pasando incluso por Administraciones Públicas; las cuestiones de defensa de la competencia concurrencial, nacional y comunitaria, y competencia desleal; empleo en el mercado de la propiedad industrial, patentes y marcas, etc.

Esa especialización de la Jurisdicción Mercantil conlleva el mantener al Juzgado de 1ª Instancia como el juez natural de las cuestiones contractuales, individualmente contempladas, sede propia de debate para la materia de vínculos obligaciones entre contratantes. Y así, la doctrina ha llegado a calificar al

Juez de Primera Instancia como juez del contrato y al Juez Mercantil como juez del mercado.

Únicamente si se entiende la norma del art. 86 ter.2.d) LOPJ como discriminadora entre acciones individuales de los arts. 6, 7 y 8 LCGC respecto de las acciones colectivas, art. 12 LCGC, se estará guardando coherencia sistemática con el marco normativo fijado en el art. 86 ter LOPJ para la distribución de competencias entre el Juez Mercantil y el Juez de Primera Instancia.

Entender la norma del art. 86 ter.2.d) LOPJ sin ningún tipo de discriminación en cuanto a las acciones relativas a las condiciones generales de la contratación conllevaría la automática atracción de enormes cuestiones contractuales a la competencia del Juez Mercantil, con extracción de su sede natural, el Derecho de contratos y la competencia del Juez civil.

Tanto es así, que de atribuir a los Juzgados de lo Mercantil el conocimiento indiscriminado de todas las acciones en materia de condiciones generales de la contratación, en numerosos casos se estaría privando al consumidor del derecho al fuero propio de competencia territorial.

El problema se reproduce y agudiza en los supuestos de litigios en los que es parte actora el empresario predisponerte de las condiciones generales, quien ejercita acciones de cumplimiento contractual, v. gr. el pago de la prestación o precio, cuya competencia objetiva habría de residenciarse en los Juzgados de 1ª Instancia, y en los que el consumidor decide reconvenir para su defensa alegando la nulidad del contrato por ser abusivas sus cláusulas, acción reconvencional que según la interpretación no discriminadora del art. 86 ter.2.d) LOPJ sería competencia del Juez Mercantil.

Finalmente, ha de señalarse que de mantenerse la hipótesis aquí defendida sobre la interpretación del art. 86 ter.2.d) LOPJ, y distinguir entre acciones individuales sobre condiciones generales de la contratación, de base y naturaleza contractual, competencia por tanto del Juez de Primera Instancia, de las acciones colectivas, especiales, atribuidas a la jurisdicción especializada del Juez Mercantil, no se generarían compartimentos estancos, ya que el art. 13.1 pf. 2º LEC permite la intervención del concreto consumidor en el proceso especial promovido por la Asociación constituida para la defensa de esosintereses difusos. Atiéndase al hecho de que tal intervención procesal, en cambio, no está prevista en sentido inverso.

Sin embargo el AUTO AP de MADRID, Sección 28ª, de 12/02/2010 (Ponente: Alberto Arribas Hernández) estableció que *en la LCGC se contemplan tanto las acciones individuales (artículos 7 y 8) como las colectivas (artículo 12), sin que se aprecie razón alguna para expulsar de la competencia de los Juzgados de lo Mercantil a las acciones individuales de no incorporación (artículo 7) o a las de nulidad (artículo 8).*

Tanto la acción individual de nulidad como la de no incorporación son acciones relativas a condiciones generales de la contratación previstas en la legislación sobre la materia por lo que desde el punto de vista de la interpretación literal o gramatical del precepto no existe fundamento legal para excluirlas de la competencia de los Juzgados de lo Mercantil.

Considera que a la misma conclusión se llega desde un punto de vista sistemático como teniendo en cuenta los antecedentes legislativos.

Continua diciendo que *el hecho de que el artículo 9 LCGC remita a las reglas generales de la nulidad contractual para obtener la declaración de no incorporación al contrato o la nulidad de las cláusulas de condiciones generales no priva a dichas acciones de su específica y expresa previsión en la normativa sobre condiciones generales de la contratación y, en consecuencia, de la competencia objetiva del juez de lo mercantil* y que *tampoco cabe distinguir entre acciones individuales y colectivas, a los efectos de distribuir la competencia objetiva entre Juzgados de Primera Instancia y los Juzgados de lo Mercantil, con fundamento en la sistemática seguida por el legislador para la atribución de determinadas materias a la competencia de los Juzgados de lo Mercantil en el artículo 86 ter de la Ley Orgánica del Poder Judicial. En este sentido, no cabe afirmar que el juez de lo mercantil se perfile como juez del mercado frente a los jueces de primera instancia a los que el auto del Juzgado de lo Mercantil les atribuye la consideración de jueces del contrato que resuelven las controversias sobre cuestiones contractuales individualmente contempladas.*

Finalmente, establece que *en todo caso, como es obvio, la formulación de una pretensión con fundamento en un contrato que contenga condiciones generales de la contratación o, en otros términos, la mera invocación de la existencia y aplicación de condiciones generales de contratación no determina la competencia de los Juzgados de lo Mercantil. Por el contrario, ésta sólo podrá afirmarse cuando se ejerciten acciones relativas a condiciones generales de la contratación contempladas en su legislación específica, estando comprendidas en dicho ámbito tanto las acciones individuales de nulidad y las de no incorporación como las colectivas de cesación, retractación y declarativa, sin que el hecho de que se discuta en el litigio sobre la mera interpretación de una condición general de la contratación, por ejemplo, permita atribuir la competencia a los Juzgados de lo Mercantil, pues a diferencia de lo que entiende el Juzgado de lo Mercantil, el tribunal considera que el artículo 6 LCGC no confiere acción alguna sino que fija determinadas reglas de interpretación que deben, en su caso, aplicarse por los Juzgados de Primera Instancia cuando interpreten condiciones generales de la contratación para la resolución de los conflictos atribuidos a su conocimiento.*

3.2. ¿Qué órgano es el competente cuando lo que se pretende es la declaración de nulidad de un contrato o su resolución por vicio del consentimiento?

A este interrogante da respuesta el Auto de la Audiencia Provincial de Barcelona, Sección 15ª, de 6 de febrero de 2012.

Dicho Auto consagra: "El examen del suplico de la demanda, que es lo determinante para analizar qué concretas acciones se han ejercitado, así como el encabezamiento, que puede ayudar a interpretar cuál ha sido la efectiva voluntad de la parte, no evidencia que se haya ejercitado ninguna de esas acciones sino que se interponen exclusivamente dos acciones: (i) como principal, la de vicios en el consentimiento; (ii) como subsidiaria, la de resolución anticipada del contrato sin coste alguno. Ninguna de esas acciones puede considerarse prima facie referida en el art. 86-bis. 2 d) LOPJ porque ni son acciones sobre condiciones generales de la contratación ni su fundamento esencial reside en la normativa legal introducida por la Ley 7/1998. El hecho de que la demanda cite, de forma más o menos accesoria, argumentos que guardan relación con la aplicación de la Ley 7/1998 para fundar cualesquiera de esas dos acciones no determina que la acción ejercitada tenga la condición de acción de la referida Ley a estos efectos."

3.3. ¿Qué órgano es el competente cuando se ejercitan tales acciones acumuladamente?

En este caso, podemos encontrar dos líneas jurisprudenciales contrarias.

Por un lado, está el Auto AP Madrid, sección nº 28, de 8 de julio de 2011, que declaró que la falta de competencia objetiva impide realizar la acumulación de acciones. Los términos usados son los siguientes: "Sin competencia objetiva, no cabe acumulación, ya que el Juzgado no podría pronunciarse acumuladamente sobre aquella materia de la que no puede conocer si se le presentase por separado. No es posible derogar las normas sobre competencia objetiva por razón de la materia al amparo de la acumulación de acciones. La competencia objetiva del órgano judicial sería un presupuesto del que no podría prescindirse para la aplicación del criterio de flexibilidad. No altera este planteamiento el que la pretensión sobre la que tiene vedado pronunciarse el órgano jurisdiccional se formule con carácter subsidiario".

Por otro lado, está la STS de Pleno de 10 de septiembre de 2012, seguida por la STS de 23-5-2013, quese pronuncian a favor de la acumulación de acciones de reclamación de deudas contra la sociedad y de responsabilidad de sus administradores sociales por las deudas de dicha sociedad, en los siguientes términos: "entre ambas acciones hay una relación de prejudicialidad (...), la carga injustificada de una duplicidad de procesos resulta desproporcionada y este rasgo conlleva según la jurisprudencia constitucional que deba considerarse contrario a la tutela judicial efectiva(...), el principio de interpretación de las normas legales con arreglo a la constitución proclamado en el art. 5LOPJ y la finalidad de evitar la aplicación de un criterio que podría ser determinante de vulneración a la tutela judicial efectiva(...), permite en este supuesto (por aplicación analógica de las normas sobre acumulación) admitir la procedencia de la acumulación de acciones pues la prohibición de acumulación de acciones ante un Tribunal que carezca de competencia para conocer alguna de ellas presenta diversas excepciones (...), la competencia de los Juzgados de lo Mercantil se justifica en el carácter principal de la acción de responsabilidad de los administradores respecto a la de cumplimiento y por prevalencia de la norma LOPJ –Art. 83 ter LOPJ– sobre especialización competencial".

Sin embargo, no faltan resoluciones dictadas con posterioridad a la citada sentencia de pleno del TS, que sigue un criterio distinto. En este mismo sentido, el AAP de Pontevedra, sección 1ª, de 31-7-2013, que establece: *Por tanto, existe una pretensión principal de nulidad de la cláusula contractual por falta de consentimiento contractual, cuestión por sí misma ajena a la justicia mercantil especializada. La causa de pedir alternativa que sostiene la abusividad de la cláusula se jerarquiza por el propio demandante, proponiéndose con carácter subsidiario.*

Ello, nos parece, resuelve el problema. La fundamentación jurídica de la demanda, –tanto el preciso elemento normativo invocado, como el punto de vista jurídico, como elementos configuradores de la causa de pedir–, hace mención, –expositivo jurídico cuarto–, a la formación libre del consentimiento contractual, al imputarse a la entidad demandada haber ocultado información al contratante, con infracción de la normativa sectorial.

Esta es la acción "primariamente ejercitada", la de nulidad contractual, por vicio del consentimiento y por infracción de la norma sectorial que impone específicos deberes de conducta, y con carácter subsidiario se ejercita la acción de nulidad de la cláusula en cuestión por infracción de la normativa sobre consumidores y usuarios.

En este contexto, la competencia de la jurisdicción civil general nos resulta incuestionable, sin que haya lugar a afirmar la existencia de "vis atractiva" alguna de la jurisdicción especializada.

Por fin, elementales consideraciones basadas en la competencia subsidiaria de la justicia civil general, en la necesaria efectividad de la tutela judicial, en la evitación de dilaciones indebidas y en definitiva, en la exigencia de preservar el valor constitucional de la seguridad jurídica, unidas a la aludida imprecisión de la norma en la atribución de competencias, hacen exigible atribuir el conocimiento de ambas acciones a la jurisdicción civil general.

De otro modo, pretendiéndose la nulidad de un contrato o su resolución por vicio del consentimiento, bastaría la presencia subjetiva de un consumidor para justificar la competencia de la jurisdicción mercantil, lo que nos parece carente de sentido o, desde otro punto de vista, se obligaría a desacumular dos acciones cuyos presupuestos se encuentran íntimamente ligados, con el riesgo evidente de fallos contradictorios.

3.4. ¿Qué conflictos podemos encontrar con la nueva Ley 1/2013?[3]

El planteamiento del problema es el siguiente: frente a una demanda que tiene por objeto la declaración de nulidad de determinadas condiciones generales de contratación incluidas en un préstamo hipotecario suscrito entre los litigantes, se plantea declinatoria por una entidad bancaria alegando que al existir con carácter previo a la demanda un procedimiento de ejecución extrajudicial del título hipotecario, la competencia objetiva para conocer de la controversia –el carácter abusivo de las cláusulas impugnadas– corresponde al Juzgado de 1ª Instancia que conoce de la ejecución hipotecaria, en el que se ha previsto un incidente a tal efecto (art 695 LEC), aplicable transitoriamente a los procedimientos no culminados con la puesta en posesión del inmueble al adquirente (DT 4ª de la Ley 1/2013).

El citado Juzgado Mercantil resuelve el problema planteado manteniendo que la modificación legal no significa que la competencia objetiva para conocer del carácter abusivo de una cláusula contractual se desplace de manera

[3] En este punto, debemos seguir lo recogido en el Auto del Juzgado Mercantil Nº 1 de Alicante de 25 de octubre de 2013.

excluyente al Juzgado de 1ª Instancia que conoce de la ejecución hipotecaria, puesto que: i) no se modifica el art. 86 ter LOPJ y ii) la resolución que pone fin al incidente de oposición se limita a los solos efectos de la ejecución (art 561.1 y 695 LEC in fine), sin predicarse efectos de cosa juzgada por la limitación de prueba, al solo permitir dicho incidente la documental. La redacción del nuevo art. 129 LH lo viene a corroborar, ya que al introducir en la ejecución notarial un "incidente judicial sobre el carácter abusivo" residenciado ante el Juzgado de 1ª Instancia señala que "se sustanciará por los trámites y con los efectos previstos para la causa de oposición regulada en el apartado 4 de art. 696.1de la Ley de Enjuiciamiento Civil".

Continua dicho auto estableciendo que, parece deducirse, de la normativa legal, que si el ejecutado considera que el título por el que se ha despachado ejecución contiene una cláusula abusiva que constituya el fundamento de la ejecución o que hubiese determinado la cantidad exigible, debe formular oposición ex art. 695 LEC, para lograr así la suspensión del procedimiento hasta que se controle judicialmente, sin que la vía del juicio declarativo permita tal efecto suspensivo, ya que tal juicio no producirá "nunca el efecto de suspender ni entorpecer el procedimiento (de ejecución)" (art. 699 LEC), por lo que es difícil entender que este proceso declarativo sea prejudicial del previo proceso de ejecución, ya que no parece que por esa vía oblicua –la prejudicialidad– se consiga un resultado –suspensión del proceso de ejecución por la existencia de un proceso declarativo– que el ordenamiento prohíbe.

Concluye con una reflexión que nos lleva al punto de inicio de este apartado tercero sobre la conveniente división y asignación a distintos Juzgados de las acciones individuales y colectivas. La resolución manifiesta: *"Novedad legislativa que para homogenizar la delimitación competencial respecto de las acciones individuales tal vez precise de una modificación legislativa al respecto, residenciando únicamente en los Juzgados mercantiles las acciones colectivas –como hacía el art. 86 ter en su proyecto inical–, hasta que jurisprudencialmente se pronuncie el TS, salvo que la llamada jurisprudencia menor reconsidere la tesis mayoritaria a la vista de este nuevo marco normativo, a fin de que los Juzgados de lo Mercantil no entren en colisión con la competencia que en fase de oposición se asigna a los Juzgados de 1ª Instancia".*

4. ¿SON LOS JUZGADOS MERCANTILES COMPETENTES PARA DECIDIR SOBRE LA SUCESIÓN DE EMPRESA EN LAS ENAJENACIONES DE EMPRESAS O DE UNIDADES PRODUCTIVAS?[4]

Normalmente, la Tesorería General de la Seguridad Social viene entendiendo que no es procedente que el Juez del Concurso se pronuncie sobre

---

[4] En este apartado seguimos, nuevamente, lo ya escrito por la Ilma. doña Ana María Gallego Sánchez, Magistrada Especialista de lo Mercantil y Titular del Juzgado Mercantil Nº 12 de Madrid, en este caso, en el encuentro entre Magistrados Especialistas de lo Mercantil celebrado los días 2 a 4 de octubre de 2013 en Barcelona.

la sucesión de empresa, pues defiende que del tenor literal del art. 149.2 LC el juez del concurso sólo puede pronunciarse sobre la sucesión de empresas cuando los salarios o indemnizaciones pendientes de pago anteriores a la enajenación sean asumidos por el FOGASA y no por otras entidades o sociedades.

Existen resoluciones judiciales que siguen esta hipótesis. En este sentido, podemos destacar el AAP de Palencia de 12-9-2013 que establece: "...el Juez del concurso carece de competencia para el pronunciamiento que se contempla en el Plan de liquidación que ahora se impugna referido a la exclusión del concepto de sucesión de empresas de las deudas de la Seguridad Social, cuestión que, entienden, deberá resolverse tras la conclusión del concurso o fuera de él, a través del procedimiento que corresponda".

Conviene hacer referencia, llegados a este punto, al ATS (Sala de Conflictos de Competencia) Nº 16/2013, de 13 de julio, que consagra: "El art. 149.2 LC en los casos de sucesión de empresas no recoge la responsabilidad por deudas con la Seguridad Social, que expresamente fueron excluidas en el contrato de venta autorizado judicialmente, por lo que no concurre responsabilidad solidaria de ANJAMA con AURGI, en base a la legislación concursal, con respecto a las cuotas devengadas con anterioridad a la venta, por lo que ninguna relación tiene el juez del concurso con la cuestión que se introduce en el proceso contencioso administrativo, y tampoco se plantea, en este caso, una cuestión prejudicial administrativa relacionada con el concurso (art. 9 LC).

Esta especialidad de la norma concursal tiene un profundo sustento en el mantenimiento productivo de la unidad de negocio transmitida, intentando evitar el mayor número de cargas posibles en beneficio de los trabajadores y de la economía en general, por ello la Ley Concursal es más restrictiva con las deudas de la Seguridad Social, pues se parte de que la unidad productiva transmitida es viable económicamente, lo que podría no ocurrir si su balance tuviese que acoger como pasivo, deudas provenientes de la Seguridad Social, por un período anterior a la venta".

La mayoría de los Juzgados Mercantiles se inclinan por pronunciarse y entrar a resolver en los concurso sobre la sucesión de empresas en los casos de ventas de unidades productivas. En este sentido, podemos citar alguna de ellas a título de ejemplo:

— Auto del JM Nº 1 de Barcelona (YOLANDA RÍOS LÓPEZ) de 3 de diciembre de 2012: "Se hace constar expresamente que la transmisión se realiza con exclusión de los efectos propios de la sucesión de empresa, por lo que el adquirente no se subrogará en ninguna de las obligaciones anteriores a la enajenación, incluidas las obligaciones fiscales y con la Tesorería General de la Seguridad Social, así como los salarios e indemnizaciones pendientes de pago, quedando exento de cualquier responsabilidad por hechos anteriores a la cesión".

— Auto del JM Nº 5 de Madrid (JAVIER GARCÍA MARRERO) de 31 de julio de 2013: Se declara la no sucesión empresarial a efectos de responsabilidad por deudas tributarias y de SS, de manera que Dª Carolina Céspedes Ruiz no se subrogará en las obligaciones laborales, tributarias ni de la SS.
— Auto del JM Nº 1 de Vitoria (MARÍA TERESA TRINIDAD SANTOS) de 26 de julio de 2013: "No existe sucesión de empresa..." (Empresa: NOVACERO, S.A.L.).
— Auto del JM Nº 1 y de 1ª Instancia e Instrucción Nº 1 de Palencia de 25 de septiembre de 2013: "SE ACUERDA QUE, estimando la solicitud formulada por la Administración Concursal, procede aprobar la transmisión de bienes de la Unidad Productiva de CHOCOLATES TRAPA a favor de EUROPRALINÉ, S.L., conforme al Plan de Liquidación y con los siguientes pronunciamientos: Inexistencia de sucesión de empresa conforme a la Ley Concursal...".
— Auto del JM Nº 3 de Barcelona (José María Fernández Seijo) de 11 de marzo de 2013: "...en todo caso se exime a la adjudicataria de subrogarse en la parte de la cuantía de los salarios o indemnizaciones pendientes de pago anteriores a la enajenación que sea asumida por FOGASA de conformidad con el art. 33 del Estatuto de los Trabajadores. [...] Exención de pasivos, contingencias y responsabilidades: conforme a los artículos 191 ter, 148 y 149 LC, la adquirente no se subroga en ningún tipo de pasivo, contingencia o responsabilidad que correspondiera a CUBIGEL, anterior o posterior a la declaración de concurso, sea de la naturaleza que sea se encuentre o no reconocido en el concurso excepto los expresamente referenciados en esta resolución. Entendiendo que la extinción de la personalidad de la concursada determina la extinción de todas sus obligaciones conforme al artículo 1156 del Código civil.

El adquirente asume únicamente 386 trabajadores, al amparo de lo previsto en el artículo 149.2 LC, en los términos y condiciones expresados en su oferta vinculante".

Además, a la vista de la normativa comunitaria (Directiva Comunitaria 23/2001 y Directiva 80/987/CEE reformada a su vez por la Directiva 270/2002) parece razonable pensar que en el contexto de un procedimiento de insolvencia la primera Directiva permite que el adquirente de una empresa en concurso o de una unidad productiva al adquirir la misma no se le transfieran las obligaciones del cedente derivadas de los contratos laborales, del mismo modo que el procedimiento de liquidación ha de determinar que quien adquiere no se subroga en la posición del deudor, salvo en los supuestos expresamente reconocidos en las Leyes.[5]

---

[5] Opinión sostenida por el Ilmo. don José María Fernández Seijo, Magistrado Especialista en lo Mercantil y Titular del Juzgado Mercantil Nº 3 de Barcelona.

5. ¿SON COMPETENTES LOS JUZGADOS MERCANTILES PARA CONOCER UN LITIGIO EN EL QUE SE ACUMULEN CUALQUIER TIPO DE ACCIÓN DE RECLAMACIÓN DE DEUDAS CONTRA LA SOCIEDAD CON LAS ACCIONES DE RESPONSABILIDAD DE SUS ADMINISTRADORES SOCIALES POR LAS DEUDAS DE DICHA SOCIEDAD?

Actualmente, la respuesta ha de ser afirmativa tras la Jurisprudencia establecida por el Tribunal Supremo tras las sentencias de 10 de septiembre de 2012 (de Pleno) y la de 23 de mayo de 2013. Estas sentencias consagran lo siguiente:

> *"D) Sin embargo, la conclusión de esta Sala acerca de la procedencia de la acumulación de ambas acciones se funda en los siguientes razonamientos:*
> *(a) Entre ambas acciones existe una estrecha conexión, ya que (i) entre ambas hay una relación de prejudicialidad, pues el éxito de la acción frente a la sociedad es presupuesto para que proceda la acción de responsabilidad de los administradores; (ii) la acción de responsabilidad exige acreditar la concurrencia de las circunstancias legalmente establecidas determinantes de la misma, sobre las que gravitará normalmente el peso del proceso; pero el presupuesto de ambas acciones es el incumplimiento de la sociedad; (iii) la finalidad que persigue la parte con el ejercicio de ambas acciones es única: el resarcimiento de los perjuicios que le ha ocasionado el incumplimiento por la sociedad; (iv) la responsabilidad de los administradores por obligaciones sociales constituye una responsabilidad por deuda ajenaex lege[según la ley] que tiene naturaleza de responsabilidad solidaria impropia exigible directamente por los acreedores de la sociedad y opera muy frecuentemente en situaciones de insolvencia total o parcial de esta (la responsabilidad de los administradores puede surgir como consecuencia del incumplimiento de sus deberes de promover la disolución de la sociedad en caso de disminución de su patrimonio, entre otras situaciones de significado análogo) y como remedio a la misma en íntima relación causal con el incumplimiento por parte de aquella.*
> *De esto se sigue que, en prácticamente todos los casos, si no se admite la posibilidad de acumulación, la exigencia de responsabilidad a los administradores por incumplimiento de deudas sociales comporta la exigencia de interponer una doble demanda ante los juzgados de primera instancia, competentes para conocer de la demanda frente a la sociedad, y ante los juzgados de lo mercantil, competentes para conocer de la responsabilidad de los administradores sobre la base del incumplimiento por la sociedad, si se pretende es el reintegro de las cantidades adeudadas por esta.*
> *La carga injustificada de una duplicidad del proceso resulta desproporcionada; y este rasgo conlleva, según la jurisprudencia constitucional, que deba considerarse contraria al derecho a la tutela judicial efectiva. En efecto, supone imponer al acreedor la necesidad de interponer dos demandas ante órganos jurisdiccionales distintos para el ejercicio de una única pretensión de resarcimiento. Ambos procesos tienen la misma finalidad, son interdependientes y han de ser promovidos por un mismo acreedor frente a quienes son obligados*

solidarios. La desproporción de la carga impuesta se ofrece con especial claridad en los casos frecuentes en los que la situación de la sociedad impide al demandante, aun con una sentencia a su favor, obtener la efectividad de su crédito.

Esta Sala considera que la situación descrita no responde a la voluntad de la ley, sino a una laguna legal. La LEC no permite directamente la vía de la acumulación en estos supuestos, pero tampoco resuelve las situaciones de prejudicialidad entre los juzgados de primera instancia y los juzgados de lo mercantil.

Puede considerarse la existencia de una norma implícita en el artículo 43 LEC, según la cual los tribunales civiles pueden resolver las cuestiones civiles prejudiciales que se planteen si no se decide que se ventilen en otro procedimiento ante el órgano competente a petición de alguna de las partes. Sin embargo, además de no haber sido expresamente formulado por la LEC, este criterio sería insuficiente para resolver la situación que estamos planteando, pues la resolución con carácter prejudicial de la pretensión dirigida contra la sociedad no permite que la cuestión se examine y resuelva de manera definitiva ni obtener una condena del demandado.

En consonancia con ello, el principio de interpretación de las normas legales con arreglo a la Constitución proclamado en el artículo 5 LOPJ, y la finalidad de evitar la aplicación de un criterio procesal que podría ser determinante de una vulneración del derecho a la tutela judicial efectiva, obliga a examinar si es posible hallar una solución más allá de la posible inconstitucionalidad de las normas afectadas.

Pues bien, a juicio de esta Sala, la aplicación analógica de las normas sobre acumulación permite en este supuesto admitir la procedencia de la acumulación de las acciones que estamos considerando, habida cuenta de que la prohibición de la acumulación de acciones ante un tribunal que carezca de competencia para conocer de alguna de ellas admite diversas excepciones, entre las cuales figura que así lo disponga la ley para casos determinados (artículo 73.2 LEC). Entendemos que la regulación de la responsabilidad de los administradores sociales, con los caracteres que se han destacado, en estrecha relación con la insolvencia de la sociedad y con el impago de sus deudas conlleva implícitamente el mandato, exigido por el respeto al derecho tutela judicial efectiva proclamado por la CE, de la posibilidad de acumulación de ambas acciones.

E) Resta por decidir cuál es el órgano competente para la decisión cuando tal acumulación se produzca. La Sala considera que esta debe producirse ante los juzgados de lo mercantil, con fundamento en las siguientes razones:

(a) Ante los juzgados de lo mercantil se ejercita la acción más específica sobre responsabilidad de los administradores, la cual tiene carácter principal respecto de la acción por incumplimiento social, que opera con carácter prejudicial respecto de la primera. Así se infiere de la aplicación analógica de las normas sobre la prejudicialidad civil, de las que se infiere que la competencia para resolver una cuestión que aparece con carácter prejudicial respecto de otra corresponde al tribunal competente para conocer de la cuestión principal. En consecuencia, ante la ausencia de una regulación legal específica, debe considerarse

preferible esta solución a la que resultaría de la aplicación del principio de disposición por la parte demandante (artículo 71.2 LEC, en el caso de acumulación de acciones) o mayor antigüedad del proceso (artículo 79.1 LEC, en el caso de acumulación de procesos), articuladas en consideración a la situación de órganos judiciales con competencias paralelas.

(b) La finalidad que persigue la norma de atribución de competencia residual a los juzgados de lo civil –artículo 45 LEC, que consagra el principio de lavisattractiva– es la de cerrar el sistema normativo de distribución de competencias entre los distintos órganos judiciales. Este principio no puede prevalecer frente a la norma de especialización competencial de los juzgados de lo mercantil –artículo 83 ter LOPJ–, pues esta, sin alejar la materia del orden jurisdiccional civil, al que pertenecen los juzgados mercantiles, va encaminada a la necesidad de avanzar en el proceso de especialización de estos a que lleva la complejidad de la realidad social y económica de nuestro tiempo, según se declara en la EM de la LORC. Este principio quedaría en entredicho si aceptáramos la competencia de los juzgados de primera instancia para el conocimiento de las acciones acumuladas.

(c) La solución que entendemos procedente produce una alteración mínima en el sistema de distribución de competencias, ya que en la acción de reclamación de cantidad se ve implicada una sociedad mercantil, y se respeta así la efectividad de la reforma que condujo a la creación de los juzgados de lo mercantil.

(d) La solución que entendemos procedente no provoca indefensión a las partes, dado que no afecta a sus posibilidades de alegación y defensa. La acumulación no implica la modificación del tipo de proceso a través del que deben ejercitarse las acciones acumuladas y la atribución de su conocimiento a los juzgados de lo mercantil no modifica el sistema de garantías procesales y recursos que pueden ser utilizados por las partes."

Desde mi punto de vista, la citada Jurisprudencia podría encajar no muy bien con los siguientes puntos:

a) En primer lugar, con la doctrina jurisprudencial que declaró que la falta de competencia objetiva impide realizar la acumulación de acciones. En este sentido, el Auto AP Madrid, sección nº 28, de 8 de julio de 2011, estableció que "sin competencia objetiva, no cabe acumulación, ya que el Juzgado no podría pronunciarse acumuladamente sobre aquella materia de la que no puede conocer si se le presentase por separado. No es posible derogar las normas sobre competencia objetiva por razón de la materia al amparo de la acumulación de acciones. La competencia objetiva del órgano judicial sería un presupuesto del que no podría prescindirse para la aplicación del criterio de flexibilidad. No altera este planteamiento el que la pretensión sobre la que tiene vedado pronunciarse el órgano jurisdiccional se formule con carácter subsidiario".

b) En segundo lugar, con los trabajos legislativos durante la elaboración del art. 86 ter LOPJ. En la tramitación parlamentaria de la reforma de la Ley Orgánica del Poder Judicial se propuso una enmienda al artículo 86 ter que sugería la siguiente adición *"g) las demás acciones a las que se acumule cualquiera de las comprendidas en los números anteriores"*, la cual fue rechazada, lo que evidencia la voluntad del legislador de excluir la posibilidad de acumulación de acciones fuera de los casos en los que exista atribución expresa de competencia al Juez de lo Mercantil.

c) En tercer lugar, el art. 238.1º LOPJ sanciona con la nulidad de pleno derecho las actuaciones judiciales realizadas con manifiesta falta de competencia objetiva.

El sistema que se ha diseñado está llegando a situaciones esperpénticas que están haciendo que los Juzgados Mercantiles estén tratando materias que nunca se pensó que tratarían.

Pongamos una ejemplo que se están dando en la realidad: La actora (sociedad X) reclama al demandado (administrador de la sociedad Y) una deuda (rentas del alquiler del local de la sociedad Y) de manera acumulada con la acción individual de responsabilidad del art. 241 LSC. El demandado (administrador) reconviene porque el local tenía una serie de desperfectos que le impidieron poder explotarlo, teniendo que hacer frente a una serie de obras

La acción principal ejercitada y que determina la competencia de los Juzgados Mercantiles es la relativa a la responsabilidad de los administradores sociales (arts. 241 LSC). El procedimiento por medio del cual se articula esta pretensión se determina por la cuantía (ex arts. 249.2 y 250.2 LEC) y no por la materia, pudiendo ser tanto un juicio ordinario como un juicio verbal, dependiendo de la cuantía.

Mientras que la reclamación de las rentas de un arrendamiento se tramita por los cauces del juicio verbal según la materia, en base al art. 250.1.1ª LEC cuando recoge que se decidirán en juicio verbal, cualquiera que sea su cuantía, las demandas que versen sobre reclamación de cantidades por impago de rentas y cantidades debidas y las que, igualmente, con fundamento en el impago de la renta o cantidades debidas por el arrendatario, o en la expiración del plazo fijado contractual o legalmente, pretendan que el dueño, usufructuario o cualquier otra persona con derecho a poseer una finca rústica o urbana dada en arrendamiento, ordinario o financiero o en aparcería, recuperen la posesión de dicha finca.

Sin embargo, la reconvención relativa a los desperfectos y a las obras que se reclaman son una pretensión que debe tramitarse en un procedimiento según la materia, en concreto, en el juicio ordinario, según recoge el art. 249.1.6ª LEC cuando establece que se decidirá por el juicio ordinario, cualquiera que sea su cuantía, las pretensiones que versen sobre cualesquiera asuntos relativos a arrendamientos urbanos o rústicos de bienes inmuebles, salvo que se trate de reclamaciones de rentas o cantidades debidas por el arrendatario o del desahucio por falta de pago o por extinción del plazo de la relación arrendaticia.

LA *POCO CONCILADORA* LEY CONCURSAL

JOSÉ MARÍA CASASOLA DÍAZ
Secretario Judicial
Juzgado de lo Mercantil nº 1 de Málaga

SUMARIO: **Introducción.- 1. El artículo 61.2 de la Ley Concursal.- 2. El incidente laboral.- 3. La posibilidad de ejercitar por vía de conciliación pretensiones frente al concursado.- 4. La depuración extraconcursal de créditos en los textos por la administración concursal.- *Lege ferenda*: perspectivas que pudieran ser objeto de reforma aportando una mayor fluidez al concurso.- Bibliografía.**

INTRODUCCIÓN

La Ley 22/2003, de 9 de julio, concursal no es, hecho un examen de su articulado, un texto legal que deje un amplio margen a la autonomía de la voluntad de las partes a fin de que puedan componer sus controversias –si quiera las meramente accesorias– fuera de la estricta jurisdicción del Juez del concurso.

Las mejoras introducidas por la Ley 14/2013, de 27 de septiembre, de apoyo a los emprendedores y su internacionalización, incluida la posibilidad del acuerdo extrajudicial de pagos avanzan en una buena dirección, ya que mediante este mecanismo alternativo a la jurisdicción se pretende dar salida a través de un procedimiento extrajudicial que sobre el papel podemos definir como ágil, sencillo y eficaz a situaciones que ante un fracaso empresarial podrían sacar del tejido productivo a un valioso elemento: el emprendedor. Así y a decir de la exposición de motivos del citado texto legal, "*En la situación económica actual, son necesarios tanto cambios en la cultura empresarial como normativos, al objeto de garantizar que el fracaso no cause un empobrecimiento y una frustración tales que inhiban al empresario de comenzar un nuevo proyecto y pase a ser un medio para aprender y progresar.*"

Fuera de este supuesto, encomiable pero que habrá de estarse al transcurso de un tiempo prudencial para ver si da sus deseados frutos, queda en el debe de la Ley concursal el propiciar mecanismos intra procesales de composición entre las partes a fin de evitar la excesiva judicialización de los aspectos en que puede no haber controversia o ser esta mínima y que son precisamente los que contribuyen, con un lastre innecesario, a retardar las decisiones judiciales fundamentales en el seno del concurso de acreedores.

Actualmente encontramos contados supuestos en el articulado de la Ley concursal que dejan al arbitrio de la voluntad de las partes el poder poner fin a unas pretensiones esgrimidas a través de la conciliación, como mecanismo alternativo al plenario. Además encontramos supuestos en que la Administración Concursal se erige como figura de mediación a la hora de depurar posibles discrepancias en textos provisionales o, incluso, definitivos sin llegar al incidente concursal, como veremos *infra*.

Estas figuras parten de un trámite simplificado que atribuye bien al Juez del concurso, bien al Secretario judicial bien la propia Administración Concursal la potestad de soslayar el cauce incidental que puede llegar a ser excesivamente complejo, poco ágil e incluso costoso, puesto que a los requisitos de postulación se ha de añadir el coste añadido que ha supuesto la tasa procesal que grava como hecho imponible la demanda incidental en el concurso de acreedores.

1. EL ARTÍCULO 61.2 DE LA LEY CONCURSAL

Tras proclamar el principio general de que "*La declaración de concurso, por sí sola, no afectará a la vigencia de los contratos con obligaciones recíprocas pendientes de cumplimiento tanto a cargo del concursado como de la otra parte*" el Art. 61.2 de la Ley concursal confiere a la administración concursal, en caso de suspensión, o al concursado, en caso de intervención, la potestad de solicitar la resolución del contrato sic. "*si lo estimaran conveniente al interés del concurso*" implementándose un vehículo procesal mixto que parte de una fase preliminar en la que se llamará a las partes a una posible avenencia y una segunda fase, potestativa, de incidente concursal.

Así y en la fase preliminar el referido artículo nos dice que el Secretario judicial citará a comparecencia ante el Juez al concursado, a la administración concursal y a la otra parte en el contrato y, de existir acuerdo en cuanto a la resolución y sus efectos, el Juez dictará auto declarando resuelto el contrato de conformidad con lo acordado.

Varias cuestiones no son resueltas por la escueta redacción de este artículo. En primer lugar y pese a quedar claro que no se trata, al menos en este primer momento, de un incidente concursal no especifica por medio de qué resolución, bien procesal, bien judicial ha de ser admitido a trámite. De la redacción literal se deduce que bastará con una mera resolución del secretario judicial, lo que vedaría que el Juez pudiera inadmitir la solicitud por vía del Art. 194.2 LC según el cual "*Si el Juez estima que la cuestión planteada es impertinente o carece de entidad necesaria para tramitarla por la vía incidental, resolverá, mediante auto, su inadmisión y acordará que se dé a la cuestión planteada la tramitación que corresponda. Contra este auto cabrá recurso de apelación en los términos establecidos en el apartado 1 del artículo 197.*"

En segundo lugar, no quedan claros los requisitos de postulación necesarios para acudir a esta vía. Cierto es que al deudor se le impone la obligación, por vía del Art. 184.2 LC de acudir asistido por letrado y defendido por Procurador: "*El deudor actuará siempre representado por procurador y asistido de letrado sin perjuicio de lo establecido en el apartado 6 de este artículo.*" Sin embargo a l Administración Concursal, toda vez que se trata de un procedimiento distinto al incidente concursal en este estadío procesal podrá oírsele sin necesidad de comparecencia en forma, esto es, sin necesidad de firma de Letrado y ello por aplicación del Art. 184.5 del citado texto legal: "*La administración concursal será oída siempre sin necesidad de comparecencia en forma, pero cuando intervengan en incidentes o recursos deberán hacerlo asistidos de letrado.*" Quedaría por solventar la intervención de los terceros frente a los que se dirija esta solicitud resolutoria. Cierto es que el Art. 184.4 LC impone que "*Cualesquiera otros que tengan interés legítimo en el concurso podrán comparecer siempre que lo hagan representados por procurador y asistidos de letrado.*" Si bien entendemos que se trata de una solicitud incardinada en el concurso pero en modo alguno de una solicitud de comparecencia en forma en el concurso de acreedores completo, por lo que debería primar las normas de la Ley de Enjuiciamiento Civil de 1881 –aprobada por Real Decreto de 3 de Febrero de dicho año y parcialmente vigente– según la cual y en su artículo 4.1° expresamente declarado en vigor "*No obstante lo dispuesto en el artículo anterior, podrán los interesados comparecer por sí mismos, pero no valiéndose de otra persona que no sea Procurador habilitado en los pueblos donde los haya (...) en los actos de conciliación*". Por tanto y salvo criterios particulares en contrario estimo que ni ha de comparecer la Administración Concursal asistida de Letrado, en el caso de profesionales de disciplinas económicas que no ostenten la titulación o, en su caso, la colegiación precisa para ser abogados en ejercicio, ni deberá el tercero en este momento procesal comparecer a la conciliación asistido de Abogado y Procurador, lo que deberá ser tenido en cuenta en materias accesorias –pero fundamentales–como las costas procesales.

En tercer lugar y ante la celebración de la comparecencia a que se refiere el citado Art. 61.2 LC nada se dice respecto de la posibilidad de que exista una avenencia parcial quedando para dilucidar en la fase incidental sólo parte del *petitum*. Así y según el citado artículo parece que sólo se contempla la total conformidad de las partes: "*de existir acuerdo en cuanto a la resolución y sus efectos, el juez dictará auto declarando resuelto el contrato de conformidad con lo acordado.*" Sin embargo en la práctica procesal frecuentemente se dará el caso de que las partes comparecientes se avengan respecto de la resolución del contrato y quede a decisión judicial tanto la fecha como los efectos que se deriven de la misma, por lo que entiendo que se podría dictar una resolución en forma de Auto por el que se reconozca una avenencia parcial y se depure la *litis* respecto de aquellos puntos en que no exista controversia.

En cuarto lugar y agotada que hubiera sido la fase de conciliación sin que hubiera existido avenencia –o como hemos sostenido anteriormente, sin que esta haya sido total– se habrá de continuar el juicio por los trámites incidentales. Sin embargo varias son las dudas que se suscitan en este punto, comenzando con el hecho de que no identifica el meritado precepto cuál haya de ser el escrito rector por parte del demandante de este incidente concursal. Así, y si el escrito inicial revestía la forma de demanda a que se refiere el Art. 399 de la LEC[1] –por remisión expresa del Art. 194.1 LC– parece que lo más acorde con la legalidad será considerar este como demanda incidental desde el momento en que no existe avenencia, tornar en contencioso el expediente y pasar a su admisión –o inadmisión por vía del Art. 194.2 LC– mediante resolución judicial motivada. Caso de que no revistiera estos requisitos formales se dará término legal a fin de que se presente el oportuno escrito rector en forma de demanda incidental, pudiendo devenir sin objeto el incidente en caso contrario. Por último y a los efectos de lo prevenido en la Ley 10/2012, de 20 de noviembre, por la que se regulan determinadas tasas en el ámbito de la Administración de Justicia y del Instituto Nacional de Toxicología y Ciencias Forenses se considere hecho imponible según el Art. 5.1 e) de dicho cuerpo legal la "*Presentación de demanda incidental en procesos concursales.*" Por lo que agotada la fase de conciliación sin avenencia total, tanto si se ha de considerar escrito rector a la solicitud inicial en forma de demanda, como si se presenta un segundo escrito con dicho carácter será hecho imponible y su falta de devengo podrá dar lugar a la preclusión del trámite procesal con la consecuente inadmisión del procedimiento incidental. Por último y estando ya en la tramitación del incidente concursal, ningún impedimento procesal existiría respecto de la concurrencia de una posible satisfacción extraprocesal, carencia sobrevenida de objeto u homologación de acuerdo que conllevaran la llamada terminación anormal del incidente concursal por medio de Decreto, en los dos primeros supuestos, o Auto, caso del último supuesto.

De las líneas que anteceden se pueden desprender las ventajas que a todas luces se derivan del presente procedimiento, entre las cuales destacamos la celeridad, la flexibilidad y, desde luego, la minimización de gastos en cuanto a honorarios de profesionales y tasas judiciales, todo ello en cuanto a la fase de

---

[1] Obsérvese que no es demanda sucinta, sino la demanda a que hace referencia el juicio declarativo ordinario. Así el Art. 399 LEC establece que "*1. El juicio principiará por demanda, en la que, consignados de conformidad con lo que se establece en el artículo 155 los datos y circunstancias de identificación del actor y del demandado y el domicilio o residencia en que pueden ser emplazados, se expondrán numerados y separados los hechos y los fundamentos de derecho y se fijará con claridad y precisión lo que se pida. 2. Junto a la designación del actor se hará mención del nombre y apellidos del procurador y del abogado, cuando intervengan. 3. Los hechos se narrarán de forma ordenada y clara con objeto de facilitar su admisión o negación por el demandado al contestar. Con igual orden y claridad se expresarán los documentos, medios e instrumentos que se aporten en relación con los hechos que fundamenten las pretensiones y, finalmente, se formularán, valoraciones o razonamientos sobre éstos, si parecen convenientes para el derecho del litigante. 4. En los fundamentos de derecho, además de los que se refieran al asunto de fondo planteado, se incluirán, con la adecuada separación, las alegaciones que procedan sobre capacidad de las partes, representación de ellas o del procurador, jurisdicción, competencia y clase de juicio en que se deba sustanciar la demanda, así como sobre cualesquiera otros hechos de los que pueda depender la validez del juicio y la procedencia de una sentencia sobre el fondo. 5. En la petición, cuando sean varios los pronunciamientos judiciales que se pretendan, se expresarán con la debida separación. Las peticiones formuladas subsidiariamente, para el caso de que las principales fuesen desestimadas, se harán constar por su orden y separadamente.*"

conciliación previa al incidente concursal. Resultaría mejorable en su funcionamiento, a mi modo de ver, si se introdujeran las siguientes previsiones algunas de las cuales, dada la praxis forense, son empleadas *de facto.*

Entiendo que deslindar la autoridad que conoce respecto de la fase de conciliación respecto de aquella que ha de conocer del plenario resultaría más ágil y justo. O dicho de otro modo, tanto en la conciliación laboral como en la que se lleva a cabo ante los juzgados de primera instancia, a la autoridad que corresponde admitir, celebrar y en su caso aprobar la avenencia, creando al efecto incluso títulos ejecutivos, no es al Juez sino al Secretario judicial, y ello lo ha sido por varias razones. Obviando los motivos organizativos tales como aquellos que dependen de la dispar implantación de la llamada nueva oficina judicial, hemos de entender que el Secretario judicial, que en ningún caso conocerá respecto del plenario –función que exclusivamente reserva la Constitución Española a Jueces y Magistrados– podrá desde un punto de vista más activo conducir a las partes a una avenencia sin generar en las mismas el resquicio de duda de si se estará prejuzgando el asunto, toda vez que de estas deliberaciones no tendrán que ser hechas ante el juzgador. Asimismo la práctica judicial nos hace ver que en la comparecencia que se sustancie ante el Secretario judicial y de la que pueda derivarse el dictado de una resolución por parte de éste puede resultar más ágil en cuanto a plazos que el dictado de una resolución judicial; nótese en este sentido la Ley Concursal pese a las reformas operadas rara vez descarga de la función decisoria al Magistrado-Juez cosa que sí ha hecho la jurisdicción social[2] y la civil[3], con satisfactorios resultados.

---

[2] Así y en este sentido nos ilustra el preámbulo de la Ley 36/2011, de 10 de octubre, reguladora de la jurisdicción social: "*La agilización del proceso no ha de ir en detrimento de la tutela judicial efectiva y la protección de los intereses de las partes. En este sentido, se recogen una serie de reglas sobre la carga probatoria, en especial en materia de accidentes de trabajo, conforme a la jurisprudencia social, para garantizar la igualdad entre las partes. Se regulan, asimismo, la posible utilización de procedimientos de presentación y de formularios, que faciliten la labor de los interesados y profesionales, y los procedimientos de señalamiento inmediato de la vista, que igualmente puedan establecerse, así como la formulación de peticiones iniciales monitorias, en supuestos de presumible determinación, liquidez y falta de controversia de la deuda y con aportación de un principio de prueba al respecto que, en caso de oposición, dará lugar a la conversión del procedimiento en ordinario. Todas estas medidas, en relación con la nueva estructura de la oficina judicial, pueden permitir una más ágil tramitación y tratamiento informático de un número no desdeñable de procedimientos, permitiendo así concentrar la atención del órgano jurisdiccional en otros procesos de mayor entidad cuantitativa y cualitativa.*"

[3] De una forma incluso más rotunda el preámbulo de la Ley 13/2009, de 3 de noviembre, de reforma de la legislación procesal para la implantación de la nueva Oficina judicial sostiene claramente que "*La racionalización de esfuerzos permitirá diseñar y crear un modelo de Oficina judicial compuesta de las dos unidades previstas por el artículo 436 de la Ley Orgánica del Poder Judicial: las unidades procesales de apoyo directo y los servicios comunes procesales. De este modo, el Secretario judicial, cuando se encuentre al frente del servicio común de ordenación del procedimiento, estará en mejores condiciones para impulsar el procedimiento, permitiendo que el Juez o Tribunal pueda dictar las resoluciones de fondo en tiempo y forma. Y para que esto ocurra es indispensable que se lleve a efecto la reforma de las leyes procesales de modo que a los Secretarios judiciales les sean atribuidas no sólo las funciones de impulso formal del procedimiento que tenían hasta ahora, sino también otras funciones que les permitirán adoptar decisiones en materias colaterales a la función jurisdiccional pero que resultan indispensables para la misma.*"

2. EL INCIDENTE LABORAL

El incidente laboral se encuentra regulado en el Art. 195 de la LC, con un ámbito de aplicación específico –esto es las acciones individuales que interpongan los trabajadores o el fondo de garantía salarial en el marco de una decisión colectiva extintiva de puestos de trabajo conforme al Art. 64 LC[4].

En cuanto a su tramitación pocas dudas procesales suscita. Así, principiará por demanda sucinta –sin que sea preceptiva la intervención de Abogado ni Procurador– a la que se refiere el artículo 437 de la LEC bajo la tutela del Secretario judicial que advertirá, en su caso, a la parte de los defectos, omisiones o imprecisiones en que haya incurrido al redactar la demanda, a fin de que los subsane dentro del plazo de cuatro días, con apercibimiento de que, si no lo efectuase, se ordenará su archivo, y sin que se pueda archivar de plano por ser impertinente o carecer de entidad.

Si la demanda fuera admitida por el Juez, el Secretario judicial señalará dentro de los 10 días siguientes el día y hora en que habrá de tener lugar el acto del juicio, citando a los demandados con entrega de copia de la demanda y demás documentos, debiendo mediar en todo caso un mínimo de cuatro días entre la citación y la efectiva celebración del juicio, que comenzará con el intento de conciliación o avenencia sobre el objeto del incidente. Guarda silencio la Ley Concursal sobre la autoridad que deba en su caso dirigir la conciliación y aprobar, en su caso, la avenencia. Entendemos que, fuera de la peculiaridad de que deberá ser el Juez quien admita a trámite la existencia de este procedimiento –tras la posible advertencia por parte del Secretario judicial de omisiones o imprecisiones y su posterior subsanación– ningún impedimento procesal ha de haber para que el intento de conciliación se celebre ante el Secretario judicial, conforme a la normativa procesal reguladora de la jurisdicción social.

Así el Art. 84 de la Ley 36/2011, de 10 de octubre, reguladora de la jurisdicción social establece que "*El secretario judicial intentará la conciliación, llevando a cabo la labor mediadora que le es propia, y advertirá a las partes de los derechos y obligaciones que pudieran corresponderles. Si las partes alcanzan la avenencia, dictará decreto aprobándola y acordando, además, el archivo de las actuaciones. Del mismo modo, corresponderá al secretario judicial la aprobación del acuerdo alcanzado por las partes antes del día señalado para los actos de conciliación y juicio. La conciliación y la resolución aprobatoria, oral o escrita, se documentarán en la propia acta de comparecencia. La conciliación alcanzada ante el secretario judicial y los acuerdos logrados entre las partes aprobados por aquél tendrán, a todos los efectos legales, la consideración de conciliación judicial.*" Esto no obstaría a que, caso de que se alcanzara el acuerdo en el plenario en lugar que ante el Secretario judicial se instrumentara y aprobara

---

[4] Establece el Art. 64.8 p2 LC que "*Las acciones que los trabajadores o el FOGASA puedan ejercer contra el auto en cuestiones que se refieran estrictamente a la relación jurídica individual se sustanciarán por el procedimiento del incidente concursal en materia laboral. El plazo para interponer la demanda de incidente concursal es de un mes desde que el trabajador conoció o pudo conocer el auto del Juez del concurso. La sentencia que recaiga será recurrible en suplicación.*"

éste ante el Juez, tal y como expresa el apartado tercero del meritado precepto: "*En caso de no haber avenencia ante el secretario judicial y procederse a la celebración del juicio, la aprobación del acuerdo conciliatorio que, en su caso, alcanzasen las partes en dicho momento corresponderá al juez o tribunal ante el que se hubiere obtenido mediante resolución oral o escrita documentada en el propio acuerdo. Sólo cabrá nueva intervención del secretario judicial aprobando un acuerdo entre las partes si el acto del juicio se llegase a suspender por cualquier causa.*" La única salvedad sería que –al igual que si ante Sentencia condenatoria contra el concursado nos encontráramos– no cabría ejecutar separadamente el Decreto por el que se aprobara la conciliación[5]. Por último indicar que las facultades impugnatorias[6] –que no régimen de recursos– es análogo al previsto para el caso de conciliación judicial y que los límites que vedarían la aprobación de la avenencia serían tanto la existencia de lesión grave para alguna de las partes o para terceros; de fraude de ley; de abuso de derecho o que pudiera ser considerado lo convenido contrario al interés público circunstancias estas que habrán de ser apreciadas por el Secretario judicial.

Las ventajas de esta figura son enormes. De un lado los breves plazos que contempla la Ley Concursal –que en la práctica judicial no pueden objetivamente ser cumplidos– garantiza una pronta tutela; la unidad de acto hace que se irroguen al justiciable los menores perjuicios posibles; y por último la diferenciación entre la autoridad que intenta avenir a las partes y la que –caso de no existir avenencia– dirime la *litis* hace que el procedimiento reúna todas las garantías posibles. Como colofón, se protege al trabajador instante de una manera superior al resto de los actores dentro de los diversos procedimientos que engloba el concurso ya que no se le hace perceptivo comparecer con Abogado ni Procurador[7], y queda bajo la tutela del Secretario judicial en el momento de la interposición caso de que existan defectos formales. Se trata ésta de una figura que, con sus dificultades prácticas, podría ser aplicada a más controversias dentro del concurso.

---

[5] Primaría por especialidad la limitación del Art. 55 y concordantes de la LC frente al apartado 5ª del Art. 84 de la LJS según el cual "*La conciliación y los acuerdos entre las partes aprobados por el secretario judicial o, en su caso, por el juez o tribunal se llevarán a efecto por los trámites de la ejecución de sentencias*". Por tanto carecería de carácter ejecutivo el Decreto dictado, así como un hipotético Auto con idéntico contenido procesal.

[6] Art. 84.6 LJS "*La acción para impugnar la validez de la conciliación se ejercitará ante el mismo juzgado o tribunal al que hubiera correspondido la demanda, por los trámites y con los recursos establecidos en esta Ley. La acción caducará a los treinta días de la fecha de su celebración. Para los terceros perjudicados el plazo contará desde que pudieran haber conocido el acuerdo. Las partes podrán ejercitar la acción de nulidad por las causas que invalidan los contratos y la impugnación por los posibles terceros perjudicados podrá fundamentarse en ilegalidad o lesividad.*"

[7] Dada la remisión expresa que el Art. 184 de la LC hace a la normativa específica de la LJS y en concreto artículos 18 a 21 del citado cuerpo legal. En especial el Art. 18 LJS establece que "*Las partes podrán comparecer por sí mismas o conferir su representación a abogado, procurador, graduado social colegiado o cualquier persona que se encuentre en el pleno ejercicio de sus derechos civiles. La representación podrá conferirse mediante poder otorgado por comparecencia ante el Secretario judicial o por escritura pública.*"

3. LA POSIBILIDAD DE EJERCITAR POR VÍA DE CONCILIACIÓN PRETENSIONES FRENTE AL CONCURSADO

La Ley de enjuiciamiento Civil de 1881 parcialmente en vigor y a la que hemos hecho antes referencia regula la posibilidad de las conciliaciones judiciales como mecanismo alternativo al plenario facultativo[8] y generador de títulos ejecutivos. Así el Art. 460 LEC 1881 establece que "*Antes de promover un juicio, podrá intentarse la conciliación ante el Secretario judicial del Juzgado de Primera Instancia o ante el Juez de Paz competentes.*" Dicho precepto fue redactado por Ley 34/1984, 6 agosto («B.O.E.» 7 agosto), de Reforma Urgente de la Ley de Enjuiciamiento Civil y posteriormente modificado por la Ley 13/2009, de 3 de noviembre, de reforma de la legislación procesal para la implantación de la nueva Oficina judicial («B.O.E.» 4 noviembre) y su intención era clara: facultar a la parte a acudir a esta vía antes de proceder a demandar ante el órgano jurisdiccional competente. La duda estriba en si la mención al Juzgado de Primera Instancia puede extenderse al Juzgado de lo Mercantil, y en especial al Juez del concurso. A este respecto es obvio que el legislador de 1984 no pudo prever la existencia de los Juzgados de lo Mercantil, pero no así el de 2009. Sin embargo una cuestión análoga se ha suscitado respecto de la dicción literal del artículo 813 LEC[9] 1/2000 en sede de procedimiento monitorio –reformado precisamente por la Ley 13/2009 a la que antes se aludía– y resulta evidente que estando dentro del elenco competencial del Art. 86 ter de la LOPJ podemos hablar de juicios monitorios en sede de Juzgados de lo Mercantil, por lo que la misma solución lógica, pasando por alto la estrictamente gramatical, debía darse en lo referente a las conciliaciones[10].

Pese a que la jurisprudencia de las audiencias provinciales hasta ahora venía siendo reacia a reconocer como competencia exclusiva y excluyente del Juez del concurso el conocer respecto de las conciliaciones que pudieran afectar a su patrimonio, no es menos cierto que queda fuera de las prohibiciones legales[11]. Así las cosas lo que carecería de sentido sería que conociera de estos asuntos un órgano jurisdiccional distinto, incluso un Juzgado de paz.

---

[8] Aunque inicialmente resultaba preceptivo para proceder por ciertos cauces declarativos interponer la conciliación previa.

[9] "*Será exclusivamente competente para el proceso monitorio el Juzgado de Primera Instancia del domicilio o residencia del deudor o, si no fueren conocidos, el del lugar en que el deudor pudiera ser hallado a efectos del requerimiento de pago por el Tribunal, salvo que se trate de la reclamación de deuda a que se refiere el número 2.º del apartado 2 del artículo 812, en cuyo caso será también competente el Juzgado del lugar en donde se halle la finca, a elección del solicitante.*"

[10] En este sentido si bien referido a la competencia del Juez de lo Mercantil como conocedor de las accione en materia reguladora de normativa de sociedades el reciente Auto 134/2013 de 16 de Junio de dicho año de la Audiencia Provincial de Málaga, sección sexta, Rollo 444/2012.

[11] Conforme al Art. 460 LEC 1881: "*No se admitirán a trámite las peticiones de conciliación que se soliciten en relación con: 1.º Los juicios en que estén interesados el Estado, las Comunidades Autónomas y las demás Administraciones públicas, Corporaciones o Instituciones de igual naturaleza. 2.º Los juicios en que estén interesados los menores y los incapacitados para la libre administración de sus bienes. 3.º Los juicios*

Por tanto, y para el caso de que se considere procedente acudir a esta vía, entendemos que queda expedita dentro del concurso, eso sí sin que pueda extenderse la ejecutividad de lo acordado en conciliación contenida en el Art. 476 LEC 1881[12] frente al concursado por aplicación de los Arts. 55 y concordantes de la LC, haciéndonos eco de lo ya dicho *ut supra* en sede de conciliación en el incidente laboral.

La tramitación de la conciliación en el texto legal referido es ágil, eficaz y, sobretodo poco costosa, pudiendo servir para solucionar posibles controversias que habrían de ser ventiladas ante el Juez del concurso por el trámite incidental en la mayoría de los supuestos. La autoridad a la que la LEC 1881 encomienda el conocimiento y decisión respeto de las conciliaciones, extrapolando dentro de los juzgados de lo Mercantil, sería el Secretario judicial y el Art. 471 del referido cuerpo legal tasa y determina suficientemente su contenido[13]. Baste señalar como especialidad en el concurso que la Administración Concursal habrá de prestar su consentimiento a la posible avenencia si se encontraran intervenidas las facultades, conforme al Art. 51.3 LC, recayendo sobre esta la totalidad de las actuaciones conciliatorias si existiera sustitución.

4. LA DEPURACIÓN EXTRACONCURSAL DE CRÉDITOS EN LOS TEXTOS POR LA ADMINISTRACIÓN CONCURSAL

La labor de la confección de los textos provisionales de informe por parte de la Administración Concursal suele ser una tarea delicada, minuciosa y sometida a factores externos que la pueden llegar a dificultar hasta convertirla en una lucha contra el reloj, por lo que –y especialmente en aquellos concursos más complejos– no suele estar exenta de que se incluyan ciertas erratas que hasta la entrada en vigor de la reforma operada por la Ley 38/2011 de 10 de Octubre de reforma de la Ley Concursal no tenían vía procesal para su depuración distinta que la impugnación del informe por parte del acreedor –o en su caso del deudor concursado– que hubiera padecido el *gazapo*. También podía darse el caso que con una breve negociación –que de facto y con carácter ex-

de responsabilidad civil contra Jueces y Magistrados. 4.º En general, los que se promuevan sobre materias no susceptibles de transacción ni compromiso."

[12] "A los efectos previstos en el artículo 517. 2. 9º de la Ley de Enjuiciamiento Civil, la resolución aprobando lo convenido por las partes tendrá aparejada ejecución. Lo convenido por las partes en acto de conciliación se llevará a efecto en el mismo Juzgado en que se tramitó la conciliación, cuando se trate de asuntos de la competencia del propio Juzgado. En los demás casos será competente para la ejecución el Juzgado a quien hubiera correspondido conocer de la demanda."

[13] "*El acto de conciliación se celebrará en la forma siguiente: Comenzará el demandante exponiendo su reclamación y manifestando los fundamentos en que la apoye. Contestará el demandado lo que crea conveniente, y podrá también exhibir cualquier documento en que funde sus excepciones. Después de la contestación, podrán los interesados replicar y contrarreplicar, si quisieren. Si no hubiere avenencia entre ellos, el Secretario judicial o el Juez de Paz procurarán avenirlos. Si no pudieren conseguirlo, se dará el acto por terminado sin avenencia. Si las partes alcanzaran la avenencia, el Secretario judicial dictará decreto o el Juez de Paz auto aprobándola y acordando, además, el archivo de las actuaciones.*"

trajudicial siempre ha existido– se pudiera evitar llegar al punto de impugnar por vía incidental los textos.

El escenario, tras la reforma operada por la citada Ley respecto del Art. 95.1 LC se ha institucionalizado, regulado y marcados plazos y términos a esta posibilidad de acuerdos extrajudiciales para enviar al Juzgado de lo Mercantil un informe libre de erratas o de imprecisiones menores: "*La administración concursal, con una antelación mínima de diez días previos a la presentación del informe al juez, dirigirá comunicación electrónica a los acreedores sobre los que conste su dirección electrónica, informándoles del proyecto de inventario y de la lista de acreedores. Los acreedores podrán solicitar a la administración concursal, igualmente por medios electrónicos, hasta tres días anteriores a la presentación del informe al juez, que se rectifique cualquier error o que complementen los datos comunicados.*" Los plazos son sumarísimos[11] y la única vía de comunicación que se prevé es la telemática.

En sede de procedimiento abreviado, después de puesto de manifiesto el informe provisional, se ha introducido por el legislador la posibilidad de que la Administración Concursal pueda llegar a evitar que las impugnaciones de los textos provisionales que puedan suscitarse lleguen a tramitarse de forma efectiva, y ello conforme a lo dispuesto en el Art. 191.4 de la LC: "*El secretario judicial formará pieza separada en la que se tramitará lo relativo a las impugnaciones del inventario y de la lista de acreedores, y, al día siguiente, sin incoar incidente, dará traslado de las mismas al administrador concursal. En el plazo de 10 días, el administrador concursal comunicará al juzgado si acepta la pretensión, incorporándola a los textos definitivos, o si se opone formalmente a la misma, proponiendo a su vez la prueba que considere pertinente. Contestada la demanda o transcurrido el plazo para ello, el proceso continuará conforme a los trámites del juicio verbal de la Ley de Enjuiciamiento Civil y será de aplicación el artículo 194.4 en todo aquello que no se oponga a lo previsto en este precepto.*" Este artículo –que entraña inmensas dificultades prácticas– tiende a evitar a toda costa la incoación del incidente concursal y deja en el alero temas menores pero importantes como las costas procesales.

Sin ningún género de dudas la principal lacra de la que adolece estos mecanismos concursales es el de la ausencia de sanción procesal al acreedor que, habiendo hecho dejación de las facultades y que, sin alegar ante el proceder de las administración concursal, emplea el mecanismo del incidente concursal generando un procedimiento judicial cuando este pudo haber sido obviado con una mínima diligencia. A este defecto sustantivo hemos de introducir el obstáculo procesal de que no hay previsión expresa de que el concursado deba intervenir en los trámites extrajudiciales antes descritos, lo que podría llevar a generar una clara indefensión, toda vez que es respecto del patrimonio del deudor sobre lo que están conciliando la Administración Concursal y los acreedores, sin que se haya previsto por el legislador un mero trámite de audiencia.

[11] Aun más en el procedimiento abreviado, ya que el Art. 191.3 LC especifica que "*El administrador concursal practicará la comunicación prevista en el artículo 95.1 al menos 5 días antes de la presentación de la lista de acreedores.*"

Por último es criticable que el único mecanismo de comunicación reconocido sea el telemático, cuando es posible que el deudor en la solicitud de concurso sea incapaz de precisar dichas direcciones válidas de correo electrónico de cada uno de sus acreedores.

Asimismo el Art. 97 bis LC[15] implementa un mecanismo que guarda ciertas semejanzas a la hora de poder obtener la modificación de los textos definitivos de informe. Así el citado artículo prevé que "*La modificación del texto definitivo de la lista de acreedores sólo podrá solicitarse antes de que recaiga la resolución por la que se apruebe la propuesta de convenio o se presente en el juzgado los informes previstos en los apartados segundo de los artículos 152 y 176 bis. A tal efecto los acreedores dirigirán a la administración concursal una solicitud con justificación de la modificación pretendida, así como de la concurrencia de las circunstancias previstas en este artículo. La administración concursal en el plazo de cinco días informará por escrito al juez sobre la solicitud. Presentado el informe, si fuera contrario al reconocimiento, se rechazará la solicitud salvo que el solicitante promueva incidente concursal en el plazo de diez días, en cuyo caso se estará a lo que se decida en el mismo. Si el informe es favorable a la modificación pretendida, se dará traslado a las partes personadas por el término de diez días. Si no se efectúan alegaciones o no son contrarias a la pretensión formulada, el juez acordará la modificación por medio de auto sin ulterior recurso. En otro caso, el juez resolverá por medio de auto contra el que cabe interponer recurso de apelación.*" De nuevo breves plazos, en que la Administración Concursal se habrá de entender directamente con el acreedor, si bien será necesaria la resolución judicial aun en el caso de avenencia entre la el acreedor y la Administración Concursal. Tampoco en este supuesto se prevé expresamente trámite de audiencia al deudor, con la posible indefensión que podría generar la aplicación de este precepto.

Con todo estos mecanismos, aunque mejorables, han supuesto en la práctica una disminución abismal de la incoación de incidentes concursales de impugnación de informe, aunque no puede decirse en qué medida se puede achacar dicha disminución a su labor o a la entrada en vigor de la Ley 10/2012, de 20 de noviembre, por la que se regulan determinadas tasas en el ámbito de la Administración de Justicia y del Instituto Nacional de Toxicología y Ciencias Forenses, de la que antes se ha hablado.

5. *LEGE FERENDA*: PERSPECTIVAS QUE PUDIERAN SER OBJETO DE REFORMA APORTANDO UNA MAYOR FLUIDEZ AL CONCURSO

En las figuras que hasta ahora hemos analizado hemos visto como a través de procedimientos sobre el papel simplificados se trata de avenir a las partes llamadas a dilucidar sus controversias dentro del concurso de acreedores a los efectos de evitar la decisión judicial y, especialmente, el incidente concursal

[15] También introducido, por cierto, por la Ley 38/2011 de 10 de Octubre de reforma de la Ley Concursal.

–que según palabras de FUENTES BUJALANCE[16] constituye el principal cuello de botella del concurso de acreedores cuya proliferación no supone otra cosa que lastrar en exceso una nave a la que la Ley Concursal ha dotado –y permítaseme la licencia– de un aparejo más bien escaso.

Entiendo que el conceder al propio Juez fuera del principio de unidad de acto estas facultades conciliadoras –tal y como hoy sucede en la fase previa al incidente concursal del Art 61.2 LC– supone perder gran parte del sentido práctico de estos mecanismos intra concursales conciliatorios y que potenciar otras vías que se centren en la figura del Administrador Concursal y del Secretario judicial como personas llamada a lograr la avenencia de las partes, el primero dentro de los trámites extrajudiciales del concurso y el segundo dentro del seno del proceso universal.

Para ello es necesario que el legislador apueste decididamente por estas figuras, como parece haber hecho por la mediación extrajudicial, a los efectos de que, con salvaguarda de las funciones jurisdiccionales de juzgar y hacer ejecutar lo juzgado, puedan los ciudadanos obtener una respuesta eficaz de los Tribunales allá donde sea precisa y sobre todo si no existe –fuera del imperativo legal que conduce a un trámite ante dichos tribunales como único admisible–controversia que exija una decisión valorativa y estrictamente judicial sobre el fondo.

BIBLIOGRAFÍA

BELTRÁN SÁNCHEZ, Emilio y ANGEL ROJO. *Comentario de la Ley Concursal.* Civitas 1ª Ed, Madrid 2004.

CADENAS DE GEA, Catalina y MARINA COLL, María del Rocío. *El incidente concursal.* Editorial Ley57, Málaga 2012.

CORDÓN MORENO, Faustino (coordinador) *Comentarios a la Ley Concursal,* Grandes Tratados. Editorial Aranzadi, SA, Pamplona 2009.

FERNANDEZ SEIJO, J.Mª. *Superposición de competencias de los Juzgados de 1ª Instancia y de lo Mercantil. Otras situaciones conflictivas en la competencia de los Juzgados de 1ª Instancia y de lo Mercantil.* De la obra colectiva *Delimitación y competencia de los Juzgados de 1ª Instancia frente a los Juzgados de lo Mercantil. (Especial problemática que genera la aplicación de la Ley Concursal en este ámbito).* Estudios de Derecho Judicial. CGPJ. 2007.

GARCÍA VILLAVERDE, ALONSO UREBA y PULGAR EZQUERRA. *Derecho concursal,* Ed. Dilex, Madrid 2004.

GUASP, Jaime. *Derecho procesal civil.* Sexta edición. Ed Cívitas, Madrid 2003.

MARTÍNEZ GÓMEZ, Francisco José. *Juicios declarativos en primera instancia y en el concurso.* Ponencia correspondiente a la primera edición del curso de formación continuada para Secretarios Judiciales sobre derecho concursal por el Centro de Estudios Jurídicos del Ministerio de Justicia para 2013.

MERELLES PÉREZ, Manuel. Aplicación práctica de las tasas judiciales. Editorial Ley57, Málaga 2013.

---

[16] En su prólogo a la obra de imprescindible lectura elaborada por Catalina CADENAS DE GEA y María del Rocío MARINA COLL *El incidente concursal.* Editorial Ley57, Málaga 2012.

CONCURSO VOLUNTARIO – CONCURSO NECESARIO SUPUESTOS DE COEXISTENCIA Y CONCURSO CONSECUTIVO

RAFAEL LEONÉS VALVERDE
Magistrado – Juez titular del Juzgado de lo Mercantil nº 1 de Granada

SUMARIO: **1. Introducción.- 2. ¿Cómo debe tramitarse el concurso cuando coexisten temporalmente una solicitud de concurso formulada por el propio deudor y otra instada por uno de sus acreedores?- 3. ¿Y si el deudor ha presentado ante el Juzgado mercantil una comunicación de haber iniciado negociaciones para alcanzar un acuerdo de refinanciación o para obtener adhesiones a una propuesta anticipada de convenio (art. 5 bis LC)?- 4. ¿Y si el deudor ha presentado una solicitud de llegar a un acuerdo extrajudicial de pago ante un registrador mercantil o notario, recabando el nombramiento de un mediador concursal (art. 5 bis LC)?- 5. ¿Cómo debe tramitarse el concurso consecutivo?**

1. INTRODUCCIÓN

A la hora de diferenciar los concursos necesarios de los voluntarios la legislación concursal parece bastante clara en abstracto al establecerse en el art. 22.1 de la Ley concursal (LC) que "*el concurso de acreedores tendrá la consideración de voluntario cuando la primera de las solicitudes presentadas hubiera sido la del propio deudor. En los demás casos, el concurso se considerará necesario*". Como excepción a esta regla, el art. 22.2 LC dispone, sin embargo, que "*el concurso de acreedores tendrá la consideración de necesario cuando, en los tres meses anteriores a la fecha de la solicitud del deudor, se hubiera presentado y admitido a trámite otra por cualquier legitimado, aunque éste hubiera desistido, no hubiera comparecido o no se hubiese ratificado*". No obstante, y al margen de estas dos reglas, en la práctica pueden concurrir variadas circunstancias que, como después se analizará, pueden hacer dudar a la hora de calificar el concurso como voluntario o como necesario.

Esta cuestión no es meramente doctrinal o académica sino que tiene indudables efectos prácticos. Así, el art. 40 LC establece que, en caso de concurso voluntario, el deudor conserva las facultades de administración y disposición sobre su patrimonio, quedando sometido el ejercicio de éstas a la mera intervención de los administradores concursales; por el contrario, en caso de concurso necesario, se suspende el ejercicio por el deudor de las facultades de administración y disposición sobre su patrimonio, siendo sustituido por los administradores concursales. Ello hace que los deudores tengan un claro interés de que su concurso, en caso de ser declarado, se califique como voluntario. Asimismo, el art. 91.7º LC califica como crédito con privilegio general el del acreedor a instancia del cual se hubiera declarado el concurso y que no tuvieren el carácter de subordinados, hasta el cincuenta por ciento de su importe. En consecuencia, los acreedores tienen un indudable interés de que el concurso se tramite como necesario, pues ello incide en mejorar parcialmente la calificación de su crédito.

En adición a ello, las modificaciones introducidas en la Ley concursal por la Ley 14/2013, de 27 de septiembre, de apoyo a los emprendedores y su internacionalización, han ocasionado en la práctica, sobre todo al introducir una nueva clase de concursos (los consecutivos), que puedan surgir algunas dudas a la hora de decidir si se tramita preferentemente la solicitud de concurso presentada por el deudor o, al contrario, la presentada por uno de sus acreedores o por la nueva figura jurídica del mediador concursal.

2. ¿CÓMO DEBE TRAMITARSE EL CONCURSO CUANDO COEXISTEN TEMPORALMENTE UNA SOLICITUD DE CONCURSO FORMULADA POR EL PROPIO DEUDOR Y OTRA INSTADA POR UNO DE SUS ACREEDORES?

De concurrir esta circunstancia debe estarse, a la hora de tramitar preferentemente el concurso voluntario o el necesario, a la primera solicitud presentada (art. 22.1 LC). Si la primera solicitud es del acreedor, el concurso debe tramitarse como necesario y la solicitud posterior del deudor debe reputarse como allanamiento a la solicitud del acreedor, debiendo, en consecuencia, declararse el concurso del deudor como si no hubiera oposición al concurso necesario (art. 18.1 LC). Por el contrario, si la primera solicitud es la del deudor, deben seguirse los trámites del concurso voluntario, y ello sin perjuicio de unir la solicitud del acreedor al concurso voluntario y tenerlo por personado en el mismo (art. 15.3 LC).

Pero, ¿y si la solicitud de presentó en la misma fecha?. En este caso, y aplicando analógicamente el art. 79.2 LEC, entiendo que debe reputarse como primeramente presentada la solicitud que se hubiera registrado primero. Si no pudiera determinarse dicha circunstancia porque la solicitud se hubiera presentado ante distintos Juzgados en la misma fecha, entiendo que debe considerarse como primeramente presentada la que fue dirigida ante el Juzgado que resulte finalmente competente para tramitar ambas solicitudes.

Sin embargo, y siendo las reglas generales las antes expuestas, pueden producirse determinadas circunstancias que deben tenerse en cuenta a la hora de determinar si el concurso merece calificarse como voluntario o como necesario, surgiendo al respecto determinados interrogantes.

3. ¿Y SI EL DEUDOR HA PRESENTADO ANTE EL JUZGADO MERCANTIL UNA COMUNICACIÓN DE HABER INICIADO NEGOCIACIONES PARA ALCANZAR UN ACUERDO DE REFINANCIACIÓN O PARA OBTENER ADHESIONES A UNA PROPUESTA ANTICIPADA DE CONVENIO (ART. 5 BIS LC)?

En este caso, y conforme se sostiene en el art. 22.1 LC, la solicitud del deudor para ser declarado en concurso se entiende automáticamente presentada el día en que se formuló la comunicación prevista en el art. 5 bis LC. Por tanto, si algún legitimado distinto al deudor presenta una solicitud de concurso necesario dentro del plazo de los 3 meses naturales siguientes a la comunicación, ésta debe inadmitirse a trámite (art. 15.3 LC). Si la solicitud, en cambio, se presenta dentro del mes hábil siguiente a finalizar los 3 meses antes referidos, no puede ni admitirse ni inadmitirse sino que procede esperar por si el deudor presenta su propia solicitud en dicho plazo. Si la presenta dentro del plazo, la solicitud del acreedor debe unirse a la presentada por el deudor y, tramitándose el concurso como voluntario, tener por comparecido en dicho concurso al acreedor solicitante. Por el contrario, si no se presenta dentro de dicho plazo, deberá estarse a las reglas generales antes mencionadas y, por tanto, estar a la primera solicitud de concurso presentada, independientemente de que se hubiera presentado la comunicación prevista en el art. 5 bis LC.

4. ¿Y SI EL DEUDOR HA PRESENTADO UNA SOLICITUD DE LLEGAR A UN ACUERDO EXTRAJUDICIAL DE PAGO ANTE UN REGISTRADOR MERCANTIL O NOTARIO, RECABANDO EL NOMBRAMIENTO DE UN MEDIADOR CONCURSAL (ART. 5 BIS LC)?

En este caso, una vez comunicada dicha solicitud por el registrador o el notario al Juzgado, debe estarse a lo antes expuesto, como si se hubiera presentado una comunicación de preconcurso (art. 15.3 LC), y ello sin perjuicio de que el mediador concursal pueda solicitar el concurso consecutivo cuando acontezcan las circunstancias previstas en los arts. 236.4, 238.3 o 241.3 LC, en cuyo caso se tramitará el concurso como necesario aunque no hubieran transcurrido los plazos previstos en el art. 5 bis LC, toda vez que si la solicitud de concurso es presentada por persona distinta al deudor, como es el mediador concursal, el concurso debe calificarse como necesario.

Pero, ¿qué pasaría si un acreedor insta el concurso necesario del deudor después de que éste hubiera solicitado a un registrador mercantil o notario el nombramiento de un mediador concursal pero antes de que dicho registrador o notario hubiera comunicado al Juzgado de lo mercantil la apertura de las negociaciones? Una aplicación literal del art. 15.3 LC obligaría a tramitar el concurso necesario por cuanto el mismo se presentó antes de recibir la comunicación prevista en el art. 5 bis LC. Sin embargo, el art. 235.6 LC dispone que "*el deudor que se encontrase negociando un acuerdo extrajudicial no podrá ser declarado en concurso, en tanto no concurran las circunstancias previstas en el artículo 5 bis*".

La interpretación conjunta de ambos preceptos obliga, a mi juicio, a tramitar el concurso necesario hasta que el mismo esté pendiente de dictar auto declarando el concurso, debiendo suspenderse en ese momento el procedimiento hasta que transcurra el plazo del mes hábil previsto en el art. 5 bis LC tras los 3 meses establecidos para las negociaciones extrajudiciales. Si antes de finalizar dicho plazo el deudor hubiera presentado su propia declaración de concurso, el concurso voluntario debe tramitarse preferentemente, sin perjuicio de tener por compareciente en el concurso voluntario al acreedor instante. Sin embargo, si en dicho plazo es el mediador concursal el que insta el concurso consecutivo, éste debe tramitarse también preferentemente, si bien en este caso como necesario y sin que ningún acreedor pueda considerarse instante a los efectos de calificar su crédito. Y finalmente, si ninguno de los dos ha instado el concurso, debe dictarse auto declarando el concurso necesario a instancia del acreedor que lo solicitó, de acreditarse el estado de insolvencia, o desestimando la solicitud, si como consecuencia de las negociaciones efectuadas el deudor ya no se encuentra en estado de insolvencia.

Sin embargo, puede acontecer que en el momento de decidir sobre si procede o no estimar la solicitud de concurso aún se encuentre tramitándose el procedimiento extrajudicial de pagos. En este caso, debería declararse el concurso si el deudor se encuentra en ese momento en estado de insolvencia (por no haberse aprobado todavía el plan de pagos con los efectos novatorios previstos en el art. 240.2 LC), y ello sin perjuicio de que si, una vez declarado el concurso, el deudor ya no se encuentre en situación de insolvencia gracias a la aprobación del acuerdo extrajudicial de pagos, proceda acordar la conclusión del concurso conforme al art. 176.1.4º LC.

5. ¿CÓMO DEBE TRAMITARSE EL CONCURSO CONSECUTIVO?

Según se dispone en el art. 242.1 LC, tiene la consideración de concurso consecutivo el que se declare a solicitud del mediador concursal, del deudor o de los acreedores por la imposibilidad de alcanzar un acuerdo extrajudicial de pagos o por incumplimiento del plan de pagos acordado, así como el que sea consecuencia de la anulación del acuerdo extrajudicial alcanzado.

A la vista de este precepto así como de lo dispuesto en el art. 22 LC, el concurso consecutivo se tramitará como voluntario o como necesario dependiendo de la persona que lo inste y el momento en concreto en que lo haga. Si es el propio deudor el que insta su declaración de concurso, antes de cualquier otro legitimado y mientras se está tramitando el acuerdo extrajudicial de pagos, deberá tramitarse como un concurso voluntario, salvo que concurra la excepción prevista en el art. 22.2 LC antes analizado. Ahora bien, ¿puede el deudor instar su propio concurso mientras se está tramitando el acuerdo extrajudicial de pagos? Pues, según parece desprenderse del art. 235.6 LC, sólo podrá hacerlo cuando haya transcurrido el plazo de 3 meses previsto en el art. 5 bis LC. Ahora bien, dado que el procedimiento extrajudicial de pagos no se trata de un procedimiento de obligada tramitación para el deudor (el art. 231 LC establece que el deudor puede acudir a él, luego no está obligado a ello), entiendo que nada impide al deudor desistir expresamente de su petición inicial de iniciar el expediente extrajudicial y solicitar su concurso, que se tramitará como voluntario con las específicas previsiones del concurso consecutivo.

Por su parte, el mediador concursal también puede solicitar el concurso del deudor, en cuyo caso se tramitará como concurso necesario (art. 22 LC). En concreto, el art. 236.4 LC dispone que el mediador concursal debe solicitar la declaración de concurso de acreedores si decidieran no continuar con las negociaciones los acreedores que representasen al menos la mayoría del pasivo que necesariamente pudiera verse afectado por el acuerdo.

Asimismo, el art. 238.3 LC establece que, si el plan de pagos no fuera aceptado y el deudor continuara incurso en insolvencia, el mediador concursal debe solicitar inmediatamente del juez competente la declaración de concurso, que el juez debe acordar también de forma inmediata. ¿Quiere ello decir que se debe tramitar como si fuera el concurso necesario previsto en el art. 15.1 LC (concurso automático)? No obstante la dicción literal del art. 238.3 LC, y dado que dicho concurso parte de una circunstancia fáctica que puede ser contradicha por el deudor, como es que éste continúe en estado de insolvencia, entiendo que debe tramitarse de conformidad con el art. 15.2 LC, posibilitándose así que el deudor pueda oponerse a la solicitud.

De igual forma, el art. 241.3 LC preceptúa que si el acuerdo extrajudicial de pagos es incumplido, el mediador concursal debe instar el concurso, considerándose que el deudor incumplidor se encuentra en estado de insolvencia. En este caso, como en el anterior, el deudor puede alegar que no se produció incumplimiento del acuerdo extrajudicial de pagos, por lo que la solicitud del mediador concursal debe tramitarse de conformidad con el art. 15.2 LC. Ahora bien, la única causa de oposición en este caso es la del cumplimiento del acuerdo, pues se presume "iuris et de iure" en el art. 241.3 LC que el incumplimiento conlleva necesariamente que el deudor se encuentra en estado de insolvencia.

En cuanto a los acreedores, éstos pueden instar el concurso consecutivo del deudor en los mismos casos en los que puede el mediador concursal. Sin embargo, a diferencia de dicho mediador y a la vista del art. 15.3 LC, los acreedores no pueden instar el concurso del deudor si no han transcurrido los plazos previstos en el art. 5 bis LC o si antes ha instado su concurso el propio deudor o el mediador concursal, en cuyo caso se tramitarán preferentemente éstos, atendiendo al primero que hubiera presentado la solicitud de concurso.

Ahora bien, dado que no existe norma legal alguna que lo impida, los acreedores no sólo pueden solicitar la declaración de concurso del deudor en los casos en los que puede el mediador concursal (arts. 236.4, 238.3 y 241.3 LC) sino también pueden alegar al respecto cualquiera de las causas que justifican la declaración concursal, previstas en el art. 2 LC. Sin embargo, si el concurso se declara por causa distinta a las previstas en el art. 242.1 LC, no podrá calificarse como sucesivo y, por tanto, no serían de aplicación las especialidades previstas en el art. 242.2 LC para este tipo de concursos.

Finalmente, procede analizar los supuestos en los que un acreedor impugna al acuerdo extrajudicial alcanzado entre los acreedores y el deudor con intervención del mediador concursal. Dicha posibilidad, contemplada en el art. 239 LC, puede conllevar, tras tramitar un incidente concursal realmente excepcional pues mientras se tramita éste aún no se ha declarado concurso alguno, no sólo que se declare judicialmente la anulación del acuerdo sino, además, que se proceda de oficio a declarar el concurso del deudor, lo que deberá hacerse en resolución aparte pues todo incidente concursal termina por sentencia (art. 194 LC) y la declaración de concurso debe hacerse en auto (art. 21 LC).

Este concurso es realmente una novedad, pues no responde específicamente a solicitud alguna de que se declare el concurso sino que se declara de oficio en caso de estimarse la impugnación de un acuerdo extrajudicial de pagos. Por tanto, surge la duda de si el mismo debe calificarse como voluntario o necesario. En este sentido, conforme al art. 22.1 LC y a la vista de que no se ha presentado solicitud alguna del deudor, el concurso debe calificarse como necesario.

Cuestión distinta es que el deudor, antes de que se dicte sentencia acordando la nulidad del acuerdo extrajudicial de pagos alcanzado, inste su propia declaración de concurso. En este caso, no hay obstáculo legal alguno para admitir a trámite la solicitud del deudor y declararlo en concurso, en cuyo caso, aunque se dicte sentencia anulando el acuerdo alcanzado, el concurso deberá calificarse como voluntario. Ahora bien, dicha posibilidad no priva de eficacia a la sentencia que se dictare como consecuencia de la impugnación del acuerdo, pues, en caso de estimarse la impugnación, se dejará sin efecto la novación de los créditos objeto del mismo (anulándose las quitas y/o esperas pactadas) y determinará que el concurso se califique como consecutivo, con los efectos que le son propios (art. 242.2 LC).

EL ADMINISTRADOR CONCURSAL: ESTATUTO Y NOMBRAMIENTO

ANDRES PACHECO GUEVARA
Presidente de la Audiencia Provincial de Murcia

SUMARIO: **1. Antecedentes históricos. Criterio de idoneidad.- 2. El sistema de la Ley Concursal.- 3. Nombramiento de los administradores Concursales.- 4. Incapacidades, incompatibilidades y prohibiciones para el cargo.- 5. Responsabilidades de los Administradores Concursales.- 6. Retribución.- 7. Ejercicio del carago.- 8. Comentario final.**

1. ANTECEDENTES HISTORICOS. CRITERIO DE IDONEIDAD

Tradicionalmente, el juez ha sido asistido por órganos colaboradores en el desarrollo de los procedimientos de insolvencia. Ello venía requerido por una doble circunstancia: de un lado, la propia dimensión de los expedientes concursales; de otro, la normal ausencia en la judicatura de conocimientos de naturaleza económica y, sobre todo, contable, suficientes para detectar el verdadero estado patrimonial de los deudores sometidos a tales procedimientos y, tras esto, administrar los mismos hasta el pago ordenado a sus acreedores.

Pueden destacarse como principales antecedentes históricos del actual cargo de administrador concursal los siguientes:

1) CODIGOS DE COMERCIO DE 1829
   COMISARIO: Comerciante matriculado.
   DEPOSITARIO: Comerciante de notorio abono y buen crédito.
   SINDICATURA: Preferencia de quienes ejerzan o hubiesen ejercido el comercio.
2) LEY DE ENJUICIAMIENTO CIVIL DE 1881
   COMISARIO: Comerciante matriculado
   DEPOSITARIO ADMINISTRADOR: Persona de crédito, responsabilidad y aptitud.
3) LEY DE SUSPENSION DE PAGOS: interventores peritos mercantiles o prácticos.

4) LEY DE AUDITORIA DE CUENTAS DE 1988: Auditores de cuentas
La LC crea los administradores concursales, en principio integrados por:

Un Abogado
Un Auditor de cuentas, Economista o Titulado mercantil
Un Acreedor.

Recuerda TIRADO MARTÍ, quizás el tratadista que mejor ha estudiado este instituto, que la pregunta sobre el diseño del órgano de la administración del concurso se calificó hace ya más de un siglo como "la cuestión sobre el propio destino del concurso".

Para GALLEGO SANCHEZ la Administración Concursal es el pilar básico del sistema diseñado por la LC.

El CGPJ en su preceptivo informe de 2001 al anteproyecto de la LC calificó el tema como una de las cuestiones de mayor interés, y sugirió la integración de la Administración Concursal por profesionales expertos en la tramitación de crisis.

2. EL SISTEMA DE LA LC

Para el Prof. ROJO son los administradores concursales síndicos profesionales, pero no profesionalizados.

Habla TIRADO MARTÍ de un sistema subjetivo, dentro del llamado semiabierto.

MARTÍNEZ ESPÍN entiende también que se trata de un sistema semiabierto, al ser un órgano colegial y heterogéneo.

Y MÁRQUEZ LOBILLO lo considera un órgano técnico especializado.

Debe apuntarse que la posible funcionarización de este órgano ha sido una cuestión reiteradamente planteada.

Un remoto antecedente de ello fue el art. 1346 LEC de 1881, que determinaba que cuando la quebrada fuese una entidad de seguros, uno de los síndicos sería funcionario del Cuerpo Técnico de Inspección Mercantil y de Seguros.

El art. 7.1 del anteproyecto de Ley Orgánica de Creación del Cuerpo de Facultativos Forenses (de fecha 10/2/93) modificaba el art. 497.1 de la LOPJ y establecía la escala de economistas y auditores de cuentas, con funciones de asesoramiento y asistencia técnica a Jueces y Tribunales y al Ministerio Fiscal, especialmente en actuaciones concursales.

Nunca llegó a ser Derecho positivo tal funcionarización, la que bien pudiera haber alcanzado el éxito que sin duda significó la incorporación a la Administración de Justicia del Cuerpo de Médicos Forenses.

Finalmente asistimos a la preferencia de la LC por el desempeño liberal de tales funciones.

Ello constituye un acierto para Magro Servet, pues opina que lo contrario supondría una carga más para las arcas del Estado

Paz-Ares destaca tres probabilidades en el auditor, trasladables al miembro de la AC:

a) que pueda detectar irregularidades en los estados contables que revisa
b) que quiera detectar tales irregularidades, obra de los administradores de la sociedad
c) que, detectadas esas irregularidades, quiera comunicarlas.

El TS se pronunció sobre la función y naturaleza de la Intervención Judicial de la Suspensión de Pagos, antecedente próximo de la actual Administración Concursal, así la S.de 4/12/92 habla de las funciones de inspección e intervención en las operaciones mercantiles y comerciales, así como de los informes al juez, e incluso de asesoramiento respecto de la conveniencia de ejercitar acciones en defensa e interés del patrimonio del suspenso.

La S. de 30/3/84 también detecta la naturaleza pericial del órgano, por cuanto sus componentes, sin fuerza vinculante, auxilian y asesoran al órgano judicial.

3. NOMBRAMIENTO DE LOS ADMINISTRADORES CONCURSALES

Como se ha anticipado, la LC incluye en el órgano un abogado, un auditor de cuentas, economista o titulado mercantil, y un acreedor.

Ley 38/2011, de 10 de octubre, de reforma de la Ley 22/2003, Concursal, modifica tal composición y establece en su art. 27 un único miembro, que puede ser:

Un abogado en ejercicio con cinco años de experiencia, que hubiera acreditado formación especializada en Derecho Concursal, o un economista, titulado mercantil o auditor de cuentas con cinco años de experiencia profesional, con especialización demostrable en el ámbito concursal.

Establece, así mismo, la posibilidad de que sea administrador concursal una persona jurídica, en la que se integre, al menos, un abogado en ejercicio y un economista, titulado mercantil o auditor de cuentas, siempre que se garantice la debida independencia y dedicación en el desarrollo de las funciones de administrador concursal.

Pero contempla como excepciones:

1ª) Concurso de entidad emisora de valores o instrumentos derivados que se negocien en un mercado secundario oficial, de una entidad encargada de regir la negociación, compensación o liquidación de estos valores o instrumentos, o de una empresa de servicios de inversión, en los que posibilita el nombramiento de un miembro de entre el personal técnico de la CNMV u otro propuesto por ésta con la cualificación de economista, titulado mercantil o auditor de cuentas, exigiendo la correspondiente comunicación al juez.

2ª) Concurso de una entidad de crédito o de una entidad aseguradora, en los que el nombramiento por el juez lo es de entre los propuestos por el Fondo de Garantía de Depósitos (FGD) o el Consorcio de Compensación de Seguros (CCS).

3ª) Concursos ordinarios de especial trascendencia, que requieren otro administrador, que ha de ser acreedor titular de créditos ordinarios o con privilegio general no garantizado de entre los que figuren en el primer tercio de mayor importe.

Y como especialidades establece la posibilidad de nombrar a la representación legal de los trabajadores, que designará a un profesional que reúna alguna de las condiciones de abogado, titulado mercantil o economista, con el mismo régimen que los demás y representando a la Administración Concursal frente a terceros el primero de los designados.

También, para cuando el acreedor designado sea una Administración Pública o una Entidad de Derecho Público vinculada o dependiente de ella, puede recaer la designación en cualquier empleado público con titulación universitaria de graduado o licenciado en ámbitos pertenecientes a las ciencias jurídicas o económicas.

Aspecto importante es también la existencia de listas en los Decanatos sobre candidatos, formación y disponibilidad, enviadas por los Colegios Profesionales y por el Registro Oficial de Auditores de Cuentas (ROAC), aunque cabe la solicitud directa de los profesionales sin colegiación obligatoria y de las personas jurídicas antes mencionadas.

Se dispone igualmente en tales supuestos la acreditación de experiencia como administrador concursal o auxiliar delegado y de otros conocimientos o formación especial relevante.

Es muy positivo el hecho de que el juez ha de procurar una distribución equitativa de las designaciones respecto de los administradores profesionales.

En los procedimientos ordinarios se exige la experiencia de otro concurso ordinario o de tres abreviados.

Todo ello, sin que quede excluida la posibilidad de designación de profesionales concretos, razonándolo debidamente cuando se necesite una experiencia o unos conocimientos o formación especiales, tales como la viabilidad empresarial o la complejidad del concurso.

En los concursos conexos puede nombrarse una Administración Concursal única y auxiliares delegados.

Para la salvaguarda del deseado equilibrio en las designaciones existe la posibilidad legal de que los interesados planteen quejas en los Decanatos, algo auspiciado por la propia LOPJ.

Ye en S. de 15/12/06 el Juzgado de lo Mercantil nº 7 de Madrid indicó que "En cualquier caso, puede apuntarse que la designación de la Agencia Estatal de la Administración tributaria como acreedora miembro de la administración concursal, dada su condición de entidad pública, da transparencia a la actuación del órgano y supone la defensa en el mismo de un interés general, permite la adscripción a las tareas concursales de personal altamente cualificado y una considerable reducción de los costes, pues la retribución del personal lo asume directamente el Estado, lo que redunda en beneficio de la masa pasiva".

Y el Auto de la Sección 28 de la AP de Madrid de 29/2/08 estableció que no ha lugar a retribución alguna con cargo a la masa por la intervención en la administración concursal de profesional designado por la AEAT.

El art. 27 bis, novedad de la Ley 38/20013, regula los nombramientos en los concursos de especial trascendencia, esto es:

1º) cuando el negocio anual del concursado haya superado los 100 millones de euros en cualquiera de los tres ejercicios anteriores a aquél en que sea declarado el concurso

2º) cuando el importe de la masa pasiva declarada por el concursado sea superior a 100 millones

3º) cuando el número de acreedores manifestado por el concursado sea superior a 1.000

4º) cuando el número de trabajadores sea superior a 100 o lo haya sido en alguno de los tres ejercicios anteriores.

Por causa de interés público cabe la posibilidad de nombrar administrador a una Administración Pública o a una entidad de Derecho Público vinculada o dependiente de ella (de oficio o a instancia de acreedor público o de la Administración Concursal).

Debe añadirse que el Real Decreto 1333/2012, de 21 de septiembre regula el seguro de responsabilidad civil y la garantía equivalente de los administradores concursales.

Al aceptar el nombramiento, todo administrador concursal deberá acreditar ante el Secretario Judicial del juzgado que conozca del concurso la vigencia de un contrato de seguro o una garantía equivalente por cuya virtud el asegurador o entidad de crédito se obligue, dentro de los límites pactados, a cubrir el riesgo del nacimiento a cargo del propio administrador concursal asegurado de la obligación de indemnizar por los daños y perjuicios causados en el ejercicio de su función.

Puede sustituirse ese aseguramiento por una garantía solidaria de contenido equivalente constituida por entidad de crédito que pueda prestar garantías de este tipo por el importe que corresponda según lo establecido en el mismo RD, debiendo mantener su vigencia hasta que transcurran cuatro años desde la fecha en que el administrador concursal cesó en el cargo por cualquier causa.

Cuando la terminación de otros concursos en los que intervenga el administrador concursal permita una reducción de la suma asegurada, éste podrá efectuar la adaptación de su contrato de seguro, acreditando su nueva cobertura, que siempre deberá cubrir su responsabilidad en el concurso o concursos en que siga desempeñando su función. Las renovaciones del seguro habrán de acreditarse igualmente ante el Secretario Judicial.

No existe la obligación de aseguramiento cuando una Administración pública o una entidad de Derecho público vinculada o dependiente de la anterior sea nombrada administrador concursal y designe para llevar a cabo tales cometidos a una persona natural que tenga la condición de empleado público. En los demás casos, la obligación de aseguramiento será exigible a la persona natural que hubiera designado.

Ocurre lo mismo con el personal técnico de la CNMV y del CCS cuando tales entidades sean designadas como administrador concursal.

4. INCAPACIDADES, INCOMPATIBILIDADES Y PROHIBICIONES PARA EL CARGO

Como se ha puesto de manifiesto por la mejor doctrina, es poco feliz la redacción del precepto que las regula (art. 28 LC), constituyendo realmente todas ellas causas de inegibilidad para la Administración Concursal.

Hay una modificación de su apartado 2 por la ley 38/2011.

La división que articula Tirado Martí obedece al motivo que las origina:

1. incapacidades: falta de aptitud natural del sujeto (de obrar) o jurídica (utilidad pública)
2. inhabilitaciones: reproche del ordenamiento por comportamiento pasado del sujeto
3. prohibiciones: imposibilidad de desarrollar simultáneamente dos actividades de forma correcta: (relación cercana personal o profesional o motivos de política legislativa).

La clasificación de Velázquez Martín es del siguiente tenor:

1. por incapacidad o incompatibilidad legal
2. por su vinculación con el concursado
3. por la concurrencia de intereses contrapuestos
4. en razón de su anterior ejercicio del cargo
5. en aras de la independencia e imparcialidad del cargo.

Personalmente, opino que, en definitiva, se trata de una serie de inidoneidades personales para la asunción del cargo en la Administración Concursal.

El Juzgado de lo Mercantil nº 2 de Sevilla dictó la S. de 18/6/08 en la que se trataba el caso de una sociedad que fue auditora de la concursada durante los tres años anteriores al concurso, decretando la incompatibilidad de tal sociedad auditora para que su personal integrase el órgano de administración del concurso de la auditada, basándose ello en la mención legal a la prestación de servicios profesionales al deudor.

Esa es también la opinión del ICAC al respecto, como aparece reflejado en su boletín oficial.

Por su parte, el Juzgado de igual clase nº 1 de Las Palmas estableció en S. de 10/3/10 la incompatibilidad entre empresas especialmente relacionadas en un supuesto en el que la concursada y la sociedad nombrada administrador no mantenían una relación de las referidas por el art. 93 LC, pero sí existían entre ellas vínculos, manifestados en la actividad y dependencia de una de ellas respecto de otras, también de esa actividad mercantil, que propiciaban incluso la existencia de una posible competencia, de ahí el supuesto de inidoneidad.

5. RESPONSABILIDAD DE LOS ADMINISTRADORES CONCURSALES

Existe responsabilidad de varias clases: penal, administrativa, civil y concursal.

1ª.- PENAL

Parte del principio de legalidad de los arts. 25. 1 de la Constitución y 1 del Código Penal, de la contemplación del dolo y la imprudencia en el art. 5 de dicho CP y de la exigida tipicidad de los ilícitos culposos en el art. 12 del propio Texto punitivo.

Las posibilidades más normales de que los administradores concursales cometan ilícitos son las infracciones penales dolosas (falso testimonio, divulgación de secretos, descubrimiento y revelación de datos reservados de las personas jurídicas, allanamiento de domicilios, estafas, apropiación indebida, falsedades documentales, insolvencias punibles,etc), sin que en ninguna de ellas esté tipificada la forma culposa, de ahí que los descuidos o irregularidades ausentes de una verdadera intención de delinquir queden al margen del Derecho Penal, al no castigarse las imprudencias en el desempeño del cometido asignado a los mismos por la LC.

2ª.- ADMINISTRATIVA

Depende del régimen disciplinarios de cada profesión y la potestad disciplinaria corresponde a los Colegios profesionales y al Instituto de Contabilidad y Auditoría de Cuentas (ICAC).

Es importante conocer que el Tribunal de Conflictos de Jurisdicción dictó la S. de 9/4/13 en la que determinó la competencia AEAT para la tramitación de procedimiento administrativo para la declaración de responsabilidad tributaria subsidiaria de los administradores concursales.

En esta resolución se establece una salvedad consistente en que el reconocimiento de la jurisdicción de la Administración Tributaria que se lleva a cabo no contiene ningún juicio anticipado de conformidad a derecho de las resoluciones administrativas que puedan ser dictadas cuando concluyan los procedimientos que ponen en marcha las resoluciones que el juez de lo mercantil pretende sean suspendidas y anuladas. No lo contiene porque la intervención de este Tribunal de Conflictos está legalmente prevista para otros fines.

3ª.- CIVIL

Para Tirado Martí ésta es la "piedra de toque" del estatuto jurídico del administrador concursal. Gallego Sánchez la concibe como una obligación de medios y no de resultados, mientras que Aurioles Martín habla de una profesión de alto riesgo.

El informe al Anteproyecto de LC del Consejo Económico y Social calificó el régimen de excesivamente grave.

El art. 36 de la LC se refiere a los daños a la masa, al deudor, a los acreedores o a terceros, consistiendo la conducta lesiva en actos u omisiones contrarias a la ley o realizados sin la diligencia debida (arts. 1.090 y 1.093 del CC).

En la actualidad la Lex artis, como en toda actividad profesional, es el parámetro que sirve para baremar la responsabilidad civil, al consistir en un sistema de equilibrio entre la excelencia, o exactitud en el trabajo, y la ligereza, o verdadero descuido de los fundamentos básicos de ese trabajo. El título supone capacidad y los profesionales han de desarrollar sus funciones de una forma normal, esto es, adecuada a su finalidad y con aportación de los datos esenciales para que el Juez adapte, y adopte, sus decisiones en materias en las que normalmente es profano, sobre todo en los aspectos contables.

Existe una especialidad, cual es la necesidad de la presencia de un daño, sin el que es imposible tratar de atribuir responsabilidad civil al administrador concursal.

De otro lado, sujetos de tal responsabilidad pueden ser los administradores concursales y los auxiliares delegados, con exenciones dimanadas de su no participación en las tareas estimadas susceptibles de responsabilidad o su posicionamiento escrito en contra de las adoptadas por otros, existiendo solidaridad, salvo si el funcionamiento del órgano es mancomunado, y obviamente, abarca a las sociedades administradoras la responsabilidad de sus miembros.

Finalmente, las acciones de responsabilidad pueden ser por daños a la masa o individuales.

La SAP de Castellón de 3//6/11 señala que la infracción de los deberes de actuar con arreglo a parámetros de conducta propios de un leal administrador y con fidelidad ha de ser acreditada cumplidamente, sin que cualquier perjuicio o daño que la concursada sufra haya de ser achacado al administrador concursal. Y añade “esta responsabilidad de carácter subjetivo nada tiene que ver con la objetiva contemplada en los arts. 265.2 LSA y 104.5 LSRL para el caso de los administradores sociales que, concurriendo causa de disolución de la sociedad, no convocan la junta que la acuerde”.

La Sección 1ª de la AP de Salamanca ha aclarado la independencia de la rendición de cuentas respecto de la responsabilidad de los administradores concursales, estableciendo que el patrón de exigencia contemplado en el art. 35.1 y concordantes de la LC tiene las características de abstracto, genérico y metajurídico, que se expresa en las locuciones de diligencia de un ordenado administrador y de un representante leal, pero que, yendo más allá del estándar del buen padre de familia del art. 1.104 del CC, no alcanza un arquetipo de severidad plena, por lo que ha de completarse en atención a las circunstancias del caso examinado.

En otro orden de cosas, ha de constatarse que el RD 1333/2012 establece como ámbito objetivo del seguro de responsabilidad civil del administrador concursal o de la garantía al mismo equivalente:

1º) la cobertura del riesgo de nacimiento de la obligación de indemnizar al deudor o a los acreedores por los daños y perjuicios causados a la masa activa del concurso por los actos y omisiones realizados, en el ejercicio de sus funciones, por el administrador concursal o por el auxiliar delegado de cuya actuación sea responsable que sean contrarios a la ley o hayan sido realizados sin la debida diligencia (lex artis)

2º) la cobertura de los daños y perjuicios por actos u omisiones del administrador concursal que lesionen directamente los intereses del deudor, los acreedores o terceros

3º) además, podrá incluir otras coberturas que libremente se pacten entre las partes, así como ampliar el ámbito y los límites de cobertura.

La cobertura del asegurador se mantendrá hasta los cuatro años posteriores a su cese en el cargo por cualquier causa, siempre y cuando dichas reclamaciones tuviesen su fundamento en los daños y perjuicios causados a la masa activa durante el periodo en el que se ostente la condición de administrador concursal en el procedimiento de que se trate.

Las acciones de responsabilidad que puedan corresponder al deudor, a los acreedores o a terceros por actos u omisiones de los administradores concursales que lesionen directamente los intereses de aquéllos, tienen un plazo de prescripción de un año.

Existe acción directa del perjudicado o sus herederos contra el asegurador en los términos previstos por la Ley 50/80, de Contrato de Seguro y, por ello, el asegurado estará obligado a manifestar al tercero perjudicado o a sus herederos la existencia del contrato de seguro.

La SAP de Jaén de 29/10/10 resolvió una reclamación por lesión de intereses particulares, los mismos consistentes en el daño moral que se estimaba dimanado de la no reclamación de créditos fallidos. La Sala no entendió acreditada negligencia alguna al opinar que no existe prueba alguna que permita conectar el empeoramiento de la salud del reclamante con la actuación de los administradores concursales demandados, "ni aun en el hipotético caso, no demostrado, de que efectivamente hubieren incurrido en falta de diligencia".

4ª.- CONCURSAL

La misma también presupone la existencia de un daño y lleva aparejadas sanciones penales y administrativas, tales como la pérdida del derecho a la retribución y la devolución de lo percibido, ello por retraso injustificado en la presentación del informe, por inasistencia a la junta de acreedores y por prolongación indebida de la liquidación más de 1 año.

La separación del cargo puede producirse por incumplimiento de sus deberes y especialmente por incumplimiento del deber de presentar los informes trimestrales en la fase de liquidación.

Y la inhabilitación deriva de la desaprobación de las cuentas y de la adquisición de bienes de la masa activa por sí o mediante tercero interpuesto, perdiendo su crédito en tal caso el administrador acreedor.

Establece el RD 1333/2012, antes comentado, que la infracción del deber de acreditar la renovación del seguro será justa causa de separación del cargo.

Es digna de mención, por su contundencia, la S. de fecha 11/9/13 dictada por el Juzgado de lo Mercantil nº 2 de Alicante, que acoge la pretensión incidental de determinada sociedad mercantil sobre la separación de dos administradores concursales de la misma, determinando en su fundamentación jurídica que la actuación de los dos miembros de la administración concursal respecto de un cheque no se puede afirmar con rotundidad que sea delictiva pero sí que no se ajusta a los deberes de honestidad, lealtad e imparcialidad que son propios de la AC, de la misma manera que resulta contraria a aquellos deberes la actuación en relación a cierto reconocimiento de créditos a favor de uno de ellos y su empecinamiento en su pago. Finalmente –añade– con una menor gravedad, se ha permitido aprobar los honorarios con facturas que se ha demostrado que son falsas en la medida en que no se corresponden con servicios prestados por esa empresa a determinado perito, lo cual no sería una actuación de la suficiente entidad como para motivar por sí sola una separación de los administradores concursales, pero sí para exigir en lo sucesivo un más detenido seguimiento del concurso y un protagonismo más destacado del tercer administrador concursal.

El fallo obliga a los administradores concursales separados a rendir cuentas en el plazo de un mes desde la notificación de la sentencia.

La honestidad, la lealtad y la imparcialidad son erigidas así en las coordenadas más significativas del quehacer de los integrantes de este órgano concursal, provocando la separación del mismo actuaciones que difieran de su cabal observancia.

6. RETRIBUCIÓN

Esta faceta ha sido reformada también por la Ley 38/2011. La retribución es un derecho de los administradores, salvo los pertenecientes a las entidades del art. 27.2, antes referidas.

El sistema es de arancel con cargo a la masa activa, tal y como lo reguló el RD 1860/2004, cuyos parámetros son:

1º. la cuantía del activo y del pasivo
2º. la complejidad previsible del concurso
3º. su carácter ordinario o abreviado, y
4º. la acumulación de concursos

Las clases de retribución son necesaria y posible, ésta según convenio, y las principales reglas del sistema son la exclusividad, la limitación y la efectividad, fijándose por el Juez de lo Mercantil mediante auto y existiendo la posibilidad de modificación en el curso del procedimiento, si las circunstancias así lo propician.

Las decisiones judiciales en esta materia son apelables por los propios administradores concursales y por todos los legitimados para solicitar la declaración del concurso.

Es preciso constatar también que el régimen arancelario no afecta a los auxiliares delegados.

Seguidamente se exponen algunas resoluciones judiciales sobre esta materia.

La S. de la Sección 28 de la AP de Madrid de 29/2/08 refiere el papel relevante del juez en los porcentajes que no son fijos de incremento o decremento de la retribución básica arancelaria para aplicar criterios de equidad en orden a conjugar las mayores posibilidades de percibo por los acreedores concursales con la realidad del empeño en las labores de los administradores concursales, teniendo en cuenta la colaboración con personal de la empresa concursada y la índole de servicios requeridos, llegando el Juzgado de lo Mercantil 2 en su Auto de 19/6/08 al alcance de una limitación retributiva en las cuentas básicas cuando se trata de procedimientos acumulados de grupos de sociedades, con eliminación del tratamiento doble de los créditos/obligaciones.

Etxarandio Herrera se hace eco en su Manual de Derecho Concursal de la suscitada posibilidad de una retribución prudente aprobada por el juez para las funciones de la administración concursal posteriormente a su cese por aprobación del convenio, pero ello, recoge, fue rechazado por el Auto del Juzgado de lo Mercantil de A Coruña en 3/9/07.

La Sección 5ª de la AP de Sevilla entendió en Auto de 7/3/11 que el beneficio de justicia gratuita no exime de pagar a la administración concursal. Se basa tal decisión en que no es asimilable el administrador concursal al perito y, por ende, no se ve aquél concernido por cuanto al respecto de éste establece la ley 1/96 al determinar el contenido del derecho a la justicia gratuita. Se destaca igualmente en tal resolución el carácter necesario del órgano de administración del concurso, con funciones que superan ampliamente las propiamente periciales, entre ellas, las de confeccionar el inventario y la lista de acreedores e instar acciones rescisorias.

En 28/12/11 esta misma Sección de Sevilla desestimó también la pretensión de exención de retribuir a los administradores concursales cursada por un matrimonio que ostentaba el derecho a justicia gratuita. Resulta completamente indiferente tal circunstancia a los efectos del pago de los honorarios a aquéllos, pues esos pagos son a cargo, no de los propios cónyuges, sino de la masa activa del concurso de su sociedad de gananciales.

La AP de Alava estableció en Auto de 28/6/11 que en la fijación definitiva de las cuantías no procede excluir los activos o pasivos enajenados por actos de gestión concursal.

No cabe cuestionar los créditos que resulten de la lista definitiva, como aclara la Sección 15ª de la AP de Barcelona en Auto de 5/7/11.

Y no procede incluir a efectos de las retribuciones en el cómputo del pasivo los créditos contra la masa, como entiende la Sección 4ª de la AP de Murcia en Auto de 5/1/12.

Sí procede en opinión de la Sección 3ª de la AP de Córdoba en Auto de 14/5/10, pues "no pueden separarse los créditos concursales y los créditos contra la masa, puesto que una cosa es que se relacionen de forma separada, como previene el art. 94.4 de la LC y otra que no se tenga en cuenta su suma total para la votación del pasivo".

7. EJERCICIO DEL CARGO

La LC requiere de los administradores concursales la diligencia de un ordenado administrador y de un representante leal, como tradicionalmente se venía exigiendo en nuestras leyes de quiebras.

La forma de operar es conjunta y mancomunada, salvo cuando otra cosa determine el juez, y las decisiones han de estar firmadas por todos, salvo las de trámite, existiendo siempre la supervisión del juez del concurso.

En este aspecto concreto, las decisiones judiciales no son recurribles ni susceptibles de incidente concursal.

Hay que radicar en la elaboración del informe principal, el del art. 74, y del resto de los previstos por la LC (sobre evaluación de propuestas de convenio, sobre liquidación, sobre calificación, etc) la esencia del ejercicio del cargo de administrador concursal.

La mayoría de las AAPP sostuvieron desde el principio que en la práctica, pese a la actuación conjunta de los administradores concursales, tan solo se requiera la participación de dos de los tres administradores para la validez de las actuaciones del órgano concursal (así la Sección 15ª de Barcelona en S. de 9/12/09).

Actualmente la LC ha adelgazado la composición de la administración concursal, aunque gran parte de la doctrina, a la que nos unimos, sigue reclamando la total supresión del acreedor en dicho órgano.

Ante la opinión de que la no constancia en autos del acuerdo de la administración concursal dirigido a la formulación de demanda ejercitando acción de anulación acarrearía la desestimación ad limine de dicha demanda, la Sección 1ª de la AP de Salamanca, en S. de 9/5/11, determinó que en modo alguno le quedó cercenada a la parte la posibilidad de alegar y aportar pruebas en relación con sus pretensiones, siendo distinto que no exista el acuerdo y que el mismo no haya sido aportado. Se basa tal decisión en la S. del TC de 11/7/94, que estableció que no es causa de nulidad de actuaciones una mera infracción de normas procesales ni la innovación de cualquier clase de indefensión para provocar aquella nulidad, siendo preciso que ésta sea efectiva, efectividad que únicamente tiene lugar cuando la vulneración de la norma conlleve consecuencias prácticas, consistentes en la privación del derecho de defensa y en un perjuicio real y efectivo de los intereses afectados por ella. Además, la indefensión no puede equipararse a cualquier infracción o vulneración de normas procesales, sino solamente a aquella situación en la que el interesado, de modo injustificado, ve cerrada la posibilidad de impetrar la protección jurisdiccional.

8. COMENTARIO FINAL

Analizadas someramente las principales materias relacionadas con el estatuto de los administradores concursales, debe destacarse la enorme importancia del órgano creado por la LC, así como su naturaleza eminentemente pericial, esto es, asesora de la propia función judicial.

Una prospección general del citado estatuto jurídico nos lleva a conectar muy intensamente el cometido del juez con el de quien es nombrado para apoyarle en aspectos técnicos en los que es profano, de ahí que, como se detecta en materias como la incompatibilidad para el cargo o la responsabilidad, deba estar presidida la actividad de ambos profesionales, el propio juez y los miembros del instituto concursal estudiado por las notas de independencia absoluta, imparcialidad y responsabilidad que son esenciales para juzgar.

No en vano puede sostenerse que muchas de las resoluciones de los Juzgados de lo Mercantil vienen a ser la plasmación prácticamente literal por los magistrados de las indicaciones de los administradores concursales en las materias que les afectan, siendo un evidente exponente de tal conexión la casi identidad entre las causas de inidoneidad para el cargo de administrador concursal antes revistadas y las legalmente contempladas por la LEC y por la LOPJ para los peritos judiciales y para los propios jueces y magistrados, siempre auspiciadas por la imperiosa necesidad de que sus decisiones se adopten con total ausencia de interés alguno respecto del asunto concreto y respecto de quienes hayan de verse afectados por tal asunto.

La analogía que se sostiene con la responsabilidad de jueces y magistrados fue puesta de manifiesto por el Juzgado de lo Mercantil nº 2 de Barcelona en S. de 7/2/12, en la que se expresa que "no es lícito trasladar a un proceso de responsabilidad el debate sobre la legalidad de una determinada actuación y, en último término, porque a la propia demandante habría que imputar el daño, dado que la situación que denuncia se habría revertido de haber impugnado el pago".

En suma, pienso sinceramente que el instituto de la Administración Concursal ha de ser el determinante del éxito o fracaso final de la LC.

Y buen indicador de ello son los sucesivos "retoques" que las reformas legales han venido aportando al novedoso órgano de administración del concurso.

AUXILIARES DELEGADOS Y EXPERTOS INDEPENDIENTES EN LA LEY CONCURSAL. PREGUNTAS Y RESPUESTAS A MODO DE CONTEXTUALIZACIÓN SUMARIA

ANDRÉS SÁNCHEZ MAGRO
Magistrado del Juzgado de lo Mercantil nº 2 de Madrid

SUMARIO: **Referencias normativas.- Auxiliares delegados**: 1. ¿Cuál es el presupuesto para la solicitud de nombramiento de auxiliar delegado por parte del administrador concursal? 2. ¿Qué funciones de la administración concursal se consideran delegables? 3. La solicitud por parte de la administración concursal del nombramiento de un auxiliar delegado, ¿es o no recurrible por terceras personas interesadas? 4. En el caso de que sea denegado el nombramiento de tal auxiliar delegado por parte del juez ¿cabe o no recurso por parte de la administración concursal? 5. ¿En qué circunstancias el juez nombra de oficio uno o más auxiliares delegados? 6. La retribución en este caso ¿corresponde o no a la administración concursal tanto contra su propio pecunio como por razón de cuantía? 7. ¿Cuál es el régimen de responsabilidad de los auxiliares delegados? 8. ¿Está obligado el auxiliar delegado a contar con el correspondiente seguro de responsabilidad civil, que en la reforma de la Ley Concursal ha introducido para la administración concursal?- **Expertos independientes**: 1. ¿Cuál es el presupuesto para la solicitud de nombramiento de experto independiente por parte del administrador concursal? 2. ¿Cómo debe ser la propuesta de nombramiento de experto independiente formulada por la administración concursal? 3. ¿Quién puede ser nombrado experto independiente? 4. ¿Quién nombra al experto independiente? 5. ¿A cargo de qué o quién corresponde la retribución del experto independiente del art. 83 LC? 6. ¿Cuál es el régimen de incapacidades, incompatibilidades, prohibiciones, recusación y responsabilidad de los expertos independientes del art. 83 LC? 7. ¿Cuál debe ser el contenido del informe del experto independiente? 8. ¿Quién nombra al experto independiente que ha de emitir informe a los efectos de posibles acciones rescisorias de los acuerdos de refinanciación alcanzados por el deudor, regulados en la Ley Concursal? 9. ¿En qué ha variado el nombramiento con la modificación reseñada en la Ley 14/2013? 10. ¿En qué ha cambiado la regulación del experto independiente del art. 71.6 LC tras la Ley 14/2013?

REFERENCIAS NORMATIVAS

Ley 22/2003, de 9 de julio, Concursal tras la entrada en vigor de la Ley 38/2011, de 10 de octubre, de reforma de la Ley Concursal.

Ley 14/2013, de 27 de septiembre, de apoyo a los emprendedores y su internacionalización.

AUXILIARES DELEGADOS

La auxiliaría delegada es una figura que se ha visto notablemente modificada en virtud de la Ley 38/2011, de reforma de la Ley Concursal. Así, en su entrada número 24 del artículo único de la ley de modificación, al primero y único párrafo que existía con anterioridad se han incorporado dos más. El primero de ellos concede al juez a su libre albedrío, es decir siempre que considere en atención a las circunstancias concretas su necesidad, y previa audiencia de la administración concursal, la potestad de nombrar un auxiliar delegado que ostente la condición profesional que no tenga el primigenio y, como dice el legislador, en el que podrá delegar las funciones correspondientes. Se añade un tercer párrafo en el que el nombramiento por parte del juez de uno o más auxiliares delegados será obligatorio cuando concurran al menos alguna de las cuatro causas indicadas, establecimientos dispersos, empresas de gran dimensión, los concursos conexos en los que se haya nombrado una administración única y, por último, cuando se solicite prórroga para la emisión del informe. Todo lo demás queda igualmente redactado tras la reforma.

A partir de aquí y entre otras, se pueden hacer las siguientes preguntas y contestaciones.

1. ¿Cuál es el presupuesto para la solicitud de nombramiento de auxiliar delegado por parte del administrador concursal?

El presupuesto de la solicitud es que la complejidad del concurso así lo exija. La complejidad dependerá, del tamaño de la empresa, el sector en que opere, el tipo de producto o servicio que ofrezca, la estructura y características del pasivo y el grado de colaboración del deudor, entre otros muchos factores.

No será extraño que la concurrencia de alguna de estas circunstancias sea, al mismo tiempo, determinante para que el juez del concurso pueda o incluso deba nombrar de oficio a uno o varios auxiliares delegados (art. 32.1 II LC).

2. ¿Qué funciones de la administración concursal se consideran delegables?

La Ley no establece qué competencias de la administración concursal son delegables. No obstante, no es práctica habitual que el juez autorice la atribución a auxiliares delegados de funciones de la administración concursal que sean "personalísimas", tales como la presentación de informes y rendición de cuentas. De modo contrario, podría ser adecuado delegar la labor de intervención o administración en caso de suspensión respecto de alguno o varios de los establecimientos del deudor.

3. La solicitud por parte de la administración concursal del nombramiento de un auxiliar delegado, ¿es o no recurrible por terceras personas interesadas?

Contra la decisión del juez no cabe recurso alguno (art. 32.2 LC, párrafo in fine, primer inciso).

4. En el caso de que sea denegado el nombramiento de tal auxiliar delegado por parte del juez ¿cabe o no recurso por parte de la administración concursal?

Se aplica la misma regla enunciada, no cabe recurso alguno, incluyendo el de la administración concursal, sin perjuicio de que se pueda reproducir la solicitud cuando se modifiquen las circunstancias que dieron lugar a su denegación (art. 32.2 LC párrafo in fine segundo inciso).

5. ¿En qué circunstancias el juez nombra de oficio uno o más auxiliares delegados?

Se prevén dos tipos de nombramiento de auxiliares delegados de oficio, sin previa solicitud de la administración concursal, uno facultativo y otro obligatorio:

— *Nombramiento facultativo.* Los cuatro presupuestos del nombramiento son:

(1) Que exista un único administrador concursal, por lo que se descartan los casos de administración concursal dual (27.2.3º y 27 bis in fine).

(2) Que la administración concursal no sea una persona jurídica en la que se integre, al menos, un abogado en ejercicio, y un economista, titulado mercantil o auditor de cuentas (art. 27.1 in fine LC).

(3) Que el juez considere conveniente el nombramiento en atención a las circunstancias concretas, entre las que se encuentra la "complejidad del concurso", pero también otras como la carga de trabajo o el nombramiento de otro auxiliar delegado a instancias del administrador concursal.
(4) Que exista previa audiencia del administrador concursal, sin que su opinión sea vinculante para el juez.

De modo distinto al caso de solicitud por parte de la administración concursal, el nombramiento de auxiliar delegado de oficio por el juez exige que el auxiliar ostente la condición profesional que no tenga el administrador concursal. No parecen ser exigibles ni las condiciones de experiencia ni formación específica en el ámbito concursal.

— *Nombramiento obligatorio.* El nombramiento será imperativo cuando se verifique alguno de los siguientes casos:

(1) En empresas con establecimientos dispersos por el territorio, sin especificar ni un número mínimo de establecimientos, ni el territorio relevante ni el grado de dispersión.
(2) En empresas de gran dimensión. No se aclara qué se entiende por "gran dimensión". Como guión, se podría atender a parámetros que la LC emplea, tales como la cifra de negocios, el número o dispersión de los establecimientos o el número de trabajadores, o hacer extensivo el concepto de especial trascendencia, que se basa en parámetros cuantitativos delimitados.
(3) Cuando se solicite prórroga para la emisión de informe, previstas en los artículos 74.2 y 191.2 LC. No parece razonable que ante una solicitud de prórroga por motivo de solapamiento de plazo (muy habitual en los casos de concursos abreviados), se deba nombrar a un auxiliar delegado, pues dicha prórroga no se solicita por motivo de la complejidad o carga de trabajo, sino por la disparidad en el plazo de presentación del informe (un mes desde la aceptación, art. 191.2) y el fin de plazo de comunicación de créditos (un mes desde la publicación en el BOE).
(4) En concursos conexos en los que se haya nombrado una administración concursal única.

Aunque el precepto no lo aclare, parece que será aplicable tanto en concursos con administración concursal unipersonal como en concursos con administración concursal bimembre. Esta interpretación se apoya en que los presupuestos para el nombramiento obligatorio se darán a menudo en los concursos ordinarios de especial trascendencia, y para estos procedimientos debe existir por fuerza una administración concursal dual.

6. La retribución en este caso ¿corresponde o no a la administración concursal tanto contra su propio pecunio como por razón de cuantía?

Se establece en el art. 32.2 LC que la retribución correrá a cargo de los administradores concursales y, salvo que expresamente acuerde otra cosa, el juez competente fijará la retribución en proporción a la correspondiente a cada uno de ellos.

7. ¿Cuál es el régimen de responsabilidad de los auxiliares delegados?

El artículo 36.2 LC establece un régimen de responsabilidad solidaria con los administradores concursales de los actos y omisiones lesivos de estos. Independientemente de la prueba en contrario que habilita el propio legislador de haber actuado con la diligencia debida, para prevenir y evitar el daño hay que tener en cuenta la limitación de competencias y funciones que se pueden establecer en el nombramiento, excluyendo de responsabilidad aquellas areas en las que no sea competente dicho auxiliar delegado.

8. ¿Está obligado el auxiliar delegado a contar con el correspondiente seguro de responsabilidad civil, que en la reforma de la Ley Concursal ha introducido para la administración concursal?

Tal y como ha quedado claro en el desarrollo reglamentario del seguro de responsabilidad civil de esta última, y por falta de la debida explicitación en la reforma el auxiliar delegado queda excluido de esta obligación taxativa.

El apartado 21 del artículo único de la Ley 38/2011 explicita al modificar el artículo 29 de la Ley Concursal, la obligación de contar con un sistema de cobertura por responsabilidad civil de la administración concursal. Sin embargo, las modificaciones acaecidas en la auxiliaría delegada no han introducido tal obligación respecto de los primeros, por lo que a pesar de haber sido un tema debatido, el desarrollo reglamentario del seguro de responsabilidad civil (Real Decreto 1333/2012, de 21 de septiembre) no ha incorporado la misma por falta de habilitación normativa suficiente.

EXPERTOS INDEPENDIENTES

Existen dos figuras que dentro de la Ley Concursal se refieren al experto independiente. Por un lado la del art. 83, que no ha sufrido variación alguna ni por la Ley 38/2011 ni por la Ley 14/2013 de apoyo a los emprendedores y su internacionalización, y por otro lado la del art. 71.6 LC, modificada por el art. 71 bis nuevo de la Ley Concursal, introducida por el artículo 31.1 de la Ley 14/2013 respecto del nombramiento del experto independiente que hubiera de verificar los acuerdos de refinanciación del art. 71.6 LC.

Sobre esta figura caben, entre otras, las siguientes preguntas y respuestas.

1. ¿Cuál es el presupuesto para la solicitud de nombramiento de experto independiente por parte del administrador concursal?

El presupuesto para el nombramiento de un experto independiente es que el administrador concursal considere necesario su asesoramiento para la estimación de los valores de bienes y derechos o de la viabilidad de acciones de reintegración (art. 83.1 LC). Atendido el deber de los administradores concursales de actuar en interés del concurso, junto con la circunstancia de que la retribución de los expertos independientes se detrae de la suya, parece que haya que concluir que el juez del concurso, salvo que así lo aprecie, dispone de escaso margen para contrariar la solicitud de nombramiento de expertos independientes formulada por la administración concursal, así como los términos de su encargo.

2. ¿Cómo debe ser la propuesta de nombramiento de experto independiente formulada por la administración concursal?

Nada establece la LC al respecto. No obstante, la propuesta podría ser genérica o específica. En el primero de los casos la solicitud de nombramiento aludiría a la necesidad de nombrar expertos tasadores o juristas en aras de la realización de tareas que los expertos independientes tienen encomendadas. En el otro supuesto, la solicitud de nombramiento puede concretar la identidad de las personas, físicas o jurídicas, que la administración concursal considera que están en condiciones de realizar las tareas de valoración en los términos establecidos en el art. 83.1 LC. En este último caso, corresponde al juez del concurso comprobar que las personas propuestas satisfacen los requisitos de formación, conocimiento e independencia necesarios para realizar el encargo encomendado.

3. ¿Quién puede ser nombrado experto independiente?

La LC incorpora la exigencia de que los expertos independientes reúnan las condiciones de elegibilidad que se exigen para formar parte del órgano de administración del concurso o para los auxiliares delegados. Así, no pueden ser nombrados los afectados por cualquiera de las causas impeditivas, incapacidades, incompatibilidades y prohibiciones, contenidas en el art. 28 LC. Se guarda silencio, no obstante, en relación con la necesidad d que en los expertos independientes concurran las exigencias de experiencia profesional y formación en materia concursal que han de concurrir en los administradores concursales. No obstante lo anterior, no parece que su formación y experiencia técnica deba sujetarse a lo dispuesto en relación con dicha materia para los administradores concursales.

Atendidas las funciones que los expertos independientes tienen encomendadas y que los aproximan a las propias de peritos judiciales, puede servir de referencia llegado el momento de precisar la idoneidad de la formación de los expertos independientes las indicaciones resultantes del art. 340 LEC.

4. ¿Quién nombra al experto independiente?

Al igual que sucede con el caso del auxiliar delegado, el nombramiento del experto independiente corresponde, en su caso, al juez competente del concurso y contra la decisión del mismo no cabe recurso alguno (art. 83.1 LC).

5. ¿A cargo de qué o quién corresponde la retribución del experto independiente del art. 83 LC?

Tal y como establece el art. 83.3 LC los informes emitidos por los expertos y sus trabajos serán con cargo a la retribución de la administración concursal.

6. ¿Cuál es el régimen de incapacidades, incompatibilidades, prohibiciones, recusación y responsabilidad de los expertos independientes del art. 83 LC?

El régimen es exactamente el mismo que el establecido para los administradores concursales y sus representantes (art. 83.2 LC).

7. ¿Cuál debe ser el contenido del informe del experto independiente?

El contenido del informe que han de emitir los expertos independientes va referido al avalúo de los bienes y derechos que se integran en la masa activa del deudor común, así como a la viabilidad y éxito de las acciones rescisorias concursales. En lo que al contenido del informe se refiere, la participación de los expertos independientes en las tareas de avalúo busca resolver las cuestiones que puedan surgir en relación con la valoración de bienes y derechos cuando tal evaluación pueda resultar difícil o discutible. De ahí la necesidad de esta información complementaria que permita un conocimiento objetivo e independiente del valor de tales bienes y derechos integrados en la masa activa.

Cuando el contenido del informe del experto independiente vaya referido a la viabilidad del ejercicio de las acciones de reintegración, deberá incorporarse en el informe la viabilidad, riesgos y costes del ejercicio de tales acciones, así como una referencia a los elementos patrimoniales a que van referidas y el beneficio para la masa que se prevé obtener del ejercicio de la acción.

8. ¿Quién nombra al experto independiente que ha de emitir informe a los efectos de posibles acciones rescisorias de los acuerdos de refinanciación alcanzados por el deudor, regulados en la Ley Concursal?

El nombramiento corresponde al Registrador Mercantil competente de la demarcación de la concursada, que lo hará a su prudente arbitrio.

9. ¿En qué ha variado el nombramiento con la modificación reseñada en la Ley 14/2013?

Se incorpora un número 3 en el que de una forma abierta se establece que el Registrador, antes de proceder al nombramiento, podrá solicitar varios presupuestos a uno o varios profesionales idóneos y antes de decidirse por el más adecuado.

10. ¿En qué ha cambiado la regulación del experto independiente del art. 71.6 LC tras la Ley 14/2013?

Al margen de aclaraciones y alguna que otra redundancia, se incorpora la posibilidad en el apartado 2 del nuevo artículo 71 bis LC de la solicitud del nombramiento, incluso antes de que esté concluido el acuerdo y redactado un plan definitivo.

La solicitud del nombramiento del experto independiente se efectuará por el deudor, mediante instancia firmada por el mismo en la que se expresarán las circunstancias siguientes, que son las que debe acabar valorando el experto independiente:

(1) La denominación y datos de identificación registral del solicitante, así como una correcta identificación de las sociedades afectadas y un detalle suficiente del estado de las negociaciones.
(2) Los documentos necesarios para que el experto pueda pronunciarse. Si el acuerdo no estuviere suscrito, deberá acompañarse un proyecto de acuerdo y de plan de viabilidad o acuerdo marco o pacto preliminar en que se fijan las condiciones de la negociación.
(3) Relación de acreedores del deudor y de las entidades afectadas.

El Registrador, antes de proceder al nombramiento, podrá solicitar varios presupuestos a uno o a varios profesionales idóneos y antes de decidirse sobre el más adecuado. Las incompatibilidades son las mismas que las de la Ley de Auditoría de Cuentas, ni quien hubiere elaborado el plan de viabilidad. El plazo para la emisión del informe es de un mes, contado desde la aceptación del nombramiento, sin perjuicio de la posibilidad de prórroga o prórrogas sucesivas por causas justificadas, entendiéndose por caducado el nombramiento si este no se ha emitido en plazo.

Es posible el nombramiento del mismo experto en cualquier otra refinanciación que se plantee con posterioridad a la primera o anterior refinanciación acordada por el mismo deudor y grupo, aunque cambien parte de los acreedores firmantes.

LA RESPONSABILIDAD CONCURSAL DE LOS ADMINISTRADORES SOCIALES

CÉSAR SUÁREZ VÁZQUEZ
Magistrado Juzgado de lo Mercantil
Tarragona

Sobre una misma realidad, la responsabilidad de los administradores societarios por actos u omisiones realizados en el ejercicio de sus cargos y que sean lesivos a la sociedad, a los propios socios o a terceros confluyen dos cuerpos legales diferentes: el societario (LSC), y la Ley Concursal cuando de aquéllos actos reprochables se ha derivado, además, una situación de insolvencia de la sociedad determinante de una declaración de concurso de acreedores.

El doble régimen legal que confluye en caso de insolvencia provisional o definitiva crea problemas de adaptación de la regulación general a la concursal, que en ocasiones tendrán un fondo sustantivo y en otras una controversia procesal, pues se trata de acomodar la exigencia de responsabilidad a la realidad concursal de la sociedad.

La responsabilidad de los admistradores sociales se produce respecto de cuatro grandes ámbitos:

1. La llamada acción social de responsabilidad, por la que se reclama frente a los administradores sociales por acciones u omisiones contrarias a la ley o a los estatutos, o bien realizados incumpliendo los deberes inherentes al desempeño del cargo, que hayan sido dañosas para la sociedad.
2. La acción individual de responsabilidad, ejercitable por tercero que haya experimentado daños como consecuencia de actos u omisiones de la administración social, y que en puridad no comporta trascendencia cocnursal, precisamente por el carácter individual de la misma, intrínsecamente incompatible con un procedimiento colectivo como es el concursal.
3. La responsabilidad solidaria de los administradores, de perfil netamente objetivo, por cuanto se ejercita cuando el administrador societario incumpla la obligación de convocar en el plazo de dos meses la junta general para que adopte, en su caso, el acuerdo de disolución,

así como cuando no solicite la disolución judicial o, si procediere, el concurso de la sociedad, en el plazo de dos meses a contar desde la fecha prevista para la celebración de la junta, cuando ésta no se haya constituido, o desde el día de la junta, cuando el acuerdo hubiera sido contrario a la disolución.

Esta acción, que penaliza la generación de insolvencia o la no evitación de la misma, puede solaparse con una responsabilidad concursal, en tanto que la acción negligente o la inacción de los administradores ha dado lugar a la insolvencia, pero en realidad sus características objetivas de sanción por deuda ajena no se superponen automáticamente con la genuina responsabilidad concursal de los administradores sociales, que es la cuarta y última modalidad.

4. Responsabilidad concursal de los administradores societarios: implica una generación o agravación de la insolvencia ocasionada por un acto y omisión del órgano de administración social y un reproche de la misma a título de dolo o de culpa grave (artículo 164 LC), es decir, una declaración judicial de culpabilidad en el concurso, que permitirá hacer responsables a los administradores sociales de los daños y perjuicios ocasionados por este concepto y, en su caso, la condena a la cobertura del déficit concursal generado, esto es, a responder con su propio patrimonio de la parte del pasivo concursal que no pueda ser atendido con los activos de la masa.

En lo que respecta al primero de los ámbitos en que puede ejercitarse una pretensión de responsabilidad societaria vinculada a la insolvencia de la sociedad, esto es, en el ejercicio d ela llamada acción de responsabilidad social, la vinculación da la misma al concurso se produce cuando la patología concursal, supuestamente generada o agravada por los órganos de administración sociales, ha causado un daño directo a la propia sociedad.

Pues bien, la competencia para el conocimiento de esta acción, una vez declarado judicialmente el cocnurso, es con claridad competencia del juez del concurso.

En este sentido, el antiguo artículo 8.6º LC señalaba la jurisdicción exclusiva y excluyente del juez del concurso en materia de acciones dirigidas a la exigencia de responsabildiad civil d elos administradores sociales por los perjuicios causados durante el procedimiento concursal, y excluía los perjuicios causados antes; por otro lado concedía legitimación a la adminstración concursal para el ejercio de la acción, y ello sin que fuera necesario el acuerdo previo de la junta de socios. Sin embargo con la reforma introducida por la Ley 13/2009 se produce una expansión para el ejercicio de esta acción en sede concursal, al hacerlo extensivo a cualesquiera daños causados dentro o fuera del concurso; de nuevo la cuestión se reforma con la Ley 38/2011, que introduce el artículo 48 quáter para permitir únicamente a los administradores concursales ejercitar una pretensión de responsabilidad social de los administradores societarios; por lo tanto, si con el antiguo 48.2 LC se había añadido la legitimación activa de la administración concursal, sin perjuicio de la propia de la sociedad deudora para con sus administradores, ahora la legitimación se hace exclusiva respecto de aquéllos, lo que parece lógico, puesto que la administración concursal será aquélla que tenga mejor conocimiento de la realidad económica de la sociedad en concurso y por lo tanto se encuentre en óptima disposición para evaluar si concurren los presupuestos de la exigencia de responsabilidad, las posibilidades de éxito de la acción y, lo que no es cuestión menor, la compatibilidad de su ejercicio con las expectativas de cobro de los demás acreedores del concurso.

El principio general, es, pues, de compatibilidad de lasa acciones de responsabilidad de los administradores sociales con el procedimiento concursal, y ello porque la legitimación pasiva de aquéllas no la tiene la sociedad en concurso, con l oque cualquier pretensión resarcitoria no debería interferir en la capacidad de la masa para satisfacer a los acreedores concursales, con la salvedad de aquellos supuestos en que se dilucide una auténtica responsabilidad concursal de los administradores, esto es, los casos en que, mediada una condena en la sección de calificación, pueda generarse una incompatibilidad entre el reconocimiento judicial de responsabilidad individual de los administradores societarios y la condena a la cobertura por éstos del déficit concursal; pudiera darse el caso de que terceros perjudicados más diligentes en perseguir el patrimonio individual del administrador fuera del concurso provocaran la frustración de los acreedores del concurso a ver sus créditos satisfechos con aquélla cobertura declarada en el procedimiento cocnursal.

Por ello se hace preciso analizar la compatibilidad temporal de los procedimientos declarativos de responsabilidad fuera del concurso con la tramitación de éste. al objeto de conciliar pretensiones que pueden solaparse o resultar claramente incompatibles entre sí.

Con la inicial regulación de la LC, si existían procesos ya iniciados al momento de declararse el concurso en los que no era parte la sociedad posteriormente declarada insolvente, no se preveía la acumulación al concurso, ni la suspensión de los mismos; si, por el contrario, era parte la sociedad, el artículo 51.1 LC permitía la continuidad del procedimiento hasta la firmeza d la sentencia, pero sí se permitía la acumulación en aquellos que, siendo de la competencia del juez del concurso, se estuvieran tramitando en primera instancia y respecto de los que el juez del concurso estimara que su resolución tenía trascendencia sustancial para la formación del inventario o d la lista de acreedores.. E nel momento actual el artículo 51.1, párrafo segundo impone la acumulación de oficio al concurso, siempre, como es lógico, que no haya finalizado el acto del juicio, de todos aquellos procedimientos en los que la sociedad concursada se dirija contra los administradores societarios.

Por l oque respecta a la acción individual por daño, de naturaleza indemnizatoria, tomando como base jurídica de ejercicio el artículo 241 del TRLSC, cabe decir que no existe en la LC ninguna atribución al juez del concurso, lo que, como se ha dicho arriba, puede producir problemas por la interferencia de estas acciones extraconcursales con la sección de calificación y la condena que en ella se alcance. El silencio legal aconseja, por una elemental criterio de prudencia, que estos procedimientos sean suspendidos hasta que se cierre la sección de calificación, al objeto de depurar la responsabilidad de los administradores respecto de los acreedores del concurso, en el bien entendido que, en puridad, la legitimación activa en el ejercicio de acciones individuales frente a administradores sociales no dimana exclusivamente de la existencia de un crédito de la sociedad no satisfecho, sino que excede de este supuesto para acoger cualesquiera daños sufridos por terceros si los mismos tienen una relación de causalidad directa con una acción u omisión negligente del administrador social. Sólo en caso de convergencia de intereses semejantes y dualidad de procedimientos permitiría la suspensión, que, por otro lado, podría evitarse por la vía de la medida cautelar prevista en el artículo 48 ter, cuando existan elementos indiciarios de postrera declaración culpable del concurso o del éxito de una acción de reintegración.

Finalmente, la cuestión más compleja y la que presenta más puntos de conexión con el procedimiento concursal se refiere a la responsabilidad objetiva de los administradores sociales regulada en la actualidad en el artículo 367 TRLSC.

Al respecto, y tras la acotación de la responsabilidad únicamente en relación a las obligaciones sociales contraídas con posterioridad a la concurrencia de causa legal de disolución, efectuada por Ley 19/2005, de sociedad anónima europea domiciliada en España, es pacífico en doctrina y jurisprudencia que se trata de una responsabilidad objetiva o cuasiobjetivada, lo que permite excluir la exigencia de relación de causalidad entre el comportamiento activo o pasivo del administrador social y el incumplimiento de las obligaciones de capitalización o disolución, solicitud de concurso incluída, de la sociedad.

Tras la reforma de la LC por Ley 38/2011, se ha venido a suprimir las previsiones del artículo 8.7º *in fine* para recoger ahora en el artículo 50 apartado 2 la imposibilidad de que el juez mercantil conozca *ex novo* aquellas pretensiones de responsabilidad contra los administradores que nace de no haber evitado o neutralizado la causa de disolución:

> *"Los jueces de lo mercantil no admitirán a trámite las demandas que se presenten desde la declaración del concurso hasta su conclusión, en las que se ejerciten acciones de reclamación de obligaciones sociales contra los administradores de las sociedades de capital concursadas que hubieran incumplido los deberes impuestos en caso de concurrencia de causa de disolución. De admitirse, será de aplicación lo dispuesto en el último inciso del apartado anterior".*

Con ello se alcanza como consecuencia la suspensión automática de los juicios declarativos pendientes, por mandato del artículo 51 bis, apartado primero, l oque resulta plenamente coherente con el conocimiento que el juez del concurso ha de tener, por l vía de la sección de calificación, de la concurrencia o no de conducta reprochable al administrador social en la generación o agravación de la situación de insolvencia.

En este punto se hace evidente el análisis de la naturaleza de la responsabilidad que se sanciona en los artículos 164 y siguientes de la LC, y, de modo particular, en lo que hace a la exigencia de cobertura por el administrador social del déficit concursal no satisfecho, lo que implica arrumbar en sede concursal el dogma de la responsabilidad limitada de las sociedades de capital.

Parece claro que no resulta posible la mera reproducción en el concurso de los postulados de la responsabilidad objetiva del artículo 367 TRLSC, es decir, de los principios de responsabilidad por deuda ajena, y así lo ha venido considerando el Ts cuando califica el sentido impropio de la sanción, sustraída a los postulados tradicionales de la culpa civil.

La naturaleza jurídica de la responsabilidad que se prevé en el artículo 172 bis, párrafo segundo está lejos de ser unánimemente perfilada en la jurisprudencia.

Así, en la STS, Sala Primera, 644/2011, de 6 de octubre de 2011, *se dice* que la condena de los administradores de una sociedad concursada a pagar a los acreedores de la misma, en todo o en parte, el importe de los créditos que no perciban en la liquidación de la masa activa, no es, según la letra y el espíritu de la mencionada norma, una consecuencia necesaria de la calificación del concurso como culpable, sino que requiere una justificación añadida.

Por esa razón, dice el TS, *"para pronunciar la condena a la cobertura del déficit concursal y, en su caso, para identificar a los administradores obligados y la parte de la deuda a que aquella alcanza, además de la concurrencia de los condicionantes expresamente impuestos por el propio apartado del artículo 172, es necesario que el órgano judicial llegue a dicha conclusión tras valorar,* ***conforme a criterios normativos*** *y al fin de fundamentar el reproche necesario, los distintos elementos subjetivos y objetivos del comportamiento de cada uno de los administradores en relación con la actuación que hubiera sido imputada al órgano social con el que se identifican o del que forman parte y hubiera determinado la calificación del concurso como culpable."*

La Sentencia del Tribunal Supremo, Sala Primera de lo Civil, número 298/2012, de 21/05/2012, por otra parte señala *"Del mismo modo,* ***afirmar que el artículo 172, apartado 3, contiene una regla sancionadora no permite eludir la valoración del comportamiento de quien puede ser condenado, a la luz de los criterios de imputación que resulten coherentes con los de la calificación del concurso."***

La reciente Sentencia de la Audiencia Provincial de Barcelona, sección 15ª, de 23-4-12, (Ponente Sr. Garnica Martín), por su parte, llega a las siguientes conclusiones:

> *"La doctrina jurisprudencial a la que antes nos hemos referido no le atribuye el carácter de una acción de daños porque cuando se refiere a su función resarcitoria no se refiere al daño directo sino a algo distinto, el "daño que indirectamente fue causado a los acreedores". Por consiguiente, si lo que se debe tomar en consideración a los efectos de determinar la condena del administrador no es el daño directo sino el indirecto, como el TS afirma, podría decirse que ello equivale a que no debe exigirse la prueba, ni siquiera la existencia, de nexo causal entre el importe de la condena y el hecho determinante de la declaración culpable del concurso.*
>
> *(...)Como tal norma de imputación de los riesgos, el art. 172.3 LC (actual 172-bis) debe ser aplicado* ***siguiendo las reglas propias de la imputación objetiva,*** *lo que significa tanto como establecer una conexión legal de imputación*

objetiva entre el comportamiento determinante de la calificación culpable y el impago de las deudas sociales, que es sin duda lo que ha querido afirmar el TS en su Sentencia de 6 de octubre de 2011. Y esa conexión se puede romper mediante la constatación de hechos que permitan establecer criterios de exclusión de la imputación objetiva reduciendo e incluso excluyendo la responsabilidad de los administradores sociales. Eso es lo que probablemente se haya querido decir al afirmar el párrafo tercero del nuevo art. 172-bis.1 que la sentencia <<deberá individualizar la cantidad a satisfacer por cada uno de ellos, de acuerdo con la participación en los hechos que hubieran determinado la calificación del concurso>>.

En suma, la alegación y prueba de hechos justificativos de la actuación que se haya seguido en cada caso podrá permitir limitar el alcance de la responsabilidad y el alcance de la condena, lo que es tanto como afirmar ***el uso ponderado y razonable de la norma sobre responsabilidad".***

En consecuencia, parece que, partiendo de la excepcionalidad de la norma, ha de exigirse una justificación añadida a la condena por el déficit concursal, y sin que ello signifique modificar el carácter objetivo de la condena, ha de hacerse un uso razonable de la habilitación legal al Juez para determinar el grado de cobertura, anudando el mismo, más que a un tradicional juicio de directa causalidad, a un criterio de imputabilidad objetiva que, con un mayor grado de seguridad jurídica, permita ponderar la concreta influencia del comportamiento reprochable en la insatisfacción de la deuda social, de forma que la condena parcial o total a la cobertura del déficit, pueda ser modulada, variada y ajustada a esa reprochable influencia.

Lo que parece claro, en este momento, es que, con matizaciones, la generalidad de la doctrina y de las últimas orientaciones de Juzgados y Tribunales se decanta, en la práctica, por negar a la cobertura del déficit un carácter reparador del daño, que pudiera incardinarse dentro de los presupuestos de la culpa extracontractual. Sin embargo, se acude al instituto de la imputación objetiva para, por un lado, establecer una ligazón entre la acción u omisión del administrador y la efectiva producción del déficit patrimonial, en todo caso privado de los elementos característicos de daño o de perjuicio, y por otro lado para, con fundamento en esa imputación de carácter objetivo, permitir una atenuación o agravación del rigor con que cabe condenar a su cobertura.

Ahora bien, el recurso a la imputación objetiva no tiene un punto de partida civil. De hecho, la configuración de un criterio de imputación objetiva, según el cual sólo es objetivamente imputable un resultado causado por una acción humana cuando dicha acción ha creado un peligro jurídicamente desaprobado que se ha realizado en el resultado típico, es una elaboración de la dogmática penal, y está fuertemente comprometido por los límites estrictos de la tipicidad, que no tienen equivalente en la causalidad contractual ni extracontractual de la responsabilidad civil, donde el único nexo de unión entre acción/omisión y resultado lo constituye la causalidad, y no la utilización *ex ante* de un criterio normativo. Esta normatividad como presupuesto inculpatorio fue requerida por el principio de tipicidad penal, precisamente por la constatación de que un simple nexo causal entre acción y resultado no podía tenerse por suficiente para imputar ese resultado al autor de la acción. En el proceso de depuración y selección de los factores causales jurídicamente relevantes se impone la utilización de criterios normativos extraídos de la propia naturaleza del Derecho Penal, pero esto no es necesario en derecho privado, que no se rige por las exigencias de la antijuridicidad típica. Por ello, si lo que se pretende es encontrar un elemento modulador de la sanción determinante de la cobertura del déficit parece más adeudado hacerlo desde una óptica que, partiendo de nuevo de su naturaleza sancionadora, resulte más conforme con los presupuestos tradicionales de la misma, ya lo sea o no de derecho público, y ello puede hacerse acudiendo al criterio de la proporcionalidad en la sanción, de modo que, motivando, por la concurrencia de un comportamiento doloso o gravemente culposo, la existencia de una final insatisfacción del crédito, puede ser ajustada la consecuencia de la cobertura a la proporcionalidad entre ése concreto déficit patrimonial y los comportamientos de los administradores que hayan abocado al mismo.

RESPONSABILIDAD PENAL DE LOS ADMINISTRADORES CONCURSALES TRAS LA REFORMA DEL CÓDIGO PENAL

RAFAEL SORIANO GUZMÁN
Magistrado Juez del Juzgado de Instrucción nº 5 de Almería, en Comisión de Servicios en el Juzgado de Instrucción nº 3 de Granada.

SUMARIO: **Introducción. Anteproyecto de Ley Orgánica por la que se modifica la Ley Orgánica 10/1995, de 23 de noviembre, del Código Penal. Proyecto de Ley Orgánica por la que se modifica la Ley Orgánica 10/1995, de 23 de noviembre, del Código Penal. Cohecho. Malversación. Negocios prohibidos. Conclusión.**

Es obvio que la materia objeto de este artículo es una materia fea, antipática, sobre todo para los Administradores Concursales, por cuanto a nadie le gusta saber que puede ser objeto de un procedimiento penal, y que, incluso, puede ser condenado por los hechos realizados en el ejercicio de su cargo de administrador concursal; por ello qué mejor que empezar a hablar de la "*responsabilidad penal de los Administradores Concursales*" que hacerlo con el gran escritor en lengua española D. Gabriel García Marquez, autor de obras magistrales tales como "Cien años de soledad" y "El amor en los tiempos del cólera"; la mención a tan magnífico autor en este caso es por referencia a una obra quizá no tan conocida, pero no por ello menos importante, "Crónica de una muerte anunciada", novela en la que los hermanos Pedro y Pablo Vicario anuncian en el pueblo en el que viven que van a matar a Santiago Nasar, por una cuestión de honor familiar. Pues bien, la cuestión de la "*responsabilidad penal de los Administradores Concursales*" es también una "crónica de una muerte anunciada" en la que el Ministro de Justicia anuncia al pueblo de España que va a finiquitar la aparente tranquilidad penal de los Administradores Concursales; si bien en la novela de García Márquez, Santiago Nasar no sabía lo que le iba a suceder, hasta instantes antes del luctuoso suceso, en esta ocasión los Administradores Concursales sí que saben, con bastante antelación, a lo que se exponen.

Hace un poco mas de un año, estuve en este magnífico Foro Concursal de FUNDIECO, trayéndoles malas noticias, desde el punto de vista de su posible responsabilidad penal, ya que les decía que en virtud del **ANTEPROYECTO DE LEY ORGÁNICA POR LA QUE SE MODIFICA LA LEY ORGÁNICA 10/1995, DE 23 DE NOVIEMBRE, DEL CÓDIGO PENAL** se introducía una nueva figura como sujeto activo de determinados delitos, y esta era la del administrador concursal; hasta ahora el Código Penal no hacía referencia alguna, y era una suerte para los administradores concursales, a estos como sujetos activos de un delito, es decir, no se singularizaba al administrador concursal como posible delincuente, ahora, sin embargo, en dicho Anteproyecto de Ley sí que se hacía.

Los nuevos tipos penales que los administradores concursales podían cometer como sujetos activos, es decir, como auténticos criminales, según dicho Anteproyecto eran cuatro delitos.

Pues bien, la apisonadora legislativa del gobierno va avanzando, y hemos pasado del Anteproyectpo de Ley Orgánica **al** "*Proyecto de Ley Orgánica por la que se modifica la Ley Orgánica 10/1995, de 23 de noviembre, del Código Penal*".

Y en este punto, la situación es como la del chiste, qué quieren ustedes primero, las noticias buenas, o las malas.

Las noticias malas son que en el Proyecto de L.O. de reforma del C.Penal se mantiene a los Administradores Concursales con nombre y apellidos, es decir, que el legislador penal piensa que es mejor identificarlos por su cargo no vaya a ser que cometan muchos desmanes en los concursos y haya que iniciar procedimientos penales contra los que cometen abusos.

Las noticias buenas son que si antes, en el Anteproyecto se les citaba en cuatro artículos, pudiendo ser responsables penalmente si cometían las conductas relatadas en los mismos, ahora, ¡!felicidades!!, son tan solo tres artículos los que los citan en el Proyecto; por tanto no hay que perder la esperanza, quizá en el trámite parlamentario se caiga del texto algún otro artículo y al final, ¡!albricias!!, en el texto definitivo del nuevo Código Penal ni se mencione a los Administradores Concursales.

Pero, en tanto se tramita la reforma legislativa, hay que atenerse al exto del Proyecto de Ley, y en el mismo, los delitos que se atribuyen con nombre y apellidos a los Administradores Concursales son los siguientes:

COHECHO

Artículo 423 (modificado), establece que "Lo dispuesto en los artículos precedentes será igualmente aplicable a los ... administradores concursales".

En consecuencia los delitos recogidos en los cuatro artículos precedentes, y que anteriormente tan solo podían ser cometidos por "*la autoridad o funcionario público*", ahora también pueden ser ejecutados por los Administradores Concursales, y en consecuencia penados.

Artículo 419.

«**El ADMINISTRADOR CONCURSAL**» que, en provecho propio o de un tercero, *recibiere o solicitare*, por sí o por persona interpuesta, *dádiva, favor o retribución* de cualquier clase o *aceptare ofrecimiento o promesa para realizar en el ejercicio de su cargo un* ***acto contrario a los deberes*** *inherentes al mismo o* ***para no realizar o retrasar injustificadamente el que debiera practicar***, incurrirá en la pena de prisión de tres a seis años, multa de doce a veinticuatro meses e inhabilitación especial para empleo o cargo público por tiempo de siete a doce años, sin perjuicio de la pena correspondiente al acto realizado, omitido o retrasado en razón de la retribución o promesa, si fuera constitutivo de delito.

Artículo 420.

«**El ADMINISTRADOR CONCURSAL**» que, en provecho propio o de un tercero, *recibiere o solicitare*, por sí o por persona interpuesta, *dádiva, favor o retribución* de cualquier clase o *aceptare ofrecimiento o promesa para realizar un* ***acto propio de su cargo***, incurrirá en la pena de prisión de dos a cuatro años, multa de doce a veinticuatro meses e inhabilitación especial para empleo o cargo público por tiempo de tres a siete años.

Artículo 421.

Las penas señaladas en los artículos precedentes se impondrán también cuando la *dádiva, favor o retribución* se *recibiere o solicitare* por «**El ADMINISTRADOR CONCURSAL**», en sus respectivos casos, como ***recompensa por la conducta*** descrita en dichos artículos.

Artículo 422.

"«**El ADMINISTRADOR CONCURSAL**» que, en provecho propio o de un tercero, *admitiera*, por sí o por persona interpuesta, *dádiva o regalo* que le fueren ofrecidos ***en consideración a su cargo o función***, incurrirá en la pena de prisión de seis meses a un año y suspensión de empleo y cargo público de uno a tres años.

La casuística de los cuatro artículos es exhaustiva y no deja resquicio alguno a la impunidad por cuanto se castiga:

— el cohecho por ejecutar un acto ilegal (artículo 419 y 421).
— el cohecho por no ejecutar un acto legal (artículo 419 y 421).
— el cohecho por ejecutar un acto legal (artículo 420 y 421).
— el cohecho por ser administrador (artículo 422).

MALVERSACIÓN

El artículo que implica la asunción de responsabilidad penal por parte de los administradores concursales es el **Artículo 435.4º** (modificado), que establece que "Las disposiciones de este Capítulo son extensivas 4. A los administradores concursales, con relación a la ***masa concursal o los intereses económicos de los acreedores***. En particular, ***se considerarán afectados los intereses de los acree-***

dores cuando de manera dolosa se alterara el orden de pagos de los créditos establecido en la ley."

Por tanto los delitos recogidos en los tres artículos precedentes, y que anteriormente tan solo podían ser cometidos por "*la autoridad o funcionario público*", ahora también pueden ser ejecutados por los administradores concursales, y en consecuencia penados.

Artículo 432 (modificado)

1. **"El ADMINISTRADOR CONCURSAL"** que cometiere el delito del artículo 252 de este Código sobre ***"la masa concursal o los intereses económicos de los acreedores"***, será castigado con una pena de prisión de uno a cuatro años e inhabilitación especial para cargo o empleo público por tiempo de cuatro a diez años.

2. Si el autor hubiera actuado con ánimo de lucro propio o ajeno se impondrá una pena de dos a seis años de prisión e inhabilitación absoluta por tiempo de seis a diez años.

3. Se impondrán las penas de prisión de dos a seis años e inhabilitación absoluta por tiempo de seis a diez años, en el caso del número 1, y de prisión de cuatro a ocho años e inhabilitación absoluta por tiempo de diez a veinte años en el caso del número 2, si en los hechos hubiere concurrido alguna de las circunstancias siguientes:

a) Se hubiera causado un perjuicio de especial gravedad, atendido el daño o entorpecimiento causado al servicio público.
b) Concurriese la circunstancia del ordinal 6º del número 1 del artículo 250 de este Código.

4. Cuando el perjuicio causado resulte de escasa gravedad y no haya causado una alteración relevante al servicio público, se impondrá una pena de prisión de tres meses a un año o multa de seis a doce meses, y en todo caso inhabilitación especial para cargo o empleo público por tiemp o de seis meses a tres años."

Artículo 252 (modificado) "DE LA ADMINISTRACIÓN DESLEAL"

1. Serán punibles con las penas del artículo 249 ó, en su caso, con las del artículo 250, «**los administradores concursales**» que teniendo *facultades para disponer* sobre un patrimonio ajeno, ..., *las infrinjan excediéndose en el ejercicio de las mismas* y, de esa manera, causen un perjuicio al patrimonio administrado.
2. Las mismas penas se impondrán «**al administrador concursal**» que *quebrante el deber de velar por los intereses patrimoniales ajenos* ... y con ello cause un perjuicio a aquél cuyos intereses patrimoniales tenía el deber de salvaguardar.
3. Se impondrá la pena en su mitad superior si el autor hubiera actuado con ánimo de lucro.
4. Si el hecho, por el escaso valor del perjuicio patrimonial causado y la situación económica de la víctima, resultara de escasa gravedad, se

impondrá una pena de multa de uno a seis meses. En ningún caso se considerarán de escasa gravedad los casos en los que el valor de los bienes sustraídos fuera superior a 1.000 euros."

Por tanto, aun cuando el tipo delictivo se enmarque dentro del capítulo de las malversaciones de caudales ajenos, sin embargo se configura el tipo penal como de ADMINISTRACIÓN DESLEAL.

Sintetizando las posibilidades comisivas de este tipo penal, nos encontramos que se criminaliza:

— la alteración dolosa del orden de pagos de los créditos establecido en la ley.

— el exceso en el ejercicio de las facultades de disposición sobre el patrimonio administrado (supuesto aplicable al caso de que se haya privado al deudor de su capacidad de disposición, atribuyéndose al administrador concursal), con perjuicio a la masa concursal o los intereses económicos de los acreedores.

— la infracción del deber de velar por los intereses patrimoniales (supuesto aplicable al caso de que el deudor conserve su poder de disposición, siendo competencia del administrador concursal la supervisión), con perjuicio a la masa concursal o los intereses económicos de los acreedores.

NEGOCIOS PROHIBIDOS

El artículo que supone la asunción de responsabilidad penal por parte de los administradores concursales es el **Artículo 440** (modificado), que establece que "los administradores concursales que se condujeren del modo previsto en el artículo anterior, respecto de los *bienes y derechos integrados en la masa del concurso,* serán castigados con la pena de multa de doce a veinticuatro meses e inhabilitación especial para empleo o cargo público, profesión u oficio, guarda, tutela o curatela, según los casos, por tiempo de tres a seis años."

Por tanto el delito recogidos en el artículo anterior, y que hasta ahora tan solo podía ser cometido por "*la autoridad o funcionario público*", ahora también puede ser ejecutado por los administradores concursales, y en consecuencia penado.

Artículo 439.

«**El ADMINISTRADOR CONCURSAL**» que, debiendo intervenir por razón de su cargo en cualquier clase de *contrato, asunto, operación o actividad, se aproveche de tal circunstancia para forzar o facilitarse cualquier forma de participación, directa o por persona interpuesta, en tales negocios o actuaciones,* incurrirá en la pena de prisión de seis meses a dos años, multa de doce a veinticuatro meses e inhabilitación especial para empleo o cargo público por tiempo de uno a cuatro años.

La conducta criminal es clara y no deja dudas respecto de sus implicaciones; con este tipo penal se intenta evitar que el administrador concursal, que interviene como tal en un acto o contrato relativo a los bienes de la masa del concurso, no se aproveche de su situación y, en términos coloquiales, cobre una comisión del negocio que se realiza.

CONCLUSIÓN

"Cualquier tiempo pasado fue mejor". Este dicho cobra plena actualidad vista la materia que hemos abordado; no cabe duda de que los administradores concursales están a punto de entrar en el "ojo del huracán" de la represión penal, y una vez dentro del mismo es muy difícil, imposible, salir del mismo.

Ni que decir tiene que la reflexión anterior no debe llevarnos a pensar que con la actual legislación penal la actuación de los administradores concursales esta exenta de responsabilidad penal; ni mucho menos son impunes en sus actuaciones, pues sus actos, de ser ilícitos, y no nos llevemos a engaño, algunos lo son, y por eso la reforma, deben ser objeto de represión penal con los actuales tipos penales vigentes.

Pero también es evidente que la situación para los administradores concursales va a pasar de ser, penalmente, muy buena, a ser bastante mala, pues no es lo mismo que a un colectivo profesional ni se le nombre en el Código Penal, a que tras la pretendida reforma sea citado hasta en tres ocasiones, pues ello conllevará un aumento de la litigiosidad penal contra los administradores concursales.

LA UNIDAD DE CULPA CIVIL Y LA RESPONSABILIDAD DE LA ADMINISTRACIÓN CONCURSAL

ANA ISABEL BENITO DE LOS MOZOS
Secretaria del Juzgado de lo Mercantil de Soria

El régimen jurídico de la responsabilidad de la Administración Concursal[1] forma parte, ineludiblemente, de su estatuto. Amen de otros preceptos sobre las obligaciones derivadas del cargo, específicamente la responsabilidad de la Administración Concursal viene recogida en el artículo 36 de la Ley 22/2003 de 9 de julio, con las modificaciones introducidas con la Ley 38/2011 de 10 de Octubre de Reforma de la Ley Concursal. Esta fue una novedad introducida por el legislador de 2003, puesto que el antiguo sistema legal de quiebras y suspensiones de pagos no recogía precepto alguno sobre la posible responsabilidad del comisario, del síndico, del interventor y del resto de órganos. De modo, que cualquier problema que se suscitase al respecto debía ser solucionado conforme al sistema previsto en el art. 4 del Código Civil, esto es, la aplicación analógica de otras disposiciones.[2]

---

[1] Téngase en cuenta que la Disposición final primera de la Ley 38/2011, de 10 de octubre, de reforma de la Ley 22/2003, de 9 de julio, las referencias contenidas en la Ley Concursal a "los administradores concursales", se sustituyeron por la fórmula "la administración concursal".

[2] Baste como ejemplo la Sentencia del Tribunal Supremo Sala 1ª, S 21-3-2005, nº 173/2005, recurso 3934/1998. Ponente: Ferrándiz Gabriel, José Ramón.

"En la demanda, según se ha dicho, Compañía Mercantil de Seguros, S.A., en liquidación, pretendió la condena de todos los demandados a indemnizarle en los daños causados al realizar los comportamientos activos y omisivos que se relatan en dicho escrito de alegaciones ( ).El Juzgado de Primera Instancia no entró a valorar si los comportamientos de los demandados eran fuente de la obligación de indemnizar daños, sino, exclusivamente, si la acción ejercitada en la demanda se había extinguido o no por prescripción (excepción sustantiva que había sido opuesta al contestar la demanda). Y, habiendo llegado a una conclusión afirmativa sobre el transcurso del plazo que señala el artículo 1968.2 del Código Civil, declaró prescrita la acción y desestimó la pretensión de condena ( ).La acción de responsabilidad de los interventores por daños y perjuicios que causen con su actuación en los expedientes de suspensión de pagos no está exceptuada de la previsión general contenida en el artículo 1930 del Código Civil, conforme al que se extinguen por prescripción los derechos y acciones de cualquier clase que sean.

La redacción originaria del artículo 36 de la Ley Concursal, constaba de 7 apartados, si bien la reforma introducida por la citada ley, suprimió el antiguo apartado 2. Efectivamente el antiguo apartado 2 señalaba que "será solidaria la responsabilidad derivada del ejercicio mancomunado o colegiado de competencias, quedando exonerado en este último caso el administrador concursal que pruebe que, no habiendo intervenido en la adopción del acuerdo lesivo, desconocía su existencia o, conociéndola, hizo todo lo conveniente para evitar el daño o, al menos, se opuso expresamente a aquél".

La profunda modificación que la ya mencionada la Ley 38/2011 de 10 de octubre produjo en el artículo 27 hacía innecesario el apartado 2 del artículo 36. De modo que se introdujo el establecimiento de una Administración Concursal unimembre[3], ya persona natural, ya persona jurídica, por lo que la responsabilidad mancomunada de los administradores concursales[4] carecía de sentido. E igualmente, la prueba de su no culpabilidad en la acción con consecuencia dañosa, y la consiguiente exoneración de responsabilidad, quedó vacía de contenido con la eliminación de la Administración concursal trimembre.

Así el texto del artículo 36 que recoge esa responsabilidad de la Administración concursal ha quedado de la siguiente literalidad:

1. Los administradores concursales y los auxiliares delegados responderán frente al deudor y frente a los acreedores de los daños y perjui-

---

Sin embargo, el ordenamiento aplicable al conflicto de que se trata no contiene una disposición específica sobre el tiempo que ha de transcurrir para que la inactividad del titular del derecho de lugar a su prescripción extintiva, a diferencia de lo que hoy acontece con el artículo 36.5 de la Ley 22/2003, de 9 de julio, Concursal, para el caso de daños causados a la masa del concurso.

Por ello, resulta aplicable a la prescripción extintiva de la acción ejercitada en la demanda el plazo anual que establece el artículo 1968.2 del Código Civil, por su coincidencia con la categoría general de las acciones dirigidas a exigir responsabilidad extracontractual, dada la inexistencia de contrato entre la suspensa y los interventores, designados por el Juez para el desempeño de funciones de fiscalización de las operaciones comerciales del suspenso (la Sentencia 4 de diciembre de 1992 menciona las de inspección, intervención en las operaciones mercantiles y comerciales, informes al Juez, e incluso asesoramiento respecto a la conveniencia de ejercitar acciones en defensa e interés del patrimonio del suspenso).

Además, el artículo 1968.2 fue la norma aplicada en la instancia y al respecto ninguna cuestión ha planteado la sociedad recurrente, que, en el único motivo de su recurso, denuncia la infracción de los artículos 1968.2, 1969 y 1971 del Código Civil, así como de la jurisprudencia que los interpreta, sólo al efecto de señalar un día inicial del cómputo del plazo distinto, posterior, al indicado en la Sentencia recurrida.

Lo propio hizo la Audiencia Provincial al resolver el recurso de apelación de la demandante, por lo que su Sentencia fue recurrida en casación por Compañía Mercantil de Seguros, S.A., en liquidación ( )"

[3] Con la excepción recogida en el su apartado 2. 3º para los concursos de especial trascendencia, en los que el Juez puede nombrar dos administradores concursales, el profesional previsto en el apartado 1 del precepto, y otro, acreedor ordinario o con privilegio general no garantizado entre los que figuren en el primer tercio de mayor importe.

[4] El originario artículo 27 LC establecía una administración concursal trimembre, un abogado, un auditor de cuentas/economista/titulado mercantil colegiados y un acreedor. Salvo para los procedimientos concursales abreviados, en los que el Juez podía nombrar a un administrador concursal.

cios causados a la masa por los actos y omisiones contrarios a la Ley o realizados sin la debida diligencia.

2. Los administradores concursales responderán solidariamente con los auxiliares delegados de los actos y omisiones lesivos de éstos, salvo que prueben haber empleado toda la diligencia debida para prevenir o evitar el daño.
3. La acción de responsabilidad se sustanciará por los trámites del juicio declarativo que corresponda, ante el juez que conozca o haya conocido del concurso.
4. La acción de responsabilidad prescribirá a los cuatro años, contados desde que el actor tuvo conocimiento del daño o perjuicio por el que reclama y, en todo caso, desde que los administradores concursales o los auxiliares delegados hubieran cesado en su cargo.
5. Si la sentencia contuviera condena a indemnizar daños y perjuicios, el acreedor que hubiera ejercitado la acción en interés de la masa tendrá derecho a que, con cargo a la cantidad percibida, se le reembolsen los gastos necesarios que hubiera soportado.
6. Quedan a salvo las acciones de responsabilidad que puedan corresponder al deudor, a los acreedores o a terceros por actos u omisiones de los administradores concursales y auxiliares delegados que lesionen directamente los intereses de aquellos.

El precepto recoge dos tipos de responsabilidad civil de la Administración concursal[5]. A saber, en su apartado 1 recoge lo que la doctrina y la jurisprudencia vienen denominando "acción común" de responsabilidad de en interés de la masa en reclamación de daños y perjuicios por actos u omisiones contrarios a la ley o realizados sin la debida diligencia. Y en el apartado 6[6], la denominada "acción individual" de responsabilidad por daños ocasionados a otros intereses diferentes de la masa, ya sean colectivos o individuales.

"Acción común" de responsabilidad en interés de la masa

Esta acción, recogida en el apartado 1, y regulada por los siguientes cuatro apartados del artículo 36, es la denominada por la doctrina y la jurisprudencia

---

[5] El artículo 36 de la Ley Concursal regula dos tipos diferentes de acciones de exigencia de responsabilidad a los administradores concursales. Otra, prevista en el apartado séptimo del indicado artículo, conocida por la doctrina como "individual", que permite al deudor, a los acreedores o a terceros reclamar por los daños y perjuicios que les hayan causado los actos u omisiones de los administradores concursales directamente en su patrimonio. Respecto a la primera modalidad de responsabilidad, la propiamente concursal, se configura en la Ley Concursal como una responsabilidad subjetiva, por culpa y por daño, derivada del incumplimiento de obligaciones específicas –las previstas en la Ley– y genéricas –las que surgen del deber de diligencia exigible ("Los administradores concursales desempeñarán su cargo con la diligencia de un ordenado administrador y de un representante leal", ex artículo 35.1 de la Ley Concursal)–. Son presupuestos materiales de dicha responsabilidad, según se desprende inequívocamente del propio artículo 36, la existencia de daños y perjuicios en la masa, la realización por parte de los administradores concursales de actos contrarios.

[6] Anterior apartado 7.

como responsabilidad "concursal" o "colectiva". Aun cuando la Jurisprudencia sobre la responsabilidad civil de la Administración Concursal es exigua, lo cierto es que el contenido de las Sentencias dictadas al respecto es lo suficientemente esclarecedor. En este sentido la Sentencia de la Audiencia Provincial de Córdoba de 7 de julio de 2008 señaló que la acción tiene por objeto reparar el daño sufrido por la masa como consecuencia de actos u omisiones ilícitos de la administración concursal. Se trata de una acción que se relaciona con el interés colectivo de preservación de la integridad de la masa y puede ser ejercitada indistintamente tanto por el deudor como por cualquier acreedor[7].

La Sentencia de 15 de septiembre de 2011 de la Audiencia Provincial de Alicante, hace suyos los fundamentos de la Sentencia de instancia, del Juzgado de lo Mercantil número 1 de Alicante, de fecha 4 de abril del 2011, en la que se desestimaba la demanda. En esta se ejercitaba acción de responsabilidad contra un administrador concursal, por parte de la concursada y su representante legal, que se había considerado perjudicados por la "mala gestión patrimonial" del administrador concursal. La Sentencia al hablar de la responsabilidad imputada al administrador concursal por actos realizados de modo contrario a la ley o sin la diligencia debida, y productores de daños y perjuicios a la masa (señalando que los mismos son presupuestos para el nacimiento de dicha responsabilidad, según el tenor del art. 36.1 LC), y con remisión y trascripción de la Sentencia de Instancia, señalaba que "la actuación imputada al administrador concursal, productora del daño, consistió, según la muy confusa demanda, en que autorizó verbalmente a la sociedad concursada (diciéndole al Sr. S., representante de la concursada, que "podía hacer lo que quisiera") a ejercer una actividad distinta de la que constituía su objeto social, y, por ello, aquélla comenzó a hacerlo, poniendo en marcha una actividad de venta de productos de alimentación. Por tanto, cuando el administrador, en contra de dicha autorización, comunicó al Juez del concurso que en el local de la sociedad, en lugar de ejercerse una actividad inmobiliaria (que era la propia de la empresa), se ejercía una actividad de alimentación, no autorizada ni consentida por la administración concursal, dentro del marco de una economía sumergida, dicho administrador actuó negligentemente, produciendo un daño, pues finalmente el Juzgado de lo Mercantil dictó auto acordando el cierre de los establecimientos de la concursada y el cese total de su actividad empresarial, con lo que se produjo una pérdida de ventas, cuyo importe se reclama en el presente procedimiento"[8].

En este mismo sentido, la reciente Sentencia de la Audiencia Provincial de Barcelona de 6 de junio de 2013 ha señalado, con respecto a la acción recogida en el art. 36.1 LC, que "se trata de un régimen de responsabilidad civil por daños, orientado a reconstruir el quebranto patrimonial que haya podido padecer la masa activa como consecuencia de actos u omisiones de los admi-

---

[7] Audiencia Provincial de Córdoba, sección. 3ª, S 7-7-2008, nº 142/2008, recurso 159/2008. Ponente: Vela Torres, Pedro José

[8] Audiencia Provincial de Alicante, sección. 8ª, S 15-9-2011, nº 351/2011, recurso 407/2011. Ponente: Soriano Guzmán, Francisco José.

nistradores concursales, y cuyo presupuesto es una actuación que se revela antijurídica por contrariar un precepto legal (actos u omisiones *contrarios a la ley*) o bien la diligencia exigible en el desempeño del cargo, lo que exige un juicio de adecuación de la actuación de los AC al estándar o modelo abstracto de conducta exigible, que se espera de ellos en el ejercicio de su cometido como órgano del concurso, concretamente la *diligencia de un ordenado administrador y de un representante leal* (art. 35.1 LC).

En el primer caso, la responsabilidad tiene como presupuesto la contravención de un precepto legal que directa o mediatamente imponga deberes a los AC, y de la que se siga un daño a la masa activa.

En el segundo, los AC responderán de los daños que ocasionen por culpa o negligencia (y con dolo) en que incurran con motivo u ocasión del desempeño de su cometido (pese a que no comporte una abierta contravención de un precepto legal) considerando el estándar o arquetipo de comportamiento que establece el art. 35 LC. Este juicio exigirá la valoración de la concreta coyuntura y circunstancias concurrentes para ponderar si la actuación de los AC, ante una situación que requería una decisión más o menos urgente o inmediata por su parte, se adecuó al canon de diligencia exigible.

Este patrón o modelo arquetípico elegido por la LC para medir la justificación y legalidad de su conducta, implica el mantenimiento del grado de dedicación y atención exigible, en función de las puntuales y concretas necesidades e intereses del concurso en cada momento, y, así mismo, la obligación de actuar primando siempre el interés del concurso, por encima de cualquier interés personal o de un tercero. También, adoptar y ejecutar las decisiones que cabe esperar de un ordenado administrador, si bien hay que precisar que en cuanto administrador concursal, lo que se traduce en una pauta constante de actuación organizada y prudente, en cada momento más o menos relevante en que su intervención sea requerida o necesaria, de acuerdo con las funciones atribuidas por la LC, de cara al concurso." [9]

En similar sentido se ha pronunciado más recientemente la Sala de lo Civil del Tribunal Supremo, en su Sentencia de 11 de noviembre de 2013 señalando que "este precepto legitima a los acreedores para ejercitar una acción de responsabilidad por un perjuicio ocasionado a la masa, que redunda indirectamente en perjuicio suyo, en cuanto la conducta haya podido mermar sus posibilidades de cobro. No es por lo tanto una acción individual, sino colectiva, razón por la cual el destino de la indemnización hubiera ido a parar a la masa.

Se trata de una responsabilidad basada en la causación de un daño o perjuicio a la masa, por una conducta del administrador concursal, activa u omisiva, contraria a la ley o a la diligencia que le resulta exigible en el ejercicio de la función para la cual ha sido nombrado." [10]

---

[9] Audiencia Provincial de Barcelona, sección 15ª, S 15-5-2013, nº 202/2013, recurso 305/2012. Ponente: Garrido Espa, Luis.

[10] Tribunal Supremo Sala 1ª, S 11-11-2013, nº 669/2013, recurso 1825/2011. Ponente: Sancho Gargallo, Ignacio.

Se encuentran legitimados para interponer esta acción, únicamente el deudor, esto es, propia concursada, y los acreedores, sin que se reconozca tal legitimación a terceros, como ocurre con la responsabilidad recogida en el 36.6 LC[11].

Como presupuesto para su apreciación, habrá de probarse la producción daños y perjuicios producidos a la masa activa, y resarcirse a través de la correspondiente indemnización. No debemos olvidar que el artículo 29 LC exige que la Administración Concursal nombrada ha de comparecer ante el Juzgado para acreditar que tiene suscrito un seguro de responsabilidad civil o garantía equivalente proporcional a la naturaleza y el alcance del riesgo cubierto en los términos que se desarrollen reglamentariamente, para responder de los posibles daños en el ejercicio de su función[12]. Lo que ha configurado al seguro de responsabilidad civil de la Administración Concursal como obligatorio. De modo que el Secretario Judicial en el acto de toma de posesión de dicho cargo concursal, deberá comprobar que tiene suscrito dicho seguro, y velar porque el mismo cumple con los requisitos legales. De modo, que parece conveniente que una copia testimoniada de la póliza quede unida a los autos.

En cuanto al daño producido, señala la Audiencia Provincial de Córdoba en la ya citada Sentencia de 7 de julio de 2008 que "el daño a la masa ha de estar causalmente conectado con un comportamiento ilícito (antijurídico y culpable) de los administradores concursales; lo que hace antijurídicos los actos y omisiones es la contravención de lo dispuesto legalmente o la inadecuación al estándar de diligencia exigida en el desempeño del cargo. Respecto de los deberes legales, se incluyen los establecidos en cualquier norma imperativa, sea o no concursal, aunque en la práctica tengan mayor significación los deberes impuestos en la propia Ley Concursal; mientras que respecto a los actos negligentes, el estándar de diligencia ha de ser integrado por el trascrito artículo 35.1 de la propia Ley, que hace referencia a la conducta del ordenado administrador y representante leal. Se trata, por consiguiente, de valorar la actuación de la administración concursal bajo el prisma de este doble rasero: qué hubiera hecho un ordenado administrador y un representante leal en el caso concreto enjuiciado, cómo hubiera debido cumplir la obligación legalmente impuesta, qué comportamiento hubiera debido observar en ausencia de previsión legal expresa y qué era lo exigible conforme a dichos parámetros"[13].

---

[11] La citada Sentencia de 15 de septiembre de 2011, de la Audiencia Provincial de Alicante, señaló, no sólo la falta de legitimación activa del representante legal de la sociedad concursada; sino "ausencia de legitimación" en cuanto que la acción interpuesta era de responsabilidad contra un administrador concursal por el daño que se decía ocasionado lo sería para la sociedad concursada, pero nunca, de modo directo, a los intereses de aquel.

[12] Real Decreto 1333/2012, de 21 de septiembre, por el que se regula el seguro de responsabilidad civil y la garantía equivalente de los administradores concursales.

[13] Oc. Cit. Audiencia Provincial de Córdoba, sec. 3ª, S 7-7-2008, nº 142/2008, rec. 159/2008. Pte: Vela Torres, Pedro José.

"Acción individual" de responsabilidad por daños a diferentes intereses

Esta acción individual de responsabilidad, también denominada "acción singular" o "acción individual", tiene cierta similitud a la que recogían los antiguos artículos 135 LSA y 69 LSRL, y que ahora establece el artículo 241 de la Ley de Sociedades de Capital [14]. Están legitimados para su ejercicio ya no sólo el deudor (la propia concursada), y los acreedores, como ocurre en la acción de responsabilidad concursal, sino también pueden interponerla terceros. Su objeto es la solicitud de declaración de responsabilidad de la Administración Concusal y de los Auxiliares Delegados, ya solidariamente o individualmente de cada uno de ellos, a fin de obtener la correspondiente indemnización por los daños y perjuicios que en el ejercicio de sus respectivos cargos puedan haber ocasionado. "El objeto de esta acción es la reparación de los daños que los acuerdos adoptados o actuaciones realizadas por los administradores puedan ocasionar, directa e individualmente, a los intereses del deudor, de los acreedores y de los terceros".[15]

Con ella no se persigue la protección de la masa del concurso, el patrimonio concursal, sino que el perjuicio se ha producido directamente a la concursada, o a un acreedor o varios conjuntamente, o a terceros, pero cada uno de ellos considerados de forma individual, no como parte integrante de la masa del concurso.

El precepto deja a salvo esas acciones que pudieran corresponder, de modo que la casuística será la que vaya indicando qué tipo de acciones se pueden ejercitar. Sirva como ejemplo la Sentencia de la Audiencia Provincial de Jaén de 29 de octubre de 2010. Se interpuso una demanda consistente en la obtención de una indemnización por daño moral por la cantidad en la que se valoró el perjuicio sufrido por la negligencia atribuida a los administradores del concurso al dejar de reclamar aquellos créditos declarados fallidos[16]. Igualmente la Sentencia de la Audiencia Provincial de Ávila de 9 de julio de 2012, en la demanda se reclamaba la responsabilidad de la Administración Concursal, entre otras causas, por unos presuntos daños por el impedimento de continuase tal actividad agraria, y se concluye que circunstancias como falta de siembra en dos años agrícolas o de petición de ayudas para determinado período, no comportan necesariamente un daño[17].

Responsabilidad extracontractual versus contractual

En cuanto a su naturaleza de responsabilidad extracontractual, con las especialidades recogidas en el propio precepto, parece que es tema bastante pa-

[14] Real Decreto Legislativo 1/2010, de 2 de julio, por el que se aprueba el texto refundido de la Ley de Sociedades de Capital.

[15] Audiencia Provincial de Salamanca, sección 1ª, S 6-6-2013, nº 232/2013, recurso. 635/2012. Ponente: García Pérez, Juan Jacinto.

[16] Audiencia Provincial de Jaén, sección 1ª, S 29-10-2010, nº 239/2010, recurso 316/2010.

[17] Audiencia Provincial de Avila, sección. 1ª, S 9-7-2012, nº 151/2012, recurso 137/2012. Ponente: Rodríguez Duplá, Mª José.

cifico en doctrina y en jurisprudencia. No obstante, puede haber elementos en su función, que hagan disentir de tal aseveración de forma tan categórica.

Efectivamente, la Administración Concursal, tal y como se regula en la Ley Concursal, es una especie de delegada del Juez del Concurso, nombrada por este, de una forma discrecionalmente regulada (artículo 27 LC). Pero en el ejercicio de su cargo no parece que alcance la categoría de funcionario público, aun cuando algún sector doctrinal y jurisprudencial le pueda atribuir tal función a la hora de señalar responsabilidad penal en el ejercicio de su cargo (por ejemplo para la posibilidad de su imputación por un presunto delito de prevaricación). A la vista de sus funciones, entiendo que se acerca mucho, sino puede ser realmente considerado como tal, a un contrato de arrendamiento de servicios. El artículo 1544 CC, define al contrato de arrendamiento de servicio, como aquél por el que una de las partes se obliga a dar un servicio por precio cierto. La Administración concursal se obliga a dar el servicio en la forma que recoge la Ley Concursal, por un precio cierto, recogido en forma de arancel[18] y establecido en virtud del artículo 34 LC. Si bien es cierto que ni la concursada ni los acreedores le han contratado, pero el encargo si lo hace el Juez por imperativo legal, de forma preceptiva ha de haber una Administración Concursal una vez declarado el Concurso de Acreedores.

Aun cuando a riesgo de errar, entiendo que la situación se asimila en cuanto a responsabilidad, por supuesto, con todas las salvedades del mundo, a la responsabilidad a la que están sometidos los médicos de los servicios públicos de salud. Efectivamente, entre un paciente y un médico de la Seguridad Social, no hay un contrato propiamente dicho, si bien la Jurisprudencia propiamente dicha (del Tribunal Supremo) seguida por innumerables Sentencias de Audiencias Provinciales, han señalado ese carácter contractual de la relación[19], inclinándose de modo unánime por el arrendamiento de servicios. Ha señalado reiteradamente, y desde antiguo, el Tribunal Supremo [20] que en materia de asistencia médico-quirúrgica, la obligación contractual o extracontractual del médico, y en general del profesional sanitario, no es la de obtener en todo caso la recuperación del enfermo como obligación de resultado, sino más bien una obligación de medios. O lo que es lo mismo, está obligado a proporcionar

[18] Real Decreto 1860/2004, de 6 de septiembre, por el que se establece el arancel de derechos de los administradores concursales.

[19] La Jurisprudencia ha señalado que no es posible, en principio, el arrendamiento de obra en el ejercicio de la actividad médica, considerándolo en general arrendamiento de servicios, salvo que el resultado se garantice, en la llamada medicina voluntaria o la satisfactiva, en la que el personal sanitario compromete un resultado (SSTS 25 de abril de 1994, 11 de febrero de 1997, 7 de abril de 2004, 21 de octubre de 2005, 4 de octubre de 2006, 23 de mayo de 2007, 12 de marzo de 2008, Audiencia Provincial de Madrid, sección 12ª, de 8 de julio de 2008 y 29 de julio de 2011, y sección 8ª, de 21 de enero de 2013, y de las Audiencias de Las Palmas de Gran Canaria, sección 3ª, de 14 de noviembre de 2008, Córdoba, sección 1ª, de 12 de marzo de 2010 y Soria de 20 de mayo de 2011.

[20] Sentencias del Tribunal Supremo de 7 y 12 de febrero, y 6 de noviembre de 1990; 11 de marzo y 8 de mayo de 1991; 20 de febrero y 13 de octubre de 1992; 2 de febrero, 15 de marzo, y 17 de mayo de 1993.

al paciente todos los cuidados que requiera según el estado de la ciencia, de acuerdo con su propia *lex artis*. Descartándose así toda clase de responsabilidad más o menos objetiva.

De igual modo se exige a los profesionales que han de integrar la Administración concursal una obligación de medios, y una actuación de acuerdo con su *lex artis ad hoc*, así como el contenido de sus funciones en la propia Ley Concursal (o como señala el artículo 35.1 LC "con la diligencia de un ordenado administrador o de un representante legal").

Así, y del propio literal del artículo 36.1 "*actos y omisiones contrarios a la Ley o realizados sin la debida diligencia*", un mismo hecho de una Administración Concursal puede constituir incumplimiento de una obligación (establecida por ley) y al mismo tiempo acto ilícito. Concurriendo, en consecuencia, conjuntamente el aspecto contractual y extracontractual, ya que la Administración Concursal, como cualquier otro profesional, además de cumplir las obligaciones derivadas del contrato de arrendamiento de servicios, ha de observar la obligación genérica de no dañar a otro (*alterum non laedere*).

Con ello, el perjudicado, ya sea uno o varios de los legitimados del apartado 1, como, en su caso, los del apartado 6, ambos del artículo 36 LC, podría elegir entre invocar el art. 1902 o las normas infringidas.

La STS de 18-2-1997, señaló "que siguiendo a la de 1-4-1994, debe reconocerse como aplicable el principio inspirador de la jurisprudencia acerca de la llamada 'unidad de la culpa civil' (SS. 24 Mar. y 23 Dic. 1952, entre otras), que en los 'supuestos de concurrencia de acciones de resarcimiento originadas en contrato y a la vez en un acto ilícito extracontractual', señalan como 'doctrina comúnmente admitida que el perjudicado puede optar entre una u otra acción cuando el hecho causante del daño sea al mismo tiempo incumplimiento de una obligación contractual y violación del deber general de no causar daño a otro', junto con los límites estrictos a que se ciñe la responsabilidad contractual en casos de coexistencia o conjunción con responsabilidad aquiliana. De manera 'que no es bastante que haya un contrato entre partes para que la responsabilidad contractual opere necesariamente con exclusión de la aquiliana, sino que se requiere para que ello suceda, la realización de un hecho dentro de la rigurosa órbita de lo pactado y como desarrollo del contenido negocial (S 9 Mar. 1983, entre otras muchas)'. Criterios jurisprudenciales que gozan de manifestada continuidad en cuanto a la referida 'unidad conceptual' (SS. 20 Dic 1991) que admite concurrencia de culpas por los mismos hechos (ST. S 11 Febr. 1993) o 'yuxtaposición de las responsabilidades contractuales y extracontractuales que dan lugar a acciones que pueden ejercitarse alternativa o subsidiariamente, u optando por una u otra, e incluso proporcionando los hechos al juzgador para que éste aplique las normas de concurso de ambas responsabilidades que más se acomoden a ellos, todo en favor de la víctima y para el logro de un resarcimiento del daño lo más completo posible' (ST S 15 Feb. 1993)". Y más adelante añade la Sentencia que "proyectado el caso el principio inspirador señalado y los criterios jurisprudenciales enunciados, puede decirse que, amparada una determinada pretensión procesal en unos hechos constitutivos de la 'causa petendi' en términos tales que admitan, sea por concurso ideal de normas, sea por concurso real, calificación jurídica por culpa, bien contractual, bien extracontractual o ambas conjuntamente, salvado –por iguales hechos y sujetos concurrentes– el carácter único de la indemnización. De modo que no puede absolverse de la demanda con fundamento en la equivocada o errónea elección de la norma de aplicación aducida sobre la culpa, pues se entiende que tal materia jurídica pertenece al campo del principio general 'iura novit curia', y no cabe eludir, por razón de la errónea o incompleta elección de la norma, el conocimiento del fondo. De manera que el cambio del punto de vista jurídico en cuestiones de esta naturaleza no supone una mutación del objeto litigioso. O dicho con otras palabras, no cabe excusar el pronunciamiento de fondo en materia de culpa civil si la petición se concreta en un resarcimiento aunque el fundamento jurídico aplicable a los hechos sea la responsabilidad contractual, en vez de la extracontractual lo viceversa".

Es decir, que de algún modo, entra en juego la doctrina del concurso normas, o también llamada de la unidad de la culpa civil. Está doctrina está siendo utilizada de forma reiterada y común por la jurisprudencia del Tribunal Supremo en otro tipo de responsabilidades, puesto que, en cuanto a la responsabilidad de la Administración Concursal, es más que escasa. Se entiende que hay una única pretensión de resarcimiento a la que se le pueden aplicar, en concurso, las normas de la contractual y de la extracontractual (STS Sala 1ª de 18 febrero 1997).

La Administración concursal puede incurrir en incumplimiento contractual, o si se prefiere "obligacional" (incumplimiento de las obligaciones establecidas legalmente) y del deber genérico de no producir daños a otros. En este caso se yuxtaponen ambas responsabilidades concurriendo esa denominada "unidad de culpa civil". Así ha declarado la Sentencia del Tribunal Supremo de 7 de noviembre de 2.000: "esta Sala ha aceptado la yuxtaposición de acciones en la responsabilidad contractual y extracontractual, que responden a los mismos principios y la misma realidad aunque tienen diversa regulación positiva: es la llamada "unidad de la culpa"; entre otras, la sentencia de 28 junio 1997, 2 noviembre 1999, 10 noviembre 1999 y 30 diciembre 1999 mantienen decididamente que cuando un hecho dañoso es violación de una obligación contractual y, al mismo tiempo, del deber general de no dañar a otro, hay una yuxtaposición de responsabilidad (contractual y extracontractual) y da lugar a acciones que pueden ejercitarse alternativa y subsidiariamente". Con ello se trata de favorecer a la victima y obtener un pleno resarcimiento de los daños causados, permitiendo que el perjudicado pueda optar por una u otra responsabilidad".

De conformidad con el artículo 1.101 del CC "quedan obligados a la indemnización de daños y perjuicios causados los que en el cumplimiento de sus obligaciones incurrieren en dolo, negligencia o morosidad, y los que de cualquier modo contravinieren el tenor de aquella". El precepto consagra la acción de resarcimiento por incumplimiento contractual que precisa:

— La existencia de una obligación constituida;

— El incumplimiento de dicha obligación por el obligado;
— Derivado de dicho incumplimiento, se ocasionen efectivos daños y perjuicios,
— La relación de causa a efecto entre el incumplimiento y los daños o perjuicios irrogados.

Vistos los requisitos para la viabilidad de la acción de responsabilidad civil por culpa contractual, reflejan que sólo difieren de los requisitos de la acción de responsabilidad civil por culpa extracontractual en cuanto al título de imputación, coincidiendo en todo lo demás, y principalmente en lo fundamental.

Si bien en lo que afecta a la responsabilidad derivada de la acción recogida en el artículo 36.1 LC, la alegación indistinta o en su caso conjunta, de la culpa contractual o extracontractual de la Administración Concursal, no afecta en mayor medida, puesto que el propio precepto recoge su régimen jurídico, en cuanto a legitimados para su interposición, la responsabilidad solidaria junto con los Auxiliares Delegados, el procedimiento a seguir, el Juzgado competente, y lo que más pudiera afectar, el plazo de prescripción de la acción, cuatro años desde que el actor tuvo conocimiento del daño o perjuicio por él reclamado, y en todo caso desde que la Administración Concursal o los Auxiliares Delegados hubiesen cesado en su cargo.

Por el contrario, en lo que afecta a la responsabilidad derivada del artículo 36.6 LC, no parece tan claro el régimen jurídico, ni si quiera que haya de ser el mismo Juzgado de lo Mercantil que esté conociendo o que haya conocido del Concurso el competente para ventilar la acción. Y desde luego, tampoco recoge expresamente que dicha acción tenga el mismo plazo de prescripción que la acción de responsabilidad concursal. Por lo que la teoría de la unidad de culpa civil tendría una utilidad extra en cuanto a la solicitud de responsabilidad. Si se ejercitase conjuntamente acción de responsabilidad contractual y extracontractual, al amparo distinto y sin jerarquización de preceptos de los arts. 1902 y 1903, así como el 1544 CC, como arrendamiento de servicios, posiblemente y dependiendo de la casuística, la acción ejercitada contra la Administración Concursal, contra los Auxiliares Delegados, o contra ambos, incluyendo o no a sus aseguradoras, se encontraría sujeta al plazo prescriptivo de los quince años, del artículo 1964 CC, por su naturaleza personal a la que no le es de aplicación plazo especial alguno.

Si entendiéramos que únicamente cabría el ejercicio de acción de responsabilidad extracontractual, conforme al art. 1968.2º CC, la acción prescribiría al año.

Del mismo modo que para los sanitarios se ha descartado jurisprudencialmente la una imputación de culpa objetiva, para la Administración Concursal "la culpa representa un criterio de imputación subjetiva de responsabilidad en todos los supuestos previstos legalmente de responsabilidad de los administradores, estándose insita en aquellos actos contrarios al ordenamiento jurídico y siendo precisa su concurrencia en los definidos como "negligentes" o faltos de la debida diligencia"[21]. "Conviene también precisar que se trata de una respon-

---

[21] Audiencia Provincial de Santa Cruz de Tenerife, sección. 4ª, S 4-4-2008, nº 118/2008, recurso. 260/2007. Ponente: Aragón Ramírez, Pilar.

sabilidad por culpa o negligencia y de carácter enteramente subjetivo. Por lo tanto y pese a lo que en el recurso de apelación se sostiene, a este ámbito de la actuación profesional de la que puede derivarse responsabilidad no son aplicables los criterios de inversión de la carga de la prueba, ni la teoría del riesgo que se vienen aplicando a otros sectores de la actividad sobre la base del art. 1902 CC regulador de la culpa extracontractual. La infracción de los deberes de actuar con arreglo a parámetros de conducta propios de un leal administrador y con fidelidad ha de ser acreditada cumplidamente, sin que cualquier perjuicio o daño que la concursada sufra haya de ser achacado al administrador concursal. Esta responsabilidad de carácter subjetivo nada tiene que ver con la objetiva contemplada en los artículos 262.5 LSA y 104.5 LSRL para el caso de los administradores sociales que, concurriendo causa de disolución de la sociedad, no convocan la junta que la acuerde"[22].

[22] Audiencia Provincial de Castellón, sección 3ª, S 03-06-2011, nº 196/2011; recurso 27/2011.

MEDIDAS CAUTELARES SOBRE LA PERSONA JURIDICA DELINCUENTE

ELOY VELASCO NÚÑEZ
Juzgado Central de Instrucción 6
Audiencia Nacional

SUMARIO: **Columna de opinión.- 1. Concepto de medida cautelar.- 2. Normativa.- 3. Características.- 4. Presupuestos y procedimiento.- 5. Clases.- 6. Duración.- 7. Análisis general de las concretas medidas accesorias /personales/interdictivas cautelares.- 8. Clausura temporal.- 9. Suspensión de actividades.- 10. Intervención judicial.- 11. Conservación de efectos e instrumentos del delito.- 12. Fianza.- 13. Comiso.- 14. Prohibición de disponer / bloqueo /embargo.- 15. Anotación preventiva.- 16. Cautelares específicas.- 17. Recursos.**

El presente artículo quiere hacer un análisis de los principales temas con trascendencia jurídica que surgen a la hora de tratar las posibles medidas cautelares a adoptar en investigaciones procesales penales sobre la presunta persona jurídica delincuente.

A las peculiaridades generales de toda medida cautelar en fase de instrucción se suman las específicas de la responsabilidad penal sobre empresas y sociedades cuyo patrimonio, diferenciable del de las personas físicas que las conforman, se adscribe a fines que pueden potenciar o incluso dificultar su persecución delictiva.

Con mayor detenimiento se analizan las medidas cautelares personales o interdictivas más novedosas, de clausura de local, cese de actividad e intervención judicial, sin olvidar las civiles y las instrumentales, a los fines de lograr los futuros pronunciamientos propios del proceso penal en la persecución de delitos contra persona jurídica.

COLUMNA DE OPINIÓN

El proceso penal aspira a resolver, no sólo si quien se presume que ha delinquido ha cometido o no una infracción de las tipificadas en el Código

Penal, sino también a restablecer la situación dejada por él, tal y como estaba antes de cometerse.

El proceso penal aspira por tanto a una doble eficacia (pronunciamientos penales y civiles acumulados) preparando el material anterior al juicio oral donde se adoptarán sus decisiones principales.

Pero como hacerlo lleva tiempo, y sería injusto que el paso del mismo haga ineficaz la materialización de la justicia, el proceso penal arbitra medidas cautelares que tratan de posibilitar los pronunciamientos que procedan, aunque supongan, por su aplicación inmediata, una fuerte incidencia en el principio de que nadie es culpable hasta que así se demuestre y declare en un juicio oral hecho con todas las garantías.

Desde que en diciembre de 2010 la persona jurídica puede delinquir como la persona física, al menos en los 23 tipos delictivos que el legislador ha elegido, el aseguramiento de los hipotéticos futuros pronunciamientos penales y civiles contra la persona jurídica delincuente, exige un tratamiento procesal específico que pasa por la evitación del mantenimiento de la actividad presuntamente delictiva –para evitar que se sigan produciendo nuevas víctimas– mediante medidas propias como el cierre y clausura de los locales donde la persona jurídica investigada realiza su actividad o incluso la prohibición temporal de continuar ejerciendo su actividad societaria.

Sin excluir las medidas cautelares civiles aplicables a la persona física delincuente, es destacable la aplicación estelar de la intervención judicial de la persona jurídica presunta delincuente, para conseguir fines como el mantenimiento de los puestos de trabajo societarios afectados, o salvaguardar la parte de la actividad lícita que el delincuente quiso esconder o temporalmente vincular a la persona jurídica utilizada para el ilícito.

1. CONCEPTO DE MEDIDA CAUTELAR

Cada vez resulta más difícil definir lo que es una medida cautelar en el proceso penal.

En principio, debería serlo toda medida tendente a restaurar el orden jurídico lesionado por la infracción, en lo que se refiere a la acción penal, y en lo que hace a la civil acumulada, la tendente a restaurar las consecuencias negativas de la acción en los intereses particulares de los afectados (víctimas y terceros).

Forma parte del proceso preparatorio del juicio oral, en la fase de instrucción, conforme al Art. 299 LECrim, asegurar y garantizar la futura eficacia de los hipotéticos pronunciamientos penales y civiles de la resolución penal final (medida cautelar asegurativa).

La justificación, basada en la realidad de que el colapso y la desatención pública del servicio de la Administración de Justicia no es coyuntural, trata, en definitiva, de acometer el problema de la excesiva duración en el tiempo del proceso penal.

Pero es también la dilación de la instrucción penal la que obliga al Juez a conservar los elementos precisos para dictar una resolución lo más correcta posible (medida cautelar conservativa) e incluso a anticipar pronunciamientos paliativos de las propias consecuencias del mismo (medida cautelar anticipativa, como, por ejemplo, la prevista a favor de las necesidades de ciertas víctimas de tráfico en el Art. 765 LECrim), y ello, en un proceso regido por el principio –contrario a toda anticipación– de la presunción de inocencia.

La idea de que la mejor protección sobre la víctima es que el presunto mal enjuiciado no se reitere, no se perpetúe, en la misma u otras víctimas, añade otra finalidad procesal cautelar, la preventiva, (de la que es paradigmática la orden de protección del Art. 544 ter LECrim, en materia de violencia de género) de evitar la continuidad delictiva, que ha venido, como decimos, a dificultar aun más poder dar una definición de qué son las medidas cautelares, pues sus diversas finalidades impiden un concepto unitario.

En consecuencia, como vamos a ver, las medidas cautelares posibles sobre la hipotética –y presuntamente inocente– persona jurídica (en adelante: PJ) delincuente sirven tanto para asegurar los pronunciamientos pecuniarios propios de las sanciones penales que les son insitas: multas, fianzas, costas, provisión de fondos para el pago de alguna pericia o medio probatorio necesario, comisos y responsabilidades civiles, como para realizar la ocupación, retención, conservación y custodia de efectos y vestigios del delito, como para evitar, a la misma o a otras víctimas, más perjuicios o agravamientos futuros con su actuación.

La aparentemente contradictoria idea de cumplir estos múltiples fines sin afectar la presunción de inocencia de quien todavía no ha sido condenado en juicio e incluso la de pretender evitar reiteraciones delictivas en una jurisdicción como la penal, inicialmente concebida sólo para castigar el mal cuando ya se ha producido, explican en muchas ocasiones la necesidad del Juez de resolver su aplicación o no teniendo que recurrir a complejas valoraciones conjuntas de todas ellas remarcando la protección del principio más necesario, conjugándolo además, según la cercanía o no en la producción de los hechos enjuiciados.

La persona jurídica además suele tener trabajadores y socios afectados por la actuación de los administradores y empleados, que a veces son las víctimas primarias de la propia acción delictiva de quien representa o actúa en su provecho, y el sistema pretende preservar esos intereses sesgados y diferenciables de los meramente delictivos, haciéndolo también a través de medidas cautelares, como es el caso de la intervención judicial.

La aparición de la delincuencia organizada, la de quien hace del delito su modo de vida profesional, la delincuencia económica generada por expertos que urden sistemas previstos para transgredir el ordenamiento, la delincuencia que afecta a múltiples víctimas de manera inconcreta y difusa y la de elementos contra el sistema político y social establecido, han hecho ambicionar al legislador fines cautelares en la fase de preparación del juicio que casan de manera insuficiente con el viejo Derecho Procesal basado en el modelo del homicidio como prototipo a combatir.

2. NORMATIVA

Las medidas cautelares, cada vez más aplicadas en la práctica concreta de los Tribunales, están sin embargo cada vez peor reguladas en la ley procesal penal, y no siempre lo están en la LECrim, siendo el paradigmático caso de las que nos ocupan, las aplicables sobre la persona jurídica, pues como veremos a continuación, muchas están reguladas en el Código Penal y otras en la ley de enjuiciamiento civil.

Así, cuando es de aplicación el procedimiento Abreviado –la mayor parte de las veces–, de conformidad con lo dispuesto en el Art. 764.2 LECrim, sus normas de contenido, presupuestos, clases y la caución sustitutoria, se rigen, incomprensiblemente, por la LECivil, a cuyos Arts. 721 y ss, debe remitirse el instructor que las decide.

La centenaria LECrim de Alonso Martínez, de la que apenas queda el vestigio de la regulación de algunas partes del Sumario, destina los Arts. 589 y ss para hacerlo en un ámbito tan diferente de la jurisdicción civil –que parte de la preexistencia de una deuda cierta, inexistente en su determinación cuando se inician la mayoría de las investigaciones penales–, que sólo se remite a la jurisdicción civil (Art. 614) cuando haya lagunas en la penal, de la que se van expulsando regulaciones concretas, como ha sido el caso de la desregulación de la administración judicial penal (antiguos artículos 601-605 LECrim), con ocasión de la reforma operada por Ley 13/2009 de 3 de noviembre que quiso implantar la oficina judicial y que tan inconcreto panorama ha dejado en la ley adjetiva en este campo.

Pero como adelantábamos, la regulación más concreta sobre las medidas cautelares a aplicar a la persona jurídica delincuente está desarrollada en los Arts.: 33.7 y 129.3 CP y en el 544 quater LECrim que se remite a los anteriores, donde se desarrollan aspectos fundamentales de la clausura temporal de local o establecimiento, la suspensión de las actividades sociales y la intervención judicial, a las que luego nos referiremos más en concreto.

Por otra parte, específicos delitos comisibles por persona jurídica, tienen desarrolladas de forma concreta determinadas medidas cautelares posibles. Así:

- en los referentes a la prostitución, corrupción de menores, exhibicionismo y provocación sexual (Art. 194 CP), se permite un específico tipo de clausura temporal o definitiva de locales, abiertos o no al público y
- en los delitos contra la ordenación del territorio y urbanismo (Art. 339 CP) está prevista la medida de restaurar el equilibrio ecológico perturbado o cualquier otra destinada a proteger los bienes tutelados en ese título a cargo de la empresa autora del hecho.

3. CARACTERÍSTICAS

Las medidas cautelares que se adopten en la instrucción de delitos presuntamente cometidos por personas jurídicas se deben instrumentalizar a través de las oportunas piezas separadas (Arts. 590,764.1 LECrim) de la causa principal.

Pese a que el Art. 119.1 a) LECrim exige que la PJ se haga expresar a través del que la ley llama su "representante especialmente designado", no cabe aplicar medidas cautelares sobre las concretas personas físicas vinculadas a la PJ (principio de personalidad de la medida cautelar), ni personales ni reales, pues la que se designe para expresarse en lugar de la ficción jurídica que aquella representa, no es el real imputado, sino la empresa misma.

La no presencia de la PJ en las diligencias de instrucción, no interrumpe la práctica de las mismas, ni impide la aplicación de las medidas cautelares que se decidan sobre ella. Es sólo cuando su domicilio social no es conocido, (Art. 839 bis 4 LECrim) que debe ser declarada rebelde.

En lo que hace al momento de su adopción, no se vincula al de su personación, obviamente, sino a su eficacia, de modo que si la PJ aparece como imputada o cómplice, las medidas cautelares se pueden adoptar desde que hay indicios racionales de responsabilidad criminal (Art. 589 LECrim) contra ellas, entendemos, incluso, que inaudita parte si es preciso para garantizar su eficacia; si lo hacen como terceros (Art. 615 LECrim) a partir de que lo soliciten otras partes, pues están sometidas al principio de rogación de parte, y si figuran como responsables directos o subsidiarios, cuando se incumpla su deber de afianzar.

4. PRESUPUESTOS Y PROCEDIMIENTO

Como en toda medida cautelar, para la adopción de las que afecten a la PJ presunta delincuente deben concurrir los siguientes requisitos:

1. *Fumus boni iuris:* esto es, una cierta probabilidad de la comisión de la acción punible, sobre la base de presuntos indicios racionales de criminalidad con apariencia de delito realizada en nombre o por cuenta y en "provecho" de la PJ y donde es importante calibrar la proporción de gravedad realizada entre la PF y la PJ, y
2. *Periculum in* mora: una cierta necesidad de una reacción al retraso en el proceso (riesgo de desaparición/ocultación de bienes y pruebas), que ponga en peligro la efectividad del oportuno pronunciamiento de futuro (penal o civil) que quiera preservarse.

En lo que hace al procedimiento para su adopción, el Art. 544 quater LECrim indica que además de precisar algún grado de imputación sobre la PJ y para solicitar alguna de las que "expresamente" prevé el CP –lo que aparentemente, en principio, no parece excluir, las innominadas del Art. 13 LECrim y cualesquiera otras personales ni a las reales nada más que en cuanto a la forma de solicitarlas–, se deben interesar:

— a instancia de parte (aunque insistimos que pueden serlo inaudita parte en los supuestos de urgencia/ secreto sumarial en lo que hace a las personales exclusivamente) siempre que con posterioridad, cuando desaparezca la razón de hacerlas sin audiencia, se celebre vista para ratificarlas o eliminarlas, dado que aquí el Juez actúa el Derecho Público que caracteriza al Derecho procesal penal que no se actúa cuando se trata de aplicar medidas cautelares reales que siempre deben acordarse a instancia de parte

— y mediante vista, de carácter oral, por tanto, no sustituible mediante la presentación de escritos y con citación de las partes personadas, no interrumpiéndola por el hecho de no designarse "representante", en lo que exclusivamente hace a las personales y no a las reales.

5. CLASES

Aunque la PJ sea una ficción, un patrimonio independiente adscrito a fines humanos, que responde al margen del patrimonio personal de los socios que la conforman, caben tanto las medidas cautelares personales –que afectan a la realidad de la existencia y el ejercicio de su actividad social–, entendiendo como persona a la jurídica y no a las físicas que la integran, como las reales –que afectan a su patrimonio–. Así, las medidas cautelares aplicables a la PJ delincuente, son:

- PERSONALES/ACCESORIAS/INTERDICTIVAS (Art. 33.7 último párrafo CP):
  - Clausura temporal de locales o establecimientos
  - Suspensión de las actividades sociales
  - Intervención judicial
- REALES:
  - Fianza o embargo subsidiario
  - Anotación de prohibición de disponer
  - Resto de las señaladas en el Art. 727 LECiv (incluso las innominadas de su párrafo 11)

6. DURACIÓN

Las medidas cautelares adoptadas contra la PJ delincuente en la fase de instrucción deben prolongarse en el tiempo lo que excepcionalmente duren los presupuestos tenidos en cuenta para su adopción: es decir, mientras sean necesarias para impedir la continuidad delictiva y sus efectos, asegurando la eficacia de los pronunciamientos definitivos futuros que de otra manera devendrían ilusorios.

Para algunos delitos, el propio CP fija el máximo cautelar de su duración, cuando son adoptados en fase de instrucción. Es el caso de las medidas cautelares previstas para los de exhibicionismo y provocación sexual así como los relativos a la prostitución y corrupción de menores, cuyo Art. 194 CP in fine permite la medida cautelar de la clausura temporal de establecimientos o locales, abiertos o no al público, por un periodo que no podrá exceder de 5 años, entendiendo que en el tradicionalmente llamado delito de pornografía infantil, la disposición legal incluye los establecimientos o "sitios" virtuales o informáticos, de cara a posibilitar la retirada de contenidos delictivos –las filmaciones y fotografías– de Internet. Respecto del resto de medidas posibles en la instrucción de estos delitos, debe seguirse el régimen general para el resto de infracciones.

En lo que hace a los demás delitos contra la PJ delincuente, el Art. 66 bis CP, salvo para el caso de las reincidentes o instrumentales en que permite duraciones de hasta 5 años (Art. 33.7 letras c, d y g CP), al no permitir rebasar los 2 años de duración en las sanciones personales definitivas a imponer en sentencia, viene a establecer como máximo en las cautelares previas a sentencia definitiva la duración no superior a esos 2 años al aplicarlas como medida cautelar, pues de lo contrario estaríamos trocando lo cautelar en anticipado.

En los supuestos en que la medida se acuerde o ratifique en sentencia recurrida, es decir, no firme, la duración de la misma no podrá exceder la de la pena privativa adoptada contra la PF condenada (Art. 66 bis 2 CP).

Igualmente es conveniente tener en cuenta que según el Art. 58 CP se abona el plazo cautelar para el cálculo del cumplimiento de la medida como pena definitiva y que según el Art. 59 CP se puede compensar, aunque sea de distinta naturaleza.

Para el supuesto de que una PJ quebrante la medida cautelar fijada en la fase de instrucción –reabriendo, por ejemplo, un local clausurado–, y como quiera que el Art. 468 CP es uno de los delitos que no es comisible por PJ, la única reacción ante esa desobediencia, ya que no es posible incoar causa por delito contra la PJ, es la de agravar/modificar a peor la medida (al modo de lo que expresamente se previene para los supuestos de la violencia de género), apercibiendo de desobediencia contra la Autoridad judicial/quebrantamiento a las concretas personas físicas que lo hayan llevado a cabo.

7. ANÁLISIS GENERAL DE LAS CONCRETAS MEDIDAS ACCESORIAS /PERSONALES/INTERDICTIVAS CAUTELARES

Descartadas las medidas cautelares personales propias exclusivamente de las personas físicas –prisión y libertad provisional–, la colocación de las que cita el Art. 544 quater 2 LECrim por remisión al Art. 33.7 CP en el título VII del libro II de la Ley Adjetiva, presupone la intención del legislador de tratarlas como personales, aunque un sector de la doctrina las denomina accesorias y otro interdictivas.

Son, como hemos señalado más arriba (Art. 33.7 in fine CP):

— la clausura temporal de locales/establecimientos
— la suspensión de las actividades sociales y

— la intervención judicial de la PJ

Por persona jurídica debe entenderse a los efectos indicados tanto las particulares: sociedades mercantiles, civiles o industriales como las de interés público: corporaciones, asociaciones y fundaciones (Art. 35 CC).

Igualmente, al hallarnos en el ámbito de lo penal, por lo tanto de lo fáctico por encima de todo formalismo, las medidas cautelares estudiadas son de aplicación a figuras grupales no estrictamente PJ, pero muy similares, como es el caso de las definidas en el Art. 129.3 CP: empresas, organizaciones, grupos o entidades sin personalidad jurídica, al modo de las juntas de compensación, cuasi empresas, UTEs, etc. y las organizaciones/grupos criminales, entre las que destacan las agrupaciones y organizaciones de carácter terrorista, como dispone el Art. 570 quáter 1 CP.

La desaparición (en la reforma operada por LO 5/10) del anterior párrafo 3 del Art. 129 CP que indicaba que estas medidas accesorias/interdictivas *"estarán orientadas a prevenir la continuidad en la actividad delictiva y los efectos de la misma"*, se debe entender transpuesta al actual Art. 66 bis 1ª a) CP que continúa entendiendo que esa es una de sus principales finalidades, pues su naturaleza cautelar orientada a evitar la perpetuación delictiva está tan insita en ella, forma tanto parte de sí misma que, por definición, conserva esta finalidad y ese carácter, previniendo la causación de futuras nuevas víctimas (como se desprende igualmente del Art. 13 LECrim).

Para adoptar una medida cautelar que, como señalamos, de entrada afecta al principio de presunción de inocencia, se precisa en todo momento que la misma sea de adopción necesaria y no subsidiaria –pues si hay alternativas menos gravosas no es aplicable–. Así ocurrió en el llamado caso Bankia (que entre otros delitos, perseguía el previsto en el Art. 284 CP de maquinaciones para alterar el precio de las cosas, donde se denegó acordar la administración judicial de la entidad bancaria, entre otras razones porque la misma contaba ya con un nuevo Consejo de administración –diferente del que presuntamente delinquió– y el control por el FROB que no tenía cuando surgieron sus problemas económicos y que los contrarrestaban.

Igualmente la adopción de la cautelar exige que la solicitada sea restrictiva y proporcional, dirigida al fin civil/penal que persiga, y debe fundarse en un pronóstico de peligro instrumental hacia el futuro que el Juez debe analizar basándose, entre otras consideraciones, en variables tales como el estudio de la posible continuación en una actuación delictiva de los implicados, la reacción al mal denunciado mediante actuaciones de colaboración/reparación (Art. 31 bis.4 CP), la corrección de defectos de organización, la evitación de la reincidencia, la consecución de una superior actividad legal sobre la ilegal (Art. 66 bis CP), etc...

8. CLAUSURA TEMPORAL

La primera medida cautelar que prevé el Art. 33.7 d) CP recae sobre elementos patrimoniales de la PJ mediante el cierre de local o establecimiento que esta posea, en el mundo físico, y si actúa a través de Internet, de los sitios Web en que residencie su actividad.

La medida, obviamente, trata de evitar/prevenir futuras acciones delictivas, mediante la clausura y cierre del lugar físico o virtual a través del cual desarrolla su actividad.

En función de los concretos hechos investigados (Art. 31 bis.1 in fine CP) la medida puede recaer tanto sobre todos como sobre sólo parte de los locales o establecimientos, en función de la necesidad/oportunidad del aseguramiento que trate de alcanzar la medida cautelar (piénsese en una cadena de establecimientos hoteleros en la que, por ejemplo, sólo en un bar se puede probar que se ha vendido droga con el conocimiento de su administrador).

Poco más indica la norma respecto de esta medida en la fase de instrucción, que, cuando se convierte en pena concreta puede alcanzar la duración de los 5 años, pero que sólo lo hará con los límites que más arriba hemos analizado que se establecen en el Art. 66 bis CP, de modo que, salvo reincidencia o instrumentalización, la medida cautelar difícilmente podrá durar más de 2 años. Sólo en delitos concretos como los referentes a la prostitución, corrupción de menores, exhibicionismo y provocación sexual el Art. 194 CP permite adoptar la clausura temporal o definitiva de locales por tiempo de 5 años.

9. SUSPENSIÓN DE ACTIVIDADES

La segunda posible medida cautelar contra la PJ delincuente en fase de instrucción es la de suspender su actividad.

La razón genérica se recoge en el Art. 66 bis CP, que la orienta hacia la necesidad de prevenir la continuación de la actividad delictiva y de sus efectos, cuando se aprecien indicios racionales de peligro de delito comisible por PJ de proseguir la actividad o sus efectos (v. gr.: vertidos en delito ecológico con daño para el ecosistema), pero igualmente, para acordarla, se pueden también tener en cuenta las posibles consecuencias económicas y sociales del cese de la actividad y los efectos para los trabajadores, sobre todo en empresas en que la actividad lícita supere la ilícita (lo que excluye las llamadas empresas de mera cobertura o tapadera, con actividad lícita pero exclusivamente para enmascarar el fin delictivo que persiguen, principalmente si el delito es el blanqueo de capitales para el que la razón de la existencia de la sociedad de cobertura no es otra que la de aflorar en el mercado lícito las ilícitas ganancias del delito antecedente que se blanquea).

El puesto que en la estructura empresarial ocupe el incumplidor del deber de control, es el tercer elemento sobre el que el Juez puede graduar la aplicación y concreta duración de la medida, sobre todo, relacionándola con las posibilidades atenuatorias (confesión, colaboración, reparación, compliance) que para la PJ acepta el párrafo 4º del Art. 31 bis CP.

La medida, que inicialmente no puede tener una duración superior a los 5 años, por obra del Art. 66 bis CP no suele superar los 2, y es compatible e independiente de las eventuales decisiones administrativas o extra penales (norma penal en blanco) que adopte en algunos casos la autoridad Administrativa por esa vía.

Lo mismo que en la anterior, la suspensión puede afectar a todas o sólo a parte de las actividades, en función de lo que determinen las circunstancias del caso.

Una vez se dicte sentencia, la medida puede convertirse (ex Art. 33.7.e CP) en prohibición de realizar en el futuro actividades que posibiliten, favorezcan o encubran el delito, y en ese caso, la prohibición que sustituye a la suspensión, puede ser definitiva o temporal, en cuyo último supuesto puede extenderse hasta los 15 años de duración.

10. INTERVENCIÓN JUDICIAL

La tercera y más complicada medida cautelar posible sobre la persona jurídica delincuente es, en el ámbito procesal penal, la intervención judicial de la PJ, que, en puridad, hay que entender también puede ser administración judicial –bienes y derechos del imputado sometidos a asistencia, vigilancia, gestión y control judicial– y que se caracteriza por ser una medida de naturaleza mixta: civil y penal, –lo que tiene importantes consecuencias, por ejemplo, a la hora de saber quién está y quién no legitimado para solicitarla–.

Trata de restaurar tanto el orden jurídico lesionado por la infracción (asegurando tanto la hipotética pena, lo que incluye el comiso, como neutralizando la actividad delictiva), como las consecuencias negativas de la acción presuntamente delictiva en los intereses particulares de los afectados y que en consecuencia tiene fines además de asegurativos (Art. 299 LECrim), también de carácter conservativo.

En consecuencia, respecto de lo primero están legitimados para solicitarla todas las partes acusadoras que ejercen la acción penal –lo que incluye la acusación popular en lo que se refiere a medidas que pretendan asegurar pronunciamientos de esta naturaleza–, mientras que de lo segundo –acciones civiles derivadas del delito–, únicamente quien ejerza las mismas –Ministerio Fiscal, Acusador particular y Actor civil–.

Aunque en puridad la "intervención" sólo cubre la asistencia y vigilancia sobre la propia gestión de la administración societaria ajena, hecha por un tercero –interventor– que el Juez designa para darle cuenta y supervisar así la actividad de la empresa, sin gestionarla directamente, la remisión a la normativa concreta procesal civil para su desarrollo hace pensar que el CP también posibilita la llamada "administración" judicial en la que el Juez designa a quien más que supervisar gestiona directamente, removiendo y sustituyendo al administrador que en su día puso la empresa, para proseguir bajo su autoridad la actividad societaria, por lo que el término "intervención" debe entenderse como intervención/administración y el Juez acordará una u otra modalidad en función de la confianza que le merezca que el día a día de la empresa investigada sea gestionado o no por personas del círculo de la misma o por expertos externos a ella.

Al haber suprimido la reforma operada por ley 13/2009, de 3 de noviembre, para la implantación de la nueva oficina judicial el Art. 605 y ss LECrim –pese a que participan de connotaciones diferentes y parten de premisas tan diversas como que la civil presupone una deuda líquida cierta, mientras que la penal, muchas veces, pretende con la investigación, entre otras cosas, determinarla–, debe entenderse que la misma está regulada por lo que dice el Art. 33.7 in fine CP y vía 764 LECrim, por lo menos para el Abreviado, el Art. 630 LECiv.

De ellos se desprende que la finalidad de la intervención judicial es mixta civil y penal, y consiste en:

- salvaguardar los derechos de los trabajadores o acreedores por el tiempo que se estime necesario, que no podrá exceder de 5 años (33.7.g CP), sin olvidar el Art. 13 LECrim. Esta finalidad no tiene sentido en las empresas instrumentales, ni en los supuestos en que el delito investigado sea el blanqueo de capitales, salvo que se pueda demostrar que la actividad lícita supera a la ilícita (blanqueo puntual). En ciertos delitos económicos (principalmente ex Art. 261 bis CP los de insolvencia punible), la pugna entre el mantenimiento de los puestos de trabajo y la satisfacción de los créditos a los acreedores, suele ceder en favor de la liquidación del patrimonio salvable, con el objeto de desembocar el dinero que se recupere en la oportuna masa concursal.
- asegurar la pena (Art. 66 bis CP) evitando la continuidad de la actividad delictiva, limitando la libertad de obrar del infractor, si es el mismo, neutralizando a la vez la destrucción de pruebas, y en definitiva, el incremento del mal que cause la acción delictiva.
- como también la responsabilidad civil –derechos de acreedores y trabajadores–, evitando el vaciamiento patrimonial, garantizando la reposición de la situación al momento previo a la acción delictiva–
- cabe también, por obra del Art. 53.5 CP in fine para cobrar multas.

La intervención judicial puede afectar a la totalidad de la organización o limitarse (según las circunstancias del caso investigado) sólo a alguna de sus instalaciones, secciones o unidades de negocio (Art. 33.7 g) 2 CP).

Para acordarla hay que dar audiencia previa a las partes, incluida especialmente la representación de la PJ –que si no la ha designado, se practicará con Abogado de oficio ex Art. 119.1 a) LECrim– y también a los anteriores administradores (Arts. 544 quáter LECrim y 631 LECiv) que tienen mucho que indicar sobre las particularidades de la empresa afectada, antes de dictar Auto, y todo con el más amplio contenido posible, debiendo el Órgano judicial recabar de las partes acusadoras los extremos necesarios, pues al ser medida que se debe interesar a instancia de parte, el Juez sólo puede añadir por sí mismo lo que sea imprescindible para satisfacer lo pedido, pero no rellenar las omisiones.

En concreto, el Juez preguntará si se debe o no constituir la medida, sobre qué concretas personas jurídicas, qué modalidad adoptar (si administración, sustituyendo a los actuales administradores por expertos externos o mera intervención), qué grado de formación –economista, empresarial, auditor, etc.– debe tener el experto, número de administradores/interventores a nombrar, forma de su actuación-mancomunada, solidaria, por parejas, etc.–, su retribución, si es precisa la fijación de caución para que respondan por sus actuaciones o basta con la presentación del oportuno resguardo de estar al corriente de un seguro de responsabilidad civil, analizar la posibilidad de que se doten de auxiliares si fuera necesario para el desempeño de su actuación, indicar qué tipo de actos –v. gr.: enajenación, disposición de activos, etc.– exigirán permiso judicial, si sólo se extiende a ciertas sucursales o a todo el negocio y si sólo al nacional o también al internacional, temporalidad de los informes de rendición de cuentas, además del informe final, fijación de la retribución de los administradores/interventores una vez tomen posesión de sus cargos y conozcan el alcance de su gestión, en función de los activos concretos a administrar y las actividades derivadas de su rendimiento y conservación, si debe inscribirse en registros públicos –mercantil, de bienes muebles, de la propiedad, etc.–, determinación de su duración –hasta sentencia definitiva, hasta que se reintegren bienes en la masa concursal, etc.– y cuantos otros extremos determinen las circunstancias del caso.

Presentan los supuestos de delitos de insolvencia punible la peculiaridad de que su administración/intervención debe llevarse preferentemente en sede jurisdiccional mercantil, vía Arts. 86 Ter 1.4 LOPJ y 8 de la ley concursal, Ley 22/2003, de 9 de julio, por lo que la estrictamente penal sólo debe ceñirse a la de las sociedades de la trama delictiva que se investigue sobre las que no haya concurso declarado, con la idea de conservar y gestionar su patrimonio e intereses, en tanto ganen firmeza las resoluciones que resuelvan las acciones de retroacción y reintegración patrimonial de bienes a la masa concursal y vayan entrando en la misma los bienes, de manera que vayan cesando las administraciones penales a medida que ganen firmeza las mercantiles.

El Auto del Juez que la acuerde deberá al menos determinar exactamente el contenido de la intervención/administración, señalando quién se hará cargo de la misma y en qué plazos deberán hacerse los informes de seguimiento.

La LECiv (Art. 632.1) remarca que además debe señalar qué actos de enajenación o gravamen precisan autorización judicial, y exige como poco el Informe de rendición de cuentas final justificado.

La administración/intervención judicial se puede modificar o suspender en todo momento, pero exige previo informe del interventor y del Mº Fiscal.

En lo que hace a la figura del Interventor, nunca puede ser persona vinculada al imputado, debiendo necesariamente ser un tercero, a diferencia de lo que ocurre con la administración.

Aunque la ley es parca a la hora de definir sus potestades y atribuciones, el interventor tiene derecho:

- a acceder a todas las instalaciones o locales de la empresa o PJ
- A recibir cuanta información estime necesaria para el ejercicio de sus funciones.

Ya la s TS 31/3/86 le define como un: "auxiliar del Juez, que actúa con potestad delegada", y por ende se erige en un mandatario del Juez, nunca del acreedor, ni mucho menos del imputado.

En definitiva, el interventor deviene en un asesor, delegado y fiscalizador de confianza del órgano judicial, y por ello queda investido de potestad pública y obligado a sus servidumbres y responde de sus negligencias, razón por la que puede exigírsele caución, normalmente al inicio, con el juramento de aceptación de su cargo, y desde luego, debe exigírsele el oportuno seguro de responsabilidad civil que cubra sus posibles futuros errores en su ejercicio de la tarea encomendada.

Finaliza la parca regulación de tan compleja figura del Código Penal, prometiendo que un Reglamento, todavía no dictado, determinará aspectos relacionados con el ejercicio de su función, tan relevantes como: la retribución o la cualificación necesaria para su desempeño.

11. CONSERVACIÓN DE EFECTOS E INSTRUMENTOS DEL DELITO

Los Arts 334-367 sexies LECrim regulan los aspectos principales de las medidas cautelares asegurativas sobre lo que se han venido considerando cuerpos, instrumentos y efectos del delito, que incluyen todos los productos y ventajas generados con el mismo como los medios para su ejecución, es decir, todo lo que tenga relación con el delito (334 LECrim) para la búsqueda de la verdad material y para asegurar la efectividad de una eventual futura condena, asegurando la prueba.

En los primeros momentos de la investigación, su obtención es preferente (Art.366 LECrim) y por ello el Art. 367 LECrim no admite tercerías, que deben aceptarse, más adelante, cuando quiera que terceros ajenos al delito demuestren su clara pertenencia con exclusión de ningún grado de connivencia o participación en la actividad delictiva con la empresa o sociedad investigada.

Según su naturaleza, los cuerpos, instrumentos y efectos del delito podrán constituirse en:

- Depósito (que asegura tanto su futuro poder de convicción como penas como la de decomiso).
- Conservación: (Art. 338, que asegura la restitución, además de la convicción).
- Destrucción de activos (Art. 367 bis-sexies), para los supuestos en que su almacenamiento genere algún tipo de peligro –v. gr.: explosivos– o se trate de productos Ilícitos –v. gr. droga o estupefacientes–, o sean perecederos y por tanto de conservación imposible.
- O realización (Art. 367 quater, quinquies LECrim) para los supuestos en que el efecto sea de conservación costosa, –v. gr.: buques, aeronaves, vehículos–, sujetos a depreciación, desfase y desgaste en su uso, de modo que sea preferible convertirlos en dinero a guardarlos en la cuenta de consignación del Juzgado que algún rendimiento aporta.

La toma de los cuerpos, instrumentos y efectos del delito viene posibilitada también como objeto de posible restitución que son, en lo que se conoce como Secuestro/Ocupación, conforme permiten los Arts 619 y 620 LECrim.

12. FIANZA

Constituye la medida cautelar civil en el proceso penal por excelencia y supone la disponibilidad inmediata de dinero en metálico o la afección de muebles o inmuebles de fácil realización (Arts 589 y ss LECrim) que se constituye/entregan al Juzgado para garantizar la futura ejecución de pronunciamientos de naturaleza civil.

La fianza se erige en la posibilidad previa que la ley da para eludir el Embargo, que se configura como medida alternativa al impago de la fianza, pero que, como señalábamos más arriba, a veces debe acordarse inaudita parte –singularmente en causas declaradas secreto–, con el objeto de procurar alguna efectividad en los pronunciamientos futuros de carácter pecuniario, pues como dijimos, a diferencia de lo que ocurre en el proceso civil, en muchos penales, precisamente una parte de su objeto consiste en descubrir cuánto ha sido el monto del producto del delito, y a diferencia de la jurisdicción privada, no es fácil determinar a priori una deuda, una cantidad cierta con la que asegurar el perjuicio reclamable por la víctima.

Con independencia de que su devengo a instancia de parte es exigible y posible desde el mismo momento en que existan indicios racionales de actividad delictiva que lleve aparejada posible responsabilidad civil, el Art. 589 LECrim obliga al Juez a determinarla sin instancia de parte, para lo que el cálculo de su importe se fija sumando al de su probable responsabilidad (incluyendo la civil, la multa y las costas) un tercio (1/3) prudencial más, que en el caso de la que afecte a la presunta PJ delincuente se debe modular en función de la multa imponible a la persona física (Art. 31 bis 2 CP) con quien conforma el grado de solidaridad que quiere el Art. 116.3 CP.

El momento de su devengo, siempre que aparezcan indicios de responsabilidad criminal, es aquel en que surja algún grado de riesgo de que pueda producirse sustracción/desaparición de bienes/activos por parte de la PJ.

Las fianzas, al igual que para la persona física, pueden ser:

- PERSONAL: persona (con arraigo y solvencia) distinta del imputado que asume futuribles responsabilidades si no lo hace la PJ imputada, y que debe actuar mediante la aportación de garantía bancaria, de SGR o aval, de lo que se suele considerar inmediata realización a primer requerimiento.
- PIGNORATICIA: bienes muebles o valores que quedan afectados a futuribles responsabilidades: metálico, valores, muebles, mediante depósito.
- HIPOTECARIA: Bienes inmuebles afectados a (dos veces) las futuribles responsabilidades calculadas.

- CAUCIÓN: Dinero efectivo, aval solidario indefinido pagadero a primer requerimiento emitido por entidad crediticia o SGR, o cualquier medio que garantice inmediata disponibilidad.

13. COMISO

El comiso es una pena obligatoria (Art. 127.1 CP) que pretende conseguir del delincuente la pérdida de cuantos efectos provengan del delito (su provecho y ganancia) y de los bienes, medios o instrumentos con que se haya preparado o ejecutado el mismo, cualquiera la transformación que hayan experimentado.

Sin entrar en su estudio pormenorizado, el CP permite el llamado Comiso ampliado, en los supuestos de patrimonio desproporcionado respecto a los ingresos justificados en imputados por delitos de terrorismo/crimen organizado, y el Comiso del equivalente (Art. 127.3 CP), para los casos en que no sea posible comisar los provechos /ganancias delictivos o los objetos que han posibilitado la ejecución del delito.

Se debe entender permitido su aseguramiento cautelar (depósito) conforme a lo que posibilitan tanto los Arts 367 bis/338 LECrim, salvo si claramente fueran de tercero ajeno (a quien se deberían devolver, salvo si conocía su uso delictivo: Arts 620/844 LECrim) como los Art. 127-128 CP cuya ejecución comienza en la fase de instrucción, desde que hay riesgo de su desaparición, cabiendo ejecutarlo mediante depósito, bloqueo, prohibición de movimiento de fondos, anotación registral, etc.

Igualmente cabe su destrucción y realización anticipada: Art. 367 bis a) septies LECrim ó Art. 374 CP para el delito contra la salud pública, pero para hacerlo debe oírse al representante de la PJ, o si no lo nombra, a su Abogado de oficio.

14. PROHIBICIÓN DE DISPONER / BLOQUEO /EMBARGO

Con esta medida cautelar se pretende afectar determinados bienes de la persona jurídica imputada (saldos de cuentas bancarias, depósitos, valores, títulos, acciones, deuda pública, contenido en cajas de seguridad, activos financieros, activos reales, etc.) a resultas del proceso (Art. 597 LECrim) a falta de afianzamiento.

Como hemos dicho, se la concibe con carácter subsidiario, y muchas veces se acuerda de forma inversa (ex Arts 727.1 /746 LECiv/764.2 LECrim), trabando el bien de oficio, bloqueándolo u ordenando su prohibición de disponer inaudita parte, para evitar su desaparición, posibilitando a continuación su inmediato alzamiento, si se afianza suficientemente.

15. ANOTACIÓN PREVENTIVA

Otra medida cautelar que puede adoptarse sobre la persona jurídica presunta delincuente, es la Anotación preventiva en el Registro de la Propiedad de la pendencia de una causa criminal contra ella, si la acción civil acumulada es susceptible de afectar a derechos inscribibles en Registro, porque puedan generar trascendencia real inmobiliaria.

Su finalidad es la de proteger registralmente al Tercero de buena fe, de posibles hipotéticas declaraciones de nulidad (anulabilidad o rescisión) de operaciones relativas a inmuebles vinculadas a la restitución del objeto litigioso a su titular, en causas por ejemplo como estafas o insolvencias punibles. La publicidad registral advierte a terceros de las pretensiones restaurativas de la víctima o del perjudicado, y sobre todo a futuros adquirentes que quedan así a resultas del juicio penal (Arts. 764 LECrim; Art. 721 y ss LECiv/Art. 42 LH).

Es importante remarcar la necesidad de tender a proteger la realidad material para lo que se pueden combatir en el proceso penal las titularidades aparentes, mediante la aplicación del Art. 20 LH que indica que: "*En los procedimientos criminales podrá tomarse anotación de embargo preventivo o de prohibición de disponer de los bienes, como medida cautelar, cuando a juicio del Juez o tribunal existan indicios racionales de que el verdadero titular de los mismos es el imputado, haciéndolo constar así en el mandamiento*".

16. CAUTELARES ESPECÍFICAS

Algunos delitos comisibles por PJ presentan especificidades en lo que a medidas cautelares se refiere. Así:

El Art. 141 Ley de Propiedad intelectual, previene las de Intervención y depósito de ingresos, Suspensión de actividad, Secuestro de ejemplares, instrumentos, dispositivos, productos, componentes, Embargo de equipos, aparatos, soportes materiales y la Suspensión de servicios prestados a 3° por intermediarios.

Para el delito contra la Hacienda Pública, existe la posibilidad de que la AEAT acuerde cautelares constante el proceso penal (Ley 7/12, de 29 de octubre) como puedan ser: la retención de devoluciones o el embargo preventivo.

17. RECURSOS

Establece el Art. 544 quáter 2 LECrim que el Auto acordando/denegando la medida cautelar sobre PJ delincuente es susceptible de apelación directa –sin recurso previo de reforma–, que goza de tramitación preferente.

Para las resoluciones del Secretario judicial en ejecución de embargos de los Arts 589 y 615 LECrim, son de aplicación los recursos previstos en la LECiv.

MEDIDAS CAUTELARES EN SEDE CONCURSAL

María Gallardo Monge
Magistrada del Juzgado de lo Mercantil de Guadalajara

SUMARIO: **1. Medidas cautelares en el concurso de acreedores: finalidad y presupuestos.- 2. Legitimación y cuestiones procesales.- 3. Especialidades del embargo de bienes del art. 48 ter de la LC.- 4. Medidas cautelares acordadas en causa penal (art. 189.2 LC)**

1. MEDIDAS CAUTELARES EN EL CONCURSO DE ACREEDORES: FINALIDAD Y PRESUPUESTOS

En primer lugar debemos señalar que la actual regulación de las medidas cautelares en sede concursal es, quizá, una de las pocas materias que no se vio afectada por la reforma operada por la Ley 38/2011 y, en consecuencia, conserva la redacción originaria. En sede concursal, como saben, es posible acordar, durante la tramitación del concurso e incluso, como veremos, antes de su declaración, medidas cautelares que, pese a las particularidades que puedan presentar y a las que nos referiremos a lo largo de la exposición, son, en esencia, coincidentes en cuanto a requisitos y presupuestos con las reguladas con carácter general en la LEC.

Así, la función normativa de las medidas cautelares, tanto si se trata de las reguladas en la LEC, como si nos referimos específicamente a las previstas en la Ley Concursal, es, esencialmente, la misma: *asegurar la ejecución de la resolución que se dicte en el proceso principal.* Así, el **art. 721** de la LEC señala que las medidas cautelares tienden a asegurar la efectividad de la tutela judicial que pudiera otorgarse en la sentencia estimatoria que se dictare. La relevancia de estas medidas puede ser primordial para la efectividad de la sentencia, habiendo llegado a afirmar el Tribunal Constitucional que la tutela judicial efectiva no es tal sin medidas cautelares adecuadas que aseguren el cumplimiento de la resolución judicial definitiva que recaiga en el proceso. En esta misma línea, la Sentencia del Tribunal de Justicia de la Comunidad Europea, de 19 de julio de

1990, vino a destacar que *la necesidad de acudir al proceso por quien tiene razón no debe convertirse en daño por esperar a que se la den.*

La LEC exige la concurrencia de dos presupuestos o requisitos (**art. 728**), a saber, el peligro por mora procesal y la apariencia de buen derecho:

a) El *fumus boni iuris* o apariencia de buen derecho implica que la existencia del derecho o interés jurídico afirmados ha de parecer verosímil, suficiente para que según un cálculo de probabilidades quepa prever que la resolución principal declarará el derecho en sentido favorable al que solicita la medida cautelar. Ahora bien, no es exigible una plena declaración jurídica, ya que en ese supuesto el cautelar sustituiría al proceso principal, siendo suficiente acreditar la apariencia. La LEC hace referencia a un juicio provisional e indiciario favorable al fundamento de su pretensión, acreditándose principalmente de forma documentada, aunque sería admisible cualquier otro medio de prueba (**art 728.2** LEC);

b) El requisito del *periculum in mora* consiste en el peligro de un daño jurídico urgente y marginal derivado del retraso en el pronunciamiento de la resolución definitiva. Es necesario que el solicitante justifique ese peligro por la mora procesal, es decir, que se justifique que en el caso concreto, podrían producirse, durante la pendencia del proceso, de no adoptarse las medidas solicitadas, situaciones que impidieren o dificultaren la efectividad de tutela que pudiere otorgarse en una eventual sentencia estimatoria, tal como exige el **art 728.1** de la LEC. Ello no obstante, ha de tenerse presente que la propia tramitación de un procedimiento exige un lapso temporal durante el cual, y de forma natural, puede verse alterada la situación de hecho sobre la que recae el litigio, de manera que el *periculum in mora* no debe confundirse con ese riesgo genérico y abstracto de mera potencialidad de alteración de las situaciones de hecho.

[En la Doctrina se ha señalado que el «*periculum in mora*» vendrá configurado por una doble conceptuación: peligro de infructuosidad y peligro de tardanza, que harán que el peligro, el riesgo, actúe como fundamento de la cautela, a la vez que como criterio delimitador de la misma.

Al solicitante le basta con justificar posibles dificultades o trabas, y no una imposible o muy difícil ejecución. El requisito del «*periculum in mora*» se debe concretar, según la Doctrina, en un peligro actual que, reforzado por el tiempo que transcurrirá hasta que recaiga resolución definitiva, pueda impedir la eficacia de una eventual sentencia estimatoria. En consecuencia] El solicitante deberá, pues, acreditar cuáles son los hechos que fundamentan la existencia actual, siquiera indiciaria, del peligro alegado y que pueden determinar que, contestados en el futuro, impidan que pueda hacerse efectiva la eventual sentencia estimatoria; por ello, no se permite que con la medida cautelar se pretenda alterar situaciones de hecho consentidas por el solicitante largo tiempo, salvo que se justifiquen cumplidamente las razones por las que no se han solicitado antes dichas medidas. En este sentido se expresa el Tribunal Supremo en el Auto de fecha de 3 de mayo de 2002, entre otros.

Es posible así adoptar medidas que aseguren la EJECUCIÓN de la resolución, así como también las que tienden a CONSERVAR el objeto, o incluso a ANTICIPAR el fallo, tal como se deduce del **art. 726** de la LEC y de las resoluciones de las Audiencias Provinciales, como es el caso, entre otras, de la Ilma. **AP de Madrid, Sección 28ª, que en Auto de 11 de septiembre de 2008** ha señalado que *"...tales medidas garantizan la efectividad del derecho accionado, no tanto porque faciliten que en su día pueda ejecutarse el fallo de la sentencia que haya de dictarse, sino porque evitan que se prolongue en el tiempo una situación que, "prima facie", se presenta como antijurídica, y que por tanto se agrave el daño que se está causando al actor, facilitando que la ejecución de la sentencia tenga el efecto tutelador de sus derechos perseguido por el demandante (en este sentido, auto de la Audiencia Provincial de Barcelona, Secc. 15ª, núm. 229/2005, de 30 septiembre y de esta Sala, núm. 129/ 2007, de 29 de mayo"*.

Con carácter general, en el ámbito procesal civil –y por defecto, también en sede concursal–, toda medida cautelar ha de cumplir las notas de *temporalidad, provisionalidad, instrumentalidad y homogeneidad,* en la medida en la que se les asigna una función de garantía de la sentencia estimatoria que recaiga, si bien dotando al proceso cautelar de una autonomía propia. Rigen, además, los principios dispositivos y de aportación de parte, con justificación, por el solicitante, de la concurrencia de los presupuestos exigidos para su adopción (**art 732** LEC), y de contradicción, antes o después de la adopción, conforme recogen los **arts. 733 y 734** de la LEC.

En sede concursal, el **art. 17 de la LC**, referido a las *medidas cautelares anteriores a la declaración de concurso,* no hace mención expresa a ninguno de estos dos presupuestos, limitándose únicamente a hacer referencia a la FIANZA que, con carácter facultativo, el Juez puede exigir al solicitante de la medida. Si indica el precepto, no obstante, que serán de aplicación las disposiciones generales de la LEC, de donde se deduce que en sede concursal son igualmente exigibles ambos requisitos/presupuestos. La *finalidad* de exigir la prestación de caución será la de responder de los eventuales perjuicios que las medidas cautelares puedan producir al deudor si la solicitud de concurso instada fuera, finalmente, desestimada. Habida cuenta de su finalidad, la CUANTÍA de la que se establezca habrá de ser proporcional a esos eventuales daños y perjuicios, con la dificultad que ello comporta en lo que a la fijación de la suma se refiere, toda vez que cualquier noticia que venga referida a una posible declaración de concurso de una empresa es obvio que puede dañar la imagen de ésta. En definitiva, que la obligación de constituir caución y la determinación, en su caso, de la cuantía de la misma, es facultativa y discrecional del Juez.

Por otro lado, el **art. 17** de la LC no indica cuáles son las medidas cautelares que se pueden adoptar, lo que habrá de concretarse por remisión a las previsiones de la LEC y en atención a la propia finalidad del concurso. El **Auto del JM nº 4 de Madrid, de 3 de Enero de 2006**, señala así que *no cabe acordar como medida cautelar el embargo preventivo de bienes del administrador, o la entrada y* *registro, pero sí otras como la prohibición al deudor de disponer de sus bienes, o el embargo de sus cuentas bancarias.*

En relación con lo anterior si se ha de matizar lo siguiente, y es que el **art. 48 ter** de la LC si regula una medida cautelar específica: *el embargo de bienes.* Se trata de una medida cautelar que cabe adoptar UNA VEZ DECLARADO EL CONCURSO, que está específicamente prevista para el concurso de persona jurídica, limitada, como veremos a continuación, tanto por su finalidad como a efectos de legitimación. Cabe destacar que la posibilidad que contempla este **art. 48 ter**, de acordar, como medida cautelar, el embargo preventivo de los bienes y derechos de los administradores o liquidadores, se contemplaba ya en el anterior **art. 48.3 de la LC**, que, tras la reforma operada por la Ley 38/2011, pasa a ser el actual art. 48 ter (además de haber sido modificado en algunos aspectos de su contenido). En cualquier caso, habida cuenta de la finalidad singular y propia de la medida de embargo de bienes que contempla el art. 48 ter, es conveniente dedicar a su estudio un apartado específico al que nos referiremos después.

2. LEGITIMACIÓN Y CUESTIONES PROCESALES

A) Comenzando con las medidas cautelares a las que de forma genérica se refiere el **art. 17 de la LC**, esto es, las que se pueden instar con ANTERIORIDAD A LA DECLARACIÓN DE CONCURSO, podemos hacer las siguientes precisiones:

1º) Que el precepto únicamente habilita, para solicitar la adopción de medidas cautelares, al *legitimado para instar el concurso necesario* (bien sea un acreedor, u otro de los legitimados conforme al **art. 3 de la LC**). No puede, pues, pedir medidas cautelares el propio deudor (concurso voluntario), lo que se puede justificar por dos motivos: el primero, por la inmediatez de la declaración de concurso voluntario (al disponer el **art. 13 de la LC** que la solicitud se proveerá el mismo día, o, si no fuera posible, en el siguiente día hábil); y el segundo, por una razón de pura lógica, y es que quien de forma voluntaria acude al Juzgado a pedir su declaración de insolvencia, normalmente no realizará actos que sean perjudiciales para la masa activa o para los acreedores. No pueden tampoco ser adoptadas de oficio por el Juez. Y en el supuesto de que se hubieran instado varias declaraciones de concurso necesario (**art. 15.2 in fine**), si el que primero hubiera instado la declaración no las hubiera solicitado, podrá hacerlo el segundo o sucesivos, siempre mientras se halle pendiente de resolver la solicitud.

2º) La segunda cuestión a destacar es la relativa a la *legitimación pasiva*, que en el supuesto de las medidas del **art. 17** de la LC comprende únicamente al DEUDOR, habida cuenta, como decíamos, que la finalidad de las que, en su caso, se acuerden, será la de asegurar la integridad de su patrimonio.

- Es importante precisar que, dada la redacción del precepto (que literalmente señala que "*el Juez, al admitir a trámite la solicitud, podrá adoptar las medidas cautelares que considere necesarias*"), parece que la solicitud sólo puede formularse al tiempo de instar la declaración de concurso (necesario). Sin embargo, la Jurisprudencia viene admitiendo la posibilidad de solicitar la adopción de medidas cautelares con POSTERIORIDAD a haber instado la declaración de concurso, y antes de que se declare,, cuando sobrevengan circunstancias que puedan afectar al patrimonio del deudor, que sean relevantes para el caso de que se acuerde la declaración de concurso. La diferencia fundamental con respecto a las medidas cautelares que regula la LEC es que la solicitud de medidas cautelares en el concurso requiere que previamente se haya instado la solicitud de concurso (**Auto AP de Cádiz, de 2 de Febrero de 2010**).

- En la práctica, este tipo de medidas que se formulan al amparo del **art. 17** de la LC se acuerdan *in audita parte*, esto es, *sin audiencia del deudor*, lo que en el ámbito procesal civil es, sin embargo, la excepción a la regla general, y ello con la finalidad de evitar que conocido que sea por el deudor que se ha formulado la solicitud, pueda alzarse con sus bienes o realizar actuaciones que afecten a la integridad de su patrimonio.
- Ya hemos dicho también que el Juez puede pedir al solicitante fianza para responder de eventuales perjuicios que la adopción de las medidas cautelares pudiera generar al deudor, si el concurso no llegara, finalmente, a ser declarado. La *prestación de la fianza* o caución que, en su caso, se imponga al solicitante podrá hacerse tanto mediante el depósito o consignación de la suma que se señale, como mediante la constitución de fianza a primer requerimiento, emitida por entidad de crédito o sociedad de garantía recíproca, esto es, en cualquiera de las formas admitidas por el art. 529.3 de la LEC si bien nunca sería admisible una fianza personal o sin eficacia directa.
- La decisión sobre la adopción o no de las medidas cautelares se hará *Auto separado*, de tal manera que en el Auto en la que se resuelve sobre la declaración de concurso, si, en efecto, ha lugar a ello, el Juez ha de pronunciarse sobre el mantenimiento o no de las medidas adoptadas, conforme indica el **art. 21.1.4º** de la LC (piénsese así que, si el régimen de actuación que se acuerda para la AC es el de suspensión del deudor en sus facultades de administración y disposición –que es, por otro lado, el que como regla general prescribe el *art. 40.2* de la LC para el concurso necesario–, es lógico pensar que ya no sea necesario mantener en vigor las medidas de aseguramiento adoptadas). La razón de ser de que se dicten dos resoluciones es que la resolución sobre las medidas cautelares, en la medida en la que, como regla general, no se dará audiencia al deudor, será inminente, mientras que el pronunciamiento del Auto de declaración de concurso necesario va generalmente precedido de un trámite de alegaciones del deudor, a veces incluso, con celebración de vista, lo que implica necesariamente un lapso temporal.

- En materia de *costas*, éstas han de ser impuestas al solicitante de la medida cautelar para el supuesto de que la solicitud de declaración de concurso necesario sea, finalmente, desestimada.

B) Por otro lado, y respecto de la medida de EMBARGO DE BIENES a que se refiere el **art. 48 ter de la LC**, y que cabe adoptar desde la declaración del concurso, la **legitimación** para instarla comprende únicamente a la AC, así como al propio Juez del concurso que puede acordarla de oficio. No están legitimados para solicitarla los acreedores, y para el supuesto de que sea interesada por la AC, habrá de hacerlo, y así lo especifica el precepto, de forma razonada. Es decir, no necesariamente siempre que la AC pida el embargo de bienes por la vía del **art. 48 ter** se ha de acordar por el Juez, sino sólo si concurren los requisitos que justifiquen la adopción de una medida cautelar que es instrumental de una pretensión de condena principal, que en este caso el la del **art. 172.3** de la LC. **Finalidad**: evitar el riesgo de que durante el transcurso del tiempo necesario para la tramitación del concurso y la pieza de calificación, los posibles afectados se coloquen en una situación de insolvencia, haciendo inútil el pronunciamiento de condena que contenga la Sentencia de calificación (véase **Auto del JM nº 1 de Bilbao, de 26 de Septiembre de 2011**).

Respecto a la **legitimación pasiva**, únicamente podrá dirigirse la medida contra aquellas personas que hayan ostentado el cargo de administradores o liquidadores, de hecho o de derecho, o apoderados generales de la persona jurídica, así como frente a aquellos que hubieran tenido tal condición dentro de los dos años anteriores a la fecha de declaración de concurso. Cuestión que se puede plantear: si es posible acordar el embargo de forma solidaria de los miembros de un CONSEJO DE ADMINISTRACIÓN: en sentido positivo el **Auto del JM de Málaga, de 25 de Enero de 2008**, que puntualizando que *el precepto requiere la identificación e individualización de la responsabilidad a efectos de la medida cautelar a adoptar, nada obsta a que se acuerde de manera solidaria, pues se entiende que todos los miembros del Consejo de Administración participan en igual medida de la posible responsabilidad.*

El **art. 48 ter.2** amplía la legitimación pasiva también a los *socios personalmente responsables de las deudas de la sociedad* ANTERIORES a la declaración de concurso, en la cuantía que el Juez estime bastante, cuando de lo actuado resulte la posibilidad de que la masa activa sea insuficiente para satisfacer todas las deudas, pudiéndose acordar también el embargo de sus bienes. Cabe destacar aquí que el precepto prevé expresamente la posibilidad de que, a solicitud del interesado, se acuerde la sustitución del embargo por aval de entidad de crédito.

- Con carácter general, la *competencia* para conocer de toda medida cautelar en sede concursal –que afecte al patrimonio del concursado– corresponde al Juez del concurso (**art. 8.4º de la LC** y **art. 86 ter** de la LOPJ), con la sola excepción de las que versen sobre procesos de familia o filiación o arbitrales. En el ámbito internacional, el **art. 4 del RCEE 1364/2000** dispone que *la Ley aplicable al procedimiento de insolvencia y a sus efectos será la del Estado en cuyo territorio se abra dicho* *procedimiento*, de donde ha de concluirse que la norma que rige el procedimiento será también aplicable a los incidentes que deriven del mismo, incluida, en su caso, la solicitud de medidas cautelares. Especial mención merece, no obstante, la posibilidad de que se articule, como medida cautelar, la solicitud del cese o modificación de decisiones adoptadas en otros órdenes jurisdiccionales o por órganos administrativos, con anterioridad a la declaración de concurso, supuesto en el cual –y en este sentido de especial interés el **Auto del JM de Santander, de fecha 19 de Julio de 2011**, que se pronuncia sobre la solicitud de la AC de la concursada, el REAL RACING CLUB DE SANTANDER, por la que se interesaba se dejase sin efecto una medida cautelar adoptada por la Real Federación Española de Fútbol Profesional– ha de resolverse en el sentido de estimar la falta de competencia del Juzgado de lo Mercantil, correspondiendo al órgano que adoptó la medida con anterioridad al concurso dejar, en su caso, sin efecto la misma. Es decir, que, en tales supuestos, no será el Juez del concurso el competente para acordar la revocación, suspensión o revisión de la medida acordada.

3. ESPECIALIDADES DEL EMBARGO DE BIENES DEL ART. 48 TER DE LA LC

1ª) En lo que se refiere a su *tramitación*, y pese a la falta de previsión expresa en la LC, la adopción de la medida cautelar de embargo de bienes, se regirá por lo dispuesto en la LEC, **arts. 730** y siguientes (**Disposición Adicional 5ª de la LC**), lo que significa que, salvo que concurran razones de urgencia que lo justifiquen, los interesados son convocados a una vista que se celebra por los trámites del Juicio Verbal.

2ª) Frente al Auto que resuelve sobre la medida cautelar cabe interponer *recurso de apelación* (lo que se halla ahora expresamente previsto en el **art. 48 ter**).

3ª) Como veíamos al hablar de las medidas cautelares previas a la declaración de concurso, no especifica el precepto qué *presupuestos* han de concurrir para la adopción de la medida de embargo de bienes, lo que ha dado lugar, en la Doctrina, a dos interpretaciones:

— Por un lado, están quienes, atendiendo a la redacción literal del precepto, estiman que el único requisito que ha de darse es, bien el pronóstico de calificación culpable del concurso, bien la previsión de que la masa activa sea insuficiente para satisfacer todas las deudas. En este sentido, son de destacar el **Auto de la AP de Tarragona, de 21 de Febrero de 2006** (que considera suficiente para la adopción de la medida los requisitos específicos del art. 48 ter, antes art. 48.3), o el **Auto del JM nº 1 de Vizcaya, de 23 de Marzo de 2005**, que tampoco considera aplicables los presupuestos generales;

— Otro sector, por el contrario, considera que si han de concurrir los presupuestos generales recogidos en la LEC (y a los que hacíamos referencia al comienzo de la exposición), entendiéndose, de hecho, en algunos casos, como vemos, por ejemplo, en la **AP de Pontevedra, Auto de 10 de Julio de 2008**, que los presupuestos generales se encuentran implícitos o imbuidos en los específicos.

En este sentido parece que se orientan las resoluciones de la **AP de Madrid, Sección 28ª** (Sentencia de 6 de Marzo de 2009 y de 18 de Noviembre de 2010), que partiendo del hecho de que esta medida cautelar que se regula ahora en el 48 ter es accesoria e instrumental de la pretensión del **art. 172.3 de la LC**, estima que, para que pueda acordarse el embargo de bienes y derechos de los administradores, son necesarios dos requisitos constitutivos de la *apariencia de buen derecho*, a saber:

— que de lo actuado resulte fundada la posibilidad de que el concurso sea calificado como culpable; y
— que la masa activa sea insuficiente para satisfacer todas las deudas.

Además, ha de concurrir el presupuesto del *periculum in mora*, esto es, el riesgo o temor fundado de que los posibles afectados por la Sentencia de calificación se coloquen, durante la tramitación del concurso o de la pieza de calificación, en situación de insolvencia.

La **AP de Barcelona, Sección 15ª**, va más allá, argumentando que, aunque el precepto se refiera sólo a la posibilidad de que el concurso de califique como culpable y que la masa activa sea insuficiente para satisfacer todas las deudas, debe, además, acreditarse, aún indiciariamente, que al administrador (o liquidador) al que se pretende embargar se le puede imputar la conducta merecedora de la calificación de culpablidad del concurso, y que esa conducta ha generado o agravado la insolvencia, o tuvo entidad suficiente como para ello.

Estas mismas cuestiones se han planteado cuando lo que se pretende es el embargo de bienes de los socios personalmente responsables, y ello por el que el propio apartado 2º del precepto comienza diciendo "*De igual manera...*".

4ª) Otra particularidad a destacar es que las medidas cautelares de los **arts. 721 y siguientes de la LEC** no pueden ser ACORDADAS DE OFICIO POR EL JUEZ, mientras que el **art. 48 ter** faculta al Juez del concurso para adoptarla de oficio, razón ésta, entre otras, para justificar la no exigencia de **prestación de caución,** además de por el hecho de que, de prestarse, se haría con cargo a la masa activa, que, justamente, se proclama insuficiente.

5ª) En cuanto al **momento procesal** para su adopción, cabe destacar que NO es preciso esperar al informe de calificación (**art. 169.1** de la LC), ni siquiera a la apertura de la Sección de Calificación.

6ª) Con relación a la **cuantía** del embargo, el precepto se limita a señalar que el Juez lo acordará en la cuantía que estime bastante, de manera que, ante tal indefinición, habida cuenta de la instrumentalidad de la medida, habrá de atenderse, para la fijación de la suma, al importe de los créditos concursales y contra la masa cuyo pago se trata, en definitiva, de garantizar, y ello por cuanto todo lo que se recaude del eventual responsable se integra en la masa pasiva.

7ª) Se alzará la medida cuando alcance firmeza la Sentencia de calificación que NO ESTABLEZCA CONDENA, sin perjuicio de la posibilidad de dejarla sin efecto si desaparecen los presupuestos que justificaron su adopción.

4. MEDIDAS CAUTELARES ACORDADAS EN CAUSA PENAL (ART. 189.2 LC)

Dispone el **art. 189.1** de la LC que la incoación de procedimientos criminales relacionados con el concurso no provocará la suspensión de la tramitación de éste. La voluntad del legislador es, por tanto, que la posible tramitación de un proceso penal no obstaculice ni suspenda la tramitación del concurso, lo que durante un tiempo fue, en efecto, una práctica relativamente habitual, de manera que, precisamente pata provocar la paralización de las causas civiles, se instaban procesos penales, siendo los más frecuentes los seguidos por falsedades documentales de documentos presentados en el concurso, delitos contra el patrimonio relacionados con el patrimonio del concursado o delitos societarios. Así, las solicitudes que se presenten pretendiendo la suspensión del concurso por haberse incoado o estar tramitándose una causa penal que pueda tener relación con el concurso, habrán de ser rechazadas de plano.

Ello no obstante, párrafo 2º del precepto (**art. 189.2**) hace extensiva al Juez del concurso la COMPETENCIA para adoptar medidas provisionales de retención de pagos, u otras contenido análogo, a los *acreedores imputados en un procedimiento penal.* El precepto exige que la denuncia o querella interpuesta haya sido admitida, es decir, no basta con la mera presentación y nada impide que se trate de un procedimiento penal que haya sido incoado de oficio. Como digo, el contenido de estas medidas que, en el seno del concurso, puede adoptar el Juez que lo tramita, comprenden actuaciones tales como la retención de pagos o el aplazamiento de la ejecución de ciertos bienes, siempre que con ello se permita la tramitación del proceso y no se obstaculice la posible ejecución de la condena penal en cuanto a los pronunciamientos civiles. Por último, volver a destacar que se trata de medidas provisionales que proceden respecto de ACREEDORES que estén imputados en PROCESO PENAL.

PUBLICIDAD E IMPUGNACIÓN DEL INFORME

Rafael Yangüela Criado
Magistrado del Juzgado de lo Mercantil nº 1 de Logroño

SUMARIO: **Publicidad del informe: inicio del plazo de impugnación.- Legitimación para impugnar: posición del concursado**

Se centrará la presente ponencia en el trato de determinados extremos que en referencia a la publicidad e impugnación del informe de la Administración concursal que doctrinal y jurisprudencialmente han resultado controvertidos, exponiendo las posiciones y la solución que se propone.

PUBLICIDAD DEL INFORME: INICIO DEL PLAZO DE IMPUGNACIÓN

Uno de los problemas que nos encontramos en cuanto a la publicidad del informe, se refiere al modo en que debe publicarse el mismo, derivado de la redacción dada por el art. 95 LC a tal extremo, y principalmente, ante la falta de creación, todavía a fecha de la presente ponencia, del Registro Público Concursal (el RD 892/13 que lo crea no entra en vigor hasta el 2014), y todo ello en referencia al cómputo del plazo de impugnación del informe por los interesados en el concurso.

El art. 95 establece que la AC, con una antelación mínima de diez días previos a la presentación del informe al juez, dirigirá comunicación electrónica a los acreedores sobre los que conste su dirección electrónica......, el número 2 establece que la presentación al juez del informe de la administración concursal y de la documentación complementaria se notificará a quines se hayan personado en el concurso en el domicilio señalado a efectos de notificaciones y se publicará en el Registro Público concursal y en el tablón de anuncios del Juzgado. A su vez el art. 96.1 establece que "Las partes personadas podrán impugnar el inventario y la lista de acreedores dentro del plazo de diez días a contar desde la notificación a que se refiere el apartado 2 del artículo anterior, a cuyo fin podrán obtener copia a su costa. Para los demás interesados el plazo de diez días se computará desde la última publicación de las previstas en el artículo anterior"

El problema es que a día de hoy no se ha creado el RPC y será necesario examinar si la notificación a través del Tablón de Anuncios del Juzgado es suficiente o por el contrario es necesaria publicidad complementaria, ya sea a través del BOE o de otro tipo.

Tres opciones se han dado a tales extremos:

1º **suficiencia de la publicación a través del Tablón de Anuncios del Juzgado**, criterio seguido aplicando literalmente la solución del art. 95.2, entre otras por los **AAP BURGOS 13-6-2011, AAP GRANADA 16-7-2011 Y AAP PONTEVEDRA 15-3-12**

2º **necesidad de una notificación personal** para el inicio del cómputo del plazo hasta que se desarrolle el RPC. Esta adoptada por la **SAP LAS PALMAS 15-2-13** guiada bajo el criterio de que el acreedor si no está personado, y ante la falta de publicación del informe en el RPC, no puede empezar hasta la notificación del informe de la AC al acreedor personalmente y en modo fehaciente

3º el tercer criterio, considera que hasta la creación y puesta en funcionamiento del RPC es **necesaria la publicación a través del BOE** a los efectos del cómputo de diez días establecido como plazo de impugnación del informe.

Esta es la opción que considero más correcta por el motivo siguiente. Para su examen se debe acudir a la redacción del RD ley 3/2009, que en su disposición adicional tercera prevé que "reglamentariamente se desarrollará la estructura, contenido y el sistema de publicidad a través de este Registro y los procedimientos de inserción y acceso, bajo los principios siguientes", estableciéndose en la disposición transitoria segunda, bajo el encabezamiento "Régimen de publicidad", el régimen que debe regir la materia en tanto no se de cumplimiento a dicha previsión, según el cual "el régimen de publicidad previsto en el artículo 6 de este Real Decreto-ley entrará en vigor de acuerdo con lo que disponga el Real Decreto previsto en la disposición adicional tercera" y, más adelante: "En todo caso, desde la entrada en vigor del presente Real Decreto-ley, las publicaciones que se remitan al "Boletín Oficial del Estado" contempladas en el apartado segundo del artículo 95 de la Ley 22/2003, de 9 de julio, Concursal, tendrán carácter gratuito siempre que así se acuerde por el Juez del concurso, por insuficiencia de bienes y derechos del concursado o de la masa activa. Cuando entre en vigor el Real Decreto previsto en la disposición adicional tercera, el régimen de publicidad previsto en el artículo 6 de este Real Decreto-ley será también de aplicación a los procedimientos concursales en tramitación".

De lo anterior se desprende que se requiere la inserción del correspondiente anuncio en el Boletín Oficial del Estado, y hasta que no se de cumplimiento a tal extremo no es posible acordar la inadmisión de una demanda de impugnación de la lista de acreedores presentada por la AC por razón de haberse interpuesto aquella extemporáneamente, cuando el plazo determinante de tal calificación todavía no había comenzado a correr por haberse omitido la publicación que marca el dies a quo.

Esta solución, que a mi juicio es la correcta, es la recogida entre otros en los **AAP MADRID DE 22-6-212, 11-5-2012, AP ALICANTE 18-4-12, AP CUENCA 30-4-13.**

LEGITIMACIÓN PARA IMPUGNAR: POSICIÓN DEL CONCURSADO

Otro de los aspectos controvertidos no resueltos expresamente por la LC se centra en la determinación de los sujetos que ostentan legitimación para impugnar el informe de la AC, y principalmente en las posibilidades de actuación de la propia concursa.

El art. 96.1 establece que las partes personadas podrán impugnar el inventario y la lista de acreedores, dentro del plazo de diez días a contar desde la notificación a que se refiere el apartado 2 del artículo anterior, a cuyo fin podrá obtener copia a su costa. Para los demás interesados, el plazo de diez días se computará desde la última publicación de las previstas en el artículo anterior, y en sus números 2 y 3 hablan de que dicha impugnación podrá referirse a la inclusión o a la exclusión de bienes o derechos, o del aumento o disminución del avalúo de los incluidos, o a la inclusión o exclusión de créditos y a la cuantía o la clasificación de los reconocidos.

El problema se centra en determinar si la concursada está legitimada, al amparo del artículo 96-1 de la Ley Concursal, para impugnar la lista de acreedores con independencia de su sentido, es decir, al margen de si con dicha impugnación se pretende, como parece lo más lógico, negar la condición de acreedor a alguno de los reconocidos por la Administración concursal, o discrepar, por exceso de la cuantía de algún crédito o de la más privilegiada calificación reconocida o si, por el contrario, también se pretendiera mejorar el status de un acreedor bien mediante su reconocimiento, bien en relación al crédito reconocido.

Es decir, se debate si la legitimación del deudor concursado para impugnar la lista de acreedores lo es sólo en sentido defensivo frente al acreedor, a la masa pasiva, pretendiendo siempre su reducción o si, por el contrario, cabe entender que el deudor está legitimado en todo caso y por tanto también para velar por la adecuación de la lista de acreedores a la realidad contractual a la que está vinculado, aunque ello suponga un incremento de la masa pasiva.

Dos corrientes jurisprudenciales encontramos en referencia a tal extremo:

1º las que consideran que la impugnación solo puede ser en sentido defensivo

Esta corriente considera que el El art. 96.1 LC reconoce legitimación activa para impugnar el inventario y la lista de acreedores a las "partes personadas" y "demás interesados". Entre las "partes personadas" lógicamente se encuentra el concursado, que conforme al art. 184.1 LC debe ser reconocido como parte en todas las secciones del concurso, pero ello no significa que cualquier parte personada pueda impugnar el inventario o la lista de acreedores, sino que debe esgrimir un interés legítimo.

La invocación sobre la conveniencia de que el informe de la administración concursal se mostrase lo más fiel y exacto posible o del interés de otros intervinientes en el proceso concursal tampoco puede prosperar para considerar que existe un interés legítimo, pues ello llevaría al reconocimiento de una especie de acción pública o popular en relación con el inventario o la lista de acreedores que no puede ser amparada.

Por el contrario, se considera que la expresión "cualquier interesado" habría de tratarse en todo caso de un sujeto de derecho con un interés que no puede identificarse con la defensa abstracta de la corrección del informe ni con la defensa de intereses ajenos. Pese a reconocer en abstracto al concursado como uno de los posibles legitimados para la impugnación del inventario y de la lista de acreedores, se entiende que esa aptitud potencial o abstracta para ser uno de los legitimados en la impugnación exigía, para convertirse en una aptitud real y efectiva que le dotase de la oportuna legitimación, un añadido: *que los extremos objeto de impugnación supusieran, para el impugnante, algún tipo de perjuicio o gravamen,* aunque no fuera necesariamente directo, real y actual sino, como consecuencia de la amplitud de la expresión utilizada, indirecto, potencial o futuro.

Se indica a su vez en defensa de esta postura que cualquier otra interpretación llevaría a la conclusión absurda de que todos, absolutamente todos los sujetos de derecho, estarían legitimados para impugnar el inventario y la lista de acreedores, pues cualquiera podría invocar un interés abstracto en la regularidad del proceso concursal y en que el informe de la administración concursal fuese lo más fiel y exacto posible, y en defender los intereses de todos los intervinientes en el procedimiento, conclusión a todas luces absurda.

El último argumento que podemos esgrimir es que no procede otorgar al concursado interés en el reconocimiento de un crédito no reconocido, pues tal interés solo puede corresponder a su titular, que puede disponer del mismo libremente (y una forma de renunciar a su crédito por parte de su titular puede ser precisamente mediante su no impugnación), sin que tal gravamen o perjuicio concurra en la concursa cuyo interés legítimo no puede identificarse con la defensa de un interés ajeno.

En defensa de esta corriente encontramos la **SAP GUIPUZCOA 29-4-13, AP BARCELONA 13-11-12, TENERIFE 29-11-12 O AP MURCIA 31-3-13**

2º Las que consideran que la legitimación de la concursa debe entenderse en sentido amplio

Los argumentos utilizados para defender tal postura son:

a) que el interés forma parte de la legitimación, entendiendo que en el proceso concursal que la legitimación está más restringida por sus propias características de defensa de una pluralidad de créditos que han de coordinarse en relación a un único y común deudor, legitimación que el legislador ha querido anudar a un vínculo más estrecho entre la situación del personado y el objeto procesal o pretensión deducida. Pero el que pueda afirmarse la necesidad de un interés jurídico que derive precisa y directamente de la relación jurídica contenciosa, no implica desvincular la base del negocio fuente de aquella en aras a un objeto distinto cuando, reconociéndose legitimación, el sujeto sí quede vinculado por la decisión judicial porque, de ser así, resulta evidente su interés legítimo.

De este modo, sin alterar las condiciones básicas de la legitimación que se confiere cuando se da la relación a que se refiere el artículo 10 de la Ley de Enjuiciamiento Civil, sí se acota a las condiciones propias del proceso concursal, tal vinculación, evitando litigiosidad sin verdadera afinidad con el litigante.

La consecuencia de cuanto se indica es que no puede negarse interés al concursado en la impugnación por la exclusión de un acreedor, porque, primero, formula pretensión en el marco de una relación en la que el concursado es parte y segundo, el objeto específico de la impugnación recae sobre un acreedor reconocido como tal en el listado aportado en su día por el deudor, conforme a lo previsto en el artículo 6-2-4º de la Ley Concursal.

b) La segunda razón que apoya la legitimación del concursado trae razón de ser en la relación existente entre la masa pasiva y el concurso –art 49 LC– y entre la masa pasiva y el deudor al que se le imponen específicos deberes –art 6, 42, 45 LC– destinados a una completa y veraz determinación de las masas, relaciones que sí hacen extrapolar el interés de la exactitud y veracidad de la masa pasiva, por quedar conectado con el fin mismo del concurso, hasta alcanzar la categoría de interés/deber específico del deudor en la exactitud de la determinación de las masas.

En conclusión, la legitimación en la impugnación de la lista de acreedores deviene ineludible en la parte concursada ya que al formalizar su pretensión frente a la lista de acreedores para que se incluya, con una determinada calificación, un crédito, además de dar cumplimiento, por otros mecanismos, a sus deberes de información, lo que solicita es una sentencia que, en relación a un derecho de crédito propio y a una determinada situación jurídica –la que dimana del listado de acreedores–, modifique la misma en base a la relación crediticia que mantiene con el acreedor y por tanto, a que la lista de acreedores revista veracidad, integridad y exactitud y en ello no sólo hay genérica legitimación sino evidente interés.

Esta postura está recogida en la **SAP ALICANTE de 24-5-12.**

Yendo incluso más allá de la doctrina anterior, hay un sector jurisprudencial que defiende no solo la actuación del concursado en sentido amplio, sino que ampara incluso la legitimación de otros acreedores para solicitar la mejora del crédito reconocido a otro acreedor o el empeoramiento del crédito propio. En tal sentido podemos citar *las SAP CORDOBA 10-1-13 Y 22-3-13* que literalmente expone que "***PRIMERO.***- Se plantea en este caso una cuestión a la que no da respuesta expresa la Ley Concursal y que tiene relación con los principios de congruencia e interés legítimo, pero también con el denominado orden público concursal, cual es si un tercero distinto al acreedor a quien se ha reconocido un crédito en un determinado sentido puede impugnar dicha inclusión, a fin de que se reconozca con una clasificación más favorable que la propuesta por el propio interesado; o dicho de otro modo, ¿puede un acreedor pretender una calificación inferior a la legalmente pertinente, renunciando a dicha calificación más favorable; y de ser así, pueden combatir dicha pretensión otros interesados? Y la respuesta debe ser positiva respecto de la legitimación del tercero, porque una vez notificada o comunicada la lista de acreedores, la Ley Concursal (artículo 96) concede un derecho de oposición a todos los interesados en el procedimiento concursal, pudiendo hacerlo todo aquel que tenga y acredite un interés que considere lesionado (esto ya lo destacaba la antigua doctrina concursalista, cuando señalaba taxativamente que, dentro de las normas de respeto a la verdad y la justicia que habían de presidir el juicio de quiebra, había de permitirse que, frente al acuerdo de una mayoría más o menos interesada o desviada, pudiera hacerse prevalecer la verdad en todo caso). El concurso de acreedores no es un procedimiento para dirimir intereses individuales, ni la relación concreta entre un acreedor y un deudor, sino un proceso colectivo y universal, en el que está en juego todo el patrimonio del deudor (masa activa) y se ven abocados al mismo todos sus acreedores (masa pasiva), por lo que todas las decisiones están interrelacionadas y la configuración de un crédito de una determinada manera no sólo afecta a su titular, sino al conjunto de intereses que se ventilan en el concurso; y especialmente al deudor, porque la decisión tiene una incidencia directa en su patrimonio. Y si además se da la circunstancia de que la clasificación en un sentido o en otro determina el derecho de abstención del acreedor –en tanto que privilegiado– y, por tanto, su posibilidad de no participación en la junta de acreedores y su no inclusión a efectos de obtención del quórum necesario para la aceptación del convenio (artículos 123 y 124 de la Ley Concursal), resulta patente el interés legítimo del deudor en la correcta determinación y depuración de la lista de acreedores"

3º Es necesaria la impugnación del informe para la determinación de un crédito ilíquido

La tercera pregunta a la que se quiere responder en esta ponencia es como deben acceder al concurso aquellos créditos que a la fecha de elaboración del informe son ilíquidos, normalmente por necesidad de fijación de daños y perjuicios, centrándose la duda en si pueden acceder al concurso por la vía de impugnación del informe de la AC, o mediante la fijación en un proceso declarativo independiente.

La jurisprudencia también es vacilante en tal sentido, existiendo distintas posturas entre las que destacan:

a) **los que exigen su fijación en procedimiento declarativo y no por vía de impugnación del informe de la AC**

Consideran los que entienden que esta es la vía que es inadecuada la impugnación de los textos definitivos, referido sólo a la inclusión o exclusión de créditos, así como a la cuantía o la clasificación de los reconocidos. Pero en cambio no constituye la vía adecuada para la reclamación indemnizatoria de daños y perjuicios, que en todo caso, encuentra también en la propia Ley Concursal, un cauce procesal adecuado como proceso declarativo posterior a la declaración del concurso.

Debe tenerse en cuenta que en materia de responsabilidad contractual cuando se reclaman daños y perjuicios por incumplimiento, al igual que en el caso de la responsabilidad extracontractual, la responsabilidad no surge de la obligación, sino la obligación de la responsabilidad. Es decir, el hecho causante del daño da lugar a responsabilidad que puede ser o no ser exigida, y que se convierte en obligación dineraria sólo con la resolución que convierte esa responsabilidad en obligación de resarcir el daño o de pago de la sanción. Y aunque en elartículo 1.101 del Código Civilse dice queda sujeto a indemnización de los daños y perjuicios causados los que en el cumplimiento de sus obligaciones incurran en dolo, negligencia o morosidad y los que de cualquier modo contravinieren el tenor de aquélla, lo que realmente contempla es la responsabilidad de quien causa el daño y la acción para exigirla, pero la obligación no existe sin el ejercicio de la acción y ulterior decisión judicial que otorgue la tutela solicitada.

La determinación y cuantificación de dicha responsabilidad no es función de La Administración Concursal, ni, por lo tanto, puede ser examinado por la vía de impugnación de la lista de acreedores, que implica precisamente una revisión de las decisiones que sobre la inclusión, exclusión, importe o calificación de créditos a adoptado aquélla. Es necesario para dicho reconocimiento acudir al procedimiento correspondiente según la cuantía para que se declare su existencia, y si procede, la cuantificación de la misma."

Esta es la postura mantenida por el **AAP MURCIA 5-1-12 o AAP PONTEVEDRA 26-6-2008, JM 1 MADRID 16-2-2010 Y JM 5 MADRID 25-1-2010**

b) los que defienden que en todo caso debe insinuarse el crédito y no procede demanda.

En esta corriente se encuentran aquellos que consideran que para la determinación del incumplimiento de la concursada y el nacimiento por ello de un crédito concursal surgido antes de la declaración del concurso incluido el computo en dinero del daño que por el incumplimiento se afirma padecido, articulo 88.1 y 3 Ley Concursal, corresponde a la administración concursal, a la que se atribuye esta labor, sin necesidad de acudir previamente a la obtención de ningún pronunciamiento judicial, como ha puesto de relieve parte de la doctrina, que equipara funcionalmente, en el seno del proceso concursal, la comunicación del crédito, con el ejercicio de la acción judicial, y la decisión de la administración concursal, con un pronunciamiento "cuasijurisdiccional".

Los defensores de esta tesis consideran que no es admisible un litigio previo para determinar la naturaleza, alcance y consecuencias de las relaciones jurídicas de la concursada con quienes se han relacionado con ella para que, recaída resolución (se supone que firme) y conociendo ya tales personas la naturaleza dea de su relación jurídica y las deudas derivadas de ella puedan comunicar sus créditos. Esta solución no encuentre encaje en la regulación de la Ley Concursal, chocando frontalmente con sus previsiones, pues provocaría una paralización inadmisible del proceso concursal (y no solamente de determinadas actuaciones como prevé el art. 192.2 de la Ley Concursal), que justamente la normativa concursal pretende evitar. Aquí, por otra parte, sin comunicación y sin pleito pendiente a la fecha de la declaración del concurso, sobre la existencia y alcance del crédito concursal reclamado, no existe realmente crédito contingente.

En consecuencia, lo que debería ocurrir es que el acreedor deberá cuantificar y comunicar a la AC su crédito, surgiendo el litigio solo cuando se rechazara la existencia del crédito, o no se reconociera en la cuantía reclamada, debiendo en tal caso el demandante promover incidente para la modificación de la lista de acreedores.

Esta postura está defendida por el **AAP GRANADA 10-10-12 Y SAP JAEN 1-2-2010**

c) la tercera postura defiende que caben ambas vías.

Esta postura intermedia, apunta a que, a pesar de considerar necesario el planteamiento de una acción autónoma, no deja de pronunciarse en el incidente impugnatorio sobre la procedencia de la reclamación, que es la que se defiende y considera más adecuada, por los siguientes motivos:

1º. No es lógico exigir al acreedor la utilización de la doble vía impugnatoria. El hecho de que resulte admisible la doble vía, porque nuestro ordenamiento no ha prohibido el ejercicio de acciones autónomas contra el patrimonio del concursado tras la declaración del concurso, no significa que deba ser exigida su utilización para el reconocimiento del crédito, cuando la posibilidad de esa doble vía de reconocimiento más comporta un problema que una solución porque supone la admisión de dos procedimiento declarativos con un mismo objeto: (i) de una parte el procedimiento concursal de reconocimiento del crédito; y (ii) de otra, la acción autónoma.

Es cierto que, por lo común, la coordinación entre ellos se consigue a través de la institución de la calificación del crédito como contingente, pero no pueden excluirse supuestos en los cuales no se lleve a cabo esa calificación y se acaben reconociendo situaciones firmes entre sí irreconciliables.

2º. la doble vía tendría sentido si el incidente de impugnación de la lista tuviera una tramitación distinta a la de la acción autónoma, pero no es eso lo que ocurre en nuestro ordenamiento en el que la tramitación en ambos casos es la misma, la propia del incidente concursal. Por consiguiente, esa dualidad de procedimientos no solo es perturbadora sino que, además, resulta antieconómica, porque obliga a las partes a un doble esfuerzo con un objetivo único.

3º. el hecho de que el procedimiento intraconcursal de reconocimiento de créditos puede conllevar que lo créditos determinados pueden llegar a alcanzar una eficacia similar a los que determina una resolución judicial, esto es, su inatacabilidad, siendo función de la Administración concursal precisamente su determinación, lo que es de especial interés en los créditos de responsabilidad. Esta función cuasijurisdiccional no puede eludirse so pretexto de que el crédito le parezca dudoso o no resulte reconocido previamente por la concursada.

Esta postura, que se defiende, es la recogida y argumentada en la **SAP BARCELONA (15) DE 13-3-2013.**

VIABILIDAD *VERSUS* LIQUIDACIÓN

OLGA MARTÍN ALONSO
Magistrada JM nº 10 Madrid

SUMARIO: **1. ¿Solicitada la liquidación por el deudor puede ser revocada?- 2. En el caso de revocación de la solicitud de liquidación ¿cabria admitir la posibilidad de oposición por parte interesada?- 3. La solución del Concurso mediante un convenio, supone la reestructuración de la empresa, ¿puede llegar a producir una modificación estructural de la concursada? ¿Cuáles?- 4. Existe gran dificultad en alcanzar acuerdo con los acreedores, especialmente con los bancarios, y en la actualidad casi nunca para el sector construcción-promoción. ¿Qué hacer?- 5. ¿Qué es el plan de viabilidad y para que sirve?- 5. ¿Cómo elaboramos el plan de viabilidad? Requisitos.- 6. ¿Cómo elaboramos el plan de pagos?- 7. En que consiste el escrito de evaluacion de las propuestas de convenio que debe presentar la ac en relacion con el plan de pagos propuesto y en su caso con el plan de viabilidad que la acompañe.- 8. El convenio ¿permite modificar la estructura económico financiera de la empresa? ¿y, en su caso, cómo?- 9. ¿Qué es la modificacion estructural de la empresa?- 10. ¿La modificación estructural puede constituir el contenido único del convenio? ¿en su caso, cuándo?- 11. ¿Cómo se soluciona el problema sobre la legitimación y la protección de los socios en el marco de la necesaria aceptación por los acreedores y aprobación judicial del convenio concursal, ya se tramite anticipada u ordinariamente?- 12. Ante la ausencia de previsión en la LC ¿Cuál es el momento temporal en el que la adopcion del acuerdo de modificación por los socios reunidos en junta y el derecho de oposición de los acreedores se insertarán en la necesaria aceptación del convenio por los acreedores reunidos en junta, en la tramitación ordinaria del convenio o mediante un sistema de adhesiones individuales en el marco de una propuesta de convenio y posterior aprobación judicial del convenio?- 13. ¿Cuál es la diferencia en orden a la protección de los acreedores que se suscita en el marco de una modificación estructural en situación concursal?- 14. ¿Cuál es el encaje de los plazos concursales y societarios?- 15. El encaje**

de estos plazos ¿Cómo se solucionaría? Hay dos soluciones que no están inicialmente previstas en la Ley Concursal.- 16. ¿Los administradores concursales pueden suplir con sus evaluaciones e informes las exigencias de informe de expertos independientes, en la medida en la que la ley exige que los expertos sean designados por el registrador mercantil?- 17. ¿Que diferencia existe entre la proteccion de los acreedores en d° societario y en el seno del concurso?- 18. ¿Cuál es el valor del voto al convenio de los acreedores? y ¿ese voto puede evitar la apertura del plazo de un mes para impugnar la fusión?- 19. ¿Cómo solucionamos el problema práctico de que los acuerdos de fusión no sólo podrán ser cuestionados por los acreedores privilegiados de todo tipo, sino incluso por los acreedores contra la masa a quienes no se habilita cauce para cuestionar el convenio y que, sin embargo, sí pueden cuestionar la fusión?- 20. ¿Y cómo se soluciona el problema relativo al derecho de oposición en el marco concursal?- 18. ¿Es competente el juez del concurso en todo caso?- 19. En todo caso, la modificación estructural realizada a través de convenio habrá de someterse a aprobación por el juez del concurso?- 20. ¿Cuáles son los requisitos en el caso de propuesta de viabilidad por absorcion realizada en el entorno de sociedades participadas.- 21. ¿Cuándo cesan todos los efectos de la declaración de concurso?- 22. Cesados los administradores concursales por la eficacia del convenio, ¿pierden la legitimación para actuar en el concurso en todo caso?- 23. Apertura de la fase de liquidación.- 24. El informe del administrador concursal deberá incluir necesariamente el inventario de la masa activa del concurso y evaluar el efecto de la resolución de los contratos sobre las masas activa y pasiva del concurso: A) Solicitud del deudor. B) Solicitud de acreedor. C) La Administración concursal. D) Apertura de oficio de la liquidación.- **24. Efectos de la apertura de la fase de liquidación.- 25. ¿Qué es el plan de liquidación?- 26. ¿Cómo se elaboracion el plan de liquidación?- 27. Trámite de observaciones o propuestas de modificación.- 28. ¿Cómo se ejecuta el plan de liquidacion?: enajenacion.- 29. ¿Qué normas comunes rigen en el proceso de liquidación?- 30. Consideraciones a tener en cuenta en la finalización de la fase de liquidación y la fase de concurso**.

1. ¿SOLICITADA LA LIQUIDACIÓN POR EL DEUDOR PUEDE SER REVOCADA?

La fase de convenio puede ser de ida y vuelta, es decir, una vez tramitada, si no se alcanza convenio o, una vez aprobado, se incumple, se abre la fase de liquidación.

Pero abierta fase de liquidación no tiene vuelta atrás.

De los preceptos siguientes parecer deducirse la imposibilidad de revocación:

> *Artículo 104.1 LC al regular la legitimación y el plazo para la presentación de la propuesta anticipada de convenio atribuye legitimación sólo al "deudor que no hubiese pedido la liquidación*
> *De parecido modo se pronuncia el artículo 113.1 LC cuando establece que "podrá presentar ante el Juzgado que tramite el concurso propuesta de convenio el concursado que no hubiere presentado propuesta anticipada ni tuviere solicitada la liquidación".*

Por último, el artículo 114.1 LC se muestra categórico cuando dispone que "si estuviese solicitada la liquidación por el concursado, el Secretario judicial rechazará la admisión a trámite de cualquier propuesta".

RESPUESTA.-Sin embargo hay que concluir que solicitada la liquidación por el deudor aquella puede ser revocada siempre que todavía no se haya abierto la fase de liquidación

2. EN EL CASO DE REVOCACIÓN DE LA SOLICITUD DE LIQUIDACIÓN ¿CABRIA ADMITIR LA POSIBILIDAD DE OPOSICIÓN POR PARTE INTERESADA?

La liquidación y el convenio son mutuamente excluyentes, por lo que los anteriores preceptos tratan de impedir las siguientes situaciones:

a) que se puedan admitir propuestas de convenio presentadas por los acreedores cuando el deudor tenga solicitada la liquidación;

y b) que el deudor pretenda mantener una situación incompatible consistente en la petición de apertura de la fase de liquidación y la presentación de una propuesta de convenio.

RESPUESTA

NO, si bien ello no significa que el Juez del concurso quede vinculado al escrito de revocación del concursado.

Aquél resolverá atendiéndolo o desatendiéndolo en función de las circunstancias concurrentes en cada caso y de los intereses generales del concurso.

Aunque considero que en atención a tal fin, el órgano judicial debería, dar audiencia a las partes que puedan verse perjudicadas por la estimación del referido escrito de revocación del deudor.

3. LA SOLUCIÓN DEL CONCURSO MEDIANTE UN CONVENIO, SUPONE LA REESTRUCTURACIÓN DE LA EMPRESA, ¿PUEDE LLEGAR A PRODUCIR UNA MODIFICACIÓN ESTRUCTURAL DE LA CONCURSADA? ¿CUÁLES?

RESPUESTA

Evidentemente sí.

Fusión o escisión de la concursada como veremos posteriormente

4. EXISTE GRAN DIFICULTAD EN ALCANZAR ACUERDO CON LOS ACREEDORES, ESPECIALMENTE CON LOS BANCARIOS, Y EN LA ACTUALIDAD CASI NUNCA PARA EL SECTOR CONSTRUCCIÓN-PROMOCIÓN. ¿QUÉ HACER?

RESPUESTA

Es deseable combinar la elaboración del Plan de Viabilidad y un Plan de Pagos con la negociación con los acreedores.

5. ¿QUÉ ES EL PLAN DE VIABILIDAD Y PARA QUÉ SIRVE?

El Plan de Viabilidad es el elemento crítico para poder evaluar la continuidad (viabilidad) de una actividad profesional o empresarial.

El cumplimiento de un convenio estará supeditado al logro de los retos definidos en el Plan de Viabilidad.

El Plan de Viabilidad puede ser un documento soporte, con los correspondientes ajustes, del Plan de Liquidación, ya que en base a aquél podemos estimar el precio de venta de la actividad global y, en su caso, a nivel de unidad de negocio. Ahora bien, no se exige un verdadero Plan de Negocio, lo que puede ocultar la viabilidad del proyecto.

La construcción y credibilidad del Plan de Pagos o Financiero está sujeta a la del Plan de Viabilidad y forma parte integrante de éste último.

5. ¿CÓMO ELABORAMOS EL PLAN DE VIABILIDAD? REQUISITOS

Para confeccionar el Plan de Viabilidad es necesario:

1. Tener en cuenta la empresa concursada y el entorno económico en el que opera, es decir el **análisis externo, que conlleva**

— analizar la demanda de consumo: por áreas geográficas, por años, a nivel territorial (nacional, provincial, interprovincial, comunidad autónoma), por formato (en refrescos por ejemplo seria de lata o botella) por canal (hostelería, alimentación,...)a través del cual identificaremos las amenazas y las oportunidades existentes

— análisis de la oferta (cuota por competidor, ejemplo marca (coca cola, pepsi-cola)

2. Analizar las debilidades y fortalezas de la empresa concursada a través de un **análisis interno** lo que supone analizar el área comercial, de producción, organizativa, económica y financiera

3. Diagnostico de situación a través del **análisis DAFO** (nos da una idea clara de la situación interna y sobre el entorno), que nos permite plantear las líneas de actuación y los objetivos estratégicos de la empresa (cifra de negocio, rentabilidad y fondo de maniobra)

4. El Plan técnico de racionalización o el plan de viabilidad, sobre la base de dicho diagnóstico en el que se identifican las debilidades de la Compañía y las áreas de mejora se realiza el mismo, y podremos determinar si el Plan cum-

ple el objetivo propuesto en el concurso, cual es determinar la viabilidad comercial, técnica, financiera y económica de la unidad de gestión y en su caso, tener una noción del valor de la unidad económica considerada como un todo y de cada una de las partes o negocios que la integran.

6. ¿CÓMO ELABORAMOS EL PLAN DE PAGOS?

1. Hay que verificar las **previsiones de Tesorería** para lo cual la información que proporcionan los registros contables de la empresa concursada debe ser objeto de estudio en orden a determinar tanto su situación patrimonial y financiera como los resultados de la misma.

2. Además, deben ser proyectadas sobre el periodo de espera que se proponga en el convenio y valorar la **razonabilidad de los recursos previstos** para el cumplimiento del plan de pagos, incluidos, en su caso, los procedentes de la enajenación de determinados bienes o derechos del concursado.

7. EN QUÉ CONSISTE EL ESCRITO DE EVALUACIÓN DE LAS PROPUESTAS DE CONVENIO QUE DEBE PRESENTAR LA AC EN RELACIÓN CON EL PLAN DE PAGOS PROPUESTO Y, EN SU CASO ,CON EL PLAN DE VIABILIDAD QUE LA ACOMPAÑE

Las propuestas deberán cumplir los requisitos del art. 100: respecto de los créditos ordinarios las proposiciones de quita no pueden exceder de la mitad del importe de cada uno, ni las de espera de cinco años a partir de la firmeza de la resolución judicial que apruebe el convenio.

Excepción: las empresas con especial *transcendencia para la economía, siempre que lo contemple el plan de viabilidad que se presente) R.D.Ley 3/09*

En ningún caso la propuesta podrá consistir en la cesión de bienes y derechos a los acreedores en Pago o para Pago de sus créditos (excepto 155.4LC –Ley 38/11–, bienes y derechos afectos a créditos con privilegio especial, autorizado por el juez siempre que con ello quede satisfecho totalmente el privilegio especial o, en su caso quede el resto del crédito reconocido dentro del concurso con la calificación que corresponda) ni en cualquier forma de liquidación global del patrimonio de concursado para la satisfacción de sus deudas.

¿Cuándo SE DEBE PRESENTAR EL INFORME DE EVALUACIÓN POR LA AC?

A) Si se ha admitido una propuesta de convenio anticipada del art. 104 LC antes de la presentación del informe del art. 75.

La A.C deberá aportar con el informe del art. 75 el previsto en el art. 107, con objeto de evaluar las propuestas de convenio presentadas, en atención al plan de pagos y en su caso al plan de viabilidad que se acompañe.

B) Si se ha admitido propuesta de convenio ordinaria, presentada:

1. Por el concursado (que no hubiere presentado propuesta anticipada ni solicitado la liquidación) (art. 113.1 LC)

2. o por los acreedores cuyos créditos superen una quinta parte del pasivo resultante de la lista definitiva y siempre que el concursado no hubiere solicitado la liquidación (art.113.1, último)

En los dos casos anteriores el **plazo de presentación** de las propuestas será desde que ha transcurrido el plazo de comunicación de créditos y hasta la finalización del plazo de impugnación del inventario y de la lista de acreedores si no se hubiesen presentado impugnaciones o, de haberse presentado, hasta la fecha en que se pongan de manifiesto en la Oficina judicial los textos definitivos de aquellos documentos.

3. Por el concursado y los acreedores cuyos créditos superen conjunta o individualmente una quinta parte del pasivo resultante de la lista definitiva, siempre que no hubiere sido presentada ninguna propuesta de convenio, ni se hubiese solicitado la liquidación.

Plazo de presentación: desde la convocatoria de la junta hasta cuarenta días antes de la fecha señalada para su celebración (113-2LC).

¿Y debe presentarse en todo tipo de convenio?

En el caso de convenio anticipado y de convenio ordinario la AC deberá emitir el escrito de evaluación a que se refiere el art.107 y 115LC en el plazo de10 días desde que se le de traslado por el Secretario judicial con objeto de evaluar el contenido de las propuestas de convenio presentadas, en relación con el plan de pagos y en su caso con el plan de viabilidad que la acompañe.

¿Existe alguna especialidad en el concurso abreviado?

Si, con la reforma de la LEY 38/11 Se crea un nuevo artículo 191 bis que prevé que en caso de solicitud de concurso con presentación de propuesta anticipada de convenio el AC deberá evaluar la propuesta de convenio presentada por el deudor, dentro del plazo de diez días a contar desde la publicación de la declaración de concurso.

La evaluación quedará en la secretaría del juzgado a disposición de los interesados.

Dentro de los 3 días de finalizado el plazo para hacer adhesiones, se verificara si se ha alcanzado la mayoría exigida y si fuera así y transcurrido el plazo para formular oposición sin que conste ninguna el juez dictara sentencia aprobando el convenio salvo que proceda su rechazo de oficio.

8. EL CONVENIO ¿PERMITE MODIFICAR LA ESTRUCTURA ECONÓMICO-FINANCIERA DE LA EMPRESA? ¿Y, EN SU CASO, CÓMO?

Si, a través de:

a) La modificación del pasivo corriente mediante:

   - Espera: Reestructuración de deuda a corto, hasta alcanzar ratios ideales.
   - Quitas: Reducción de deudas a corto en importes significativos, lo que a su vez tendrá un doble efecto: Mejora –otra vez– la estructura, reduce la deuda y mejora la situación de fondos propios mediante la obtención de resultados extraordinarios.

b) la reestructuración de personal de la empresa, no sólo de la fuerza laboral, sino también del equipo directivo.

c) Eliminación de líneas de negocio deficitarias o arriesgadas en exceso, con efectos beneficiosos respecto a las cargas futuras, e incluso puede obtener algunos recursos financieros adicionales por venta de unidades de negocio o elementos de activo fijo.

9. ¿QUÉ ES LA MODIFICACIÓN ESTRUCTURAL DE LA EMPRESA?

La modificación estructural es una técnica jurídica que van más allá de las simples modificaciones estatutarias para afectar a la estructura patrimonial o personal de la sociedad, pudiendo determinar el cambio del tipo social inicialmente elegido (transformación) buscando la reestructuración empresarial, produciéndose una sucesión a título universal en un bloque patrimonial, concibiéndose como instrumentos de transmisión y adquisición de empresas y de constitución, modificación y extinción de sociedades.

10. ¿LA MODIFICACIÓN ESTRUCTURAL PUEDE CONSTITUIR EL CONTENIDO ÚNICO DEL CONVENIO? ¿EN SU CASO, CUÁNDO?

Evidentemente si. Casos:

- la sociedad concursada se una a otra para constituir una nueva sociedad,
- la concursada es absorbida por una sociedad preexistente,
- o se escinda totalmente o transmita globalmente su activo y pasivo a cambio de una contraprestación para los socios.
- incluso cabría la cesión de bienes y derechos a los acreedores en Pago o para Pago de sus créditos cuando estemos en el supuesto recogido en el 155.4LC –Ley 38/11–, es decir que se trate de bienes y derechos afectos a créditos con privilegio especial, autorizado por el juez siempre que con ello quede satisfecho totalmente el privilegio especial o, en su caso quede el resto del crédito reconocido dentro del concurso con la calificación que corresponda.

Nada dice la Ley 3/2009, de Modificaciones Estructurales (modificada por el R.D-Ley 9/2012, de 16 de marzo), pero no debe existir inconveniente en que la modificación estructural vaya acompañada de la correspondiente quita, espera o quita y espera, algo que constituye contenido esencial del convenio (art. 100.1 LC), lo que facilitará la solución del concurso, si bien complicará el régimen jurídico del propio concurso.

La Ley 3/2009 (modificada por el R.D-Ley 9/2012, de 16 de marzo) opta por una amplia concepción de las modificaciones estructurales, incluyendo en este ámbito:

— no solo las tradicionales fusión y escisión,
— sino también la cesión global de activo y pasivo (recogida en el art. 100.3LC tras la reforma de la Ley 38/2011 por el art. 155.4 LC),
— y, en materia de escisión, la denominada segregación,
— así como la transformación artículo 3LME y concordantes– si bien, en la medida en la que la sociedad transformada mantiene su personalidad jurídica, no tendrá incidencia efectiva en los procedimientos concursales dado que la transformación no libera a los socios de sus responsabilidades personales, artículo 11LME.

Si en la SOLICITUD DEL CONCURSO SE INCLUYE una PROPUESTA ANTICIPADA DE CONVENIO CUYO CONTENIDO ES UNA MODIFICACIÓN ESTRUCTURAL ¿Habrá de acompañarse de un plan de viabilidad así como de un plan de pagos?. Evidentemente si en base al art. 100-5 LC y el art. 100.4 LC).

11. ¿CÓMO SE SOLUCIONA EL PROBLEMA SOBRE LA LEGITIMACIÓN Y LA PROTECCIÓN DE LOS SOCIOS EN EL MARCO DE LA NECESARIA ACEPTACIÓN POR LOS ACREEDORES Y APROBACIÓN JUDICIAL DEL CONVENIO CONCURSAL, YA SE TRAMITE ANTICIPADA U ORDINARIAMENTE?

— En el art. 3 LC **se legitima al órgano de administración o liquidación de la sociedad** para presentar solicitud de concurso voluntario en el que se podría **insertar el convenio** con modificación estructural, sin que se requiera previo acuerdo de los socios reunidos en junta ni posterior ratificación por ésta a la solicitud de concurso, estando también legitimado dicho órgano de administración para preparar la propuesta de convenio, incidiendo en este punto la tramitación anticipada u ordinaria del convenio.
— En **la tramitación anticipada se protege preconcursalmente la negociación de dicha propuesta (art. 5 bis LC).**

La legitimación competerá al órgano de administración sin que incida el régimen de sustitución o intervención contemplado en el art. 40 LC, que operaría, sin embargo, cuando la tramitación del convenio sea ordinaria.

Quedan excluidos, por tanto, concursalmente los socios reunidos en junta de la decisión sobre la solicitud de concurso y la opción de que éste desemboque en una vía conservativa, sin perjuicio de que en la práctica se requiera un previo acuerdo de la junta, con el fin de evitar las responsabilidades societarias que de su ausencia podrían derivar (arts. 236 y ss. TRLSC).

La participación de los socios en el concurso con convenio concursal se va a producir a través de las normas societarias que regulan el procedimiento de modificación estructural y que les confiere un derecho de información y una competencia exclusiva e indelegable ex lege para decidir sobre la modificación estructural mediante su voto en la junta de socios de cada una de las sociedades que participan en la modificación estructural, que se inserta como contenido en el convenio concursal.

12. ANTE LA AUSENCIA DE PREVISIÓN EN LA LC ¿CUÁL ES EL MOMENTO TEMPORAL EN EL QUE LA ADOPCION DEL ACUERDO DE MODIFICACIÓN POR LOS SOCIOS REUNIDOS EN JUNTA Y EL DERECHO DE OPOSICIÓN DE LOS ACREEDORES SE INSERTARÁN EN LA NECESARIA ACEPTACIÓN DEL CONVENIO POR LOS ACREEDORES REUNIDOS EN JUNTA, EN LA TRAMITACIÓN ORDINARIA DEL CONVENIO O MEDIANTE UN SISTEMA DE ADHESIONES INDIVIDUALES EN EL MARCO DE UNA PROPUESTA DE CONVENIO Y POSTERIOR APROBACIÓN JUDICIAL DEL CONVENIO?

ES DECIR ¿Se presenta el juez del concurso para su aprobación, previa aceptación por los acreedores, un mero «proyecto de fusión» pendiente de la adopción del acuerdo social que, por tanto, se pospondría a la aceptación por los acreedores y aprobación judicial o si, por el contrario, lo que se presenta al juez para su aprobación-homologación y a la aceptación de los acreedores ha de ser el acuerdo de modificación estructural previamente adoptado por los socios reunidos en junta (art. 40.1 LME)?

RESPUESTA

A) PARTE DE LA DOCTRINA (LARGO GIL) estima que primero se procede a la aprobación del juez y aceptación por los acreedores del convenio homologando, por tanto el juez el mero proyecto de modificación estructural y **después se produce el acuerdo de modificación estructural por las juntas de socios** de las respectivas sociedades participantes en la modificación estructural, sin que éstos puedan introducir cambio alguno en el referido proyecto de fusión (art. 40.1 LME).

Se apoya en una acertada consideración práctica, cual es que, de otro modo, si hubiere de **preceder el acuerdo social a la aceptación por los acreedores y aprobación judicial del convenio**, resultaría difícil que una sociedad saneada se involucrase en un proceso de modificación estructural sabiendo que ello aún no ha sido aceptado por los acreedores ni aprobado por el juez.

CRITICA estaría otorgando a los **acreedores un poder paralizante** de las modificaciones estructurales en un **marco concursal,** que se articularía colectivamente a través de la aceptación del convenio concursal que, de no alcanzarse, impediría prosperar la modificación estructural en el marco concursal, en detrimento de la conservación empresarial y, por ende, del mantenimiento del empleo, impidiendo que los socios reunidos en junta se pronuncien sobre el acuerdo de modificación estructural.

Ello no acontecería en situación preconcursal, en la que el ejercicio del **derecho de oposición es individual y, en todo caso, posterior** a la adopción del acuerdo social de modificación estructural, condicionándose además el efecto paralizante sobre la modificación estructural de dicha oposición a que la operación «no garantice suficientemente los **créditos que hayan nacido antes** de la fecha de publicación del proyecto de fusión y no hubieren vencido en ese momento y hasta que se garanticen» (art. 44.2 LME modificada por el RDL 9/12), lo que contrasta con la negativa a aceptar un convenio, que no precisa que concurra causa legal alguna.

B) OTRA PARTE DE LA DOCTRINA, (JUANA PULGAR), entiende que primero debe verificarse **el acuerdo de los socios** reunidos en junta sobre la modificación estructural y después procederse a la **aceptación del convenio por los acreedores y aprobación judicial**, lo que suscita la articulación de las vías de defensa de dichos acreedores en el marco de un convenio concursal.

Se justifica en que toda modificación estructural, excepción hecha de la transformación, se encuentra «**condicionada**» **al ejercicio por los acreedores de su derecho de oposición,** que opera a modo de suspensión de la ejecución de la modificación estructural en tanto en cuanto no se satisfagan ciertas condiciones, pudiendo impedir el ejercicio de dicho derecho que la operación se perfeccione.

13. ¿CUÁL ES LA DIFERENCIA EN ORDEN A LA PROTECCIÓN DE LOS ACREEDORES QUE SE SUSCITA EN EL MARCO DE UNA MODIFICACIÓN ESTRUCTURAL EN SITUACIÓN CONCURSAL?

- tiene una formulación colectiva a través de la necesaria aceptación por los acreedores del convenio, con el régimen de **mayorías legalmente establecido (arts. 124 y 125 LC)**.
- y otra individual, a través del derecho de oposición a la aprobación del convenio que se reconoce **individualmente, entre otro sujetos, a los acreedores (art. 128.1 LC),** con los efectos que dicha oposición conlleva.

14. ¿CUÁL ES EL ENCAJE DE LOS PLAZOS CONCURSALES Y SOCIETARIOS

El artículo 30 LME exige que el proyecto de fusión debe ser aprobado por las juntas de socios de las sociedades afectadas en el plazo máximo de **seis meses** (desde la fecha del proyecto) y las juntas no pueden celebrarse hasta que no se haya inscrito el proyecto de fusión –artículo 32 (tras la reforma RD-Ley 9/12 o publicación en la web) –un mes antes de la celebración de la Junta)– y con un plazo **previo de convocatoria de un mes** (a la celebración) –artículo 40–.

Si la propuesta se incluye en el convenio los plazos para la celebración de junta –presencial– o cómputo de votos –trámite escrito– difícilmente habrán permitido celebrar esas juntas de socios dado que la Ley Concursal en el mejor de los casos concede al deudor **el plazo de tres meses** desde la apertura de la fase de convenio hasta la junta de acreedores o cómputo del voto.

Además en muchos casos debe encajarse **el informe de experto independiente y la publicación de balances de fusión**.

Y todavía el artículo 47 LME prevé la posibilidad de impugnación de la fusión. Los acreedores –artículo 44 LME– tienen el plazo de un mes para impugnar el acuerdo de fusión, mes computado desde la publicación del acuerdo en el BORME y en un diario de gran circulación en la provincia –artículo 43–.

15. EL ENCAJE DE ESTOS PLAZOS ¿CÓMO SE SOLUCIONARÍA? HAY DOS SOLUCIONES QUE NO ESTÁN INICIALMENTE PREVISTAS EN LA LEY CONCURSAL

1) Que el juez en interés del concurso **suspenda el trámite de convenio** hasta que se haya aprobado definitivamente el proceso de absorción o segregación parcial –posibilidad que no se contempla en modo alguno en la Ley Concursal–;

o 2) **Entender que la culminación del proceso de absorción no opera como condición sino como requisito o exigencia legal** que permitiera al Juez continuar con el trámite de convenio sin perjuicio de la suerte que corriera el proceso de absorción. Esta solución salva la descoordinación de plazos pero genera al deudor concursado un serio riesgo dado que si no culmina el proceso de absorción o escisión parcial el convenio se incumpliría y la concursada irremisiblemente se vería abocada a la liquidación por imposibilidad de cumplir el convenio.

Para evitar esta situación el deudor tendría la posibilidad de haber previsto en el convenio una alternativa de pago que diera una segunda opción a los acreedores para el supuesto de fracaso del procedimiento de fusión, o, cuando menos, plantear un plan de pagos alternativo para el supuesto de que el plan de pagos vinculado a la absorción no se pudiera cumplir.

16. ¿LOS ADMINISTRADORES CONCURSALES PUEDEN SUPLIR CON SUS EVALUACIONES E INFORMES LAS EXIGENCIAS DE INFORME DE EXPERTOS INDEPENDIENTES, EN LA MEDIDA EN LA QUE LA LEY EXIGE QUE LOS EXPERTOS SEAN DESIGNADOS POR EL REGISTRADOR MERCANTIL?

Lo razonable es que el Registrador no acepte informes que no hayan sido emitidos por profesionales designados por él. El problema se planteará por lo tanto si el registrador no inscribe el acuerdo en el que solo consta la evaluación o informe del administrador concursal, por lo tanto no es recomendable que el juez autorice a suplir los informes de expertos independientes por los de los administradores concursales.

17. ¿QUÉ DIFERENCIA EXISTE ENTRE LA PROTECCION DE LOS ACREEDORES EN Dº SOCIETARIO Y EN EL SENO DEL CONCURSO?

A) En el derecho societario rige el art. 44.3 LME: EJERCICIO INDIVIDUAL

El derecho de oposición que puede impedir que un acuerdo de modificación estructural se perfeccione (art. 44.3 LME para fusión y escisión y art. 88 LME para cesión global de activo y pasivo), ámbito este en el que la transformación se diferencia de las restantes modificaciones, al no reconocerse derechos específicos a los acreedores.

La legitimación activa para ejercer dicho derecho se confiere a los acreedores en el sentido amplio del art. 1088 Código Civil (CC), por tanto con independencia del origen legal o contractual de su crédito, y no a los socios, siempre que en éstos concurran cumulativamente las siguientes circunstancias (art. 44.2 LME):

1. el crédito ha de haber nacido antes de la fecha de la publicación del proyecto de fusión (depósito del Proyecto en el RM) o a la publicidad en la pagina web (RDL 9/12), y no haber vencido en ese momento
2. El crédito no se encuentre suficientemente garantizado con posterioridad a la modificación estructural, lo que no es sino una cláusula general cuyo contenido habrá de ser determinado caso por caso, en atención al crédito mismo en lo relativo a su contenido y caracteres, habiendo de evaluarse en este marco la garantía patrimonial de la que goza (CORTÉS DOMÍNGUEZ y PÉREZ TROYA). Motivo de oposición legalmente tasado.

B) EN EL CONCURSO: EXISTE TANTO EL EJERCICIO COLECTIVO COMO EL INDIVIDUAL

a) Colectivamente. El derecho de voto o de adhesión al convenio en junta asiste a todos los acreedores (con las excepciones del art. 122 LC) operando a modo de oposición a la modificación estructural pues, emitiendo un voto negativo, se actuaría éste, aun cuando el convenio con la modificación estructural resulte aceptado si concurren las mayorías exigidas en los arts. 124 y 125 LC, comunes a la tramitación anticipada y ordinaria del convenio concursal (DIFERENCIA: no tendría el rechazo del convenio concursal por un acreedor el efecto suspensivo que reviste en el ámbito societario)
b) Individual. La oposición al convenio concursal por las causas legalmente tasadas (art. 128 LC) que se ventilará por los cauces del incidente concursal, constituye un medio peculiar para que deter-

minados sujetos puedan ejercitar acciones de ineficacia contra un convenio concursal, constituiría la vía de protección de los acreedores no asistentes a la junta, así como de aquellos que en ella hubieren sido ilegítimamente privados del voto y los que hubieren votado en contra de la propuesta de convenio aceptada por la mayoría (art. 128.1.2.° párrafo LC), pues para interponer dicha oposición se legitima junto a la administración concursal, a los referidos acreedores.

Esta oposición o derecho se ejercita antes de que el convenio surta efectos y tendente a que no los produzca, lo que constituye un medio de defensa individual de los acreedores, frente al carácter del convenio como acuerdo de masa aprobado bajo régimen de mayorías y que vincula incluso a quienes hubieren votado en contra o no lo hubieren votado (art. 134 LC), previendo no obstante el art. 129.4 LC la posibilidad de que, como **medida cautelar** y no obstante la oposición, el convenio aceptado por los acreedores y aprobado por el juez comience provisionalmente a cumplirse aun cuando todavía no se haya resuelto sobre la oposición (GUTIÉRREZ GILSANZ).

La protección concursal gira en torno a la infracción de las normas legales sobre contenido el convenio, la forma, el contenido de las adhesiones, las reglas sobre tramitación escrita y la constitución de la junta o su celebración (art. 128.1 in fine LC) considerándose incluidos dentro de los motivos de infracción legal los supuestos en que las adhesiones o votaciones decisivas para la aprobación de una propuesta anticipada de convenio hubieren sido emitidos por quien no fuere titular legítimo del crédito u obtenidos mediante maniobras que afecten a la paridad de trato entre los acreedores ordinarios (protección en torno al principio de legalidad en conexión con el convenio del que, no obstante, podría derivar en última instancia una tutela del crédito no solo preventiva sino también represiva, al admitirse la oposición en supuestos en que los votos emitidos lo hubieren sido por quienes no tenían la condición de acreedores o hubieren sido obtenidos mediante maniobras que afecten al principio de paridad de trato (art. 128.1 in fine LC).

¿Cuál es la diferencia? En sede societaria, se articula la protección en torno a supuestos en que los «créditos no se encuentren suficientemente garantizados».

18. ¿CUÁL ES EL VALOR DEL VOTO AL CONVENIO DE LOS ACREEDORES? Y ¿ESE VOTO PUEDE EVITAR LA APERTURA DEL PLAZO DE UN MES PARA IMPUGNAR LA FUSIÓN?

En la Ley Concursal los acreedores pueden impugnar el resultado de la junta en diez días: INCIDENTE CONCURSAL.

La LME no sólo da un plazo mayor, sino que además no distingue entre acreedores, fijando sólo el límite temporal de que los acreedores lo sean antes de la publicación del proyecto de fusión en el RM o en la pagina web (RLLey 9/129.

Mientras el convenio concursal será territorio natural de los acreedores concursales **ordinarios,** parece razonable que la asistencia y votación al convenio pueda sustituir esos trámites de oposición.

19. ¿CÓMO SOLUCIONAMOS EL PROBLEMA PRÁCTICO DE QUE LOS ACUERDOS DE FUSIÓN NO SÓLO PODRÁN SER CUESTIONADOS POR LOS ACREEDORES PRIVILEGIADOS DE TODO TIPO, SINO INCLUSO POR LOS ACREEDORES CONTRA LA MASA A QUIENES NO SE HABILITA CAUCE PARA CUESTIONAR EL CONVENIO Y QUE, SIN EMBARGO, SÍ PUEDEN CUESTIONAR LA FUSIÓN?

SOLUCIÓN No será conveniente homologar de modo automático la celebración de junta en el concurso con el trámite de oposición a la absorción o escisión parcial, aunque el artículo 44 LME limita las posibilidades e oposición a los acreedores con créditos garantizados, haciendo la salvedad de que las garantías que pudiera haber articulado la sociedad no tienen porqué coincidir con el régimen de privilegios especiales de la Ley Concursal.

Las garantías que puedan reclamarse declarado el concurso necesitarán del visto bueno de los administradores concursales.

20. ¿Y CÓMO SE SOLUCIONA EL PROBLEMA RELATIVO AL DERECHO DE OPOSICIÓN EN EL MARCO CONCURSAL?

Debe solucionarse acudiendo a las reglas concursales y distinguiendo las categorías propias del concurso:

- **los acreedores de la masa**, que son extraconcursales y no son parte en el convenio, por lo que no se someten a éste. Se rigen por las normas generales, de modo que, si el crédito no está vencido y no está suficientemente garantizado, podrán oponerse sin duda a la modificación en las condiciones legalmente previstas,
- **y los acreedores concursales**, que son quienes, precisamente, se someten al concurso y, por tanto, al convenio o a la liquidación.

Por supuesto, los acreedores privilegiados conservan su derecho de abstención (art. 123 LC), de modo que si no votan a favor del convenio no quedan afectados por éste (art. 134.2 LC) y, en consecuencia, si su crédito no está vencido y no está garantizado –algo que no será fácil que suceda– gozarán de derecho de oposición.

Los acreedores ordinarios, subordinados y los privilegiados que así lo acepten, quedan, en cambio, obligados (arts. 134.1 y 136 LC), de modo que el derecho de oposición del que en condiciones normales disfrutarían los titulares de créditos no vencidos y no garantizados se sustituye por la regla concursal de la adopción válida de un acuerdo entre el deudor y la colectividad de los acreedores que solucione la insolvencia.

Eso es, en efecto, lo que significa un convenio de masa (el consentimiento de la mayoría vincula a todos).

Conclusión:

1. **El trámite de convenio habrá de sustituir el régimen de oposición** de los acreedores concursales sometidos al convenio –los ordinarios, los subordinados y los privilegiados que así lo acepten–.
2. **Los acreedores con privilegio y los acreedores contra la masa anteriores a los acuerdos de modificación** estructural podrán acudir al régimen societario de impugnación, en este punto ha de recordarse que el artículo 128.1.II limita la legitimación activa para impugnar el convenio en sede concursal, luego quienes no estén legitimados por la Ley Concursal para oponerse al acuerdo deberán hacerlo por la normativa de la LME advirtiendo que este procedimiento de oposición a la modificación estructural –que no al convenio– no estaría dentro del ámbito de competencias ordinarias del juez del concurso –artículo 8 LC–, aunque es razonable que se considere la competencia del juez del concurso dada la trascendencia que dicho pleito tendrá en el marco del concurso.

18. ¿ES COMPETENTE EL JUEZ DEL CONCURSO EN TODO CASO?

— Hay que puntualizar que la competencia del juez del concurso es defendible respecto de los acuerdos societarios que adopte la sociedad en concurso, sin embargo las impugnaciones a los acuerdos de terceras sociedades –en caso de fusión o escisión– no corresponderían en principio al juez del concurso lo que puede plantear problemas de prejudicialidad.

19. ¿EN TODO CASO, LA MODIFICACIÓN ESTRUCTURAL REALIZADA A TRAVÉS DE CONVENIO HABRÁ DE SOMETERSE A APROBACIÓN POR EL JUEZ DEL CONCURSO?

Si, en la medida en que la propuesta ha de ser admitida a trámite y en que el convenio aceptado por la colectividad de acreedores se somete igualmente a la aprobación judicial (Se cumpliría así lo que todavía ordena el artículo 227.3 del Reglamento del Registro Mercantil, si bien algunos lo consideran innecesario).

Habrá de intervenir la administración concursal, con mayor o menor intensidad según el grado de limitación de las facultades patrimoniales de la concursada.

Ni la intervención judicial ni la de la administración concursal impiden que la operación haya de ser aprobada por la junta general (art. 48 LC), pues el concurso no priva a la sociedad de su autonomía organizativa.

20. ¿CUÁLES SON LOS REQUISITOS EN EL CASO DE PROPUESTA DE VIABILIDAD POR ABSORCION REALIZADA EN EL ENTORNO DE SOCIEDADES PARTICIPADAS

Según el artículo 49 y concordantes de la LME en la regulación de las Absorciones de sociedades participadas (entendiendo por estas al 100% o al 90%) el legislador aligera los requisitos legales para la absorción al eliminar los informes de administradores y expertos independiente por lo que es más sencillo encajar los términos y plazos concursales con los de la LME

En estos casos de absorciones de dos empresas en concurso debe tenerse en cuenta

1. una de ellas desaparecerá y
2. que, con el objeto de no limitar las posibilidades que parece abrir el artículo 100 de la Ley Concursal, si la sociedad absorbente y la absorbida están declaradas en concurso el juez puede admitir los convenios condicionados y, además, podrá permitir que uno de los convenios sea de extinción de la sociedad por absorción si los acreedores quedan suficientemente tutelados en el contexto de la sociedad absorbente, es decir, si el convenio prevé conforme a la LME la cobertura de todos los acreedores de la sociedad absorbida. Si no se dieran esas garantías el juez a petición de parte o incluso de oficio podrá acordar la no aprobación del convenio.

Debe advertirse que uno de los argumentos para impugnar un convenio puede ser la infracción de los términos, plazos y requisitos legales, por lo tanto el juez no se puede sustraer de la ley de modificaciones estructurales.

21. ¿CUÁNDO CESAN TODOS LOS EFECTOS DE LA DECLARACIÓN DE CONCURSO?

Desde la fecha de la eficacia del convenio (sentencia de aprobación) y quedan sustituidos por los que, en su caso, se establezcan en el propio convenio, sin perjuicio de los deberes generales que para el deudor establece el art. 42 (colaborar e informar en todo lo necesario o conveniente para el interés del concurso). Destacar que la Ley 38/11 introduce la salvedad de que el juez de oficio o a instancia de parte, por razón del contenido del convenio, puede acordar retrasar esa eficacia a la fecha en que la aprobación del convenio alcance firmeza (133.1L.C.).

Asimismo, cesarán en su cargo los administradores concursales, sin perjuicio de las funciones que el convenio pudiese encomendar a todos o alguno de ellos hasta su íntegro cumplimiento.

22. CESADOS LOS ADMINISTRADORES CONCURSALES POR LA EFICACIA DEL CONVENIO, ¿PIERDEN LA LEGITIMACIÓN PARA ACTUAR EN EL CONCURSO EN TODO CASO?

La Ley 38/11 aclara que –a pesar de estar cesados– conservarán plena legitimación para continuar los incidentes en curso, pudiendo solicitar la ejecución de las sentencias y autos que se dicten en ellos, hasta que sean firmes, así como para actuar en la sección sexta hasta que recaiga sentencia firme (133.3LC).

(Por excepción no procederá la formación de la sección de calificación del concurso cuando tenga lugar la aprobación judicial de un convenio en el que se establezca, para todos los acreedores o para los de una o varias clases, una quita inferior a un tercio del importe de sus créditos o una espera inferior a tres años, salvo que resulte incumplido (art.167.1LC, Ley 38/11).

Considero muy positivo este punto de la reforma, sobre todo en el caso de que hubiera ejercitado acciones de reintegración de la masa. (Algunos JM habían considerado que, como consecuencia del cese, decaía la legitimación activa de la AC, por lo que procedían al archivo del incidente de rescisión).

Ahora bien, piénsese en el caso de que posteriormente el concursado incumple el convenio y se acuerda la apertura de la fase de liquidación, ¿puede la AC ejercitar o no de nuevo las acciones de reintegración?

Hubiera sido deseable que en la reforma la eficacia del convenio **no comporte el cese** de la A.C, sino simplemente el fin de las funciones de intervención o el fin de la sustitución.

De otro lado, hubiera sido muy plausible que la **AC tuviera *ex lege* tuviera la facultad de controlar el cumplimiento del convenio,** como un medio para conseguir que la eventual apertura de la liquidación no se retrase en demasía cuando no existan posibilidades objetivas para el cumplimiento oportuno.

Producido el cese, los administradores concursales rendirán cuentas de su actuación ante el juez del concurso, dentro del plazo que éste señale (art. 133.2 en relación con el art. 181).

23. APERTURA DE LA FASE DE LIQUIDACIÓN

¿Cuándo puede ser declarada?

— por resolución judicial,
— a petición del deudor (liquidación voluntaria: constituye una facultad; pero también es una obligación del deudor cuando durante la vigencia de un convenio conozca la imposibilidad de cumplir los pagos comprometidos y las obligaciones contraídas con posterioridad a su aprobación,
— o a petición de de cualquier acreedor, o de la Administración concursal (142.3 Ley 38/11),
— o de oficio por el Juez (liquidación necesaria) (143LC).

Existe una especialidad introducida por la Ley 38/11 en el art 191 ter consistente en que el Juez acordará de inmediato la **apertura de la fase de liquidación**, cuando se pida en la **solicitud de concurso con presentación de plan de liquidación que contenga una propuesta escrita vinculante de compra de la unidad productiva en funcionamiento o que el deudor hubiera cesado completamente en su actividad y no tuviere en vigor contratos de trabajo (190.3LC)** (que además conlleva necesariamente la aplicación por el juez del procedimiento abreviado).

En este caso, la AC tendrá un plazo de 10 días para emitir su informe desde que se le de el traslado del plan de liquidación.

En los casos de apertura de oficio o a solicitud de acreedor, la liquidación es siempre una solución subsidiaria, que opera cuando no se alcanza o se frustra la de convenio. La unidad y la flexibilidad del procedimiento permiten en estos supuestos pasar de forma rápida y simple a la fase de liquidación. Es ésta una de las principales y más ventajosas novedades que ha introducido la ley.

24. EL INFORME DEL ADMINISTRADOR CONCURSAL DEBERÁ INCLUIR NECESARIAMENTE EL INVENTARIO DE LA MASA ACTIVA DEL CONCURSO Y EVALUAR EL EFECTO DE LA RESOLUCIÓN DE LOS CONTRATOS SOBRE LAS MASAS ACTIVA Y PASIVA DEL CONCURSO

En el auto por el que se apruebe el plan de liquidación, el Juez podrá acordar, además de los otros efectos previstos en la ley, la resolución de los contratos pendientes de cumplimiento por ambas partes, excepto aquellos que se vinculen a una oferta efectiva de compra de la unidad productiva o de parte de ella.

A) Solicitud del deudor

1º. Voluntariamente: el art. 142.1 dispone que el deudor **podrá** pedir la liquidación: "En cualquier momento" (Ley 38/11). Dentro de los diez días siguientes a la solicitud el juez dictará auto abriendo la fase de liquidación. (Consecuencia de la derogación del art. 142 bis, que regulaba la propuesta de liquidación anticipada, y que anuda la apertura de la fase de liquidación) Así puede pedirlo:

— Con la solicitud de concurso voluntario. La respuesta judicial a esta petición consiste en anunciarla en el Auto de declaración de concurso (art. 21.1.1º).

— No parece que haya obstáculo en que el deudor solicite la liquidación al allanarse a la demanda de concurso necesario (art. 18.1).

2º. Obligatoriamente: cuando, durante la vigencia del convenio, conozca la imposibilidad de cumplir los pagos comprometidos y las obligaciones contraídas con posterioridad a la aprobación de aquél. Presentada la solicitud, el juez dictará auto abriendo la fase de liquidación.

B) Solicitud de acreedor

Cuando el deudor no solicitara la liquidación durante la vigencia del convenio, podrá hacerlo cualquier acreedor **que acredite la existencia de alguno de los hechos que pueden fundamentar una declaración de concurso** según lo dispuesto en el artículo 2.4. Se dará a la solicitud el trámite previsto en los artículos 15 y 19 y resolverá el juez mediante auto si procede o no abrir la liquidación (acreedor, por supuesto concursal y considero que también el titular de crédito contra la masa) Art. 142.2.LC.

C) La Administración concursal

En caso de cese de la actividad profesional o empresarial, la administración concursal podrá solicitar la apertura de la fase de liquidación. De la solicitud se dará traslado al deudor por plazo de tres días. El juez resolverá sobre la solicitud mediante auto dentro de los cinco días siguientes. (142.3LC, introducido por la Ley 38/11).

Algún Juzgado mercantil ha permitido en el caso en que el concursado está suspendido en las facultades de administración y disposición y estando embargados preventivamente los bienes de los miembros del órgano de administración societario, siendo inviable que sea convocado el órgano soberano de la sociedad (El Juzgado de lo Mercantil Nº 2 de Bilbao, por Auto de fecha cinco de febrero de dos mil siete) que la Administración Concursal puede y debe adoptar la decisión de continuar o no, sin obligar a un trámite retardatario y antieconómico de espera a la apertura de oficio de la liquidación, apurando las inexistentes posibilidades de un convenio, con convocatoria a una junta de acreedores que se sabe no se celebrará.

Postura discutible, ya que si el Juzgado acordase la apertura de la fase de liquidación, se impide la apertura de la fase de convenio y al deudor y a los acreedores la posibilidad de presentar propuestas de convenio (art. 113).

D) Apertura de oficio de la liquidación

Según el art. 143: «1. Procederá de oficio la apertura de la fase de liquidación en los siguientes casos:

1º No haberse presentado dentro de plazo legal ninguna de las propuestas de convenio a que se refiere el artículo 113 o no haber sido admitidas a trámite las que hubieren sido presentadas (art. 106).

2º No haberse aceptado en junta de acreedores ninguna propuesta de convenio (arts. 121 a 126).

3º Haberse rechazado por resolución judicial firme el convenio aceptado en junta de acreedores, sin que proceda acordar nueva convocatoria (art. 131) o el tramitado por escrito sin que proceda nueva convocatoria de junta ni nueva tramitación escritas (Ley 38/11).

4º Haberse declarado por resolución judicial firme la nulidad del convenio aprobado por el juez (arts. 133 y 197).

5º Haberse declarado por resolución judicial firme el incumplimiento del convenio (art. 140 y 167.2).

En los dos primeros casos, la apertura de la fase de liquidación se acordará por el juez sin más trámites, en el momento en que proceda, mediante auto que se notificará al concursado, a la administración concursal y a todas las partes personadas en el procedimiento.

En los demás, la apertura de la fase de liquidación se acordará en la propia resolución judicial que la motive.

25. EFECTOS DE LA APERTURA DE LA FASE DE LIQUIDACIÓN

La apertura de la fase de liquidación conlleva:

1. La suspensión de las facultades del concursado si no hubieran sido ya suspendidas con anterioridad (145.1).

2. Si el concursado fuese persona natural, la extinción del derecho a alimentos con cargo a la masa activa, (salvo cuando fuere imprescindible para atender las necesidades mínimas del concursado y las de su cónyuge, pareja de hecho inscrita si se hubiese declarado el concurso conjunto de ambos) y descendientes bajo su potestad (art. 145. 2 Ley 38/11) aunque se mantienen sus obligaciones como alimentista y sus derechos sobre prestaciones inembargables.

3. Si el concursado fuese persona jurídica, la declaración de disolución si no estuviese acordada y, en todo caso, el cese de los de los administradores o liquidadores que serán sustituidos por la administración concursa sin perjuicio de continuar aquéllos en la representación de la concursada en el procedimiento y en los incidentes en los que sea parte. (art.145.3 Ley 38/11). Sin embargo, este alejamiento o marginación del deudor no le exonera de su deber de colaboración (art. 42).

Se ha resuelto el problema practico que antes de la reforma se producía al cesar los administradores o liquidadores sociales pero la Junta General de la sociedad continuaba siendo órgano operativo, sin que nadie le representaba. (Esa subsistencia del órgano que ocupa el vértice de la jerarquía orgánica en las sociedades planteaba no pocas disfunciones en la práctica. Así se conocen casos en los que la Junta General –que, en sociedades de pocos socios, pueden constituirse fácilmente como universal– adopta acuerdos que pueden ir en contra del interés del concurso, ya que sociedad disuelta no es sociedad extinguida, sino sociedad en la que concurre una causa de disolución que desencadena el proceso de liquidación).

Esta situación resultaba inconciliable con su derecho de defensa y provocaba antinomias entre los preceptos de la propia Ley Concursal: así al tratar de las observaciones o propuestas de modificación al plan de liquidación formado por la AC, se habilita al «deudor» a que las formule (art. 148.2 LC); Deudor que, en caso de sociedad, sólo podía actuar a través de su órgano de liquidación pues en él recae en exclusiva el poder de representación de una sociedad en liquidación; pero este órgano había sido privado de su portador, que es como decir que había desaparecido, por prescripción de los arts. 48.1 y 145.3 LC, sustituido por la AC).

Como poco resulta la evidente incoherencia de que ésta tenga que formularse a sí misma «observaciones o propuestas de modificación».

4. La formación de la sección sexta de calificación (art. 167).

26. ¿QUÉ ES EL PLAN DE LIQUIDACIÓN?

El plan de liquidación se define por el propio art. 148 como una **propuesta de realización de bienes y derechos integrados en la masa activa** buscando como primer objetivo la realización unitaria del conjunto de establecimientos, explotaciones o cualesquiera otras unidades productivas de bienes o servicios del concursado o de alguno de ellos.

En la liquidación –al igual que en el convenio tal y como se deriva del art. 100– se busca que las enajenaciones puedan obtener un **rendimiento razonable** y por ello propugna la venta no de elementos separados sino de la empresa en su totalidad o de unidades operativas de la misma.

En el caso del convenio la enajenación de estas unidades debe garantizar la continuidad de la actividad y la asunción del pasivo, en el caso de la liquidación se impone una obligación similar de existencia de sucesión de empresas en el art. 149.2 de la Ley.

27. ¿CÓMO SE ELABORACION EL PLAN DE LIQUIDACIÓN?

1. **Hay que partir del patrimonio o masa activa existente en ese momento** (tendrá en cuenta el inventario de la masa activa, anexo a su informe *ex* art. 75.2.1.º o al texto definitivo, al que incorporarán, en su caso, los bienes y derechos fruto de la rehabilitación de contratos de adquisición de bienes con precio aplazado (art. 69), así como de las acciones de reintegración o de impugnación (artículos 71 a 73), debidamente valorados, si se hubiesen incorporado o reintegrado con posterioridad al citado informe o al texto definitivo)

Tras la Ley 38/11 el art. 75 LC previene la posibilidad de que la administración concursal presente el Plan de liquidación con el informe *ex* art. 75 (entiendo que es para el caso de que se solapen los plazos o dentro de los quince días siguientes al de notificación de la resolución de apertura de la fase de liquidación.)

2. **Formación de lotes enajenables o realización individualizada** de la masa activa y realizar una **valoración aproximada** de esos lotes o unidades, que puede variar de a inicialmente dada en el informe AC

- Porque en el inventario no se identifican ni lotes ni unidades productivas,

- Porque el precio de inventario puede haber sufrido oscilaciones –piénsese por ejemplo en una liquidación abierta tras verse frustrado el cumplimiento de un convenio–.
- Porque las expectativa de venta pueden ser distintas de las del precio común del mercado.

28. TRÁMITE DE OBSERVACIONES O PROPUESTAS DE MODIFICACIÓN

Además de la puesta de manifiesto del plan de liquidación en la Oficina judicial y en otros lugares que el Juez acuerde, para que deudor y a los acreedores concursales puedan formular observaciones o propuestas de modificación, se dará traslado a los trabajadores, en su caso, a los mismos fines, según los apartados 2 y 3 del citado art. 148.

No parece que haya inconveniente en que las partes interesadas, además de las alegaciones que consideren oportunas, presenten otros planes de liquidación alternativos.

Se suprime con la Ley 38/11el informe preceptivo de la administración concursal a las observaciones o propuestas de modificación del plan de liquidación presentadas por el deudor y los acreedores concursales.

Se amplían los efectos del plan de liquidación sobre la modificación sustancial de las condiciones de trabajo de carácter colectivo, incluidos los traslados colectivos, o la suspensión o extinción colectivas de las relaciones laborales, y se dispone el cumplimiento de lo dispuesto en el artículo 64 (contratos de trabajo), previamente a la aprobación del plan.

APROBACION DEL PLAN por el Juez mediante auto que será apelable.

29. ¿CÓMO SE EJECUTA EL PLAN DE LIQUIDACIÓN?: ENAJENACION

Realización individualizada o por lotes, en su caso, bien por unidades de producción o como conjunto de explotación industrial, cuando de empresas se tratase, por el método de venta directa o a través de entidad especializada [arts. 640-642 LEC], bien en subasta pública [arts. 643-675 LEC] o notarial, e indicando el calendario previsto para su ejecución, que deberá realizarse en el plazo de un año, según el art. 153. En este último supuesto (unidades de producción o conjunto de explotación industrial), habrá que acudir a la doctrina de la AECA (Doc. 3, sobre Métodos prácticos de valoración de empresas; Doc. 4, sobre Política financiera y valor de empresa).

El modo de enajenarse que podrá remitirse a las normas supletorias o apostar por otros mecanismos más eficaces como pueda ser la adjudicación directa con las correspondientes garantías o subastas adaptadas a las necesidades de cada concurso.

En ningún caso será posible encomendar al concursado la asunción de la liquidación, entre otras razones porque se encuentra suspendido en sus facultades patrimoniales. Sin embargo nada impide al concursado que pueda presentar a terceros con interés en adquirir los bienes o derechos del concurso, siempre y cuando dichos terceros cumplan con los requisitos y condiciones previstas en el plan de liquidación o, en último término, en las normas supletorias sobre el proceso de liquidación.

La Ley 38/11 introduce el 149.3 LC en el que se prevé que el auto de aprobación del remate o de la transmisión de los bienes o derechos realizados acordará la cancelación de todas las cargas anteriores al concurso constituidas a favor de créditos concursales que no gocen de privilegio especial conforme al artículo 90.

30. ¿QUÉ NORMAS COMUNES RIGEN EN EL PROCESO DE LIQUIDACIÓN?

Tanto en el caso de existir un plan de liquidación, como cuando la liquidación se efectúa siguiendo los criterios supletorios de la Ley Concursal (por no haberse aprobado el plan y en lo que no se contemple en el mismo) se produce:

a) La sucesión procesal en caso de enajenación de bienes litigiosos art. 150.
b) La prohibición de los administradores concursales de adquirir bienes y derechos de la masa activa (art. 151).
c) La emisión de informes trimestrales sobre la marcha de la liquidación (art. 152). Este plazo se reduce a mes y medio cuando se trate de concursos abreviados.
d) formulación por la administración concursal del estado de cuentas de la liquidación –una vez cesados los administradores o liquidadores sociales– y en su caso el cumplimiento de la normativa societaria especifica para cada tipo social (así cuando fuere compatible los arts 383 a 390 TRLSC).
e) aplicación por la administración concursal de los criterios de valoración liquidativos respecto a la masa activa y reclasificación de las deudas al producirse el vencimiento anticipado de los créditos concursales aplazados (art.146) respecto de la masa pasiva.
f) Por ultimo hay que tener en cuenta la posibilidad de que los administradores concursales sean separados de sus funciones cuando las operaciones de liquidación se prolonguen en exceso, siendo sancionados además a devolver las cantidades que hubieran podido percibir –art. 153–.

31. CONSIDERACIONES A TENER EN CUENTA EN LA FINALIZACIÓN DE LA FASE DE LIQUIDACIÓN Y LA FASE DE CONCURSO

1. Si el concursado es persona física la realización de su patrimonio debe hacerse respetando los bienes y derechos inembargables –art. 605 y concor-

dantes– (exclusión de bienes y derechos inembargables: determinados bienes y derechos del deudor queden fuera de la esfera de los acreedores bien atendiendo a la naturaleza de esos bienes, bien atendiendo a la necesidad de determinar un mínimo de subsistencia del concursado; el cualquier caso el Juez concursal debe considerarse como el competente para establecer esta esfera de bienes que no pueden quedar afectos al concurso).

2. Cuando el patrimonio del concursado no sea presumiblemente suficiente para hacer frente a los acreedores contra la masa,(salvo que el juez considere que estas cantidades estén garantizadas por un tercero de manera suficiente), procederá la conclusión del concurso por inexistencia de activo, (en cualquier momento después de la declaración de concurso) –art. 176bis (Ley 38/11).– La conclusión queda sujeta a que no sea previsible el ejercicio de acción de reintegración, de impugnación o de responsabilidad de terceros ni la calificación del concurso como culpable.

No podrá dictarse auto de conclusión del concurso por insuficiencia de la masa activa mientras se esté tramitando la sección de calificación o estén pendientes demandas de reintegración de la masa activa o de exigencia de responsabilidad de terceros, salvo que las correspondientes acciones hubiesen sido objeto de cesión o fuese manifiesto que lo que se obtuviera de ellas no sería suficiente para la satisfacción de los créditos contra la masa.

3. Concluida la liquidación de los bienes y derechos del concursado y la tramitación de la sección de calificación, la administración concursal presentará al juez del concurso un informe final justificativo de las operaciones realizadas y razonará inexcusablemente que no existen acciones viables de reintegración de la masa activa ni de responsabilidad de terceros pendientes de ser ejercitadas ni otros bienes o derechos del concursado. No impedirá la conclusión que el deudor mantenga la propiedad de bienes legalmente inembargables o desprovistos de valor de mercado o cuyo coste de realización sería manifiestamente desproporcionado respecto de su previsible valor venal.(152Ley 38/11).

4. Efectos de la conclusión: El concursado sigue siendo responsable del pago de los créditos restantes y los acreedores pueden iniciar acciones singulares contra el concursado –art. 178–.

5. Si aparecen nuevos bienes se puede reabrir el concurso o declararse de nuevo.

6. Si los bienes del deudor resultan **suficientes y** producido y comprobado el pago o la íntegra satisfacción de los acreedores se dará por concluido el concurso.

PLAN DE LIQUIDACIÓN E INFORMES TRIMESTRALES. LOS TIEMPOS DE LA LIQUIDACIÓN

MARIA JESÚS PALMERO SANDIN
Secretaria del Juzgado de lo Mercantil nº 6 de Madrid

1. NOVEDADES EN LA LEY CONCURSAL POR LA REFORMA DE LA L. 38/2011 EN LOS TIEMPOS DE LA LIQUIDACIÓN

De la tramitación parlamentaria y de la Exposición de Motivos de la L. 38/2011 se deriva que uno de los objetivos de la reforma concursal es que la solución de la insolvencia no se retrase en el tiempo, algo que no hace sino perjudicar al concursado y a sus acreedores, al minorar el valor de sus bienes de cuya realización depende su cobro, eliminar posibilidades de garantizar su viabilidad y aumentar los costes. Para ello, entre otras medidas, se favorece la anticipación de la liquidación, cuestión significativa sobre todo porque más del 90% de los concursos terminan en liquidación, convirtiéndose en el modo normal de concluir los concursos.

La Exposición de Motivos prevé expresamente que *"La anticipación de la liquidación representa una importante novedad: se estructura de manera distinta la apertura de la fase de liquidación del concurso, lo que hace innecesaria la diferencia entre liquidación ordinaria y anticipada y permite tramitar de manera más rápida aquellos concursos en los que el deudor solicite la liquidación en los primeros momentos."*

El artículo 142 queda redactado de forma simplificada respecto a la regulación anterior, estableciendo la Ley que el deudor podrá pedir la liquidación en cualquier momento, incluso con la solicitud del concurso e introduciendo la posibilidad que en los casos de cese de la actividad se pueda solicitar por la Administración concursal.

Respecto de la tramitación de la liquidación durante la fase común, no existe ningún problema para abrir la sección quinta, vigentes la primera a la cuarta porque se puede aprobar el plan de liquidación y realizar las operaciones de venta pero el pago a los acreedores no se efectuará hasta que finalice la fase común y se resuelvan todas las impugnaciones contra el inventario.

2. CUESTIONES QUE SE PUEDEN PLANTEAR EN ESTA MATERIA

2.1. El plazo de presentacion del plan de liquidación

— ¿en caso de no presentarse en plazo el plan de liquidación por la Administración concursal, el juez puede aplicar las normas supletorias del art. 149 L.C.?
— ¿puede acordar de oficio la separación de la Administración concursal?

El plan de liquidación puede presentarse con el informe provisional del artículo 75 L.C. o por escrito en los quince días (diez días improrrogables en el los concursos abreviados en el supuesto del 191.5 L.C.) siguientes a la notificación de la resolución de la apertura de la fase de liquidación, un plazo que puede resultar muy breve en caso de liquidaciones complejas, que de justificarse, puede motivar que la administración concursal solicite una prórroga del plazo por un nuevo periodo de igual duración.

Si la Administración concursal no presenta en plazo el plan de liquidación, la ley no prevé una sanción determinada pudiendo ser aplicable el art. 36 de la L.C. que prevé la responsabilidad por daños derivados del incumplimiento de una obligación legal, *"1. Los administradores concursales y los auxiliares delegados responderán frente al deudor y frente a los acreedores de los daños y perjuicios causados a la masa por los actos y omisiones contrarios a la Ley o realizados sin la debida diligencia. 2. Los administradores concursales responderán solidariamente con los auxiliares delegados de los actos y omisiones lesivos de éstos, salvo que prueben haber empleado toda la diligencia debida para prevenir o evitar el daño. 3. La acción de responsabilidad se sustanciará por los trámites del juicio declarativo que corresponda, ante el juez que conozca o haya conocido del concurso. 4. La acción de responsabilidad prescribirá a los cuatro años, contados desde que el actor tuvo conocimiento del daño o perjuicio por el que reclama y, en todo caso, desde que los administradores concursales o los auxiliares delegados hubieran cesado en su cargo. 5. Si la sentencia contuviera condena a indemnizar daños y perjuicios, el acreedor que hubiera ejercitado la acción en interés de la masa tendrá derecho a que, con cargo a la cantidad percibida, se le reembolsen los gastos necesarios que hubiera soportado. 6. Quedan a salvo las acciones de responsabilidad que puedan corresponder al deudor, a los acreedores o a terceros por actos u omisiones de los administradores concursales y auxiliares delegados que lesionen directamente los intereses de aquellos".*

O el art. 37 que regula la justa causa de separación del cargo: "*1. Cuando concurra justa causa, el juez, de oficio o a instancia de cualquiera de las personas legitimadas para solicitar la declaración de concurso o de cualquiera de los demás miembros de la administración concursal, podrá separar del cargo a los administradores concursales o revocar el nombramiento de los auxiliares delegados. 2. Si el cesado fuera representante de una persona jurídica administrador, el juez requerirá la comunicación de la identidad de la persona natural que haya de representarla en el ejercicio de su cargo, a no ser que determine que el cese debe afectar a la misma persona jurídica que ostenta el cargo de administrador concursal, en cuyo caso procederá a un nuevo nombramiento. 3. La resolución judicial de cese revestirá forma de auto, en el que se consignarán los motivos en los que el juez funde su decisión. 4. Del contenido del auto a que se refiere el apartado anterior el Secretario judicial dará conocimiento al registro público previsto en el* ***artículo 198***".

De acordarse, el juez del concurso podría optar entre encargar la elaboración del plan a la nueva Administración concursal o acordar la aplicación de las normas supletorias del art. 149 de la L.C. en la liquidación.

2.2. El plazo de realizacion del plan de liquidacion

En el procedimiento ordinario el art. 153 de la L.C. prevé que transcurrido un año desde la apertura de la fase de liquidación sin que hubiera finalizado ésta, cualquier interesado podrá solicitar al juez del concurso la separación de los administradores concursales y el nombramiento de otros nuevos.

El juez, previa audiencia de los administradores concursales, acordará la separación si no existiere causa que justifique la dilación y procederá al nombramiento de quienes hayan de sustituirlos.

Los administradores concursales separados por prolongación indebida de la liquidación perderán el derecho a percibir las retribuciones devengadas, debiendo reintegrar a la masa activa las cantidades que en ese concepto hubieran percibido desde la apertura de la fase de liquidación.

Del contenido del auto por el que se acuerde la separación a que se refieren los apartados anteriores, se dará conocimiento al registro público mencionado en el artículo 198.

En el procedimiento abreviado, el art. 191.6 de la L.C. prevé que "*una vez aprobado el plan, las operaciones de liquidación no podrán durar más de tres meses, prorrogables, a petición de la administración concursal, por un mes más*", pero no existe expresamente la posibilidad de pedir la separación:

— de entender aplicable el artículo 153 de la L.C. en este extremo en relación al procedimiento abreviado, y respecto del plazo para poder solicitar la separación de la Administración concursal, la cuestión que se nos plantea es si sería aplicable supletoriamente el plazo de un año del procedimiento ordinario previsto en el art.153 de la L.C. o el de los tres meses que prevé el 191.6 del mismo texto para la realización del plan de liquidación.

— otra de las cuestiones que se plantean es que si se pueden derivar consecuencias para la Administración concursal una vez trascurridos en el procedimiento abreviado los tres meses para la realización del plan.

La consecuencia debe ser la posibilidad de separación adaptando el plazo del procedimiento ordinario al del abreviado.

De acordarse la separación, se plantea la duda de si el juez debe nombrar otra Administración concursal o aplicar las normas supletorias del 149 de la L.C.

En todo caso, si en el plan de liquidación aprobado judicialmente se prevé expresamente que la liquidación dure más de un año, con justa causa, no sería aplicable este precepto.

Al declarar un concurso debe tenerse en cuenta la naturaleza y el número de activos y prever si se pueden realizar en plazo legal; si esa previsión es de más de un año, el concurso debería tramitarse como ordinario aunque reúna los requisitos del abreviado.

Para acordar la separación del Administración concursal es necesario que además que haya transcurrido el plazo sin que haya finalizado la liquidación, no exista causa que justifique la dilación. La Administración concursal tiene que acreditar en los informes trimestrales esa justa causa, demostrable con cierta facilidad por la complejidad que pueden presentar las operaciones de liquidación del patrimonio del concursado y el pago de los acreedores.

En todo caso, esta sanción no se puede imponer de oficio, debe partir de los acreedores o del deudor.

2.3. Informes trimestrales

El Art. 152.1 LC prevé que *"cada tres meses, a contar de la apertura de la fase de liquidación, la administración concursal presentará al juez del concurso un informe sobre el estado de las operaciones, que detallará y cuantificará los créditos contra la masa devengados y pendientes de pago, con indicación de sus vencimientos. Este informe quedará de manifiesto en la oficina judicial. El incumplimiento de esta obligación podrá determinar la responsabilidad prevista en los artículos 36 y 37."*

Se plantea la cuestión de si el deber de presentación de los informes trimestrales surge desde la apertura de la fase de liquidación o está sometido a la aprobación del plan de liquidación, existiendo posturas a favor de cada una de esas soluciones.

Argumentan quienes entienden que no tiene sentido presentar informes trimestrales en que no se han podido comenzar a realizar las operaciones de liquidación. Otra postura sostiene que el deber surge desde la apertura de la fase de liquidación puesto que aunque no se hayan empezado a realizar las operaciones de liquidación la Administración concursal tiene que detallar y cuantificar los créditos contra la masa devengados y pendientes de pago, indicando sus vencimientos, sin olvidar del deber general de informar al juez del concurso sobre su estado en todo momento (art. 35.4 L.C.)

2.4. La tramitación de la oposición al plan de liquidación

Respecto de esta cuestión se plantean las siguientes dudas:

¿La aprobación es automática?
¿Qué facultades tiene el juez?
¿Qué deberes tiene la administración concursal?

En el art. 148.2 de la L.C. se establece que *"durante los quince días siguientes a la fecha en que haya quedado de manifiesto en la oficina judicial el plan de liquidación, el deudor y los acreedores concursales podrán formular observaciones o propuestas de modificación. Transcurrido dicho plazo, el juez, según estime conveniente para el interés del concurso, resolverá mediante auto aprobar el plan en los términos en que hubiera sido presentado, introducir en él modificaciones o acordar la liquidación conforme a las reglas legales supletorias. Contra este auto podrá interponerse recurso de apelación."*

Por tanto, el plan de liquidación se pone de manifiesto en secretaría abriendo un plazo de 15 días para alegaciones y propuestas. El deudor, los acreedores concursales y los representantes de los trabajadores pueden formular observaciones y propuestas de modificación al plan de liquidación presentado por la administración concursal, pero no se requiere su consentimiento.

En cuanto a las alegaciones, la mera crítica del plan por adolecer de concreción es irrelevante ni puede utilizarse esta vía para cuestionar el informe de la administración concursal.

De formularse, el juez resolverá conforme al interés del concurso pudiendo introducir modificaciones sin estar vinculado por las alegaciones realizadas. Trascurrido el plazo establecido para la presentación de observaciones o propuestas de modificación al plan de liquidación, el juez resolverá mediante auto aprobar el plan en los términos en que hubiera sido presentado, introducir en él modificaciones o acordar la liquidación conforme a las reglas legales supletorias, y aunque la ley prevé que decidirá en interés del concurso, nada impide que de de traslado de las alegaciones presentadas a la Administración concursal por aplicación supletoria del art. 35 de la L.C.

LA SUBASTA EN EL PROCEDIMIENTO DE LIQUIDACIÓN

FERNANDO CABALLERO GARCÍA
Magistrado del Juzgado de lo Mercantil nº 1 de Córdoba
Especialista en Asuntos de lo Mercantil del Consejo General del Poder Judicial

SUMARIO: **1. diferentes supuestos en los que procede la celebracion subasta en la fase de liquidacion**: 1.1 Se contempla como una de las opciones contenidas en el plan de liquidación. 1.2. Se contempla como una de las opciones contenidas en el plan de liquidación.- **2. Venta directa versus subasta judicial.- 3. Problemas para la aplicación de la subasta al procedimiento concursal:** 1.1 ¿Tienen los acreedores el carácter de ejecutante? 1.2. ¿Deben consignar los acreedores para participar en la subasta? 1.3. ¿Existe la posibilidad de la cesión de remate a favor del titular de crédito privilegiado especial? 1.4. ¿Existe la posibilidad de reconocer un derecho de tanteo a favor del titular del crédito privilegiado especial respecto a la mejor oferta realizada en la subasta?

1. DIFERENTES SUPUESTOS EN LOS QUE PROCEDE LA CELEBRACIÓN DE LA SUBASTA JUDICIAL EN LA FASE DE LIQUIDACIÓN

Fundamentalmente podemos encontramos ante dos posibilidades en los que procede la celebración de subasta durante la tramitación de la fase de liquidación en el concurso:

1.1. Se contempla como una de las opciones previstas en el plan de liquidación

En este supuesto, la administración concursal puede haber contemplado acudir a la subasta para la realización de los bienes que integran la masa activa del concurso como primera, segunda o incluso como última opción dentro del Plan de Liquidación.

Respecto a esta posibilidad (la subasta como última opción en el Plan de Liquidación) debemos destacar que en las Conclusiones sobre las operaciones de liquidación de 23 de marzo de 2011 de los Jueces de lo Mercantil de Cataluña se indicaba que si se agotan todos los mecanismos para la realización de los bienes previstos en el plan de liquidación se debe celebrar un nueva y última subasta en la que cualquier acreedor podrá pujar aún cuando sea el único postor. Por tanto, la subasta sin sujeción a tipo debe ser el último recurso para finalizar el Plan de Liquidación. No obstante, en ocasiones podemos encontrarnos que ni siquiera esta opción puede ser factible, véase el supuesto que el bien cuya realización se pretende comporta numerosos gastos que determinen que no resulte de interés su adquisición. Por ello, dado que la administración concursal no puede eternizar la fase de liquidación so pena de incurrir en responsabilidad de conformidad con el artículo 153,1 de la Ley Concursal[1], deben contemplarse otras posibilidades como puede ser la donación al Tesoro Público y que sea éste quien asuma los gastos de mantenimiento del bien en cuestión.

En el supuesto que la subasta judicial se contemple en el Plan de Liquidación resultarán de aplicación:

— En primer lugar, las normas previstas en el propio Plan de Liquidación.

— En lo no previsto en el Plan de Liquidación se aplicará el régimen de la Ley de Enjuiciamiento Civil en cuanto resulte compatible con la naturaleza del procedimiento concursal como veremos más adelante.

1.2. Se contemple la aplicación de la subasta prevista en el artículo 155,4 de la Ley Concursal[2] para los bienes sujetos a créditos privilegiados especial

Podemos diferenciar dos supuestos:

---

[1] Artículo 153. Separación de los administradores concursales por prolongación indebida de la liquidación

1. Transcurrido un año desde la apertura de la fase de liquidación sin que hubiera finalizado ésta, cualquier interesado podrá solicitar al juez del concurso la separación de los administradores concursales y el nombramiento de otros nuevos.

[2] Artículo 155

4. La realización en cualquier estado del concurso de los bienes y derechos afectos a créditos con privilegio especial se hará en subasta, salvo que, a solicitud de la administración concursal o del acreedor con privilegio especial dentro del convenio, el juez autorice la venta directa o la cesión en pago para el pago al acreedor privilegiado o a la persona que él designe, siempre que con ello quede completamente satisfecho el privilegio especial, o, en su caso, quede le resto del crédito reconocido dentro del concurso con la calificación que corresponda.

Si la realización se efectúa fuera del convenio, el oferente deberá satisfacer un precio superior al mínimo que se hubiera pactado y con pago al contado, salvo que el concursado y el acreedor con privilegio especial manifestasen de forma expresa la aceptación por un precio inferior, siempre y cuando dichas realizaciones se efectúen a valor de mercado según tasación oficial actualizada por entidad homologada para el caso de bienes inmuebles y valoración pro entidad especializada para bienes muebles.

La autorización judicial y sus condiciones se anunciarán con la misma publicidad que corresponda a la subasta del viene y derecho afecto y si dentro de los diez días siguientes al último de los anuncios se presentare mejor postor, el juez abrirá licitación entre todos los oferentes y acordará la fianza que hayan de prestar"

— Que se contempla expresamente en el Plan de Liquidación acudir al procedimiento previsto en el artículo 155,4 de la Ley Concursal para la realización de los bienes sujetos a créditos privilegiados especial.
— Que resulte de aplicación a través de la regla supletoria del artículo 149,1,3° de la Ley Concursal[3].

Para este supuesto resulta especialmente clarificador el auto de 10 de mayo de 2012 de la Audiencia Provincial de Alicante que contempla la preferencia del Plan de Liquidación frente a las reglas supletorias del art. 149,1,3° LC y el artículo 155.4 LC.

> *"El artículo 148 prevé la aprobación judicial del plan atendiendo las observaciones o propuestas de modificación que puede o no acoger al igual que la de acordar la aplicación de las reglas legales supletorias del artículo 149 entre las que se prevé –art 149-1-3ª– que la realización de los bienes y derechos afectos a créditos con privilegio especial se haga conforme a la previsión contenida en el artículo 155-4, de modo tal que resulta evidente que* ***desde la perspectiva del plan de liquidación, la regla para la realización de bienes para el pago de créditos con privilegio especial, constituye una regla supletoria legal."***

En consecuencia, y como señala el Auto impugnado, hay sin duda una evidente preferencia legal del plan de liquidación frente a los criterios que la Ley califica de supletorios con lo que ello supone de superación de los criterios contenidos en las reglas supletorias.

2. VENTA DIRECTA *VERSUS* SUBASTA JUDICIAL

En la actualidad suele ser frecuente la contraposición que se efectúa entre estos dos sistemas de realización de bienes. Existen numerosos pro y contras para cada uno de ellos. Así por lo que se refiere a la venta directa se destacan los siguientes argumentos a favor:

— Una mayor agilidad al no sujetarse a estrictos trámites procesales.
— Permite una mayor descarga de trabajo al ya colapsado juzgado de lo mercantil ya que desplaza la labor en el administrador concursal.

Frente a ello se destacan los siguientes argumentos en contra:

— No existen normas que la regulen con la consiguiente inseguridad jurídica que ello comporta.
— No se contempla un régimen de publicidad lo que disminuye las posibilidades de éste de dicho procedimiento.

---

[3] Artículo 149,1 LC:

De no aprobarse un plan de liquidación y, en su caso, en lo que no hubiere previsto el aprobado, las operaciones de liquidación se ajustarán a las siguientes reglas:

3°. Los bienes a que se refiere la regla 1ª, así como los demás bienes y derecho del concursado se enajenarán, según su naturaleza, conforme a las disposiciones establecidas en la Ley de Enjuiciamiento Civil para el procedimiento de apremio. Para los demás bienes y derechos afectos a créditos con privilegio especial se estará a lo dispuesto en el apartado 5 del artículo 155."

— Como consecuencia de lo anterior surgen las críticas de "oscurantismo" a este procedimiento, incrementándose las controversias judiciales durante la liquidación (incidentes concursales) e incluso las exigencias de responsabilidad a los administradores concursales.

En esta dialéctica resulta especialmente interesante el criterio pragmático que se contempla en el auto de la Audiencia Provincial de Córdoba, sección 3ª, de 21 de mayo de 2009:

> *"El recurso de apelación se fundamenta resumidamente en que el sistema de venta en subasta judicial es preferible al de venta directa, porque comporta mayor publicidad y, por tanto, mayor posibilidad de que concurran varios postores, que mediante el sistema de pujas eleven el precio de remate, lo que repercutiría en beneficio tanto de los acreedores como del deudor. Esta afirmación.... puede tener un mayor o menor acierto teórico, pero lamentablemente no es lo que se desprende de la realidad de las subastas judiciales en los procedimientos de ejecución singular. Al contrario, la enajenación en subasta pública no reporta demasiadas ventajas frente a la agilidad y ahorro de costes que supone el sistema de venta directa, siempre y cuando se garanticen condiciones mínimas de publicidad y transparencia, que podrán ser controladas por el juez del concurso a través de los informes sobre la liquidación que prevé el artículo 152 de la Ley Concursal. Máxime cuando en el plan aprobado se establece un período de tres meses para intentar la enajenación directa y de no encontrarse comprador se aplicarán las reglas supletorias del artículo 149 de la propia Ley Concursal, que sí contemplan la venta mediante subasta."*

Por tanto, la *tozuda* realidad nos lleva a considerar que la subasta judicial presenta escaso atractivo para la fase de liquidación.

3. PROBLEMAS PARA LA APLICACIÓN DE LA SUBASTA AL PROCEDIMIENTO CONCURSAL

Pasamos a examinar varias cuestiones concretas que se suelen plantear en la aplicación de las normas de la Ley de Enjuiciamiento Civil al procedimiento de liquidación:

3.1. ¿Tienen los acreedores el carácter de ejecutantes?

Esto es una cuestión incontrovertida y que debemos tener claro para examinar las cuestiones posteriores. En el procedimiento de liquidación no nos encontramos ante una ejecución individual sino que se trata de ejecución colectiva por lo que los acreedores no pueden recibir el tratamiento jurídico de los ejecutantes previsto en la Ley de Enjuiciamiento Civil.

3.2. ¿Deben consignar los acreedores para participar en la subasta?

Se trata de una cuestión que ya ha sido abordada y resuelta por la jurisprudencia que mayoritariamente se decanta por el criterio ya apuntado en el auto del Juzgado de lo Mercantil nº 1 de Córdoba de 14 de enero de 2010:

"Por otro lado, en cuanto a la solicitud de aplicación de lo dispuesto en el artículo 647,2 LEC resulta bastante razonable la argumentación realizada por la entidad de crédito. Sin embargo, hay que tener presente que de admitir la interpretación que realizada la entidad de crédito, cualquier acreedor podría exigir la aplicación de dicho precepto. Bien es cierto que ***los titulares de créditos privilegiados se encuentran en una posición especial en cuanto que serán los primeros destinatarios del importe obtenido en la adjudicación, pero no debemos olvidar tres cuestiones:***

- *No nos encontramos ante una subasta pública sino ante una licitación dentro de un procedimiento de liquidación concursal y por tanto no resultan directamente aplicables los preceptos de la LEC.*
- *Incluso en los supuestos en los que pudiera resultar aplicables analógicamente los preceptos de la LEC nos encontramos con* ***numerosos problemas dada la especial naturaleza de la ejecución colectiva, frente a la ejecución singular regulada en la LEC****.*
- *Si aplicamos el estatuto de ejecutante al titular de crédito con privilegio especial* ***habría que reconocerles también las facultades previstas en el artículo 647,3 LEC relativas a la cesión de remate a favor de un tercero*** *lo que no resulta fácilmente conciliable con el procedimiento de liquidación concursal y el interés general de la masa pasiva.*

Por tanto, a tenor de lo expuesto ***no puede reconocerse a los titulares de créditos privilegiados como ejecutantes con la posición jurídica que le otorga la Ley de Enjuiciamiento Civil****. Ahora bien,* ***razones de operatividad y lógica justifican que al titular del crédito privilegiado anterior en el tiempo es decir, al primer destinatario del importe obtenido en la adjudicación según el artículo 155,3 párrafo segundo de la Ley Concursal, no tenga que consignar*** *la cantidad exigida para participar la licitación sin que ello implique la consideración de ejecutante en dicho proceso."*

Además, este es el criterio apuntado en las conclusiones sobre las operaciones de liquidación de 23 de marzo de 2011 de los jueces de lo mercantil de Cataluña. No obstante, en algunos juzgados se amplía este criterio de exención del deber de consignar a todos los acreedores reconocidos en el concurso.

3.3. ¿Existe la posibilidad de la cesión de remate a favor del titular de crédito privilegiado especial?

También ha sido una cuestión abordada y resuelto en el ya referido auto del Juzgado de lo Mercantil nº 1 de Córdoba de 14 de enero de 2010:

"Si aplicamos el estatuto de ejecutante al titular de crédito con privilegio especial ***habría que reconocerles también las facultades previstas en el artículo 647,3 LEC relativas a la cesión de remate a favor de un tercero*** *lo que no resulta fácilmente conciliable con el procedimiento de liquidación concursal y el interés general de la masa pasiva."*

Ahora bien, si el titular del crédito privilegiado especial quiere disponer de esta facultad (u otra semejante) no existe ningún impedimento legal para acordar con la administración concursal la aplicación del art. 155.4 LC en el Plan de Liquidación.

> *Artículo 155 LC*
> *"4. La realización en cualquier estado del concurso de los bienes y derechos afectos a créditos con privilegio especial se hará en subasta, salvo que, a solicitud de la administración concursal o del acreedor con privilegio especial dentro del convenio, el juez autorice la venta directa* ***o la cesión en pago para el pago al acreedor privilegiado o a la persona que él designe****, siempre que con ello quede completamente satisfecho el privilegio especial, o, en su caso, quede le resto del crédito reconocido dentro del concurso con la calificación que corresponda."*

3.4. ¿Existe la posibilidad de reconocer un derecho de tanteo a favor del titular del crédito privilegiado especial respecto a la mejor oferta realizada en la subasta?

En principio, tampoco existe obstáculo legal para contemplar esta posibilidad con la finalidad de proteger la situación jurídica del titular del crédito privilegiado especial que, de esta forma, podría optar por adquirir el bien por el importe ofrecido en la subasta con la satisfacción parcial de su crédito privilegiado, desaparición de la carga y conversión del remanente del crédito en ordinario.

Ahora bien, esta posibilidad mermaría el interés por participar en la subasta ya que si se le reconoce al final este derecho de tanteo al titular del crédito privilegiado ningún tercero tendría interés en participar en la subasta.

PLAN DE LIQUIDACIÓN CON OFERTA DE VENTA VINCULANTE DE UNIDAD PRODUCTIVA POR ARTÍCULO 191 TER

FCO. JAVIER CARRETERO ESPINOSA DE LOS MONTEROS
Magistrado-Juez titular del Juzgado de Primera Instancia e Instrucción nº1 de Sanlucar la Mayor(Sevilla) y Magistrado-Juez de refuerzo del Juzgado de lo Mercantil nº 1 de Sevilla.

INTRODUCCIÓN

En el planteamiento del supuesto o enunciado que les propongo: ***PLAN DE LIQUIDACION CON OFERTA DE VENTA VINCULANTE de unidad productiva por ARTÍCULO 191 ter,*** se encuentran no graves problemas e inconvenientes prácticos: obligatoriedad que el legislador nos impone de abrir procedimiento abreviado; la errata que nos encontramos de referencia al artículo 190.2 y no al artículo 190.3 que es el correcto; a que acreedores se debe dar traslado del plan de liquidación; resoluciones de contratos bilaterales sinalagmáticos o no; exoneración o no de deudas de la Seguridad Social en los supuestos de venta de unidad productiva; exoneración de deudas tributarias en esos supuestos, modificación de los derechos laborales de los trabajadores... es decir, múltiples escenarios o supuestos prácticos.

Ante tal pléyade me centrare en exponer humildemente los problemas que se me han planteado en un caso práctico, y que, a mi juicio, mayor polémica genera, con especial atención a la exoneración o no de deudas de la Seguridad Social en el supuesto de venta de unidad productiva.

1. OBLIGATORIEDAD. PLAN DE LIQUIDACIÓN

La primera cuestión que se nos plantea es la obligatoriedad impuesta por el legislador, por lo que no cabe en ningún caso que por parte del Juez del Concurso se valoren las circunstancias que concurren en el procedimiento, por ello, a pesar del importe del activo, del número de acreedores o del resto de circunstancias que puedan concurrir, el procedimiento habrá de ser el abreviado. Obsérvese que se trata de supuestos que tienen en común el fin del ejercicio de la actividad empresarial o profesional por el concursado, bien porque se prevea la transmisión de la unidad productiva en funcionamiento, bien porque se haya cesado en la actividad que le ocupaba.

A este respecto puede plantearse una primera duda relativa a si en ambos casos se debe acompañar el plan de liquidación o sólo en el primer supuesto previsto en el artículo 190.3 de la Ley Concursal(en adelante LC).

Se pueden señalar dos posturas, *una primera*, que postula que la presentación del plan de liquidación solo se debe producir en el primer supuesto, dado que existe un proyecto de transmisión de la empresa cosa que no sucede en el segundo, lo que determinaría en este segundo supuesto, a falta de norma específica, la aplicación de las normas generales de los artículos 142 y s de la LC, *y una segunda,* en la que se postula la presentación de plan de liquidación por el deudor en los dos supuestos señalados de conformidad con la dicción del artículo 190 ter de la LC.

En ambas posturas con la salvedad señalada, se producen problemas derivados de lo perentorio de los plazos dada la celeridad dispuesta por la Ley para la tramitación contradictoria de la aprobación: el Secretario Judicial dará traslado al Administrador Concursal y a los acreedores para que en el plazo de diez días realicen alegaciones, siendo así, que el traslado se acordará de forma inmediata, produciéndose el problema de que posiblemente el Administrador Concursal no habrá aceptado el cargo, y que es más que dudoso que existan acreedores personados.

Obviamente debe entenderse también que son parte necesaria la Agencia Tributaria, TGSS y, en su caso, el Fondo de Garantía Salarial, siendo más factible su comunicación por vía telemática, pero no se pueden obviar los problemas de comunicación y de lentitud por el colapso que oprimen a todos los Juzgados de nuestro país. vgr. unos juzgados como los sevillanos con un 274,14% por encima de los módulos del CGPJ en el año 2012 y un 274,71% en el mes de noviembre de 2013. Todo lo cual determinara las dificultades prácticas de cumplir unos plazos tan perentorios.

Pues bien, retornando, el computo del plazo para el Administrador Concursal, teniendo en cuenta que la fase de liquidación en este supuesto se abrirá en el mismo momento en que se dicte el Auto declarando el concurso y que no habrá aceptado aún el cargo, será en el momento de la aceptación, en ese momento será cuando habrá de dársele traslado del plan de liquidación. Pero no se soluciona el problema de los acreedores, porque en su caso, habría que contarlo desde la personación. Por razones de seguridad jurídica debería computarse un plazo común de diez días para el administrador concursal y los acreedores personados desde el momento de la aceptación del cargo por el administrador concursal(*en este mismo sentido,* MARTA CERVERA MARTINEZ Magistrada titular del Juzgado de lo Mercantil nº 8 de Barcelona, en su artículo: *"LA LIQUIDACIÓN EN EL PROCEDIMIENTO ABREVIADO. VENTA UNITARIA"* publicado por FUNDIECO en Febrero 2013).

¿Y el plazo para apelar? Comienza desde que tiene acceso a las actuaciones una vez personados.

2. INFORME DE LA ADMINISTRACIÓN CONCURSAL

El informe que ha de emitir la administración concursal no sólo habrá de evaluar el plan presentado y, en su caso, incluir las correspondientes observaciones, también deberá incluir un inventario de la masa activa, inventario que habrá de revestir todas las formalidades previstas en el artículo 82 LC: "*1. La administración concursal elaborará a la mayor brevedad posible un inventario que contendrá la relación y el avalúo de los bienes y derechos del deudor integrados en la masa activa a la fecha de cierre, que será el día anterior al de emisión de su informe. En caso de concurso de persona casada en régimen de gananciales o cualquier otro de comunidad de bienes, se incluirán en el inventario la relación y el avalúo de los bienes y derechos privativos del deudor concursado, así como las de los bienes y derechos gananciales o comunes, con expresa indicación de su carácter.*

2. De cada uno de los bienes y derechos relacionados en el inventario se expresará su naturaleza, características, lugar en que se encuentre y, en su caso, datos de identificación registral. Se indicarán también los gravámenes, trabas y cargas que afecten a estos bienes y derechos, con expresión de su naturaleza y los datos de identificación.

3. El avalúo de cada uno de los bienes y derechos se realizará con arreglo a su valor de mercado, teniendo en cuenta los derechos, gravámenes o cargas de naturaleza perpetua, temporal o redimible que directamente les afecten e influyan en su valor, así como las garantías reales y las trabas o embargos que garanticen o aseguren deudas no incluidas en la masa pasiva.

4. Al inventario se añadirá una relación de todos los litigios cuyo resultado pueda afectar a su contenido y otra comprensiva de cuantas acciones debieran promoverse, a juicio de la administración concursal, para la reintegración de la masa activa. En ambas relaciones se informará sobre viabilidad, riesgos, costes y posibilidades de financiación de las correspondientes actuaciones judiciales."

En el caso práctico que aconteció en mi Juzgado que llamaremos de la editorial ZAX, se presentó un plan de liquidación con venta de unidad productiva en el que se preveía la enajenación de los bienes inventariados por tres diferentes sistemas: *venta o adjudicación directa por precio razonable; por subasta con posibilidad de realizarse a través de empresas especializadas; y adjudicación o venta directa sin precio mínimo*); con una completa determinación de la problemática que pudiera acontecer en su cumplimiento tanto en relación a los tipos de bienes como a la aparición de activos sobrevenidos o la posibilidad de activos irrealizables, y un plan de pagos que, a priori, no se apreciaba ilógico o irracional, por lo que se consideraba de interés para el concurso, manifestándose así en su Informe por el Administrador Concursal.

Sin embargo, por lo que se refiere a la venta por entidad especializada se debe hacer un reproche, dado que se estipulaba que sus gastos deberían ser asumidos por el concurso.

Tal criterio o estipulación debe ser rechazada, los gastos deberán ser asumidos por la propia Administración Concursal, al no ser un crédito contra la masa por no estar incluidos en los gastos previstos en el artículo 84.2.2º LC, máxime si se tiene en cuenta que si los gastos fueran asumidos por la entidad concursada se produciría una disminución del activo, y tampoco puede admitirse su pago por un hipotético tercero ya que se produciría una disminución de la cantidad obtenida en la venta del bien con el consiguiente perjuicio para la masa. Esta parece ser la postura del propio legislador al establecer que la eventual utilización de expertos independientes (artículo 83.3 LC) serán a cargo de la Administración Concursal (*en este sentido,* JAVIER GARCIA MARRERO Magistrado titular del Juzgado de lo Mercantil nº 5 de Madrid, en su artículo: *"PLANIFICACIÓN Y EJECUCIÓN DE LA LIQUIDACIÓN"* publicado por FUNDIECO en Febrero 2013).

Por último, el informe deberá evaluar los efectos que tanto en la masa activa como en la pasiva pueda tener la resolución de los contratos vigentes.

3. RESOLUCIÓN DE LOS CONTRATOS

Pues bien, respecto a la resolución de los contratos, se debe señalar que el Administrador Concursal indicara en el Informe que bienes o dinero se deja de ingresar en el activo como consecuencia de las resoluciones, y que obligaciones de pago nacerán en detrimento de los acreedores, siendo así, que tras la aprobación del plan de liquidación sólo quedarían en vigor los contratos que se vinculen a la oferta de compra de la unidad productiva o de parte de ella.

Continuando con el caso de la editorial ZAX no se incluyó en el Plan de Liquidación ni en el Informe de la Administración Concursal solicitud o referencia alguna relativa a la resolución de los contratos bilaterales pendientes de cumplimiento, ni evaluación alguna del efecto de su resolución en las masas activa y pasiva del concurso, tan sólo se especificaban de forma somera los contratos bilaterales que relacionados con la unidad productiva se deben mantener.

Lo cual determino que se requiriera judicialmente al Administrador Concursal para que completara su informe dada la redacción terminante del artículo 191 ter.2 párrafos 2º y 3º de la LC: *"El informe del administrador concursal deberá incluir necesariamente el inventario de la masa activa del concurso y evaluar el efecto de la resolución de los contratos sobre las masas activa y pasiva del concurso…"*, lo cual nos plantea de nuevo las dificultades a las que se enfrenta el Administrador Concursal en la práctica, no solo por los perentorios de los plazos sino por el riesgo cierto de no disponer de toda la información requerida para elaborar tanto el informe como la evaluación de las resoluciones de los contratos.

Frente a este requerimiento efectuado al Administrador Concursal, se me podría argumentar que no se exige para acordar la resolución de los contratos bilaterales del concursado que se haya efectuado la solicitud en su escrito o que la misma se contenga en el plan de liquidación, y que tampoco se exige que sea la Administración Concursal la que solicite e individualice los contratos que sea conveniente resolver en interés del concurso. Sin embargo, la regla general de resolución de contratos en interés del concurso del artículo 61.2 LC legitima sólo al concursado(en caso de intervención de facultades) o a la administración concursal(en caso de suspensión de las mismas) para solicitar la resolución del concurso.

Por tanto, atendiendo a la mencionada regla general del artículo 61.2 LC, razones sistemáticas como razones de prudencia aconsejan que al menos se haya solicitado la resolución de los contratos por la entidad concursada en su solicitud o en el Plan de Liquidación, o por la Administración Concursal en su Informe sobre el Plan presentado a aprobación, debiendo individualizar aquellos que se vayan a resolverse y valorando sus efectos(*en este sentido*, MARIA ELENA CORRAL LOSADA, Magistrada titular de la Audiencia Provincial de Las Palmas Sección 4ª, en su artículo: *"RESOLUCION DE CONTRATOS EN CASO DE PRESENTACION DE PLAN DE LIQUIDACION POR EL DEUDOR AL SOLICITAR LA DECLARACION DE CONCURSO(art. 191 ter LC)."* publicado por FUNDIECO en Febrero 2013).

Otra cuestión controvertida es la relativa a otorgar o no plazo de audiencia a los contratantes, dado que tan sólo está prevista la audiencia a los acreedores que se hayan personado, que en la mayoría de los casos no serán muchos, y exclusivamente para realizar alegaciones en relación al plan de liquidación, siendo así, que las consideraciones del Administrador Concursal no encontrarían contradicción alguna.

Tal falta de audiencia generaría una situación de indefensión para los contratantes, por lo que para preservar el derecho a la tutela judicial efectiva y no causar indefensión, se deberían de someter las discrepancias que pudieran existir entre las partes a la tramitación del oportuno incidente concursal que se resolverá con la correspondiente resolución judicial, siendo además lo preceptuado en el régimen general previsto en el artículo 61.2 párrafo 2º de la LC(*en este mismo sentido*, PABLO GONZALEZ-CARRERO FOJON. Magistrado titular del Juzgado de lo Mercantil nº 1 de La Coruña en su artículo: *"LA RESOLUCIÓN DE LOS CONTRATOS VIGENTES EN EL MARCO DEL PROCEDIMIENTO ABREVIADO"*. publicado en la Revista de Economistas Forenses de Mayo de 2012.

4. VENTA DE UNIDAD PRODUCTIVA. EFECTOS: DEUDAS TRIBUTARIAS; DERECHOS DE LOS TRABAJADORES; DEUDAS LABORALES Y DE LA SEGURIDAD SOCIAL

Volviendo al caso práctico que les indicaba de la editorial ZAX, debemos recordar que si bien la dicción del artículo 191 ter de la LC, nos obliga a abrir la liquidación en todo caso, también es verdad que la redacción del precepto habilita al Juez del concurso con las mismas facultades respecto de la aprobación del plan que las del artículo 148 de la LC, lo que le permite aprobarlo en los términos presentados, aprobarla con las observaciones presentadas por la Administración Concursal y los acreedores, o no aprobarla y remitir a los trámites supletorios del artículo 149.

Y, en consonancia con lo señalado, fue necesario realizar tales modificaciones, habida cuenta de que en el plan de liquidación de la editorial ZAX se vinculaba la oferta de compra de la unidad productiva realizada a que por treinta y dos trabajadores de los setenta existentes en plantilla se aceptaran individualmente las nuevas condiciones laborales sin especiar cuáles eran los afectados, nada se señalaba respecto a las deudas tributarias, y se especificaba de forma confusa la exención de las deudas de la Seguridad Social.

Efectos: deudas tributarias; derechos de los trabajadores; deudas laborales y de la Seguridad Social:

En primer lugar, en relación a las *deudas tributarias,* no existe problema u óbice alguno en acordar la exoneración del adquirente, a tal efecto la mencionada exoneración se encuentra expresamente recogida en el artículo 42.1 *in fine* de la Ley General Tributaria 58/2003 de 17 de diciembre que establece que el adquirente no es responsable solidario de las deudas tributarias por sucesión de empresas, señalándose en la Sentencia del Tribunal Supremo Sala Tercera de fecha 17 de abril de 2013 que la exención de responsabilidad que se recoge en el artículo 42.1 *in fine* de la LGT se extiende también a la subsidiaria dado que la solidaria comporta también la subsidiaria, pues excluido lo más queda excluido lo menos, así: "*la excepción de la responsabilidad tributaria que recoge el apartado tercero del artículo 72 de la L.G.T. [hoy 42.1 c) último párrafo]. Es igual de evidente que la responsabilidad que se excluye en el texto legal citado, la solidaria, comporta también la de subsidiaria pues excluido lo más, responsabilidad solidaria, queda excluido lo menos, responsabilidad subsidiaria.*

El hecho de que la aprobación concursal tuviera lugar con anterioridad a la existencia de las normas que contemplan la excepción que se examina no es óbice para su aplicación si se tiene presente que la finalidad perseguida por la norma es predicable de ambas situaciones, la anterior a la vigencia del texto legal y la posterior".

En segundo lugar, por lo que se refiere a los *derechos de los trabajadores,* como he señalado se constató en el Plan de Liquidación y en la oferta vinculante de la Editorial ZAX que no se había realizado consulta ni acuerdo colectivo alguno con los trabajadores afectados o vinculados a la oferta de adjudicación, limitándose a señalar que la oferta se vincula a: "*La aceptación por parte del personal laboral que se incorporara a la plantilla del Adquirente de sus nuevas condiciones laborales individuales*", tal cual, sin una coma de más, y sin indicar tan siquiera cuales eran de la plantilla global los treinta y dos afectados o incluidos en la venta de la unidad productiva.

Tal planteamiento no se puede aceptar, a este respecto no está de más recordar que existen ciertas garantías laborales que no se pueden desconocer en supuestos como el de venta de unidad productiva con asunción de una parte de la plantilla laboral por el adquirente, en consonancia con la Directiva 2001/23/CE de 12 de marzo *"sobre la aproximación de las legislaciones de los Estados Miembros relativas al mantenimiento de los derechos de los trabajadores en caso de traspaso de empresas, de centros de actividad o de partes de empresas o centros de actividad"*, y el artículo 44 del ET, en tales casos el adquirente deberá respetar las condiciones laborales como salario, antigüedad, categoría profesional..etc.., salvo que el cesionario y los trabajadores suscriban acuerdos de modificación colectiva de las condiciones de trabajo.

En este sentido, el Auto de la Audiencia Provincial de Pontevedra de fecha 22 de junio de 2012 señala que: *"Como se ha dicho en alguna ocasión, en la venta de empresa como objeto del contrato, "el tercero que adquiere una empresa en funcionamiento o una unidad productiva, no asume créditos concursales sino que se compromete a pagar una cantidad que pasa a formar parte de la masa activa del concurso para su distribución entre los acreedores". La cesión en bloque de los contratos que vinculaban al anterior empresario exigirá el consentimiento del contratante cedido, con la excepción de los contratos de trabajo, donde la norma especial impone su asunción por el adquirente. De esta manera, la ley con carácter general impone la subrogación del adquirente en las obligaciones laborales del transmitente, con la posibilidad en el concurso de que el juez acuerde que sea el FOGASA el que asuma el pago de salarios o indemnizaciones pendientes de pago"*.

En tercer lugar, las *deudas u obligaciones laborales o de la Seguridad Social*, no cabe duda que el Juez del concurso no tiene obstáculos para liberar al adquirente de la unidad productiva de su responsabilidad solidaria respecto a las deudas por salario y las obligaciones pendientes previstas en la normativa general de la Seguridad Social(artículo 44.1 y 3 del Real Decreto Legislativo 1/1995, de 24 de marzo, por el que se aprueba el Texto Refundido de la Ley del Estatuto de los Trabajadores) y artículos 104 y 127.2 de Real Decreto Legislativo 1/1994, de 20 de junio, por el que se aprueba el Texto Refundido de la Ley General de la Seguridad Social), cuando así lo estime más conveniente para el interés del concurso y para favorecen la continuidad de la explotación o unidad productiva, al partir en el ámbito concursal debido a su especialidad de la premisa recogida jurisprudencialmente de que la venta de una empresa, o de una unidad productiva autónoma, en sede de liquidación concursal no constituye una *"sucesión de empresas"* más que a *"efectos laborales"* en la literalidad del artículo 149.2 LC, por tanto, la venta, a salvo de que se estipule otra cosa, supone la transmisión de los activos del deudor, pero no de los pasivos, realizándose libre de cargas, a salvo, claro está, de las reales(Autos de la Audiencia Provincial de Barcelona de 16 de diciembre de 2009, de la Audiencia Provincial de Pontevedra de fecha 29 de junio de 2010, 25 de Mayo y 22 de junio de 2012, y de la Audiencia Provincial de Sevilla de 29 de mayo de 2013).

Por su destacado interés me permito reproducir la fundamentación del Auto de la de la Audiencia Provincial de Pontevedra de fecha 29 de junio de 2010 que es clarificador y contundente cuando señala que: *"La norma concursal excepciona el régimen general previsto en la legislación laboral. Así lo establece expresamente el art. 57 bis del ET. El art. 44 ET contempla el supuesto de la sucesión empresarial y, con el fin de garantizar los derechos de los trabajadores, establece una responsabilidad solidaria entre cedente y cesionario, durante tres años, respecto de las obligaciones laborales nacidas antes de la transmisión, "sin perjuicio de lo establecido en la legislación de Seguridad Social". Sabido es que la jurisprudencia matizó el ámbito de esta responsabilidad, en los casos en los que fueran los propios trabajadores los que, por la vía de constitución de una sociedad laboral, fueran los encargados de asumir la continuación de la actividad (cfr. STS, sala social, 11.4.2001). El actual contenido del art. 104.1 del TRLSS, reformado por la ley 52/03, parece salir al paso de esta interpretación.*

El crédito de la Seguridad Social no es un crédito salarial, por lo que en principio no estaría sometido al régimen de subrogación en los créditos laborales del art. 44 ET; fue la Ley 12/01 la que incluyó en el ámbito del precepto, con más amplitud que la prevista en las normas comunitarias, la obligación de continuación del adquirente en las obligaciones de Seguridad Social, en las cotizaciones y prestaciones que el empresario cedente tuviere pendientes. La legislación de Seguridad Social (su art. 127 y, con mayor amplitud objetiva, el art. 104 reformado) constituye norma especial con respecto al ET(así, por ejemplo, aquélla no contiene límite temporal a la responsabilidad del cesionario). Pero las normas contenidas en la legislación específica de la Seguridad Social no contemplan la situación de concurso del empresario. En tal coyuntura, como sostiene la administración concursal, la norma especial viene constituida por la Ley Concursal, inspirada en los principios de unidad legal, de disciplina y de sistema, por lo que el art. 149.2 LCdebe entenderse norma especial que desplaza la aplicación del art. 127.2 del TR de la Ley General de la Seguridad Social(cfr., de nuevo, el art. 57 bis ET). En interpretación doctrinal, ello no debería sorprender, pues la normativa de los arts. 104 y 127 TRLGSS "no pretende tanto la protección de los intereses de los trabajadores como la protección del patrimonio de la Seguridad Social".

Como se ha dicho en alguna ocasión, en la venta de empresa como objeto del contrato, "el tercero que adquiere una empresa en funcionamiento o una unidad productiva, no asume créditos concursales sino que se compromete a pagar una cantidad que pasa a formar parte de la masa activa del concurso para su distribución entre los acreedores". La cesión en bloque de los contratos que vinculaban al anterior empresario exigirá el consentimiento del contratante cedido, con la excepción de los contratos de trabajo, donde la norma especial impone su asunción por el adquirente. De esta manera, la ley con carácter general impone la subrogación del adquirente en las obligaciones laborales del transmitente, con la posibilidad en el concurso de que el juez acuerde que sea el FOGASA el que asuma el pago de salarios o indemnizaciones pendientes de pago.

Los créditos de la Seguridad Social, que cuentan con el privilegio de los créditos públicos en la forma establecida en la LC, no se encuentran cubiertos por esta previsión. Sus créditos figurarán en la masa pasiva con la calificación que corresponda, pero no se encuentra la razón por la cual, en el concurso, deban verse favorecidos con la garantía del patrimonio del adquirente, obstáculo casi insalvable en el mercado para lograr la enajenación de la empresa en su globalidad. La exoneración de la obligación legal general encuentra aquí todo su sentido.

Ello es así porque la venta de una empresa, o de una unidad productiva autónoma, en sede de liquidación concursal no constituye una "sucesión de empresa" más que a "efectos laborales" (podría argumentarse también, en interpretación literal, que sólo a "efectos laborales ", no de "Seguridad Social"), en la literalidad del art. 149.2 concursal. Por tanto, la venta, a salvo de que se estipule otra cosa, supone la transmisión de los activos del deudor, pero no de los pasivos. La venta se hace libre de cargas, a salvo, claro está, de las reales. Este criterio, que la Sala asume, ha sido expuesto por diferentes resoluciones de la sección quince de la Audiencia Provincial de Barcelona, del siguiente modo: "Con ello, claramente, la Ley Concursal parte de la premisa de que la enajenación de la empresa o de la unidad productiva dentro de la liquidación se hace libre de deudas, esto es el adquirente no se subroga en las deudas del concursado, sin perjuicio de las garantías reales que puedan gravar alguno de los bienes muebles o inmuebles incorporados a la empresa o unidad productiva. A estos efectos, la venta de la empresa o de una unidad productiva tiene el mismo régimen que la realización individualizada o en lotes de los elementos que componen el activo, pues el adquirente las recibe libre de cargas, salvo las reales que graven alguno de los bienes adquiridos. Y ello es así como consecuencia de la lógica del concurso que busca dar una solución común al problema ocasionado con la insolvencia del deudor común para sus acreedores, articulando un procedimiento que facilite un convenio y, si no es posible o no se llega a cumplir, una liquidación universal del activo del deudor. La liquidación concursal va encaminada a la realización de la masa activa para con lo obtenido pagar a los acreedores, afectados por el principio de la par condicio creditorum, según las reglas de pago derivadas de la clasificación de créditos y de la existencia de créditos contra la masa. En esta lógica, los acreedores cobran dentro del concurso y con lo obtenido de la realización del activo, por el orden derivado de la clasificación de sus créditos, sin que, salvo en el caso de quienes tengan garantizado el crédito con una garantía real, tengan derecho a hacerlo de los terceros que adquieran los bienes realizados o la empresa o unidad productiva, caso de optarse por tal forma de realización, pues de otro modo, se alteraría la par condicio creditorum.

Así se entiende que, bajo esta lógica del concurso, el art. 149.2 LC regule la única excepción a este principio general de que la transmisión de la empresa o de una unidad productiva no constituye propiamente una sucesión de empresa. Según este precepto, tan sólo a efectos laborales se considerará que existe sucesión de empresa, y por ello el adquirente responderá durante tres años de las obligaciones laborales nacidas con anterioridad a la adquisición que no hubieren sido satisfechas (art. 44.3 ET), en este caso con la liquidación concursal.

No obstante, el art. 149.2 LC permite que el juez en el auto de adjudicación pueda acordar que el adquirente no se subrogue en la parte de los salarios o indemnizaciones pendientes de pago anteriores a la enajenación que sea asumida por el Fondo de Garantía Salarial de conformidad con el art. 33 ET. Esto es, el importe de los salarios e indemnizaciones que conforme al art. 33 ET pagó el Fogasa, como consecuencia del concurso del empresario empleador, y que tendría derecho a subrogarse para repetir contra el deudor concursado, no será reclamable del adquirente de la empresa o unidad productiva si ha sido liberado de esta obligación por el juez del concurso.

Esta normativa nacional no contradice la normativa comunitaria, constituida originariamente por la Directiva 77/187, de 14 de febrero, que ha experimentado diferentes reformas, entre otras la Directiva 98/50 de 29 de junio (que contempla las transmisiones de empresa en concurso), y que han quedado refundidas en el texto consolidado aprobado por la Directiva 2001/23, de 12 de marzo (DOCE de 22 de marzo de 2001). La Directiva, que pretende asegurar la continuidad de los contratos de trabajo tras la transmisión de la empresa o la unidad productiva en la que se trabaja, para lo cual se prevé la subrogación contractual laboral del cesionario en la posición empresarial del cedente, que asume la condición de empleador, permaneciendo inalteradas las condiciones de trabajo anteriores a la transmisión, en situaciones concursales reduce los estándares de protección para el trabajador siempre que con ello se consiga la continuación de la empresa, y con ello el mantenimiento de la mayor parte de los puestos de trabajo (art. 5).

En este contexto, el crédito de la Seguridad Social, como cualquier otro crédito que no sea propiamente laboral, no resulta exigible al adquirente de la unidad productiva, y ello sin necesidad de que se pronuncie expresamente en tal sentido la normativa sobre Seguridad Social. Podría haberlo hecho, como la Ley General Tributaria que expresamente lo prevé en el último párrafo de su art. 42.1, pero ello no es necesario, pues como ya hemos apuntado en caso de concurso la norma especial, que regula no sólo el procedimiento concursal sino también sus efectos, es la Ley Concursal, que expresamente ha sido promulgada bajo el principio de unidad legal, de que sea esta Ley la única que regule el concurso de acreedores y sus efectos." (Sentencia de 29 de noviembre de 2007, en argumentación reiterada en el auto de 10 de junio de 2010).

Por tanto, los argumentos del recurso no pueden verse estimados. La cita de los preceptos que trae la recurrente de la normativa especial de la Seguridad Social no resulta pertinente en la situación de liquidación concursal.

Tampoco puede admitirse el argumento de la falta de competencia del juez del concurso. La competencia de éste en sede de liquidación, como en el resto de materias previstas en el art. 8 LC, es exclusiva y excluyente. Por tanto, no se precisa atribución competencial expresa para autorizar un plan de liquidación como el sometido a consideración en el presente proceso. Si ello implica abordar cuestiones que pudieran exceder del ámbito de su jurisdicción, ello habría de entenderse a los efectos prejudiciales que autoriza el art. 9 LC".

ASPECTOS PROCESALES DE LA SECCIÓN DE CALIFICACIÓN

ROBERTO NIÑO ESTÉBANEZ
Magistrado del Juzgado de lo Mercantil nº 2 de La Coruña

SUMARIO: **1. Los sujetos que intervienen en la sección de calificación.- 2. El distinto "papel" que desempeñan en la sección de calificación la administración concursal y el Ministerio Fiscal, de una parte; y los acreedores y terceros interesados, por otra.- 3. La propuesta de calificación. Vinculación del juez del concurso.- 4. Conclusiones.**

La presente ponencia, sin ánimo de exhaustividad, tiene por objeto aproximarse a algunas de las cuestiones procesales más controvertidas que se han venido suscitando en la sección de calificación del concurso (sección 6ª), que comprende los **artículos 167 a 175**, ambos inclusive, de la Ley Concursal (también LC en lo sucesivo). La redacción de estos preceptos ha sido modificada en varias ocasiones desde la entrada en vigor de la Ley Concursal, principalmente por las reformas operadas por el Decreto Ley 3/2009, de 27 de marzo y por la Ley 38/2011, de 10 de octubre. En particular, se van a abordar en la presente ponencia los siguientes aspectos procesales:

1. Los sujetos que intervienen en la sección de calificación.
2. El distinto "papel" que desempeñan en la sección de calificación la administración concursal y el Ministerio Fiscal, de una parte; y los acreedores y terceros interesados, por otra.
3. La propuesta de calificación. Vinculación del juez del concurso.
4. Conclusiones.

1. LOS SUJETOS QUE INTERVIENEN EN LA SECCIÓN DE CALIFICACIÓN

En la sección de calificación la LC diferencia entre unos *sujetos necesarios* y unos sujetos *no necesarios*.

Son sujetos necesarios *la administración concursal* y *el Ministerio Fiscal*, que son los órganos concursales propiamente dichos.

Son sujetos no necesarios *los acreedores* y *otros terceros que acrediten un interés legítimo.*

La administración concursal es el órgano concursal preeminente en la sección de calificación. A la administración concursal le incumbe de forma preceptiva la formulación del informe de calificación. De esto modo establece el artículo 169.1 LC que "la administración concursal *presentará* al juez informe razonado y documentado (...)"; mientras que el Ministerio Fiscal puede emitir o no emitir su dictamen. El artículo 169.2 LC prevé expresamente la posibilidad de que el Ministerio Fiscal no emita su dictamen, en cuyo caso se entiende que el Fiscal no se opone a la propuesta de calificación y el proceso sigue su curso. La razón por la cual interviene el Ministerio Fiscal en esta sección es la existencia de un evidente *interés público* pues en ella pueden resultar limitados derechos subjetivos individuales y la imposición de medidas de carácter sancionador. Por lo que puede afirmarse que *la Ley Concursal otorga al Ministerio Público un papel relevante en la calificación pero no preeminente.* Por el contrario la administración concursal ocupa un lugar fundamental en esta sección sexta. Fiel reflejo de ello es la posibilidad de que la vista de oposición del artículo 171 LC pueda celebrarse sin la presencia del Fiscal *(SAP Madrid, Sección 28ª, 30-4-2008)* y en este caso no resulta aplicable el artículo 442.1 de la Ley de Enjuiciamiento Civil, ya que este artículo está previsto para un conflicto entre particulares.

En cuanto a los *sujetos no necesarios*, como se ha señalado, estos son los *acreedores* y aquellos otros *terceros que acrediten un interés legítimo.* Por lo que se refiere a quien son "*esas otras personas*" que pueden ostentar un interés legítimo, en principio pueden ser acreedores cuyos créditos no hayan sido reconocidos o empleados del concursado aunque no sean acreedores (como sucedió en el caso que dio lugar a la citada STC nº 15/2012, de 13 de febrero).

2. EL DISTINTO "PAPEL" QUE DESEMPEÑAN EN LA SECCIÓN DE CALIFICACIÓN LA ADMINISTRACIÓN CONCURSAL Y EL MINISTERIO FISCAL, DE UNA PARTE; Y LOS ACREEDORES Y TERCEROS INTERESADOS, POR OTRA

Tras la reforma operada por la Ley 38/2011, de 10 de octubre (que entró en vigor el 1 de enero de 2012), establece el artículo **168.1 LC**, que lleva por rúbrica "Personación y condición de parte", que:

> *"Dentro de los diez días siguientes a la última publicación que se hubiera dado a la resolución que acuerde la formación de la sección sexta, cualquier acreedor o persona que acredite interés legítimo podrá personarse y ser parte en la sección, alegando por escrito cuanto considere relevante para la calificación del concurso como culpable".*

Con carácter previo debe señalarse, por ser un dato ciertamente ilustrativo, que la rúbrica original del artículo 168 Ley Concursal era simplemente "Personación de interesados".

Así las cosas, las facultades de actuación procesal de los acreedores y de los terceros interesados en la sección de calificación pueden sintetizarse en las siguientes:

1ª. Tienen derecho a personarse en esta sección y a tener la condición de parte en la misma.

2ª. Pueden alegar todo lo que a su derecho convenga sobre la calificación del concurso como culpable, incluida la proposición de medios de prueba.

3ª. Y tienen derecho a recurrir en apelación la Sentencia de calificación que se dicte.

Sin embargo, los acreedores y los terceros interesados no están legitimados para realizar propuestas de calificación en el sentido propio del término, cuyo contenido especifica el artículo 169 Ley Concursal. Esta configuración normativa conduce a que la condición de parte de los acreedores y de los terceros interesados es ciertamente atípica, ya que sólo la administración concursal y el Ministerio Fiscal están legitimados por la Ley Concursal para interesar del Juez del concurso los pronunciamientos del artículo 172 Ley Concursal. Esta atípica posición procesal de los acreedores y de los terceros interesados se traduce en dos importantes consecuencias procesales:

1ª. Si la administración concursal y el Ministerio Público coinciden en calificar el concurso como fortuito, el Juez sin más trámite y sin posibilidad de recurso ordenará el archivo de la pieza de calificación. *Este archivo automático de la sección de calificación fue objeto de una cuestión de inconstitucionalidad elevada por el Juzgado de lo mercantil nº 1 de Oviedo que fue inadmitida a trámite.*

2ª. Los acreedores y los terceros interesados no pueden formular motivos de calificación culpable distintos de los invocados por la administración concursal y el Ministerio Fiscal.

Sobre esta atípica posición procesal de las "partes" en la sección de calificación existen en la jurisdicción mercantil, en esencia, dos líneas de interpretación:

1ª.- La posición mayoritaria, en la que se halla la Ilma. Audiencia Provincial de Valladolid, sostiene que las únicas partes legitimadas para calificar el concurso e interesar los pronunciamientos de los artículos 172 y 172.bis LC son la administración concursal y el Ministerio Fiscal. Sólo las pretensiones contenidas en el informe de la administración concursal y en el dictamen del Ministerio Fiscal pueden determinar la calificación del concurso y la determinación subjetiva de las personas afectadas por la calificación o como cómplices. A título ejemplificativo, como exponente de esta tesis mayoritaria, cabe destacar la SAP Pontevedra, Sección 1ª, de 4 de octubre de 2010. Y más lejana en el tiempo, pero con plena virtualidad, antes de la reforma de la Ley 38/2011, la SAP Barcelona, Sección 15ª, de 26 de julio de 2007. En idéntico sentido SAP Madrid, Sección 28ª, nº 81/2012, de 9 de marzo.

De la Audiencia Provincial de Valladolid (Sección 3ª), entre otras, cabe destacar la reciente *Sentencia nº 160/2013, de 10 de junio*, de la que ha sido ponente el Ilmo. Sr. Magistrado D. Ángel Muñiz Delgado. En esta resolución, que a su vez cita la también reciente *SAP Valladolid, Sección 3ª, 18-2-2013*, se señala que la legitimación para ejercitar la acción conducente a determinar el carácter culpable del concurso, así como las personas que merecen tal calificación o la de cómplices, corresponde únicamente al Ministerio Fiscal y a la administración concursal. La intervención de los interesados personados no puede ir más allá de las alegaciones iniciales con el fin de ilustrar a la administración concursal y al Ministerio Fiscal acerca de aquello que consideren relevante, pero no pueden determinar los culpables, las causas ni las consecuencias de esta culpabilidad.

Esta ha sido la postura de la Ilma. Audiencia Provincial de Valladolid, antes y después de la reforma de la Ley 38/2011. El fundamento jurídico segundo de la citada Sentencia de 10-6-2013 es claro sobre este punto, al destacar que el legislador de 2011 no ha querido legitimar ni a los acreedores ni a ninguno de los otros interesados que se hubieran podido personar en la pieza de calificación para formular pretensión calificatoria alguna. Sus facultades se constriñen a poner en conocimiento de la administración concursal y del Ministerio Fiscal toda la información que entiendan relevante para la calificación del concurso y a ofrecer prueba que la respalde, coadyuvando con estos dos órganos para que puedan plantear en beneficio de todo el colectivo de afectados, una vez analizada y filtrada toda la información de la que disponían y la que les haya sido aportada, las pretensiones concretas que entiendan más convenientes.

Esta postura mayoritaria encuentra también respaldo en la jurisprudencia civil de nuestro Tribunal Supremo, entre otras en la *STS, Sala 1ª, 13-9-2012*, en la que se cita la *STC de 13-2-2012* (a este Sentencia nos referiremos más adelante). En dicha Sentencia, el Tribunal Supremo con meridiana claridad concluye que los márgenes de actuación que se confiere a los acreedores en la sección de calificación vienen a ser una modalidad de intervención en el proceso diferente a la configurada por las reglas generales del artículo 13 LEC ("Intervención de sujetos originariamente no demandantes ni demandados"), que se justifica por las peculiaridades inherentes al proceso concursal, el cual se caracteriza por la afectación de una pluralidad de personas (cientos e incluso miles de implicados) y en el que prevalece la defensa del interés conjunto sobre el interés particular de cada interesado. Ello explica que la iniciativa para plantear las pretensiones calificatorias e instar las consecuencias anudadas a ello deba someterse al criterio objetivo de la administración concursal y del Ministerio Fiscal, quedando excluida la posibilidad de emprender estrategias individuales al respecto, hasta tal punto de que si ambos coincidiesen en la calificación como fortuito del concurso el juez debe, sin más trámite, archivar las actuaciones, sin que ningún interesado pueda recurrir esta resolución.

La *STC nº 15/2012, de 13 de febrero de 2012*, que trae causa de una resolución del Juzgado de lo Mercantil nº 1 de Palma de Mallorca en la que se había impedido formular alegaciones iniciales a terceros interesados, analizó en profundidad la compatibilidad del artículo 168 Ley Concursal (en su redacción primigenia) con el derecho fundamental a la tutela judicial efectiva del artículo 24.1 CE. A la luz de la doctrina fijada por esta STC no cabe sino concluir que la condición de parte queda debidamente satisfecha con:

1. La posibilidad inicial de formular alegaciones.
2. Proposición de medios de prueba.
3. Formular alegaciones para respaldar lo pretendido por los órganos concursales (AC y MF).
4. Intervenir en la práctica de dichos medios de prueba.
5. Sustentar en apelación las pretensiones formuladas por los órganos concursales en la primera instancia, no otras, incluso en el caso de que éstos no hubiesen recurrido.

2ª.- Y en segundo lugar, existe una segunda postura minoritaria, defendida entre otros por el Juzgado de lo mercantil nº 1 de Alicante (Sentencia de 1-9-2010), que atribuye a los terceros interesados la condición de parte en pie de igualdad con la administración concursal y el Ministerio Fiscal.

3. LA PROPUESTA DE CALIFICACIÓN. LA VINCULACIÓN DEL JUEZ

A pesar de que la Ley Concursal habla de "informe de la administración concursal" y de "dictamen del Ministerio Fiscal", se deben llamar a las cosas por su nombre, debiéndose considerar tanto al informe de la administración concursal como al dictamen del Ministerio Fiscal como *auténticas demandas*; y a los escritos de oposición del concursado como *escritos de contestación a la demanda*. Sobre este punto controvertido, *la STS, Sala 1ª, 22-4-2010*, declaró que los artículos 170 y 171 Ley Concursal no contemplan un trámite para que la administración concursal presente escrito de contestación a la oposición del concursado. Este trámite, no sólo no está previsto en la Ley Concursal sino que además no resulta exigible por el principio contradictorio como manifestación del derecho fundamental de defensa (art. 24.2 CE).

Si bien la Ley Concursal no exige que el informe de la administración concursal y el dictamen del Fiscal adopten la forma de demanda prevista en el artículo 399 LEC, su contenido material coincide sustancialmente con el de una demanda, por lo que deben reunir los elementos esenciales propios de una demanda, debiendo especificar con claridad el "*petitum*" y la "*causa petendi*", la calificación concreta que se pide, así como el resto de pronunciamientos que se solicitan de la Sentencia de calificación y las razones que lo justifican.

El Ministerio Fiscal, en su dictamen, puede adherirse al informe de la administración concursal o discrepar del mismo.

El artículo 169 Ley Concursal exige que el informe de la administración concursal sea razonado y documentado sobre los hechos relevantes para la calificación del concurso. Este precepto debe ser entendido en el sentido de que se habrán de aportar con el informe los documentos en que se funda la propuesta de calificación, pero ello no es necesario respecto de los documentos que obran en las restantes secciones del concurso, respecto de los que no se requiere aportación física, bastando con que en el informe se haga la oportuna remisión (STS, Sala 1ª, 22-4-2010, FJ 3º *in fine*).

Dada la aplicación supletoria de la Ley de Enjuiciamiento Civil (en virtud de la Disposición Final 5ª Ley Concursal), resulta aplicable a la presentación de la propuesta de calificación, la regla de preclusión para la presentación de documentos del artículo 265 LEC, y por lo tanto no debe admitirse la presentación de documentos que sirvan de fundamento a la propuesta de calificación en un momento posterior a la presentación de la propuesta de calificación, salvo en los casos en que la propia LEC lo permita.

E igualmente resultan aplicables las normas ordinarias sobre carga de la prueba y los principios que la informan (art. 217 LEC).

Por otra parte, el artículo 172.2 Ley Concursal anuda a la Sentencia que califique el concurso como culpable una serie de pronunciamientos con carácter imperativo, como se deduce del empleo de la forma verbal "*contendrá*". Y estos pronunciamientos imperativos quedan sustraídos de los principios dispositivos y de rogación de parte (art. 216 LEC) y deben ser acordados de oficio por el Juez hayan sido o no solicitados por las partes legitimadas (AC y MF). Entre los pronunciamientos imperativos se encuentra la inhabilitación de las personas afectadas por la calificación para administrar bienes ajenos y para representar a cualquier persona durante un período variable en función de la concurrencia de determinadas circunstancias y comprendido entre los dos y los quince años. En el caso de que ni la administración concursal ni el Ministerio Fiscal soliciten expresamente este pronunciamiento preceptivo de inhabilitación, dado el carácter sancionador de dicho pronunciamiento, el Juez habrá de imponer en la Sentencia de calificación dicha preceptiva inhabilitación en la extensión mínima que la Ley Concursal contempla, es decir, dos años.

Otro pronunciamiento obligatorio es la *pérdida por parte de los afectados de cualquier derecho que ostentasen en calidad de acreedores concursales o de la masa*, por lo que de no solicitarse el mismo por la AC ni el MF, también habrá de ser aplicado de oficio por el Juez.

De existir petición expresa por cualquiera de los órganos concursales legitimados (únicamente AC y MF) en sus respectivos escritos (informe y dictamen), la Sentencia de calificación queda vinculada por la más grave de las peticiones formuladas, que en ningún caso podrá ser superada.

4. CONCLUSIONES

1ª.- La legitimación para plantear pretensiones en materia de *calificación* del concurso, para la determinación de las personas afectadas por la misma y por complicidad, y para interesar la condena de cualquiera de los implicados, *ha sido confiada por la Ley a la administración concursal* y *al Ministerio Fiscal*. Dichos órganos concursales son los que ostentan, en exclusiva, la facultad de interesar del Juez del concurso, los pronunciamientos que entiendan que procedan en el seno de la pieza de calificación, sin que incumba ni a los acreedores ni a otros terceros con interés legítimo la iniciativa para formular tal tipo de pretensiones.

2ª.- Los *acreedores* y otros *terceros con interés legítimo* no ocupan en la sección de calificación una posición procesal autónoma sino *coadyuvante*. Las facultades de los acreedores y de otros terceros con interés legítimo en la sección de calificación se limitan a poner en conocimiento de la administración concursal y del Ministerio Fiscal toda la información, así como ofrecer la prueba que la respalde, que puedan considerar relevante para la calificación del concurso.

3ª.- El artículo 172.2 de la Ley Concursal configura unos pronunciamientos que son de apreciación de oficio y aplicación automática por el Juez del concurso, que son: *la inhabilitación* de las personas afectadas por la calificación para administrar bienes ajenos y para representar a cualquier persona; y la *pérdida* por parte de los afectados de cualquier derecho que ostentasen en calidad de acreedores concursales o de la masa. De no existir petición expresa la inhabilitación habrá de ser impuesta en su extensión legal mínima de dos años.

4ª.- En el incidente de oposición a la calificación, la administración concursal y el Ministerio Fiscal ocupan la posición de parte actora y sus escritos rectores (informe y dictamen, respectivamente) son *auténticas demandas*. El concursado que se opone ocupará la posición de demandado y su escrito de oposición es un auténtico escrito de contestación a la demanda.

INSOLVENCIAS PUNIBLES Y CONCURSO DE ACREEDORES

TERESA VÁZQUEZ PIZARRO
Magistrada APM de Cáceres

El Código Penal regula dentro del Título XIII dedicado a los "delitos contra el patrimonio y el orden socioeconómico", en el Capítulo VII "de las insolvencias punibles", determinados delitos que tienen su fundamento en la insolvencia del deudor.

Para entender el porqué de estas figuras y su subsistencia en el CP, a pesar de que en el Anteproyecto de ley orgánica para la Reforma Concursal se preveía su eliminación para que la insolvencia fuera sólo objeto de tratamiento en el ámbito del derecho privado, debemos tener en cuenta el bien jurídico protegido y la gravedad de determinadas acciones fundamenta la tipificación de estas conductas. El delito exige dolo, plena conciencia y voluntad de cometer un hecho delictivo.

El bien jurídico protegido en estos tipos penales es por un lado, el derecho de crédito del acreedor, derecho a la satisfacción que tiene sobre el patrimonio del deudor en caso de que incumpla sus obligaciones. Se trata de evitar que se defraude la responsabilidad universal establecida en el art. 1911 CC. Por otro lado, se protege el interés colectivo en el buen funcionamiento del sistema económico y la ordenada satisfacción de los derechos de los acreedores.

Así lo ha señalado el Tribunal Supremo (Sala 2ª) en la sentencia de 12 de marzo de 2013: "Este tipo penal no tiene como titular del bien jurídico protegido a un acreedor concreto, prescindiendo de los demás que lo sean del mismo deudor. Lo que el tipo penal sanciona es el perjuicio por pérdida de capacidad de pago en referencia a todos los acreedores considerados globalmente y atendiendo al saldo patrimonial resultante de los actos del acusado. Es obvio que cuando se extingue una deuda no se disminuye el patrimonio neto si correlativamente a aquella pérdida de activo subsigue una idéntica disminución del pasivo".

O en la sentencia de 2 de octubre de 2012 (723/2012), con cita de otras muchas SSTS "no concurre este delito cuando aquello que sustrae el deudor a la posible vía de apremio del acreedor fue empleado para el pago de otras deudas realmente existentes, pues lo que se castiga es la sustracción de algún elemento patrimonial a las posibilidades de ejecución de los acreedores en su globalidad y no individualmente determinados, ya que esta figura no es una tipificación penal de la violación de las normas relativas a la prelación de créditos que se regirán por las disposiciones de derecho privado, cuya inobservancia no constituye el objeto del delito ahora examinado". STS 984/2009, de 8 de octubre "al proteger el tipo penal el bien jurídico patrimonial consistente en el derecho subjetivo de los acreedores a que no se defraude la responsabilidad universal del deudor prevista en el artículo 1911 del CC, ha de entenderse que la norma punitiva debe aplicarse cuando se incurra realmente en una conducta que genere una situación de insolvencia que dificulte o impida el ejercicio del derecho de los acreedores. Y desde luego, en los casos en los que el deudor se limita a pagar a unos acreedores con prioridad a otros no se estaría generando o incrementando la situación de insolvencia, sino que su comportamiento se reduciría a la mera liquidación de las derivadas de una situación de insolvencia ya generada con anterioridad". El hecho de que se haya tipificado en el CP de forma específica el favorecimiento de los acreedores como delito en el art. 259 solo para el supuesto de que la posposición de acreedores se lleve a cabo cuando haya sido admitida a trámite una solicitud de concurso de acreedores, puede ser indicativo de que, a sensu contrario, el objetivo del legislador sea realmente desplazar fuera del sistema penal los favorecimientos de acreedores previos a las situaciones concursales formalizadas".

El 20 de septiembre de 2013 se aprobó el Anteproyecto de Reforma del Código Penal. Las líneas o principios de esta reforma según la exposición de la norma son las siguientes. **Se revisan los delitos de insolvencia punible** para separar las conductas de obstaculización o frustración de la ejecución, hasta ahora comprendidas como alzamiento de bienes, de aquellas de insolvencia o concurso punible. Se regulan dos tipos de delitos de insolvencia: la frustración de la ejecución y las insolvencias punibles.

Con los primeros, entre los que se incluye el alzamiento de bienes, la ocultación de bienes en procedimiento judicial o administrativo de ejecución y la utilización no autorizada por el depositario de bienes embargados por la autoridad. Se agilizará, aumentará y dotará de mayor efectividad a la ejecución, lo que reforzará la protección de los acreedores.

Con los **delitos de concurso punible se facilita una respuesta penal a los supuestos de realización de actuaciones contrarias al deber de diligencia en la gestión de asuntos económicos que se producen en el contexto de una situación de crisis económica del sujeto o empresa y que ponen en peligro los intereses de los acreedores o son directamente causales de la situación de concurso. Además, ofrece mayor certeza y seguridad en la determinación de las conductas punibles al establecer de forma precisa y enumerar las conductas contrarias al deber de diligencia en la gestión de los asuntos económicos que constituyen un riesgo no permitido.**

Se trata de facilitar una respuesta penal frente a las actuaciones que ponen en peligro ilícitamente los intereses de los acreedores. Es decir, para perseguir las utilizadas para despatrimonializar las empresas que se encuentran en situación de insolvencia inminente o aquellas con las que se oculta el patrimonio de la entidad para ponerlo fuera del alcance de los acreedores. También se castiga con este tipo a los que son directamente causantes de la situación de concurso de una entidad. La reforma incorpora, además, la posibilidad de que los administradores concursales puedan ser condenados por malversación y cohecho, con lo que se mejora la protección de la masa del concurso.

TIPOS REGULADOS EN EL CÓDIGO PENAL

Delito de alzamiento de bienes (arts. 257 y 258 CP)

Es un delito de mera actividad que por tanto no exige el perjuicio del acreedor sino la intención de ello. Es decir, la conducta se sanciona con independencia del resultado.

Requiere un elemento subjetivo que es la actuación en perjuicio de sus acreedores. Se trata por tanto de un delito tendencial, pues la intención del deudor es defraudar las expectativas del acreedor.

Un elemento objetivo, la existencia de una deuda. Puede ser una deuda vencida, líquida y exigible, pero también puede que el deudor se adelante en conseguir una situación de insolvencia ante la conocida inminencia de que los créditos lleguen a su vencimiento, liquidez o exigibilidad. No es preciso que sea exigible porque el autor puede actuar ante la perspectiva de una deuda ya nacida y no vencida. El Tribunal Supremo ha señalado que: “entender la necesidad de vencimiento como requisito comisorio sería tanto como desnaturalizar la esencia de este acto defraudatorio, ya que es precisamente el temor a que llegue el momento del cumplimiento de la deuda lo que induce en pura lógica al deudor a evitarlo con la necesaria anticipación, deshaciéndose de todos sus bienes o parte de ellos.

Puede tratarse de cualquier deuda, con independencia de que el acreedor sea particular o persona jurídica, incluso el crédito público.

La acción consiste en la ocultación de bienes al acreedor para no satisfacer sus deudas, bien mediante la enajenación del activo, creación de gravámenes, produciéndose una situación de insolvencia, total o parcial, aparente, real o ficticia, siendo lo decisivo la frustración de la ejecución de las pretensiones de los acreedores mediante insolvencia o sin ella. Se han incluido simulaciones de contratos, contratos fiduciarios, transmisiones reales o ficticias, creación ficticia de sociedades, ocultación de bienes, transferencia del patrimonio de una sociedad a otra produciendo su descapitalización (STS 17-6-2003).

El alzamiento procesal o procedimental (art. 257.1.2 CP) es una concreción del tipo general. “Quien con el mismo fin (alzarse con sus bienes en perjuicio de sus acreedores), realice cualquier acto de disposición patrimonial o generador de obligaciones que dilate, dificulte o impida la eficacia de un embargo o procedimiento ejecutivo o de apremio, judicial, extrajudicial o administrativo, iniciado o de previsible iniciación".

El TS señala que se han adelantado las barreras de protección jurídica, elemento definidor es la existencia de un requerimiento o constreñimiento jurídico de pago que el agente trata de eludir, dificultar o dilatar mediante el acto de disposición de sus bienes, sin que sea exigible la nota de ejecutividad del crédito. Por tanto, se tipifican los actos realizados cuando sea previsible la iniciación de un procedimiento. Se protege la eficacia de las medidas cautelares, embargos preventivos.

El alzamiento para eludir la responsabilidad civil ex delito (art. 258 CP). Se trata de proteger a la víctima del delito cuando su autor pretende dejarla más desamparada aún, realizando actos tendentes a eludir su responsabilidad civil derivada del delito. La deuda no surge hasta que no se dicta la sentencia penal que declara la responsabilidad.

Favorecimiento de acreedores o de anticipación de pagos

Se tipifica la infracción del principio de *par conditio creditorum*. El delito tipificado en el artículo 259 CP debe ponerse en relación con el art. 40 LC y habrá que acudir al proceso civil para ver si ha existido o no autorización y también, si ha habido o no confirmación o convalidación por la AC, o esperar los plazos para que pudiera hacerlo. El precepto se refiere a la admisión a trámite la solicitud de concurso y no hace referencia a la declaración cuando las limitaciones a las facultades patrimoniales se producen desde la declaración del concurso y como efecto de la misma.

STS 3-5-2001 el art. 259 CP tipifica el pago realizado a uno de los acreedores sin respetar las normas de preferencia, cuando se haya admitido a trámite la solicitud de concurso y no se haya obtenido al preceptiva autorización judicial o de la AC y no se trate de uno de los casos permitidos por ley.

Insolvencias concursales (art. 260 CP)

El precepto establece un requisito de procedibilidad que es la declaración del concurso de acreedores. El Auto debe ser firme.

Sólo son constitutivas de delito las actuaciones dolosas. Esto es tiene que haber una voluntad dirigida a perjudicar a los acreedores.

La actuación debe ser la causa de la insolvencia o debe agravarla.

No es preciso determinar o individualizar el perjuicio causado a los acreedores, ya que no forma parte de la estructura típica, sino que es un elemento que juega a los efectos de graduación de la pena, en todo caso sí que será preciso probar los actos fraudulentos realizados.

Si los hechos pueden ser constitutivos de alzamiento de bienes y de concurso doloso debe primar éste por aplicación del principio de alternatividad. (art. 8.4 CP)

INDEPENDENCIA DE LA REGULACIÓN DE LA INSOLVENCIA EN EL CÓDIGO PENAL Y EN LA LEY CONCURSAL

En el Código Penal se establece la independencia con la regulación de la Ley Concursal. El art. 260.3 CP establece que este delito y los singulares relacionados con él, cometidos por el deudor o persona que haya actuado en su nombre, podrán perseguirse sin esperar a la conclusión del proceso civil y sin perjuicio de la continuación de este. El importe de la responsabilidad civil derivada de dichos delitos, deberá incorporarse, en su caso, a la masa. Y el Art. 260.4 en ningún caso, la calificación de la insolvencia en el proceso civil vincula a la jurisdicción penal.

La Ley Concursal también contempla esta independencia, el Art. 163.3 LC indica que la calificación del concurso no vinculará a los tribunales del orden jurisdiccional penal. Y el Art. 189 LC establece que la incoación de un procedimiento penal no provoca la suspensión de la tramitación del concurso y, admitida denuncia o querella por delitos relacionados con el concurso, es el juez del concurso el que tiene la competencia para acordar medidas de retención de pagos a los acreedores inculpados u otras análogas que permitan continuar con el procedimiento concursal siempre que no hagan imposible la ejecución de los pronunciamientos patrimoniales de la eventual condena penal (art. 189.2 LC).

Por tanto, la calificación civil no vincula, de manera que aunque se haya declarado un concurso como culpable, deberá volver a enjuiciarse la conducta del deudor o de los presuntos responsables en el procedimiento penal, se trata de un enjuiciamiento autónomo. De tal manera que si en el concurso ni siquiera se abre la calificación (art. 163 LC), podría darse una calificación civil del concurso fortuito y existir condena penal.

Una cuestión que nos podemos plantear es si debe tener en cuenta la jurisdicción penal los supuestos de culpabilidad establecidos en el art. 164 y las presunciones de culpa del art. 165 LC. La respuesta es negativa. La STS de 9-1-2005, indica que la mera calificación civil de la quiebra, ni siquiera suministra una presunción probatoria, gozando la jurisdicción penal de plena soberanía para evaluar el carácter delictivo o no de la quiebra previamente calificada en otro orden jurisdiccional. Existe por tanto una independencia del orden penal para enjuiciar el delito y también desvinculación de los tribunales penales respecto de la legislación mercantil. Ahora bien, es claro que resultará difícil que los supuestos de culpabilidad civil no sean constitutivos de delito. Además, la valoración de la prueba no debería ser distinta en un orden jurisdiccional y en otro, a pesar de que no existe ninguna norma o regla al respecto y la ley establece la inexistencia de prejudicialidad.

A pesar de lo declarado en ambos textos normativos, la independencia entre ambos no es tan absoluta. Por ejemplo, el Código Penal no define qué es insolvencia, para lo cual debemos tener en cuenta el artículo 2 de la Ley Concursal. También es necesario que exista la declaración de concurso para el delito de concurso doloso, pero después la calificación que se realice en el proceso civil, no vincula al penal.

Una de las cuestiones que más dudas suscita es la relativa a la responsabilidad civil que pueda declararse en el procedimiento penal y su compatibilidad o no con la que se establezca en el proceso civil.

LA RESPONSABILIDAD CIVIL EN EL DELITO DE CONCURSO DOLOSO

El Art. 260.3 CP establece que "el importe de la responsabilidad civil derivada de dichos delitos deberá incorporarse en su caso a la masa".

La sentencia del Tribunal Supremo (Sala 2ª) de 11 de mayo de 2012 resuelve un recurso en el que se decía como motivo de casación que "a juicio de la defensa se habría producido una vulneración del principio constitucional *non bis in ídem*en la materia relativa al pronunciamiento de la responsabilidad civil objeto de condena, ya que la sentencia recurrida condena a la responsabilidad civil derivada del delito, pero dicha condena, con la misma cuantía y a favor de la masa de acreedores, ya había sido declarada por la sentencia recaída en el concurso de acreedores....confirmada por la AP de Zaragoza y en la sentencia dictada por el Juzgado Mercantil 1 de Zaragoza en el procedimiento ordinario... interpuesto contra Lacasa Zaragoza, S.A. y Doña B". (...)

> *"En materia de responsabilidad civil ligada al delito de insolvencia concursal, la relación entre jurisdicción civil y penal es autónoma pero interrelacionada. El art. 260.3 CP es claro cuando señala a los efectos que ahora interesan que "el importe de la responsabilidad civil derivada de dichos delitos deberá incorporarse en su caso, a la masa". El desenlace en el ámbito de la responsabilidad civil estará condicionado, como es obvio, por el art. 112 LECR, conforme al cual, una vez se ejercita la acción penal, se entenderá también utilizada la acción civil, a no ser que el perjudicado la renunciase o la reservase expresamente para ejercitarla una vez terminado el juicio criminal. De ahí que no exista cobertura jurídica para afirmar que el juez penal llamado a enjuiciar el carácter delictivo de la insolvencia concursal carezca de capacidad para pronunciarse sobre la responsabilidad civil derivada de ese hecho ilícito. Las fuentes obligacionales son distintas y como tal operan en cada uno de los procesos.*
> *La competencia del juez penal para pronunciarse sobre la responsabilidad civil derivada del delito de insolvencia punible, ha sido proclamada en varios precedentes jurisprudenciales (STS 1013/2013, 11 de julio)... Conviene precisar que la existencia de un el tratamiento jurisdiccional en paralelo aunque claramente interrelacionado en materia de responsabilidad civil, se manifiesta en otros preceptos de la legislación concursal. Tal es el caso del art. 50.2 de la LC que exhorta a los jueces y tribunales del orden penal ante los que se ejerciten con posterioridad a la declaración del concurso, acciones que pudieran tener trascendencia para el patrimonio del deudor, a que emplacen a la AC y la tengan como parte en defensa de la masa, si se personase. De ahí que no nos hallemos ante un problema de nom bis in ídem, como con cierto desenfoque se defiende en el motivo. La prohibición constitucional de doble incriminación en la medida en que supone un desbordamiento del principio de culpabilidad, no acoge en su ámbito natural,*

las cuestiones relacionadas con la responsabilidad civil. La exclusión del deber de pagar de forma duplicada una obligación civil, encuentra una explicación más lógica en la concurrencia de alguna de las causa de extinción de las obligaciones (art. 1156 CC). No se trata, al fin, de un problema asociable al non bis in ídem sino a la idea de enriquecimiento injusto, excluible precisamente, mediante una decisión jurisdiccional que, ya en fase de ejecución, analice la concurrencia de algún hecho extintivo del deber de hacer frente a la obligación declarada, o como sucede en el presente caso, de una disposición legal (260.3 CP) que aplique a un destino específico –su incorporación a la masa– la cantidad resultante. En suma, no existe obstáculo para que el proceso penal culmine con una declaración de responsabilidad civil, cuya efectividad quedará sin embargo condicionada por el resultado del proceso concursal. Y será al juez mercantil a quien incumbirá la adopción de las decisiones precisa para que en ningún caso pueda generase un enriquecimiento injusto para alguno de los perjudicados o una quiebra del principio de igualdad en la efectividad de los respectivos créditos. No en vano, el art. 86 ter 1º.3 LOPJ señala entre las competencias del juez del concurso conocer de toda ejecución frente a los bienes y derechos de contenido patrimonial del concursado, cualquiera que sea el órgano que la hubiera ordenado. Idéntica cautela late en el art. 53.1 LC que dispone que el juez mercantil ha de dar cumplimiento a las sentencias dictadas antes o después de la declaración del concurso, dando a las resoluciones el tratamiento concursal que corresponda.

(....) En su escrito de desarrollo del motivo, la defensa menciona la STS 382/2010 de 28 de abril. El supuesto allí enjuiciado era distinto. Allí se trataba de una causa por un posible delito de apropiación indebida, relacionado con el cobro de un premio correspondiente al sorteo de la lotería primitiva, en el que la parte querellante ya había ejercido con carácter previo la acción civil por la vía del art. 109.2 CP, habiendo obtenido resolución condenatoria de acuerdo con sus pretensiones por la mitad del importe total del premio. Ninguna relación tiene con las dificultades interpretativas del art. 260.3 CP y los términos de la incorporación a la masa del importe de la indemnización".

BIBLIOGRAFÍA

Ceres Montés, José Francisco. Estudios de Derecho Judicial 93-2006. « Las insolvencias punibles: arts. 257 a 261 del Código Penal". Incluido en el monográfico sobre Delincuencia económica.

De Alfonso Laso, Daniel. "Las insolvencias punibles a la luz de la nueva Ley Concursal. Algunos problemas prácticos concretos en su aplicación". Iuris febrero 2009.

Bacigalupo Sagese, Silvina "La reforma de los delitos de insolvencias punibles en el anteproyecto de reforma del Código Penal de 2012". Revista de Derecho Concursal y Paraconcursal, número 18, Sección noticias comentadas, primer semestre de 2013. Editorial La Ley.

Bacigalupo Sagese, Silvina. "Reseña de Jurisprudencia. Insolvencias Punibles". Revista de Derecho Concursal y Paraconcursal, número 19, Sección noticias comentadas, segundo semestre de 2013. Editorial La Ley.

Benjamín Nicolau Monclús. Noticias Jurídicas. Enero 2008. "Insolvencia punible. Código Penal".

LA RESPONSABILIDAD CONCURSAL. PERSONAS AFECTADAS POR LA CALIFICACIÓN: ADMINISTRADORES DE HECHO Y DE DERECHO. LOS CÓMPLICES

DE LA ACCIÓN CONTRA LAS "LAGUNAS DE IMPUNIDAD" (LOS ADMINISTRADORES DE HECHO) A LA REACCIÓN CONTRA LA DISMINUCIÓN DE GARANTÍAS CONSTITUCIONALES (LOS CÓMPLICES)

MARCOS BERMÚDEZ ÁVILA
Magistrado del Juzgado de lo Mercantil nº 1 de Bilbao

1. PERSONAS AFECTADAS POR LA CALIFICACIÓN. Arts. 164, 172.2.1 y 172 bis

Pueden serlo, si cometen alguna de las conductas recogidas en los artículos 164 y 165 de la LC:

- El deudor persona física[1], tras la apertura de la liquidación.

[1] "El concursado no tiene derechos que pueda perder, ni restituir en o contra la masa activa, que es precisamente su patrimonio, y lo único que tiene cabe sentido que se declare como consecuencia típica de la sentencia de calificación del concurso como culpable es la inhabilitación. Y ello exclusivamente para el deudor persona física, y si previamente se ha acordado pasar a la fase de liquidación.

- Los representantes legales de la persona física.
- En caso de personas jurídicas: los administradores o liquidadores, de hecho o de derecho, apoderados generales[2] y los que hubieren tenido esa condición en los dos años anteriores a la declaración de concurso.

¿Qué diferencia existe entre las personas afectadas por la calificación y los cómplices? Los efectos de la condena

Las personas afectadas por la calificación deberán ser INHABILITADAS y responderán de la cobertura total o parcial del DÉFICIT PATRIMONIAL, no así los CÓMPLICES. Ambas categorías perderán cualquier derecho que tuvieran como acreedores concursales o de la masa y se les condenará a devolver los bienes o derechos que hubieren obtenido indebidamente del patrimonio del deudor o hubieren recibido de la masa activa, así como a indemnizar los daños y perjuicios (art. 172.2 y 172 bis).

2. LOS ADMINISTRADORES Y LIQUIDADORES DE DERECHO

✓ Responderán los **administradores y liquidadores de derecho**, nombrados por la junta y con cargo inscrito y vigente a la fecha de declaración de concurso.

  ▪ No puede ser afectado por la calificación, como administrador de derecho, el administrador social cuyo cese consta en escritura pública, aunque el cese no haya sido inscrito en el Registro Mercantil, o con cargo caducado. Podrá ser considerado administrador "de hecho" (STS 10.05.99: "*en modo alguno pueden considerarse constitutivas las inscripciones registrales correspondientes por no imponerlo precepto legal alguno*". En el mismo sentido STS 20.02.04).

✓ Y también podrán ser declarados afectados por la calificación los **exadministradores o exliquidadores** de personas jurídicas que hayan ocupado el cargo dos años antes de la declaración de concurso pueden ser afectados por la sentencia de calificación[3].

Porque si la calificación procede de la apertura de liquidación de una persona jurídica, carece de virtualidad la afectación por la sentencia declaratoria de la culpabilidad, dado que la misma resolución que formó la sección sexta, que es la que abrió la liquidación, contendrá el decreto de disolución de la persona jurídica Y si la calificación procede (tras la fase de convenio) declarar inhabilitado al deudor persona física o jurídica supondría algo incompatible con el deber de cumplimiento del convenio" (EDORTA ETXARANDIO, Manual de Derecho Concursal, Ed. La Ley, 2009, pag. 874).

La reforma L. 38/11 aclara: "en caso de convenio, si así lo hubiera solicitado la AC, excepcionalmente la sentencia de calificación podrá autorizar al inhabilitado a continuar al frente de la empresa o como administrador de la sociedad concursada".

[2] Mención expresa introducida por la L. 38/11. Véase el comentario en el apartado dedicado a los administradores de hecho.

[3] En contra, parte de la doctrina: MAMBRILLA RIVERA, Vicente, J. SÁNCHEZ-CALERO y V. GUILARTE. A favor, la doctrina mayoritaria: SANCHO GARGALLO, GARCÍA-CRUCES, MACHADO PLAZAS.

3. LOS ADMINISTRADORES O LIQUIDADORES DE HECHO. La reacción contra las "lagunas de impunidad"[4]

- ✓ **Antecedentes**: reconocida la figura en la doctrina y la jurisprudencia, la legislación societaria la contempla por primera vez en la L. 26/03, de 17 de julio, que introduce un novedoso número 2 del art. 133 de la LSA, incluyendo entre los responsables frente a la sociedad, los accionistas y a los acreedores al que "actúe como administrador de hecho de la sociedad"[5].
- ✓ **La LC**, al regular la pieza de calificación también se refiere al administrador de hecho (164, 172, 172 bis).
- ✓ **El TS** (entre otras, en la su sentencia de 08.02.08) considera como tales a quienes sin ostentar formalmente el nombramiento de administrador y demás requisitos exigibles, ejercen la función como si estuviesen legitimados, prescindiendo de tales formalidades.
- ✓ **La jurisprudencia de las AP** suele requerir las siguientes notas para definir la figura: habitualidad, permanencia y continuidad en el ejercicio de las funciones propias del administrador de la sociedad (lo que excluye tal cualidad por una intervención puntual en la gestión), la autonomía o falta de subordinación a un órgano de la administración social (autonomía que no existe en los meros apoderados, sea cual sea el título que ostenten –director, gerente...). Lo relevante es que quede acreditado que el sujeto EJERCE EN LA PRÁCTICA FUNCIONES DE EFECTIVA GESTIÓN, ADMINISTRACIÓN Y GOBIERNO DE LA EMPRESA, asumiendo la sociedad los actos de esa persona como vinculantes para ella y, por tanto, como expresión de su voluntad social.
- ✓ Puede ser administrador de hecho una persona física o una persona jurídica (banco, franquiciador, sociedad dominante del grupo[6]).
- ✓ La cuestión más problemática es **la prueba** de la condición de administrador de hecho. **LISTADO DE SUPUESTOS DE HECHO QUE HACEN PRESUMIR LA CONCURRENCIA DE LA ADMINISTRACIÓN DE FACTO.**

---

[4] La doctrina jurisprudencial emanada en torno a la figura del administrador de hecho es uniforme y reiterada. Las notas principales de su tratamiento jurídico recogidas en el apartado han sido tomadas de la SAP Alicante, secc. 8º, de 7 de mayo de 2.009 (pon. FRANCISCO JOSÉ SORIANO GUZMAN). Pero, de igual forma, recogen las notas que definen la figura otras resoluciones (a modo de ejemplo: SAP Zaragoza, secc. 5ª, de 13.07.07; AAP Vizcaya, secc. 4ª, de 17.07.08; SAP La Coruña, secc. 4ª, de 26.06.09; SAP Barcelona, secc. 15ª, de 04.10.10; STAP Madrid, secc. 28ª, de 26.11.10; SAP Oviedo, secc. 1ª, de 29.09.11).

[5] Antes, el CP de 1.995 ya reconoce la figura.

[6] La STS de 04.06.2002 dice que "la carencia de una completa regulación legal de los grupos de sociedades propicia la existencia de lo que la doctrina denomina 'lagunas de protección', imponiéndose la búsqueda de mecanismos para la adecuada defensa de los perjudicados", mecanismos entre los que el propio TS cita la imputación de responsabilidad a la sociedad dominante.

> *Son administradores de hecho, por tanto, quienes, no siéndolo "de derecho", en cambio controlan la gestión interna de los intereses de la compañía: llevan a cabo actos de administración social en sentido estricto (convocatoria de juntas, redacción de cuentas, etc.), o se inmiscuyen en la dirección y el desarrollo de la actividad empresarial propia de la sociedad, imponiendo sus propias decisiones, ya sea directamente o ya a través de sus administradores legalmente designados. Este segundo es el supuesto más frecuente en la realidad empresarial. Debe medirse su intensidad, caracterizándose la actuación del administrador de hecho por ir más allá de la mera función de control del socio, o de la formulación de opiniones, recomendaciones, etc.; deben sacarse del concepto también a los colaboradores del administrador social (directores técnicos, asesores comerciales o financieros…).* ***La prueba de la condición de administrador de hecho resultará, normalmente de presunciones.*** *Para ello, la doctrina científica ha elaborado una* ***lista de supuestos en los que puede detectarse, aunque no siempre sea así, la existencia de una administración de hecho*** *(gran parte de ellos reconocidos también como tales por resoluciones judiciales):* ***el socio de control*** *(distinto del socio mayoritario, controla la actividad empresarial mediante la atribución de poderes generales (a), la asunción formal de la función de mero empleado (b) o (c) a través de persona interpuesta),* ***el socio único de la sociedad unipersonal, los apoderados con muy amplias facultades*** *(incluyéndose, a veces, al director general), los supuestos de gestión indirecta de los grupos sociales (una persona jurídica, como socio único, por ejemplo, puede ser administradora de hecho si lleva a cabo una injerencia permanente en la gestión social), aquellos supuestos en los que se produce* ***un traspaso de poderes de gestión a favor de órganos extrainstitucionales,*** *el Estado como administrador de hecho,* ***el ejercicio de poderes de administración en virtud de particulares vínculos contractuales*** *(la banca como administrador de hecho, contratos de distribución como concesión o franquicia) o aquellos supuesto en los que el ejercicio de funciones de administración se produce como consecuencia de un nombramiento irregular, viciado de nulidad o caducado. (STJM1 BILBAO, de 31.10.11).*

✓ Si en la **sociedad concurren un administrador de hecho con administradores de derecho**, puede exigirse responsabilidad solidaria entre todos ellos por el acto realizado o el acuerdo adoptado. Siempre que no sea posible individualizar la responsabilidad de acuerdo con la participación en los hechos (art. 172 bis)[7].

✓ La figura del apoderado general.

---

[7] La SJM2 Bilbao, de 03.10.07, (EDORTA ETXARANDIO) exigió responsabilidad cumulativa de los administradores de hecho y de derecho al autorizar y firmar repetidamente las cuentas anuales con irregularidades graves desfiguradoras de la imagen fiel de la compañía.

- Introducida su mención expresa en los artículos 164 y 172 por la reforma L. 38/11.
- Se discute si (1) es una mención redundante, por ser el apoderado general el prototipo de administrador de hecho, si en él concurren las circunstancias vistas, o (2) si por el contrario *"el legislador ha querido ampliar el círculo de posibles afectados por la calificación, incluyendo al apoderado general que, sin ser administrador fáctico, haya cometido alguna de las conductas de los artículos 164 y 165 (necesariamente alguna de aquéllas que, por su naturaleza, sean susceptibles de ser acometidas por un simple apoderado, lo que obligaría a excluir los números 1º, 2º y 3º del art. 164.2 y las presunciones del art. 165.1º y 3º)".*[8]

IV. LOS CÓMPLICES. ¿En casos debe responder quien contribuye causalmente a la insolvencia del deudor en concurso? La "teoría jurídica de la complicidad concursal".

El consenso a la hora de definir los contornos de la figura del administrador de derecho desaparece en la doctrina y la jurisprudencia, dejando la respuesta a esta pregunta al albur de las **valoraciones** que en cada caso hagan los tribunales.

La regulación legal de la responsabilidad concursal del cómplice ha sido duramente criticada por la doctrina científica. Dispone el art. 166 LC que *"se consideran cómplices las personas que, con dolo o culpa grave, hubieran cooperado...en caso de persona jurídica, con sus administradores...tanto de derecho como de hecho...a la realización de cualquier acto que haya fundado la calificación del concurso como culpable".*

La condena del cómplice se explica como una decisión de política legislativa represiva del fraude y protectora de los intereses sociales implicados (trabajadores, acreedores, socios, etc). Pero la amplitud del tenor literal del precepto ("*realización de cualquier acto*") ha sido criticada por constituir un retroceso en las garantías constitucionales de seguridad jurídica, presunción de inocencia y principio de legalidad sancionadora (art. 9.3, 24.2 y 25.1 de la Constitución y STC 13/1982, de 1 de abril). Incluso, se dice, era más respetuosa con dichas garantías la regulación contenida en el derogado Código de Comercio de 1.885, donde se tipificaban, en una relación cerrada, una serie de **supuestos legales de complicidad en las quiebras fraudulentas (art. 893),** al igual que se hacía en el anterior Código de Comercio de 1.829 (en sus artículos 1.010 y 1.011). También casa mal la amplitud literal del precepto, y su extensión represiva, con la más reciente jurisprudencia del Tribunal Supremo sobre la naturaleza de la responsabilidad concursal (en la SSTS de 23.02.11 y 12.09.2011 cuaja la interpretación, minoritaria, de la Audiencia Provincial de

---

[8] Opinión del Magistrado ALFONSO MUÑOZ PAREDES, en "Tratado de la Insolvencia", tomo II, pag. 679.

Barcelona, según la cual no nos encontramos ante una sanción, sino ante supuestos de responsabilidad por los daños y perjuicios causados).

Presupuestos de la "complicad concursal".

- **Interpretación restrictiva del art. 166** (más garantista)[9]: Cómplice será aquella persona que (1) "coopera" con las personas afectadas por la calificación de culpabilidad concursal, sin tener "dominio del hecho", pero contribuyendo causalmente de una forma útil, pero no necesaria o imprescindible (de ser así, sería autor, no cómplice). (2) Coopera, "realizando cualquier acto", pero siempre que este acto suponga (a) la infracción de un deber jurídico exigible al cooperador, para merecer el reproche del ordenamiento jurídico, ya que la responsabilidad debe basarse en los propios actos u omisiones del cómplice y (b) pueda afirmarse que existe una subordinación y relación subjetiva entre el deudor y el cómplice, constriñéndose su extensión subjetiva, con limitación de la responsabilidad, a medida que se aprecie un distanciamiento entre los sujetos. (3) La conducta del cómplice debe serle imputable objetivamente por dolo o culpa grave.
- **Interpretación amplia**. Menores exigencias para la definición de "cómplice": otros autores ofrecen una definición del cómplice menos exigente: (1) "*si en la realización de la conducta que merece la calificación culpable (i) ha contribuido de forma relevante algún tercero, en quien concurre además (ii) el elemento subjetivo –conocimiento de la situación en que se realiza el acto– puede ser declarado cómplice*" (IGNACIO SANCHO GARGALLO). (2) "*La colaboración prestada por un tercero puede obedecer a una justificación suficiente o bien obedecer al mero curso normal de los acontecimientos, de forma que (i) no merezca reproche alguno. Hay que atender a (ii) la voluntariedad de su intervención y a la consciencia de que participa en la causación o agravación de la insolvencia (dolo) o al menos que su actuar no responde a la más elemental exigencia de cuidado en prevención por evitar su participación en ese resultado que justifica la declaración de culpabilidad*" (GARCÍA CRUCES).Para GALLEGO SÁNCHEZ "*la noción no coincide con el contexto de complicidad en materia penal, sino que por el contrario se trata de un ilícito exclusivamente concursal mucho más amplio que aquél, pues integra todas las manifestaciones de auxilio o ayuda al concursado, desde la coautoría hasta el encubrimiento*".[10]

---

[9] TRILLO NAVARRO, J.P. "Cómplice penal vs. cómplice concursal", Revista del Poder Judicial, nº 84, 2006.

[10] Los antecedentes legislativos del art. 166 LC son: (1) el CCom de 22.08.1885: no se define legalmente la figura, pero se regulan un numerus clausus de supuestos legales de complicidad en el art. 893: auxilio al alzamiento de bienes, confabulación con el quebrado para suponer créditos, los que alteren el crédito de acuerdo con el quebrado antes de la declaración de la declaración de quiebra en perjuicio de otros acreedores, los que le entreguen alguna pertenencia al quebrado y no a los administradores legítimos con conocimiento de la quiebra, los que negaren

5. CASUÍSTICA JUDICIAL

5.1. Administradores de hecho y de derecho

✓ STS de 4 de diciembre de 2012.

"Ante el silencio de la norma sobre qué debe entenderse por administrador de hecho, esta Sala ha declarado que lo son quienes, sin ostentar formalmente el nombramiento de administrador y demás requisitos exigibles, ejercen la función como si estuviesen legitimados prescindiendo de tales formalidades, pero no a quienes actúan regularmente por mandato de los administradores o como gestores de éstos, pues la característica del administrador de hecho no es la realización material de determinadas funciones, sino la actuación en la condición de administrador con inobservancia de las formalidades mínimas que la Ley o los estatutos exigen para adquirir tal condición" (sentencias 261/2007, de 14 marzo, 55/2008, de 8 de febrero, 79/2009, de 4 de febrero, 240/2009, de 14 de abril, 261/2007, de 14 de marzo).

✓ SJM1 Palma de Mallorca, de 13.11.13 (asunto: calificación del concurso de la Radio Televisión de Mallorca, S.A.U.).

La AC solicita que se declare culpable y se condene a pagar el 5% del déficit, entre otros, al Consejo Insular de Mallorca en su condición de ADMINISTRADOR DE HECHO y a los consejeros del consejo de administración del ente como ADMINISTRADORES DE DERECHO.

La sentencia absuelve al primero y condena a los segundos con base en el siguiente razonamiento jurídico (f.d. 10º):

"se trata de una sociedad mercantil con un objeto social privado sin intervención pública o de servicio público o de ejercicio de autoridad cuya característica esencial es la plena participación pública de su capital que no le quita su naturaleza privada".

ADMINISTRADORES DE DERECHO. *(...)La persona que ocupa el cargo de administrador de una sociedad asume las obligaciones propias que incumben a dicho cargo. Y fruto de ello se revela el* ***art.225 y siguientes LSC****, al exigir a los administradores de dichas sociedades la necesidad de comportarse como un ordenado comerciante y un representante leal, implicando ello, de forma necesaria e ineludible, el que conozca en cada momento la situación de la empresa (obligación de información), el que guarde fidelidad, lealtad y secreto respecto de los intereses sociales. De ahí que no sea tolerable el escudarse en el desconocimiento de la verdadera situación contable y financiera de la sociedad, de su gestión, amparándose en la existencia de otros administradores*

---

a los administradores de la quiebra los efectos que le pertenecen al quebrado, los que admitieren endosos del quebrado después de publicada la quiebra, los acreedores legítimos que hicieren convenios particulares y secretos con el quebrado después de publicada la quiebra, los agentes mediadores que intervengan en operaciones de giro o tráfico que hiciere el quebrado. (2) El CCom de 30.05.1829 también regulaba los supuestos de consideración de complicidad (arts. 1.010). Nada impide tenerlos en cuenta para interpretar (y reducir) la dicción literal del actual 166 LC.

que se ocuparían de parcelas concretas de la gestión de la mercantil, cuando la responsabilidad aparece clara y diáfana frente a los administradores, los cuales (por razón de su cargo, y de los deberes y derecho inherentes a ello) deben mostrar y guardar preocupación por el desarrollo de la vida social. En todo caso, como ya se ha dicho, la obligación de poner en marcha los mecanismos legales tendentes a paliar la situación de crisis incumben a quien ocupa el cargo de forma efectiva, por las obligaciones que asumen aceptando el cargo; y ello sin perjuicio del resto de acciones legales que incumban en derecho para exigir responsabilidades a quien corresponda.(…) más allá de los pactos internos entre los consejeros, más allá de la forma en que fueron propuestos para su cargo, lo cierto es que todos constan como consejeros, a todos les incumben las obligaciones propias de ello.(…) revisando las actas de las reuniones del consejo de administración en el periodo del 18 de julio de 2011 hasta la solicitud de concurso de acreedores, ninguno de los consejeros hubiese salvado su voto, hubiese manifestado opinión contraria, o símplemente, hubiese votado en contra de la decisión de la mayoría. Todos los acuerdos son adoptados por los consejeros y a todos ellos, por igual, se les atribuye la conducta relevante de la calificación culpable del concurso.

ADMINISTRADOR DE DERECHO: *Como premisas doctrinales cita la STS de 04.12.12 y el análisis doctrinal de la figura que hace DIEZ ECHEGARÁY.*
Concretando estas conclusiones jurisprudenciales, en el ámbito de la doctrina, Díez Echegaray caracteriza al administrador de hecho partiendo de dos tipos de elementos: Negativos: el administrador de hecho es quien no ostenta la condición de derecho, esto es, aquel en quien no concurre una válida investidura de dicho cargo, bien porque nunca ha existido, bien porque habiéndolo hecho ha perdido su eficacia. Positivos: dentro de los mismos, a su vez, cabe distinguir: a) La realización de una actividad positiva, que se traduce en una participación efectiva en la gestión y administración de una sociedad, implicando, en definitiva, la vulneración del deber del extraño de intervenir en la administración, inmiscuyéndose indebidamente en la gestión de la sociedad, lo que no impide que, una vez se ha producido dicha injerencia que permita la calificación del sujeto como administrador de hecho, no responda también como cualquier administrador por falta de diligencia debida legalmente impuesta. b) Que tal actividad sea de dirección, administración o gestión, entendiendo que la misma implica bien los actos de administración de la sociedad en sentido estricto (a modo de ejemplo la convocatoria de una junta general, la redacción de la cuentas anuales, etc…) bien los de gestión de los negocios sociales, o lo que es lo mismo, la dirección y desarrollo de la actividad empresarial que constituye el objeto de la sociedad. En todo caso, esa ingerencia ha de revestir importancia para la sociedad, sin que pueda equiparse a la misma la mera función del control del socio, ni las meras opiniones, recomendaciones, etc…, ni la intervención de determinados colaboradores en la gestión a los que no sea aplicable esta figura. C) Que la actividad se ejerza con total independencia o autonomía de decisión, implicando que quien no ostenta el cargo de administrador de una sociedad, impone sus propias decisiones en la conducción de los

negocios sociales, ya sea de forma directa o a través de terceras personas de las que se vale; en consecuencia, debe tratarse de un auténtico poder autónomo de dirección y administración, sin que se produzcan subordinaciones a instrucciones de terceros, con total independencia, siguiendo la propia política al margen de la fijada por los administradores de derecho, a los que no se les permite definir otra distinta, de manera soberana. D) Que su ejercicio sea de manera constante, ya que un acto esporádico de dirección, administración o gestión no permite conceptuar a quien lo realiza como administrador de hecho. Este breve análisis, lo que pretende es establecer las bases sobre las que poder estudiar los casos concretos, habiendo sido analizados muchos de ellos por la Jurisprudencia distinguiéndose entre aquellos que ejercen las funciones administrativas en ausencia de nombramiento (tales como el socio de control, el socio único de la sociedad unipersonal, los apoderados generales, la gestión indirecta en los grupos sociales, etc...) y supuestos en que el ejercicio de las funciones administrativas se produce en presencia de un nombramiento irregular o caducado (tales como el administrador nombrado en una deliberación inválida o ineficaz, o cuando continúa ejerciendo el cargo una vez cesado en el mismo, o la administración de hecho en una época justo anterior a su nombramiento, el administrador con nombramiento implícito o los casos de falta de cumplimiento de formas en cuanto a la publicidad o la falta de aceptación del cargo). Todos ellos comprenden supuestos estudiados por la Jurisprudencia, en torno a la figura de la administración de hecho, equiparándola (cuando cumplen los requisitos enunciados) a la administración de derecho a los efectos del sistema legal de responsabilidad de aquella. (f.d. 11).

El Juez de lo Mercantil desestima la condena del órgano político-administrativo diciendo que: *No se puede confundir, sin más, la condición de socio único como administrador de hecho de una mercantil. El elemento de la unipersonalidad es una figura jurídica legalmente establecida en el marco societario; que de forma necesaria implica que el ejercicio de las facultades atribuidas al capital social se residencien en una única persona, la que precisamente toma las decisiones propias de esa condición. El nombramiento y cese de los integrantes del consejo de administración es una potestad de los accionistas, al igual que la aprobación de las cuentas, la aplicación del resultado o la censura de la gestión del órgano de administración es facultad intrínseca de los socios. (...) la procedencia de los fondos de los que se nutre la concursada, en el devenir del desarrollo de la actividad empresarial, no es determinante de la declaración de una administración de hecho. (...)Más allá que el accionista de la mercantil retirase el apoyo económico que venía prestando, las decisiones relevantes de la gestión de aquella se adoptan en el seno del órgano de administración por parte de sus integrantes y como consecuencia del juicio de valor y decisión propia de cada uno de ellos. Es el consejo de administración el que decide qué procedimiento seguir ante la evidencia de la falta de viabilidad del proyecto, optando por la disolución y liquidación societaria; y de igual forma es el que toma la decisión de tramitar un expediente colectivo de extinción de la totalidad de las relaciones laborales (de forma consecuente con la anterior decisión), o la de recurrir la sentencia dictada por el Juzgado de Primera Instancia nº18 de Palma de Mallorca, o la final de presentar el concurso de acreedores.*

✓ AJM3 Barcelona, de 18.02.2005.

Es administrador de hecho quien, bajo la apariencia de un cargo técnico, oculta un verdadero administrador.

✓ AJM1 Oviedo, de 13.04.2007.

La constatación de una administración de hecho no libera de responsabilidad al administrador de derecho, que ha consentido la realización de actos perjudiciales para la concursada, incumpliendo de esta forma los deberes legales propios de todo administrador.

✓ SAP Valladolid, s. 3ª, de 22.07.09.

Cuando la declaración de responsabilidad afecta a varios administradores sociales o a los miembros de un consejo de administración, la responsabilidad será, en principio, solidaria. Si bien es cierto que se requiere una imputación subjetiva (172 bis), en el supuesto que la culpabilidad se fundamenta en las irregularidades de la contabilidad, la solidaridad deviene lógica y adecuada, tanto por la concurrencia a la causación del daño al patrimonio social (difícilmente graduable y separable) como por la protección que siempre ha de procurarse a los acreedores.

✓ SAP Córdoba, s. 3ª, de 29.06.09.

El administrador de hecho no responde por defectos de contabilidad ni presentación tardía del concurso. Son obligaciones legalmente impuestas a los administradores de derecho. Su incumplimiento sólo sería imputable al administrador de facto si se acredita que el mismo ha sido fruto de su decisión.

✓ STAP Madrid, s. 28ª, de 26.11.10.

El apartamiento de las funciones de administrador social como consecuencia del padecimiento de una enfermedad no excluye su responsabilidad (de ninguno de los informes se desprende que la severidad de los padecimientos síquicos llegara en algún momento hasta el punto de privarle de la razón o de aquella capacidad de discernimiento elemental que ordinariamente justifica la posibilidad de imputar o poner a cargo de un sujeto una conducta activa u omisiva).

Analiza los requisitos de la administración de hecho para aplicarlos al apoderado. Ningún obstáculo representa el hecho de que ocasionalmente acudiese el administrador social a firmar determinados documentos.

✓ SAP Oviedo, sec. 1ª, de 29.09.11

La determinación de las personas afectadas por la calificación no podrá extenderse a los antiguos administradores o liquidadores si la declaración de concurso tiene lugar una vez transcurrido el plazo de dos años a contar desde el cese del administrador. El demandado cesó el 01.02.05 y la declaración de concurso tuvo lugar el 11.09.08. No resulta obstáculo a tal conclusión el hecho de que fuera don J quien ostentaba dicho cargo en el momento en que la sociedad incurrió en causa legal de disolución, pues su responsabilidad debería ventilarse conforme al régimen societario.

✓ SAP Madrid, secc. 28ª, de 03.12.10.

La responsabilidad del asesor fiscal de la concursada por las deficiencias que haya podido cometer en la elaboración de la contabilidad no la puede exigir la concursada.

5.2. Cómplices

✓ SAP Madrid, secc. 28, de 25.11.11.

El *artículo 166* de la *Ley Concursal (RCL 2003, 1748)* considera cómplices a las personas que con dolo o culpa grave, hubieran cooperado, en lo que aquí interesa, con los deudores a la realización de cualquier acto que haya fundado la calificación de concurso como culpable.

Rechazada como causa de calificación del concurso culpable la concesión por la entidad bancaria de dos préstamos con garantía hipotecaria, sólo podría imputarse a dicha entidad la cooperación a un acto determinante de dicha calificación por los dos ingresos reseñados en el fundamento anterior para el abono de las cuotas de amortización de los préstamos hipotecarios.

Teniendo en cuenta que los ingresos se efectuaron el mismo día de la declaración de concurso y el 31 de enero de 2006 no cabe imputar dolo o culpa grave a la entidad bancaria al admitir los referidos pagos al no existir constancia de que tuviera conocimiento de la declaración de concurso en dicha fecha dada su proximidad al auto de declaración de concurso sin que, por otra parte, conste en la pieza la fecha de publicación del auto de declaración de concurso, todo ello, sin perjuicio de que, tal y como ha ofrecido, deba poner las referidas cantidades inmediatamente a disposición de la administración concursal o, en otro caso, ésta deberá ejercitar las acciones que considere oportunas para su devolución.

✓ SAP León, secc. 1ª, de 03.05.11.

La parte apelante solicita que en modo alguno pueden ser considerados cómplice, tratando de justificar que las compraventas con la entidad concursada que se realizaron poco tiempo antes de la declaración de concurso no entrañan ningún tipo de colaboración para el ocultamiento o distracción de bienes de la concursada, habiendo adquirido el local y los solares por su precio de mercado, viéndose obligado a pedir una hipoteca y deduciéndose del examen de los libros del recurrente las sumas pagadas como precio por la compraventa, entendiendo que los datos que la sentencia recurrida aprecia para fundar tal responsabilidad, son insuficientes a los efectos de aplicación del artículo 166 de la Ley Concursal.

Este precepto considera ***cómplices*** *a las personas que, con dolo o culpa grave, hubieren cooperado a la realización de cualquier acto que haya fundado la calificación del concurso como* ***culpable,*** *entre otras personas, con los administradores de una persona jurídica. De esta definición legal interesa subrayar la actuación que integra la compli-*

cidad: cooperar a la realización de cualquier acto que haya fundado la calificación del concurso como ***culpable****. Cooperar significa obrar juntamente con otro y otros con una misma finalidad con la realización de acciones u omisiones que impliquen cooperación en su acepción amplia con el deudor o con sus representantes (administradores o liquidadores), la de generación o agravación del estado de insolvencia, pero no de cualquier forma, sino con algún acto "que haya fundado la calificación del concurso como* ***culpable"****, es decir, en conexión con los hechos que hayan servido para calificar así al concurso, pues, tratándose de una actividad accesoria, frente a la principal de los autores, la responsabilidad del cómplice no puede fundarse en hechos distintos de los supuestos legales en los que el Juez de Instancia ha fundado la calificación del concurso. Constando que los administradores junto con los cómplices y su colaboración distrajeron fraudulentamente del patrimonio de la sociedad las sumas que se recogen en el Hecho Quinto de la sentencia recurrida mediante las operaciones llevadas a cabo. La declaración de complicidad conlleva la pérdida de cualquier derecho como acreedor concursal o de la masa y la condena a devolver los bienes o derechos que hubiere obtenido indebidamente, considerándose en este sentido, teniendo en cuenta los hechos que han servido de base para fundar la calificación del concurso como* ***culpable****, se estima proporcionada la condena al pago de la reintegración a la masa de la suma que establece el fallo de la sentencia.*

✓ SAP BURGOS, secc. 3ª, de 19.02.2010.

La parte apelante solicita, con carácter subsidiario, que, en modo alguno, puede ser D. Carlos Antonio considerado cómplice, pues los datos que la sentencia recurrida aprecia para fundar tal responsabilidad, son insuficientes a los efectos de aplicación del artículo 166 de la Ley Concursal.

Este precepto considera cómplices a las personas que, con dolo o culpa grave, hubieren cooperado a la realización de cualquier acto que haya fundado la calificación del concurso como culpable, entre otras personas, con los administradores de una persona jurídica.

De esta definición legal interesa subrayar la actuación que integra la complicidad: cooperar a la realización de cualquier acto que haya fundado la calificación del concurso como culpable.

Cooperar significa obrar juntamente con otro y otros con una misma finalidad, la de generación o agravación del estado de insolvencia, pero no de cualquier forma, sino con algún acto "que haya fundado la calificación del concurso como culpable", es decir, en conexión con los hechos que hayan servido para calificar así al concurso, pues, tratándose de una actividad accesoria, frente a la principal de los autores, la responsabilidad del cómplice no puede fundarse en hechos distintos de los supuestos legales en los que el Juez de Instancia ha fundado la calificación del concurso.

A criterio del Tribunal, la sentencia recurrida, ha incurrido en esta desviación, pues la calificación de cómplice de D. Carlos Antonio se funda en ser hijo de los administradores de la concursada y partícipe de la misma, trabajador hasta el año 2.005, para, después, dedicarse a la misma actividad, contratar en mayo de 2.006 a tres de sus trabajadores y tener tres vehículos registrados en el domicilio de la concursada.

Con independencia que tales actos concretos puedan servir para entender si existe o no una sucesión empresarial –cuestión que, la sentencia de instancia, no trata– es, por demás, irrelevante a los efectos que ahora interesa, pues lo determinante jurídicamente son los hechos que han servido para fundar la calificación del concurso como culpable: los relativos a los libros de contabilidad, documentos y justificantes –supuesto1º del artículo 164-2 de la Ley Concursal –; el incumplimiento del deber de solicitar la declaración del concurso y el deber de colaboración respecto de la información requerida –supuestos 1º y 2º del artículo 165 de la Ley Concursal–, siendo así que no es administrador, sino socio minoritario y trabajador de la sociedad concursada, no es la persona obligada a llevar los libros de contabilidad ni a él se han dirigido los requerimientos ni era la persona a quien incumbía su cumplimiento en alguna medida. Por consiguiente, desde el punto de vista jurídico, la actuación apreciada por el Juez de Instancia no puede calificarse como de complicidad, en los términos conceptuales que establece el artículo 166 de la Ley Concursal, singularmente, por no tratarse de hechos que hayan servido para fundar la calificación del concurso como culpable, según se ha visto y argumentado antecedentemente.

En consecuencia, procede estimar este motivo de impugnación con los efectos jurídicos inherentes.

✓ SAP JAÉN, secc. 1ª, de 25.09.09.

Efectivamente, los tres administradores lo eran con el carácter de mancomunados de la sociedad, pero sólo el Sr. Isaac era el encargado de la contabilidad. El Juzgador de instancia, en el fundamento de derecho cuarto de su sentencia, explica y razona con todo detalle el motivo por el que sólo atribuye la responsabilidad al Sr. Isaac, razonamiento que este Tribunal acepta en su integridad, así como la valoración de la prueba practicada al respecto, de la que resulta acreditado que ciertamente sólo el Sr. Isaac fue quien cometió las irregularidades contables, debiendo quedar al margen de cualquier responsabilidad los otros dos administradores que en definitiva recibían de aquél inexactitudes de las cuentas, lo que motivó incluso que creyeran que la empresa iba bien.

Tampoco podrían tener dichos dos administradores la condición de cómplice a que alude el artículo 172.2.1º de la Ley Concursal, porque a tenor del artículo 166 de la citada Ley, "Se consideran cómplices las personas que, con dolo o culpa grave, hubieran cooperado con el deudor o, si los tuviere, con sus representantes legales y, en caso de persona jurídica, con sus administradores o liquidadores, tanto de derecho como de hecho, o con sus apoderados generales, a la realización de cualquier acto que haya fundado la calificación del concurso como culpable".

En definitiva, no puede aceptarse el alegato del apelante referente a que, si bien no pretende la condena de los otros dos administradores, sí solicita una minoración proporcional de la responsabilidad, ya que, determinada esa responsabilidad única y exclusiva del Sr. Isaac, también a él deben imputarse las consecuencias derivadas de la calificación del concurso como culpable, sin posibilidad alguna de minoración proporcional de la responsabilidad que, en suma, vendría a representar un "reparto encubierto" de la misma, que aquí desde luego es inaceptable.

✓ SAP VIZCAYA, secc. 1ª, de 29.12.08

La complicidad se recoge en la Ley Concursal a partir del artículo 166 en donde se señala que "se consideran cómplices las personas que, con dolo o culpa grave, hubieran cooperado con el deudor o, si los tuviere, con sus representantes legales y, en caso de persona jurídica, con sus administradores o liquidadores, tanto de derecho como de hecho, o con sus apoderados generales, a la realización de cualquier acto que haya fundado la calificación del concurso como culpable".Se exige por tanto que: a) dichas personas hayan actuado con dolo o culpa, b) que hayan cooperado con el deudor o sus representantes legales y, en caso, de persona jurídica, con sus administradores o liquidadores; c) que se realice cualquier acto que haya fundado la calificación del concurso como culpable.

El criterio de cooperación debe partir de conductas que se delimitan en la norma sin distinción en una cooperación necesaria o no para los efectos del concurso pero si con una actuación dolosa o con culpa grave en su actuación. Requiere por tanto la norma tanto una actuación consciente como involuntaria pero grave que permite también la calificación del supuesto, de que la cooperación no puede entenderse limitada a una cooperación esencial o necesaria puesto que partimos tanto de actos u omisiones que funden la calificación del concurso como culpable y por tanto que se refieran tanto a la generación como a la agravación del estado de insolvencia o, en su caso, a la participación dolosa o con culpa grave en cualquiera de los actos a que se refiere el artículo 164-2 de la *Ley Concursal (RCL 2003, 1748)*.

Abordando, en primer lugar, la ausencia del elemento objetivo para la complicidad, la parte apelante discrepa de la aseveración de que ninguna de las obras descritas en las facturas pagadas con los efectos bancarios han sido ejecutadas en las instalaciones de la empresa, para defender que a la administración concursal de Matrinor S.L.le hubiera sido fácil demostrar que las reiteradas obras de mantenimiento no tuvieron lugar, a través de las declaraciones de los responsables de mantenimiento de Matrinor y de Sapisa, así como la prueba documental habitual en la realización de obras, y que es inadmisible el traslado de la carga de la prueba del administrador concursal al apelante declarado cómplice de la calificación culpable del concurso.

Dichas alegaciones no se acogen, dado que, si bien es cierto que incumbe la carga de la prueba de las obligaciones a quien exige su cumplimiento, y la de su extinción a quien la opone, también lo es que este principio quiebra cuando la disponibilidad de la prueba la tiene la parte contraria, al no ser factible la del hecho negativo, tal como se establece en el art. 217 de la LECn.

En el caso que nos ocupa, el Magistrado de lo Mercantil aprecia que ninguna de las obras pagadas con las letras de cambio fueron ejecutadas en las instalaciones de la empresa, luego, la carga probatoria de que las obras fueron efectivamente realizadas incumbe a quien lo invoca, al apelante Sr. Primitivo, quien pudo y debió proponer prueba a los efectos legales oportunos, como la prueba testifical o la documental que alude en su recurso de apelación, que ni siquiera fue intentada, mientras que la administración concursal ninguna prueba puede aportar para acreditar el hecho negativo de la inexistencia de las obras pagadas. No nos encontramos ante un "principio de facilidad de prueba" en que haya habido obstáculos y dificultades puestos por la parte que tiene en su mano acreditar los hechos determinantes del litigio sin causa que los justifique, ya que la prueba no fue ni siquiera propuesta o intentada por la adversa.

Resumiendo, se confirma la valoración de la prueba que se contiene en la sentencia recurrida para llegar a conclusión de que los trabajos de obra descritos en las facturas cuyo pago firmó el Sr. Primitivo no han resultado acreditados que se hicieran.

TERCERO

También se alega como motivo de impugnación la falta del elemento subjetivo de la declaración de complicidad, que la sentencia recurrida fundamenta en base a las presunciones del art. 386 de la LECn (RCL 2000, 34, 962). porque, si bien no hay vía para probar directamente los mecanismos mentales de quien no los confiesa, se infiere, con los indicios que enumera, que el Sr. Primitivo omitió el mínimo deber de cuidado en no perjudicar la empresa que gerenciaba, ya inserta en insolvencia sin declarar, y que contribuyó con su actuación a la agravación de su insolvencia patrimonial.

Defiende la parte apelante, en primer lugar, que de ningún modo ha quedado acreditado que D. Primitivo tuviese conocimiento de que las obras se hubieran hecho o dejado de hacer, ni que el administrador de la empresa le hubiera ordenado nada con respecto a las mismas, ni que entre sus responsabilidades se encontrara la de comprobar obras; es decir, que no ha quedado acreditado que el Sr. Primitivo haya desplegado una conducta dolosa o gravemente imprudente con respecto a los hechos que se le imputan, no demostrando que el Sr. Primitivo tuviera conocimiento de tales hechos o, ni siquiera, de que debiera conocerlos. En segundo término, que al atribuir el Magistrado de lo Mercantil una responsabilidad por culpa grave sin que se le haya pedido, se quiebra el principio rogatorio del art. 216 de la LECn y el principio acusatorio, siendo que la administración concursal apuntaba a una responsabilidad por dolo y no por negligencia, con flagrante vulneración del derecho de defensa.

La técnica de la presunción consiste en una operación intelectiva mediante la que se sienta, a los efectos del proceso, la certeza de un hecho controvertido a partir de otro admitido o probado, por existir entre éste y el presumido un enlace preciso y directo según las reglas del criterio humano (STS de 30 de noviembre de 2.007 (RJ 2007, 8655)). La normativa sobre presunciones no puede ser invocada para sin más contradecir la conclusión probatoria obtenida por el Juzgado de instancia, salvo en aquellos casos en los cuales se haya apoyado en una ingerencia contraria a las reglas de la lógica (*SsTS de 6 de no-*

viembre de 2.006 (RJ 2006, 8931), 15 (RJ 2007, 8848) y 30 de noviembre (RJ 2007, 8655) y 5 de diciembre de 2.007 (RJ 2007, 8905)).

En el caso examinado la parte recurrente cita como infringidos los preceptos sobre la prueba de presunciones para tratar de contradecir la conclusión probatoria que llega el Magistrado a quo sobre la existencia de culpa grave en el apelante, que este Tribunal confirma, en base a los nueve indicios que sirven para apoyar la culpa grave en el actuar del Sr. Primitivo, y que han quedado suficientemente probados. No es dable sustituir la valoración indiciaria objetiva e imparcial realizada en la sentencia recurrida por la subjetiva y parcial invocada por la parte apelante.

Las excusas alegadas no enervan las argumentaciones vertidas por el Magistrado de lo Mercantil para finalmente concluir, que si, al menos, el dolo no se ha acreditado por hechos externos e indubitados, sí la culpa grave, partiendo de los presupuestos fácticos de ser el apelante gerente con un contrato blindado, ser el yerno de los administradores sociales y junto con su esposa y los citados suegros socios mayoritarios de Matrinor S.L., el pago en fechas inmediatas a la declaración del concurso, y lo facturado es por un proveedor habitual y por trabajos que debían de ser perfectamente visibles y constatables.

El apelante D. Primitivo, máximo dirigente de Matrinor S.L., era quien debía negociar y suscribir los distintos contratos, y en definitiva quien debía de realizar las labores ejecutivas y de dirección, y quien firmó la aceptación de las letras de cambio. No le exime al apelante Sr. Primitivo el que alegue que firmaba mensualmente cientos de pagos corrientes, o que no llevaba el control del mantenimiento de los inmuebles titularidad de la concursaba, ni que el control y verificación de las letras de pago presentadas a su firma se hallaban bajo el departamento financiero y de contabilidad, porque, como hemos dicho, se trata de actuaciones habituales de su actividad gerencial y que por lo tanto debió de actuar con la debida diligencia en el cumplimiento de sus funciones directivas.

LA CONCLUSIÓN DEL CONCURSO POR INSUFICIENCIA DE LA MASA ACTIVA. EL ORDEN DE PAGO DE LOS CRÉDITOS CONTRA LA MASA EN EL ARTÍCULO 176 BIS DE LA LEY CONCURSAL

ANA ISABEL VIAÑA RANILLA
Magistrada JM 1 de Santander

SUMARIO: **1. Las causas de conclusión del concurso.- 2. La conclusión por insuficiencia de la masa. El artículo 176 bis.- 3. El pago de los créditos contra la masa en el art. 84.3LC.- 4. La regla especial del art. 176 bis en el caso de insuficiencia de la masa activa.- 5. El informe de la Administración Concursal una vez distribuida la masa activa conforme al art. 176 bis L.C.**

1. LAS CAUSAS DE CONCLUSIÓN DEL CONCURSO

La L.C. desde su redacción original, planteó, y así lo indica expresamente su Exposición de Motivos, una regulación detallada de las causas de conclusión del concurso, cuya naturaleza puede ser muy diversa.

Así, la solución normal del concurso se lleva a cabo a través del convenio o de la liquidación y en esa medida, procederá la conclusión y el archivo de las actuaciones "una vez firme el auto que declare el cumplimiento del convenio y, en su caso, caducadas o rechazadas por sentencia firme las acciones de declaración de incumplimiento, o que declare finalizada la fase de liquidación." (art. 176.1.2L.C.)

Ahora bien, junto a estas causas ordinarias de conclusión, se contemplan además otros supuestos que pudieran calificarse de "extraordinarios" y cuya inclusión responde a un mismo objetivo: concluir el procedimiento cuando ante la concurrencia de determinadas circunstancias, iniciales o sobrevenidas, el procedimiento concursal no puede lograr ya su finalidad o no debe mantenerse porque han desaparecido los presupuestos que lo sustentaban.

Son por ello, también causas de conclusión del concurso (extraordinarias):

— La revocación de la declaración del concurso.
— La insuficiencia de la masa activa para satisfacer los créditos contra la masa del procedimiento.
— El pago o la consignación de la totalidad de los créditos reconocidos o la íntegra satisfacción de los acreedores por cualquier medio o que ya no existe situación de insolvencia.
— El desistimiento o la renuncia de la totalidad de los acreedores reconocidos.

Ningún otro hecho fuera de los contemplados constituirá causa de conclusión del concurso. Se entiende por ello, que el artículo 176 L.C. contiene un numerus clausus de causas de conclusión. Así, señala el Juzgado de lo Mercantil número tres de Vigo en auto de uno de septiembre de 2010, que el hecho de que la ley concursal no regule el desistimiento en caso de concurso voluntario, se debe a que no es posible, al contar el concurso voluntario ya declarado con sus propias causas de finalización, que pasan por el convenio o la liquidación, con sus distintas subcausas previstas en el artículo 176 LC. Ahondando en esta idea de númerus clausus, debe señalarse que la propia LC establece en el artículo 182 que "la muerte o declaración de fallecimiento del concursado no será causa de conclusión del concurso, que continuará su tramitación como concurso de la herencia, correspondiendo a la administración concursal el ejercicio de las facultades patrimoniales de administración y disposición del caudal relicto".

2. LA CONCLUSIÓN POR INSUFICIENCIA DE LA MASA. EL ARTÍCULO 176 BIS

Según lo expuesto, una de las causas de conclusión señaladas en el art. 176.3 L.C es precisamente, la insuficiencia de la masa activa para satisfacer los créditos contra la masa.

La redacción anterior a la Ley 38/2011 señalaba la procedencia de la conclusión del concurso en cualquier estado del procedimiento, cuando se comprobase la inexistencia de bienes y derechos del concursado ni de terceros responsables con los que satisfacer a los acreedores. De este modo, tan solo se contemplaba la conclusión del concurso por inexistencia de bienes y derechos del concursado, es decir, en los supuestos en los que se producía una ausencia absoluta de bienes y derechos sin que se estableciera una regulación para los supuestos de insuficiencia de masa activa para atender al pago de los créditos contra la masa.

La existencia de activo como requisito de la admisión de la solicitud de concurso había ya sido objeto de polémica doctrinal y judicial.

La propia dicción del art. 34.2.d al garantizar el pago de un mínimo retributivo en los concursos en que la masa activa fuera insuficiente, mediante una cuenta de garantía arancelaria dotada con aportaciones obligatorias de los A.C., había sido utilizada como línea argumental para sostener que el legislador no contemplaba como causa de inadmisión a trámite de los concursos la insuficiencia patrimonial para atender a los gastos de tramitación.

En sentido contrario se pronunció, sin embargo, la AP de Pontevedra, Secc. 1ª, de 12 de julio de 2007, en el caso de persona física.

Es esta línea argumental la que encuentra acomodo con el sistema acogido por la L.C. y con el contenido del Real Decreto Ley 3/2009, de 27 de marzo, de reforma de la Ley Concursal, pues del contenido de su Exposición de motivos se deduce que una de las finalidades que se persigue con la reforma es la del abaratamiento de los costes del concurso.

Debe tenerse en cuenta que el concurso persigue una doble finalidad: la satisfacción de los acreedores a través de un convenio con el deudor o, de no ser ello posible, la liquidación ordenada del patrimonio. Si ya no existen bienes, ninguna de las dos soluciones que la Ley contempla puede lograrse, por lo que no parece razonable que el concurso deba continuar para perseguir un fin accesorio cuya viabilidad es muy dudosa cuando no puede cumplir la finalidad principal. Máxime, cuando para la consecución de aquél fin es necesario un mínimo de activo y cuando, en buena medida, puede lograrse mediante otros mecanismos extraconcursales que nuestro ordenamiento prevé –otras acciones rescisorias o de responsabilidad al amparo de la normativa societaria–.

En esta línea de abaratamiento de los costes del concurso y dotación mínima para la consecución de la finalidad primordial (convenio o liquidación), la reforma de la Ley 38/2011 introduce como nueva causa de conclusión de concurso en el art. 176.1.3 la insuficiencia de la masa activa.

Se introduce además por la reforma su regulación separada en el art. 176 bis que señala que "procederá la conclusión por insuficiencia de la masa activa en cualquier estado del procedimiento desde la declaración del concurso cuando, no siendo previsible el ejercicio de acción de reintegración, de impugnación o de responsabilidad de terceros ni la calificación del concurso como culpable, el patrimonio del concursado no sea presumiblemente suficiente para la satisfacción de los créditos contra la masa, salvo que el juez considere que estas cantidades estén garantizadas por un tercero de manera suficiente."

El procedimiento general establecido para llevar a efecto la conclusión parte de que constatada por la A.C. la insuficiencia de la masa activa, lo comunicará al juez del concurso, que lo pondrá de manifiesto en la oficina judicial a las partes personadas.

Desde ese momento, la A.C. procederá a pagar los créditos contra la masa conforme al orden establecido en el propio art. 176 bis.

Una vez distribuida la masa activa, la administración concursal presentará al juez del concurso un informe justificativo que afirmará y razonará inexcusablemente que el concurso no será calificado como culpable y que no existen acciones viables de reintegración de la masa activa ni de responsabilidad de terceros pendientes de ser ejercitadas o bien que lo que se pudiera obtener de las correspondientes acciones no sería suficiente para el pago de los créditos contra la masa. No impedirá la declaración de insuficiencia de masa activa que el deudor mantenga la propiedad de bienes legalmente inembargables o desprovistos de valor de mercado o cuyo coste de realización sería manifiestamente desproporcionado respecto de su previsible valor venal.

El informe se pondrá de manifiesto en la oficina judicial por quince días a todas las partes personadas.

La conclusión por insuficiencia de masa se acordará por auto. Si en el plazo de audiencia concedido a las partes se formulase oposición a la conclusión del concurso, se le dará la tramitación del incidente concursal.

Hasta la fecha en que se dicte el auto de conclusión del concurso, los acreedores y cualquier otro legitimado podrán solicitar la reanudación del concurso siempre que justifiquen indicios suficientes para considerar que pueden ejercitarse acciones de reintegración o aportando por escrito hechos relevantes que pudieran conducir a la calificación de concurso culpable y que justifiquen el depósito o consignación ante el juzgado de una cantidad suficiente para la satisfacción de los créditos contra la masa previsibles.

El procedimiento general establecido, por tanto, para llevar a efecto la conclusión por insuficiencia de masa activa sería el siguiente:

1. Constatación y comunicación al juez, por la A.C. de la insuficiencia de la masa activa.
2. Pago desde ese mismo momento de los créditos contra la masa conforme al orden señalado en el art. 176 bis.
3. Una vez distribuida la masa activa, presentación por la A.C del correspondiente informe con los requisitos que dicho precepto prevé.

En la propia Exposición de Motivos de la Ley 38/2011 se señala que "también merece destacarse la fijación de un orden de pago de los créditos contra la masa en caso de que resulte insuficiente la masa activa, lo que conecta directamente con una regulación más detallada de la insuficiencia de la masa (concursos sin masa), que la experiencia ha demostrado que constituye una forma extendida de conclusión del concurso.

Para el análisis del orden de pago de los créditos contra la masa previsto en el artículo 176bis L.C. ha de partirse, necesariamente, de un breve análisis sobre la regla general del pago de los créditos contra la masa prevista en el art. 84.3L.C.

3. EL PAGO DE LOS CRÉDITOS CONTRA LA MASA EN EL ART. 84.3LC

El artículo 84.3 de la Ley Concursal establece la regla general que debe observarse para la satisfacción de los créditos contra la masa. Dice tal precepto que los créditos del número 1.º(créditos por salarios por los últimos treinta días de trabajo efectivo anteriores a la declaración de concurso y en cuantía que no supere el doble del salario mínimo interprofesional) se pagarán de forma inmediata. Los restantes créditos contra la masa, cualquiera que sea su naturaleza y el estado del concurso, se pagarán a sus respectivos vencimientos.

La administración concursal podrá alterar esta regla cuando lo considere conveniente para el interés del concurso y siempre que presuma que la masa activa resulta suficiente para la satisfacción de todos los créditos contra la masa. Esta postergación no podrá afectar a los créditos de los trabajadores, a los créditos alimenticios, ni a los créditos tributarios y de la Seguridad Social.

La redacción de dicho precepto es de claridad meridiana y no parece que pueda ofrecer muchas dudas su interpretación, que no puede ser otra que, desde que se declare el concurso las deudas que se vayan generando y que deban de calificarse como a cargo de la masa conforme a la Ley Concursal, deberán ser satisfechas a su vencimiento.

También hay que advertir que la satisfacción ordinaria –inmediata o al vencimiento– de los créditos contra la masa constituye, además, un deber específico de la administración concursal; es decir, la Administración Concursal tiene el deber de procurar el pago de estos créditos sea cual sea la fase del concurso, sin que sea necesaria la solicitud de autorización judicial (art. 188 LC) para el pago de un crédito contra la masa.

El incumplimiento de ese deber de la administración concursal podrá generar la correspondiente responsabilidad por los daños y perjuicios causados en los casos en que de forma indebida se retenga el pago de créditos contra la masa vencidos esperando, por ejemplo, a la apertura de la fase de liquidación, circunstancia que se produce con excesiva frecuencia o a la terminación de la liquidación de los bienes. Por otro lado, la exigencia de pago inmediato o al vencimiento deja claro que la satisfacción de los créditos contra la masa no puede hacerse depender de la existencia de efectivo, sino que procederá la conversión en dinero de bienes y derechos de la masa activa, según las circunstancias del concurso y la actividad de la concursada, siempre que ello sea necesario para satisfacer los créditos contra la masa. El deber de la administración concursal de satisfacer las deudas de la masa de una forma ordinaria puede obligar a la enajenación anticipada de algunos bienes.

Una vez abierta la liquidación, el art. 154 impone a la Administración Concursal la obligación de no hacer pago alguno por crédito concursal sin antes haber deducido de la masa activa los bienes y derechos necesarios para satisfacer los créditos contra ésta. Con carácter previo al pago de los acreedores concursales, la administración concursal deducirá de la masa activa los bienes y derechos necesarios para satisfacer los créditos contra la masa (art. 154.1 LC), pero con la excepción de que estas deducciones solo se harán con cargo a los bienes y derechos no afectos a los créditos con privilegio especial.

Los créditos contra la masa gozan de prioridad sobre los créditos concursales, lo que se explica atendiendo a su propia naturaleza y función. La Ley Concursal (art. 84.3), determina esa prioridad estableciendo que los créditos contra la masa "se pagaran a sus respectivos vencimientos", aunque algunos deberán ser pagados "de forma inmediata". En realidad, con esas expresiones viene a establecerse que el pago de los créditos contra la masa se realizará de una forma ordinaria, como si no existiera concurso, porque se trata sencillamente de créditos no concursales, que, por tanto, no se ven afectados por el concurso de acreedores abierto. En eso radica su preferencia o prioridad. Como señala SJM 1 Barcelona 31.7.2009, "con la referencia a que deben pagarse a su vencimiento "cualquiera que sea el estado del concurso", sólo se pretende poner de manifiesto que en el pago de los referidos créditos no debe esperarse a la aprobación del plan de liquidación, que es la regla general, sino que deben realizarse cuando venzan, por tanto en cualquier estado del concurso".

Tal prioridad de los créditos contra la masa opera cualquiera que sea su naturaleza y cualquiera que sea el estado del concurso, es decir, con independencia de que el procedimiento se encuentre en su fase de tramitación o en su fase de solución, sea por convenio o por liquidación, pero, como es lógico, opera de modo diferente en cada caso.

Ahora bien, la idea de que los créditos contra la masa se abonan por los órganos del concurso conforme van venciendo, y si llegado el caso de una liquidación de la empresa, todavía los hubiere sin pagar, se satisfacen previamente a cualquier crédito concursal, y por ello la denominación de créditos prededucibles, no excluye que los créditos contra la masa queden sin abonar a su vencimiento y los titulares de los mismos tengan que instar la acción para el cobro, lo cual procederá en el seno del concurso, lo cual propicia una especie de "concursalización" de tales créditos.

A tal efecto, los debates sobre calificación o pago de créditos contra la masa dan lugar a acciones de competencia del Juez de lo Mercantil, que se sustancian por conducto del incidente concursal, sin que puedan iniciarse ejecuciones para hacerlos efectivos hasta que se apruebe un convenio, se abra la liquidación o transcurra un año desde la declaración del concurso sin haberse producido ninguno de estos actos (art.154.2. LC) y ahora art. 84.4. L.C.

Por lo tanto, ha de entenderse que este género de créditos han de satisfacerse sin sujetarse a operaciones concursales, pero no por una preferencia crediticia, dado que no son clases de créditos concursales, ni se gradúan, sino porque surgen con el concurso ya abierto, y en el que ya se ha colectivizado a los acreedores del concursado.

El pago a su vencimiento de las deudas contra la masa no ofrece problemas cuando la continuidad de la actividad del concursado genera los recursos suficientes para que estas deudas vayan siendo abonadas puntualmente, pero es claro que, hallándonos ante una empresa en concurso, esta situación no es de fácil cumplimiento pues la falta de liquidez suficiente es una circunstancia típica en estas situaciones y lo generado por la actividad de la empresa no da de ordinario para pagar todas las deudas que se vayan generando. En tal supuesto, la Administración Concursal como garante del interés de la masa de acreedores y atendiendo también a que la solución normal del concurso es el convenio deberá determinar si lo procedente es la continuidad de la actividad empresarial o, si por el contrario, esta actividad es deficitaria por lo que procede es proponer el cese de la misma por la vía del art. 44.4. de la L.C. ante la imposibilidad de satisfacer ni siquiera los créditos contra la masa.

La apreciación de este momento temporal constituye una decisión de especial importancia para los administradores concursales atendiendo a las consecuencias de dicha decisión: la alteración de la regla de los pagos de los créditos contra la masa, ya que deja de funcionar la regla del pago según la fecha del devengo (artículo 84.3 de la Ley Concursal) y pasa a aplicarse la regla de pago por categorías (artículo 176 bis 2 de la ley Concursal).

Así, nos encontramos que si la Administración Concursal se retrasa en la comunicación al juzgado de este presupuesto, se generarían más créditos contra la masa de los que se pueden atender. Por el contrario si se precipita en la presentación de la solicitud podría llevar al cierre a una empresa con alguna expectativa de viabilidad.

4. LA REGLA ESPECIAL DEL ART. 176 BIS EN EL CASO DE INSUFICIENCIA DE LA MASA ACTIVA

Si estamos dentro de una liquidación concursal en la que no existe efectivo líquido para el pago de los créditos contra la masa y sea previsible que la liquidación no permita la satisfacción integra de los mismos, tal supuesto era contemplado con anterioridad a la reforma de la Ley 38/2011 por el número 3 del artículo 154 LC que en su parte final establecía que «en caso de resultar insuficientes, lo obtenido se distribuirá entre todos los acreedores de la masa por el orden de sus vencimientos».

El nuevo art. 176bis introducido por la Ley 38/11 establece un nuevo orden de pago de créditos contra la masa, en los casos de insuficiencia de la masa activa para atenderlos, distinto del estricto del vencimiento que se contiene en la anterior regulación. Lo novedoso es que, por semejanza con los créditos concursales, se establece el orden de prelación en el pago, al señalar que desde que se constate por la A.C. la insuficiencia de la masa activa, deberá proceder a pagar los créditos contra la masa conforme al orden siguiente, y, en su caso, a prorrata dentro de cada número, salvo los créditos imprescindibles para concluir la liquidación:

1º. Los créditos salariales de los últimos treinta días de trabajo efectivo y en cuantía que no supere el doble del salario mínimo interprofesional.
2º. Los créditos por salarios e indemnizaciones en la cuantía que resulte de multiplicar el triple del salario mínimo interprofesional por el número de días de salario pendientes de pago.
3º. Los créditos por alimentos del artículo 145.2, en cuantía que no supere el salario mínimo interprofesional.
4º. Los créditos por costas y gastos judiciales del concurso.
5º. Los demás créditos contra la masa.

Por último, dentro de cada uno de los grupos establece una regla de prorrata, ya no de vencimiento, para el caso de que la masa sea insuficiente para el pago de todos los créditos incluidos en el grupo de que se trate.

Como cuestiones más relevantes en la aplicación práctica de dicho precepto, trataremos a continuación la de su aplicación transitoria, y la de la interpretación de los supuestos que contiene y de la regla especialísima del pago de "los créditos imprescindibles para concluir la liquidación".

El cambio normativo establecido en el art. 176bis.2 L.C. es aplicable, según la Disposición Transitoria Undecima de la Ley 38/11, a los concursos en tramitación a la fecha de su entrada en vigor, el 1-1-2012.

Esta disposición ha de interpretarse, en el sentido de que, respecto de los concursos que se encuentren en tramitación el uno de enero de 2012, cabe esta forma de conclusión del concurso y que, iniciado el trámite por la comunicación de la Administración Concursal, los créditos contra la masa existentes, sea cual sea su fecha de vencimiento, se pagarán por el orden de prelación que establece el precepto.

Esta cuestión viene siendo discutida en diferentes incidentes concursales, entre otros organismos por la TGSS, sosteniendo que la aplicación transitoria del 176 bis L.C., por ejemplo con respecto a las cuotas generadas, con anterioridad a la entrada en vigor de la norma, durante la actividad del concursado y los recargos que le son exigibles, en los concursos iniciados con anterioridad al uno de enero de 2012, (entrada en vigor del precepto), pretendiendo que se aplique la regla del vencimiento y no la del art. 176 bis, donde vería postergado su crédito.

Como señala la sentencia del juzgado de lo Mercantil de San Sebastián de treinta de enero de 2013, esta interpretación de la TGSS ha de considerarse errónea, por cuanto si el art. 176bis.2 menciona "desde ese momento", ello no tiene influencia en orden a la aplicación temporal de la norma a créditos vencidos antes o después de la comunicación, sino que sitúa cuando cambia la regla de pago de los créditos, que pasa a ser por la prelación establecida en el precepto en lugar de "a vencimiento"; es decir, desde la comunicación, los créditos contra la masa que existan, sea cual sea su vencimiento, se pagan por el orden que establece el precepto.

Otra cuestión de interés práctico es la calificación de un determinado crédito en las diferentes categorías del art. 176 bis 2, según la interpretación que se haga.

La sentencia del juzgado de lo Mercantil de San Sebastián de veinticinco de junio de 2012, a raíz de un incidente del FOGASA, trata este tema en relación con la interpretación que ha de hacerse del número dos de dicho precepto.

Entiende dicho organismo que al referirse la norma a los créditos por salarios e indemnizaciones en la cuantía que resulte de multiplicar el triple del salario mínimo interprofesional por el número de días de salario pendientes de pago, debe de interpretarse es un sentido extensivo y, así lo dice expresamente, finalista, de tal manera que, aunque no lo mencione expresamente, tenga el mismo contenido que el art. 91.1º, en su primera parte, a saber:

> *1º Los créditos por salarios......., en la cuantía que resulte de multiplicar el triple del salario mínimo interprofesional por el número de días de salario pendientes de pago, las indemnizaciones derivadas de la extinción de los contratos, en la cuantía correspondiente al mínimo legal calculada sobre una base que no supere el triple del salario mínimo interprofesional,...........".*

Sin embargo, estima la sentencia que tales preceptos no responden a la misma finalidad, por lo que debe rechazarse tal interpretación extensiva, por cuanto que éste ultimo sirve para delimitar un grupo de créditos concursales que se consideran como privilegiados a la hora de ser satisfechos dentro del orden de prelación concursal; mientras que el art. 176bis 2., lo que establece es un orden de prelación de créditos contra la masa, que no están sujetos a la "pars conditio creditorum", como los concursales y a los que se les fija también una prelación cuando no van a poder ser satisfechos todos.

Otra de las cuestiones que plantea mayores problemas en la aplicación del art. 176 bis es la determinación de la categoría de los créditos imprescindibles para concluir la liquidación, ya que presentan el carácter de créditos doblemente preferenciales dada su naturaleza de créditos contra la masa y que, además, serán satisfechos antes que cualquier otro crédito contra la masa.

En cualquier caso, se trata de un concepto jurídico indeterminado cuya interpretación podrá variar en cada concurso, pero sin olvidar el carácter preferencial y excepcional de esta categoría de créditos (recordemos que la Exposición de Motivos de la Ley Concursal se refiere a la *poda de privilegios*) debemos realizar una interpretación muy restrictiva.

5. EL INFORME DE LA ADMINISTRACIÓN CONCURSAL UNA VEZ DISTRIBUIDA LA MASA ACTIVA CONFORME AL ART. 176 BIS L.C.

Una vez distribuida la masa activa, y como requisito previo a la conclusión del concurso, la administración concursal presentará al juez del concurso un informe justificativo que afirmará y razonará inexcusablemente que el concurso no será calificado como culpable y que no existen acciones viables de reintegración de la masa activa ni de responsabilidad de terceros pendientes de ser ejercitadas o bien que lo que se pudiera obtener de las correspondientes acciones no sería suficiente para el pago de los créditos contra la masa. No impedirá la declaración de insuficiencia de masa activa que el deudor mantenga la propiedad de bienes legalmente inembargables o desprovistos de valor de mercado o cuyo coste de realización sería manifiestamente desproporcionado respecto de su previsible valor venal.

Respecto a este informe de la A.C., una de las cuestiones que mayores problemas suscita en la práctica, es la necesidad de razonar y justificar "inexcusablemente" que el concurso no será calificado como culpable.

Un supuesto dudoso es el de si la imposibilidad de conclusión del concurso "mientras se esté tramitando la sección de calificación", comprende también la demanda ejecutiva respecto a la sentencia de calificación dictada en la misma.

Al respecto, señala el Juzgado de lo Mercantil número uno de Málaga en sentencia de diez de abril de 2008 que "Es posible conciliar la conclusión del concurso con la pervivencia de la demanda ejecutiva respecto a la sentencia de calificación... en tanto no existan bienes o derechos y por la realización de actuaciones judiciales en averiguación. De otra forma deberíamos hacer que permaneciera el concurso abierto durante el plazo de cinco años o de quince años, si se ha iniciado, previsto en el cuerpo rituario. Y ello haría que la sociedad permaneciera en una situación de concurso durante un largo plazo pero sin operatividad."

Esta postura ha sido acogida en sentencia del Juzgado de lo Mercantil de Santander de 24 de septiembre de 2013. En este caso, se pretendía por la TGSS que la cobertura del déficit patrimonial del que resultaba responsable el concursado en virtud de la sentencia de calificación firme dictada en el procedimiento, se llevase a efecto mediante la traba de los salarios de quien en la escritura de constitución de la sociedad, aparecía como cónyuge casado en régimen de gananciales. La sentencia acoge, los argumentos de la A. C. y entiende que la acción en cuestión invocada por la demandante no resiste el examen previo razonable de viabilidad economica/juridica necesario para justificar la continuación del concurso a los solos efectos de su resolución. Estima que la viabilidad de dicha acción es muy dudosa y su efectividad en orden a satisfacer los créditos pendientes sería prácticamente nula, teniendo además presente que el concurso tampoco tiene por que permanecer abierto ante la posibilidad de que se inicie una ejecución en la sección de calificación.

Cuestión distinta es la de si a pesar de no haberse abierto la pieza de calificación, no cabe concluir un concurso sin bienes para satisfacer los créditos contra la masa ante una eventual declaración de culpabilidad. La cuestión es tratada de forma diferente por las Audiencias Provinciales:

La SAP Badajoz 3, 24-11-2011, considera una paradoja proseguir el proceso universal sin fondos ni viabilidad de acciones de reintegración o responsabilidades de interés para sostener siquiera sus costes o simplemente para la depuración de responsabilidades propias de la sección de calificación, ya que "el concurso tiene una finalidad eminentemente práctica de satisfacción ordenada y en la medida de lo posible de los derechos de la pluralidad de acreedores de un mismo deudor a través del proceso universal, careciendo de objeto en otro caso".

De modo que concluye que el concurso ha de poder alimentarse a sí mismo, bien con sus propios activos o los que pudieran provenir de reintegraciones o acciones de responsabilidad, de lo cual se desprende que "la calificación no es la finalidad del concurso. A diferencia de otras secciones, o de la regulación anterior de carácter más bien represivo, presidida por la sospecha tradicional de que "quien quiebra defrauda", y un mayor interés público que privado, que imponía la depuración de responsabilidades, incluso como presupuesto de las penales, lo cierto es que la legislación actual no ha seguido tal sistema y la apertura de la sección sexta de calificación no es siempre obligatoria ni imprescindible".

Por el contrario, la Sección Quinta de la Audiencia Provincial de Sevilla en sentencia de 25 de junio de 2013, señala en un supuesto en que el informe de la administración concursal, admitía que era previsible la calificación del concurso como culpable por concurrir las presunciones de culpabilidad iuris tantum del artículo 165 de la Ley Concursal, que no cabe la conclusión por la insuficiencia de la masa activa mientras no se tramite y lleve a su fin la sección sexta y ello por que "en la calificación del concurso concurre pues un interés público en que se determinen las causas del mismo a los efectos previstos en dichos preceptos y muy particularmente para impedir que el administrador que ha incurrido en conductas irresponsables pueda reincidir en un futuro próximo en conductas similares, llevando a patrimonios ajenos a una situación de insolvencia, por lo que constituye un deber legal de inexcusable cumplimiento tanto para el Juez del Concurso como para la Administración Concursal tramitar la sección sexta aún cuando haya insuficiencia de bienes, incluso cuando éstos sean inexistentes, siempre que existan motivos fundados para pensar que el concurso puede ser culpable."

En sentencias del juzgado de lo Mercantil de Santander, de fecha dieciséis de octubre de 2013 y trece de octubre de 2013, resolviendo sendas demandas incidentales de oposición a la conclusión a instancia de la Tesorería General de la Seguridad Social, se acoge este último criterio, por entender que sí existe un interés público en la depuración de responsabilidades, lo que lleva a la desestimación de la petición de conclusión del concurso, a pesar de la insuficiencia de masa activa, por no justificarse por la A.C. que el concurso no será calificado como culpable.

LA RENDICIÓN DE CUENTAS. SU PROBLEMÁTICA

Francisco Javier Vaquer Martín
Magistrado. Juzgado Mercantil nº6 de Madrid

SUMARIO: **1. La rendición de cuentas.- Su problemática**: 1.1. Finalidad y contenido de las cuentas.- 1.2. Cuestiones procesales. 1.3. Contenido de la sentencia de desaprobación

1. LA RENDICIÓN DE CUENTAS.- SU PROBLEMÁTICA

El tema de mi intervención es el examen de la rendición concursal de cuentas; y como son variados los supuestos de rendición dispersos a lo largo de la Ley, dada la temática de la mesa, voy a centrar mi exposición en la rendición de cuentas del administrador concursal en supuestos de conclusión del concurso y en las cuestiones dudosas que plantea; que como verán son muchas, pues la regulación que vamos a examinar es escasa e incompleta, no habiendo sido el Legislador sensible a esta situación, pues ninguna de las tres grandes reformas de la L.Co. de 2009, 2011 y 2013 se han ocupado de ésta tema, que permanece con su redacción original.

1.1. Finalidad y contenido de las cuentas

Comenzando con el examen de la problemática de la rendición, en el ***ámbito de sus fines***, es sabido que la rendición de cuentas es una obligación propia de quien administra patrimonios ajenos; obligación que puede encontrar su origen en un contrato [p.ej. el de mandato o el de sociedad] o en la decisión judicial de atribuir a un profesional la gestión de bienes de terceros [–tal como ocurre en sede de ejecución civil del art. 630 L.E.Civil y en sede concursal en el art. 181 L.Co.–] **[Sentencia de la Audiencia Provincial de Álava, Sección 1ª, de 9.1.2013]**.

De la configuración legal de dicha obligación, puede afirmarse que la función de la rendición de cuentas del administrador concursal consiste en justificar cumplidamente la utilización que se haya hecho de las facultades de administración, y exponer el resultado y saldo final de las operaciones, como consecuencia de su actuación dentro de un concreto proceso concursal. **[Sentencia de la Audiencia Provincial de Burgos, Sección 3ª, de 25.2.2013]**.

Resulta de ello una primera conclusión, cual es que sólo se podrá hablar de verdadera y propia rendición de cuentas cuanto el administrador concursal asuma la directa y completa administración de los bienes de la concursada a través de la suspensión de facultades, con exclusión de los supuestos de mera intervención.

Ahora bien, ello no quiere decir que en supuestos de intervención no deban rendirse cuentas, sino que la distinta calidad de las funciones asumidas por el administrador concursal determinará una rendición de cuentas más limitada, centrada en explicitar las medidas de intervención y control adoptadas, las posibles incidencias en el acceso a la información necesaria para la conformación de listados, y una explicitación de las operaciones comerciales más relevantes que se autorizaron; lo que convierte a dicha rendición en un mero formulario con verdadero contenido económico **[Sentencia de la Audiencia Provincial de Zaragoza, Sección 5ª, de 1.4.2013]**.

En el ámbito del ***contenido de la rendición*** la dicción del apartado 1º del art. 181 L.Co. establece que el informe de rendición de cuentas deberá comprender tres grandes bloques: uno primero, donde se explicitarán las actuaciones referidas a las facultades de administración conferidas en el concurso y realmente ejecutadas por el administrador; una segunda donde se identificarán los informes realizados por el administrador concursal y previos al auto de conclusión del concurso en lo relativo a sus actuaciones de administración de bienes ajenos; y una tercera relativa al saldo final de las operaciones realizadas e informe sobre el resultado de las mismas.

Puede afirmarse que si bien el texto legal incluye el término "*cuentas*", no se trata propiamente de un informe de naturaleza contable o numérica [–aunque también habrán de incluirse estos apartados–], sino que, en un sentido amplio, se refiere a la memoria explicativa de toda la actuación del órgano administrador desde el origen de su constitución hasta la fecha del informe, con justificación cumplida del uso de se haya hecho de las facultades atribuidas por la Ley o específicamente por el Juez a los autores de la rendición **[Sentencia de la Audiencia Provincial de Zaragoza, Sección 5ª, de 1.4.2013]**.

Si tal es el objeto válido de la rendición de cuentas, una ***cuestión problemática*** es determinar los elementos de ponderación que el juez del concurso debe utilizar para enjuiciar dichas cuentas en su forma y contenido, en caso de ser impugnadas.

Las resoluciones de los Tribunales han sostenido que para decidir sobre la corrección de las cuentas, el juez del concurso debe contrastar las actuaciones de la administración concursal con los datos, resultados y saldos expuestos, valorando cada caso en concreto y sin que sirva usar parámetros generales de mayor o menor amplitud o detalle en aquellas cuentas **[Sentencia de la Audiencia Provincial de Valencia, Sección 9ª, de 28.11.2011]**.

También han dicho que no puede ser confundida la rendición y su posible impugnación con un "*ajustar cuentas*" a la administración concursal a fin de exigirle explicaciones o responsabilidades por sus actos; debiendo contraerse la rendición de cuentas a dar cuenta de lo hecho por el administrador concursal con exclusión de lo no hecho, por lo que si el impugnante pretende debatir lo no hecho por el administrador por así resultar exigible por la diligencia debida de un ordenado administrador concursal, deberá hacerse valer por el cauce de la responsabilidad de los arts. 365 y 36 L.Co., pero en modo alguno en el cauce procesal de la rendición de cuentas [**Sentencia de la Audiencia Provincial de Burgos, Sección 3ª, de 25.2.2013**].

1.2. Cuestiones procesales

Cambiando de tercio, en el ámbito procedimental de la rendición de cuentas surgen igualmente importantes dudas interpretativas, especialmente en supuestos de impugnación.

La remisión del apartado 3º al cauce incidental concursal exige determinar si el ***escrito de impugnación tiene la naturaleza de demanda o de contestación a la demanda***; pues en el primer caso será exigible la audiencia del administrador concursal, siendo que en el segundo el incidente estaría conformado en sus escritos iniciales y procediendo a su resolución seguidamente.

De modo contundente los Tribunales [**Sentencia de la Audiencia Provincial de Murcia, Sección 4ª, de 5.7.2012**] han concluido que del escrito de impugnación debe darse traslado al administrador concursal y al concursado [–caso de no ser el impugnante–] para que contesten a la demanda en el modo señalado en el art. 194.3 L.Co., pues la posible sanción de inhabilitación y los hechos que la sustentan exige la audiencia y defensa del administrador.

En materia de ***legitimación activa*** para impugnar las cuentas, se ha planteado por la doctrina si en supuestos de conclusión del concurso por finalización de la liquidación, para impugnar la rendición final de cuentas del art. 152.2 L.Co., era preciso haber impugnado los informes trimestrales del art. 152.1 L.Co., pues como saben estos informes trimestrales también forman parte del informe de cuentas final.

Sobre tal cuestión los Tribunales han establecido tres afirmaciones; una primera es la plena compatibilidad entre la impugnación de los informes trimestrales y final [**Sentencia de la Audiencia Provincial de Murcia, Sección 4ª, de 3.5.2012**]; una *segunda* es que la falta de impugnación de los trimestrales no priva a los legitimados de la posibilidad de impugnar el final [**Sentencia de la Audiencia Provincial de Álava, Sección 1ª, de 9.1.2013**]; y una tercera afirmación es que no es requisito para la impugnación del informe final el que el administrador concursal haya cobrados sus honorarios en concursos finalizados por insuficiencia de masa [**Sentencia de la Audiencia Provincial de Álava, Sección 1ª, de 9.1.2013; Sentencia de la Audiencia Provincial de Valencia, Sección 9ª, de 15.2.2010**].

En materia de ***legitimación pasiva*** se ha cuestionado, dada la parquedad del apartado 3º [–que solo delimita la legitimación activa–] si será parte de dicho incidente la concursada, habiendo entendido los Tribunales que en aquellos supuestos en que junto a la negligencia del administrador al conformar las cuentas, se una el interés del concursado respecto a los pronunciamientos pretendidos, podrá la deudora ser parte en el incidente **[Sentencia de la Audiencia Provincial de Murcia, Sección 4ª, de 23.2.2012]**.

Finalmente, en sede procesal, se plantea una cuestión dudosa de enorme relevancia, cual es la relativa al contenido válido admisible en la impugnación de las cuentas.

En tal materia han dicho los Tribunales que el cauce de rendición y su impugnación no permite la reconsideración de aspectos que han quedado zanjados en el concurso en incidentes tramitados durante su desarrollo **[Sentencia de la Audiencia Provincial de Barcelona, de 19.5.2011]**; no pudiendo ser utilizado para revivir el debate sobre la conformación del activo y pasivo concursal fijados de modo pacífico o por incidente concursal de impugnación de listados definitivos **[Sentencia de la Audiencia Provincial de Madrid, Sección 28ª, de 15.4.2011]**.

Cuestión polémica y problemática que merece un examen más pausado es el relativo a la impugnación de las cuentas dirigida a la inclusión, determinación de su importe y la preferencia de los créditos contra la masa, observándose en este punto que la jurisprudencia es contradictoria.

Por un lado pueden encontrarse pronunciamientos que afirmar la imposibilidad de utilizar el cauce de la impugnación de cuentas para hacer debate del orden de pago o prelación de los créditos contra la masa, entendiendo que regulado su reconocimiento, preferencia y pago en el art. 84.3 y 4 L.Co., todas las cuestiones que surjan deberán ser encauzadas por el incidente concursal, no por la vía de la impugnación de las cuentas **[Sentencia de la Audiencia Provincial de Jaén, Sección 1ª, de 09.11.2010]**.

En igual sentido, han dicho los Tribunales que fijado en Auto firme aprobando plan de liquidación el orden y prelación de los créditos contra la masa, no resultan discutibles en sede de rendición de cuentas, pues si la parte pretendía la prioridad de su crédito debió hacerlo valer impugnando en apelación el orden dispuesto en el plan luego aprobado de modo definitivo **[Sentencia de la Audiencia Provincial de Álava, Sección 1ª, de 11.2.2013]**; e igualmente se ha afirmado que no resulta adecuado el cauce del art. 181.2 L.Co. para impugnar la cuantía de estos créditos contra la masa ya relacionados en el informe del art. 75 L.Co. y anexo del art. 94 L.Co., y no impugnados y discutidos por el cauce del art. 96 L.Co. **[Sentencia de la Audiencia Provincial de Valencia, Sección 9ª, de 20.2.2012]**.

Frente a ello otros pronunciamientos entienden que es válido impugnar las cuentas para solicitar la inclusión de créditos contra la masa y reordenar los pagos ordenados por el administrador concursal en su rendición, de tal modo que de estimarse la impugnación la sentencia rechazará las cuentas y dispondrá el correcto orden y cuantía de los pagos contra la masa **[Sentencia de la**

Audiencia Provincial de Zaragoza, Sección 5ª, de 13.2.2012]; cuestión controvertida a la que volveré posteriormente.

1.3. Contenido de la sentencia de desaprobación

Otro ámbito de la rendición que provoca importantes problemas interpretativos es el relativo al contenido de una sentencia de desaprobación; y las dudas surgen en el ámbito de sus efectos personales y materiales.

Entre los ***personales***, saben que el apartado 4º del art. 181 L.Co. establece que la desaprobación comportará la inhabilitación temporal del administrador concursal, pareciendo deducirse de su redacción el carácter necesario y automático de la sanción, solo modulable en su duración temporal dentro de la horquilla de los seis meses a los dos años.

Dada la dureza de la sanción y la disparidad de motivos que pueden llevar a rechazar las cuentas, los Tribunales han venido entendiendo que el automatismo de la Ley debe moderarse, especialmente en aquellos supuestos en que el rechazo de las cuentas deriva de meras discrepancias jurídicas [**Sentencia de la Audiencia Provincial de Valencia, Sección 9ª, de 28.11.2011**]; siendo exigible, en caso de su imposición, que la sentencia razone la necesaria proporcionalidad con la conducta determinante de la desaprobación y la sanción y su duración [**Sentencia de la Audiencia Provincial de Valencia, Sección 9ª, de 28.11.2011**].

Otros pronunciamientos [**Sentencia de la Audiencia Provincial de Álava, Sección 1ª, de 27.3.2013**] han entendiendo que dicha inhabilitación sólo puede imponerse a instancia de parte legítima, por lo que si el impugnante la pide no podrá el Tribunal imponerla; habiendo entendido otras resoluciones que la graduación de la sanción debe determinarse acudiendo a la gravedad de la conducta, de tal modo que no explicitar las razones de la postergación de un crédito contra la masa en beneficio del pago preferente de sus propios honorarios es negligencia leve que conllevó una inhabilitación mínima de 6 meses [**Sentencia de la Audiencia Provincial de Álava, Sección 1ª, de 9.1.2013**].

En los efectos ***materiales*** se discute si una sentencia de desaprobación debe limitarse a rechazar las cuentas y ordenar su nueva formulación, o si debe [–de modo positivo–] proceder a su modificación en el fallo; cuestión sobre la que nuevamente los tribunales aparecen divididos.

Una primera línea interpretativa entiende que la sentencia que desapruebe las cuentas debe proceder a rehacer o modificar las cuentas presentadas o a ordenar nueva redacción de las cuentas incluyendo los pronunciamientos contenidos en sentencia.

A su vez, dentro de esta línea jurisprudencial, puede encontrarse una nueva división de opiniones, pues si bien están de acuerdo en que el pronunciamiento declarativo de desaprobación puede modificar u ordenar modificar las cuentas, existe discrepancia al determinar si aquel pronunciamiento puede conllevar una alteración en el orden del pago de los créditos.

La doctrina más reciente y numerosa viene entendiendo que la modificación de las cuentas por causa de su desaprobación puede dar lugar a ordenar en el fallo un nuevo orden de pagos, especialmente en lo relativo al orden de devengo de los créditos contra la masa **[Sentencia de la Audiencia Provincial de Álava, Sección 1ª, de 9.1.2013; Sentencia de la Audiencia Provincial de Valencia, Sección 9ª, de 20.2.2012; Sentencia de la Audiencia Provincial de Vizcaya, Sección 4ª, de 23.7.2010 (ROJ SAP BI 1720/2010), y de 2 de diciembre de 2010 (JUR 2011/127851); Sentencia de la Audiencia Provincial de Jaén, Sección 1ª, de 24.7.2012; Sentencia de la Audiencia Provincial de Valencia, Sección 9ª, de 20 febrero 2012 (ROJ: SAP V 302/2012); Sentencia de la Audiencia Provincial de Zaragoza, Sección 5ª, de 23.2.2012 (ROJ: SAP Z 274/2012)]**; por lo que cualquier acreedor contra la masa que estime que su crédito debe abonarse de modo previo a los señalados prioritarios, o abonados de tal modo, por el administrador concursal en sus cuentas, podrá acudir al cauce de la desaprobación de las cuentas para obtener un pronunciamiento declarativo y de condena al pago preferente.

Esta profusa jurisprudencia se ha dictado a instancias de la T.G.S.S. en reclamaciones de pago preferente de sus derechos de cobro frente a otros acreedores contra la masa, especialmente frente al segundo de los pagos de honorarios del propio administrador concursal o de los devengados en fase de liquidación.

Ahora bien, tal como se deduce de algunas resoluciones, para el válido enjuiciamiento de la prioridad en el vencimiento de los créditos contra la masa, será preciso que los acreedores cuyos créditos puedan verse postergados en caso de estimarse la impugnación de las cuentas, sean parte en el incidente, so pena de generar una evidente indefensión.

Frente a esta línea jurisprudencial, otras resoluciones entienden que la única consecuencia de la desaprobación de las cuentas es la inhabilitación del administrador, sin poder extender sus pronunciamientos al orden de pago **[Sentencia de la Audiencia Provincial de Barcelona, Sección 15ª, de 19.5.2011; Sentencia de la Audiencia Provincial de Jaén, Sección 1ª, de 9.11.2010]**.

Como ven las diferencias entre los pronunciamientos jurisprudenciales son de enorme calado y significación, afectando a la propia naturaleza de la rendición de cuentas, a su alcance material y procesal y a los fundamentos de relevantes sanciones a los administradores concursales [–en cuanto afectantes a su profesión–], lo que haría aconsejable la intervención del Legislador para completar una materia huérfana de su necesaria regulación pormenorizada y así poner fin a tan dispares interpretaciones.

LA REAPERTURA DEL CONCURSO

Eva María Martínez Gallego
Magistrada. Juzgado de lo Mercantil nº 1 de Ourense

SUMARIO: **1. Introducción.- 2. Características y Principios de la reapertura del concurso.- 3. Supuestos que permiten la reapertura del concurso.- 4. Juez competente para conocer de la reapertura del concurso.- 5. Presupuestos para la reapertura del concurso**: 5.1. Existencia de una declaración y conclusión de un concurso sobre el mismo deudor. 5.2. Que la conclusión del concurso anterior lo fuera bien. 5.3. Aparición o recuperación de bienes o derechos del concursado o de un tercero responsable de pagar sus créditos tras la conclusión del concurso.- **6. El Auto de Declaración de reapertura.- 7. Efectos de la reapertura**: 7.1. Efectos sobre el deudor. 7.2. Efectos sobre los acreedores. 7.3. Otros efectos.

1. INTRODUCCIÓN

La LC dedica a penas dos preceptos a la reapertura del concurso de acreedores, preceptos que tras la Ley 38/2011 se han visto reformados al ajustarse ésta a la conclusión del concurso por liquidación o insuficiencia de masa activa[1], desterrando la redacción anterior que exigía "*inexistencia de bienes o derechos*" y, añadiendo el párrafo tercero al art. 179 LC de modo análogo al art. 176 bis apartado quinto LC que establece que *"en el año siguiente a la fecha de la resolución de conclusión de concurso por insuficiencia de masa activa, los acreedores podrán solicitar la reapertura del concurso con la finalidad de que se ejerciten acciones de reintegración, indicando las concretas acciones que deben iniciarse o aportando por escrito hechos relevantes que pudieran conducir a la calificación de concurso como culpable, salvo que se hubiera dictado sentencia sobre calificación en el concurso concluido".*

---

[1] Sobre ello puede verse, GADEA SOLER, E., *La conclusión del concurso por insuficiencia de bienes y derechos y su reapertura*, La Ley, Madrid, 2010.

Veamos someramente algunas de la cuestiones más relevantes que se suscitan en relación a los supuestos de reapertura del concurso en sentido estricto.

2. CARACTERÍSTICAS Y PRINCIPIOS DE LA REAPERTURA DEL CONCURSO

Nos encontramos ante un sistema que ha sido calificado de complementario de reintegración y liquidación de la masa activa del concurso, pero de un concurso concluido previamente con liquidación fracasada, pues todavía quedan créditos insatisfechos contra el deudor[2].

Ello supone que el legislador asienta la reapertura del concurso en dos principios fundamentales que merecen ser señalados al menos brevemente:

1. **Principio de Economía procesal:** teniendo en cuenta el tenor del párrafo primero del art. 179 LC, el legislador establece que "*El juez competente, desde que se conozca esta circunstancia, acordará la incorporación al procedimiento en curso de todo lo actuado en el anterior*", de forma que, dado que la liquidación de la masa activa del concurso ha sido insuficiente para pagar los créditos, se acuerda en aras a esa economía procesal, evitar repetir actuaciones y aprovechar todo lo actuado en el procedimiento anterior, incorporándolo al procedimiento en curso (SAP Baleares, Sección 4ª, de 29 de mayo de 2002).
2. **Principio de Responsabilidad Patrimonial universal del deudor**. Es obvio que el art. 1911 del Código Civil permanece vigente para el deudor concursado que sigue siendo responsable de cuantos créditos quedaron insatisfechos pese a la conclusión del concurso. Además, caso de conclusión de concurso por insuficiencia de bienes para el pago de los créditos contra la masa o por liquidación, expresamente el art. 178.2 LC prevé que "*el deudor quedará responsable del pago de los créditos restantes*".

Así, por esta vía, los bienes reintegrados al patrimonio del deudor por la reapertura del concurso se destinan al pago de los acreedores insatisfechos.

En este punto, cabe destacar que antes de la reforma de 2011, el precepto hablaba de "*inexistencia de bienes y derechos*" no de "*insuficiencia*", siendo más adecuado el término actual, pues el presupuesto causal de la reapertura no es la inexistencia de bienes realizables del deudor concursado, sino la insuficiencia de ese patrimonio ya sea personal o de terceros para afrontar el pago íntegro de las deudas reconocidas[3].

→ Al margen de lo anterior, una de las características de la reapertura del concurso es la irrelevancia que tiene el presupuesto objetivo, es decir, la existencia de insolvencia o no del deudor, pues concluido

---

[2] ALONSO ESPINOSA, F.J., "comentario a los artículos 179 y 180 LC", en *Comentarios a la Legislación concursal (Ley 22/2003 y 8/2003 para la Reforma Concursal)*, dirigido por PULGAR EZQUERRA, J, y otros, edit, Dykinson, Madrid, 2003, tomo II, pág, 1492.

[3] ALONSO ESPINOSA, F.J., *ul.loc.cit.*

un concurso por insuficiencia de masa activa puede ser reaperturado por adquisición de bienes o derechos por parte del concursado, verificándose así la innecesariedad de la insolvencia para que el Juez declare éste.

3. SUPUESTOS QUE PERMITEN LA REAPERTURA DEL CONCURSO

Antes de analizar los efectos y demás cuestiones de la reapertura del concurso, debemos concretar cuáles son los supuestos que en sentido estricto pueden ser calificados como "reapertura" y no constituyen nuevas solicitudes de concurso.

Para un adecuado análisis de estos supuestos es preciso, en primer lugar, delimitar los casos estrictamente de reapertura de aquellos otros en los que únicamente nos encontramos ante la solicitud de un nuevo concurso o ante una apertura de oficio de la liquidación de un concurso anterior.

Fijémonos que el tenor del art.179 LC exige como causa de reapertura del concurso dos notas fundamentales:

a) El fracaso total o parcial de la liquidación.
b) La existencia sobrevenida (o al menos su conocimiento) de bienes o derechos del concursado.

Vemos así qué casos abarca la reapertura, en función del deudor concursado:

1. *Caso de deudor persona jurídica*: el art. 179.2 LC únicamente parece referirse a la reapertura del concurso en aquellos casos de conclusión por liquidación o por inexistencia de bienes y derechos, con la característica de que, a diferencia de lo que sucede con los casos de reapertura de concurso de persona física, no fija un límite temporal. Por tanto, los concursos que hayan concluido por las restantes causas que no supongan desaparición de la persona jurídica, que son los demás supuestos del art. 176 LC, no pueden ser considerados en sentido propio de reapertura del concurso, sino de presentación de un nuevo concurso de acreedores[4].

   El por qué de ello es sencillo, en estos casos (los previstos en el art. 179.1 LC) la conclusión del concurso implica la extinción de la persona jurídica, por lo que la reapertura se concibe como prolongación de su concurso formalmente concluido, para así poder reintegrar y liquidar los activos sobrevenidos en pago de los créditos pendientes e insatisfechos[5].

---

[4] GARCIA OREJUDO, R.N., "Comentario al art. 179 LC", en *Comentario práctico a la nueva Ley Concursal,* coordinado por López López, E., y Macías Castillo, A., edit. La Ley, Madrid, 2012, pág, 829.

[5] Señala ALONSO ESPINOSA, F.J., *Comentarios..., cit,* pág, 1493 que "ante la solución del concurso por liquidación, el concurso queda formalmente suspendido o en estado de litispendencia concursal como técnica de tutela de los créditos de los acreedores insatisfechos".

2. *Caso de deudor persona física*: en caso de que se declare en concurso de acreedores una persona física dentro de los cinco años siguientes a la conclusión de un concurso anterior, que lo fuera por liquidación o insuficiencia de masa activa quedando total o parcialmente créditos impagados, este concurso tiene *ex lege* la consideración de reapertura del anterior.

4. JUEZ COMPETENTE PARA CONOCER DE LA REAPERTURA DEL CONCURSO.

Sorprende que la LC guarde silencio en relación a normas de competencia y nombramiento de AC. Es por ello, que hay quien afirma que a este nuevo concurso se le dará el mismo tratamiento que si no hubiera existido un concurso anterior. Es más, se afirma que "se puede plantear en la práctica qué sucedería en estos casos de presentación de un nuevo concurso, cuando el anterior se encontraba en una fase avanzada, como puede ser finalizada la fase común, si se procedería a realizar «borrón y cuenta nueva» respecto de todo lo actuado en el concurso anterior"[6]. Se concluye así que sería conveniente que la competencia para conocer del nuevo concurso recayera en el mismo juzgado y que se nombrara la misma A.C, siendo más práctico "dar aplicación al art. 180 de la LC y que la misma AC hiciera una simple actualización de inventario y de lista de acreedores"[7].

Al margen de la conveniencia señalada, hay que tener en cuenta que el art. 179 LC distingue el Juez competente[8] para conocer del nuevo concurso según estemos ante un deudor persona física o persona jurídica, así:

— *Caso de deudor persona física*, el art. 179.1 LC tan sólo se refiere al "*Juez competente*" para la declaración del concurso de ésta, debiendo incorporarse al "nuevo procedimiento" todo lo actuado en el anterior, por lo que no parece pretender el legislador que sea, siempre y en todo caso, el mismo Juez que conoció del concurso anterior, sino aquel que de conformidad con el art. 10 LC lo es a la fecha de la solicitud de la reapertura, pues puede haber variado el domicilio o el centro de intereses del deudor persona física, modificándose el Juzgado competente desde el punto de vista territorial[9].

Además, no podemos obviar el tenor del precepto que señala al juez competente "*desde que se conozca esta circunstancia*", es decir, desde que se conozca de la existencia de un concurso anterior concluido por las causas ya señaladas, pues caso de existir dicho concurso pero no

---

[6] GARCIA OREJUDO, *op.cit*, pág, 830.

[7] GARCIA OREJUDO, *ul.loc.cit*.

[8] Sobre la *perpetuatio iurisdictionis*, puede verse, PULGAR EZQUERRA, J., y YANES YANES, P. M., "Estudio del supuesto de reapertura del concurso de acreedores. Principales aspectos del régimen de reapertura", en *La Ley*, nº 21322, 2009, pág, 3.

[9] ALONSO ESPINOSA, *op.cit*, págs, 1498 y 1499.

llegar a tener conocimiento del mismo el juzgado, estaremos en presencia de un nuevo concurso en sentido estricto al que no incorporaremos las actuaciones anteriores.

— *Caso de deudor persona jurídica.* En este caso, el legislador ha sido más preciso en el párrafo segundo del art. 179 LC, pues establece que la reapertura será declarada "*por el mismo juzgado que conoció de éste*", no dejando lugar a dudas y añadiendo que además, "*se tramitará en el mismo procedimiento*", limitándose a la fase de liquidación de bienes y derechos aparecidos con posterioridad. La razón es obvia, concluido el concurso de persona jurídica por liquidación o insuficiencia de masa, la misma –persona jurídica– resultó extinguida, por lo que no puede existir otro juzgado de lo mercantil competente para conocer de la reapertura que aquél del último domicilio del concursado.

5. PRESUPUESTOS PARA LA REAPERTURA DEL CONCURSO

Básicamente son tres los requisitos que señala el legislador[10], así:

5.1. Existencia de una declaración y conclusión de un concurso sobre el mismo deudor

A este presupuesto debemos añadir el límite de los cinco años para el deudor persona física, pues no consta límite alguno para el caso de las personas jurídicas[11].

Así, en el caso de persona física, la reapertura del concurso tendrá lugar si la liquidación fracasada tuvo lugar en los cinco años anteriores, independientemente de que el concurso se resolviera por convenio inicialmente y fuera luego incumplido[12].

Respecto al *dies a quo* del cómputo del plazo de cinco años desde la conclusión para la reapertura del concurso, debemos estar a la fecha de la resolución judicial firme que acuerde la conclusión del concurso cuyo reapertura se pretenda de conformidad con el art. 177.3 LC[13]; debiendo tenerse en cuenta, ade-

---

[10] Seguimos en este punto el esquema que señala ALONSO ESPINOSA, F.J., "comentario..", *cit*, pág, 1494.

[11] Véase el comentario que hace PULGAR EZQUERRA, J., a la vigencia limitada del plazo quinquenal en "Estudio del supuesto de reapertura del concurso de acreedores. Principales aspectos del régimen de reapertura", en *La Ley* 21322/2009, pág, 2.

[12] Señala VALPUESTA GASTAMINZA, E., en "Conclusión y reapertura del concurso", en *El concurso de Acreedores (adaptado a la Ley 38/2011, de 10 de octubre, de reforma de la Ley Concursal)*, edit. La Ley, Madrid, 2012pág, 636, que "como el lapso de tiempo transcurrido no es largo, se considera que esta situación no es independiente o in onexa del anterior concurso, y se presupone que los cambios habidos en la masa activa o pasiva no serán muy relevantes".

[13] Como bien señala ALONSO ESPINOSA, *op.cit*, pág, 1497, sólo desde esa fecha "se constata con carácter formal y oponible erga omnes el fracaso de l aliquidación como medio solutorio de la insolvencia del deudro declarado en concurso".

más, la fecha de la solicitud del concurso (bien por el propio deudor, acreedor o cualquier otro legitimado) y no del Auto de declaración de la reapertura a efectos del *dies ad quem* del cómputo hacia atrás de esos cinco años.

5.2. Que la conclusión del concurso anterior lo fuera bien

a) Por liquidación del patrimonio del deudor, tanto directa como indirecta, es decir, incluyendo también la liquidación consecuencia del convenio incumplido que deja créditos insatisfechos.

b) Por declaración de insuficiencia de activo realizable para pagar los créditos.

Estos son los dos únicos supuestos de reapertura en sentido estricto, pues se vincula la conclusión del procedimiento concursal con la residualidad del pasivo[14].

5.3. Aparición o recuperación de bienes o derechos del concursado o de un tercero responsable de pagar sus créditos tras la conclusión del concurso[15]

Esta *condictio iuris* de la reapertura que omite el art. 179 LC se encuentra implícitamente presupuestada por el art. 180.1 LC al referirse a la actualización del inventario tras la reapertura[16]. Ello sin olvidar el contenido del art. 76.1 LC que establece que "*constituyen la masa del concurso los bienes y derechos integrados en el patrimonio del deudor a la fecha de la declaración de concurso y los que se reintegren al mismo o adquiera hasta la conclusión del procedimiento*".

Igualmente, se ha de señalar que es posible, aunque en la actualidad poco probable, que el concursado venga a mejor fortuna sin que se produzca efectivamente ingreso de nuevo patrimonio, pues puede suceder que los existentes al tiempo de la conclusión del concurso, pero insuficientes para el pago, se revaloricen tras la conclusión del mismo.

Respecto de este presupuesto debemos distinguir el tratamiento que hace el legislador en función de que estemos ante deudor persona física o persona jurídica.

¿Por qué la necesidad de esta distinción?

- Pues porque como de todos es sabido, la conclusión del concurso de persona física no supone inexcusablemente la inhabilitación de éste para el ejercicio de actividades que generen nuevos activos. Es por ello que este presupuesto abarca dos supuestos:

---

[14] PULGAR EZQUERRA, J., "Estudio del supuesto de reapertura del concurso de acreedores. Principales aspectos del régimen de reapertura", en *La Ley* 21322/2009, pág, 1.

[15] VALPUESTA GASTAMINZA, E., "Conclusión y reapertura del concurso", en *El concurso de Acreedores…, cit*, pág, 635.

[16] Tal y como afirma entre otros, PULGAR EZQUERRA, J., *ul.loc.cit.*

a) La aparición de activos anteriores al concurso que no se integraron en la liquidación, y que, por tanto, ahora deben realizarse para pagar los créditos insatisfechos.
b) La recuperación del patrimonio del concursado, consecuencia del ingreso de nuevos bienes y derechos, bien propios o de terceros responsables.

- En el caso de la persona jurídica no hay que olvidar que la liquidación implicará el cese de la actividad, por lo que no será posible adquirir nuevos bienes y derechos, tan sólo cabría en sentido estricto, la aparición o recuperación de bienes anteriores al concurso que fueron sustraídos de la liquidación y que han de ser reintegrados a la masa activa del concurso.
- Siendo cierto que el presupuesto de la reapertura es que aparezcan nuevos bienes y derechos con posterioridad del deudor o de terceros responsables, no lo es menos, que debemos preguntarnos si se debe poner un límite temporal o cualitativo del tipo de bien o derecho que permita la reapertura o en el número de reaperturas. A esta cuestión, la mayoría de la doctrina responde que "parece poco lógico y poco práctico acudir al expediente de la reapertura con todos sus efectos, en especial reposición de la AC y actualización de textos definitivos, en todos los supuestos en los que aparezcan nuevos bienes y derechos. Solamente debería producirse la reapertura cuando el resultado previsible de la liquidación de estos bienes y derechos permitirá, si quiera parcialmente, los gastos de esta reapertura, en particular, los que dieron lugar a su apertura (abogado y procurador instantes) y los honorarios de la AC"[17].

6. EL AUTO DE DECLARACIÓN DE REAPERTURA

La declaración de apertura del concurso bien puede ser de carácter voluntaria o necesaria, según estemos ante un deudor persona física o jurídica, pues la persona jurídica carecerá de órganos de representación al haberse extinguido ésta.

La pregunta entonces es *¿quién se encuentra legitimado para instar la reapertura?*

El art. 179.3 LC permite con la misma finalidad que el art. 176 bis, apartado quinto, que dentro del año siguiente a la conclusión del concurso por insuficiencia de masa activa, a los acreedores solicitar "*la reapertura del concurso con la finalidad de que se ejerciten acciones de reintegración, indicando las concretas acciones que deben iniciarse o aportando por escrito hechos relevantes que pudieran conducir a la calificación de concurso como culpable, salvo que se hubiera dictado sentencia sobre calificación en el concurso concluido*" y ello aunque el 176.bis.5º LC habla de

[17] GARCÍA OREJUDO, *op.cit,* pág, 831.

"*reanudación*" cuando en sentido estricto, no es posible reanudar algo que no se encuentra "*suspendido*" sino concluido.

Este sería un supuesto de reapertura para el ejercicio de acciones y no de mejor fortuna del deudor en sentido estricto, si bien, con ello lo que se pretende es que el ejercicio de estas acciones de contenido patrimonial sirva de presupuesto material para la reapertura, pues caso de prosperar éstas, el resultado se integraría en la masa activa del concurso. La única nota a tener en cuenta, es la fijación del plazo de un año desde la conclusión del concurso que exige el legislador para que los acreedores puedan solicitar la reapertura, sin distinguir en este caso el tipo de deudor.

En el resto de supuestos debemos distinguir el tratamiento legal, así:

— *En caso de Deudor persona física,* la reapertura la puede solicitar bien el propio deudor[18] bien cualquiera de sus acreedores, tanto anteriores como posteriores a la conclusión del concurso anterior (art. 180.1 LC).
— *En caso de Deudor persona jurídica,* sólo puede ser solicitada por los acreedores insatisfechos, si bien habría que admitir aunque la ley guarde silencio sobre ello, que los administradores o liquidadores si conocen la existencia de activo una vez cerrada la liquidación, tendrían también legitimación para ello.

¿Y la A.C?, ¿tiene legitimación para instar la reapertura? Con carácter general, tendremos que negarles tal capacidad, sin embargo, es posible admitir tal legitimación para el caso de que todavía subsista como A.C., de conformidad con la resolución judicial que puso fin al concurso.

De este modo, solicitada la reapertura por quien ostenta legitimación, se precisa de resolución judicial dictada por el Juzgado de lo Mercantil competente, una vez verifique la concurrencia de los presupuestos conceptuales ya señalados, dictando el correspondiente Auto estimatorio de la solicitud.

Ahora bien, surge una nueva pregunta, ¿lo que declara el Auto judicial es un "nuevo concurso" en sentido estricto, tal y como parece indicar el tenor del art. 180.1 LC?

De conformidad con el tenor del art. 179 LC, hay que diferenciar:

— *Caso de deudor persona física,* estamos ante una reapertura pero en el Juzgado que corresponda, debiendo incorporarse a este "*nuevo concurso*" todo lo actuado en el anterior (art. 179.1 LC).
— *Caso de deudor persona jurídica,* el párrafo segundo del art. 179 LC señala que la reapertura se declarará por el mismo Juzgado que conoció del concluido y añade expresamente que "*se tramitará en el mismo procedimiento*", por lo que nada de nuevo hay en este concurso, pues el procedimiento quedará reducido a la fase de liquidación de los

[18] A estos efectos, incluso, ALONSO ESPINOSA, *op.cit,* pág, 1501 afirma que "el deudor persona física tiene no sólo el derecho sino también la obligación de solicitar la reapertura de su concurso si viene "a mejor fortuna" y, en especial, si su nuevo patrimonio empeiza a ser objeto de ejecución singular por parte de acreedores insatisfechos".

bienes y derechos aparecidos con posterioridad a la conclusión bien por liquidación bien por insuficiencia de masa.

De conformidad con lo señalado, el Auto de declaración del concurso tendrá distinto contenido en función de que estemos ante la "*continuación*" del procedimiento anterior (persona jurídica) o el "*nuevo concurso*" al que incorporaremos lo actuado en el anterior (persona física). Así, cuando estemos ante reapertura de concurso de persona física, es decir, ante un nuevo concurso en sentido estricto, el contenido deberá ser el que establece el art. 21 LC, mientras que en el caso de deudor persona jurídica, al limitarse la reapertura a la fase de liquidación de los bienes y derechos aparecidos (art. 179.2 LC), será suficiente que se limite a la declaración de reapertura y a la actualización de la A.C por aplicación analógica del art. 145.1.párrafo segundo LC que deberá continuar con ésta. En ambos casos, deberá darse la publicidad prevista en los artículos 23 y 24 LC (así tanto publicidad en el B.O.E y demás diarios exigidos como en los correspondientes Registros).

7. EFECTOS DE LA REAPERTURA

Hablar de efectos de la reapertura no es sinónimo de efectos de la declaración del concurso en toda su extensión, pues de hecho, los arts. 179 y 180 LC omiten toda referencia al Título III de la Ley que se refiere a ellos. Sin embargo, debemos tener en cuenta el contenido de los artículos 145 y 146 LC relativos a la liquidación y que en caso de reapertura deberemos continuar o efectuar y que expresamente aluden al Título III.

De los arts. 179 y 180 de la LC se infieren los siguientes efectos que podemos agrupar teniendo en cuenta a quién afecta, así:

7.1. Efectos sobre el deudor[19]

La norma distingue los efectos de nuevo, en función de que estemos ante deudor persona física y persona jurídica, por lo que se hace obligado analizar los efectos teniendo en cuenta dicha distinción:

a) *Deudor Persona física*: de conformidad con el tenor de la norma que señala que al procedimiento en curso se incorporará "*todo lo actuado en el anterior*", se deberán producir los efectos propios de la declaración del concurso "*en curso*", es decir, los señalados en los artículos 40 a 73 de la Ley Concursal. Se debe así nombrar A.C, establecerse la limitación de las facultades de administración y disposición del patrimonio del concursado que se habían recuperado tras la conclusión

[19] Sobre esta cuestión puede verse, PULGAR EZQUERRA, J., y YANES YANES, P.M., "Los efectos de la reapertura del concurso. El nuevo informe de la A.C y la fase común del concurso reabierto. Terminación de la fase común y soluciones al concurso reabierto", en *La Ley*, nº 21323, 2009, pág, 1.

del concurso, salvo que la sentencia de calificación así lo hubiera establecido. Surge el deber de colaboración del deudor, etc...

b) *Deudor Persona Jurídica*: dado que el concurso se tramitará en el mismo procedimiento concursal anterior (art. 179.2 LC) y que se limitará su tramitación a la liquidación de los bienes y derechos aparecidos con posterioridad a la conclusión del concurso por insuficiencia de masa o liquidación, lo normal será reponer a la A.C nombrada en aquél[20], si bien no hay ningún obstáculo para nombrar otra distinta, por aplicación analógica del art. 145.1.2° párrafo LC, previsto para la apertura de la liquidación de oficio por incumplimiento de convenio conforme al cual "cuando en virtud de la eficacia del convenio, y conforme a lo previsto en el apartado 2 del artículo 133 LC, los administradores concursales hubieren cesado, el juez, acordada que haya sido la apertura de la liquidación, *los repondrá en el ejercicio de su cargo o nombrará a otros*"[21]. Como es lógico, en este caso no operan las limitaciones patrimoniales al concursado, pues siendo una persona jurídica, ésta se habrá extinguido por la resolución judicial que declaró concluido el concurso por insuficiencia de masa o liquidación, no pudiendo haber operado en el tráfico jurídico tras ello.

7.2. Efectos sobre los acreedores

declarada la reapertura del concurso, es necesario reconstruir la masa pasiva, debiendo incluirse a todos los acreedores existentes al tiempo de la reapertura. En este sentido, no hay que olvidar que la conclusión del concurso por insuficiencia de masa o liquidación de la persona física, no implica que ésta no pueda operar en el tráfico jurídico, por lo que ha podido desempeñar nueva actividad generadora de nuevas deudas que han de incluirse en el "*nuevo concurso*".

Al margen de esta actualización de los acreedores, más factible en caso de deudor persona física, se producen los efectos propios de la declaración del concurso sobre los créditos, así:

a) La prohibición de compensación. El art. 58 LC establece la prohibición de la compensación de los créditos y deudas con el concursado, una vez declarado el concurso, con la salvedad de lo previsto en el art. 205 LC que establece que "*la declaración del concurso, no afectará al derecho de un acreedor a compensar su crédito cuando la Ley que rija el crédito recíproco del concursado lo permita en situaciones de insolvencia*".

---

[20] Como señala VALPUESTA GASTAMINZA, E., "Conclusión y ...", cit, pág, 637 y ss, lo lógico es que la A.C recaiga en los mismos sujetos designados para el concurso clausurado (pues la reapertura no es más que una continuación del mismo, y porque además conocen ya lo realizado y les será más fácil actualizar el activo y el pasivo.

[21] PULGAR EZQUERA., "Los efectos de la reapertura...", *cit*, pág, 2.

Así, el precepto, únicamente admite como compensación eficaz con proyección sobre el concurso quella que ha tenido lugar entre créditos que ya fueran compensables, conforme al régimen legal, en el momento de ser declarado aquél, esto es, cuando los requisitos para proceder a la compensación (ha de tratarse de créditos homogéneos, recíprocos, vencidos, líquidos y exigibles) se daban con anterioridad a su apertura, refrendando así la configuración de la compensación más que como garantía, como una simple fórmula o instrumento de pago, y contemplando la situación desde la perspectiva de un concurso ya declarado. Ahora bien, tras la reforma por Ley 38/2011, se añade un matiz, se producirán los efectos de la compensación cuyos requisitos hubieran existido con anterioridad a la declaración, "*aunque la resolución judicial o acto administrativo que la declare se haya dictado con posterioridad*"[22].

En consonancia con lo anterior, la fecha determinante es la de la declaración del concurso. De tal manera que, si los requisitos de la compensación que recoge el artículo 1.196 del Código Civil, ya concurrían con anterioridad a dicha declaración, el acreedor que no la hubiere hecho valer antes, puede, después de haberse declarado el concurso, exigir la extinción de su crédito contra el concursado hasta la cuantía del que tenga contra él. Por el contrario, si esos presupuestos no concurrían con anterioridad a dicha declaración, ya no podrá interesar la extinción del crédito por compensación al estar prohibida la misma con carácter general en este precepto.

La finalidad del art. 58 LC es sencilla, evitar una alteración de la *par condicio creditorum*, favoreciendo a uno o varios acreedores en detrimento del resto, viéndose los primeros libres de tener que acudir al concurso y de sujetarse al orden de preferencias legalmente establecido para cobrar sus créditos.

b) La suspensión del devengo de intereses: el artículo 59 LC regula uno de los principales efectos de la declaración del concurso, la suspensión del devengo de los intereses ya sean convencionales o legales, con dos excepciones, los correspondientes a los créditos con garantía real y los de los créditos salariales que resulten reconocidos.

La razón de esta suspensión de devengo de intereses una vez se declare el concurso se encuentra en la necesidad de que no sobrevengan a la masa concursal nuevas obligaciones accesorias respecto de las principales que la integran en el momento de la declaración, pues el procedimiento concursal se dirige a satisfacer las ya existentes a tal fecha, bien por vía convencional, bien vía liquidación.

En definitiva, la clara finalidad a la que atiende la regla de suspensión del devengo de intereses del art. 59 LC es, por un lado, la de inmovilizar en lo posible el pasivo del concurso, evitando que éste siga aumentando durante el transcurso del procedimiento en perjuicio de la perspectiva de cobro del resto de acreedores y entorpeciendo notablemente la consecución de una solución

[22] MARTÍNEZ GALLEGO, E.M. "comentario al art. 58 LC", en en *Comentario práctico a la nueva Ley Concursal,* coordinado por López López, E., y Macías Castillo, A., edit. La Ley, Madrid, 2012, pág, 330.

concursal, ya sea la convencional o la liquidativa, y de otro lado, equiparar en el trato a los distintos acreedores concursales sin hacer de peor condición a los titulares de créditos que no tuvieran a su favor dicho devengo.

Ahora bien, hay que tener en cuenta que el precepto señala "*suspensión*", no "*extinción*", de forma que tal y como señala su apartado segundo, es posible reclamar los intereses si finalmente resultan bienes bastantes para pagarlos, lo que evidencia el sentido utilitario y la dimensión personal de tal suspensión del devengo de intereses[23].

c) La interrupción de la prescripción de las acciones para exigir los créditos anteriores a la declaración del concurso o contra socios, administradores, liquidadores y auditores de la persona jurídica deudora (art. 60.3 LC): Lo dispuesto en este precepto supone una excepción a lo dispuesto en el artículo 1.973 del Código Civil, permitiendo la interrupción del plazo para ejercitar las acciones frente a los administradores sociales durante la tramitación del concurso, a cuyo término se inicia un nuevo plazo tal y como establece el artículo 60.4 de la L.C.[24].

La práctica unanimidad de la doctrina viene a señalar que, la declaración concursal no altera el régimen de responsabilidad de los administradores, auditores o liquidadores de la sociedad por las conductas realizadas con anterioridad o posterioridad a la apertura del concurso, pero sí introduce alguna modificación respecto de su ejercicio, y en concreto en la legitimación, competencia judicial y medidas cautelares. A ello hemos de añadir el tema de la prescripción. Sin embargo, lo cierto es que la responsabilidad se ve alterada de muy diferente modo cuando entra en tramitación un supuesto concursal, dado que el administrador ya no responderá por la vía societaria respecto de los actos posteriores sino que lo hará por la vía concursal y, desde nuestro punto de vista, con lo expuesto, consideramos que también en cuanto a las acciones interrumpidas (las que no se hubieren ejercitado) con la declaración del concurso, respecto de aquellas que nazcan con anterioridad a este, que no volverán a tener cabida hasta que no se produzca el levantamiento de la interrupción a la que se refiere el artículo 60.2 de la L.C.

7.3. Otros efectos

a) *La actualización del inventario y de la lista de acreedores* (art. 180 LC). En este sentido, y aunque la norma no lo señala, creemos necesario que la A.C. elabore un nuevo informe[25], y ello porque no podemos olvidar que tanto el inventario como la lista de acreedores que deben de actualizar, no son sino partes de dicho informe y se hace imprescindible que se expongan las circuns-

---

[23] MARTÍNEZ GALLEGO, E.M. "comentario al art. 59 LC", en en *Comentario práctico a la nueva Ley Concursal,* coordinado por López López, E., y Macías Castillo, A., edit. La Ley, Madrid, 2012, pág, 334.

[24] MARTÍNEZ GALLEGO, E.M. "comentario al art. 60 LC", en en *Comentario práctico…, cit,* pág, 340.

[25] Comparte esta opinión PULGAR EZQUERRA, J., "Los efectos de la reapertura..", *cit,* pág, 2.

tancias más relevantes para el procedimiento reabierto por parte de la A.C. Así, los extremos que debe contener dicho informe siguiendo lo establecido en el art. 75 LC son[26]:

1°. *El análisis de la situación del deudor.* Sobre este punto hay que resaltar que el legislador está pensando en el concurso voluntario, aquel que ha instado el propio deudor y que, por tanto, contamos con los documentos del art. 6.2 LC (a este respecto, la memoria expresiva de la historia económica y jurídica del deudor, de la actividad o actividades a que se haya dedicado durante los últimos tres años de los establecimientos, oficinas y exportaciones de que sea titular, de las causas del estado en que se encuentre y de las valoraciones y propuestas sobre la viabilidad patrimonial).

2°. *El estado de la contabilidad del deudor.* Esta parte del informe de la A.C viene a ser una especie de auditoría respecto de la contabilidad del deudor. Para elaborarla, partirá, como no puede ser de otra manera, de los documentos que haya aportado con su solicitud de declaración de concurso (el legislador sigue pensando en el concurso voluntario), de conformidad con el art. 6.3 LC (cuentas anuales, informes de gestión o informes de auditoría, libros principales y auxiliares, etc..). Obviamente, caso de que el deudor no estuviera obligado a llevar contabilidad o caso de estarlo, pero no los haya acompañado, habiendo expresado la causa que se lo ha impedido (art. 6.5 LC), la elaboración de esta parte del informe, deviene ciertamente difícil a la A.C, debiendo contar para ello con toda la colaboración del deudor (obligación impuesta al amparo del art. 42 LC), y caso de no ser así, tenerlo en cuenta a los efectos de la pieza de calificación.

3°. *La memoria de las principales decisiones y actuaciones de la administración concursal.* En este punto, el legislador no establece un guión previo, sino que permite que la A.C, en función del tipo de concurso, la existencia o no por ejemplo de trabajadores, etc.., pueda informar pormenorizadamente al juez de aquellas decisiones que se han tomado, así como de las actuaciones llevadas a cabo.

Con todo ello, es importante que el informe del concurso reabierto, cuente con unas conclusiones motivadas acerca de la situación patrimonial de deudor, debiendo señalarse cualquier circunstancia o dato que pudiera ser relevante para la ulterior tramitación del concurso, ello de conformidad con el art. 75.3 LC.

Para la elaboración de dicho informe del concurso reabierto, la A.C debe partir del inventario y lista de acreedores del procedimiento anterior concluido, y así realizar las operaciones de actualización siguientes:

— *Respecto al Inventario*: el art. 180.1 LC parte de los Textos definitivos formados en el procedimiento anterior, señalando la obligación de

---

[26] MARTÍNEZ GALLEGO, E.M. "Comentario al art. 75 LC", en en *Comentario práctico...*, *cit.*, pág, 430 y ss.

actualizarlos en el plazo de dos meses a partir de la incorporación de aquellas actuaciones al nuevo concurso. Con dicha actualización se evidencia el aspecto dinámico de la masa activa, pues ahora, deben incluirse los nuevos bienes hallados o incorporados al patrimonio del concursado tras la conclusión del concurso, y suprimirse los bienes y derechos que hubieran salido de éste; debiendo en todo caso, corregir la valoración de los subsistentes y valorar los nuevos. Al mismo tiempo, no debemos olvidar que tal y como establece el art. 82.4 LC deberá indicar también todos los litigios que pudieran afectar a la masa así como las acciones de reintegración que debieran promoverse, informando sobre "*la viabilidad, riesgos, costes y posibilidades de financiación de las correspondientes actuaciones judiciales*".

— *Respecto a la lista de acreedores*: tal y como indica el art. 180.1 LC, la lista de acreedores formada en el procedimiento anterior debe actualizarse por la A.C, de forma que todos los acreedores del concursado queden de derecho integrados en la masa pasiva del concurso tal y como establece el art. 49 LC. En este caso, producida la reapertura del concurso es necesario reconstruir aquella masa pasiva incluyendo ahora los nuevos acreedores que pudieran existir, si bien como es lógico, esta posibilidad sólo cabe en el caso de deudor persona física como ya hemos indicado, pues el deudor persona jurídica no podrá generar nuevas deudas tras la conclusión del concurso por insuficiencia de masa o liquidación al haberse extinguido su personalidad[27].

En esta lista de acreedores deberán incluirse todos los créditos, ordinarios o no, cualquiera que sea su nacionalidad y domicilio, sin más excepciones que las establecidas en las leyes[28]. A tal efecto, subsiste la carga de comunicar la existencia del crédito a los acreedores, (art. 85.1 LC). En este punto, tal y como señala PULGAR, "la formalización documental de la masa reconstituida en la lista de acreedores se produce por meras exigencias de actualización, y no porque sea necesario confeccionarla *ex novo*. Por tanto, la comunicación corresponderá (en su caso, pues se trata de un acto voluntario) a los acreedo-

---

[27] Comos señala PULGAR EZQUERRA, J., en "los efectos de la reapertura...", *cit*, pág, 7, Lógicamente, extinguida la persona jurídica como consecuencia del auto de conclusión dictado por inexistencia de bienes y derechos, dejará de operar en el tráfico, dejará de ser sujeto de derechos y obligaciones. Respecto de los créditos que existían al tiempo de declararse el concurso, insatisfechos como consecuencia de la conclusión del concurso y los que se hayan ido generando con posterioridad a la conclusión por asunción de obligaciones del concursado anteriores a su extinción, todos los créditos deberán ser objeto de actualización mediante la actualización de textos definitivos de acuerdo con el art. 180 de la LC".

[28] "Por tanto, excepcionalmente, determinados acreedores pueden ejecutar sus créditos contra determinados bienes del concursado separadamente al proceso concursal, como es el caso, por ejemplo, de lo previsto en el art. 76.3 de la Ley Concursal y de algunos de los supuestos previstos en los arts. 55 y 56 de la Ley Concursal", como señala MARTÍNEZ GALLEGO, E.M. "Comentario al art. 75 LC", en en *Comentario práctico a la nueva..", cit*, pág, 286.

res concursales cuyos derechos hayan nacido con posterioridad a la conclusión del concurso reabierto"[29].

Siendo así las cosas, la única cuestión a plantear sería si es o no posible incluir en esta actualización de la lista de acreedores, a aquéllos que no comunicaron en plazo su crédito en el concurso concluido. La respuesta creemos ha de ser positiva, pues no hay ningún precepto que impida una vez reabierto el concurso, que se efectué la comunicación por cualquier acreedor "sin distinción", incluidos aquellos que dejaron pasar el plazo en el anterior concurso concluido, eso sí, comunicando su crédito dentro del nuevo plazo legalmente establecido.

Tras la comunicación y oportuno reconocimiento por parte de la A.C, la lista de acreedores provisional devendrá en definitiva, una vez concluyan las impugnaciones y eventuales incidentes concursales.

b) Las operaciones de liquidación: como no puede ser de otra manera, una vez firme el informe de la A.C, da inicio la liquidación de los bienes y derechos que integran la masa activa del concurso para efectuar los pagos a los acreedores según la prelación de sus créditos. Dicha liquidación se rige por los arts. 148 y siguientes de la LC, es decir, plan de liquidación y reglas de liquidación[30].

A modo de conclusión, señalar que la A.C deberá iniciar dicha liquidación de oficio dado el carácter liquidatorio de la reapertura, debiendo rendir cuentas de conformidad con el art. 181 LC una vez concluya dichas operaciones.

---

[29] PULGAR EZQUERRA, J., "Los efectos de la reapertura...", *cit*, pág, 5.

[30] Sobre esta cuestión puede verse ALONSO ESPINOSA, F.J., *op.cit*, pág, 1505.

BREVE RESEÑA DE LA SENTENCIA DEL TRIBUNAL SUPREMO, SALA DE LO CIVIL, SECCIÓN 1, DE 04 DE DICIEMBRE DEL 2012 (ROJ: STS 8306/2012) Y DE SUS CONSECUENCIAS A LA LUZ DEL DERECHO TRANSITORIO APLICABLE A LA REFORMA DEL ARTÍCULO 84 APARTADO 2 ORDINAL 5º DE LA LEY CONCURSAL OPERADA POR LEY 38/2011

Ildefonso Prieto García-Nieto
Audiencia Provincial Mercantil de Murcia

Los créditos devengados tras la aprobación del convenio luego incumplido
Su calificación como créditos concursales o contra la masa

Incidencia de la reforma del art. 84.2.5º LC en la cuestión

Historia del caso

1) En el concurso de acreedores de una sociedad se produjo el incumplimiento del convenio alcanzado y se abrió la fase de liquidación.
2) Los créditos surgidos en favor de la TGSS tras la aprobación del convenio y durante su cumplimiento se calificaron como concursales por la administración concursal (AC).
3) En la demanda incidental de impugnación, la TGSS pedía que los reseñados créditos surgidos durante la fase de cumplimiento del convenio, esto es, desde la aprobación del convenio hasta su resolución y

apertura de la liquidación, fueran reconocidos como créditos contra la masa, al amparo de los ordinales 5 º y 10º del art. 84.2 LC.

4) El juez mercantil desestimó esta pretensión, por entender que la interpretación del art. 84.2.5º LC vigente en aquél momento conducía a considerar estos créditos como créditos concursales, de acuerdo con el parecer de la mayoría de las Audiencias Provinciales

5) La Audiencia Provincial confirma la sentencia anterior:
   a) Entiende que como la aprobación del convenio conlleva el cese de los efectos de la declaración de concurso (art. 133.2 LC) y el concursado recobre la plena capacidad, en caso de posterior resolución del convenio por incumplimiento y apertura de la liquidación, el tratamiento de los créditos surgidos en ese periodo es similar al de los créditos nacidos después de la conclusión del concurso y antes de la reapertura del concurso, en cuyo caso procede actualizar la lista de acreedores incorporando a lista los "acreedores posteriores" (art. 180.1 LC)
   b) Además, añade que la interpretación del art. 84.2.5º LC –en su redacción anterior a la Ley 38/2011– conduce a entender que el límite temporal para el nacimiento de créditos contra la masa, en caso de aprobación de convenio, es dicha aprobación, tal y como expresamente se afirma en aquel precepto. Interpretación que es más acorde con la voluntad del legislador de reducir al máximo los privilegios y preferencias, entre las que se encuentra el reconocimiento de un crédito como crédito contra la masa, en aras de hacer realidad el principio de igualdad de tratamiento de los acreedores.

El recurso de casación

— La TGSS recurre en casación argumentando en esencia que procede considerar estos créditos nacidos en la fase de cumplimiento del convenio como créditos contra la masa.

Argumentaba que si bien la alternativa prevista en el art. 84.2.5º LC para la finalización del devengo de los créditos contra la masa surgidos por la continuación del ejercicio de la actividad empresarial del deudor era la aprobación del convenio o la terminación del concurso, el primer límite solo opera cuando el convenio se llegara a cumplir pero no cuando éste resultaba incumplido.

Si se incumpliera el convenio y por ello se abre de oficio la fase de liquidación, debe entenderse que entra en juego el otro límite temporal, lo que determinaría que son créditos contra la masa los derivados de la actividad del deudor tras la aprobación del convenio y hasta la conclusión del concurso.

El criterio del Tribunal Supremo

Desestima el recurso.

Establece que, cuando sea aplicable la redacción del art. 84.2.5º LC vigente hasta su reforma por Ley 38/2011, los créditos generados por continuación de la actividad del deudor durante el cumplimiento del convenio aprobado, deben ser calificados como créditos concursales.

Sin embargo, en el caso de que resulte aplicable al caso la nueva redacción del art. 84.2.5º LC tras la referida Ley, esos mismos créditos debieran calificarse como créditos contra la masa.

— Razones que justifican la calificación como créditos concursales en el primer supuesto:

— La enumeración de los créditos contra la masa debe interpretarse de forma restrictiva, porque, en la medida que gozan de "preferencia de cobro" –porque deben satisfacerse en la forma establecida en la LC sin someterse a las soluciones concursales– merman en la práctica las posibilidades de cobro de los créditos concursales.

— La antigua redacción del art. 84.2.5ª LC establecía que tenían la consideración de créditos contra la masa *"los generados en el ejercicio de la actividad profesional o empresarial del deudor tras la declaración de concurso (...), hasta que el juez acuerde el cese de la actividad profesional o empresarial, apruebe el convenio o, en otro caso, declare la conclusión del concurso"*.

— Es lógico que se prevea que los créditos surgidos tras la aprobación del convenio no son créditos contra la masa porque dicha aprobación supone un cambio sustancial en relación con los efectos del concurso (cese de los mismos y de la administración concursal pasando a regir las limitaciones que se establezcan en el propio convenio, sometimiento al convenio de los acreedores, etc), de manera que el crédito generado durante el periodo de cumplimiento del convenio no nace en un contexto propiamente concursal, sino estrictamente negocial. Por esta razón, el art. 84.2.5º LC, en su originaria redacción, lo excluía de la consideración de crédito contra la masa.

— Razones que determinan la calificación como créditos contra la masa en el segundo caso:

La Ley 38/2011, de 10 de octubre, suprime el límite temporal de la aprobación del convenio en cuanto a la generación de créditos contra la masa, de tal forma que el actual art. 84.2.5º LC señala que son créditos contra la masa los generados por la actividad del deudor tras la declaración del concurso... *"hasta que el juez acuerde el cese de la actividad profesional o empresarial, o declare la conclusión del concurso"*, de manera que incluye ahora los generados en fase de cumplimiento del convenio.

Consecuencias prácticas de este criterio

A la modificación del art. 84.2.5º LC por Ley 38/2011, le es de aplicación su Disposición Transitoria Cuarta punto 2 que, en cuanto aquí interesa, establece:

> *2. Los artículos 49, 84 –salvo los nuevos apartados 3, 4 y 5–, 86.2, 3 y 4, 90.1, 91, números 1.º, 3.º, 5.º, 6.º y 7.º, 92, números 1.º, 3.º y 5.º, 93.2.3.º y 94.4 de la Ley Concursal, modificados por esta ley, a los efectos de la clasificación de los créditos afectados,....., modificados por esta ley,* ***se aplicarán a los concursos en tramitación, al tiempo de la fecha de su entrada en vigor,***

en los que aún no se hubiese presentado el informe por la administración concursal.

Por lo tanto la modificación legal del art. 84 apartado 2 ordinal 5º LC introducida por Ley 38/2011 es aplicable –"*a los efectos de la clasificación de los créditos afectados*"– a los concursos que se encontraran en tramitación al tiempo de su entrada en vigor (1/1/2012) en los que aún no se hubiese presentado el informe de la administración concursal (previsto en los arts. 74 y concordantes LC), pero no lo es a aquéllos otros también en tramitación, en los cuales en dicha fecha ya se hubiera presentado el referido informe.

La determinación de si un crédito generado en fase de cumplimiento del convenio luego incumplido es crédito concursal o contra la masa, no es otra cosa que proceder a su clasificación y ésta, en el supuesto que se analiza, se ha de llevar a cabo por la administración concursal tras la apertura de oficio de la liquidación por incumplimiento de convenio.

De consolidarse la tesis de esta sentencia del TS el resultado de la aplicación literal de la referida norma de derecho transitorio vendría a ser que en aquéllos concursos en que el informe de la administración concursal se hubiera presentado antes del 1/1/2012 y ya se hubiere aprobado o se apruebe con posterioridad un convenio que más tarde resulte incumplido abriéndose la fase de liquidación (sean cuales sean las fechas en que ello tenga lugar y el tiempo transcurrido desde la aprobación al incumplimiento del convenio), los créditos posteriores a la aprobación del convenio habrían de calificarse como créditos concursales (privilegiados, ordinarios o subordinados, según el caso).

En todos aquéllos concursos ya iniciados antes del 1/1/2012 pero en los que el informe de la AC se presentara después de dicha fecha, esos mismos créditos deberán considerarse como créditos contra la masa.

El diferente tratamiento de los créditos post-convenio (en los concursos ya iniciados antes del día 1/1/2012) en función exclusivamente del momento en que se hubiera presentado el informe de la administración concursal, solo podría ser superado en el caso de que se interpretara que la referencia a la "clasificación de los créditos afectados" de la DT Cuarta Ley 38/2011, solo debe entenderse referida a aquélla clasificación de créditos que se lleva a cabo en la fase común del concurso, pero no a la "actualización" de la lista de acreedores que debe producirse tras la reapertura del concurso por incumplimiento del convenio (aunque dicha tarea implique de facto clasificar los créditos postconvenio como créditos contra la masa o créditos concursales).

EL TRATAMIENTO CONCURSAL DEL *LEASING*

CARLOS NIETO DELGADO
Magistrado Juez del Juzgado Mercantil núm. 1 de Madrid

SUMARIO: **INTRODUCCIÓN.- PRIMERA PREGUNTA. ¿Hace falta la inscripción del contrato en algún registro para la atribución del privilegio especial al crédito del arrendador financiero?- SEGUNDA PREGUNTA. ¿Debe considerarse el contrato del** *leasing* **vigente al tiempo de la declaración de concurso un contrato con obligaciones recíprocas pendientes de cumplimiento para ambas partes o sólo para una de ellas?- TERCERA PREGUNTA. ¿Son las cuotas del** *leasing* **posteriores a la declaración de concurso crédito contra la masa?- CUARTA PREGUNTA. ¿Puede influir en la calificación del contrato de** *leasing* **como contrato con obligaciones recíprocas pendientes de cumplimiento el que se ejercite la facultad de desistimiento unilateral prevista por el art. 61.2 LC?- QUINTA PREGUNTA. ¿Es aplicable el art. 155.2 LC al contrato de** *leasing***?- SEXTA PREGUNTA. ¿Cuáles son los efectos del ejercicio por el arrendador de la acción de recuperación del bien sobre los créditos que deban serle reconocidos en la lista de acreedores?- SEPTIMA PREGUNTA. ¿Es posible la venta de unidad productiva incluyendo bienes arrendados sin el consentimiento del arrendador financiero?- OCTAVA PREGUNTA. ¿Cómo debe interpretarse la previsión contenida en la última frase del art. 61.2 LC: "cuando se trate de la resolución de contratos de arrendamiento financiero, y a falta de acuerdo entre las partes, con la demanda incidental se acompañará tasación pericial independiente de los bienes cedidos que el juez podrá tener en cuenta al fijar la indemnización"?**

INTRODUCCIÓN

Constituye una evidencia confirmada por la praxis cotidiana de los Juzgados Mercantiles que la figura del *leasing* se encuentra a día de hoy indisolublemente unida al concurso de acreedores: el mayor número de resoluciones judiciales que cualquier buscador de jurisprudencia arroja, como resultado sobre esta especial modalidad contractual, aparece asociado a los numerosos problemas que la misma ha planteado en los últimos años en el ámbito de la insolvencia, en gran medida tributarios de su especial naturaleza.

Como es sobradamente conocido, el contrato de *leasing* o arrendamiento financiero, en su configuración formal externa, no parece diferenciarse de la figura clásica y conocida en el Derecho de los contratos de la locación de las cosas; sin embargo, en su función económica, se acerca o aproxima a las garantías reales, como la prenda o la reserva de dominio, frente a las cuales presenta la ventaja de esquivar la prohibición del pacto comisorio. Es precisamente esa naturaleza híbrida o bifronte (véase la magistral exposición de J.Mª. CUESTA RUTE, "El contrato de *leasing* o arrendamiento financiero: 40 años después", en *E-Prints Complutense*, 2010), la principal causa de los quebraderos de cabeza que trae aparejado el *leasing* en el Derecho concursal español: porque el Legislador ha atribuido en varios preceptos al arrendador financiero la misma posición que al titular de una garantía real (arts. 90.1.4º o 56 LC), pero luego no ha excluido (ni regulado especialmente) la aplicación al *leasing* de la disciplina de los contratos (de hecho, parece potenciarla con la Reforma de 2011: concretamente con la modificación del art. 61.2 LC). Una *bipolaridad legislativa* que genera difíciles problemas aplicativos, que a continuación nos proponemos analizar de forma sucinta.

En lo que sigue, intentaremos dar respuesta a algunas de las principales cuestiones que en relación con este contrato se han suscitado en el concurso y que, especialmente al término del año 2013, en que se celebra esta quinta edición del Foro Fundieco, ya cuentan con una respuesta más o menos clara por parte de nuestros Tribunales.

PRIMERA PREGUNTA. ¿Hace falta la inscripción del contrato en algún registro para la atribución del privilegio especial al crédito del arrendador financiero?

Esta es una cuestión sencilla y de respuesta ya conocida, que fue resuelta por el Tribunal Supremo en su Sentencia de 28.7.2011: ni la Ley 28/1988 ni la Ley 22/2003 exigen la inscripción en el Registro de venta a plazos de bienes muebles, por lo que la remisión que hace el art. 90 punto 2 LC a las formalidades que exige la legislación específica para la oponibilidad a terceros no incluyen, en el caso del *leasing*, la exigencia de ninguna inscripción. El Alto Tribunal razona dicha respuesta en los siguientes términos:

El artículo 15 de la Ley 28/1988, de 13 de julio, de venta a plazos de bienes muebles, exige, para que las reservas de dominio o las prohibiciones de disponer sean oponibles a terceros, la inscripción en el Registro correspondiente.

Sin embargo, la misma Ley, tratándose de contratos de arrendamiento financiero –regulados en la disposición adicional séptima de la Ley 26/1988, de 29 de julio, sobre disciplina e intervención de las entidades de crédito– que se refieran a bienes muebles que reúnan las características señaladas en el artículo 1, contempla la inscripción como una mera posibilidad no revestida del carácter de esencialidad –apartado 1 de la disposición adicional primera–. A la vez, dicha disposición adicional –apartado 2– faculta al arrendador financiero para reclamar el cumplimiento de las obligaciones derivadas del contrato, mediante el ejercicio, entre otras, de la acción ejecutiva sobre el patrimonio del deudor, si es que aquel consta en alguno de los documentos a que se refieren los ordinales cuarto y quinto del apartado 2 del artículo 517 de la Ley de Enjuiciamiento Civil.

Finalmente, la misma norma –apartado 3– permite al arrendador, en caso de incumplimiento del contrato, la recuperación del bien, con tal de que aquel conste en documento del tipo dicho o inscrito en el Registro de venta a plazos de bienes muebles.

De otro lado, el artículo 56 de la Ley 22/2003, al referirse a la ejecución de garantías reales, tampoco exige como requisito necesario o esencial la inscripción del contrato de arrendamiento financiero en el referido registro. Antes bien, admite como alternativa para el ejercicio de la acción de recuperación del bien arrendado, la formalización de aquel en documento que lleve aparejada ejecución.

En definitiva, no cabe negar que el contrato fuente del crédito de la recurrente, dado el documento en que se formalizó, era oponible a terceros, conforme a su legislación específica.

SEGUNDA PREGUNTA. ¿Debe considerarse el contrato del *leasing* vigente al tiempo de la declaración de concurso un contrato con obligaciones recíprocas pendientes de cumplimiento para ambas partes o sólo para una de ellas?

En primer lugar, se suscita la duda de si esta cuestión, que es crucial para saber si aplicamos los arts. 61.2 LC (desistimiento unilateral en interés del concurso) y 62 LC (resolución por incumplimiento) puede resolverse de forma genérica y global, a partir de un análisis dogmático de la naturaleza del contrato; o bien exige un análisis casuístico, examinando clausulado a clausulado cada uno de los contratos que se presenten.

El Tribunal Supremo ya ha dicho en tres Sentencias a lo largo del año 2013, concretamente en las Sentencias de 12, 19 de febrero y 11 de julio, que una aproximación dogmática a la naturaleza genérica o rasgos generales del *leasing* no permite concluir, en una forma que sea válida para todos los contratos (es decir, independientemente de su concreta redacción) que constituyen contratos con obligaciones recíprocas pendientes de cumplimiento para ambas partes al tiempo de la declaración de concurso. Quedan así desautorizadas las voces que en doctrina habían afirmado categóricamente lo contrario (véase por ejemplo J. A. LABAT, *Manual práctico de procedimientos para la recuperación de bienes cedidos en arrendamiento financiero o no financiero*, Cizur Menor:Civitas, 2011, p. 53 o R. GARCÍA SAN VICENTE, "Arrendamiento financiero" en E. BELTRÁN y J.A. GARCÍA-CRUCES, *Enciclopedia de Derecho concursal*, Cizur Menor:Aranzadi, 2012, T. I, p. 343). El Alto Tribunal lo ha expresado con meridiana claridad en la última de las referidas resoluciones:

La Ley Concursal no define qué debe entenderse por obligaciones recíprocas. Tampoco lo hace el Código Civil. Este se limita a regular el régimen de la constitución en mora en las obligaciones recíprocas en el último inciso del art. 1100, prever que «la obligación imponga recíprocas prestaciones a los interesados» a la hora de establecer los efectos de la obligación condicional de dar en el art. 1120, establecer que «la facultad de resolver las obligaciones se entiende implícita en las recíprocas, para el caso de que uno de los obligados no cumpliere lo que le incumbe» en el art. 1124 y que «si el contrato fuere oneroso, la duda se resolverá en favor de la mayor reciprocidad de intereses» al regular la interpretación de los contratos, en el art. 1289.

Con base en esta regulación, esta Sala ha declarado que la reciprocidad de obligaciones exige que cada una de las partes sea simultáneamente acreedora y deudora de la otra y que cada una de las obligaciones sea contrapartida, contravalor o contraprestación por depender la una de la otra. La reciprocidad no requiere equivalencia de valores, objetiva ni subjetiva, entre las dos prestaciones, pero sí que ambas tengan la condición de principales en el funcionamiento de la relación contractual de que se trate. Difícilmente cabrá advertir la condicionalidad entre una obligación principal y otra accesoria o secundaria.

La reciprocidad de los deberes de prestación puede ser advertida en la fase genética de la relación, esto es, en el momento de su nacimiento, con la perfección del contrato y la consiguiente creación de la regulación negocia. Pero, a los efectos del artículo 61 de la Ley de Enjuiciamiento Civil, la reciprocidad debe existir en la fase funcional del vínculo y después de declarado el concurso. Se entiende que las obligaciones que tuvieron inicialmente aquella condición la pierden si una de las partes hubiera cumplido su prestación antes de aquella declaración, lo que determina que el crédito contra el concursado incumplidor sea considerado concursal. La razón de ello es que, durante la tramitación del concurso, la relación funciona, de hecho, igual que las que por su estructura original no eran recíprocas.

El contrato de arrendamiento financiero o "leasing" ha sido objeto de numerosas disposiciones dirigidas, básicamente, a regular su vertiente tributaria (al referir el contrato a bienes destinados a una explotación agrícola, pesquera, industrial, comercial, artesanal, de servicio o profesional del financiado y considerar la cuota como gastos deducibles y no como inversión) y el régimen de las sociedades habilitadas para celebrar tales contratos (entidades de crédito).

Se ha destacado el componente arrendaticio en la relación entre entidad financiera y titular del derecho a usar el bien mueble, de tal forma, que el arrendatario financiero del bien no adquiere un derecho real sobre él (a su poder le faltan las características de inmediatividad o inherencia y absolutividad que son propias de tal categoría de derechos), sino el derecho a usar la cosa ajena, obligándose el arrendador a mantenerle en el uso pacífico de la misma. El dominio corresponde a la compradora y arrendadora financiera y no resulta limitado por ningún derecho real sobre cosa ajena a favor del arrendatario.

Por tanto, el contrato de arrendamiento financiero genera obligaciones recíprocas aunque el valor de las prestaciones no sea equivalente, pues en la renta se incluyen conceptos ajenos al uso. El cesionario del uso de la cosa ostenta un derecho de crédito contra la entidad financiera que le faculta a usar y que tiene como correlato la obligación de esta de prestarle ese uso, más allá de la mera entrega y durante el tiempo de vigencia de esa relación.

Pese a que, como se ha expuesto, del arrendamiento financiero en abstracto derivan obligaciones recíprocas para arrendadora y arrendataria, la finalidad práctica perseguida por la arrendataria suele centrarse en los aspectos financieros y en las ventajas tributarias que le supone acudir al tal contrato como fórmula para optar a la adquisición de los bienes arrendados. La primacía del interés de la arrendataria en la adquisición del bien mediante el ejercicio del derecho de opción por un precio residual sobre el de la utilización por el tiempo pactado permite que la arrendadora, en ocasiones, se desvincule de las obligaciones clásicas que a la misma impone el Código Civil.

Por ello, en contra de lo pretendido por la recurrente, para decidir sobre la reciprocidad de las obligaciones derivadas del arrendamiento financiero en concreto, no cabe acudir a las obligaciones que «por definición» impone el contrato de arrendamiento, «diga lo que diga un contrato de arrendamiento en particular». Desde la perspectiva civil, dejando al margen sus repercusiones tributarias, cabe que las partes, en el ejercicio de su libertad contractual, modulen o eliminen válidamente alguno de los elementos característicos del contrato típico. Bajo la denominación de arrendamiento financiero pueden estipularse pactos que desnaturalicen los aspectos arrendaticios con los únicos límites fijados en el art. 1255 del Código Civil.

Para determinar si la relación jurídica nacida del contrato de arrendamiento financiero sigue funcionando como sinalagmática después de declarado el concurso, por estar pendientes de cumplimiento obligaciones recíprocas a cargo de las dos partes, habrá que atender a las cláusulas válidamente convenidas, en cada caso, por los contratantes.

Esta misma doctrina ha sido ya acogida como definitiva en el último año por las Sentencias de la Sección 15ª Especializada Mercantil de la A.P. de Barcelona de 20 de marzo, 27 de mayo y 22 de octubre de 2013; así como por la Sentencia de la Sección 28ª Especializada Mercantil de la A.P. de Madrid de 10 de abril de 2013. Conviene apuntar, además, que las resoluciones de la Sala Primera del Alto Tribunal no han hecho sino validar las tesis acogidas como mayoritarias por las Conclusiones del VII Congreso de Jueces de lo Mercantil, celebrado en Bilbao en octubre de 2010.

En consecuencia, para saber si el contrato de *leasing* es un contrato con obligaciones recíprocas pendientes de cumplimiento para ambas partes a la declaración de concurso, o bien sólo para una de ellas, habrá de estarse al examen concreto de su clausulado. Por lo que tendremos que concluir que, en aquellos casos en que el contrato establezca que el arrendador financiero ha cumplido con todas sus obligaciones a la firma del contrato con la entrega del bien, excluyendo incluso la posibilidad de resolución por incumplimiento a instancia del arrendatario, no habrá obligaciones pendientes de cumplimiento para el arrendador y por consiguiente no resultarán aplicables ni el art. 61.2 ni el art. 62 LC.

TERCERA PREGUNTA. ¿Son las cuotas del *leasing* posteriores a la declaración de concurso crédito contra la masa?

La respuesta a esta pregunta se infiere como corolario de la contestación que se ha dado a la cuestión anterior: no es posible adscribir ese crédito de manera rígida o categórica a una calificación u otra, sino que dependerá, en cada caso, de si en el concreto vínculo contractual analizado hay obligaciones pendientes de cumplimiento para arrendador y arrendatario al tiempo de la declaración de concurso, o bien sólo para el arrendatario. Únicamente si en el contrato hay obligaciones pendientes de cumplimiento para ambas partes, las cuotas posteriores a la declaración de concurso serán créditos contra la masa. La existencia de obligaciones pendientes incumbe a quien la afirma (art. 217 LEC). En otro caso, la calificación que debe prevalecer para todas las cuotas (anteriores y posteriores a la declaración de concurso) es la de crédito concursal, como crédito privilegiado especial.

CUARTA PREGUNTA. ¿Puede influir en la calificación del contrato de *leasing* como contrato con obligaciones recíprocas pendientes de cumplimiento el que se ejercite la facultad de desistimiento unilateral prevista por el art. 61.2 LC?

El Tribunal Supremo así parece haberlo afirmado en una muy reciente y discutible Sentencia, de fecha 5.9.2013, en la que sucintamente viene a decirse que “la resolución del contrato en interés del concurso al amparo del artículo 61.2 LC presupone que al tiempo de declararse el concurso existían prestaciones recíprocas pendientes de cumplimiento y, por tanto, los créditos posteriores al concurso y hasta la resolución del contrato son créditos contra la masa”.

Haciendo una breve y respetuosa valoración crítica de este fallo, el art. 1089 del C.c. establece que las obligaciones nacen de la nacen de la ley, de los contratos y cuasi contratos, y de los actos y omisiones ilícitos. No pueden nacer de la falsa creencia que pueda tener el arrendatario financiero en que existen a su cargo obligaciones posteriores a la declaración de concurso y que le facultan para desistir unilateralmente del contrato al amparo del art. 61.2 LC; ni tampoco del error en la aplicabilidad del cauce procesal del art. 61.2 LC, que se supone que el Juzgado debería enmendar de oficio, si ha sido mal elegido.

En descargo del Alto Tribunal hay que decir, de todos modos, que la problemática de fondo en esta resolución más bien sería el error cometido en la primera instancia (y no denunciado en los sucesivos recursos) de haber admitido el Juzgado el trámite previsto por el art. 61.2 LC, a pesar de que el contrato no tenía obligaciones recíprocas pendientes de cumplimiento para ambas partes a la declaración de concurso (o por lo menos, no queda especificado cuáles son). Llegados a ese punto, el Tribunal Supremo se habría visto enfrentado a la imposibilidad de declarar de oficio la nulidad de las actuaciones por inadecuación del cauce seguido, al prohibirlo expresamente el art. 227.2 LC, lo que explicaría el sentido de su decisión.

QUINTA PREGUNTA. ¿Es aplicable el art. 155.2 LC al contrato de *leasing*?

La respuesta es afirmativa y así lo han establecido los Jueces Mercantiles de Cataluña, en una exhaustiva hoja de criterios interpretativos sobre el *leasing* en el concurso de 13.5.2013, de imprescindible consulta en esta materia. La opción recogida en el art. 155.2 LC, que permite a la Administración concursal comunicar al titular del privilegio especial la opción de pagar con cargo a la masa las cuotas del *leasing* pendientes y las que vayan venciendo (inclusive intereses), es por tanto de aplicación al *leasing*. La consecuencia jurídica será que, finalizado el pago de las cuotas establecidas y la opción de compra final, el concursado adquirirá el pleno dominio del bien y se podrá realizar en el concurso, libre de cargas. La elección de esta alternativa puede tener especial interés cuando queden pocas cuotas pendientes y por ejemplo se desee vender el bien en cuestión como parte de una unidad productiva, sin los engorros de la vigencia del contrato y la necesidad de dar respuesta a problemas de novación subjetiva sobre los que volveremos más adelante.

SEXTA PREGUNTA. ¿Cuáles son los efectos del ejercicio por el arrendador de la acción de recuperación del bien sobre los créditos que deban serle reconocidos en la lista de acreedores?

Esta constituye una de las cuestiones más complejas y debatidas en torno al problema del *leasing* en el concurso. Nuevamente los Jueces Mercantiles de Cataluña, que han estudiado exhaustivamente la cuestión, han llegado a la conclusión de que el crédito pendiente se extingue en función del valor que recupere el arrendador.

Por explicarlo en términos fácilmente comprensibles, la idea que subyace es que la recuperación del bien por el arrendador opera como una suerte de dación de pago al acreedor hipotecario: supuestamente, si la suma de las cuotas pagadas y el valor de realización del bien entregado equivale a la totalidad de las cuotas derivadas del contrato, el acreedor no debería mantener reconocido en el concurso ningún crédito. En otro caso, el acreedor debería mantener en el concurso un crédito ordinario (¡no privilegiado!) por la diferencia.

Dado que puede ser engorroso y fuente de enconados problemas establecer el valor de realización del bien al tiempo de la recuperación, probablemente la opción menos conflictiva y aconsejable sería optar por la realización en el concurso del bien dado en arrendamiento financiero en sede de liquidación; aunque el inconveniente de esta opción es que si la fase común se prolonga en el tiempo (como acostumbra a ser habitual), los bienes llegarán completamente depreciados a esa fase terminal y el arrendador financiero perderá la mayor parte de su crédito (con el fastidio adicional de saber que el arrendatario ha estado disfrutando *gratis et amore* del bien durante todo el concurso, un hecho que suele darse, por ejemplo, en el caso de los vehículos privados).

Por ello, nos parece una praxis aconsejable para las Administraciones concursales que se enfrenten a esta problemática, intentar alcanzar a la mayor brevedad posible desde su aceptación del cargo, un compromiso entre arrendador y arrendatario al objeto de que, si el arrendador financiero está dispuesto a ello, sean restituidos sin demora todos aquellos bienes objeto de *leasing* que no sean necesarios para la continuidad de la actividad empresarial o profesional del deudor, lo que permitirá prescindir del reconocimiento en el concurso de otros créditos que no sean concursales y exclusivamente por el importe de las cuotas impagadas.

SEPTIMA PREGUNTA. ¿Es posible la venta de unidad productiva incluyendo bienes arrendados sin el consentimiento del arrendador financiero?

Se pronuncian en sentido afirmativo nuevamente los criterios de los Juzgados Mercantiles de Catalunya de 13.5.2013, acogiendo una solución que ya había sido validada por el Auto de la Sección 15ª Especializada Mercantil de la A.P. de Barcelona de 6.2.2012:

3. El art. 155.3 LC faculta al juez del concurso para autorizar la venta de bienes y derechos afectos a créditos con privilegio especial, a solicitud de la administración concursal y previa audiencia de los interesados, con subsistencia del gravamen y subrogación del adquirente en la obligación del deudor, que quedará excluida de la masa pasiva. De no autorizarla en estos términos –prosigue el precepto–, el precio obtenido en la enajenación se destinará al pago del crédito con privilegio especial y, de quedar remanente, al pago de los demás créditos. Al atribuir la norma al juez del concurso la potestad de autorizar la venta con subsistencia del gravamen y subrogación del adquirente en la obligación del deudor (en cuyo caso la obligación a cargo

del concursado queda excluida de la masa pasiva, pero el acreedor conserva las garantías y la facultad de dirigirse contra el adquirente en caso de que no cumpla la obligación), debe entenderse necesariamente (y así lo ha interpretado la doctrina especializada, que cita el auto apelado) que la subrogación se impone por decisión judicial, prescindiendo del consentimiento del acreedor, que se sustituye por una previa audiencia, e introduciendo así, en el ámbito concursal, una excepción al art. 1205 CC, que operará en situaciones extraconcursales.

4. Es cierto que en el presente supuesto no se trata propiamente de la venta de bienes pertenecientes al deudor que están afectos a un privilegio especial (ya que los bienes objeto de los contratos de leasing no pertenecen al deudor concursado y, propiamente, no se venden esos bienes), pero ha de entenderse incluido en el ámbito de aplicación del art. 155.3 LC, por lo menos por presentar identidad de razón. Lo que aquí contemplamos es la venta de la unidad productiva del concursado, que comprende la transmisión de bienes corporales, de derechos sobre bienes y de relaciones jurídicas personales, y el precepto citado contempla no sólo la venta de bienes que pertenecen al deudor, sino también la de derechos afectos a créditos con privilegio especial, derechos que pueden ser distintos de la propiedad o dominio. En esta categoría, de derechos sobre bienes que están afectos a un privilegio especial, ha de incluirse el derecho que confiere al concursado el contrato de leasing (art. 90.1.4º LC), que es propiamente lo que se transmite al adquirente en el marco dela venta de empresa, por medio de la figura de la subrogación contractual. Se produce en este sentido una enajenación o transmisión de derechos sobre bienes que están afectos a créditos con privilegio especial (art.90.1.4º LC) y de ahí que pueda operar la subrogación aun sin el consentimiento del acreedor, que conserva sus garantías y acciones frente a un deudor que no está en situación concursal.

La idea es que, abierta la liquidación, el titular de cualquier privilegio especial pierde el derecho de realización separada; por lo que el arrendador financiero supuestamente deberá aceptar la realización del bien que se lleve a cabo en el marco del plan de liquidación y por tanto también su inclusión en el lote de bienes que conformen una unidad productiva que haya de ser transmitida en globo, tal y como prefiere la Ley Concursal.

Se entiende que entonces, el criterio civilista tradicional, de exigir el consentimiento del acreedor en caso de novación subjetiva del deudor, podría hacer abortar una operación que se llevaría a cabo en interés del concurso, sin que el arrendador financiero obtenga ninguna ventaja aparente de ello (podría entenderse que la pretensión de que se mantenga la facultad de consentir la subrogación por el comprador constituye un ejercicio antisocial de su derecho). La cuestión es más dudosa en fase común, especialmente cuando se decreta la automática apertura de la liquidación. Sin embargo, la estrechez de estas líneas no permite abordar con detalle el problema que esperamos abordar en mejor ocasión con la atención que su dificultad precisa.

OCTAVA PREGUNTA. ¿Cómo debe interpretarse la previsión contenida en la última frase del art. 61.2 LC: "cuando se trate de la resolución de contratos de arrendamiento financiero, y a falta de acuerdo entre las partes, con la demanda incidental se acompañará tasación pericial independiente de los bienes cedidos que el juez podrá tener en cuenta al fijar la indemnización"?

Algunas resoluciones judiciales (véase la Sentencia de la A.P. de Alicante de 6 de noviembre de 2012, o la del JM núm. 9 de Barcelona, de 19 de septiembre de 2012) interpretaron, en los inicios de la aplicación de la Reforma de 2011, que la modificación aludida, introducida en el art. 61.2 LC, obedecía al expreso designio del Legislador de que los contratos de *leasing* fueran considerados *en todo caso* por los Juzgados Mercantiles como contratos sinalagmáticos con obligaciones recíprocas pendientes de cumplimiento para ambas partes a la declaración de concurso.

La cuestión dio pie a una intensa discusión en el Encuentro de la Especialidad Mercantil celebrado en Madrid en el otoño de 2012, en el que se aprobó, como conclusión, mayoritaria, que "la modificación del art. 61.2 in fine LC por Ley 38/2011 no puede influir en la calificación de la naturaleza del contrato de arrendamiento financiero, que corresponde a los jueces. Debe ser el juez del concurso el que en cada caso concreto determine si en el contrato de arrendamiento financiero hay obligaciones recíprocas pendientes de cumplimiento a cargo de ambas partes o sólo a cargo del arrendatario concursado". La aplicación de esta previsión, en consecuencia, únicamente resultará procedente cuando, tras deducirse por parte legitimada para ello, la facultad de desistimiento unilateral en interés del concurso, el Juez Mercantil haya constatado que en el contrato de *leasing* al que esa pretensión viene referida hay obligaciones pendientes de cumplimiento para ambas partes.

Ahora bien, en los casos en que el desistimiento unilateral se haga valer de forma correcta a la vista del concreto clausulado contractual, la exigencia de que se aporte una valoración pericial por el promotor del incidente no significa que la demanda no pueda ser admitida a trámite cuando se haya omitido esa formularia exigencia (dando rigurosa aplicación al art. 403.3 LEC: el art. 61.2 LC no dispone expresamente que la admisión de la demanda quede supeditada a la aportación del referido dictamen pericial). Por otra parte, la aplicación de la modificación introducida en el art. 61.2 *in fine* LC por la Reforma de 2011 no supone alteración alguna de las reglas generales sobre carga de la prueba instituidas en el art. 217 LEC, que ineludiblemente obligan a acreditar la existencia y cuantía de un daño, como el que se deriva de una prematura extinción contractual, a quien afirme su existencia (y no a quien la niegue).

PROBLEMÁTICA DEL GRUPO DE SOCIEDADES EN EL CONCURSO

ANER URIARTE CODÓN
Magistrado JM nº 1 Bilbao

SUMARIO: **1. Problemática principal.- 2. Solicitud del concurso.- 3. Declaración de concurso.- 4. Posibilidad especial.- 5. Determinación de masas.- 6. Aspecto Laboral.- 7. Calificación.**

1. PROBLEMÁTICA PRINCIPAL

Uno de los supuestos más problemáticos del concurso de acreedores radica en la respuesta que se puede dar a las distintas pretensiones que se articulen en su ámbito, cuando el sujeto concursado sea una sociedad que esté dentro del ámbito de un grupo de sociedades. Es decir, este fenómeno real del mercado, habitual en unidades económicas de cierta entidad, puede acercarse a los procedimientos de insolvencia de distintas maneras, conjuntamente o por separado; si bien, formalmente, cada una de las sociedades (independientemente de su relación con las demás) tiene un patrimonio o masa activa, y un colectivo de acreedores o masa pasiva. Y la principal dificultad radica en que las citadas masas, observadas bajo el prisma del concurso de esa sociedad, no reflejan, o, cuanto menos, pueden no reflejar, la realidad de la actuación de grupo, principalmente, desde el punto de vista del acreedor.

Esto es, un acreedor, del tipo que sea, contrata con una empresa que funciona en el marco de un grupo de sociedades, con unas perspectivas diferentes de aquellas con las que su deudor formal, puede llegar al concurso de acreedores. Así, puede ocurrir que un acreedor comercial, una administración pública o un trabajador se encuentre en tal concurso con una amplia masa de acreedores, y un patrimonio reducido, frente al que tenía, o creía tener, en la relación contractual correspondiente.

Por ello, resulta capital estudiar los mecanismos de control de los grupos de sociedades que habilita el legislador; precisamente, como se ha dicho, porque dicha realidad se reproduce en las grandes unidades económicas que, cuando acaban de insolvencia, acuden a los Juzgados de lo Mercantil, con grandes masas de acreedores, desde un punto de vista cuantitativo y cualitativo.

No en vano, la ley se preocupa de establecer resortes para poder prevenir y controlar eventuales fraudes que se puedan cometer con ese fenómeno. No se quiere decir, ni mucho menos, que todo grupo de sociedades en concurso constituye en sí un fraude o intento de fraude a los acreedores. Pero, sí es cierto que, a través de los procedimientos de insolvencia existe una mayor facilidad para llevarlo a cabo. Extremo que suele venir relacionado, como se verá, con la claridad con la que el grupo llega, primero al Juzgado de lo Mercantil, y opera posteriormente en su ámbito.

La ley concursal, en su redacción original, adoptó el modelo de derecho comparado consistente en verificar cada concurso de cada sociedad de grupo de manera independiente (cada una con sus masas, su salida de concurso individual y su calificación específica), pero coordinando todas ellas a través del uso que toda administración concursal puede hacer de tres instituciones: eventual subordinación de créditos, eventual reintegración o rescisión de operaciones entre grupos, y posible calificación (como cláusula de cierre). A lo que se añadía un control en sede de expediente regulador de empleo, a los efectos de apreciar o dejar de hacerlo, la concurrencia de causas económicas u objetivas, si la realidad del grupo era distinta que la de la sociedad en concurso. En la reforma operada por la Ley 38/2011, de 10 de octubre, se intentó mejorar todo el sistema de coordinación, a partir de las críticas a la regulación, hasta entonces existente, de un punto de vista escesivamente enfocado en la realidad, conocida doctrinalmente, como "sociedad isla"; manteniendo el sistema indicado con carácter general, en el actual art. 25 ter.1 LC. Si bien, acudiendo a otra posibilidad de derecho comparado, se introdujo una vía excepcional de consolidación de masas, en el apartado segundo de dicho precepto legal, que permite convertir todas las sociedades de grupo que entran en concurso con sus distintas masas, en una sóla, como posteriormente se analizará.

2. SOLICITUD DEL CONCURSO

En consecuencia, y con carácter general, la ley concursal permite la entrada en juego de los mecanismos que coordinan y controlan el grupo de sociedades, en principio, cuando el mismo revista las características de grupo vertical, conforme a lo dispuesto en el art. 42 CCm, que fija la perspectiva de concepto contable de grupo consolidable o control de la dominante frente a la filial. Sin perjuicio de que algunas formas de control pueden extenderse a otras formas de grupo que no se adecuen exactamente al modelo indicado.

La primera forma, y probablemente la ideal, de acudir al concurso, es hacerlo, lógicamente de manera voluntaria, con una solicitud conjunta y simultánea, conforme a lo dispuesto en el art. 25.1 LC, presentando en la circunscripción correspondiente al centro de intereses principales de la sociedad dominante, o ante aquella de la sociedad que tenga mayo pasivo (art. 25.4 LC). Y en este modelo, en una idea de buscar transparencia y alejar sospechas o indicios de fraude, hacerlo incluyendo todo el grupo en la misma, sin que queden sociedades fuera del procedimiento, que sufren la insolvencia como el resto.

Una segunda manera, más controvertida, pero muy utilizada en la práctica, es hacerlo de manera sucesiva, incluso utilizando la vía de la comunicación previa del art. 5 bis LC, para testar la administración concursal que es nombrada, el propio Juzgado o el juez correspondiente; y obrar en consecuencia. Bien acudiendo con el resto del grupo, o bien intentado otros Juzgados, y, por ende, otros administradores concursales, en el caso de que los primeros no sean del agrado del solicitante. Práctica ésta que suele estar relacionada con la posibilidad de dejar fuera del concurso alguna de las sociedades del grupo (generalmente las de mayor patrimonio y menor pasivo), y que levanta las sospechas de fraude antes mencionadas.

La tercera posibilidad es la de la instancia de las mismas por un acreedor, vía el concurso necesario, cuando el mismo ostente legitimación, en condición de acreedor de todas las sociedades del grupo en cuestión frente a las que se pretende la declaración de concurso (art. 25.2 LC), y pueda, además, demostrar la insolvencia de todas ellas, y la existencia del grupo en los términos legales expuestos, a efectos de su declaración conjunta.

3. DECLARACIÓN DE CONCURSO

Lógicamente, la forma de acudir al procedimiento de insolvencia, influirá directamente en la declaración concursal. Si aquella fue conjunta y simultánea, será el mismo Juzgado, el mismo funcionario tramitador, y el mismo Juez (la realidad de los Juzgados de lo Mercantil revela un gran número de órganos judiciales con un titular y un juez de refuerzo); y, normalmente, una misma administración concursal, que desarrollará su labor en cada uno de los distintos concursos de manera coordinada, conforme al art. 25 ter.1 LC.

Pero si, en cambio, la solicitud fue sucesiva, puede ser que distintos juzgados, o dentro del mismo, distintos jueces o funcionarios tramitan el concurso. Y, lo más problemático, que se nombren distintas administraciones concursales, con un mayor riesgo de confrontación, o, cuanto menos, de falta de entente, que vaya en detrimento de la deseada coordinación. Extremo que se intenta corregir en la práctica (lógicamente, si el juez y/o el administrador concursal, es del agrado del solicitante), indicando en la solicitud el juzgado que tramita el concurso inicial, o advirtiendo del profesional nombrado en el mismo.

Cuando estas prácticas no surtan su efecto, y varios concursos de las mismas sociedades de grupo se declaren en distintos juzgados, y sean gestionados por distintos administradores concursales, se habilita el mecanismo corrector de la acumulación. Así, el art. 25 bis LC, permite que cualquier deudor o administrador concursal (y los acreedores de manera subsidiaria en caso de inacción de los anteriores), puedan solicitar la acumulación de los procedimientos ante el Juzgado que tramite el concurso de la sociedad dominante, el de la de mayor pasivo, o el del primero declarado. Posibilidad legal que se remite a lo dispuesto en LEC, en sus arts. 74 y ss, y que podrá conllevar un requerimiento de acumulación de un órgano judicial a otro, la audiencia de todas las partes de cada concurso, la posibilidad de que el requerido se niegue, y la eventualidad final de que la discrepancia se resuelva por el órgano judicial superior correspondiente a los dos juzgados de lo mercantil en conflicto.

Decidida la cuestión, un órgano judicial remitirá lo actuado a otro, quien decidirá sobre la administración concursal, normalmente cesando a la nombrada por el primero (lógicamente sin sanción alguna para el profesional afectado), y manteniendo la nombrada por él. Y todo ello, con esa finalidad de permitir, en la medida de lo posible, la coordinación entre todos los procedimientos aperturados.

4. POSIBILIDAD ESPECIAL

Cómo se ha indicado antes, la reforma que entra en vigor el 1 de enero de 2012, introdujo en el art. 25 ter.2 LC una posibilidad excepcional de consolidar las masas, fijando una única masa activa y una única masa pasiva, que viene a sustituir a todas las anunciadas correspondientes a cada una de las sociedades cuya insolvencia se ha declarado. Se exige para ello que se aprecie una confusión de patrimonios, así como una imposibilidad de deslindar masas sin incurrir en un gasto o en una demora injustificado.

El Juzgado de lo Mercantil nº 1 de Palma de Mallorca ha tenido ocasión de pronunciarse al respecto, en el marco de un grupo de sociedades realmente extenso, más de 300 sociedades, cuyos concursos declaró inicialmente por separado, con nombramiento de una misma administración concursal para todos ellos. Así, en un primer momento, en sede de acumulación de todos ellos, se dictó el auto de fecha 8 de marzo de 2013, en el que se acordaba tal acumulación, sin pronunciamiento sobre la consolidación de masas (extremo solicitado por el órgano auxiliar del Juzgado), al entender que tal unificación debía realizarse por la propia administración concursal en su informe del art. 75 LC, y que el pronunciamiento judicial al respecto quedaría pendiente de una eventual impugnación de la misma, planteada por cualquier legitimado para ello.

La impugnación efectivamente se planteó por la, o las propias concursadas, lo que dio lugar al dictado de la sentencia de fecha 6 de noviembre de 2013, en la cual el citado órgano judicial, ahora sí, ratificó la consolidación de masas. Acudió para ello a la tradicional doctrina del levantamiento del velo, con cita de la doctrina expuesta en la sentencia de la Audiencia Provincial de Barcelona de 28 de junio de 2011; razonando que tal posibilidad es aplicable, de manera excepcional (y siempre y cuando concurran los presupuestos de hecho expuestos), en interés del concurso, sin necesidad de apreciar el elemento subjetivo o ánimo de fraude que requería aquella. En el caso en concreto, considera que concurre: un modelo coordinado, una misma administración social, una financiación similar con garantías de grupo, un patrimonio común, y una ausencia de contabilidad que, lógicamente, dificultaba sobremanera el deslinde de las masas.

No se ha pronunciado el Juzgado de Palma de Mallorca, todavía, sobre la continuación del concurso. Si bien, parece lógico entender que, unificadas las masas, la salida sería común para todo el concurso. Todo podría ser susceptible de un convenio único (votado por toda la masa pasiva ordinaria consolidada), ir a una liquidación global; y, concurriendo los requisitos del art. 167 LC, plantear una eventual calificación única que, en el caso de culpabilidad, podría generar una obligación de suplir el déficit en el pago a todos los acreedores (se reitera, de la masa global resultante). Por último, en auto dictado el 28 de junio de 2013 se fijó la retribución de la administración concursal con la referencia de un único patrimonio y una masa pasiva; que redujo de manera notable, en atención a la escala descendente del arancel, la cuantía de los honorarios finales, frente a lo que hubiera supuesto la suma de aquellos calculados en cada una de las más de 300 sociedades inicialmente presentadas.

5. DETERMINACIÓN DE MASAS

Fuera de esta realidad excepcional, en la realidad en la inmensa mayoría de las sociedades de grupo en concurso, se aplica el modelo del art. 25 ter.1, la coordinación con utilización de los mecanismos antes avanzados. En primer lugar, con una influencia decisiva en la determinación de las masas del procedimiento.

Así, por un lado, a la hora de definir la masa activa de una sociedad perteneciente a un grupo se facilita la posibilidad de ejercitar una acción de reintegración o rescisión, fijando en el art. 71.3.1° la presunción, con posibilidad de prueba en contrario, de perjuicio para la masa activa cuando se trate de una operación realizada en el periodo sospechoso de dos años antes del concurso entre sociedades de grupo. Es significativa en este punto la sentencia de la Audiencia Provincial de Asturias de 14 de marzo de 2013 que aclara la perspectiva con la que la o las partes demandadas pueden intentar desvirtuar la presunción señalada. Se trataría de justificar el sacrificio patrimonial para la sociedad de grupo en concurso, acreditando la proporcionalidad entre dicho sacrificio y el beneficio obtenido; pero para la propia sociedad, no para cualquier otra del mismo grupo. Habla la resolución en análisis de atender a la "relación jurídica bilateral", o multilateral, según hayan intervenido otras sociedades del grupo, con cita de sentencias del Tribunal Supremo de fechas 12 de abril y 8 de octubre de 2012.

Por otro lado, el control de la realidad en estudio se extiende a la formación de la masa pasiva. Y así, se permite subordinar los créditos de los acreedores especialmente relacionados con la concursada, conforme al art. 92.5° LC, categoría en la que entran, como no puede ser de otra forma, las sociedades del mismo grupo. En consecuencia, tales acreedores, en vía liquidatoria, cobrarán las últimas, por detrás del resto de acreedores; y en la vía convencional no podrán votar el convenio (a los efectos de no conformar mayorías ficticias que perjudiquen al acreedor ordinario minoritario), pero se encontrarán vinculados por el contenido del mismo. Extremo que será aplicable a los cesionarios o adjudicatarios de créditos de aquellas, siempre que la adquisición se hubiere producido dentro de los dos años anteriores a la declaración de concurso, según lo dispuesto en el art. 93.3 LC.

Finalmente, si el crédito se mantiene como subordinado en textos definitivos, bien no se impugne tal consideración en el informe provisional, según señala el art. 97.2 LC bien se desestime la demanda de impugnación al respecto (no cabe interpretar de otra forma el referido precepto, ciertamente incompleto); dictará auto declarando extinguidas las garantías de cualquier clase constituidas a favor de los créditos de sociedades del grupo, ordenando, en su caso, la restitución posesoria y la cancelación de los asientos en los registros correspondientes. Créditos que, de no hacerlo, tendrían la consideración de privilegio especial del art. 90.1.1° LC, con una preferencia absoluta para su pago respecto al bien sobre el que recae la garantía real.

6. ASPECTO LABORAL

El control se extiende, no sin ciertas dudas como consecuencia de la entrada en juego del derecho material laboral, al marco del procedimiento de los expedientes reguladores colectivos de empleo del art. 64 LC. En este tipo de incidentes, tradicionalmente, ha existido una gran dificultad, incluso desde la perspectiva del juez del concurso, para poder alegar (y apreciar), la concurrencia de las causas económicas, técnicas organizativas, o de producción exigidas en el art. 51.1 ET, como presupuesto habilitante de las medidas en cuestión.

La reforma de la Ley 38/2011, de 10 de octubre introduce una serie de nuevos mecanismos en al art. 64.5 LC con objeto de poder verificar una realidad de grupo de sociedades (o de empresas, como corresponde a la perspectiva laboral), diferente de la sociedad empleadora en concurso, que pueda llevar a la conclusión de que aquellas causas no concurren, procediendo la denegación del expediente. Así. Se permite que los representantes de los trabajadores soliciten la documentación consolidada que pueda existir entre las sociedades de grupo, o la relativa a otras empresas que puedan tener vinculación con la concursada. En esta misma línea, se habilita expresamente el auxilio del Juzgado para obtener información al respecto, a través de oficios, exhortos y mandamientos. Y, principalmente, como posibilidad excepcional se posibilita que el juez, a solicitud de la administración concursal o de los representantes de los trabajadores, acuerde la participación en el periodo de consultas, de otras personas físicas o jurídicas que indiciariamente puedan constituir una unidad de empresa con la concursada.

Es decir, se trae al ámbito concursal un concepto de derecho laboral, la unidad de empresa, bastante más amplio que el grupo de sociedades (por lo menos, que el vertical contemplado en el art. 42 CCm), que puede incluir personas físicas que mantengan una relación con el resto de sociedades. En consecuencia, bastará con la concurrencia de todos, o algunos, de los requisitos definidos jurisprudencialmente: confusión patrimonial, unidad de caja, prestación de servicios simultánea o sucesiva en favor de varias de las empresas del grupo, confusión de plantillas, empresas aparentes sin sustento real, y apariencia externa de unidad empresarial.

Lo que no deja claro la norma es la materialidad de tal posibilidad legal. Es decir, qué intervención concreta tendrá esa persona o personas llamadas, si podrá negarse a acudir, las consecuencias de tal negativa, o una eventual responsabilidad al respecto. Habrá, por ello, que esperar a la práctica judicial, si bien, en la realidad de este tipo de expedientes no es nada frecuente que los representantes de los trabajadores hagan uso de la posibilidad en estudio, y las discusiones, hasta el momento, se mantienen en un ámbito doctrinal. En todo caso, la realidad del grupo también se podrá denunciar en el trámite de informe de la autoridad laboral, al habilitar el art. 64.6 LC, la posibilidad de que tal órgano administrativo otorgue audiencia a las partes. Con lo cual, la inspección de trabajo (a instancia de dicha autoridad laboral), podrá realizar un informe sobre la concreta realidad de la empresa, o empresas, correspondientes.

7. CALIFICACIÓN

La institución de cierre o de último control de todo el sistema de prevención de los grupos de sociedades es el de la pieza de calificación o sección sexta. En la idea de sentido redistributivo que el legislador confiere a la misma, la administración concursal (y/o el ministerio fiscal) pueden imputar a la sociedad matriz, o a cualquier otra de las del grupo, la condición de administrador de hecho de la propia concursada, conforme a lo dispuesto en el art. 172.2.1º LC cuando concurran los requisitos legales y jurisprudenciales para ello.

Así, la sentencia de la Audiencia Provincial de Barcelona, dictada el 16 de abril de 2013, exige para apreciar tal condición, una capacidad decisoria de entidad, una habitualidad en el ejercicio de la misma, y, evidentemente, una ausencia del requisito formal de administrador de derecho. En consecuencia, en aquellos concursos en los que haya existido un fuerte déficit en el pago de los créditos por parte de la sociedad de grupo concursada, generalmente, cuando se va a liquidación; se podrá imputar a la matriz del grupo la responsabilidad en la insolvencia de aquella, de cara a cubrir el referido déficit, con arreglo a lo que señala el art. 172 bis LC. Claro está, si todo el grupo se encuentra en concurso, esta posibilidad no tendrá una mayor virtualidad práctica, en cuanto que todos los patrimonios están afectos al pago de los acreedores. Pero si concurre el escenario antes descrito de la entrada parcial en concurso, se podrán trabar otros patrimonios de sociedades no concursadas, para pagar los créditos insatisfechos; corrigiendo, de esta manera, el posible fraude que se puede llevar a cabo en tal ámbito.

Finalmente, y cuando la intervención en las conductas no alcance la intensidad que precisa la condición de administrador de hecho (por ejemplo, cuando la capacidad decisoria no sea tan relevante, pero sí útil), se podrá acudir a otra figura propia de la calificación, la condición de cómplice. Su encaje legal se encuentra en el art. 166 LC, definiéndose jurisprudencialmente sus requisitos. Así, la sentencia de la Audiencia Provincial de Vizcaya de 29 de diciembre de 2008 exige la concurrencia del elemento subjetivo del dolo o imprudencia grave, y una efectiva cooperación en la conducta, o conductas, sobre las que reside la imputación de culpabilidad.

EL EXPEDIENTE DE REGULACIÓN DE EMPLEO Y EL CONCURSO DE ACREEDORES

ANA MARÍA ORELLANA CANO
Presidente de la Sección 1ª de la Sala de lo Social del Tribunal Superior de Justicia de Andalucía
Magistrada Especialista de lo Social
Académica correspondiente de la Real Academia Española de Jurisprudencia y Legislación

1. INTRODUCCIÓN

El objeto del presente estudio se centra en el análisis de algunas cuestiones controvertidas en el seno del expediente de regulación de empleo en el concurso de acreedores. El expediente de regulación de empleo concursal viene regulado en el artículo 64 de la Ley Concursal, uno de los preceptos más controvertidos en el iter parlamentario y, que ha precisado de dos reformas esenciales, para solventar los principales problemas que suscitaba; a saber, la reforma operada por el Real Decreto ley 3/2009, de 27 de marzo y, la de mayor enjundia, llevada a acabo por la Ley 38/2011, de 10 de octubre, que entró en vigor el 1 de enero de 2012. No obstante, ese precepto debe ser integrado con la normativa sustantiva laboral, de aplicación supletoria, a tenor de su párrafo undécimo. Y, aquí es donde radica una de las principales problemáticas del concurso de acreedores, pues no basta con la Ley Concursal sino que la integración con el Derecho del Trabajo, exige una formación específica en esta materia, complementada con la interpretación jurisprudencial de la Sala de lo Social del Tribunal Supremo. Esta labor integradora se ve dificultada por las numerosas y recientes reformas laborales, derivadas de la grave situación de crisis económica que atravesamos. Y, debe resaltarse, a estos efectos, que la Ley reguladora de la Jurisdicción Social, con la atribución de la competencia para el conocimiento de la impugnación de los despidos a través del procedimiento establecido en su artículo 124, ha generado una importante doctrina judicial de las Salas de lo Social de los Tribunales Superiores de Justicia y de la Audiencia Nacional, que conviene tener presente en el concurso de acreedores.

A continuación, analizaré una cuestión que pueden ser interesante en el expediente de regulación de empleo concursal, que afectan a las causas que fundamentan la solicitud del procedimiento de despido colectivo en el seno del concurso, con una especial referencia a los grupos de empresas a efectos laborales o también denominados grupos de empresas patológicos.

2. LA CONCURRENCIA DE LAS CAUSAS ECONÓMICAS COMO JUSTIFICADORAS DEL EXPEDIENTE DE REGULACIÓN DE EMPLEO CONCURSAL DE DESPIDO COLECTIVO

El artículo 51.1.2º del Estatuto de los Trabajadores establece, con carácter general que concurre la causa económica para proceder al despido colectivo cuando de los resultados de la empresa se extraiga una situación económica negativa, tales como las pérdidas actuales o previstas o, la disminución persistente del nivel de ingresos ordinarios o de ventas. Se entiende que es persistente la disminución de ingresos, cuando se extienda durante tres trimestres consecutivos, comparados con los mismos trimestres del año anterior.

2.1. Documentación que ha de aportarse con la solicitud del expediente de regulación de empleo concursal de extinción colectiva

Una cuestión que debe tenerse en cuenta es que, a pesar de que la empresa que pretende adoptar la medida de despido colectivo, ha sido declarada en concurso, lo que puede constituir un signo de la insolvencia, no obstante, el artículo 64.4 de la Ley Concursal exige que se presente con la solicitud del expediente de regulación de empleo concursal, la documentación que acredite debidamente la concurrencia de la causa. Y, en relación con la causa económica, el artículo 4 del Real Decreto 1483/2012, de 29 de octubre, por el que se aprueba el Reglamento de los procedimientos de despido colectivo y de suspensión de contratos y reducción de jornada, contiene la relación de documentos que han de aportarse para acreditar la concurrencia de la causa económica en los despidos colectivos, distinguiendo los tres casos regulados en el artículo 51.1.2º del Estatuto de los Trabajadores, a saber, las pérdidas actuales, las pérdidas previstas y la disminución persistente del nivel de ingresos ordinarios o de ventas. Considero que esta norma es aplicable también al expediente de regulación de empleo concursal de extinción colectiva. Y, por lo tanto, el artículo 64.4 de al Ley Concursal debe ser integrado con la norma indicada. De este modo, se deberá aportar lo siguiente:

1. Para la acreditación de las pérdidas actuales, deberá aportar las cuentas anuales de los dos últimos ejercicios económicos completos, integradas por balance de situación, cuentas de pérdidas y ganancias, estado de cambios en el patrimonio neto, estado de flujos de efectivos, memoria del ejercicio e informe de gestión o, en su caso, cuenta de pérdidas y ganancias abreviada y balance y estado de cambios en el patrimonio neto abreviados, debidamente auditadas en el caso de empresas obligadas a realizar auditorías, así como las cuentas provisionales al inicio del expediente de regulación de empleo concursal. En el caso de tratarse de una empresa no sujeta a la obligación de auditoría de las cuentas, se deberá aportar declaración de la representación de la empresa sobre la exención de la auditoría.
2. En el caso de las pérdidas previstas, además de la documental referida en el párrafo anterior, deberá informar de los criterios utilizados para la estimación de la existencia de las mismas. Asimismo, deberá presentar un informe técnico sobre el volumen y el carácter permanente o transitorio de esa previsión de pérdidas basado en datos obtenidos a través de las cuentas anuales, de los datos del sector al que pertenece la empresa, de la evolución del mercado y de la posición de la empresa en el mismo o de cualesquiera otros que puedan acreditar esta previsión.
3. Cuando la situación económica negativa alegada consista en la disminución persistente del nivel de ingresos ordinarios o ventas, el empresario deberá aportar, además de la documentación prevista para las pérdidas actuales, la documentación fiscal o contable acreditativa de la disminución persistente del nivel de ingresos ordinarios o ventas durante, al menos, los tres trimestres consecutivos inmediatamente anteriores a la fecha de la comunicación del inicio del expediente de regulación de empleo, así como la documentación fiscal o contable acreditativa de los ingresos ordinarios o ventas registrados en los mismos trimestres del año inmediatamente anterior.

2.2. La posibilidad de instar el expediente de regulación de empleo concursal de despido colectivo de la empresa declarada en concurso, que en el momento de la solicitud presenta beneficios

Pues bien, en relación con las pérdidas, cabría plantearse si los resultados económicos negativos de la empresa deben ser actuales en el momento del despido, es decir, si procedería adoptar esta medida de extinción, cuando fruto de la aplicación de un plan de viabilidad, la empresa, después de presentar pérdidas durante varios ejercicios, precisamente, en el momento del despido ya había empezado a cambiar su situación y, acredita incluso beneficios. En este caso, en la fecha de la extinción, en puridad, no existían ni pérdidas actuales ni previstas. El tema fue resuelto por la Sentencia de la Sala de lo Social del Tribunal Supremo de 17 de septiembre de 2012 (Rcud 596/2012), que aunque se pronuncia en relación con la redacción del artículo 51 del Estatuto de los Trabajadores anterior a la reforma de la Ley 35/2010, hace referencia a la misma y, por lo tanto, es aplicable actualmente, al no haberse modificado, en este sentido, la redacción por la Ley 3/2012, ni por el Real Decreto-ley 11/2013, de 2 de agosto. Y declara el Alto Tribunal que, en este supuesto, la medida de despido objetivo fue adecuada a la situación económica negativa acreditada y no un simple medio para lograr un incremento del beneficio empresarial. La empresa sufrió una crisis prolongada en los últimos años, y aunque, en la fecha de la amortización del puesto de trabajo, las perspectivas económicas de la empresa ofrecían ya unas expectativas de balance positivo, lo cierto es que el despido del trabajador no fue sino una medida más de las contempladas en el plan de viabilidad, con el que se produjo la deseada mejora en las perspectivas económico-financieras de la mercantil. Por ello, el Tribunal Supremo desestimó el recurso de casación para la unificación de doctrina interpuesto frente a la sentencia dictada por el Tribunal Superior de Justicia de Murcia, confirmando la declaración de procedencia del despido del trabajador, teniéndose por convalidada la extinción de la relación laboral.

3. LA CONCURRENCIA DE LAS CAUSAS TÉCNICAS, ORGANIZATIVAS O DE PRODUCCIÓN

Las causas técnicas, organizativas o de producción se refieren a la existencia previa de un cambio, es decir, la norma vincula la existencia de las causas a que haya sobrevenido una alteración respecto a la situación hasta entonces presente.

De acuerdo con el artículo 51.1.2º del Estatuto de los Trabajadores, se entiende que existen causas técnicas cuando se produzcan cambios en el ámbito de los medios o instrumentos de producción, entre otros. Las causas organizativas concurren cuando se produzcan cambios, entre otros también, en el ámbito de los sistemas y métodos de trabajo del personal o en el modo de organizar la producción. Y concurren las causas productivas cuando se produzcan cambios, entre otros, en la demanda de los productos o servicios que la empresa pretende colocar en el mercado.

En ocasiones, en la práctica, es complicado delimitar cuándo concurren las causas técnicas, organizativas o productivas. Incluso para un mismo supuesto de hecho, el Tribunal Supremo ha afirmado la concurrencia de la causa productiva, por su origen y, también de la organizativa, atendiendo a su ámbito. Y así, declaró la Sentencia de la Sala de lo Social del Tribunal Supremo de 26 de abril de 2013 (Rcud 2396/2012), que la pérdida o disminución de encargos de actividad ha de ser considerada, por su origen, una causa productiva, en cuanto que significa una reducción del volumen de producción contratada y, por el ámbito en que se manifiesta, una causa organizativa, en cuanto que afecta a los métodos de trabajo y a la distribución de la carga de trabajo entre los trabajadores. Debe destacarse, no obstante, que la mera pérdida de la contrata no significa que, siempre y en todo caso, concurra la causa justificativa de la extinción del contrato de trabajo, puesto que le incumbe a la empresa, la carga de acreditar la concurrencia de la misma. Por otro lado, la misma circunstancia, la pérdida de la contrata por la empresa, es considerada causa productiva. Y así la Sentencia de la Sala de lo Social del Tribunal Supremo de 26 de abril de 2013 (Rcud 2396/2012), consideró procedente la extinción del contrato por causas productivas, justificada en la finalización de la contrata, ya que la pérdida de uno de los clientes supone un descenso del volumen de actividad. En el caso, tal circunstancia afectaba solo a parte de la jornada del trabajador pues éste distribuía la misma entre dos contratas distintas, lo que podría haber justificado otro tipo de medida de flexibilidad interna por parte de la empresa, que evitara la pérdida del empleo. Ahora bien, la conversión del contrato a tiempo completo en un contrato a tiempo parcial exige la voluntariedad del trabajador por tratarse de modificación sustancial de condiciones de trabajo. La empresa le había ofrecido al trabajador esta posibilidad, negándose el trabajador, por lo que el empresario no pudo adoptar la medida de flexibilidad interna indicada. El Tribunal Supremo desestimó el recurso de casación para la unificación de doctrina interpuesto contra la sentencia de la Sala de lo Social del Tribunal Superior de Justicia de la Comunidad Valenciana y confirmó la procedencia del despido del trabajador.

De conformidad con el artículo 5.2 del Real Decreto 1483/2012, aplicable, a mi juicio, también en el expediente de regulación de empleo concursal, completándose, de este modo, el artículo 64.4 de la Ley Concursal, cuando la extinción colectiva se funde en causas técnicas, organizativas o de producción, se deberán aportar los informes técnicos que acrediten, en su caso, la concurrencia de las causas técnicas, derivadas de los cambios, entre otros, en los medios e instrumentos de producción; la concurrencia de las causas organizativas derivadas de los cambios, entre otros, en el ámbito de los sistemas y métodos de trabajo del personal o en el modo de organizar la producción o la concurrencia de las causas productivas derivadas de los cambios, entre otros, en la demanda de los productos y servicios que la empresa pretende colocar en el mercado.

4. LA CONCURRENCIA DE LAS CAUSAS EN LOS DESPIDOS COLECTIVOS EN LOS GRUPOS DE EMPRESAS. EL GRUPO DE EMPRESA LABORAL Y EL CONCURSO DE ACREEDORES

La concurrencia de las causas económicas y de las causas técnicas, organizativas o de producción, tiene un régimen diferente en los grupos de empresas a efectos laborales o patológico. Lo primero que habrá de delimitarse en el expediente de regulación de empleo concursal de extinción colectiva, como cuestión prejudicial, es si estamos en presencia de un grupo de empresas a efectos laborales, para lo que deben de concurrir los requisitos exigidos legalmente. El grupo de empresas a efectos laborales es distinto del grupo de sociedades. La Sentencia de la Sala de lo Social del Tribunal Supremo de 23 de octubre de 2012 (Rcud 351/2012), reitera los requisitos necesarios para la apreciación de la existencia de un grupo de empresas a efectos laborales, a saber, la confusión de plantillas, la confusión de patrimonios sociales, la apariencia externa de unidad empresarial y la dirección unitaria de varias entidades empresariales. Por lo tanto, las empresas que integran el grupo tienen, en principio un ámbito de responsabilidad propio, como personas jurídicas independientes que son. Ahora bien, la unidad real del grupo como ente empresarial único requiere una unidad de actividades, el trasvase de fondos y las cesiones inmobiliarias, la movilidad de los trabajadores en el seno del grupo, la estrategia unificadora y las prestaciones laborales indiferenciadas, es decir, que los trabajadores realicen su prestación de modo simultáneo e indiferenciado en varias empresas del grupo.

Sobre la existencia de grupo de empresas a efectos laborales, se ha pronunciado también la STS de 27 de marzo de 2013, que exige que concurran los siguientes requisitos para su apreciación:

1. Que la apariencia externa de unidad o la existencia de una dirección unitaria son datos o notas que son propios tanto del grupo patológico como del grupo mercantil, por lo tanto, no puede existir grupo patológico sin ello, pero su concurrencia no supone la necesaria existencia de tal grupo.
2. Que los elementos decisivos son la existencia de confusión patrimonial o unidad de caja y la existencia de prestación laboral indiferenciada de los trabajadores en las empresas que configuran el grupo.
3. Que la prestación de trabajo de forma indiferenciada puede tener una proyección individual o colectiva, en el primer caso hablamos de "prestación de trabajo indistinta" y en el segundo caso de "confusión de plantillas".
4. Que la "confusión patrimonial" no es identificable "en la esfera del capital social", es decir, que por el hecho de que una sociedad sea titular, por ejemplo del 100% del capital de otra, no cabe hablar de confusión patrimonial a los efectos del "grupo patológico"; siendo necesario que existe una unidad de "patrimonio", que tampoco puede derivarse del hecho que existan infraestructuras de utilización común, práctica por cierto, esta última cada vez de uso más frecuente, en la medida que posibilita una disminución de los gastos. Por último, la denominada "caja única" se refiere a la concurrencia de "promiscuidad en la gestión económica", es decir, a la existencia de una "permeabilidad operativa y contable", de forma que las entidades, de hecho, operen con un alto grado de comunicación entre sus patrimonios, lo que puede manifestarse, en la asunción de pagos o deudas entre ellas.

5. Que en todo caso, lo esencial es que a través de los indicados indicios se llegue a la convicción de que existe un uso abusivo o ejercicio anormal del derecho, en beneficio del grupo y en detrimento de los derechos de los trabajadores; existiendo una única empresa real bajo la apariencia del grupo, lo que constituya un fraude de ley, que permite aplicar la doctrina del "levantamiento del velo" –to lift the veil– y considerar al grupo como una única empresa.

Se trata de evitar que tras el legítimo uso de formas jurídicas, útiles para el funcionamiento de la economía y, por lo tanto, para el interés general, se realicen conductas abusivas o fraudulentas en detrimento de otros derechos de igual o superior valor. Debe quedar claro que lo esencial es llegar a la convicción de que dicho uso se realiza, en nuestro caso, con el fin de lesionar los derechos de los trabajadores.

Desde esta perspectiva debe valorarse la conducta de las empresas integrantes del grupo en su conjunto, sin que la concurrencia puntual de una de las notas indicadas, por sí, pueda llevar automáticamente a la aplicación de la teoría del "grupo patológico". Lejos de ello, debe examinarse cada caso concreto y analizar si, realmente, estamos en un supuesto de abuso o fraude.

Y considera que si aplicamos la anterior doctrina al caso de autos debemos concluir que no existe grupo. El servicio se prestaba en el mismo local, pero de ello no cabe inferir la existencia de prestación de servicios indiferenciada. Ciertamente D. Heraclio controla las empresas demandadas, pero de sólo éste dato no cabe inferir la existencia de grupo patológico, no bastando cualquier conexión, siendo necesaria una concurrencia sólida y probada de las notas exigidas por la jurisprudencia.

Siguiendo reiterada doctrina jurisprudencial de la Sala IV del Tribunal Supremo, sentada, entre otras, en la Sentencia de la Sala de lo Social del Tribunal Supremo de 3 de diciembre de 2012 (Rcud 965/2012), en los grupos de empresas laborales, la concurrencia de las causas objetivas que justifican la extinción colectiva se aprecia del siguiente modo:

1. La concurrencia de las causas económicas debe afectar a todas las empresas del grupo y no sólo a la empleadora formal de los trabajadores, pues si el grupo constituye un único empleador, la causa económica concurrente en una de las empresas del grupo no justifica la extinción. En este sentido, se ha pronunciado la Sentencia de la Sala de lo Social del Tribunal Supremo de 23 de enero de 2007 (Rcud 641/2005).
2. Por el contrario, la concurrencia de las causas técnicas, organizativas o productivas debe apreciarse en la empresa del grupo declarada en concurso, es decir, en la que prestan servicios los trabajadores afectados por el expediente de regulación de empleo concursal. Cuando se alegan estas causas, deben de concurrir en el espacio o sector concreto de actividad empresarial en que ha surgido la dificultad que impide su buen funcionamiento. Así lo han declarado las Sentencias de la Sala de lo Social del Tribunal Supremo de 8 de julio de 2011 (Rcud 3159/10), de 16 de mayo de 2011 (Rcud 2727/10), de 16 de septiembre de 2009

(Rcud 2027/08), de 31 de enero de 2008 (Rcud 1719/2007), de 19 de marzo de 2002 (Rcud 1979/2001) y, de 13 de febrero de 2002 (Rcud 1436/2001). También se ha planteado, en esta materia, la obligación del grupo de empresas de recolocar a los trabajadores afectados por la extinción por causas organizativas, en otra empresa del grupo. Al respecto, la Sentencia de la Sala de lo Social del Tribunal Supremo de 21 de diciembre de 2012 (Rcud 199/2012) declara que las causas organizativas sólo deben apreciarse como causa justificadora de la extinción de los contratos de trabajo, si concurren en la empresa en la que se manifiesta, y no en el grupo, pero esta circunstancia no significa que exista la obligación empresarial de recolocar el excedente de mano de obra, en otro centro de trabajo. Por ello, el Tribunal Supremo desestima el recurso de casación para la unificación de doctrina interpuesto contra la sentencia dictada por la Sala de lo Social del Tribunal Superior de Justicia de Madrid, que declaró procedente el despido de la trabajadora fundado en causas objetivas.

La consecuencia, en el ámbito laboral, de la existencia de un grupo de empresas patológico, en el ámbito laboral, consiste en la declaración de la responsabilidad solidaria de todas las empresas del grupo. Sin embargo, si el Juez del Concurso aprecia la existencia de un grupo de empresas a efectos laborales del que forma parte integrante la empresa declarada en concurso para la que prestaban servicios los trabajadores afectados por el expediente de regulación de empleo concursal de extinción colectiva de los contratos de trabajo, carece de competencia para declarar la responsabilidad solidaria de las empresas del grupo. Por consiguiente, si se invoca la causa económica, al exigirse que concurra en todo el grupo, y no ser competente para declarar la responsabilidad solidaria, sólo podrá desestimar el expediente de regulación de empleo concursal de extinción. Por el contrario, si el despido colectivo se funda en causas técnicas, organizativas o de producción, la existencia de grupo de empresas a efectos laborales, no incide, pues ha de concurrir la causa en la empresa afectada, que será la declarada en concurso.

BIBLIOGRAFÍA

ALAMEDA CASTILLO, MARÍA TERESA: *"El tratamiento de los créditos laborales en el concurso"*, Madrid, 2005.

ALBIOL MONTESINOS, IGNACIO: *"Aspectos laborales de la Ley Concursal"*, Valencia, 2004.

BASE DE DATOS DE JURISPRUDENCIA "EL DERECHO".

BASE DE DATOS DE LEGISLACIÓN "EL DERECHO".

BELTRAN, EMILIO: "Las deudas de la masa", Bolonia, 1986.

BERCOVITZ RODRÍGUEZ-CANO, RODRIGO: "Comentarios a la Ley Concursal", volumen I, Madrid, 2004.

CORDERO LOBATO, ENCARNA: "Comentarios a la Ley Concursal", dirigidos por BERCOVITZ RODRÍGUEZ-CANO, RODRIGO, volumen I, Madrid 2004.

DE LA PUEBLA PINILLA, ANA: "Comentarios a la Ley Concursal", dirigidos por BERCOVITZ RODRÍGUEZ-CANO, RODRIGO, volumen I, Madrid 2004.

DESDENTADO BONETE, AURELIO Y DESDENTADO DAROCA, ELENA: *"Los créditos de Seguridad Social en la nueva Ley Concursal"*, Valladolid, 2004.

DESDENTADO BONETE, AURELIO: *"La declaración del concurso y la Seguridad Social"*, Madrid, 2004.

DESDENTADO BONETE, AURELIO: *La reforma concursal y el proceso social. Una primera aproximación"*. Revista de Relaciones Laborales, nº 23.

DESDENTADO BONETE, AURELIO: *"La Seguridad Social en la nueva Ley Concursal"*, Madrid, 2004.

GARCÍA-PERROTE ESCARTÍN, IGNACIO: "La reforma concursal: aspectos laborales y de Seguridad Social", Valladolid, 2004.

MAIRATA LAVIÑA, JAIME: "La nueva regulación concursal", Madrid, 2004.

MARTÍNEZ GARRIDO, LUIS RAMÓN: *"La regulación procesal de los temas sociales en la legislación concursal"*, Ponencia impartida en el Curso del Consejo General del Poder Judicial, celebrado en Madrid de los días 30 de marzo a 1 de abril de 2005, sobre "Aspectos laborales de la Ley Concursal. Especial referencia al Fondo de Garantía Salarial".

ORELLANA CANO, ANA MARÍA: "La insolvencia empresarial. Incidencia de la nueva Ley Concursal", en el nº 23 de los Manuales de Formación Continuada del Consejo General del Poder Judicial, sobre "La ejecución laboral", Madrid, 2005.

ORELLANA CANO, NURIA: *"El concurso de acreedores y las prestaciones y créditos de la Seguridad Social"*, en el nº de los Manuales de Formación Continuada del Consejo General del Poder Judicial sobre "Aspectos y cuestiones actuales de Seguridad Social".

PULGAR EZQUERRA, JUANA; ALONSO LEDESMA, CARMEN; ALONSO UREBA, ALBERTO Y ALCOVER GARAU, GUILLERMO: *"Comentarios a la Legislación Concursal"*.

RIOS SALMERÓN, BARTOLOMÉ: "La protección prioritaria de los créditos laborales en el concurso". En "La reforma concursal: aspectos laborales y de Seguridad Social", Valladolid, junio 2004.

RIOS SALMERÓN, BARTOLOMÉ: "La Ley Concursal y los créditos laborales". Manuales de Formación Continuada nº 23. Consejo General del Poder Judicial. Madrid, 2004.

RIOS SALMERÓN, BARTOLOMÉ: "Los privilegios del crédito salarial". Segunda Sesión sobre "Salario y ejecución" en el Curso de Especialización en los asuntos propios de los Órganos de lo Mercantil, Barcelona, 2004.

RIOS SALMERÓN, BARTOLOMÉ: "La Ley Concursal y los créditos laborales", en el nº 23 de los Manuales de Formación Continuada del Consejo General del Poder Judicial, sobre "La ejecución laboral", coordinado por ORELLANA CANO, ANA MARÍA, Madrid, 2005.

RIOS SALMERÓN, BARTOLOMÉ: "La reforma concursal: aspectos laborales y de Seguridad Social", Valladolid, 2004.

ROJO, ÁNGEL Y BELTRÁN, EMILIO: *"Comentario de la Ley Concursal"*, tomo II, Madrid, 2004.

SÁNCHEZ CALERO, JUAN Y GUILARTE GUTIÉRREZ, VICENTE: "Comentarios a la Legislación Concursal", tomo II, Valladolid, 2004.

ADMINISTRACIÓN CONCURSAL Y LEY 38/2011 DE 10 DE OCTUBRE

Ana María Gallego Sánchez
Magistrada del juzgado de lo mercantil n.º 12 de madrid

SUMARIO: **Introducción.- Concurso de especial trascendencia.- Nombramiento de segundo administrador (Art. 27.2.3º LC).- Relación entre el art. 27.2.3º LC, Art. 27 Bis LC y Art. 190 LC.- Relación con el concepto de "especial trascendencia para la economía":- Derecho transitorio:**

INTRODUCCIÓN

La Ley 38/2011, de 10 de octubre, de reforma de la Ley 22/2003, de 9 de julio, Concursal (LRLC), ha introducido novedades en esta materia:

1.º Desaparece la administración concursal colegiada y se sustituye por un órgano unipersonal, integrado por un profesional de tipo jurídico o económico (art. 27.1 LC); como excepción, en algunos concursos existirá o podrá existir una administración concursal bimembre, formada por un administrador concursal profesional y un acreedor (art. 27.2.3.º y 27 bis *in fine* LC).

2.º Se permite el nombramiento como administradores concursales de ciertas «personas jurídicas multidisciplinares» (art. 27.1.2.º II LC), que además se someten a un estatuto en buena medida especial *(vid.* por ejemplo art. 28.2 I *in fine,* art. 28.4 o art. 32.1 II LC).

3.º El sistema de listas de profesionales disponibles es objeto de algunas modificaciones (art. 27.3 LC), a la vez que se incorporan determinados criterios para la elección de los administradores concursales por el juez (art. 27.4 y 27.5 LC).

4.º Las normas sobre retribución (art. 34 LC), ejercicio del cargo (art. 35 LC) y responsabilidad (art. 36 LC) se adaptan al nuevo modelo de administración concursal unipersonal, pero olvidando en ocasiones que el órgano también podrá ser bimembre, lo que origina problemas interpretativos que antes no existían.

5.° En el régimen de los auxiliares delegados, se añade la posibilidad de que el juez nombre de oficio a estos auxiliares, en unos casos con carácter facultativo, y en otros de forma obligatoria (art. 32.1 II LC).

Si bien con anterioridad a la reforma la única excepción al nombramiento de tres administradores se contenía en los arts. 190 y 191 LC, según los cuales, para los casos en que el pasivo fuera inferior a 10.000.000 de Euros, se designaría un solo profesional, con la reforma se ha modificado de tal forma que la circunstancia de que haya menos de cincuenta acreedores, que el pasivo sea inferior a cinco millones de Euros o que el valor del activo sea inferior a cinco millones de Euros, hará que el procedimiento sea abreviado-y no ordinario, pero se seguirá designando a un único miembro. Tantos estos artículos como los nuevos arts. 191 *bis,* 191 *ter* y 191 *quáter* contienen una regulación de manera novedosa el procedimiento abreviado.

Por lo tanto, la Ley confiere al Juez, dentro de los parámetros legales, la decisión de designar a aquellos profesionales que más se adapten a las circunstancias del concurso que se va a tramitar.

CONCURSO DE ESPECIAL TRASCENDENCIA:

Debe exponerse que la Ley 38/2911 introduce el concepto de "concurso de especial trascendencia", a los efectos de la designación de administradores concursales en el art. 27.2.3° LC en relación con el art. 27 Bis LC.

Como todos sabemos, la regla general es que la administración concursal estará integrada por una sola persona física o jurídica, y la excepción a la misma es la constatación de que nos encontremos ante "un concurso ordinario de especial trascendencia"; junto con las demás excepciones del art. 27:

- Concursos de entidades sometidas a supervisión
- Concursos en que exista una causa de interés público

Pues bien, si nos centramos en el art. 27 bis LC, vemos como el mismo nos aporta dos requisitos para "considerar" que nos encontramos ante un concurso de especial trascendencia:

Decisión motivada del Juez competente. Tal decisión ha de fundarse en) Concurrencia de alguno de los supuestos que prevé tal art. 27 bis LC.

En efecto, en dicho artículo se dan los parámetros para valorar cuándo nos encontramos en estos casos, siempre con una decisión previa, motivada del Juez del concurso, que será quién deba valorar si nos encontramos en estos concursos:

a) cuando la cifra de negocio anual de la concursada haya sido de cien millones de Euros o superior en alguno de los tres ejercicios anteriores;
b) que el pasivo sea superior a cien millones de Euros;
c) que el número de acreedores sea superior a mil; y

d) que el número de trabajadores haya sido de cien o superior en alguno de los tres ejercicios anteriores.

La primera de las cuestiones que se suscitó a raíz de la redacción de tal precepto fue sobre si tales requisitos o supuestos son acumulativos o no.

Las distintas resoluciones recaídas en la materia abonan la conclusión de que tales requisitos no son acumulativos, sino que basta que se dé uno de ellos.

En relación a esta apreciación, procede la cita de algunos ejemplos:

Auto de 5 de octubre de 2012 del JUZGADO DE LO MERCANTIL Nº 1 DE SANTANDER (CONCURSO VOLUNTARIO Nº 437/2012): "*SÉPTIMO*.- *Atendiendo al número de trabajadores que superan los cien, se estima que el concurso ha de ser considerado de especial trascendencia a los efectos del art. 27 bis LC. A tal efecto el art. 27.2.3 LC establece que "En caso de concursos ordinarios de especial trascendencia el juez nombrará, además del administrador concursal previsto en el apartado 1 de este artículo, a un administrador concursal acreedor titular de créditos ordinarios o con privilegio general no garantizado de entre los que figuren en el primer tercio de mayor importe.*

A estos efectos, cuando el conjunto de las deudas con los trabajadores por los créditos señalados en el párrafo anterior estuviera incluida en el primer tercio de mayor importe, el juez podrá nombrar como administrador acreedor a la representación legal de los trabajadores, si la hubiere, que deberá designar un profesional que reúna la condición de economista, titulado mercantil, auditor de cuentas o abogado, quedando sometido al mismo régimen de incapacidades, incompatibilidades, prohibiciones, remuneración y responsabilidad que los demás miembros de la administración concursal.

El primer administrador concursal designado será el que ostente la representación de la administración concursal frente a terceros en los términos previstos en esta Ley para los supuestos de administración concursal única.

Cuando el acreedor designado sea una Administración pública o una entidad de Derecho Público vinculada o dependiente de ella, la designación del profesional podrá recaer en cualquier empleado público con titulación universitaria, de graduado o licenciado en ámbitos pertenecientes a las ciencias jurídicas o económicas, y su régimen de responsabilidad será el específico de la legislación administrativa".

Por estas circunstancias, procede nombrar una administración concursal formada por dos miembros. El primero, uno los previstos en el apartado 1 del art. 27 LC, designado entre los integrados en las listas presentadas en el Decanato de Santander. El segundo, un acreedor titular de créditos ordinarios o con privilegio general no garantizado de entre los que figuren en el primer tercio de mayor importe.

Para la designación del segundo miembro de la administración concursal (acreedor) se estima necesario información complementaria. En concreto, ante la posibilidad de nombrar a la representación legal de los trabajadores, se considera imprescindible que se aclare, con relación a los créditos de los trabajadores, cuáles se corresponden con los salarios de los treinta últimos días de trabajo efectivo anteriores a la declaración de concurso y cuáles no. Únicamente conociendo dicho dato, podrá valorarse si efectivamente el conjunto de las deudas concursales de estos trabajadores se encuentra en el primer tercio de mayor importe de los acreedores titulares de créditos ordinarios o con privilegio general.

Por lo anterior, se procede en el presente momento a nombrar únicamente al miembro de la administración concursal previsto en el art. 27.1 de la Ley Concursal, designando como tal a la persona jurídica LANDWEL PRICEWATWERHOUSECOOPER TAX & LEGAL SERVICES, S.L., por estimarse que ante el volumen de acreedores resulta adecuada la designación de una persona jurídica con la estructura personal necesaria para la realización de las tareas a desarrollar.

En cuanto al miembro de la administración concursal acreedor, se acuerda posponer su nombramiento al momento en que se conozca la información complementaria necesaria.

Auto del JUZGADO DE LO MERCANTIL N.º 1 DE SEVILLA de 19 de junio de 2012: *"En el presente caso, resulta procedente, a la vista del número de trabajadores empleados por las concursadas, declarar el presente concurso como ordinario de especial trascendencia, ya que DETEA, S.A. emplea en la actualidad a 106 trabajadores, DETEA CORPORACIÓN a 35 trabajadores y EMANTIA a 25 trabajadores."*

AUTO J.MERC. N.º 12 DE MADRID de fecha 26 de noviembre de 2013 (Procedimiento: 755/2013). INVERSIONES GLOBALES, INVERYAL, S.L. *"Así, de acuerdo al documento n. º 6 de los aportados, así como la página 2 de la demanda y el balance de situación, la estimación del pasivo alcanza los 525.922.277,30 euros, con lo que, en definitiva, la tramitación procedente será la de procedimiento ordinario. Y, por lo expuesto, también el concurso debe ser calificado como "DE ESPECIAL TRASCENDENCIA", dadas las previsiones del art. 27 bis LC."*

En algunos supuestos se pondera el conjunto de factores, pero, como indicio, ya que tales requisitos no son acumulativos. Por otra parte, en diversas resoluciones suelen valorarse otros factores que puedan incidir en la complejidad de la cuestión, a veces a mayor abundamiento; por ejemplo, cabe traer a colación el A.J.Merc.N.1 de Guipúzcoa, de fecha 19 de Noviembre del 2013 (ROJ: **AJM SS 47/2013**) Recurso: 1009/2013 Ponente: PEDRO JOSE MALAGON RUIZ. *"ANTECEDENTES DE HECHO: PRIMERO.-Con fecha quince de noviembre de dos mil trece ha tenido entrada en este Juzgado solicitud de declaración conjunta de concurso formulada por el Procurador, Sr./a. TAMES ALONSO, en nombre y representación de FAGOR ELECTRODOMESTICOS S.COOP y FAGOR IRELAND LIMITED, acompañando la documentación pertinente.*

"De la documentación que acompaña a la solicitud, se desprende que concurren todas las circunstancias previstas en el artículo 27 bis de la LC y que permite considerar este concurso como de especial trascendencia . En concreto, FAGOR ELECTRODOMESTICOS tiene *un pasivo superior a 100 millones de euros, un numero de trabajadores superior a 100, mas de 1000 acreedores y su cifra de negocio es claramente superior a 100 millones; todo ello sin contar con la indudable trascendencia social y mediática de este concurso,* lo cual lo hace merecedor de esta consideración de especial trascendencia .

En tal caso, conforme prevé el apartado 2.3º del artículo 27 de la LC , además del administrador concursal previsto en el apartado 1 de dicho precepto, debe nombrarse a un administrador concursal acreedor titular de créditos ordinarios o con privilegio general no garantizado de entre los que figuren en el primer tercio de mayor importe.

Los acreedores titulares de créditos ordinarios o con privilegio general de mayor importe son las entidades financieras; de ellas, el acreedor mas importante es BANCO POPULAR S.A. En este caso procede nombrar a BANCO POPULAR S.A."

NOMBRAMIENTO DE SEGUNDO ADMINISTRADOR (ART. 27.2.3º LC)

Una vez que hemos delimitado los requisitos, vemos como el Juez, a la hora de designar al segundo administrador, puede elegir a un acreedor de cualquier naturaleza, tanto privada (por ejemplo, un proveedor) como pública (por ejemplo, la Seguridad Social o la Agencia Tributaria).

Por otra parte, se acota la clase de acreedores que pueden ser nombrados, así, «créditos ordinarios o con privilegio general no garantizado», lo que viene justificándose porque se trata de créditos cuyo grado de satisfacción depende en mayor medida del desarrollo del procedimiento, por lo que el interés personal del acreedor se encuentra más «alineado» con el del concurso'.

Y se establece un requisito relativo a la cuantía, en concreto, «que figuren en el primer tercio de mayor importe», al objeto de conseguir una suficiente relevancia del acreedor.

Ahora bien, se discute si por tal ha de entenderse que el acreedor deba figurar en el primer tercio de mayor importe de toda la lista de acreedores, o cabe interpretación diversa. De asumir la primera de las expuestas, podría ocurrir que no hubiera persona alguna elegible, si no existieran en dicho tercio créditos que cumplieran el requisito de clase.

De ahí que se propugne una interpretación por la que quepa entender que el acreedor deberá figurar en el primer tercio de mayor importe de todos los créditos ordinarios o en el primer tercio de mayor importe de todos los créditos con privilegio general no garantizado. Esta interpretación amplía, además, el número de acreedores que pueden ser nombrados, lo que resulta especialmente útil si se tiene en cuenta que algunos de ellos podrían estar afectados por causas de inelegibilidad (art. 28 LC) no aceptar el cargo (art. 29.2 LC). Por el contrario, tal interpretación amplia, podría conducir a la designación de acreedores titulares de créditos de escasa cuantía o anecdóticos, lo que no parece ser la voluntad del legislador.

Con todo, no puede negarse que el tenor literal del precepto más parece abocar a la primera de las interpretaciones.

También en relación a tal previsión legal, surge el problema interpretativo de si cabe designar a un acreedor, que además de ser titular de créditos con las características descritas, sea titular de otros créditos ordinarios o con privilegio especial que esté garantizado o que tenga la calificación de subordinado.

A este respecto:

- Si consideramos las características señaladas por el citado precepto como un requisito necesario para que un acreedor pueda ser nombrado administrador concursal, habría que optar por la conclusión de que no sería impedimento para su nombramiento que fuese también titular de otra clase de créditos.
- Si interpretamos el precepto como la prohibición de designar a un acreedor cuyos créditos no Tengan las características indicadas, habría que concluir que cualquier acreedor de otra clase de :réditos quedaría afectado por la prohibición.
- La mayoría de los autores se inclinan por la primera interpretación.

La norma prevé, no obstante, dos supuestos específicos:

— De un lado, «cuando el conjunto de las deudas con los trabajadores por los créditos señalados en el párrafo anterior estuviera incluida en el primer tercio de mayor importe, el juez **podrá** nombrar como administrador acreedor a la representación legal de los trabajadores, si la hubiere, que deberá designar un profesional que reúna la condición de economista, titulado mercantil, auditor de cuentas o abogado, quedando sometido al mismo régimen de incapacidades, incompatibilidades, prohibiciones, remuneración y responsabilidad que los demás miembros de la administración concursal» (art. 27.2.3.° II LC).

— De otro, «cuando el acreedor designado sea una Administración pública una entidad de Derecho Público vinculada o dependiente de ella, la designación del profesional **podrá** recaer en cualquier empleado público con titulación universitaria, de graduado o licenciado en ámbitos pertenecientes a las ciencias jurídicas económicas, y su régimen de responsabilidad será el específico de la legislación administrativa» (art. 27.2.3.° IV LC).

— A los efectos de esta norma, la categoría de «Administración pública o una entidad de Derecho público vinculada o dependiente de ella» comprende los organismos públicos y entidades de Derecho público en general, pero no en cambio a las sociedades mercantiles que tengan a la Administración como socio mayoritario o incluso único, porque son entidades sometidas al Derecho privado, salvo en materias legalmente determinadas'.

Además, el mismo artículo establece que cuando se declare un concurso con un evidente interés público, el Juez podrá, de oficio o a instancia de un acreedor de carácter público o de la propia administración concursal, nombrar para el cargo de administrador a una Administración pública o a una entidad de Derecho público vinculada a ella. Se preferencia, por tanto, estas designaciones.

Por ejemplo, en el caso de la AEAT , ésta puede ser designada administradora concursal por dos vías:

A) La primera es que sea **un concurso de especial trascendencia**, que sea titular de un crédito ordinario o privilegiado no garantizado y además que su crédito esté entre el tercio de mayor importe.

Sin embargo, no podrá ser designada cuando las únicas deudas que tenga no sean de titularidad de la Hacienda Pública, sino que sea deudas de entes públicos o de comunidades autónomas cuyas deudas gestionamos por convenio. (Es una gestión por cuenta de ellos pero no nos convierte en acreedores, aunque en el certificado de deudas que enviamos al juzgado sean incluidas por la AEAT, porque así lo dice el propio convenio.)

B) Cuando exista **una causa de interés público** que así lo justifique aunque no sea un concurso de especial trascendencia.

Ha de designarse a un empleado público, no tiene por qué ser funcionario, con título universitario: graduado o licenciado en áreas económicas o jurídicas, y ya la Administración pública que sea designada administradora concursal acreedora será retribuida.

RELACIÓN ENTRE EL ART. 27.2.3º LC, ART. 27 BIS LC Y ART. 190 LC

Los presupuestos para el nombramiento de un administrador concursal acreedor son dos: por un lado, se debe tratar de un «concurso ordinario», por lo que quedan excluidos los concursos en que se aplique el procedimiento abreviado (arts. 190 ss. LC); y, por otro, el concurso debe ser «de especial trascendencia».

Sin embargo, pudiera darse la circunstancia de que, en interés del concurso, resultara procedente la transformación del procedimiento ordinario en abreviado, posibilidad ésta prevista en el art. 190.4 LC.

Sin embargo, cabe preguntarse si es posible tal modificación procedimental cuando el concurso ordinario ha sido declarado "de especial trascendencia".

Tal es el supuesto que llevó al dictado del AUTO DEL JUZGADO DE LO MERCANTIL N.º 12 DE MADRID, DE 12 DE NOVIEMBRE DE 2012: "*Veamos, la concursada JUGUETERÍA POLI, S.L. ha presentado escrito de fecha 5 de octubre de 2012, en la que informa de la recepción de oferta por parte de la compañía LUDENDO IBÉRICA, S.L. (filial española de un grupo juguetero francés "LUDENDO") de compra de determinados bienes y derechos, que representan parte del negocio de la concursada y conforman unidades productivas en funcionamiento. También reseña que de tal oferta se ha dado traslado a la Administración Concursal. Tal oferta se acompañó como documento nº 1 de la solicitud.*

Dada la documental aportada, resultaba que:

— Nos encontrábamos ante una Oferta de compra vinculante.

— Si bien, tal oferta caducaba el 15 de noviembre de 2012.

— En concreto, el Oferente retomaría la actividad de 48 (de las 50) tiendas que actualmente explota POLY en régimen de arrendamiento, subrogándose en los contratos correspondientes. Además, constaba la subrogación en los contratos laborales de 269 trabajadores.

— Se solicitaba la apertura de la liquidación. Además se solicitaba que, en el auto por el que se aprobase el plan de liquidación, se acordara la resolución de los contratos de arrendamiento, respecto de las unidades productivas que no se incluyeran en la oferta, esto es, los que no van a ser retomados por el ahora oferente.

— Y, también se solicitaba que los activos se transmitiera libres de cualesquiera cargas, deudas y responsabilidades.

Además de lo expuesto, se solicitó también el cese parcial de la actividad empresarial de la concursada.

Sin embargo y como se ha expuesto, no se adjuntó plan de liquidación.

Ulteriormente, se presenta Plan de Liquidación elaborado por la Administración Concursal y se adjunta tres ofertas vinculantes de compra.

Así, consta la ya referida oferta de la compañía LUDENDO IBÉRICA, S.L. (filial española de un grupo juguetero francés "LUDENDO"), si bien prorrogada. Y, además se adjunta las ofertas de "KING JOUET ESPAÑA, S.L.", (que forma parte del grupo GIOCHI PREZIOSI) y de "TOYS R US IBERIA, S.A.".

Sentado cuanto antecede, procede, en primer lugar, ponderar la procedencia de la modificación del tipo de procedimiento cuando conste la oferta vinculante en los términos del art. 190.3 LC.

Si bien se entiende, por ejemplo, Francisco de Borja Villena Cortés "Comentario Práctico a la Nueva Ley Concursal" (1ª Edición de junio de 2012): "Cuestión distinta es si aparece tal circunstancia de modo sobrevenido, durante la tramitación del concurso al que se haya otorgado el trámite ordinario, habrá o no de transformarse entonces el tipo de procedimiento, pasando a abreviado, y además, si habrá de hacerse necesariamente, como parece apuntar el precepto. No resulta en absoluto claro, ya que esta segunda circunstancia recogida en la norma no puede vincularse de igual modo con la solicitud de concurso, a diferencia de lo recogido con la presentación de plan de liquidación con propuesta firme de adquisición de unidad productiva. Desde un punto de vista teleológico, de la finalidad de la norma, parece que la intención del precepto es determinar imperativamente la aplicación del procedimiento abreviado cuando ya ex ante, al inicio del procedimiento, la actividad empresarial ha cesado, con el término de sus relaciones laborales. El hecho de que tal circunstancia sobrevenga posteriormente no aminora la inicial complejidad que el concurso podría revestir, por lo que no parece necesario, en todo caso, la transformación del proceso, sin perjuicio de que sí puede constituir un factor más, tal cese de actividad económica del deudor, que justifique la rebaja de complejidad del concurso, para permitir potestativamente entonces la adaptación procesal"; y como se indica también en el comentario antes indicado, "No obstante, lo que sí resulta claro es que aparecidas cualquiera de las dos circunstancias legalmente apuntadas al inicio del proceso, será entonces preceptiva la aplicación del procedimiento abreviado, y ello con total abstracción de la concurrencia de otra clase de factores de hecho que puedan concurrir y evidencien la alta complejidad del concurso, tales como el número de acreedores, su nacionalidad...". (...)

Por lo tanto, dada la argumentación precedente, junto con la falta de previsión en el procedimiento de Concurso Ordinario del modo de proceder en el art. 190.3 LC y concordantes, particularmente por cuanto respecta al art. 191 ter LC, resulta adecuada la transformación solicitada."

RELACIÓN CON EL CONCEPTO DE "ESPECIAL TRASCENDENCIA PARA LA ECONOMÍA"

La LC regula la propuesta de convenio en los arts. 99 y siguientes, haciéndose especial hincapié en los requisitos de contenido.

En efecto, tales preceptos prevén un contenido necesario y otro facultativo. De forma que:

- En su apartado primero, el artículo recoge el contenido mínimo que ha de tener la propuesta de convenio (AJM Castellón 1, 11 septiembre 2011, SJM Palma Mallorca 1, 23 octubre 2007, AJM Granada 23 enero 2006, AJM Madrid 1, 16 noviembre 2005).
- En su apartado segundo, posibilidad de incluir otros contenidos al amparo del principio de autonomía de voluntad del art. 1255 CC.

Pues bien, centrándonos en el apartado primero, vemos como ha de contener de forma clara y precisa propuestas de quita, propuestas de espera, o proponer ambas de manera alternativa.

El límite genérico que se establece para las quitas es el cincuenta por ciento del pasivo ordinario.

En cuanto a la espera, se establece un límite temporal de cinco años desde la fecha que la resolución que apruebe el convenio deviene firme (resoluciones contenidas en los arts. 109, 127, 130 y el alcance de su eficacia establecido ex art. 133 todos ellos de la LC).

El literal del precepto señala ambos límites sólo para los créditos ordinarios, no obstante, creo que deberá también aplicarse a los créditos subordinados, puesto que esa es la extensión subjetiva de la vinculación del convenio (art. 134 LC).

A su vez, se establece una excepción a los límites, si el concurso afecta a empresas cuya actividad pueda resultar de especial trascendencia para la economía. "En palabras del Auto JM Granada, 23 enero 2006, el Juez de lo Mercantil competente, a instancia de parte, y si el plan de viabilidad así lo contempla, puede autorizar, en la excepción indicada, la superación de los límites de la quita y/o la espera, o ambas. Por supuesto, siempre de forma motivada en la resolución, que adoptará la forma de Auto."

Ahora bien, ni este precepto ni otros definen a esas empresas (Auto JM Valencia 2, 27 julio 2005), así, no se indica el alcance territorial de la trascendencia, si nacional, autonómico, provincial y/o local (Entre otros, Auto MJ Madrid 1, 16 noviembre 2005, Auto JM Oviedo 1, 8 noviembre 2007), ni siquiera indica parámetros para que el Juez pueda entender que se encuentra en presencia de una empresa que pueda beneficiarse de la eliminación de los límites genéricos, como pudiera ser el número de trabajadores o cualquier otro indicativo.

Sin embargo, de forma acertada según un importante sector doctrinal, el legislador de 2011 ha eliminado el requisito de la firma por la autoridad económica competente, puesto que no había norma específica que indicase cuál era esa autoridad, y su aplicación práctica llevaba, en ocasiones, a su inaplicación.

Pero, como se ha indicado, no ha aclarado el concepto precedente, lo que ha llevado a distintas interpretaciones del mismo.

Entre éstas destaca la llevada a cabo en la S.J.MERC. N.º1 DE MADRID DE 12 DE JULIO DE 2013, que conecta el concepto "empresas cuya actividad pueda tener especial trascendencia para la economía" del art. 100.1 párrafo 2º LC con la previsión de "concurso de especial trascendencia" del el art. 27.2.3º LC.

En efecto, tal es la argumentación esgrimida en la citada resolución:

> ***"QUINTO.-*** *En lo que concierne a la expresa previsión de la superación de los límites del art. 100.1 LC en el plan de viabilidad, procede resolver que ciertamente concurre: en efecto, en las páginas 5 a 13 del plan de viabilidad obrante en autos expresamente se contempla el marco temporal referido a 11 años (el plazo de espera más prolongado de las dos propuestas alternativas), con detalladas previsiones referidas a la caja generada en cada ejercicio, la caja acumulada, la caja disponible para repago de la deuda y la aplicación del plan de pagos para cada categoría de deuda.*
>
> *Conviene señalar que la exigencia de previsión de la superación de los límites en el Plan de viabilidad no entraña la necesidad, a la vista de la literalidad de la norma: a) de una valoración jurídica de la aplicabilidad del requisito legal que justifica la excepción de "especial trascendencia para la economía": tal cometido incumbe exclusivamente a la autoridad judicial competente para la aprobación del convenio extralimitante; b) de un juicio técnico sobre la necesidad de la superación de los límites y ni siquiera de su conveniencia en orden a garantizar una mejora de las perspectivas de viabilidad, en comparación con otras alternativas que se ajustaran al marco del art. 100.1 de la LC.*
>
> *La disposición exclusivamente obliga a la expresa contemplación de la quita y la espera ampliada en todos los escenarios económicos sobre los que se basa el plan de viabilidad, proyectando de forma cifrada, conjunta y sistemática los efectos económicos de su aplicación y poniéndolos en conexión con los recursos financieros disponibles.*
>
> *Tales exigencias parecen cumplirse sobradamente aquí, sin que la labor de fiscalización judicial pueda equipararse a un juicio sobre el carácter realista de las previsiones o la solidez las hipótesis en que las mismas se basan; pues la autoridad judicial no puede erigirse en experto en torno a tales complejos extremos y además traspasaría con ello la línea del examen de la viabilidad objetiva de la solución convencional, lo que nuestra Ley Concursal expresamente prohíbe llevar a cabo de oficio (128.2 LC). En consecuencia, procede abordar el segundo requisito.*
>
> ***SEXTO.-*** *En lo concerniente a la segunda de las exigencias, la especial trascendencia para la economía, su hermenéutica ha venido suscitando serias du-*

das desde la aprobación de la Ley 22/2003. No es ocioso recordar que, en la redacción originaria de esta última, no sólo se introducía esta expresión como excepción frente a una consciente decisión de política legislativa que pretendía abandonar la más absoluta libertad de pacto en el régimen de nuestra legislación histórica de quiebras, sino que su apreciación quiso rodearse de cautelas al exigirse el correspondiente informe "emitido al efecto por la Administración económica competente".

Ahora bien, no puede tampoco obviarse que la ausencia de previsiones orgánicas y reglamentarias en orden a dar riguroso cumplimiento a esta novedosa exigencia determinó que ya en la reforma operada mediante el Real Decreto-ley 3/2009 se suprimiera la exigencia del informe previo de la autoridad económica, confiando en exclusiva el análisis a la valoración de la autoridad judicial.

Dicha valoración desde luego no puede convertirse en un ejercicio de arbitrariedad, proscrito indudablemente por el art. 9.3 CE; ni desde luego puede interpretarse como una concesión libérrima a la autoridad judicial para que adopte su decisión basándose en subjetivos juicios de conveniencia u oportunidad. Antes bien, entendemos que obliga a efectuar un control de la concurrencia del presupuesto objetivo de la norma; y un juicio de razonabilidad y de proporcionalidad respecto a la concreta extralimitación en que se incurre en el convenio sometido a aprobación.

Llegados a este punto y en lo que al control del presupuesto objetivo se refiere, una vez descartada la idea de que exista en nuestro ordenamiento cualquier otro concepto legal o normativo útil que pueda integrar la noción de "especial trascendencia para la economía", desde luego en la fecha actual la vinculación más plausible parece emparentar dicha noción, sin salir del marco normativo regulador de la insolvencia, con la expresión que empleando vocablos parecidos el Legislador ha incorporado en el art. 27 bis de la Ley 22/2003, en la redacción resultante de la Ley 38/2011.

En efecto, este último precepto ha venido a calificar como "concurso de especial trascendencia" aquel en que concurra cualquiera de los siguientes requisitos: a) una cifra de negocio anual del concursado de cien millones de euros o superior en cualquiera de los tres ejercicios anteriores a aquél en que sea declarado el concurso; b) un importe de la masa pasiva declarada por el concursado sea superior a cien millones de euros; c) un número de acreedores manifestado por el concursado superior a mil y d) un número de trabajadores superior a cien en cualquiera de los tres ejercicios anteriores a la declaración del concurso."

Una interpretación sistemática abonaría la idea de que la concurrencia de cualquiera de las referidas circunstancias, que, en los términos del art. 27 bis LC, permiten calificar un concurso como de especial trascendencia, pueda ser utilizada como indicio cualificado de la aplicabilidad del supuesto previsto en el segundo inciso del art. 100.1 LC. En apoyo de La exégesis que se propugna, sin duda cabe sostener que no puede obedecer a mera casualidad que el Legislador, que con el mismo fin podría haber recurrido a otras expresiones como “concurso de mayor cuantía” o “de especial complejidad”, haya empleado una dicción casi idéntica en el art. 27 bis a la utilizada en el art. 100.1 LC segundo inciso.

Por otra parte, teniendo en cuenta que el Legislador no ha optado por introducir como índices reveladores de la especial trascendencia a los fines del art. 27 bis ni la vinculación de la actividad del concursado a sectores estratégicos concretos, ni a la prestación de servicios públicos esenciales, sino que ha tomado variables de índole cuantitativo y laboral, exclusivamente asociadas al orden económico, concluimos que no es en absoluto descabellado enlazar la expresión utilizada en el art. 100.1 segundo inciso LC con la que hoy se recoge en el art. 27 bis de la Ley 22/2003 tras la entrada en vigor de la Ley 38/2011. Identificación que entendemos además plenamente justificada en un escenario de gravísima crisis económica, en que obviamente la continuidad de cualquier empresa que reúna cualquiera de los requisitos del nuevo art. 27 bis parece de innegable trascendencia para la protección del maltrecho orden económico.

La precedente interpretación ha sido acogida por este Juzgado en sus anteriores Sentencias de fecha 6 de marzo de 2010 (en autos de concurso voluntario ordinario núm. 374/2010 seguidos a instancia de DESARROLLO DE ACTIVOS INMOBILIARIOS, S.A.) así como en la de 17 de diciembre de 2012 (en autos de concurso voluntario ordinario núm. 666/2010 seguidos a instancia de IMASATEC, S.A.), referidas a empresas del mismo sector de actividad y con parecida superación de los límites impuestos legalmente al contenido del convenio, sin que las referidas resoluciones hayan sido a día de hoy revocadas; habiendo recibido favorable acogida en el ámbito doctrinal en los comentarios que en relación con la misma han sido publicados en la literatura especializada (ITZIAR VILLAFÁÑEZ PÉREZ, “Requisitos para la superación de los límites generales a la quita y espera en el convenio concursal (SJM 1 Madrid 6.3.2012)”, en Anuario de Derecho concursal N°. 27, 2012 , págs. 463-471).”

Con todo, se han dictado resoluciones diversas que tratan de interpretar qué ha de entenderse por “empresas cuya actividad pueda tener especial trascendencia para la economía”; por ejemplo la S.J.MERC.N.º 5 DE MADRID DE 19 DE JUNIO DE 2012: *Respecto a la exigencia de actividad con especial trascendencia para la economía, el principal problema que se plantea es el de la determinación del ámbito territorial de afección de la economía, es decir, precisar si ha de tratarse de una empresa que afecte a la economía de una localidad, mancomunidad, provincia, comunidad o de ámbito nacional. En todo caso, no basta con la mera alegación de tratarse de una actividad relevante, sino que es necesario que se justifique que afecte de forma significativa(especial dice la ley) a la economía. Lo que si debe rechazarse es la exigencia de trascendencia para la economía nacional, ya que durante la tramitación parlamentaria se suprimió esta referencia a empresa de ámbito nacional que contenía el proyecto; en la medida que la enmienda fue introducida por Convergencia i Unió para que tuvieran cabida empresas con trascendencia en el ámbito comunitario; esto podría permitirnos sostener que el ámbito pretendido por el legislador era el comunitario. Sin embargo, no parece descabellado sostener que el ámbito territorial sea provincial, en la medida que la afección a una provincia puede ser significativa. Lo que no cabe entender es que se limite a una localidad, ya que supondría desnaturalizar la razón de ser de la excepción de superación de los límites; frente a esto se podría mantener que en el caso de la propuesta anticipada no sería necesario cumplir esta exigencia, pero no debemos olvidar que el legislador ha establecido una serie de medidas tendentes a favorecer el convenio, y una de ellas es la posibilidad de convenio anticipado, lo que permite sostener que el art 104.2 de la ley(que no exige estos requisitos) es una medida de favorecimiento de la presentación de una propuesta anticipada.*

Junto a ello, no debemos olvidar que la superación de los límites es excepcional, y así lo ha establecido el legislador, de manera que el sacrificio exigido a los acreedores (superaciones de los límites) ha de responder a un interés importante(en este caso la economía), y por ello se debe justificar la necesidad de la medida, indicando los puestos de trabajo que se pueden salvar con esta medida, la incidencia que tiene el mantenimiento de la empresa en el sector o ámbito territorial relevante; solo en estos casos podría considerarse admisible la superación. Tampoco podemos desconocer la razón de ser impuesta a los límites legales de las proposiciones de quita y/o espera. Como ha indicado la doctrina se ha tratado de poner freno a situaciones surgidas bajo la vigencia de la normativa anterior, con quitas y/o esperas sin límite temporal o cuantitativo que daban lugar a situaciones de favorecimiento para algunos acreedores y que eran claramente contrarias a los intereses de la colectividad. Y prueba de esta preferencia por los límites se observa que el legislador incentiva la consecución de quitas y esperas más reducidas, mediante el establecimiento de mayorías simples en el art 124, párrafo segundo, de la LC , ya que es suficiente el voto favorable de una porción del pasivo ordinario superior a la que vote en contra en caso de convenio remisorio inferior al veinte por ciento o dilatorio no superior a tres años; y también con el supuesto del artículo 167.1 de la LC que prevé que no se formará la sección de calificación cuando el Juez apruebe un convenio en el que se establezca para todos los acreedores o para los de una o varias clases una quita inferior a un tercio del importe de sus créditos o una espera superior a tres años."

DERECHO TRANSITORIO

La última cuestión que se plantea en cuanto al nombramiento y los requisitos es una cuestión de Derecho transitorio. Así, las nuevas circunstancias y requisitos se aplicarán tanto a los concursos que se presenten después del 1 de enero de 2012 como a aquellos que, ya presentados antes, se declaren después de esa fecha.

LA EJECUCIÓN DE LAS GARANTÍAS REALES EN EL CONCURSO DE ACREEDORES

ANTONIO FUENTES BUJALANCE
Magistrado Titular Juzgado Mercantil nº 1 de Málaga

SUMARIO: **1. Introducción.- 2. La regulación.- 3. Las medidas contraejecutivas.**

1. INTRODUCCIÓN

Un año más FUNDIECO organiza el Foro de Derecho Concursal en la época ya navideña en la capital de España, y recoge en la presente obra las reflexiones de los distintos ponentes. Desde aquí no quiero empezar estas líneas sin agradecer a la organización del Foro su empeño en seguir año tras año contribuyendo con su esfuerzo a crear un espacio de debate sin duda enriquecedor de los distintos profesionales que se dedican a esta apasionante materia.

El tema que me ocupa es uno de las cuestiones estrellas de cualquier procedimiento concursal, la ejecución de las garantías reales, que en la práctica casi monopoliza las ejecuciones hipotecarias de las entidades financieras. Sin duda, y esto no es nuevo, el acreedor garantizado mediante bien mueble o inmueble, y en concreto, aquel cuyo crédito se ha reconocido como privilegiado especial en el concurso, es quizás el acreedor mejor tratado por la norma concursal. El sistema de ejecución separada, el especial sistema de liquidación de los bienes, aunque con posibilidad de matizarse por vía del plan de liquidación, el sistema de pagos de este tipo de créditos, los plazos en los que se desactivan los mecanismos antiejecución iniciales, o la propia posibilidad de seguir devengando intereses este tipo de créditos, son ejemplos más que evidentes de que los créditos con privilegio especial, y sus garantías, son los niños mimados de la Ley Concursal. Se trata de una opción de política legislativa, que podría modularse, por ejemplo seguir el mismo régimen de paralización de intereses o sencillamente normar una mayor implicación de estos acreedores en el concurso posibilitando quizás de esta forma mayores posibilidades de éxito, estableciendo mecanismos que eviten situaciones fraudulentas y que no tengan que ver con el interés en mantener la actividad de la empresa por ejemplo, pero no lo ha querido así el legislador. El poder del crédito con privilegio especial es casi omnímodo en la Ley Concursal, y sus armas, la activación de los mecanismo de garantías casi imbebibles.

2. LA REGULACIÓN

En la Ley Concursal encontramos referencias a la ejecución de las garantías reales en estos preceptos.

Nos detenemos en primer lugar en la EM de la norma *"Una de las novedades más importantes de la ley es el especial tratamiento que dedica a las acciones de ejecución de garantías reales sobre bienes del concursado. Se respeta la naturaleza propia del derecho real sobre cosa ajena, que impone una regulación diferente de la aplicable a los derechos de crédito integrados en la masa pasiva del concurso, pero al mismo tiempo se procura que* ***la ejecución separada de las garantías no perturbe el mejor desarrollo del procedimiento concursal ni impida soluciones que puedan ser convenientes para los intereses del deudor y de la masa pasiva****. La fórmula que combina estos propósitos es la de paralización temporal de las ejecuciones, en tanto se negocie un convenio o se abra la liquidación, con el máximo de un año a partir de la declaración de concurso. Salvo que al tiempo de la declaración de concurso ya estuviese anunciada la subasta, las actuaciones de ejecución iniciadas con anterioridad se suspenderán y no se reanudarán, ni podrán iniciarse otras, hasta que transcurran los plazos señalados. Este efecto de obligatoria y limitada espera para los titulares de garantías reales se considera justo en el tratamiento de* ***todos los intereses implicados en el concurso, que han de sufrir un sacrificio en aras de la solución definitiva y más beneficiosa del estado de insolvencia.***

Naturalmente, los créditos con garantía real gozan en el concurso de privilegio especial y el convenio sólo les afectará si su titular firma la propuesta, vota a su favor o se adhiere a ella o al convenio aprobado.

De no estar afectados por un convenio, los créditos con privilegio especial se pagarán con cargo a los bienes y derechos sobre los que recaiga la garantía. La ejecución se tramitará ante el juez del concurso. No obstante, en tanto subsista la paralización temporal de estas acciones, la administración concursal podrá optar por atender con cargo a la masa el pago de estos créditos. Aun en caso de realización, el juez podrá autorizarla con subsistencia de la carga y subrogación del adquirente en la obligación del deudor, que quedará excluida de la masa pasiva, o mediante venta directa, con aplicación del precio al pago del crédito especialmente privilegiado. ***Se articulan, así una serie de fórmulas flexibles tendentes a evitar que el ejercicio de los derechos reales de garantía perturbe innecesariamente a los demás intereses implicados en el concurso.***

A estos efectos, la ley extiende el tratamiento de las acciones de ejecución de garantías reales a las de recuperación de bienes muebles vendidos a plazo y a los cedidos en arrendamientos financieros, siempre que los correspondientes contratos o documentos estén inscritos en los respectivos registros, así como a las resolutorias de ventas de inmuebles por falta de pago de precio aplazado.

Se ha procurado así permitir planteamientos realistas, que sin menoscabar la naturaleza de estos derechos ni perturbar el mercado del crédito, muy sensible a la protección de las garantías en caso de insolvencia del deudor, no impidan sino que hagan viables soluciones beneficiosas para los intereses del concurso.

Fórmulas flexibles en interés del concurso y sin perjuicio de los de la contraparte se establecen también para permitir la rehabilitación de los contratos de crédito o de adquisición de bienes con precio aplazado, así como la enervación de desahucio en arrendamientos urbanos, afectados por incumplimientos del deudor concursado."

He subrayado lo que a mi juicio llama más la atención, y es que el propio legislador ya maneja el concepto del interés del concurso como elemento modulador en esta materia, ¿realmente la regulación va en esa línea?. Es más que evidente que no, no se ha conseguido con esta regulación esa conjugación de intereses, el único interés protegido es del acreedor con privilegio especial, y le traiciona al legislador el subconsciente cuando habla de mercado de crédito, es el único al que hace referencia, como motivación de parte de la norma en esta materia, yo diría que de toda, con lo que la, en teoría, protección del interés del concurso y esa comunidad de pérdidas y esfuerzos conjunto que exige la situación concursal, es un elemento sobre el que levita el acreedor con garantía real, con él no va esta cosa rara de la par condicio creditorum. No se conjuga ningún interés, como mucho, se retrasa, y no tiene en absoluto ningún efecto ni supone ello ninguna merma ni esfuerzo, la posibilidad de activar las garantías, poco o ningún esfuerzo repito, comparado con el que se le pide a otros acreedores, los parias del concurso. ¿por qué no parar también los intereses de estos créditos? ¿por qué no flexibilizar el plazo de activación de las garantías en función de diversas variables como la duración del concurso, posibilidad de llegar a soluciones convencionales?

Si seguimos rastreando en al LECO encontramos el primer bloque de preceptos que se refieren a esta materia los encontramos en los siguientes preceptos

Artículo 56. Paralización de ejecuciones de garantías reales y acciones de recuperación asimiladas.

1. *Los acreedores con garantía real sobre bienes del concursado afectos a su actividad profesional o empresarial o a una unidad productiva de su titularidad no podrán iniciar la ejecución o realización forzosa de la garantía hasta que se apruebe un convenio cuyo contenido no afecte al ejercicio de este derecho o trascurra un año desde la declaración de concurso sin que se hubiera producido la apertura de la liquidación.*

   Tampoco podrán ejercitarse durante ese tiempo:

   a) Las acciones tendentes a recuperar los bienes vendidos a plazos o financiados con reserva de dominio mediante contratos inscritos en el Registro de Bienes Muebles.

   b) Las acciones resolutorias de ventas de inmuebles por falta de pago del precio aplazado, aunque deriven de condiciones explícitas inscritas en el Registro de la Propiedad.

c) Las acciones tendentes a recuperar los bienes cedidos en arrendamiento financiero mediante contratos inscritos en los Registros de la Propiedad o de Bienes Muebles o formalizados en documento que lleve aparejada ejecución.

2. Las actuaciones ya iniciadas en ejercicio de las acciones a que se refiere el apartado anterior se suspenderán desde que la declaración del concurso, sea o no firme, conste en el correspondiente procedimiento, aunque ya estuvieran publicados los anuncios de subasta del bien o derecho. Sólo se alzará la suspensión de la ejecución y se ordenará que continúe cuando se incorpore al procedimiento testimonio de la resolución del juez del concurso que declare que los bienes o derechos no están afectos o no son necesarios para la continuidad de la actividad profesional o empresarial del deudor.

3. Durante la paralización de las acciones o la suspensión de las actuaciones y cualquiera que sea el estado de tramitación del concurso, la administración concursal podrá ejercitar la opción prevista en el apartado 2 del artículo 155.

4. La declaración de concurso no afectará a la ejecución de la garantía cuando el concursado tenga la condición de tercer poseedor del bien objeto de ésta.

5. A los efectos de lo dispuesto en este artículo y en el anterior, corresponderá al juez del concurso determinar si un bien del concursado se encuentra o no afecto a su actividad profesional o empresarial o a una unidad productiva de su titularidad y si un bien o derecho resulta necesario para la continuidad de la actividad profesional o empresarial del deudor.

Artículo 57. Inicio o reanudación de ejecuciones de garantías reales.

1. El ejercicio de acciones que se inicie o se reanude conforme a lo previsto en el artículo anterior durante la tramitación del concurso se someterá a la jurisdicción del juez de éste, quien a instancia de parte decidirá sobre su procedencia y, en su caso, acordará su tramitación en pieza separada, acomodando las actuaciones a las normas propias del procedimiento judicial o extrajudicial que corresponda.

2. Iniciadas o reanudadas las actuaciones, no podrán ser suspendidas por razón de vicisitudes propias del concurso.

3. Abierta la fase de liquidación, los acreedores que antes de la declaración de concurso no hubieran ejercitado estas acciones perderán el derecho de hacerlo en procedimiento separado. Las actuaciones que hubieran quedado suspendidas como consecuencia de la declaración de concurso se reanudarán, acumulándose al procedimiento de ejecución colectiva como pieza separada."

A pesar de que ser el art. 55 el fundamental en esta materia, los acreedores con garantías reales tienen un trato especial que ya anuncia el art. 55.4, como decíamos con ello no va la guerra.

Lo primero que llama la atención es el plazo, un año desde la declaración. Se antoja este un tiempo escaso vista la duración de muchos procedimientos concursales, en parte, debido a la saturación de los juzgados mercantiles. En este sentido es de interés el auto del JM nº 1 de Sevilla 20/9/2011 el cual tiene en cuenta esta circunstancia *"3.- Pues bien, teniendo en cuenta que no es descartable la posibilidad de arrendar los bienes como vía para abastecer de fondos a la mercantil y que la venta o alquiler de las fincas son el objeto mismo de la actividad de intermediación que desarrolla la mercantil concursada y a través del cual obtiene recursos, parece que nos encontramos ante bienes destinados a la actividad profesional o empresarial del deudor concursado y que sirven efectivamente a éste en el ejercicio de su actividad.*

Por todo ello, el recurso debe estimarse y considerarse afectos los bienes reseñados en la parte dispositiva. Por otra parte, aunque es cierto que ha transcurrido un año sin que se haya abierto la liquidación, debe tenerse en cuenta que este juzgado padece una sobrecarga de trabajo que lo ha conducido, prácticamente, al colapso. No tener en cuenta dicha circunstancia y limitarse a verificar si ha trascurrido el año, está lejos del criterio del interés del concurso.

Así, si las vicisitudes del concurso y su tramitación han impedido cerrar la fase común en el razonable plazo que señala la LC, también deben tenerse en cuenta tales vicisitudes para atender al parámetro del año que fija el art. 57 LC.

Además, debe recordarse que no se ha aprobado un convenio, pero sí se ha admitido una propuesta anticipada, estando abierto todavía el plazo para formular adhesiones.

Por eso, cuando menos hasta que se cierre la fase común y se verifique si la propuesta anticipada de convenio llega o no a buen puerto, parece que debe mantenerse el valor que a la afección le da el art. 56 LC."

Como segunda cuestión haremos referencia al *testimonio necesario para reiniciar la ejecución suspendida.* Esta mención, introducida mediante la Ley 38/2011 de 10 de Octubre es de un denso contenido quizás no aparente, a saber:

— Supone acabar con la discusión sobre el hecho de si todas las ejecuciones hipotecarias deben ser conocidas por el Juez del concurso, ya que si es necesario un testimonio del juzgado mercantil para reiniciar la ejecución, es porque ese testimonio se va a presentar en otro órgano o donde se esté llevando a cabo la ejecución (por ejemplo la Notaria en las ejecuciones notariales), ergo, hay supuestos en el que la ejecución no se va llevar a cabo por el juez del concurso, ya que no tiene sentido que el propio juzgado se testimonie a si mismo.

— Si no todas las ejecuciones deben ser conocidas por el juez del concurso, ¿de cuales conoce y de cuales no?. La respuesta a esto la encontramos en la declaración de afección o necesariedad de los bienes, si se declaran afectos o necesarios, la competencia es del juez del concurso, en caso contrario no. Esto nos lleva igualmente a criticar de manera vehemente este trámite previo, por cuanto que en la práctica se produce una avalancha de declaraciones de afección o necesariedad, con el trabajo de tramitación y resolución que ello conlleva, única y exclusivamente para determinar la competencia respecto de la ejecución, convirtiéndose en algo superfluo, pues la ejecución es idéntica se haga en el juzgado mercantil o en otro juzgado por ejemplo que es el caso más común.

— Por último, aunque esto era algo ya aceptado, y lo reitera en el inciso 5 del art. 56, la norma aclara que la declaración de afección o necesariedad corresponde al juez del concurso.

En cuanto a la declaración de necesariedad, de sobra es conocido que existe una tésis mayoritaria, la funcional, y otra, minoritaria la contable. La primera, en la que me alineo, tiene en cuenta la actividad y situación del deudor a la hora de determinar si un bien es o no necesario, la contable por el contrario se fija en el hecho de si el bien concreto se enmarca en una determinada posición en la contabilidad, lo cual por ejemplo dejaría fuera o huérfano este criterio en el caso de pequeños profesionales o incluso personas físicas que desarrollen profesiones liberales los cuales no llevan contabilidad alguna, aunque como digo se impone la tésis funcional.

Resulta igualmente de interés aclarar, que ningún órgano judicial puede remitir las actuaciones ejecutivas hasta tanto no le sean reclamadas por el juez del concurso, ni es tampoco posible que el propio órgano judicial, mediante exhorto, pida al juzgado que decida si un bien es o no necesario, ya que ni el exhorto es un instituto procesal que sirve para ello, ni otro órgano judicial puede convertirse en instante de un incidente, que es lo que es, de declaración de afección que se resuelve mediante auto, y que puede ser objeto de recurso. Toda esta actividad debe realizarla la parte que le interese tener esa resolución normalmente el ejecutante, el juzgado que esté llevando a cabo la ejecución debe suspender su procedimiento y esperar o bien el testimonio de no afección para reanudar, testimonio que deberá llevarle alguna de las partes de la ejecución, o bien la reclamación del expediente por el juzgado mercantil. En este sentido la SAP de Madrid 28ª de 18/3/2011 *"El empleo de ese mecanismo de coordinación supone, por un lado, que compete al Juez de lo Mercantil, como explicamos en los autos dictados por esta sección 28ª de la Audiencia Provincial de Madrid de 20 de septiembre de 2007 y 11 de octubre de 2007, pronunciarse, tras la audiencia del concursado y de la administración concursal, sobre la afección de los bienes a la actividad profesional o empresarial o, en su caso, sobre su carácter necesario para la continuación de la misma (lo que supone un plus sobre el requisito anterior).*

Por otro lado, tal mecanismo no entraña que el Juez de Primera Instancia que estaba conociendo antes de la declaración de concurso de la ejecución hipotecaria hubiese perdido por causa de aquél, si se dan las circunstancias descritas relativas a la calificación de los bienes objeto de la misma, su competencia, pues la sigue ejerciendo para decidir sobre la suspensión del proceso hipotecario (para lo que deberá examinar si al tiempo de la declaración de concurso ya estuvieran publicados los anuncios de subasta, en cuyo caso no sería suficiente con que el bien estuviese afecto a la actividad profesional o empresarial o a una unidad productiva del concursado, sino que para decretar la suspensión debería comprobar que el Juez de lo Mercantil hubiese declarado que era además necesario para la continuidad de tal actividad; además el juez de la ejecución hipotecaria podría denegar la suspensión si cuando hubiese de decidirse sobre ello el bien ya hubiese sido adjudicado en el seno del proceso de ejecución hipotecaria, ya sea al acreedor, ya sea a un tercero como consecuencia de la subasta, puesto que se habría producido en tal caso la salida del bien del patrimonio del concursado para ingresar en el patrimonio de ese acreedor o tercero) y sigue conservando su competencia mientras el proceso esté suspendido, a resultas de lo que pueda decidirse desde el proceso concursal.

La posible reanudación de las actuaciones de ejecución durante la tramitación del concurso sí quedaría, en cambio, sometida a la jurisdicción del Juzgado de lo Mercantil, a tenor de lo previsto en el nº 1 del artículo nº 57 de la Ley Concursal. Pero ello sólo sería procedente una vez transcurrido el límite temporal previsto en los artículos 56 y 57 de la Ley Concursal (el transcurso de un año desde la declaración de concurso sin haberse abierto la liquidación) o cuando se hubiese alcanzado el hito procesal señalado en dichos preceptos legales (la aprobación de un convenio que no afecte al derecho de realización forzosa de la garantía real) y si mediase instancia de parte legitimada para la prosecución y además el Juez de lo Mercantil decretase su procedencia (artículo 71.1 de la Ley Concursal), momento a partir del cual éste podría entonces requerir la remisión del expediente de ejecución hipotecaria para proseguir con su tramitación, según sus propias normas, en una pieza separada del concurso (o requerir para su acumulación necesaria, según se prevé en el nº 3 del artículo 57 de la LC para los supuestos de apertura de la fase de liquidación en el concurso, lo que tampoco diferiría en mucho del trámite explicado). En estos términos, sólo expirado el período de suspensión podría hablarse de una atribución de competencia a favor del juez del concurso para reanudar la ejecución hipotecaria, según la regla especial del artículo 57.1 de la Ley Concursal, a la luz de la cual hay que modular las previsiones generales de los artículos 86 ter nº 1, 3º de la LOPJ y 8.3 de la Ley Concursal.

Por otro lado, cabe también la posibilidad, como se apunta en la resolución recurrida, de que la remisión de autos no llegase nunca a ser necesaria si se aprobase un convenio en sede concursal, el cual no obligaría, salvo excepciones (los casos de voto favorable o adhesión), al acreedor privilegiado (artículo 134.2 de la LC) que podría, por lo tanto, reanudar la tramitación ante el Juez de Primera Instancia al no enmarcarse ya la ejecución en la fase de tramitación, en sentido estricto, del concurso.

En consecuencia, podemos afirmar que la calificación por parte del Juez de lo Mercantil sobre el carácter de los bienes sujetos a un procedimiento de ejecución hipotecaria, amén de poder conllevar, en su caso, la decisión de suspensión de su tramitación por parte del Juez de Primera Instancia que estaba conociendo de dicha ejecución, no significa la automática pérdida de competencia por parte de éste ni justifica que pudiera acordar la remisión de los autos al Juez de lo Mercantil, en tanto éste no se los reclamase, una vez que se diesen los requisitos precisos para la reanudación de la ejecución como pieza separada del concurso."

Por último destacar la STS 28/6/2013 en la cual ratifica la validez de la resolución de la D.G.R.N por la que desestima el recurso interpuesto contra negativa del registrador a expedir certificación de cargas, en proceso de ejecución hipotecaria, por aplicación de lo dispuesto en el artículo 56 de la ley concursal.

En el art. 57 encontramos el sistema de inicio o reanudación de las ejecuciones, destacando la limitación del inciso tercero que la jurisprudencia interpreta de manera literal, luego si no se han iniciado procedimientos ejecutivos antes de la apertura de la liquidación, ya no cabe hacerlo, y deberá el bien integrarse en la masa activa a liquidar, ciñiéndose la misma al plan de liquidación.

Si seguimos rastreando la LECO encontramos un *privilegio específico en relación a los buque y aeronaves* en el art. 76 el cual reza *"3. Los titulares de créditos con privilegios sobre los buques y las aeronaves podrán separar estos bienes de la masa activa del concurso mediante el ejercicio, por el procedimiento correspondiente, de las acciones que tengan reconocidas en su legislación específica. Si de la ejecución resultara remanente a favor del concursado, se integrará en la masa activa.*

Si la ejecución separada no se hubiere iniciado en el plazo de un año desde la fecha de declaración del concurso, ya no podrá efectuarse y la clasificación y graduación de créditos se regirá por lo dispuesto en esta ley."

Este precepto, muy discutido en al tramitación parlamentaria existiendo varias enmiendas de supresión del mismo por entender que suponía una merma injustificada del activo concursal y del principio de universalidad, conlleva también un privilegio de ejecución separada para los titulares de créditos con privilegios sobre buques y aeronaves. En este caso habría que remitirse al art. 39 y ss de la Ley de 21 de Agosto de 1893 de Hipoteca Naval que básicamente, con algunas especialidades, remite a las normas de la ejecución de la Ley de Enjuiciamiento Civil, así como a los arts. 130 y ss de la Ley de Navegación Aérea Ley 48/1960 de 21 de Julio, que también hace una remisión implícita al sistema de ejecución hipotecaria de la Ley de Enjuciamiento Civil.

En materia de derecho internacional tenemos el art. 201

> *"1. Los efectos del concurso sobre derechos reales de un acreedor o de un tercero que recaigan en bienes o derechos de cualquier clase pertenecientes al deudor, comprendidos los conjuntos de bienes cuya composición pueda variar en el tiempo, y que en el momento de declaración del concurso se encuentren en el territorio de otro Estado se regirán exclusivamente por ley de éste.*
> *La misma regla se aplicará a los derechos del vendedor respecto de los bienes vendidos al concursado con reserva de dominio.*
> *2. La declaración de concurso del vendedor de un bien con reserva de dominio que ya haya sido entregado y que al momento de la declaración se encuentre en el territorio de otro Estado no constituye, por sí sola, causa de resolución ni de rescisión de la venta y no impedirá al comprador la adquisición de su propiedad.*
> *3. Lo dispuesto en los apartados anteriores se entiende sin perjuicio de las acciones de reintegración que en su caso procedan."*

Como vemos pues si el bien se encuentra fuera, el efecto de paralización de ejecuciones no le afecta, y habrá que estar a lo dispuesto en la legislación del Estado en el que se encuentre, todo ello sin perjuicio de hacer uso de los instrumentos internacionales de reconocimiento de resoluciones en materia civil y mercantil, en el seno de las cuales se pueden adoptar medidas cautelares que puedan si acaso incidir sobre los procedimientos ejecutivos de garantías reales, de hecho la LECO lo prevé para los procesos extranejeros en el art. 226. En este sentido habría que estar, en el ámbito Europeo, al Reglamento (CE) nº 44/2001 del Consejo de 22 de diciembre de 2000 relativo a la competencia judicial, el reconocimiento y la ejecución de resoluciones judiciales en materia civil y mercantil, pero sobre todo al Reglamento (UE) n.º 1215/2012 del Parlamento Europeo y del Consejo de 12 de diciembre de 2012 relativo a la competencia judicial, el reconocimiento y la ejecución de resoluciones judiciales en materia civil y mercantil (DOUE de 20 de diciembre de 2012), que sustituye al anterior a partir del 10/1/2015.

Deberíamos referirnos al *Acuerdo Extrajudicial de Pagos (arts 231 y ss)*, que regula la LECO, pero que realmente no es un procedimiento concursal ni se desarrolla ante el Juez del concurso, por eso de manera breve referir que de nuevo aquí, no ya los acreedores con privilegio especial, porque no hay concurso ni clasificación de acreedores, sino sencillamente los acreedores cuyos créditos se aseguren con garantía real, a los cuales, el procedimiento y acuerdo extrajudicial no les puede afectar en nada, absolutamente en nada, y obviamente incluye la activación de sus garantías, salvo que ellos lo quieran, poco más hay que decir.

Por último, hacer referencia a los *acuerdos de refinanciación (DA 4ª)*, en los cuales, una vez más, las entidades financieras en este caso, que tengan sus créditos asegurados con garantía real, el citado acuerdo no les afecta en nada en cuanto a la posibilidad de activar sus garantías, salvo que se adhieran al mismo, una vez más no hay ninguna consecuencia sobre las medidas ejecutivas salvo que lo quiera el acreedor con garantía real de su deuda.

3. LAS MEDIDAS CONTRAEJECUTIVAS

Como hemos visto poco se puede hacer contra el omnímodo poder de las garantías reales y la ejecución de las mismas, pero, al menos de manera breve referiré, que si es posible la subordinación de los créditos garantizados de tal forma, lógicamente si hay motivo para ello, por ejemplo por la vía de persona especialmente relacionada, administración de hecho, o aplicación del art. 92.7 de la LECO. Esta subordinación incidiría sobre el tipo de crédito, que ya no sería privilegiado especial, y por ende, sobre el sistema de ejecución de las garantías, el cual está vinculado en el concurso a la clasificación con privilegio especial del crédito. Obviamente también ante la activación de estas garantías se podría hacer uso de todos los mecanismos comunes de oposición a los mismos que se recojan en la norma específica, últimamente la oposición por ejemplo debido a contener los títulos ejecutivos en el caso de préstamos con garantías hipotecarias, cláusulas abusivas, o por ejemplo hacer uso de ciertas "medidas cautelares" como la del art. 698.2 de la LEC en los casos por ejemplo que se haya puesto un incidente del art. 92.7 contra una entidad de crédito que está ejecutando su garantía, o por ejemplo e el caso de la interposición de una rescisoria, o cualquier otra acción que pueda incidir sobre el título de ejecución o el crédito que causa la acción ejecutiva.

EL REGISTRO PÚBLICO CONCURSAL. UNA REALIDAD

JOSÉ ANTONIO IZUEL GASTÓN
Magistrado-Juez titular del Juzgado de Primera Instancia e Instrucción nº3 de Huesca, con competencia en materia mercantil

SUMARIO: **Marco normativo.- Efectos de la entrada en vigor del real decreto 892/2013, de 15 de noviembre.- Características del registro público concursal.- Estructura**

MARCO NORMATIVO

Con fecha 3 de diciembre de 2013 se ha publicado en el BOE el Real Decreto 892/2013, de 15 de noviembre, por el que se regula el Registro Público Concursal. Esta es una novedad esperada desde hace largo tiempo para que por fin pueda entenderse culminada de forma definitiva la reforma concursal planteada ya desde 2003.

El proceso concursal es el proceso civil universal por antonomasia y por ello su proyección supera a las partes del procedimiento, es decir, que se trata de un proceso que desencadena unos efectos que afectan no solo al propio concursado, o al solicitante del concurso, sino también a aquellas personas físicas o jurídicas que mantengan relaciones jurídicas con el concursado, y al propio tráfico mercantil. Por ello, resulta lógico que este proceso se provea de mecanismos que aseguren su difusión pública, pero no fue hasta la reforma de la Ley Concursal operada por Real Decreto-ley 3/2009 de 27 de marzo, de medidas urgentes en materia tributaria, financiera y concursal, que se previó la creación de un Registro que de manera centralizada recogiese para su difusión las resoluciones más relevantes que pudieran adoptarse en el proceso concursal.

Antes de ello, en su redacción original, el art.198 de la LC, bajo la rúbrica "Registro Público", preveía lo siguiente: "Reglamentariamente se articulará un procedimiento para que el Ministerio de Justicia asegure el registro público de las resoluciones dictadas en procedimientos concursales declarando concursados culpables y acordando la designación o inhabilitación de los administradores concursales, en los casos previstos en esta ley"

En cumplimiento de dicho mandato legal se creo mediante Real Decreto 685/2005, de 10 de junio, sobre publicidad de resoluciones concursales, el portal Registro Público de Resoluciones Concursales, si bien surgía viciado al exceder el mandato legal y extender a supuestos distintos a los comprendidos en el art.198 de la LC las resoluciones que debían ser insertadas en el mismo, siendo por Sentencia de 28 de marzo de 2007 de la Sala Tercera del Tribunal Supremo parcialmente anulado, modificándose dicho Real Decreto por el Real Decreto 158/2008 un nuevo Registro Público de Resoluciones Concursales.

No obstante, el régimen de publicidad de la Ley Concursal en su redacción original atribuye a este portal un efecto muy limitado a la publicidad de las resoluciones que en el mismo se podían insertar que no eran más que las previstas en el art.198 ya citado y las inscribibles en el Registro Mercantil conforme al art.320 del Reglamento de Registro Mercantil, pero sin que dicha publicidad tuviera efectos procesales, ni se asegurara la coordinación entre la información contenida en el mismo con la del procedimiento judicial.

Es por ello que por el legislador se aprovechó la necesidad de una reforma profunda del proceso concursal como consecuencia de la acuciante crisis económica que se cernía y se cierne sobre nuestra economía desde 2008, para plantearse la posibilidad de crear un sistema centralizado de fácil acceso para todos los interesados a través de Internet con el fin de que cualquier persona pudiera conocer las resoluciones y actos más importantes de un concurso, no solo limitado a las resoluciones referidas en el original art.198 de la LC sino ampliado a todas aquellas que puedan considerarse de relevancia.

Y de este forma mediante Real-Decreto-Ley 3/2009 se modificó el sistema de publicidad concursal en dos puntos esenciales, el primero previéndose un nuevo régimen de publicidad recogido en el modificado artículo 23 de la Ley Concursal según el cuál se establece que aquellas resoluciones concursales que conforme con la Ley Concursal deban ser publicadas por medio de edictos lo sean en el Registro Público Concursal, sustituyendo la función escasamente efectiva para la difusión que desarrollaba el BOE, además de aquellas otras para las que se prevé además la publicación por extracto en el BOE, y por otro lado, se modifica el art.24 de la Ley Concursal al señalar expresamente las resoluciones concursales que deben ser objeto de inscripción en el Registro Civil, Registro Mercantil u otro registro público en el que pudieran constar las entidades en concurso. El segundo, modificando el art.198 que bajo la nueva rúbrica "Registro Público Concursal" pasaba a tener el siguiente contenido: "El Registro Público Concursal será accesible de forma gratuita en Internet y publicará todas aquellas resoluciones concursales que requieran serlo conforme a las disposiciones de esta Ley. También serán objeto de publicación las resoluciones dictadas en procedimientos concursales que declaren concursados culpables y acuerden la designación o inhabilitación de los administradores concursales, así como las demás resoluciones concursales inscribibles en el Registro Mercantil"

La Disposición Adicional Tercera de dicho Real Decreto-ley concretaba este instituto de nueva creación señalando lo siguiente: "Se crea un Registro Público Concursal cuyo objeto es dar publicidad y difusión de carácter público a través de un portal en Internet, bajo la responsabilidad del Ministerio de Justicia, de todas aquellas resoluciones concursales que requieran serlo conforme a las disposiciones de la Ley 22/2003, de 9 de julio, Concursal, así como las resoluciones dictadas en procedimientos concursales que declaren concursados culpables y acuerden la designación o inhabilitación de los administradores concursales..."

Y seguidamente se establecían las líneas maestras que debía seguir el reglamento que desarrollara la estructura, contenido y el sistema de publicidad a través de este Registro.

En realidad este Real Decreto modifica en su art.6 el régimen de publicidad de las resoluciones concursales previendo que la publicidad se lleve a cabo a través del denominado Registro Público Concursal, si bien la entrada en vigor de de este nuevo régimen se hacía depender de lo que se dispusiera en el reglamento que desarrollara el Registro Público Concursal.

Comoquiera que dos años después no se había desarrollado reglamentariamente el Registro Público Concursal, se aprovechó la profunda reforma de la Ley Concursal llevada a cabo por la Ley 38/2011 para modificar el art.198 de la LC, manteniendo las líneas marcadas por la reforma de 2009, el cuál tras la reforma operada por la Ley 14/2013, de 27 de septiembre, de apoyo a los emprendedores y su internacionalización queda con el siguiente contenido actual:

"1. El Registro Público Concursal se llevará bajo la dependencia del Ministerio de Justicia y constará de tres secciones:

a) En la sección primera, de edictos concursales, se insertarán ordenados por concursado y fechas, las resoluciones que deban publicarse conforme a lo previsto en el artículo 23 y en virtud de mandamiento remitido por el secretario judicial.

b) En la sección segunda, de publicidad registral, se harán constar, ordenadas por concursado y fechas, las resoluciones registrales anotadas o inscritas en todos los registros públicos de personas referidos en el artículo 24.1, 2 y 3, incluidas las que declaren concursados culpables o acuerden la designación o inhabilitación de los administradores concursales y en virtud de certificaciones remitidas de oficio por el encargado del registro una vez practicado el correspondiente asiento.

c) En la sección tercera, de acuerdos extrajudiciales, se hará constar la apertura de las negociaciones para alcanzar tales acuerdos y su finalización.

2. La publicación de las resoluciones judiciales o sus extractos tendrá un valor meramente informativo o de publicidad notoria.

3. Reglamentariamente se desarrollarán la estructura, contenido y sistema de publicidad a través de este registro y los procedimientos de inserción y acceso, bajo los principios siguientes:

> *1.º Las resoluciones judiciales podrán publicarse en extracto, en el que se recojan los datos indispensables para la determinación del contenido y alcance de la resolución con indicación de los datos registrables cuando aquéllas hubieran causado anotación o inscripción en los correspondientes registros públicos.*
>
> *2.º La inserción de las resoluciones o sus extractos se realizará preferentemente, a través de mecanismos de coordinación con el Registro Civil, el Registro Mercantil o los restantes registros de personas en que constare el concursado persona jurídica, conforme a los modelos que se aprueben reglamentariamente.*
>
> *3.º El registro deberá contar con un dispositivo que permita conocer y acreditar fehacientemente el inicio de la difusión pública de las resoluciones e información que se incluyan en el mismo.*
>
> *4.º El contenido del registro será accesible de forma gratuita por Internet u otros medios equivalentes de consulta telemática."*

Finalmente, de acuerdo con la remisión reglamentaria contenida en el anterior precepto, se ha aprobado por el Ministerio de Justicia el Real Decreto 892/2013, de 15 de noviembre, por el que se regula el Registro Público Concursal y que obedece a la necesidad de que la declaración del concurso y los pormenores de su tramitación llegue a todos los posibles interesado mediante un sistema que ha de permitir a estos conocer no sólo la existencia de un concurso que les afecta sino también la de todas las resoluciones que se aprueben a lo largo del proceso concursal y de las anotaciones que se han de practicar en los registros públicos de personas y bienes, como se aclara en la Exposición de Motivos del Real Decreto.

EFECTOS DE LA ENTRADA EN VIGOR DEL REAL DECRETO

Transcurridos más de cuatro años desde la publicación del Real Decreto-ley 3/2009 que preveía la creación del Registro Público Concursal no se había dictado el correspondiente reglamento que desarrollara este registro, por lo que se ha mantenido vigente el sistema de publicidad previsto en la Ley Concursal en su texto original, de acuerdo con lo apuntado en la Disposición Transitoria Segunda del Real Decreto-ley 3/2009, que señalaba que el nuevo régimen de publicidad previsto en dicho Real Decreto-ley entraría en vigor de acuerdo con lo que disponga el Real Decreto previsto en la disposición adicional tercera, es decir, en la norma reglamentaria que desarrollara el Registro Público Concursal, salvo la modificación del apartado primero del artículo 23 de la Ley 22/2003, de 9 de julio, Concursal, que entraba ya en vigor conforme a la disposición final tercera del presente Real Decreto-ley.

Es decir, que se mantenía vigente, con la reseñada salvedad, el sistema de publicidad de resoluciones previsto en el art.23 de la Ley Concursal. Ello significaba que durante todo el largo lapso de tiempo transcurrido hasta la entrada en vigor del Real Decreto, de 15 de noviembre, por el que se regula el Registro Público Concursal, las resoluciones judiciales que, conforme a la Ley Concursal, debían ser publicadas por medio de edictos lo serían en la forma que establece el párrafo segundo del apartado 1 del artículo 236 de la ley Orgánica del Poder Judicial, es decir, a través del BOE, y así mismo se publicarían aquellas resoluciones para las que expresamente estaba prevista su inserción en el Registro Público Concursal, como ocurría en los casos de publicación del informe del art.75 (art.95.2 LC) o de aquellas relativas a la homologación de acuerdos de refinanciación (Disp. Adic Cuarta de la Ley Concursal).

Una vez se produzca la entrada en vigor del Real Decreto que regula el Registro Público Concursal, gozará igualmente de vigencia por fin el art.6 del Real Decreto-ley 3/2009 que establecía un nuevo régimen de publicidad a través del Registro Público Concursal. Ello implica que aquellas resoluciones para las que se prevea su publicación conforme al art.23 y 24 de la LC deberán ser publicadas en el Registro Público Concursal, además de en los registros públicos de personas o cosas y que aquellas resoluciones como el auto de declaración de concurso, la resolución por la que se tiene por presentado el informe del art.75 de la Ley Concursal, el decreto de admisión a trámite de la solicitud de homologación de acuerdos de refinanciación o el auto de aprobación del acuerdo de refinanciación, para los que expresamente preveía ya en el Real Decreto-ley 3/2009 la publicación en el Registro Público Concusal, podrán por fin ser publicadas de esta forma.

CARACTERÍSTICAS DEL REGISTRO PÚBLICO CONCURSAL

— *Universalidad:* No deja de ser trasunto de la naturaleza esencial del proceso concursal como proceso universal que se proyecta en interés de los acreedores.

— *Unidad de información:* Como señala la Exposición de Motivos, el Registro Público Concursal responde a un principio de unidad de información de tal forma que tanto las resoluciones procesales que se adopten a lo largo del proceso concursal, como las que implican la apertura de negociaciones para alcanzar los acuerdos extrajudiciales y su finalización y los asientos registrales derivados de los mismos encuentren un punto de encuentro a efectos de su publicidad, asegurándose la coordinación entre los Juzgados de lo Mercantil y los distintos registros públicos, así como con los expedientes sobre acuerdos extrajudiciales de pagos.

— *Accesibilidad*: Señala el art.198.3.4º de la LC que "el contenido del registro será accesible de forma gratuita por Internet u otros medios equivalentes de consulta telemática". En respuesta a esta previsión legal, el Real Decreto dispone que la información será accesible a través del portal de Internet que se localizará dentro de la sede electrónica que determine el Ministerio de Justicia de forma gratuita, pública y permanente, sin que se requiera justificar o manifestar interés legítimo alguno (art. 2.1 y 3.1 del Real Decreto). Se prevé, no obstante que las resoluciones se publiquen en extracto, que incluirá los datos indispensables para la determinación de su contenido y alcance con indicación de los datos registrales si hubieran causado anotación o inscripción en los registros públicos (art.3.2), y que se adoptarán medidas para evitar la indexación. Como excepción a la accesibilidad se aclara en el apartado 5 del art.3 que la publicidad de las inhabilitaciones contenidas en las sentencias de calificación que no sean firmes solo será accesible a los órganos jurisdiccionales y a las Administraciones Públicas habilitadas legalmente para recabar la información necesaria para el ejercicio de sus funciones, a menos que no siendo firmes tuvieran acceso al Registro Mercantil u otros registros públicos de personas. A estos efectos, el art.321 del Reglamento de Registro Mercantil dispone que estas sentencias serán objeto de anotación preventiva en tanto no sean firmes. Por otro lado, ni la Ley de Registro Civil (art.71) ni la Ley Concursal en su art.24 prevén la inscripción en el Registro Civil de las inhabilitaciones contenidas en las sentencias de calificación. Cabe señalar también que, tanto el art.198.3.3º de la LC como el Real Decreto en su art.3.4 disponen que el Registro deberá contar con un dispositivo que permita conocer y acreditar fehacientemente el inicio de la difusión pública de las resoluciones e información que se incluyan en el mismo.

— *Efectos informativos o de publicidad notoria*: El objeto del Registro Público Concursal es asegurar la difusión y publicidad de las resoluciones procesales dictadas al amparo de la Ley Concursal, de los asientos registrales derivados del proceso concursal, así como de las actas, anuncios y resoluciones procesales dictadas al amparo de la Ley Concursal sobre acuerdos extrajudiciales, procedimiento de homologación y de los asientos registrales derivados de los mismos (art.1 del Real Decreto). Limita el art.198.2 los efectos del Registro Público Concursal a la mera información o publicidad notoria para diferenciarlos de los efectos de otros registros públicos de personas o cosas, derivados del principio de fe pública registral, legitimación, etc..., pero es preciso aclarar que el Registro no cumple fines informativos sin ningún efecto jurídico, sino que la Ley Concursal anuda a la publicación de los actos en ocasiones otros efectos. Así, el art.96 de la LC dispone que los interesados no personados en el concurso podrán impugnar el inventario y la lista de acreedores dentro del plazo de diez días a contar desde la última publicación de las previstas en el art.95, ya sea la publicación en el Registro Público Concursal o la practicada en el tablón de anuncios del Juzgado. Igualmente el art.168 concede a los acreedores y personas que acrediten interés legítimo para personarse en la sección de calificación dentro de los 10 días siguientes a la última publicación de auto que acuerde la formación de la sección sexta, ya sea el auto aprobando el plan de liquidación o la sentencia que apruebe el convenio siendo que la Ley Concursal prevé la publicación en el Registro Público Concursal de la sentencia que apruebe el convenio por remisión a los arts.23 y 24 de la LC contenida en el art.132 de la LC. Por otro lado, si bien el Registro Público Concursal pasa a sustituir al BOE en la gran mayoría de los casos, en determinados casos es la publicación en el BOE la relevante para la producción de determinados efectos, como los efectos de la declaración de concurso y el comienzo de plazo para comunicación de créditos (art.21 y 23 de la LC) o los efectos de la homologación de acuerdos de refinanciación que se producen igualmente desde el día siguiente a la publicación en el BOE (Disposición Adicional Cuarta)

— *Organización y funcionamiento*: El art.198 de la LC no hacía otra mención a la organización del Registro Público Registral que la relativa a la dependencia del mismo del Ministerio de Justicia, y así efectivamente lo recoge el Real Decreto, que añade que dentro de este Ministerio se encuentra adscrito a la Dirección General de los Registros y del Notariado, a la que corresponde dictar cuantos actos o resoluciones de carácter jurídico y técnico den soporte a la actividad del Registro. Pero encomienda la gestión material del servicio de publicidad al Colegio de Registradores de la Propiedad, Mercantiles y de Bienes Muebles de España, que la realizará a sus expensas y bajo la dependencia del Ministerio de Justicia (art.2.2 del Real Decreto).

La remisión de las resoluciones que deban publicarse en la sección primera se remitirán desde los Sistemas de Gestión Procesal por el personal del Juzgado de lo Mercantil, bajo la dirección del Secretario, a través de la aplicación electrónica y el modelo que el Registro pondrá a su disposición, si bien se prevé que en el caso de que no sea posible el traslado de las resoluciones a través de la aplicación electrónica, las mismas serán entregadas al procurador del solicitante del concurso que de inmediato los remitirá al Registro Público Concursal, salvo que el concurso se hubiera solicitado por una Administración Pública (que no se postula mediante Procurador) en cuyo caso la inserción se hará por mandamiento del Secretario al Registro (art.8.1 del Real Decreto)

También remitirán a la sección tercera para su publicación por extracto las resoluciones dictadas en el ámbito de la homologación de acuerdos de refinanciación (art.12.2)

Igualmente remitirán las sentencias de anulación del acuerdo extrajudicial de pagos (art.14.2 del Real Decreto)

La remisión de la información al Registro Público Concursal, sección segunda, se hará por el Registrador competente que estuviese a cargo del correspondiente registro público el mismo día en que se hubiere practicado la inscripción o anotación preventiva de las resoluciones que deban publicarse en dicha sección, mediante expedición de certificado en extracto del contenido del asiento autorizada con su firma (art.11 del Real Decreto)

En cuanto a la remisión al Registro Público Concursal, sección tercera, de certificaciones o copias de la apertura del expediente del acuerdo extrajudicial de pagos, de comunicaciones de fecha de cierre del expediente y sobre si se ha solicitado la declaración de concurso, así como los anuncios relativos a acuerdos adoptados, y cumplimiento o incumplimiento del plan de pagos, se realizará por el Notario o el Registrador Mercantil, de acuerdo con el formato que se proporcione por el RPC.

— *Coordinación e interconexión registral*: Por mandato del art.198 de la LC y para cumplir fines de coherencia de información, el Real Decreto recoge mecanismos que aseguran la coordinación de los distintos registros públicos así como con el Juzgado de lo Mercantil y, en su caso, con Notarios y Registradores Mercantiles. Así el art.3.3 señala que si resolución publicable en las secciones primera y tercera fuere susceptible de inscripción en un registro público de personas se indicará que la inscripción o anotación está pendiente o, una vez acceda el certificado correspondiente a la sección segunda, que la resolución en cuestión ha causado asiento de inscripción o anotación.

El art.9 recoge que desde el Juzgado se remitirán las resoluciones que se dicten en su Juzgado a los registros públicos de personas y de bienes en los que deban aquéllas inscribirse o anotarse, de forma que si los datos se refieren a un sujeto inscribible en el Registro Mercantil, el Secretario judicial solicitará del Registrador Mercantil competente que remita, el mismo día en que se hubiera practicado el correspondiente asiento, certificación telemática del contenido de la resolución dictada por el Juez del concurso al Registro de la Propiedad, al Registro de Bienes Muebles o a cualquier otro registro público de bienes competente.

— *Interconexión internacional*: La Disposición Adicional Primera del Real Decreto Prevé la conexión del Registro Público Concursal con los registros de resoluciones concursales de los demás estados miembros, así como las plataformas comunitarias que al efecto se establezcan, al objeto de facilitar las consultas en materia concursal en la Unión Europea y permitir el conocimiento de los procesos concursales en este ámbito, con los efectos que se prevean, toso ello de conformidad con las normas de la Unión Europea que lo regulen. El mismo art.7.3 obliga a dar publicidad a la procedimiento de insolvencia abierto en otro Estado miembro de la Unión Europea cuando así lo solicite el síndico designado por el Tribunal competente de ese Estado o, en su caso, el propio Tribunal, con arreglo a lo dispuesto en la normativa de la Unión Europea sobre procedimientos de insolvencia.

— *Protección de datos de carácter personal y cancelación*: Conforme a la normativa de protección de datos, el Real Decreto impide que los datos puedan emplearse para un fin distinto de los previstos en la Ley Concursal, y se establece que será el Colegio de Registradores de la Propiedad, Mercantiles y de Bienes Muebles de España el encargado del tratamiento de los datos del Registro Público Concursal así como ante el que se ejercerán los derechos de acceso, rectificación, cancelación y oposición, aplicándose medidas de seguridad de nivel medio.

Los datos de carácter personal incluidos en las resoluciones concursales y en los asientos registrales insertados en el Registro Público Concursal en cualquiera de sus secciones serán cancelados dentro del mes siguiente a que finalicen sus efectos, sin perjuicio de su disociación para su utilización posterior.

Los datos relativos a las sentencias firmes en que se ordena la inhabilitación para administrar bienes ajenos, así como para representar a cualquier persona así como los datos relativos a la inhabilitación temporal para ser nombrado administrador en otros concursos de acuerdo al art.181.4 LC serán cancelados de oficio en el plazo de dos meses contados desde que hubiere transcurrido el período de inhabilitación establecido en la misma sentencia, en el primer caso, y los efectos de la inhabilitación, en el segundo.

Los datos relativos al cese de los administradores concursales o auxiliares delegados en aplicación de lo que establecen los artículos 37, 151, 152 y 153 de la Ley Concursal, se cancelarán transcurrido un plazo de tres años desde la firmeza del auto o de la resolución judicial.

Los datos relativos al acuerdo extrajudicial de pagos se cancelarán de oficio transcurridos dos meses desde la publicación del acta notarial de cumplimiento del plan de pagos o desde la firmeza de la resolución judicial que declare la conclusión del concurso consecutivo.

— *Extensión a resoluciones anteriores a la entrada en vigor del reglamento*: El Ministerio de Justicia adoptará las medidas necesarias para incluir en el Registro Público Concursal el contenido de las resoluciones concursales correspondientes a procesos que no hayan terminado en la fecha de su entrada en vigor.

ESTRUCTURA

Sección primera

1) La resolución por la que se deje constancia de la comunicación de negociaciones prevista en el artículo 5 bis.
2) Las resoluciones procesales que deban publicarse conforme a lo previsto en el artículo 23 de la Ley Concursal y demás preceptos que a aquél se remiten.
3) Las resoluciones correspondientes al proceso concursal a las que, por decisión judicial, se deba dar publicidad de acuerdo con la Ley Concursal.
4) La apertura de un procedimiento de insolvencia abierto en otro Estado miembro de la Unión Europea cuando así lo solicite el síndico designado por el Tribunal competente de ese Estado o, en su caso, el propio Tribunal, con arreglo a lo dispuesto en la normativa de la Unión Europea sobre procedimientos de insolvencia.

Sección segunda

1) Las resoluciones registrales anotadas o inscritas en todos los registros públicos de personas referidos en los apartados 1, 2 y 3 del artículo 24 de la Ley Concursal, incluidos los asientos registrales relativos a las sentencias que declaren concursados culpables o acuerden la designación o inhabilitación de los administradores concursales, y en virtud de certificaciones remitidas de oficio por el encargado del Registro una vez practicado el correspondiente asiento.
2) Las resoluciones registrales anotadas o inscritas en los registros públicos de personas reseñados en el apartado 3 del artículo 233 de la Ley Concursal.

Sección tercera

Conforme a la reforma de la Ley Concursal operada por Ley 14/2013 se incluirán:

1) Los procedimientos para alcanzar un acuerdo extrajudicial de pagos, con indicación del nombre o denominación del deudor y del mediador concursal, del número de identificación fiscal de ambos, de las fechas de solicitud, de apertura del expediente, de inicio de negociaciones y de finalización de las mismas, y otras como el anuncio de la adopción del acuerdo extrajudicial de pagos, sentencia de anulación de dicho acuerdo, acta de cumplimiento del plan de pagos, comunicación de presentación del acta por el mediador de incumplimiento de pagos y la resolución que declare el concurso consecutivo.
2) El anuncio con el extracto del decreto del Secretario judicial por el que se admite a trámite la solicitud de la homologación, del auto judicial por el que se apruebe la homologación de los acuerdos de refinanciación y de la sentencia que resuelva sobre la impugnación de la homologación en los términos previstos en la disposición adicional cuarta de la Ley Concursal.

EL CONCURSO DE LA PERSONA NATURAL

ALFONSO MARTÍNEZ ARESO
Magistrado Audiencia Provincial Mercantil
Zaragoza

SUMARIO: **1. Introducción.- 2. Clases de deudores dentro de las personas naturales.- 3. Brechas a la responsabilidad patrimonial universal.- 4. Alimentos.- 5. Algunas reflexiones sobre la pieza de calificacion en el concurso de la persona física.**

1. INTRODUCCIÓN

El concurso de la persona física en la LC apenas plantea especialidad alguna. Se hace referencia a determinadas peculiaridades del mismo; en materia de alimentos (arts. 47.2 y 84.2. 4ª), capacidad de testar (art. 40), fallecimiento del concursado (art 182), la influencia de la normativa matrimonial en el concurso se refleja en otro grupo de artículos (art. 6.2.2º II, 21.1. 3º, 77, 78 y 82.1), las normas sobre legitimación (art. 3.1) y no existen muchas más. La unidad legal, de doctrina y de sistema primó en las sucesivas reformas que se han producido; y si bien se realizaron modificaciones puntuales atinentes al mejor desenvolvimiento de las normas que regulaban aspectos concretos del concurso de la persona física, especialmente en la Ley 38/2011, lo cierto es que salvo las especialidades derivadas del procedimiento abreviado y los denominados concursos de gran complejidad, más por razón de tamaño del concurso que de la naturaleza jurídica del concursado, la disciplina concursal era única para todas las personas.

Sin embargo, fruto de las inquietudes doctrinales, de las de los operadores jurídicos y de los múltiples perjudicados por una persistente crisis económico-financiera, recientemente se han ido desarrollando tanto en el ámbito de la ejecución singular como en el de la ejecución universal diversas modificaciones que afectan a la indicada unidad de procedimiento y de sistema, en cuanto se establecen especialidades por razón de la persona del deudor, tanto en la forma de obtener acuerdos, en el ámbito de la mediación extrajudicial, como en las soluciones dadas ante el pasivo insatisfecho que las personas naturales o físicas deben arrostrar tras la terminación en el concurso de la liquidación de todos sus bienes y derechos realizables.

El examen de la cuestión se desenvolverá en cuatro direcciones: De una parte, las diferencias de trato entre las diversas clases de personas físicas que pueden incurrir en insolvencia; en segundo lugar, haré referencia al examen de la evolución, por otra parte rapidísima, que ha sufrido el principio de responsabilidad patrimonial universal en nuestro ordenamiento, un verdadero dogma en nuestro derecho, para examinar otra cuestión que es específica del tratamiento concursal de la persona natural como son los problemas que ocasionan las prestaciones a cargo de la masa que frecuentemente ha de acordarse a favor de la persona física concursada y sus más próximos familiares. Por último, examinaremos al amparo de las modificaciones legales más recientes la posible utilidad práctica del examen de la conducta del deudor a los efectos de su represión que tiene lugar en la pieza sexta del concurso.

2. CLASES DE DEUDORES DENTRO DE LAS PERSONAS NATURALES

Tradicionalmente la distinción dentro de los deudores era entre personas físicas y jurídicas. Las primeras tenían en su regulación una serie de especialidades en cuanto a la tramitación de su concurso, que no suponían sino la aplicación al proceso concursal de las diferencias derivadas de su existencia real frente a la ficción de existencia en que la persona jurídica consiste.

Sin embargo, pronto la doctrina había puesto de relieve el disfavor de determinadas normas concursales en cuanto al trato dado al concurso de la persona física. Así, la persona física era tratada con rigor en cuanto a la sospecha de que cualesquiera negocios con sus más próximos familiares eran realizados en fraude de tercero y los créditos contraídos en favor de tales parientes, en consecuencia, debían ser preteridos en cuanto eran créditos con personas especialmente relacionadas con el deudor y, por ello, clasificados como subordinados (art. 92.5) y, por tanto, los negocios onerosos realizados con los mismos eran susceptibles asimismo de rescisión conforme al art 71.3.1ª de la LC. De igual manera, la liquidación del patrimonio de la persona jurídica terminaba con su disolución y extinción de la personalidad de la misma, mientras que, por la propia existencia real de la persona física, el término del concurso con liquidación de su patrimonio y subsistencia de deudas implicaba la continuación con las mismas sin liberación, como sí sucedía con la persona jurídica. Además, el consumidor o persona física no empresario no podía aspirar a la suspensión de la ejecución hipotecaria como sí podía hacerlo, con arreglo a los arts. 56 y 57 de la LC, el concursado empresario respecto a los bienes dados en garantía afectos a su actividad empresarial o profesional.

En definitiva, el procedimiento era único, largo, caro, complejo en muchas de sus fases y no ayudaba en su devenir a la persona física, especialmente al no empresario, a superar su insolvencia, sino que lo que solía ocasionar era una liquidación con subsistencia de parte del pasivo que el concurso no había podido satisfacer.

¿Corrección de algunos extremos en el concurso de las personas físicas?

Esta dinámica desfavorable al deudor persona física y otros problemas de la sociedad, sustancialmente el desempleo y la caída del número de empresarios en España, se tratan de superar como dice la exposición de motivos de la Ley 14/2013 de 27 de septiembre, de apoyo a los emprendedores y su internacionalización: "Para invertir esta situación, es necesario un cambio de mentalidad en el que la sociedad valore más la actividad emprendedora y la asunción de riesgos. La piedra angular para que este cambio tenga lugar es, sin duda, el sistema educativo. En segundo lugar, el entorno normativo e institucional en el que se desenvuelven las actividades empresariales resulta de esencial importancia para impulsar ganancias de productividad y ahorrar recursos que actualmente se dedican al cumplimiento del marco jurídico".

Por lo que al tema interesa pueden resumirse las novedades en los siguientes puntos.

— "El Título preliminar –«Disposiciones generales»– establece el objeto, ámbito de aplicación y la definición de emprendedor. El concepto de emprendedor se define de forma amplia, como aquellas personas, independientemente de su condición de persona física o jurídica, que van a desarrollar o están desarrollando una actividad económica productiva", empresarial o profesional (art 3).

— "En el Capítulo II del título I «El Emprendedor de Responsabilidad Limitada» se crea una nueva figura, el Emprendedor de Responsabilidad Limitada, gracias a la cual las personas físicas podrán evitar que la responsabilidad derivada de sus deudas empresariales afecte a su vivienda habitual bajo determinadas condiciones".

— El Capítulo V, también del título I, –«Acuerdo extrajudicial de pagos»– prevé un mecanismo de negociación extrajudicial de deudas de empresarios, ya sean personas físicas o jurídicas, similar a los existentes en los países próximos. En la situación económica actual, son necesarios tanto cambios en la cultura empresarial como normativos, al objeto de garantizar que el fracaso no cause un empobrecimiento y una frustración tales que inhiban al empresario de comenzar un nuevo proyecto y pase a ser un medio para aprender y progresar.

— La reforma incluye una regulación suficiente de la exoneración de deudas residuales en los casos de liquidación del patrimonio del deudor que, declarado en concurso, directo o consecutivo, no hubiere sido declarado culpable de la insolvencia, y siempre que quede un umbral mínimo del pasivo satisfecho". Lo anterior supone la respuesta a una solicitud tanto doctrinal, como jurisprudencial e incluso social, que bebe en las fuentes de nuestro derecho más próximo.

¿Por qué se excluye al deudor persona física no empresario del procedimiento para obtener un convenio extrajudicial de pagos?

Pero esta ley supone la profundización en la diferencia entre personas físicas empresarios o en la terminología del art. 231 de la LC en la redacción dada por esta norma –el empresario persona natural que se encuentre en situación de insolvencia con arreglo a lo dispuesto en el artículo 2 de esta Ley, o que prevea que no podrá cumplir regularmente con sus obligaciones podrá alcanzar el denominado acuerdo extrajudicial de pagos. Este empresario es definido por el párrafo segundo del art 231.1 como "no solamente aquellos que tuvieran tal condición de acuerdo con la legislación mercantil, sino aquellos que ejerzan actividades profesionales o tengan aquella consideración a los efectos de la legislación de la Seguridad Social, así como los trabajadores autónomos".

Los que no tengan la condición de empresarios no podrán usar el procedimiento reglado de mediación que la norma les ofrece.

Ciertamente podrán acceder a la mediación con sus acreedores para negociar la satisfacción de sus deudas, bien mediante una quita, una espera o ambas, si bien lo harán a través del procedimiento general regulado por la Ley 5/2012, de 6 de julio, de mediación en asuntos civiles y mercantiles, la cual prevé en su artículo 16 que el procedimiento de mediación podrá iniciarse "de común acuerdo entre las partes" o "por una de las partes en cumplimiento de un pacto de sometimiento a mediación existente entre aquéllas", si bien uno de sus principios como predica, el art. 6 de la norma, es el de voluntariedad, la única obligación existente es la de que se deberá intentar el procedimiento pactado de buena fe, antes de acudir a la jurisdicción o a otra solución extrajudicial" y sin que "nadie está obligado a mantenerse en el procedimiento de mediación ni a concluir un acuerdo". En definitiva, la respuesta a una iniciativa con arreglo al procedimiento anterior puede ser la negativa o, aun peor, la indiferencia de la mayor parte de acreedores. Se priva a la persona física no empresario, al ser excluido del procedimiento regulado en el nuevo título X de la LC que la Ley 11/2013 crea, del instrumento coactivo fundamental para mantener una negociación efectiva con todos sus acreedores, excluidos por ley los titulares de los créditos públicos, el mecanismo que establece el art. 237 de la LC cual consiste en que "los créditos de que fuera titular el acreedor que, habiendo recibido la convocatoria, no asista a la reunión y no hubiese manifestado su aprobación u oposición dentro de los diez días naturales anteriores, se calificarán como subordinados en el caso de que, fracasada la negociación, fuera declarado el concurso del deudor común".

Además a ello se unen otras **ventajas** a favor de los que accedan a dicho procedimiento, con arreglo al art 235 de la LC, como son las de que:

— "Los acreedores que pudieran verse afectados por el posible acuerdo extrajudicial de pagos, no podrá iniciarse ni continuarse ejecución alguna sobre el patrimonio del deudor mientras se negocia el acuerdo extrajudicial hasta un plazo máximo de tres meses.

— "Practicada la correspondiente anotación de la apertura del procedimiento en los registros públicos de bienes, no podrán anotarse respecto de los bienes del deudor instante embargos o secuestros posteriores a la presentación de la solicitud del nombramiento de mediador concursal, salvo los que pudieran corresponder en el curso de procedimientos seguidos por los acreedores de derecho público y los acreedores titulares de créditos con garantía real que no participen en el acuerdo extrajudicial.
— "Los acreedores que puedan verse afectados por el acuerdo deberán abstenerse de realizar acto alguno dirigido a mejorar la situación en que se encuentren respecto del deudor común.
— El deudor que se encontrase negociando un acuerdo extrajudicial no podrá ser declarado en concurso, en tanto no concurran las circunstancias previstas en el artículo 5 bis.

La conclusión es clara: La persona física no empresaria no solo no tiene instrumento alguno de coacción a sus acreedores para iniciar un proceso de mediación, sino que en todo momento esta expuesto, aun iniciado voluntariamente el mismo, a las ejecuciones individuales y está exento de escudo protector alguno contra la pretensión de declaración de concurso necesario.

Si a todo ello se une que solo en interpretación muy voluntarista del art 102 de la LC permite que se presente por el deudor persona física no empresario una propuesta de convenio anticipado que pueda ser aprobada por el juez, la diferencia de trato es injustificada.

Efectivamente, aun superando los obstáculos reseñados un deudor persona física no empresario que hubiese obtenido un convenio extrajudicial mediante la voluntaria negociación de todos sus acreedores o de la mayoría de ellos, no tendría cauce para hacerlo valer con presteza, pues el art 104.2 de la LC parece permitir que el juez autorice rebasar los límites del art. 100 de la LC –50% de quita o espera de 5 años, siempre que se den el supuesto del art. 100.5 de la LC, esto es, que existan recursos derivados de la continuación de la actividad empresarial o profesional y exista un plan de viabilidad que los detalle. Por ello, en sus más estrictos términos, esta institución es solo posible únicamente con empresarios, sean personas físicas o jurídicas, no con personas no empresarios.

Ciertamente no existe diferencia alguna derivada de la naturaleza de la persona que justifique la denegación del procedimiento dirigido a obtener un convenio extrajudicial de pagos, incluso puede hacerse notar que la persona física no empresaria no suele tener una gran problemática con créditos de derecho público y seguridad social con lo que reunirá en la negociación prácticamente a la totalidad de sus acreedores.

Sobre esta desigualdad básica, la ley 14/2013 construye un proceso novedoso que tiene aun más a aumentar el disfavor del proceso concursal en perjuicio de las personas físicas no empresarios

¿Otras novedades en esta materia?

El segundo mecanismo que crea la norma para proteger al empresario persona física (emprendedor en la terminología del art 3 de la Ley 14/2013) es la creación de la figura del emprendedor de responsabilidad limitada.

Se trata de una persona física dedicada a una actividad empresarial o profesional que a través del cumplimiento de determinadas obligaciones se le permite excluir de la responsabilidad por las deudas derivadas de su actividad su vivienda.

Así las **obligaciones** impuestas son:

- Su constancia en la hoja abierta al mismo en el Registro Mercantil correspondiente a su domicilio con las circunstancias prevista en el artículo 9.
- El emprendedor inscrito deberá hacer constar en toda su documentación, con expresión de los datos registrales, su condición de «Emprendedor de Responsabilidad Limitada» o mediante la adición a su nombre, apellidos y datos de identificación fiscal de las siglas «ERL».
- Salvo que los acreedores prestaren su consentimiento expresamente, subsistirá la responsabilidad universal del deudor por las deudas contraídas con anterioridad a su inmatriculación en el Registro Mercantil como emprendedor individual de responsabilidad limitada.
- Para su oponibilidad a terceros, la no sujeción de la vivienda habitual a las resultas del tráfico empresarial o profesional deberá inscribirse en el Registro de la Propiedad, en la hoja abierta al bien (art. 10).
- El emprendedor de responsabilidad limitada deberá formular y, en su caso, someter a auditoría las cuentas anuales correspondientes a su actividad empresarial o profesional de conformidad con lo previsto para las sociedades unipersonales de responsabilidad limitada (art. 11).
- El emprendedor de responsabilidad limitada deberá depositar sus cuentas anuales en el Registro Mercantil (art. 11).

El **objeto** exento de responsabilidad es conforme al art 8:

> *"La vivienda habitual del deudor siempre que su valor no supere los 300.000 euros, valorada conforme a lo dispuesto en la base imponible del Impuesto sobre Transmisiones Patrimoniales y Actos Jurídicos Documentados en el momento de la inscripción en el Registro Mercantil.*
> *En el caso de viviendas situadas en población de más de 1.000.000 de habitantes se aplicará un coeficiente del 1,5 al valor del párrafo anterior.*

La eficacia de esta protección esta aun por ver, si bien puede ser apta para proteger el inmueble de las deudas con proveedores, difícilmente en virtud del régimen de garantías usualmente exigido por las entidades financieras, será útil frente a las obligaciones contraídas con estas, amén de poder generar cierta perplejidad la posibilidad de que por deudas extraprofesionales su responsabilidad sea más amplia que con las profesionales, en especial que la forma más efectiva para saldar las primeras sea dirigirse contra la vivienda habitual libre de cualquier obligación para con la "responsabilidad profesional" del empresario.

3. BRECHAS A LA RESPONSABILIDAD PATRIMONIAL UNIVERSAL

Es conocido el principio fundamental en materia de responsabilidad patrimonial que rige nuestro derecho privado, el deudor deberá hacer frente a su responsabilidad con todos sus bienes presentes y futuros, es una responsabilidad universal e indefinida plasmada en el ámbito civil en el art. 1.911 del Cc, en la ejecución singular en el art. 570 de la LEC –La ejecución forzosa sólo terminará con la completa satisfacción del acreedor ejecutante– y en material concursal en el art. 178.2 de la LC en la redacción anterior a la dada por la Ley 14/2013, de 27 de septiembre, de apoyo a los emprendedores y su internacionalización.

Este principio se mantenía inconmovible en nuestro ordenamiento, si bien puede decirse que sus consecuencias, la responsabilidad del deudor con todos sus bienes presentes y futuros trataban de paliarse en algunos casos con determinadas medidas que venían a establecer límites a la responsabilidad en determinados supuestos, especialmente a partir del comienzo de la crisis económica financiera que afecta al país:

Estas medidas que actuaban como LÍMITES A LA RESPONSABILIDAD PATRIMONIAL UNIVERSAL fueron a lo largo del tiempo las siguientes:

- Real Decreto 1975/2008, de 28 de noviembre sobre medidas urgentes a adoptar en materia económica, fiscal, de empleo y de acceso a la vivienda, modificado por el RD 97/2009 de 6 de febrero. Establece medidas de apoyo financiero público para prevenir la mora de los adquirentes de viviendas en situación de desempleo.
- Real Decreto-ley 6/2010, de 9 de abril, sobre Medidas para el impulso de la recuperación económica y el empleo, modificado a su vez por el Real Decreto-ley 8/2011, de 1 de julio, de medidas de apoyo a los deudores hipotecarios, de control del gasto público y cancelación de deudas con empresas y autónomos contraídas por las entidades locales, de fomento de la actividad empresarial e impulso de la rehabilitación y de simplificación administrativa. Establece la elevación del umbral de inembargabilidad de los ingresos mínimos familiares (art 15).
- El mismo RD Ley 8/2011 realiza diversas modificaciones en la LEC tendentes a elevar la cantidad que se debe consignar para participar en las subastas, elevando el porcentaje del valor de tasación por el que el ejecutante pueda adjudicarse el inmueble y estableciendo la adjudicación por el 60 por ciento del valor de tasación de la finca en caso de no existir postor alguno.
- La Ley 16/2011, de 24 de junio, sobre contratos de crédito al consumo, que transpone al derecho interno la Directiva 2008/48/CE que introduce nuevas obligaciones y derechos en esta materia.

— La Ley 2/2011, de 4 de marzo, de Economía Sostenible que en su Artículo 29 regula la responsabilidad en el crédito y protección de los usuarios de servicios financieros.
— Real Decreto-ley 6/2012, de 9 de marzo, de medidas urgentes de protección de deudores hipotecarios sin recursos. que establece medidas para la reestructuración de la deuda hipotecaria inmobiliaria y medidas fiscales para facilitarla.
— En similar sentido, la Ley 1/2013, de 14 de mayo, de medidas para reforzar la protección a los deudores hipotecarios, reestructuración de deuda y alquiler social regula entre otros extremos atinentes a la materia:
Artículo 1. Suspensión de los lanzamientos sobre viviendas habituales de colectivos especialmente vulnerables.
Artículo 3. Limitación legal a los intereses de demora (art. 114 LH).
Artículo 7. Siete. Reglas de imputación de pagos de lo obtenido en ejecución (art 654 LEC).
Artículo 7. Cuatro. Limitación al 5% del importe de la demanda ejecutiva las costas en caso de ejecución de la vivienda habitual (art 575. 1 bis LEC).
Artículo 8. Modificación del Real Decreto-ley 6/2012, de 9 de marzo, de medidas urgentes de protección de deudores hipotecarios sin recursos.

Además esta ultima norma contiene VERDADERAS EXCEPCIONES A LA APLICACIÓN DEL ART 1.911 DE LA LEC POR LIBERACIÓN O CONDONACIÓN LEGAL DE DETERMINADAS DEUDAS:

¿Cuáles son estas?

Dentro de esta última norma –la Ley 1/2013, de 14 de mayo, de medidas para reforzar la protección a los deudores hipotecarios, reestructuración de deuda y alquiler social– en su artículo 7 Cinco (que da nueva redacción al art 579 de la LEC). ya encontramos normas que exoneran de responsabilidad futura al deudor actual en determinados supuestos:

2. "En el supuesto de **adjudicación de la vivienda habitual hipotecada**, si el remate aprobado fuera insuficiente para lograr la completa satisfacción del derecho del ejecutante, la ejecución, que no se suspenderá, por la cantidad que reste, se ajustará a las siguientes especialidades:

a) El ejecutado quedará liberado si su responsabilidad queda cubierta, **en el plazo de cinco años desde la fecha del decreto de aprobación del remate o adjudicación, por el 65 por cien de la cantidad total que entonces quedara pendiente, incrementada exclusivamente en el interés legal del dinero hasta el momento del pago**. Quedará liberado en los mismos términos si, no pudiendo satisfacer el 65 por cien dentro del plazo de cinco años, satisficiera **el 80 por cien dentro de los diez años**. De no concurrir las anteriores circunstancias, podrá el acreedor reclamar la totalidad de lo que se le deba según las estipulaciones contractuales y normas que resulten de aplicación.

b) En el supuesto de que se hubiera aprobado el remate o la adjudicación en favor del ejecutante o de aquél a quien le hubiera cedido su derecho y éstos, o cualquier sociedad de su grupo, dentro del plazo de 10 años desde la aprobación, procedieran a la enajenación de la vivienda, **la deuda remanente que corresponda pagar al ejecutado en el momento de la enajenación se verá reducida en un 50 por cien de la plusvalía obtenida en tal venta, para cuyo cálculo se deducirán todos los costes que debidamente acredite el ejecutante**.

Si en los plazos antes señalados se produce una ejecución dineraria que exceda del importe por el que el deudor podría quedar liberado según las reglas anteriores, se pondrá a su disposición el remanente. El Secretario judicial encargado de la ejecución hará constar estas circunstancias en el decreto de adjudicación y ordenará practicar el correspondiente asiento de inscripción en el Registro de la Propiedad en relación con lo previsto en la letra b) anterior.»

En esta norma, ya encontramos en esta norma **la exoneración o exención del pago de una obligación pecuniaria singular** respecto a las cantidades debidas derivadas de un proceso de ejecución hipotecaria, para el caso de que se abonen determinados porcentajes de la de la cantidad que queda pendiente y esto se realice en determinados plazos. De alguna forma, supone un primer paso, una derogación parcial del principio de responsabilidad perpetua en supuestos en que el deudor abone un porcentaje relevante de la responsabilidad personal que quedase pendiente una vez ejecutada la responsabilidad hipotecaria sobre la finca y ante la insuficiencia de esta.

De otra parte, se **adjudica ex lege** para el pago de la deuda pecuniaria contraída por la misma razón el 50% de la plusvalía obtenida en la venta de la vivienda habitual que fue ejecutada y adjudicada a la entidad ejecutante a un cedente o a sociedades de su grupo.

En este caso, no nos encontramos con una exoneración de deuda sino con una participación del antiguo propietario en la plusvalía que una eventual enajenación futura que la vivienda habitual que le fue ejecutada pueda generar.

Siguiente este camino, pero en el ámbito de la ejecución universal, la Ley 14/2013, de 27 septiembre, de apoyo a los emprendedores y su internacionalización estable en su artículo 21, bajo el epígrafe "Modificación de la Ley 22/2003, de 9 de julio, Concursal establece que:

La Ley 22/2003, de 9 de julio, Concursal, queda modificada en los siguientes términos:

Cinco. Se modifica el apartado 2 del artículo 178, que pasa a tener la siguiente redacción:

> «2. *La resolución judicial que declare la conclusión del concurso del deudor persona natural por liquidación de la masa activa declarará* ***la remisión de las deudas insatisfechas****, siempre que el concurso no hubiera sido declarado culpable ni condenado por el delito previsto por el artículo 260 del Código*

Penal (quiebra fraudulenta) o por cualquier otro delito singularmente relacionado con el concurso y que hayan sido satisfechos en su integridad los créditos contra la masa, y los créditos concursales privilegiados y, al menos, el 25 por ciento del importe de los créditos concursales ordinarios. Si el deudor hubiere intentado sin éxito el acuerdo extrajudicial de pagos, podrá obtener la remisión de los créditos restantes si hubieran sido satisfechos los créditos contra la masa y todos los créditos concursales privilegiados.»

Y ya dentro del número Siete de dicho artículo se establece en el seno del denominado acuerdo extrajudicial de pagos y como especialidad del denominado concurso consecutivo (artículo 242) –Especialidades del concurso consecutivo)– que:

«5.ª En el caso de deudor empresario persona natural, si el concurso se calificara como fortuito, el juez declarará la remisión de todas las deudas que no sean satisfechas en la liquidación, con excepción de las de Derecho público siempre que sean satisfechos en su integridad los créditos contra la masa y los créditos concursales privilegiados.»

Se trata con estas normas de permitir un limitado descargo o exoneración de deudas a las personas físicas en general, con la primera de ellas, y, tratándose del concurso consecutivo a un acuerdo extrajudicial de pagos, exclusivamente al denominado empresario persona natural.

A la vista de este proceso progresivo de aceptación de soluciones extrañas a nuestro ordenamiento, aunque postuladas por la doctrina y los precedentes legislativos de los países de nuestro entorno, y dada la parquedad de las exposiciones de motivos de las Leyes 1/2013 y 14/2013 lo cierto es que solo podemos aventurar los motivos que han llevado al legislador a adoptar estas resoluciones, aunque parecen ser diferentes en unos y en otros casos.

Tratándose de las previsiones sobre exoneración de deudas derivadas de la ejecución personal por insuficiencia de la responsabilidad hipotecaria, podemos aventurar que solo el interés por evitar la exclusión social y socializar el riesgo hipotecario puede justificar esta solución.

Respecto a la exoneración de las deudas prevista por el art. 178.2 de la LC aplicable como hemos visto a personas físicas empresarios en el sentido legal y no empresarios, el deseo de fomentar el emprendimiento y la posibilidad de conceder una segunda oportunidad a los empresarios, junto con el deseo de evitar la exclusión social podían justificar desde diversas perspectivas el establecimiento de la norma.

En lo tocante a la exoneración prevista en el art. 242 de la LC, solo el deseo de dar una segunda oportunidad a aquellos empresarios que, pese a ser su actuar intachable, han incurrido en insolvencia y han liquidado su patrimonio empresarial puede justificar la exención atribuida.

Es pronto para hacer un balance de las novedades, puede concluirse que pudieran ser eficaces las soluciones para evitar la exclusión social por sobreendeudamiento derivado de la adquisición de la vivienda habitual, aunque tal vez lo excesivo de la deuda que debe abonarse, unido a sus intereses legales, pudiera ser un límite infranqueable para la liberación del deudor.

En lo atinente a la responsabilidad derivada de un concurso en el que queda un pasivo pendiente, en el contexto actual y con la experiencia obtenida por los concurso en trámite, en el que difícilmente se suelen cubrir en muchos de ellos los créditos contra la masa y solo excepcionalmente los créditos privilegiados en mayor o menor medida, tras la liquidación, los porcentajes señalados en el art 178.2 y 242 resultan simplemente exorbitantes y de imposible cumplimiento en general, máxime, si en el segundo de ellos no se afecta dicha exoneración a los créditos de derecho público, lo que viene a hace imposible, aun dispensándosele del pago del 25% del pasivo concursal ordinaria –que no corresponda a créditos públicos–.

4. ALIMENTOS

La Ley 38/2011 ha procedido a la reforma de los preceptos reguladores del derecho de alimentos (arts. 47, 84.2.4ª y 145.2 de la LC)

La doctrina esta conforme en que la regulación resultante es más adecuada y resuelve las inseguridades y dudas que la anterior regulación ocasionaba.

En el ámbito de la prestación de asistencia del concursado a cargo de la masa activa del concurso, que se haya intervenida y respecto de la cual el concursado persona física, sea o no empresario, no puede disponer si no es con autorización de la AC, han de distinguirse diversos derechos que pueden o no concurrir y que se condicionan mutualmente por lo que el derecho de alimentos no constituye un derecho de contenido univoco

¿Podemos realizar un mapa de los alimentos?

Creo que sí.

¿Existe un patrimonio inembargable?

La formación de la masa activa supone la integración en la misma de todos los derechos de contenido patrimonial (principio de universalidad), si bien como establece el propio **art. 76.2 de la LC** "se exceptúan de lo dispuesto en el apartado anterior aquellos bienes y derechos que, aun teniendo carácter patrimonial, sean legalmente inembargables".

Sobre esta base legal la doctrina ha creído ver un patrimonio inembargable que se ha relacionado en cuanto a su contenido con los arts. 605 a 607 de la LEC. Esta equiparación entre el patrimonio inembargable en la ejecución singular y la universal, si bien plantea algún problema de determinación, permite concluir que fuera de la masa activa existen bienes y derechos de contenido patrimonial que continúan bajo la administración y disposición del deudor y al margen del control de la AC. Especialmente relevante serán las rentas y pensiones que estén dentro de los límites inembargables que la ley establece.

Sobre estos bienes no deberá pronunciarse la solución concursal y su fin primigenio es la obtención de rentas (bienes necesarios para el ejercicio de la profesión) o la mera subsistencia (mobiliario, ropa y rentas o pensiones en la cuantía inembargable) evitando la exclusión social.

¿Qué son los alimentos a cargo de la masa?

Junto a este patrimonio inembargable, que puede o no existir, a su vez podrá el deudor solicitar para sí, para su cónyuge o pareja de hecho inscrita y su descendencia bajo su potestad la prestación de asistencia a cargo de la masa activa del concurso, si bien este derecho posee tres presupuestos esenciales:

— Exige para ser acordado la existencia de **un estado de necesidad**, si el patrimonio es inembargable es suficiente para la subsistencia del círculo de beneficiado, no procede su adopción.

— En segundo lugar, otro de sus presupuestos es **la existencia de bienes bastantes para proporcionar la prestación**. La falta de los mismos no permitirá adoptarla. Aunque dado el carácter de crédito contra la masa que estos tienen su falta de adopción, siendo precisos, determinará posiblemente la conclusión del concurso por falta de bienes para satisfacer los créditos contra la masa.

— Y, por último, tal derecho **no esta sujeto al principio de subsidiariedad,** esto es, no es preciso para adoptar la prestación la inexistencia de personas obligadas a prestar alimentos según la reglas del código civil; en este sentido, precisa la doctrina mas solvente la regulación del Cc solo es tendencial en el ambito concursal respecto a los alimentos que ha de prestarse al concursado y el circulo de favorecidos del art. 47.1 de la LC.

Aun dentro de este círculo, puede suceder que los alimentos deban fijarse *ex novo* al tiempo del concurso o, por el contrario, ya estuviesen fijados en virtud de resolución judicial previa, como pudiera ser el caso de la pensión alimenticia para los hijos que estuvieran bajo su potestad pero no bajo su guarda. En estos casos se distingue:

— Entre las resoluciones recaídas antes de la declaración del concurso en cuyo caso son sometidas por el juez del concurso a un examen y fijación de la parte que ha de ser satisfecha como crédito contra la masa, teniendo su exceso la consideración de crédito concursal.

— Respecto a las reclamaciones judiciales entabladas tras la declaración de concurso o las entabladas pero no resueltas antes de la declaración las prestaciones señaladas por estas tendrán la consideración de créditos contra la masa en cuanto para su adopción pudo tener en cuenta el juez de familia o primera instancia que las señaló la situación existente al tiempo del concurso.

Por otra parte, ni que decir tiene que bien pudiera constituir el concurso una circunstancia sobrevenida que justificar la modificación anterior de las prestaciones acordadas inicialmente.

¿Cómo se regulan los créditos por alimentos impuestos al concursado?

Respecto a los créditos por alimentos de los que tuvieran derecho a ello tuvieran frente al concursado, estos créditos, están sujetos a la existencia de la necesidad y de bienes bastantes en el concurso, requisitos coincidentes con el art. 146 del Cc y, estos sí, están sujetos **al principio de subsidiariedad,** en cuanto el que los reclama deberá acreditar no existen otro obligados a su pago con preferencia (art. 144 del Cc). No obstante, el desarrollo de esta exigencia se acredita con una norma de dudosa interpretación que exige haber ejercitado "la acción de reclamación en el plazo de un año a contar desde el momento en que debió percibirse" –Contra quien?, desde cuando? Una primera interpretación parece que debe referirse a aquellas personas obligadas con prioridad a prestar alimentos y frente a las cuales ha fracasado la pretensión– requisito entorpecedor que dificulta, más que facilita, la comprensión del régimen legal.

Cumplidos estos parámetros habrá de fijarse su carácter de crédito contra la masa o meramente concursal (art. 47.2) con los mismos criterios temporales que los alimentos al concursado y su núcleo familiar estricto a cargo de la masa.

— Si son anteriores podrá ser fijado el importe que ha de ser satisfecho a cargo de la masa siendo el resto crédito concursal.
— Los fijados en resolución posterior al concurso o dictada en proceso entablado con anterioridad y resuelto con posterioridad serán créditos contra la masa y los que se soliciten dicha prestación al juez del concurso previa acreditación de la inexistencia de otros obligados preferentes.

De todas formas pese a esta pretensión simplificadora de los derechos afectados los problemas subsisten en algunos supuestos:

a) *¿Qué sucede con los hijos mayores de edad que no hubieran completado su formación?* En dichos supuestos estos pueden obtener alimentos bien en un pleito de familia si concurren con el otro progenitor u otros hermanos menores de edad o ejercitando la oportuna acción civil de reclamación por separado, y cada uno de los progenitores habrá de contribuir, conforme art. 145 del Cc, a la satisfacción de los mismos "en proporción a su caudal respectivo", lo que parece implicar la distribución entre los cónyuges de tal carga en esa proporción.

b) *¿Como contribuyen los cónyuges que se rigen por regímenes matrimoniales de comunidad?* No parece que sea de aplicación el principio de subsidiaridad a la satisfacción de las cargas familiares, cuando la norma impone, por ejemplo, a la comunidad de gananciales (art 1262 Cc) que las mismas sean a su cargo. Por tanto, no resulta desdeñable la necesidad de fijar por el juez un prestación también a cargo del cónyuge concursado cuando existan bienes bastantes para ello en la masa.

¿Afecta la declaración de concurso a la pensión por desequilibrio económico fijada?

La pensión compensatoria no tiene naturaleza de obligación alimenticia, sino, más bien, su función es la de compensar o indemnizar la pérdida de nivel de vida que la separación o el divorcio ocasiona al cónyuge beneficiario.

Por tanto, su naturaleza es la propia de una prestación pecuniaria y periódica, lo que determina que las cantidades debidas anteriores a la declaración del concurso sean consideradas créditos concursales ordinarios, y aun subordinados si la declaración o el divorcio se hubieran producido menos de dos años antes de la declaración de concurso.(art. 92.5 y 93.1.1ª de la LC).

Respecto a las pensiones que se devengan con posterioridad a la declaración de concurso, lo cierto es que si no se entabla un proceso de modificación de medidas dirigido a dejarla sin efecto ante el juzgado de familia, por deducirse un empeoramiento de la situación económica del cónyuge gravado con la misma, con fundamento en la insolvencia exteriorizada con la declaración de concurso, deberá seguir abonándose como crédito contra la masa (art. 84.10 LC) por ministerio de la ley. También en el hipotético supuesto de que, pese a la situación del obligado, fuera declarada con posterioridad a la declaración de concurso.

En todo caso, a diferencia de los alimentos, negada su naturaleza de obligación alimenticia, su pago es perfectamente posponible con arreglo al art 84.3 LC.

¿Cuál es el contenido de los alimentos en la fase de liquidación?

Por último, como gran novedad en materia de liquidación la LC en su reforma operada por la Ley 38/32011 establece como excepción a la extinción del derecho a alimentos con la liquidación, el supuesto de que "salvo cuando fuere imprescindible para atender las necesidades mínimas del concursado y las de su cónyuge, pareja de hecho inscrita cuando concurra alguna de las circunstancias previstas en el artículo 25.3 y descendientes bajo su potestad". En estos supuestos, bien porque no existan bienes inembargables o porque estos resulten insuficientes, deberá fijarse para el círculo de beneficiados por alimentos a cargo de la masa y solo para ellos por el juez, atendiendo exclusivamente a los mas necesarios. Podría plantearse si estos pueden ir más allá del importe del salario mínimo interprofesional fijado como limite a los alimentos en la prelación del art. 176 bis LC, pero en todo caso serán las concretas circunstancias de cada concurso las que determinen la imprescindibilidad de los alimentos y consiguientemente la cuantía de la prestación.

¿Los alimentos impuestos al concursado a favor de terceros ex art. 47.2 de la LC ven extinguidos su derecho en fase de liquidación?

Las prestaciones alimenticias impuestas al concursado por resolución judicial o por voluntad del juez a favor de otros beneficiarios sí que se extinguen con la aprobación del auto aperturando la fase de liquidación, sin excepción alguna en cuanto pese a incluso a pesar de su calificación de créditos contra la masa, no forma parte del contenido excepcional que puede tener el derecho en esta fase –solo para el círculo de beneficiarios que perciben prestación de la masa activa–

¿Cómo tutela la LC este derecho?

Por último, el fortalecimiento del derecho de alimentos, amén de su descripción se logra con dos normas: El art. 84.3 de la LC que declara que en los créditos por alimentos, en este aspecto no distingue entre una y otra clase, no pueden ver pospuesto su pago y el art. 176 bis 2 de la LC establece dentro de la prelación de créditos contra la masa únicamente una preferencia para los referidos por el art 145.2 –los imprescindibles para el concursado, su cónyuge o pareja de hecho y menores bajo su potestad y en cuanto que o no rebase el salario mínimo interprofesional–. Por tanto, goza de una especial protección contra la posposición a su vencimiento y para su satisfacción, aunque reducido en su importe en la prelación ante la insuficiencia de bienes del concursado. para satisfacer los créditos contra la masa.

5. ALGUNAS REFLEXIONES SOBRE LA PIEZA DE CALIFICACION EN EL CONCURSO DE LA PERSONA FÍSICA

Por parte de los prácticos se ha minimizado la importancia de la pieza de calificación en el concurso de la persona física.

No obstante, amén de que la ley no permite su archivo de plano, sino que impone la tramitación de la misma, lo cierto es que sus efectos, inhabilitación y condena a cobertura de déficit serán de ordinario intranscendentes, la cobertura del déficit, supone la condena al pago de una deuda ajena –STS de 16 de julio de 2012 entre otras–, lo que tratándose de la persona física no es el caso, y la inhabilitación, que será de ordinario irrelevante para el empresario individual que no se revistió de la forma societaria anteriormente, y siempre para la persona física no empresaria que acudió al vía concursal.

Excepcionalmente ha de tenerse en cuenta, caso de apertura de pieza de calificación pese a la obtención de un convenio, podrá autorizar la sentencia al inhabilitado a continuar al frente de la empresa, su empresa.

Pero fuera de lo anterior, ¿Tiene alguna trascendencia práctica?

En mi opinión sí, por esta vía pudieran **ampliarse el número de las personas que han de concurrir a la reparación del daño** que la creación o aumento de la insolvencia a titulo de dolo o culpa grave causa, en primer lugar los cómplices estas personas en los que concurre el elemento subjetivo citado y que si bien no mantienen una conducta autónoma, la colaboración con el concursado en la realización de actos que suponen causa de culpabilidad (art. 166), puede suponer su condena a disminuir el perjuicio ocasionado, bien mediante la pérdida de cualquier derecho que tuvieran como acreedores concursales o de la masa, o la condena a devolver los bienes o derechos que hubieran obtenido indebidamente del patrimonio del deudor o hubiesen recibido de la masa activa, así como a indemnizar los daños y perjuicios causados".

Por tanto, la llevanza a la pieza de calificación de personas que a título de dolo o culpa grave colaboraron en la creación o aumento de la insolvencia, algunos con conductas tan relevantes como por ejemplo colaborar en el alzamiento de los bienes del deudor o en la realización de actos que retrasen, dificulten o impidan la eficacia de un embargo en cualquier clase de ejecución iniciada o de previsible iniciación al mismo. Estas personas, además de perder los derechos que tuvieran sobre los créditos de que fueran titulares en el concurso deberán no solo devolver los bienes o derechos que tuvieren en su poder y que hubieran salido de forma indebida del patrimonio del deudor, sino también indemnizar los daños y perjuicios sufridos, concepto de superior entidad en cuanto podrá contener tanto el daño emergente como el lucro cesante.

En segundo lugar, tras la entrada en vigor de la Ley 14/2013, de 27 de septiembre, de apoyo a los emprendedores y su internacionalización establece en su artículo 8.4 al referirse a la figura del emprendedor de responsabilidad limitada y la eficacia de tal responsabilidad establece que, pese a reunir los requisitos de publicidad e inscripción que la ley establece "no podrá beneficiarse de la limitación de responsabilidad el deudor que hubiera actuado con fraude o negligencia grave en el cumplimiento de sus obligaciones con terceros, siempre que así constare acreditado por sentencia firme o en concurso declarado culpable".

Por tanto, para esta figura de nueva implantación, la limitación de responsabilidad se vincula a la figura del buen deudor, aquel que no contribuyó a titulo de dolo o culpa grave a la insolvencia propia, lo que podría suceder dadas sus exigencia de publicidad y cumplimiento de determinadas obligaciones –cuentas, deposito de las mismas...–, tan solo con el mero retraso en presentar su concurso ex art. 165.1 de la LC, seguido de algún tipo de agravación de la insolvencia para la masa.

¿Tiene alguna vinculación la inexistencia de un concurso culpable con la exoneración de deudas?

Lo cierto es que bien pudiera tenerla, el principio de buena fe en las relaciones jurídicas debería exigir que la exoneración de deudas no se realizara de forma indiscriminada, pero de *lege data* se exige tan solo la no condena por delito para gozar de tal exclusión ex art 178.2 de la LC.

La exoneración de deudas del art 242 de la LC tras el concurso sucesivo ulterior a un acuerdo extrajudicial de pagos fallido sí exige a la persona física empresaria, única persona natural a la que se admite a tramite en el mismo, que el concurso declarado tras la liquidación sea declarado fortuito.

Por tanto, si bien anteriormente a la L 14/2013 la trascendencia práctica de la tramitación de la pieza de calificación era limitada, tras la entrada en vigor de dicha norma y las novedosas instituciones que establece parece que tiene alguna mayor trascendencia.

ASPECTOS TRIBUTARIOS EN RELACIÓN CON LA FUNCIÓN DE LOS ADMINISTRADORES CONCURSALES: SU RESPONSABILIDAD

ANTONIO MONTERO DOMÍNGUEZ
Inspector de Hacienda
Subdirector General de Tributos

Un aspecto sobre el que resulta interesante realizar una breve reflexión es la de la responsabilidad del administrador concursal en relación con las obligaciones tributarias del concursado cuando estas pueden verse eventualmente perjudicadas en su viabilidad por conductas de aquél, susceptibles de reproche legal.

Como primera aproximación, que es lo que pretenden contener estas notas, realizaremos simplemente un repaso a la norma positiva general que afecta al tema, tributaria y concursal, habida cuenta de la extraordinaria casuística ante la que nos podemos encontrar.

En esa línea comenzamos por la norma tributaria, en la que el artículo 43 de la Ley General Tributaria establece lo siguiente:

> *"Artículo 43. Responsables subsidiarios.*
> *1. Serán responsables subsidiarios de la deuda tributaria las siguientes personas o entidades:*
> *(...) c) Los integrantes de la administración concursal y los liquidadores de sociedades y entidades en general que no hubiesen realizado las gestiones necesarias para el íntegro cumplimiento de las obligaciones tributarias devengadas con anterioridad a dichas situaciones e imputables a los respectivos obligados tributarios. De las obligaciones tributarias y sanciones posteriores a dichas situaciones responderán como administradores cuando tengan atribuidas funciones de administración.(...)".*

El precepto citado establece la responsabilidad tributaria de los administradores concursales en relación con las obligaciones tributarias devengadas con anterioridad a la declaración de existencia de la situación concursal.

No obstante lo anterior, es esencial reparar en el último inciso del precepto, según el cual responderán como administradores en sentido estricto por las obligaciones tributarias devengadas con posterioridad a la declaración de la situación de concurso, en cuyo caso resultarán de aplicación la letra a) del mismo apartado y artículo citados más arriba y, además, lo dispuesto en el artículo 42 del texto legal.

> *"Artículo 43. Responsables subsidiarios.*
> *"1. Serán responsables subsidiarios de la deuda tributaria las siguientes personas o entidades:*
> *a. Sin perjuicio de lo dispuesto en el párrafo a del apartado 1 del artículo 42 de esta Ley, los administradores de hecho o de derecho de las personas jurídicas que, habiendo éstas cometido infracciones tributarias, no hubiesen realizado los actos necesarios que sean de su incumbencia para el cumplimiento de las obligaciones y deberes tributarios, hubiesen consentido el incumplimiento por quienes de ellos dependan o hubiesen adoptado acuerdos que posibilitasen las infracciones. Su responsabilidad también se extenderá a las sanciones.(…)".*
>
> *"Artículo 42. Responsables solidarios.*
> *1. Serán responsables solidarios de la deuda tributaria las siguientes personas o entidades:*
> *a. Las que sean causantes o colaboren activamente en la realización de una infracción tributaria. Su responsabilidad también se extenderá a la sanción. (…)".*

Recuérdese, por otra parte, que la declaración de concurso se encuentra regulada en el artículo 21 de la Ley Concursal, precepto según el cual *"(…)El auto producirá sus efectos de inmediato, abrirá la fase común de tramitación del concurso, que comprenderá las actuaciones previstas en los cuatro primeros títulos de esta Ley, y será ejecutivo aunque no sea firme(…)"*, siendo su contenido, en lo que ahora nos interesa, el siguiente:

> *"1. El auto de declaración de concurso contendrá los siguientes pronunciamientos:*
> 1. *El carácter necesario o voluntario del concurso, con indicación, en su caso, de que el deudor ha solicitado la liquidación o ha presentado propuesta anticipada de convenio.*
> 2. *Los efectos sobre las facultades de administración y disposición del deudor respecto de su patrimonio, así como el nombramiento y las facultades de los administradores concursales.(…)*

Obsérvese que parte del contenido del auto es precisamente el nombramiento de los Administradores y la determinación de sus facultades, cuestión ésta última de trascendentales consecuencias en relación con la aplicabilidad del sistema de responsabilidades tributarias, que gravita, como no puede ser de otra forma, sobre la actuación del administrador concursal conforme a las facultades que le hayan sido atribuidas en cada caso.

En relación con la designación de los administradores, la última modificación de la norma ha establecido lo siguiente:

"Artículo 27. Condiciones subjetivas para el nombramiento de administradores concursales.
1. La administración concursal estará integrada por un único miembro, que deberá reunir alguna de las siguientes condiciones (...)"

Recuérdese, a éstos efectos, que el artículo 35 de la Ley concursal, al regular el ejercicio del cargo como administrador establece que:

Artículo 35. Ejercicio del cargo.

"1. Los administradores concursales y los auxiliares delegados desempeñarán su cargo con la diligencia de un ordenado administrador y de un representante leal.
2. Cuando la administración concursal esté integrada por dos miembros, las funciones de este órgano concursal se ejercerán de forma conjunta. Las decisiones se adoptarán de forma mancomunada, salvo para el ejercicio de aquellas competencias que el juez les atribuya individualizadamente. En caso de disconformidad, resolverá el juez.
3. Las decisiones y los acuerdos de la administración concursal que no sean de trámite o de gestión ordinaria se consignarán por escrito y serán firmados, en su caso, por todos sus miembros.
4. La administración concursal estará sometida a la supervisión del juez del concurso. En cualquier momento, el juez podrá requerirle una información específica o una memoria sobre el estado de la fase del concurso.
5. Las resoluciones judiciales que se dicten para resolver las cuestiones a que se refiere este artículo revestirán la forma de auto, contra el que no cabrá recurso alguno. Tampoco podrá plantearse incidente concursal sobre la materia resuelta."

En materia de responsabilidad de los administradores concursales, es el artículo 36 de la Ley concursal el que se dedica a desarrollar tal cuestión, en el siguiente sentido:

"Artículo 36. Responsabilidad.
1. Los administradores concursales y los auxiliares delegados responderán frente al deudor y frente a los acreedores de los daños y perjuicios causados a la masa por los actos y omisiones contrarios a la ley o realizados sin la debida diligencia.
2. Los administradores concursales responderán solidariamente con los auxiliares delegados de los actos y omisiones lesivos de éstos, salvo que prueben haber empleado toda la diligencia debida para prevenir o evitar el daño.
3. La acción de responsabilidad se sustanciará por los trámites del juicio declarativo que corresponda, ante el juez que conozca o haya conocido del concurso.
4. La acción de responsabilidad prescribirá a los cuatro años, contados desde que el actor tuvo conocimiento del daño o perjuicio por el que reclama y, en todo caso, desde que los administradores concursales o los auxiliares delegados hubieran cesado en su cargo.
5. Si la sentencia contuviera condena a indemnizar daños y perjuicios, el acreedor que hubiera ejercitado la acción en interés de la masa tendrá derecho

a que, con cargo a la cantidad percibida, se le reembolsen los gastos necesarios que hubiera soportado.
6. Quedan a salvo las acciones de responsabilidad que puedan corresponder al deudor, a los acreedores o a terceros por actos u omisiones de los administradores concursales y auxiliares delegados que lesionen directamente los intereses de aquellos."

Es preciso reseñar en este aspecto que mientras que los apartados 1 a 5 del precepto transcrito, están haciendo referencia a la responsabilidad regulada en la propia ley concursal, a ello se refiere expresamente el apartado 3, mecanismo que podría ser utilizado por la Administración tributaria como acreedor que lo es del obligado tributario, uso posible solo en sede judicial, el apartado 6 admite la existencia de otras acciones de responsabilidad que pudiesen corresponder a los acreedores distintas de aquellas otras.

Entre éstas está sin duda la regulada en los artículos de la Ley General Tributaria que se han reproducido más arriba, acciones que se desarrollarán en el plano estrictamente administrativo.

Sentado lo anterior cabría hacer una reflexión sobre qué obligaciones incumben al Administrador concursal cuyo incumplimiento pudiese determinar, eventualmente, el perjuicio del crédito tributario, sobre todo desde la óptica del devengo de las mismas, que va a determinar, como se indicó más arriba, un régimen de responsabilidad claramente diferenciado.

Si quién estas líneas escribe hubiese de elaborar un listado de obligaciones de los Administradores concursales susceptibles de ser analizadas desde el punto de vista de la responsabilidad tributaria, por la trascendencia que las mismas conllevan, a priori, en relación con el reconocimiento y defensa del crédito público tributario en el proceso, posiblemente integraría en el mismo las siguientes, todas ellas expresas en la Ley Concursal, siendo necesario destacar, con carácter previo, que según el caso, las facultades de la Administración concursal estarán más o menos limitadas.

En ese sentido es preciso recordar que las facultades patrimoniales del deudor, y por ende de la administración concursal quedan configuradas en función del tipo de concurso ante el que nos encontremos, según lo establecido en el artículo 40 de la Ley concursal, del que destacamos la siguiente mención:

"1. En caso de concurso voluntario, el deudor conservará las facultades de administración y disposición sobre su patrimonio, quedando sometido el ejercicio de éstas a la intervención de los administradores concursales, mediante su autorización o conformidad.
2. En caso de concurso necesario, se suspenderá el ejercicio por el deudor de las facultades de administración y disposición sobre su patrimonio, siendo sustituido por los administradores concursales.(...)".

Debiendo completarse lo anterior con lo señalado en el artículo 44.3 del mismo texto:

"(...)3. En caso de suspensión de las facultades de administración y disposición del deudor, corresponderá a la administración concursal adoptar

las medidas necesarias para la continuación de la actividad profesional o empresarial(...)".

Como un mero apunte de la relación a la que se hizo referencia más arriba, deberían tenerse en consideración las siguientes obligaciones de la Administración concursal:

A. En relación con deudas devengadas con anterioridad a la situación de concurso

   1. Formación del inventario

"Artículo 82. Formación del inventario.
1. La administración concursal elaborará a la mayor brevedad posible un inventario que contendrá la relación y el avalúo de los bienes y derechos del deudor integrados en la masa activa a la fecha de cierre, que será el día anterior al de emisión de su informe. En caso de concurso de persona casada en régimen de gananciales o cualquier otro de comunidad de bienes, se incluirán en el inventario la relación y el avalúo de los bienes y derechos privativos del deudor concursado, así como las de los bienes y derechos gananciales o comunes, con expresa indicación de su carácter.
2. De cada uno de los bienes y derechos relacionados en el inventario se expresará su naturaleza, características, lugar en que se encuentre y, en su caso, datos de identificación registral. Se indicarán también los gravámenes, trabas y cargas que afecten a estos bienes y derechos, con expresión de su naturaleza y los datos de identificación.
3. El avalúo de cada uno de los bienes y derechos se realizará con arreglo a su valor de mercado, teniendo en cuenta los derechos, gravámenes o cargas de naturaleza perpetua, temporal o redimible que directamente les afecten e influyan en su valor, así como las garantías reales y las trabas o embargos que garanticen o aseguren deudas no incluidas en la masa pasiva.
4. Al inventario se añadirá una relación de todos los litigios cuyo resultado pueda afectar a su contenido y otra comprensiva de cuantas acciones debieran promoverse, a juicio de la administración concursal, para la reintegración de la masa activa. En ambas relaciones se informará sobre viabilidad, riesgos, costes y posibilidades de financiación de las correspondientes actuaciones judiciales.
5. Los bienes de propiedad ajena en poder del concursado y sobre los que este tenga derecho de uso, no serán incluidos en el inventario, ni será necesario su avalúo, debiendo figurar únicamente el derecho de uso sobre el mismo del arrendatario financiero concursado".

Parece evidente que la formación correcta del inventario no es sino un mecanismo de garantía de los derechos de los acreedores, por lo que la integración de bienes y derechos en el mismo debe ser especialmente cuidadosa.

   2. Determinación de los créditos concursales

"Artículo 84. Créditos concursales y créditos contra la masa.
1. Constituyen la masa pasiva los créditos contra el deudor común que conforme a esta ley no tengan la consideración de créditos contra la masa".

3. Determinación de los créditos contra la masa

"Artículo 84. Créditos concursales y créditos contra la masa
(...) 2. Tendrán la consideración de créditos contra la masa los siguientes:
(...) 5.º Los generados por el ejercicio de la actividad profesional o empresarial del deudor tras la declaración del concurso, incluyendo los créditos laborales, comprendidas en ellos las indemnizaciones de despido o extinción de los contratos de trabajo, así como los recargos sobre las prestaciones por incumplimiento de las obligaciones en materia de salud laboral, hasta que el juez acuerde el cese de la actividad profesional o empresarial, o declare la conclusión del concurso.
(...)
(...) 9.º Los que resulten de obligaciones válidamente contraídas durante el procedimiento por la administración concursal o, con la autorización o conformidad de ésta, por el concursado sometido a intervención.(...)
(...)10.º. Los que resulten de obligaciones nacidas de la ley o de responsabilidad extracontractual del concursado con posterioridad a la declaración de concurso y hasta la conclusión del mismo.(...)"

4. Reconocimiento de los créditos:

"Artículo 86. Reconocimiento de créditos.
1. Corresponderá a la administración concursal determinar la inclusión o exclusión en la lista de acreedores de los créditos puestos de manifiesto en el procedimiento. Esta decisión se adoptará respecto de cada uno de los créditos, tanto de los que se hayan comunicado expresamente como de los que resultaren de los libros y documentos del deudor o por cualquier otra razón constaren en el concurso.
Todas las cuestiones que se susciten en materia de reconocimiento de créditos serán tramitadas y resueltas por medio del incidente concursal.
2. Se incluirán necesariamente en la lista de acreedores aquellos créditos que hayan sido reconocidos por laudo o por resolución procesal, aunque no fueran firmes, los que consten en documento con fuerza ejecutiva, los reconocidos por certificación administrativa, los asegurados con garantía real inscrita en registro público, y los créditos de los trabajadores cuya existencia y cuantía resulten de los libros y documentos del deudor o por cualquier otra razón consten en el concurso. No obstante, la administración concursal podrá impugnar en juicio ordinario y dentro del plazo para emitir su informe, los convenios o procedimientos arbitrales en caso de fraude, conforme a lo previsto en el artículo 53.2, y la existencia y validez de los créditos consignados en título ejecutivo o asegurados con garantía real, así como, a través de los cauces admitidos al efecto por su legislación específica, los actos administrativos.
3. Cuando no se hubiera presentado alguna declaración o autoliquidación que sea precisa para la determinación de un crédito de Derecho Público o de los trabajadores, deberá cumplimentarse por el concursado en caso de intervención o, en su caso, por la administración concursal cuando no lo realice el concursado o en el supuesto de suspensión de facultades de administración y

disposición. Para el caso que, por ausencia de datos, no fuera posible la determinación de su cuantía deberá reconocerse como crédito contingente.
4. Cuando el concursado fuere persona casada en régimen de gananciales o cualquier otro de comunidad de bienes, la administración concursal expresará, respecto de cada uno de los créditos incluidos en la lista, si sólo pueden hacerse efectivos sobre su patrimonio privativo o también sobre el patrimonio común.(…)".

Por su parte, el artículo 87 establece:

"Artículo 87. Supuestos especiales de reconocimiento.
1. Los créditos sometidos a condición resolutoria se reconocerán como condicionales y disfrutarán de los derechos concursales que correspondan a su cuantía y calificación, en tanto no se cumpla la condición. Cumplida ésta, podrán anularse, a petición de parte, las actuaciones y decisiones en las que el acto, la adhesión o el voto del acreedor condicional hubiere sido decisivo.
Todas las demás actuaciones se mantendrán, sin perjuicio del deber de devolución a la masa, en su caso, de las cantidades cobradas por el acreedor condicional, y de la responsabilidad en que dicho acreedor hubiere podido incurrir frente a la masa o frente a los acreedores.
2. A los créditos de derecho público de las Administraciones públicas y sus organismos públicos recurridos en vía administrativa o jurisdiccional, aún cuando su ejecutividad se encuentre cautelarmente suspendida, les será de aplicación lo dispuesto en el apartado anterior.
Por el contrario, los créditos de derecho público de las Administraciones públicas y sus organismos públicos que resulten de procedimientos de comprobación o inspección se reconocerán como contingentes hasta su cuantificación, a partir de la cual tendrán el carácter que les corresponda con arreglo a su naturaleza sin que sea posible su subordinación por comunicación tardía. Igualmente, en el caso de no existir liquidación administrativa, se clasificarán como contingentes hasta su reconocimiento por sentencia judicial, las cantidades defraudadas a la Hacienda Pública y a la Tesorería General de la Seguridad Social desde la admisión a trámite de la querella o denuncia.
3. Los créditos sometidos a condición suspensiva y los litigiosos serán reconocidos en el concurso como créditos contingentes sin cuantía propia y con la calificación que corresponda, admitiéndose a sus titulares como acreedores legitimados en el juicio sin más limitaciones que la suspensión de los derechos de adhesión, de voto y de cobro. En todo caso, la confirmación del crédito contingente o su reconocimiento en sentencia firme o susceptible de ejecución provisional, otorgará a su titular la totalidad de los derechos concursales que correspondan a su cuantía y calificación.(…)".

5. Clasificación de los créditos

Por lo que respecta al crédito tributario, las situaciones, a priori, se corresponderían con alguna de las siguientes:

"Artículo 90. Créditos con privilegio especial.
1. Son créditos con privilegio especial:

1. Los créditos garantizados con hipoteca voluntaria o legal, inmobiliaria o mobiliaria, o con prenda sin desplazamiento, sobre los bienes hipotecados o pignorados.(…)
(…)5. Los créditos con garantía de valores representados mediante anotaciones en cuenta, sobre los valores gravados.(…)
6. Los créditos garantizados con prenda constituida en documento público, sobre los bienes o derechos pignorados que estén en posesión del acreedor o de un tercero. Si se tratare de prenda de créditos, bastará con que conste en documento con fecha fehaciente para gozar de privilegio sobre los créditos pignorados. (…)"

No puede olvidarse que el crédito tributario puede estar garantizado de cualquiera de las formas citadas.

"Artículo 91. Créditos con privilegio general.
Son créditos con privilegio general:
2º(…)Las cantidades correspondientes a retenciones tributarias y de Seguridad Social debidas por el concursado en cumplimiento de una obligación legal. (…)
(…)4º Los créditos tributarios y demás de Derecho público, así como los créditos de la Seguridad Social que no gocen de privilegio especial conforme al apartado 1 del artículo 90, ni del privilegio general del número 2 de este artículo. Este privilegio podrá ejercerse para el conjunto de los créditos de la Hacienda Pública y para el conjunto de los créditos de la Seguridad Social, respectivamente, hasta el 50 % de su importe.(…)
(…)5.º Los créditos por responsabilidad civil extracontractual. No obstante, los daños personales no asegurados se tramitarán en concurrencia con los créditos recogidos en el número 4.º de este artículo.
Los créditos en concepto de responsabilidad civil derivada de delito contra la Hacienda Pública y contra la Seguridad Social.(…)
(…)7º Los créditos de que fuera titular el acreedor que hubiere solicitado la declaración de concurso y que no tuvieren el carácter de subordinados, hasta la cuarta parte de su importe.(…)"

"Artículo 92. Créditos subordinados.
Son créditos subordinados:
1.º Los créditos que, habiendo sido comunicados tardíamente, sean incluidos por la administración concursal en la lista de acreedores, así como los que, no habiendo sido comunicados, o habiéndolo sido de forma tardía, sean incluidos en dicha lista por comunicaciones posteriores o por el juez al resolver sobre la impugnación de ésta. No quedarán subordinados por esta causa, y serán clasificados según corresponda, los créditos del artículo 86.3, los créditos cuya existencia resultare de la documentación del deudor, los que consten en documento con fuerza ejecutiva, los créditos asegurados con garantía real inscrita en registro público, los que constaren de otro modo en el concurso o en otro procedimiento judicial, y aquellos otros para cuya determinación sea precisa la actuación de comprobación de las Administraciones públicas.(…)

(...)3.º Los créditos por recargos e intereses de cualquier clase, incluidos los moratorios, salvo los correspondientes a créditos con garantía real hasta donde alcance la respectiva garantía.
4.º Los créditos por multas y demás sanciones pecuniarias.(...)"

6. Lista de acreedores

"Artículo 94. Estructura y contenido.
1. Al informe de la administración concursal se acompañará la lista de acreedores, referida a la fecha de solicitud del concurso, que comprenderá una relación de los incluidos y otra de los excluidos, ambas ordenadas alfabéticamente.
2. La relación de los acreedores incluidos expresará la identidad de cada uno de ellos, la causa, la cuantía por principal y por intereses, fechas de origen y vencimiento de los créditos reconocidos de que fuere titular, sus garantías personales o reales y su calificación jurídica, indicándose, en su caso, su carácter de litigiosos, condicionales o pendientes de la previa excusión del patrimonio del deudor principal. Se harán constar expresamente, si las hubiere, las diferencias entre la comunicación y el reconocimiento y las consecuencias de la falta de comunicación oportuna.
Cuando el concursado fuere persona casada en régimen de gananciales o cualquier otro de comunidad de bienes, se relacionarán separadamente los créditos que solo pueden hacerse efectivos sobre su patrimonio privativo y los que pueden hacerse efectivos también sobre el patrimonio común.
3. La relación de los excluidos expresará la identidad de cada uno de ellos y los motivos de la exclusión(...)".

B. En relación con deudas devengadas con posterioridad a la situación de concurso

El artículo 94 de la Ley concursal, en su apartado 4, señala lo siguiente en relación con la lista de acreedores:

"(...)4. 4. En relación separada, se detallarán y cuantificarán los créditos contra la masa devengados y pendientes de pago, con indicación de los vencimientos (...)".

El artículo 154 de la Ley Concursal señala respecto de los créditos contra la masa lo siguiente:

"Artículo 154. Pago de créditos contra la masa.
Antes de proceder al pago de los créditos concursales, la administración concursal deducirá de la masa activa los bienes y derechos necesarios para satisfacer los créditos contra ésta.
Las deducciones para atender al pago de los créditos contra la masa se harán con cargo a los bienes y derechos no afectos al pago de créditos con privilegio especial.".

C. Cuentas anuales

Habida cuenta de la trascendencia fiscal de la formulación de las cuentas anuales, por la vinculación que las mismas tienen en relación con el cumplimiento de significativas obligaciones tributarias, es preciso recordar lo dispuesto en el artículo 46 de la Ley concursal:

> *"Artículo 46. Cuentas anuales del deudor.*
> *1. En caso de intervención, subsistirá la obligación legal de los administradores de formular y de someter a auditoría las cuentas anuales, bajo la supervisión de los administradores concursales.*
> *La administración concursal podrá autorizar a los administradores del deudor concursado que el cumplimiento de la obligación legal de formular las cuentas anuales correspondientes al ejercicio anterior a la declaración judicial de concurso se retrase al mes siguiente a la presentación del inventario y de la lista de acreedores. La aprobación de las cuentas deberá realizarse en los tres meses siguientes al vencimiento de dicha prórroga. De ello se dará cuenta al juez del concurso y, si la persona jurídica estuviera obligada a depositar las cuentas anuales, al Registro Mercantil en que figurase inscrita. Efectuada esta comunicación, el retraso del depósito de las cuentas no producirá el cierre de la hoja registral, si se cumplen los plazos para el depósito desde el vencimiento del citado plazo prorrogado de aprobación de las cuentas. En cada uno de los documentos que integran las cuentas anuales se hará mención de la causa legítima del retraso.*
> *2. A petición fundada de la administración concursal, el juez del concurso podrá acordar la revocación del nombramiento del auditor de cuentas de la persona jurídica deudora y el nombramiento de otro para la verificación de las cuentas anuales.*
> *3. En caso de suspensión, subsistirá la obligación legal de formular y de someter a auditoría las cuentas anuales, correspondiendo tales facultades a los administradores concursales.."*

MARCO NORMATIVO DE INFORMACIÓN FINANCIERA CUANDO NO RESULTA ADECUADA LA APLICACIÓN DEL PRINCIPIO DE EMPRESA EN FUNCIONAMIENTO

ELADIO ACEVEDO HERANZ
Vicepresidente Registro Auditores

SUMARIO: **General.- Marco normativo de información financiera de imagen fiel.- Marco normativo de información financiera de cumplimiento.- Marco normativo de información financiera adecuado.- Marco normativo de información financiera inadecuado.- Marco normativo de información financiera que resulta de aplicación para empresas en liquidación.**

GENERAL

A los efectos de lo establecido por la LAC y el RAC, el marco normativo de información financiera es el conjunto de normas, principios y criterios establecido en:

1°. La normativa de la UE relativa a las cuentas consolidadas, en los supuestos previstos para su aplicación.
2°. El CCom y la restante legislación mercantil.
3°. El PGC y sus adaptaciones sectoriales.
4°. Las normas de obligado cumplimiento que apruebe el ICAC en desarrollo del PGC y sus normas complementarias.
5°. El resto de la normativa contable española que resulte de aplicación (LAC art. 2.1.).

El marco normativo de información financiera aplicable a la auditoría de cuentas anuales o de otros estados financieros o documentos contables puede ser:

1°. De imagen fiel, o,

2º. De cumplimiento (RAC art. 12.1.).

Atendiendo al marco normativo de información financiera aplicable cabe distinguir entre:

1º. Aplicación de un marco normativo de información financiera adecuado.

2º. Aplicación de un marco normativo de información financiera inadecuado.

En el transcurso de la realización de su trabajo el auditor se puede encontrar con las siguientes circunstancias que afectan al marco normativo de información financiera:

1º. Utilización de un marco normativo de información financiera distinto del aplicable a la entidad auditada.

2º Utilización de principios y criterios contables contrarios a los establecidos en el marco normativo de información financiera aplicable a la entidad auditada (NTA IA 3.4.7.).

MARCO NORMATIVO DE INFORMACIÓN FINANCIERA DE IMAGEN FIEL

Se considera que un marco normativo de información financiera es de imagen fiel cuando:

1º. Exija la aplicación de unos principios y normas contables determinados, y.

2º. Prevea explícitamente la posibilidad de incluir las informaciones complementarias precisas para alcanzar dicha imagen fiel y, en casos excepcionales, la de dejar de utilizar los principios y normas contables aplicables que fueran incompatibles con la misma (RAC art. 12.2.).

Con carácter general los principios y criterios contables establecidos en el marco normativo de información financiera aplicable a la entidad auditada son los recogidos en el PGG07.

La contabilidad de la empresa y, en especial, el registro y la valoración de los elementos de las cuentas anuales, se desarrollarán aplicando obligatoriamente los siguientes principios contables:

1º. Empresa en funcionamiento.

2º. Devengo.

3º. Uniformidad.

4º. Prudencia.

5º. No compensación.

6º. Importancia relativa (PGC07 Marco Conceptual 3.).

En los casos de conflicto entre principios contables, deberá prevalecer el que mejor conduzca a que las cuentas anuales expresen la imagen fiel:

1º. Del patrimonio.

2º. De la situación financiera, y,

3º. De los resultados de la empresa (PGC07 Marco Conceptual 3.).

MARCO NORMATIVO DE INFORMACIÓN FINANCIERA DE CUMPLIMIENTO

Se considera que un marco normativo de información financiera es de cumplimiento cuando:

1º. Requiera el cumplimiento de unos determinados principios y normas contables, y,

2º. No contemple posibilidad de incluir las informaciones complementarias precisas para alcanzar dicha imagen fiel y, en casos excepcionales, la de dejar de utilizar los principios y normas contables aplicables que fueran incompatibles con la misma (RAC art. 12.2.).

MARCO NORMATIVO DE INFORMACIÓN FINANCIERA ADECUADO

Las cuentas anuales o los otros estados financieros o documentos contables que son objeto de revisión y verificación por parte del auditor han debido ser elaborados de conformidad con el marco normativo de información financiera que les resulte de aplicación (LAC art. 1.2.).

El marco normativo de información financiera que con carácter general resulta de aplicación a la entidad auditada es el denominado marco de "imagen fiel". La aplicación sistemática y regular de los requisitos, principios y criterios contables incluidos en el PGC07 deberá conducir a que las cuentas anuales muestren la imagen fiel (PGC07 Marco Conceptual 1.).

MARCO NORMATIVO DE INFORMACIÓN FINANCIERA INADECUADO

Todo marco normativo de información financiera que sea contrario a la normativa española resultará inadecuado para la entidad auditada.

En consulta formulada sobre la aplicación obligatoria de las Normas Internaciones de Información Financiera (NIIF) adoptadas por la UE en el caso de transacciones cuyo tratamiento contable no esté contemplado en los principios y normas de contabilidad generalmente aceptados en España, el ICAC considera que en el caso de ausencia de una norma o interpretación en la normativa nacional que aplique específicamente a una transacción, los administradores deberán utilizar su criterio profesional para definir un criterio contable que sea lo más respetuoso con el Marco Conceptual de la Contabilidad previsto en el PGC y con los criterios contenidos en las normas de contabilidad generalmente aceptadas en España. Al formarse juicio sobre esta cuestión, se podrán considerar las prácticas que se siguen en el sector, así como cualquier desarrollo normativo relevante (ICAC consulta núm 1, BOICAC núm 74).

La utilización por parte de la entidad auditada de un marco normativo de información financiera distinto al que le resulta de aplicación supone un incumplimiento de los principios y criterios contables que le resultan de aplicación.

Durante su trabajo, el auditor puede identificar una o varias de las circunstancias siguientes que suponen un incumplimiento de los principios y criterios contables que resultan de aplicación contenidos en el marco normativo de información financiera por afectar a:

1º. El marco normativo de información financiera que resulta de aplicación.
2º. Las cuentas anuales.
3º. La posible existencia de hechos posteriores.

MARCO NORMATIVO DE INFORMACIÓN FINANCIERA QUE RESULTA DE APLICACIÓN PARA EMPRESAS EN LIQUIDACIÓN

En la formulación de las cuentas debe tenerse en cuenta toda información que pueda afectar a la aplicación del principio de empresa en funcionamiento. En consecuencia, las cuentas anuales no se formularán sobre la base de dicho principio si los administradores tuvieran la intención de liquidar la entidad o cesar su actividad o que no exista una alternativa más realista que hacerlo, aunque sea con posterioridad al cierre del ejercicio (PGC07 2ª parte relativa a Normas de Registro y Valoración, Norma 23 referente a "Hechos posteriores al cierre del ejercicio").

El PGC07 establece, en su Marco Conceptual de la Contabilidad (MCC), que uno de los principios contables básicos es el de empresa en funcionamiento, por el que se considera, salvo prueba en contrario, que la gestión de la empresa continuará en un futuro previsible, por lo que la aplicación de los principios y criterios contables no tiene el propósito de determinar el valor del patrimonio neto a efectos de su transmisión global o parcial, ni el importe resultante en caso de liquidación (PGC07 Marco Conceptual).

En aquellos casos en que no resulte de aplicación el principio de empresa en funcionamiento, cuando se haya acordado la apertura de la liquidación o por tener los administradores la intención de liquidar la empresa, cesar su actividad o que no exista una alternativa más realista que hacerlo, aunque sea con posterioridad al cierre del ejercicio, las cuentas anuales no se formularan sobre la base del principio de empresa en funcionamiento y por tanto no se formularan de conformidad con el marco normativo de información financiera de "imagen fiel" que resulta de aplicación para una empresa sobre la que no existan dudas sobre su continuidad. Por el contrario, se utilizará un marco normativo de información financiera aplicable a empresas en liquidación, según el cual, la entidad aplicará las normas de valoración que resulten más adecuadas para reflejar la imagen fiel de las operaciones tendentes a realizar el activo, cancelar las deudas y, en su caso, repartir el patrimonio resultante, debiendo suministrar en la memoria de las cuentas anuales toda la información significativa sobre los criterios aplicados así como de las hipótesis alternativas sobre las que han sido elaboradas las cuentas anuales. Este marco normativo de información financiera es el contemplado por el Proyecto de Resolución del ICAC sobre el marco de información financiera cuando no resulta adecuada la aplicación del principio de empresa en funcionamiento, que desarrolla, como norma complementaria del PGC, el citado marco de información financiera cuando no resulta de aplicación el principio de empresa en funcionamiento.

Los administradores de la sociedad revelarán en el apartado de "Bases de presentación de las cuentas anuales", dentro de la nota relativa a los "Aspectos críticos de la valoración y estimación de la incertidumbre":

1°. La existencia de incertidumbres importantes, relativas a eventos o condiciones que puedan aportar dudas significativas sobre la posibilidad de que la empresa siga funcionando normalmente, o,

2°. Las existencia de incertidumbres que ponen de manifiesto que no existe una alternativa más realista que aceptar la quiebra del principio de empresa en funcionamiento, junto con las hipótesis alternativas sobre las que hayan sido elaboradas las cuentas anuales, así como las razones por las que la empresa no puede ser considerada como una empresa en funcionamiento (Proyecto Resolución ICAC sobre el MIF cuando no resulta adecuada la aplicación del principio de empresa en funcionamiento, introducción).

A continuación se proporcionan ejemplos de hechos o de condiciones que individual o conjuntamente, pueden generar dudas significativas obre la continuidad de la empresa que deben ser ponderados por los administradores de la sociedad y que, a título meramente enunciativo, pueden ser de naturaleza financiera, operativa, legales o de otra índole:

A. *Financieros:*

1°. Posición patrimonial neta negativa o capital circulante negativo.

2°. Préstamos a plazo fijo próximos a su vencimiento sin perspectivas realistas de reembolso o renovación, o dependencia excesiva de préstamos a corto plazo para financiar activos a largo plazo.

3°. Indicios de retirada de apoyo financiero por los acreedores.

4°. Flujos de efectivo de explotación negativos en estados financieros históricos o prospectivos.

5°. Ratios financieros clave desfavorables.

6°. Pérdidas de explotación sustanciales o deterioro significativo del valor de los activos utilizados para generar flujos de efectivo.

7°. Atrasos en los pagos de dividendos o suspensión de éstos.

8°. Incapacidad de pagar al vencimiento a los acreedores.

9°. Incapacidad de cumplir con los términos del contrato de préstamo.

10°. Cambio en la forma de pago de las transacciones con proveedores, pasando del pago a crédito al pago al contado, y,

11°. Incapacidad de obtener financiación para el desarrollo imprescindible de nuevos productos u otras inversiones.

B. *Operativos:*

1°. Intención de la dirección de liquidar la entidad o de cesar en sus actividades.

2º. Salida de miembros clave de la dirección, sin sustitución.
3º. Pérdida de un mercado importante, de uno o varios clientes clave, de una franquicia, de una licencia o de uno o varios proveedores principales.
4º. Dificultades laborales.
5º. Escasez de suministros importantes, y.
6º. Aparición de un competidor de gran éxito.

C. *Legales o de otra índole:*
1º. Incumplimiento de requerimientos de capital o de otros requerimientos legales.
2º. Procedimientos legales o administrativos pendientes contra la entidad que, si prosperasen, podrían dar lugar a reclamaciones que es improbable que la entidad pueda satisfacer.
3º Cambios en las disposiciones legales o reglamentarias o en políticas públicas que previsiblemente afectarán negativamente a la entidad, y.
4º. Catástrofes sin asegurar o aseguradas insuficientemente cuando se producen (Proyecto Resolución ICAC sobre el MIF cuando no resulta adecuada la aplicación del principio de empresa en funcionamiento, introducción).

El auditor de cuentas es responsable de considerar durante la realización de su trabajo la procedencia de la aplicación del principio de empresa en funcionamiento (NTA Empresa en Funcionamiento 2.1.).

Ha de evaluar las circunstancias descritas, entre otras, en el anexo 1 de la NTA sobre Empresa en Funcionamiento, que pudieran haber sido detectadas durante su trabajo para determinar:
1º. Si son indicativas de un deterioro rápido o gradual.
2º. Si son temporales o recurrentes, y,
3º. Si pueden identificarse con ciertos activos en particular o son generales del negocio (NTA Empresa en Funcionamiento 2.2.).

Identificada una situación del tipo descrito en el anexo 1 de la NTA sobre Empresa en Funcionamiento, el auditor debe evaluar y tomar en cuenta aquellos otros factores que tienden a reducir o eliminar las posibles consecuencias (NTA Empresa en Funcionamiento 3.1.).

En la evaluación de los factores causantes y mitigantes de la duda sobre la continuidad de la actividad de una entidad, el auditor ha de:
1º. Utilizar su conocimiento de los negocios de su cliente, del sector en el que opera.
2º. Considerar la situación económica internacional, nacional y local.
3º. Comentar dichos factores exhaustivamente con la dirección o los administradores de la entidad.
4º. Estudiar las posibles implicaciones legales y los efectos directos e indirectos.
5º. Analizar especialmente los planes de la dirección que puedan tener un efecto significativo sobre la solvencia y continuidad de la entidad durante

el ejercicio siguiente al que está auditando. A este respecto, deberá discutir con la dirección los presupuestos, proyecciones y datos sobre el capital circulante que sean preparados y analizar las bases de las hipótesis hechas por dicha dirección para preparar tales proyecciones, especialmente si son ciertas o muy sensibles a cambios y si se desvían de las tendencias históricas de la entidad. Si el auditor detecta factores significativos cuyos efectos no han sido reflejados en las proyecciones, habrá también de tenerlos en cuenta (NTA Empresa Funcionamiento 4.1. y 4.2).

La Resolución desarrolla, como norma complementaria del PGC07, el marco de información financiera cuando no resulta adecuada la aplicación del principio de empresa en funcionamiento (Proyecto Resolución ICAC sobre el MIF cuando no resulta adecuada la aplicación del principio de empresa en funcionamiento 1.1.).

Los escenarios de "liquidación" que se pueden presentar en la práctica, referidos a la sociedad de capital, son básicamente dos:

1º. Aquellas situaciones en las que sin haberse acordado la disolución de la empresa, o la apertura de la liquidación en sede concursal, los administradores opinan que no procede seguir manteniendo la hipótesis de empresa en funcionamiento, y,

2º. Aquellos otros en que los citados hitos jurídicos se han producido (acompañados, en la mayoría de las ocasiones, del cese de la actividad empresarial) y, en consecuencia, surge la obligación legal de liquidar el patrimonio de la empresa, realizando el activo y pagando las deudas, para posteriormente, en su caso, repartir la cuota de liquidación resultante entre los socios (Proyecto Resolución ICAC sobre el MIF cuando no resulta adecuada la aplicación del principio de empresa en funcionamiento, introducción).

Por tanto, resulta de aplicación obligatoria para todas las entidades, cualquiera que sea su forma jurídica, que deban aplicar el marco general de información financiera:

1º. PGC.

2º. PGC de Pequeñas y Medianas Empresas, y,

3º. Las normas de adaptación de los citados textos.

Cuando:

1º. Haya acordado la apertura de la liquidación, o.

2º. Cuando los responsables de la entidad, aunque sea con posterioridad al cierre del ejercicio, determinan que tienen la intención de liquidar la empresa o cesar en su actividad o cuando no exista una alternativa más realista que hacerlo (Proyecto Resolución ICAC sobre el MIF cuando no resulta adecuada la aplicación del principio de empresa en funcionamiento 1.1. y 1.2.).

Las situaciones concretas en las que podría verse afectado el principio de empresa en funcionamiento no se limitan a los supuestos de liquidación societaria. A título enunciativo podrían identificarse, entre otras, las siguientes situaciones:

A. Debidas al titular jurídico:

1º. Fusiones y escisiones.

2º. Separaciones de socios.

3º. Exclusión de socios.

4º. Causa de disolución por situaciones de desequilibrio patrimonial.

5º. Concurso de acreedores, y,

6º. Disoluciones y liquidaciones.

B. Debidas a la situación u objeto empresarial:

1º. Reconversiones profundas.

2º. Catástrofes.

3º. Inactividades de hecho, y,

4º. Sociedades de duración limitada.

Dejando al margen el supuesto de liquidación societaria, en los restantes supuestos debidos al titular jurídico, la empresa, como tal, continuará desarrollando su actividad bajo la misma u otra dirección por lo que no cabe hablar en sentido estricto de quiebra del citado principio. Por su parte, las especialidades que pudieran plantear las situaciones debidas al objeto empresarial tienen normalmente respuesta en el marco contable general, como es el caso de las empresas concesionarias o las encargadas de la organización de un evento singular, por lo que también quedan fuera del alcance de la Resolución (Proyecto Resolución ICAC sobre el MIF cuando no resulta adecuada la aplicación del principio de empresa en funcionamiento 1.3.).

Por tanto, no resulta de aplicación la Resolución en los siguientes supuestos:

1º. Las sociedades de duración limitada, salvo que antes de que concluya su objeto social se acuerde la liquidación o no exista una alternativa más realista que hacerlo.

2º. Las sociedades declaradas en concurso de acreedores, salvo que antes de la apertura de la fase de liquidación los responsables de formular las cuentas anuales determinen que no existe una alternativa más realista que liquidar la empresa.

3º. Los supuestos de modificación estructural de las sociedades mercantiles, y,

4º. Los casos de disposición o liquidación parcial de un grupo enajenable de elementos, según se define este concepto en el PGC (Proyecto Resolución ICAC sobre el MIF cuando no resulta adecuada la aplicación del principio de empresa en funcionamiento 1.3.).

A continuación se desarrollan los criterios específicos de aplicación del MIF a la empresa en "liquidación":

1º. La aplicación del marco de información financiera a la empresa en "liquidación" permite que las cuentas anuales muestren la imagen fiel del patrimonio, de la situación financiera y de los resultados de la entidad en la situación indicada.

2º. Se deberán aplicar el conjunto de requisitos, principios y criterios contables incluidos en el MIF que venía aplicando la empresa, salvo el principio de empresa en funcionamiento y los efectos que esto produce.

3º. Cuando la empresa siga el MIF aprobado por la Resolución (en adelante MIF de liquidación), la valoración de los elementos patrimoniales estará dirigida a mostrar la imagen fiel de las operaciones tendentes a:
   a. Realizar el activo.
   b. Cancelar las deudas y, en su caso.
   c. Repartir el patrimonio resultante.

4º. Considerando que en una liquidación forzada del patrimonio empresarial el horizonte temporal para recuperar los activos se reduce, será necesario corregir el valor o dar de baja los activos cuyo importe no se espere recuperar.

5º. El nuevo escenario puede traer consigo el nacimiento de obligaciones y, en consecuencia, el reconocimiento del correspondiente pasivo.

6º. El criterio de valor en uso ya no será relevante.

7º. Los criterios de valor neto realizable y valor actual, tal y como se definen en el MIF, deberán aplicarse considerando el escenario de "liquidación" en que se encuentra la empresa.

8º. Contribuye al objetivo de imagen fiel el valor de liquidación de los activos, entendido como aquel importe que se podría obtener, en las circunstancias específicas en las que se encuentre la empresa, por su venta u otra forma de disposición minorado en los costes necesarios para llevarla a cabo.

9º. En determinado casos, el valor de liquidación será equivalente al valor razonable menos los costes de venta.

10º. Puede ser habitual que el valor de liquidación difiera del valor razonable menos los costes de venta por la propia situación de transacción forzada a la que se enfrenta la empresa, donde podrían desaparecer los factores específicos de la entidad, tales como:
   a. Su capacidad de negociación para fijar precios de venta, o,
   b. Incurrir en costes de disposición del activo significativamente distintos de los que encontrarían el resto de las empresas.

Para calcular dicho importe la empresa analizará el proceso bajo el cual desarrolla el cese de la actividad, pues solo atendiendo a estas circunstancias, como por ejemplo el plazo fijado o previsible de liquidación, podrá determinarse cuál es el valor de liquidación a considerar (Proyecto Resolución ICAC sobre el MIF cuando no resulta adecuada la aplicación del principio de empresa en funcionamiento 2.)

Cuando la empresa siga el MIF de la empresa en "liquidación", aplicará las normas de registro y valoración de MIF general, considerando las siguientes reglas especiales:

A. *Activos no corrientes y grupos enajenables de elementos, mantenidos para la venta.*

1°. Cuando se cumplan los requisitos previstos para ello en el MIF general, los elementos del inmovilizado material, las inversiones inmobiliarias y el inmovilizado intangible no se amortizan, sin perjuicio de contabilizar la correspondiente corrección valorativa por deterioro.

2°. Se debe revisar la valoración inicial de los activos en función de los cambios en las estimaciones contables que modifiquen el importe de la provisión asociada a los costes de desmantelamiento y rehabilitación del activo que la empresa:

a. Hubiera reconocido de acuerdo con el MIF general, o,

b. Procediese reconocer a la luz de las nuevas circunstancias.

3°. La empresa debe evaluar si procede:

a. Seguir manteniendo la agrupación de activos en unidades generadoras de efectivo, o.

b. Si por el contrario la situación de liquidación forzada en que se encuentra exige evaluar el importe recuperable elemento a elemento. Esta circunstancia podría originar la baja del fondo de comercio cuando resulte aplicable el MIF de la empresa en liquidación, salvo que la empresa estime liquidar todos los elementos que integran el negocio de forma conjunta.

4°. Para determinar las correcciones de valor por deterioro de estos activos, el importe recuperable se calculará tomando como referencia:

a. Su valor de liquidación, o,

b. El valor de liquidación de la unidad generadora de efectivo (Proyecto Resolución ICAC sobre el MIF cuando no resulta de adecuada la aplicación del principio de empresa en funcionamiento 3.2.).

B. *Inversiones en empresas del grupo, multigrupo y asociadas.*

Para determinar las correcciones de valor por deterioro, el importe recuperable se calculará tomando como referencia el valor de liquidación de los activos (Proyecto Resolución ICAC sobre el MIF cuando no resulta de adecuada la aplicación del principio de empresa en funcionamiento 3.3.).

C. *Deudas contabilizadas al coste amortizado.*

1°. La quiebra del principio de empresa en funcionamiento no trae consigo el vencimiento de las deudas y por tanto su exigibilidad se mantendrá diferida en los términos previstos en los respectivos contratos, salvo cuando así se estipulase en los mismos, en cuyo caso, la deuda se contabilizará por su valor de reembolso y lucirá en el pasivo corriente del balance.

2º. En el supuesto de liquidación concursal, la apertura de la misma producirá el vencimiento anticipado de los créditos concursales aplazados y la conversión en dinero de aquellos que consistan en otras prestaciones.

3º. La empresa continuará reconociendo los intereses remuneratorios aplicando el criterio del coste amortizado en los términos indicados en el MIF general, o en su caso, contabilizará los correspondientes intereses moratorios (Proyecto Resolución ICAC sobre el MIF cuando no resulta de adecuada la aplicación del principio de empresa en funcionamiento 3.4.).

D. Existencias.

Para determinar las correcciones de valor por deterioro, el importe recuperable se calculará tomando como referencia el valor de liquidación de los activos (Proyecto Resolución ICAC sobre el MIF cuando no resulta de adecuada la aplicación del principio de empresa en funcionamiento 3.5.).

E. Impuestos sobre beneficios.

1º. La empresa dará de baja los activos por impuesto diferido cuando no resulte de aplicación el principio de empresa en funcionamiento.

2º. La empresa no dará de baja los activos por impuesto diferido cuando resulte probable que pueda disponerse de ganancias fiscales en la liquidación de la empresa que permitan su aplicación. El requisito de probabilidad se entenderá cumplido cuando la empresa tenga pasivos por impuestos diferidos con los que compensar los activos, salvo que el plazo de reversión del citado pasivo supere el plazo previsto por la legislación fiscal para poder aplicar los activos (Proyecto Resolución ICAC sobre el MIF cuando no resulta de adecuada la aplicación del principio de empresa en funcionamiento 3.6.).

F. Ingresos y gastos de las operaciones pendientes.

Seguirán contabilizándose aplicando el principio de devengo y las normas de registro y valoración contenidas en el MIF general:

1º. El conjunto de las operaciones de tráfico que la empresa tuviera que concluir, y,

2º. En general, el reconocimiento de los ingresos, gastos de personal y servicios exteriores en los que incurra.

La cercanía en el cese de la actividad no debe originar el registro "anticipado" de todos los gastos de la liquidación, sin perjuicio de las provisiones que proceda reconocer (Proyecto Resolución ICAC sobre el MIF cuando no resulta de adecuada la aplicación del principio de empresa en funcionamiento 3.7.).

G. Provisiones y contingencias.

La quiebra del principio de empresa en funcionamiento puede ser relevante a los efectos del reconocimiento de provisiones cuando el anuncio de la empresa origine el nacimiento de una obligación presente, por ejemplo, como consecuencia de la rescisión:

1°. De un contrato de arrendamiento, o,

2°. De los compromisos derivados con los trabajadores a raíz de los acuerdos suscritos o la legislación laboral vigente.

La compensación a recibir de un tercero en el momento de liquidar la obligación se contabilizará de acuerdo con los criterios recogidos en el MIF general (Proyecto Resolución ICAC sobre el MIF cuando no resulta de adecuada la aplicación del principio de empresa en funcionamiento 3.8.).

H. Subvenciones, donaciones y legados.

La empresa reconocerá un pasivo por el importe a reintegrar con cargo a la subvención reconocida en el patrimonio neto pendiente de transferir a la cuentas de pérdidas y ganancias, cuando la situación de liquidación origina el nacimiento de la obligación de su reintegro. Cualquier diferencia entre ambos importes se contabilizará como un gasto de la explotación en la cuenta de PyG (Proyecto Resolución ICAC sobre el MIF cuando no resulta de adecuada la aplicación del principio de empresa en funcionamiento 3.9.).

I. Retribuciones a largo plazo al personal.

1°. La provisión que proceda reconocer al cierre de cada ejercicio de acuerdo con el MIF general cuando el compromiso a largo plazo con los trabajadores se instrumente a través de un plan de pensiones, lucirá en el balance hasta que tenga lugar la extinción del promotor.

2°. El resultado de una modificación en los compromisos a largo plazo asumidos con el personal, con motivo de la pérdida de derechos de los trabajadores tales como un premio o una compensación por permanencia, se reconocerá de forma simultánea a la obligación que sura con aquellos a raíz de la liquidación de la empresa (Proyecto Resolución ICAC sobre el MIF cuando no resulta de adecuada la aplicación del principio de empresa en funcionamiento 3.10.).

J. Hechos posteriores al cierre.

Si se producen eventos o se dan condiciones que llevan a la dirección a opinar que no procede aplicar el principio de empresa en funcionamiento:

1°. Después del cierre del ejercicio pero antes de la formulación de las cuentas anuales, se informará sobre estos hechos en la memoria junto con una referencia expresa a que las cuentas anuales se han formulado aplicando el MIF aplicable cuando no resulta adecuada la aplicación del principio de empresa en funcionamiento.

2°. Conocidos después de la formulación de las cuentas anuales pero antes de su aprobación, las cuentas anuales se deberán reformular aplicando el MIF aplicable cuando no resulta adecuada la aplicación del principio de empresa en funcionamiento.

3º. El tratamiento contable de los hechos posteriores será el previsto en el MIF general (Proyecto Resolución ICAC sobre el MIF cuando no resulta de adecuada la aplicación del principio de empresa en funcionamiento 3.10.).

Se establecen las siguientes normas de elaboración de las cuentas anuales consolidadas de la empresa en liquidación:

1º. Subsiste la obligación de formular cuentas anuales consolidadas cuando la sociedad dominante de un grupo de sociedades presente sus cuentas anuales aplicando el MIF de liquidación, salvo que resultasen de aplicación los supuestos de dispensa regulados en las NOFCAC.

2º. Subiste la obligación de consolidar la sociedad dependiente, multigurpo o asociada que presente sus cuentas anuales aplicando el MIF de liquidación, debiendo hacerlo por el método o procedimiento que proceda en aplicación del MIF general, salvo que queden excluidas de la consolidación porque la sociedad dominante:

   a. Haya perdido el control de la dependiente, o,
   b. Ya no ejerza un control conjunto o influencia significativa.

      Se presumirá que se ha producido esta circunstancia en las sociedades declaradas en concurso de acreedores si antes de la fecha de cierre se ha dictado un auto judicial de suspensión de facultades de administración y disposición.

      Las sociedades excluidas de la consolidación lucirán en las cuentas anuales consolidadas por el importe resultante de aplicar los criterios para valorar la inversión en las cuentas anuales individuales de la sociedad obligada a consolidar.

3º. Las cuentas anuales consolidadas se elaborarán aplicando los criterios recogidos en las NOFCAC, siempre que:

   a. No se haya perdido el control de la sociedad dependiente.
   b. Para el caso de las sociedades multigrupo y asociadas, y,
   c. La entidad que informa en su conjunto mantuviese la aplicación del principio de empresa en funcionamiento.

4º. Las cuentas anuales consolidadas se elaborarán aplicando el MIF cuando no resulta adecuada la aplicación del principio de empresa en funcionamiento cuando el grupo considerado en su conjunto estuviese en una situación en la cual no fuese adecuada la aplicación del principio de empresa en funcionamiento (Proyecto Resolución ICAC sobre el MIF cuando no resulta de adecuada la aplicación del principio de empresa en funcionamiento 5.).

Se contempla la posibilidad de aplicar de nuevo el principio de empresa en funcionamiento en las siguientes situaciones:

1º. Se aplicará retroactivamente el MIF general con efectos desde el inicio del ejercicio cuando una sociedad haya formulado sus cuentas anuales siguiendo el MIF de liquidación y, excepcionalmente, en un ejercicio posterior las circunstancias que motivaron la aplicación de este marco hubieran desaparecido.

Cuando no resulte posible determinar la valoración para algún activo o pasivo, se tomará como coste atribuido el valor en libros que tuvieran al inicio del ejercicio en que resulte de aplicación nuevamente el principio de empresa en funcionamiento.

2º. Las variaciones de valor que se produzcan con motivo del cese en la aplicación de las normas de valoración de la empresa en liquidación se registrarán en la cuenta de pérdidas y ganancias del ejercicio en los epígrafes que por su naturaleza correspondan, excepto cuando afecten a partidas que por aplicación del marco general de información financiera deban ser cargadas o abonadas directamente en el patrimonio neto, en cuyo caso se imputarán directamente a éste.

3º. En el primer ejercicio en que resulte nuevamente de aplicación el principio de empresa en funcionamiento no serán objeto de adaptación las cifras comparativas en las cuentas anuales (Proyecto Resolución ICAC sobre el MIF cuando no resulta de adecuada la aplicación del principio de empresa en funcionamiento 6.).

En consulta planteada al ICAC relativa al hecho de que la empresa auditada se encuentre en la situación establecida en el artículo 260.4. de la Ley de Sociedades Anónimas (actual artículo 363.d. de la LAC), sin que se haya convocado la Junta General prevista en dicho texto legal, ni se haya solicitado por parte de los administradores la disolución de la sociedad, se concluye que el CCom establece en su artículo 38.1. una serie de reglas para la valoración de los elementos integrantes de las distintas partidas que figuren en las cuentas anuales, entre ellas "... *se presumirá que la empresa continúa en funcionamiento.*" y el PGC, a la vista de la citada regla, desarrolla en su parte primera el principio de empresa en funcionamiento, según el cual "*se considerará, salvo prueba en contrario, que la gestión de la empresa continuará en un futuro previsible, por lo que la aplicación de los principios y criterios contables no tiene el propósito de determinar el valor del patrimonio neto a efectos de su transmisión global o parcial, ni el importe resultante en caso de liquidación.*" por lo que dado que las normas contables para la formulación de las cuentas anuales se han concebido sobre la base de la gestión continuada, presumiendo, en consecuencia, que los distintos elementos patrimoniales existentes a una fecha van a ser realizados en el curso normal de su actividad, esas normas no serían de aplicación a las sociedades en liquidación (ICAC consulta núm 1, BOICAC núm 8).

El informe del auditor de cuentas tiene por objeto otorgar un mayor grado de fiabilidad a las cuentas anuales, no constituyendo de ninguna forma una garantía sobre la viabilidad futura de una entidad (Resolución ICAC 19.07.13 por la que se somete a información pública la NTA sobre la aplicación del principio de empresa en funcionamiento 1.5.).

No obstante, el auditor de cuentas debe prestar atención a aquellas situaciones o circunstancias que le puedan hacer dudar sobre la continuidad de la actividad normal de la entidad a lo largo del próximo ejercicio económico, verificar su adecuado tratamiento en las cuentas anuales y determinar su efecto en el informe de auditoría (Resolución ICAC 19.07.13 por la que se somete a información pública la NTA sobre la aplicación del principio de empresa en funcionamiento 1.5.).

En base de la evidencia de auditoría obtenida por el auditor, éste:

1º. Concluirá si resulta aplicable el principio de empresa en funcionamiento, y.

2º. Si existe una incertidumbre significativa relacionada con hechos o condiciones que, individual o conjuntamente, pueden generar dudas significativas sobre la capacidad de la entidad para continuar como empresa en funcionamiento (Resolución ICAC 19.07.13 por la que se somete a información pública la NTA sobre la aplicación del principio de empresa en funcionamiento 1.5.).

El auditor se puede encontrar ante las siguientes situaciones en relación con la aplicación del principio de empresa en funcionamiento:

A. *Utilización adecuada de la hipótesis de empresa en funcionamiento, pese a la existencia de una incertidumbre significativa:*

Si el auditor concluye que la utilización de la hipótesis de empresa en funcionamiento es adecuada pese a la existencia de una incertidumbre significativa, determinará si las cuentas anuales:

1º. Describen adecuadamente los principales hechos o condiciones que pueden generar dudas significativas sobre la capacidad de la entidad para continuar como empresa en funcionamiento y los planes de la dirección para afrontar dichos hechos o condiciones, y,

2º. Revelan claramente que existe una incertidumbre significativa relacionada con hechos o condiciones que puedan generar dudas significativas sobre la capacidad de la entidad para continuar como empresa en funcionamiento y que por tanto aquella no puede ser capaz de realizar los activos y liquidar los pasivos en el curso normal de los negocios.

Pudiendo darse las siguientes situaciones:

1º. Si los administradores revelan en las cuentas anuales la información adecuada, el auditor:
   a. Expresará una opinión favorable, e,
   b. Incluirá un párrafo de énfasis en el informe de auditoría para destacar la existencia de una incertidumbre significativa sobre la capacidad de la entidad para continuar como empresa en funcionamiento y llamar la atención sobe la nota explicativa de la memoria en la que se revela la incertidumbre.

2º. Si los administradores no revelan en las cuentas anuales de forma adecuada la existencia de la incertidumbre sobre la aplicación del principio de empresa en funcionamiento, el auditor expresará una opinión con salvedades o desfavorable, según proceda, explicando en el párrafo de salvedad correspondiente que existe una incertidumbre significativa que puede generar dudas sobre la capacidad de la entidad para continuar como empresa en funcionamiento (Resolución ICAC 19.07.13 por la que se somete a información pública la NTA sobre la aplicación del principio de empresa en funcionamiento 5.2., 5.3. y 5.4.).

B. Utilización inadecuada de la hipótesis de empresa en funcionamiento.

Si las cuentas anuales se han preparado bajo la hipótesis del principio de empresa en funcionamiento, pero, a juicio del auditor, la utilización por parte de la dirección de dicha hipótesis no es adecuada, el auditor expresará una opinión desfavorable (Resolución ICAC 19.07.13 por la que se somete a información pública la NTA sobre la aplicación del principio de empresa en funcionamiento 5.5.).

La actuación del auditor cuando no es aplicable la hipótesis de empresa en funcionamiento y las cuentas anuales se presentan bajo la hipótesis alternativa de empresa en liquidación establecida en el MIF será la siguiente:

A. Si las cuentas anuales se presentan basándose en la hipótesis alternativa a la de empresa en funcionamiento, al no ser ésta de aplicación, el auditor:

1º. Podrá realizar la auditoría de dichas cuentas anuales y emitir su informe de acuerdo con las NTA, siempre que dicha hipótesis alternativa sea la prevista en el MIF previsto para estas situaciones, y,

2º. Considerará la inclusión de un párrafo de énfasis llamando la atención sobre la nota de la memoria que informa de dicha situación unto con la hipótesis alternativa sobre la que han sido elaboradas las cuentas anuales de acuerdo con el citado MIF (Resolución ICAC 19.07.13 por la que se somete a información pública la NTA sobre la aplicación del principio de empresa en funcionamiento 5.5.).

B. En el supuesto de que las cuentas anuales se presenten bajo la hipótesis alternativa a la de empresa en funcionamiento y el auditor identifique circunstancias que deban incluirse en el informe de auditoría, de acuerdo con lo establecido en las NTA:

1º. Emitirá su informe conforme a éstas, y,

2º. Expresará una opinión según corresponda (Resolución ICAC 19.07.13 por la que se somete a información pública la NTA sobre la aplicación del principio de empresa en funcionamiento 5.6.).

C. Con carácter general el auditor expresará una opinión desfavorable, si en base a la evidencia de auditoría obtenida:

1º. El auditor concluye que el conjunto de principios y criterios contenidos en el MIF establecido no son aplicables, o,

2º. Que las cuentas anuales se formulan con arreglo a una hipótesis no prevista en el MIF establecido (Resolución ICAC 19.07.13 por la que se somete a información pública la NTA sobre la aplicación del principio de empresa en funcionamiento 5.7.).

D. *El auditor puede considerar necesario solicitar a la Dirección de la entidad que realice o amplíe su valoración sobre la capacidad de ésta para continuar como empresa en funcionamiento, requiriendo a estos efectos la documentación justificativa correspondiente, como:*

1°. Planes futuros elaborados por la dirección, o,

2°. Sobre factores mitigantes de esta situación.

Si la dirección se negase a facilitar la información o la documentación correspondiente, el auditor valorará las implicaciones de tal circunstancia en el informe de auditoría, de conformidad con lo establecido en las NTA, y si la limitación al alcance que origina la negativa a facilitar la citada información impide al auditor de cuentas la obtención de la evidencia de auditoría necesaria y suficiente sobre la utilización adecuada del principio de empresa en funcionamiento el auditor podrá:

1°. Emitir una opinión con salvedades, o,

2°. Denegar la opinión (Resolución ICAC 19.07.13 por la que se somete a información pública la NTA sobre la aplicación del principio de empresa en funcionamiento 5.8.).

MEDIACIÓN CONCURSAL

MEDIADOR: SIETE TRAZOS PARA UN PERFIL

FEDERICO FERNÁNDEZ DE BUJÁN
Catedrático de Universidad. UNED

SUMARIO: **I. Prefacio.- II. Siete trazos para un perfil**: 1. Integridad. 2. Asequible y Accesible. 3. Planificador y programador. 4. Comunicador. 5. Orientador. 6. Conciliador. 7. Resoluto

I. PREFACIO

Aún a costa de consumir la decimoquinta parte del tiempo que corresponde a mi intervención, quiero que mis primeras palabras sean para expresar mi felicitación al promotor de este V FORO organizado por FUNDIECO, a su Presidente, el Profesor Pedro Martín Molina. Su inagotable y eficiente capacidad de trabajo ha hecho posible que este evento cumpla un lustro y se haya consolidado en el ámbito profesional del Derecho concursal. Como, en ediciones anteriores, nos cobija la Real Academia de Bellas Artes de San Fernando, marco incomparable para la inspiración y la reflexión.

Propongo, en esta Primera Sesión, un marco de reflexiones metajurídicas en parte integradas con los contenidos normativos que se recogen en la Ley 5/2012 *de mediación en asuntos civiles y mercantiles*. Al ser la mía un ponencia introductoria me ha parecido más adecuado integrar mis reflexiones en un marco normativo más generalista y, por ello, las referencias legales lo serán a esta Ley 5/2012 y no a la Ley 14/2013 *de apoyo al emprendedor* en la que, como es bien sabido, se aborda la nueva figura del mediador concursal. La razón de esta opción es que en la ésta no están todavía definidas sus características ya que no se ha aprobado el reglamento que regule el registro de mediadores y es incierto todavía su estatuto jurídico.

Los rasgos normativos que procederé a enunciar y glosar condicionan –como causa efecto–, y presiden todo tentativo de pergeñar los trazos que pretendan bosquejar la figura del mediador.

La tipicidad y singularidad de la mediación civil y mercantil se presenta, todavía hoy, como una expectativa de futuro al no existir aún una práctica, amplia y consolidada, que nos sitúe en adecuada atalaya para realizar una precisa tarea de evaluación en cuanto a su eficacia y funcionamiento.

Ahora bien, entiendo que estamos en condiciones de afirmar que la labor que un buen mediador puede desarrollar, al desempeñar con competencia y rigor sus funciones, puede resultar muy fructífera debido al efecto benefactor que puede irradiar sobre la conflictividad mercantil en general y concursal en particular.

Entiendo que para cumplir con su misión, el mediador debe poseer unas cualidades diversas de las que deben predicarse de un juez o un árbitro pues muchos de los rasgos de una y otra profesión forense no encajan, *mutatis mutandis*, en la figura objeto de nuestra atención. No procede, en mi ponencia, exponer cuáles serían sus notas características. La Letrado Jefe de la Corte de Arbitraje de Madrid D. Elena Gutiérrez García de Cortazar nos ilustrará y enriquecerá, como ella sabe hacerlo, con su brillante análisis y contraste entre mediación y arbitraje. La bibliografía especializada y la literatura ensayística en esta materia es abundante existiendo páginas ya clásicas, nacionales y extranjeros, para un estudio comparado, que siempre resultará inacabado.

Sólo apuntaría como nota diferenciadora de la mediación frente al proceso judicial o el procedimiento arbitral que la primera mira hacia el futuro, mientras que éstos tratan de analizar, desde un punto de vista jurídico, el pasado.

Me limito pues a intentar dibujar, con trazo grueso, algunos rasgos del perfil del mediador, en el que se conjugan algunas aptitudes, con p, como capacidades y ciertas actitudes, con c, como disposiciones. Lo hago, con conciencia de aproximación y de relatividad, tanto respecto de los siete trazos enunciados como respecto de su eventual contenido. Considero pues, que todo mi planteamiento presenta un planteamiento subjetivo, y por ello discutible por lo que desde ahora procedo a exponerlo sometido al mejor criterio de este autorizado auditorio.

II. SIETE TRAZOS PARA UN PERFIL

1. Integridad

Este trazo es quizás el rasgo cardinal y la nota irrenunciable de todo mediador. La integridad en cuanto que las partes deben contemplar en él a una persona recta, insobornable, intachable, del que no queda dudar de su probidad. El título II de la Ley establece como principios informadores de la mediación: "*el de imparcialidad, el de neutralidad y el de confidencialidad*".

Esta integridad debe pues materializarse, en las labores de mediación, en su imparcialidad que implica esa falta de designio anticipado o de prevención en favor o en contra de alguien o algo, que permite juzgar o proceder con rectitud. Por remisión la imparcialidad supone independencia de criterio, lo que le lleva a sostener su proceder sin consentir intervención o injerencia alguna. Por último, una y otra se conducen por la ecuanimidad que tiene una doble proyección en el mediador, *ad intra* lo que le supone constancia de ánimo y *ad extra* lo que le exige una exquisita igualdad en el trato a ambas partes. Así señala el artículo 7 de la Ley: "*En el procedimiento de mediación se garantizará que las partes intervengan con plena igualdad de oportunidades... sin que el mediador pueda actuar en perjuicio o interés de cualquiera de ellas*".

Esta nota de integridad o probidad es clave para que las partes pueden descansar, con plena confianza, en el mediador y provoca que cada una se manifieste con fiducia en los encuentros con el mediador en la seguridad que su figura y misión está presidida por cuidar y velar en aras del interés de cada parte en armonía con el interés de la contraparte.

Como una derivada de este trazo de integridad me parece oportuno subsumir en el mismo el deber de confidencialidad. Lo hablado, sugerido por el mediador a una parte o lo manifestado y/o propuesto por una de las partes al mediador, para que conozca la posición de la misma en sus labores de conciliación, debe recubrirse del gravísimo deber de la confidencialidad consagrado como principio y regulado en el artículo 9 de la Ley. En este sentido, sólo con autorización expresa de la parte puede el mediador comunicar a la otra parte algo de lo que aquella le ha declarado o relevado. A los efectos de evitar todo equívoco –que tan grave sería para el resultado de la mediación–, al término de cada sesión privada se debe preguntar a la parte qué es lo que quiere que trasmita a la otra parte, de todo el contenido de la reunión.

2. Asequible y Accesible

El mediador debe estar disponible, a fin de que cualquiera de las parte pueda, cuando lo necesite, entrar en comunicación con él. Esta disponibilidad se concreta en una triple vertiente: "dónde", "cómo", "cuándo". Se hace preciso que en el proceso de mediación las partes y el mediador dispongan de medios suficientes y eficaces para comunicarse. El medio más útil es el correo electrónico.

Así establece el Artículo 24 de la Ley: "*Las partes podrán acordar que todas o alguna de las actuaciones de mediación se lleven a cabo por medios electrónicos...La mediación que consista en una reclamación de cantidad que no exceda de 600 euros se desarrollará preferentemente por medios electrónicos...*".

La coordenada tiempo, que determina el "cuándo", supone la fijación de una serie de reuniones determinadas, pero al tiempo tener la disponibilidad para atender cualquier requerimiento de encuentro o comunicación a instancia mutua de las partes o de cualquiera de ellas.

Se hace conveniente fijar al inicio un calendario de común acuerdo con las partes, si bien el rasgo definidor del mismo debería ser su flexibilidad para adaptarlo a las necesidades y circunstancias sobrevenidas que pueden eventualmente modificarlo. Teniendo las partes libertad para encontrarse con el mediador cuando sea preciso se reducirán drásticamente las carencias propias de la falta comunicación que, sin duda, se comporta una de las causas principales del fracaso de la mediación.

Mientras que con la nota de "asequible" me refería a lo físico, con ésta quiero referirme a lo anímico. No basta con ser asequible, es decir estar localizable y ser localizado, sino que es necesario ser accesible, es decir tener un talante y una actitud que propicie la comunicación con las partes. La mediación, debe provocar, por su propia naturaleza, una relación más personal que el proceso judicial y incluso que el arbitraje en el que la cercanía entre Árbitro y las representaciones letradas de las partes es superior al marco judicial.

La frialdad y el distanciamiento es preciso conjurarlas desde el primer encuentro creando un clima de confianza y actitud receptiva e incluso de afabilidad en la comunicación entre las partes y el mediador. Ello, sin menoscabo ni aún menos olvido de las posiciones de respeto y consideración mutuas que deben presidir las relaciones.

Pueden ser muy diferentes las actitudes con las que se puede contestar una llamada telefónica o un email. Cabe que la parte perciba que interrumpe o perturba al mediador o, por el contrario, sienta que recibe su comunicación no sólo con un talante de cumplir con su deber, sino con agrado y dedicación.

La comunicación entre el mediador y las partes debe además ser propiciada de oficio. Se concreta cuando el mediador utiliza todos los medios de que dispone para hacerse presente y busca con interés la comunicación y cuando manifiesta su complacencia cuando la comunicación es provocada por la parte.

El interpelante debe apreciar, de manera inequívoca, que el mediador considera positiva su actitud. Si la respuesta se hace esperar, si contesta lacónicamente o en exceso escueto, es cortante o brusca, es probable que las partes se desmotiven para provocar más encuentros que aquellos que están inexorablemente previstos en el procedimiento y que, decepcionadas, no vuelvan a intentar la comunicación a instancia suya.

En suma, entiendo que la mediación requiere de forma especial el trabajo en equipo. Por esto, toda la labor del mediador debe hacerse desde la conciencia y la mentalidad de saberse un elemento de conexión entre dos partes en conflicto. La confección de la programación, la coordinación y conducción de las reuniones o la inspiración en la redacción de un modelo de acuerdo...son otras tantas tareas que es necesario desempeñar en común.

3. Planificador y programador

Señala el artículo 21 de la Ley: "*El mediador convocará a las partes...y dirigirá las sesiones y facilitará la exposición de sus posiciones*". Así, desde la primera sesión constitutiva debe manifestar su capacidad para conducir las sesiones privadas o las reuniones conjuntas que se acuerden.

Entiendo que el mediador podría empezar a conocer la realidad del conflicto solicitando a cada una de las partes en privado y más tarde en presencia de la otra que realicen una síntesis, tan precisa como concisa, del objeto fáctico de la controversia. Una descripción del supuesto de hecho que incida, de forma específica, en los presupuestos de la reclamación a la otra parte.

Se debe advertir a las partes que no se trata de convencerle a él, en sus exposiciones y razonamientos sino de dirigirse, en su presencia, a la otra parte para entre ambas llegar a una acuerdo.

Suele afirmarse que la planificación, que conlleva la programación, es absolutamente fundamental. Programar es ofrecer un plan, estructurado y sistemático, de contenidos, medios, y objetivos. Planificar es, pues, ordenar las tareas programadas, concatenarlas de forma armónica y disponerlas cronológicamente.

Si la planificación es fundamental en todo proceso, se vuelve esencial en la mediación en la que la Ley no impone un *iter* predeterminado. Debido a las características peculiares de la mediación, toda planificación debe realizarse con rigor y cumplirse con escrupulosidad. En la mediación no caben las improvisaciones. La planificación debe ser tempestiva y lo será si se ofrece a las partes un calendario detallado de actuaciones al inicio del procedimiento. Dicha programación debe ser consensuada con las partes en aras a configurar un plan idóneo para las mismas.

A este fin, es de importancia crucial el primer encuentro para intercambiar toda suerte de pareceres y opiniones sobre la organización del proceso. También deben tenerse en cuenta las opiniones que las partes puedan hacer a lo largo del proceso por alteración de las circunstancias que presidieron la primera reunión. Regula el título IV de la Ley el procedimiento de mediación, afirmándose en su Exposición de motivos como un procedimiento "*sencillo y flexible que permite que sean los sujetos implicados en la mediación los que determinen libremente sus fases fundamentales*".

Se debe empezar el proceso con sesiones privadas con cada una de las partes. Se debe explicar a la otra parte, cual es la razón para que se comience con la otra parte. Se debe pasar después a una segunda fase en la que el protagonismo se sitúe ya en sesiones conjuntas con las partes. Desde la moderación de las pretensiones en sesiones privadas puede llegarse a un acercamiento de las mismas en reuniones conjuntas.

4. Comunicador

Es evidente que un mediador debe poseer esta nota en mayores dosis que un magistrado o un árbitro. El mediador configura el desenvolvimiento del proceso en mayor medida que aquellos. En virtud de esta responsabilidad, considero que si no está dotado de este don y cualidad se resiente nuestro sistema de resolución de conflictos. Su labor depende más que de sus conocimientos en la materia objeto de controversia de sus cualidades psicológicas.

Señala el artículo 13. 1 de la Ley que "*El mediador facilitará la comunicación entre las partes y velará porque dispongan de la información y el asesoramiento suficientes*".

El mediador que inspira y sugiere algunos de los medios en los que se concreta la mediación debe hacerse entender, de forma nítida, en sus comunicaciones orales, sin malas interpretaciones muchas veces generadas más que por falta de compresión de los receptores por la falta de claridad del emisor. Así sus escritos y sus manifestaciones orales deben estar presididos por la claridad. Si ésta decía Ortega que era la cortesía del filósofo, debe ser la obligación inexcusable en otros oficios y servicios, entre los cuales se cuenta sin duda la mediación. Expresiones bien construidas, con lenguaje directo y dialógico, presentación textual estimulante y con una precisión extrema, a pesar de su sencillez, distinta de la simplicidad. Aquella es una virtud ésta una carencia. Aquella descomplica en esencia lo complejo, esta lo trivializa o, aún peor, lo reduce desvirtuando su auténtica dimensión.

La comunicación debe adecuarse al nivel medio de las partes. En este sentido, debe ser inteligible para quienes se encuentran en el proceso. Nada debe darse por sabido, pero tampoco cabe explayarse en lo conocido.

Termino esta cuarta nota afirmando que la condición y cualidad de comunicador si no se da en el mediador, el perjuicio a las partes, y al resultado del proceso, es mayor que en el proceso judicial o arbitral, por lo que no cabe buscar medios que pudieran suplir esta incapacidad o falta de idoneidad.

5. Orientador

Señala la exposición de motivos de la Ley que: "*La mediación está construida en torno a la intervención de un profesional neutral que facilita la resolución del conflicto por las propias partes*". Y la define como "*fórmula de autocomposición...por la mera voluntad de las partes*". Por su parte el Título II de la Ley señala como principios informadores de la mediación los de "*voluntariedad y libre disposición en relación con las partes*".

Este trazo lleva al mediador a conseguir de las partes renovar su confianza en el proceso de mediación, como el medio adecuado de resolver su conflicto. Reafirmarles en que su decisión de intentar este instrumento ha sido acertado, pues el proceso judicial puede resultar más largo y costoso. Además, como expresa la Exposición de motivos de la Ley "*El marco flexible que procura la Ley pretende ser un aliciente más para favorecer el recurso a la mediación, de tal forma que no tenga repercusión en costes procesales posteriores ni se permita su planteamiento como una estrategia dilatoria del cumplimiento de las obligaciones contractuales de las partes*".

El mediador debe iniciar el procedimiento manifestando en sesión conjunta a las a las partes: "*lo importante es lo que hacen Vds. y lo que Vds. decidan. Yo estoy aquí intentando mediar, a fin de auxiliarles a llegar a un acuerdo que resuelva su controversia*". Debe pues quedar no sólo claro sino diáfano que el mediador no va a imponer ninguna solución sino que ésta deben buscarla, con interés y afán, las partes mientras que el mediador debe coadyuvar a encontrarla. Así, afirma la Exposición de motivos de la Ley "*mediador es, la pieza esencial del modelo, puesto que es quien ayuda a encontrar una solución dialogada y voluntariamente querida por las partes*".

En este sentido, entiendo que las partes en conflicto deben encontrar, constatar y sentir al mediador como un adecuado orientador en los contenidos de su controversia y en la sugerencia de los cauces para el arreglo. Se hace, pues, preciso conocer las técnicas de concordia para encauzar las labores de acercamiento de posiciones. Estas orientaciones deben ser proporcionadas, con carácter general, en los encuentros comunes si bien se extienden, también con carácter general, en las citas personalizadas. En este sentido, es necesario que el mediador, encarnando la nota de la accesibilidad que antes glosada, sea capaz de ofrecer un consejo oportuno a esa parte que le sirva a su interés particular y responda a su concreta situación.

6. Conciliador

El mediador debe ser capaz de poner de relieve a cada una de las partes cuáles pudieran ser los medios que podrían utilizarse para lograr el o los acuerdos que se pretenden alcanzar. Para todo esto, la orientación particularizada es esencial. También debe ser imaginativo para formular propuestas que puedan hacer suyas partes, siempre consciente de la realidad conflictual de las partes y de los intereses de cada una de las partes, distinguiendo lo irrenunciable de lo accesorio. A base de acercar posiciones en lo segundo se suelen reducir las distancias en lo primero.

Señala el artículo 7 de la Ley que *en el procedimiento debe mantenerse el respeto hacia los puntos de vista expresados por las partes*. Así, es tarea del mediador impedir que una parte interrumpa a la otra en el uso de la palabra y mucho más aún exigir a ambas el respeto de las posiciones del otro en la formulación y defensa de las propias.

Además, el mediador, en ocasiones, debe invitar a una parte a la consideración de la ventaja que puede proporcionarle una cesión en alguna de sus pretensiones. Se trata de que pueda ver el beneficio futuro que, a veces, se produce por llegar a una acuerdo. Así por ejemplo, poner de manifiesto el valor que supone el buen nombre de una sociedad, empresa o firma, de no verse involucrada en un proceso judicial en el que actúe como demandada por incumplimiento de contrato. Aunque pudiera ganarlo y se resolviese en su favor, es evidente que para el mercado su crédito de fama habrá estado un tiempo en suspenso cuando no empañado por dicha demanda. Eso es lo que cabe que el mediador ponga a consideración de la parte.

Para ello debe excitar su capacidad de escucha con una actitud activa y receptiva para lograr conocer a fondo la realidad de las partes. Su capacidad de acercamiento de posiciones llevará en ocasiones al mediador a ampliar el conflicto a fin de traer a colación y hacer confluir en el juego interdependiente de mutuas concesiones, algunos elementos o prestaciones que pudieran servir para que una parte, en la valoración de las mismas, pueda estar dispuesta a renunciar a otras.

Su ayuda se traducirá en ocasiones en estímulo en momentos de graves desavenencia que provoquen riesgo de terminar con el proceso, aunque ello se supedite como se afirma en el Título II de la Ley al principio de voluntariedad que preside no sólo su inicio sino su continuidad. Así se establece en el artículo 6º: "*Nadie está obligado a mantenerse en el procedimiento de mediación ni a concluir un acuerdo*".

Con la prudencia debida se debe animar a las partes o a una de ellas, dependiendo de los casos, a mantener su esfuerzo de conciliación y a no abandonar ese proceso de mediación que un día, con esperanza de acuerdo, se inició.

El mediador debe atajar toda manifestación de una parte que ofenda o moleste a la otra en momentos que pueden ocasionarse de acaloramiento y ofuscación en el seno de una reunión conjunta. Para ello, si no es posible reconducir la concordia y la tranquilidad de ánimo es preciso dar por finalizada la reunión, para que no se produzca un mayor endurecimiento de las posiciones. En otras ocasiones la labor del mediador puede traducirse en una contextualización de afirmaciones radicales hechas por una parte cuando ésta las haya realizado más como reacción un tanto violenta frente a las posiciones antagónicas de la otra parte. Así el mediador puede intentar relativizar y retornar el conflicto a sus originarios términos en ocasiones menos radicales que los posteriores, ya que en la mediación el conflicto se minoriza o agudiza, y ello depende de no sólo de la buena disposición de las partes sino también del buen quehacer del mediador.

Cuando el proceso de mediación haya avanzado y a juicio del mediador el conflicto o controversia presente nuevos límites o confines, cuando de alguna manera se hayan modificado las posiciones de las partes en sus reclamaciones o reivindicaciones, se debe convocar una sesión conjunta a los efectos de que las partes procedan a una reformulación de sus posiciones.

Entiendo, aunque puede ser discutible, que es también función del mediador contra-argumentar, en sesión privada con una parte, las pretensiones poco razonables de ésta poniéndole de manifiesto que se hace no como forma de dar la razón a la otra parte sino en beneficio de la primera a los efectos de poder lograr una acuerdo que sin dejar aquellas no sería posible.

Un error frecuente del mediador que tiene la condición del estudioso, del profesional o del operador jurídico es seguir ejerciendo de Letrado, docto en Derecho. Ciertamente debe conocer bien la controversia desde el punto de vista, fáctico y jurídico, pero no debe intentar encontrar por su cuenta una solución.

7. Resoluto

Afirmo este trazo de aquel que tiene "desenvoltura, facilidad y destreza". El mediador debe poseer la alteridad como capacidad de ser otro, poniéndose en la situación de cada parte como medio de traspasar esa posición a la otra parte. Ello es necesario hacerlo sin desvirtuar esa posición pero moderando una y otra posturas intentando buscar y encontrar en ellas lo que pudieran tener de común para propiciar un acercamiento de las mismas.

El mediador tiene como misión tratar de que las partes solucionen sus diferencias encontrando un acuerdo que sea asumible por ambas. ¡Nunca podrán ponderarse bastante los efectos benefactores de consejos individuales y particulares a las partes!

Creo que puede afirmarse que, a veces, es más difícil –por lo complejo de las diferencias–, acercar posiciones encontradas, y a veces enconadas, que resolver conforme a Derecho o en equidad una controversia que pudiera presentar un sumo grado de dificultad en la interpretación jurídica de la discutible normativa aplicable. Las partes pueden someter al mediador a una "batería" de solicitudes y exigencias que éste debe trasladar a la otra parte que, en cambio, no tendrían encaje ni sentido en un procedimiento judicial o incluso arbitral.

Señala el artículo 21 de la Ley: "*El mediador ...facilitará la exposición de las posiciones de las partes y su comunicación de modo igual y equilibrado*".

Esta dificultad de ejercicio de la mediación, se percibe y aprecia pues, muy claramente, en la efectiva realización de los encuentros del mediador con las partes implicadas. El mediador puede encontrarse con una o unas partes poco motivado a ceder en sus posiciones que ha analizado su posición y la de la otra parte más que para lograr la transacción para encontrar las debilidades o eventuales flaquezas de la otra parte. El mediador debe aprovechar todo encuentro en común para que cada parte aclare a la otra aquella que no ha quedado suficientemente clarificado en la expresión de la disputa y que sus encuentros previos a la mediación no lograron disipar. Todo esto exige del mediador un especial conocimiento y dominio de la cuestión controvertida. ¡Cuántas veces de las interrogantes de una parte, en una sesión particular con el mediador, resulta éste enriquecido para realizar sus labores, pues hasta entonces no había reparado en ese aspecto de la cuestión problemática y puede ahora plantearla de forma diferente a la otra parte.

Otras veces aquella apreciación de una parte lleva al mediador a estudiar mejor esa cuestión. ¡Es tan necesaria la actitud de humildad del mediador que le lleva a no dar nunca por conocida la controversia y menos aún en su proyección frente a las partes!

Cada mediación es diferente. Cada una se debe preparar como si fuese la primera. Así, afirma la Exposición de motivos de la Ley "*La actividad de mediación requiere habilidades que en muchos casos dependen de la propia naturaleza del conflicto*".

No cabe, por más experiencia que se llegue a alcanzar, utilizar programas, planificaciones, preguntas, y menos soluciones traspasándolos de unos procedimientos a otros. Se debe preparar cada encuentro de forma particular. Cabe llevar unas notas para que la puesta en común o el contacto con una de las partes alcance el fin parcial que con ella se pretende. Ello impedirá disiparse en lo superfluo o desatender por olvido algo esencial. Todo debe estar en un esquema, previamente redactado y dispuesto, para cubrir con profundidad y eficacia esa reunión. Pero al término de la misma, o como tarde al final del procedimiento se debería tener el valor –que es honestidad profesional–, de romper esas fichas que se habían preparado con esmero, y habían servido con eficacia. Todo ello para evitar caer en la tentación de conservarla y guardarla para ser utilizada el siguiente procedimiento. Así, en cada mediación su labor es absolutamente irrepetible y diversa. Así el mediador se enriquece con un proceder siempre renovado.

Por último, el mediador debe de acuerdo con la Exposición de motivos: "conservar el control sobre el final del conflicto". Así, a su término, el mediador debe auxiliar y asesorar a las partes a fin de lograr la redacción de un Acta en la que se recoja el acuerdo de transacción, que debe ser firmada por el propio mediador y las partes.

En el cumplimiento de esta transcendental labor, jugará un importante papel el ascendiente moral que el mediador haya conseguido, a lo largo del procedimiento, respecto a las partes como consecuencia de su actuación. Ello se basará en su talante, conducta, trato... en suma, en su persona y personalidad, que ha influido en el desarrollo del proceso y lo hará, aún con más fuerza, en su conclusión.

NUEVOS SISTEMAS DE RESOLUCIÓN DE CONFLICTOS: LA MEDIACIÓN

MANUEL JAÉN VALLEJO
Magistrado. Ministerio de Justicia

SUMARIO: **Introducción.- 1. Sistemas alternativos para la resolución de conflictos: arbitraje y mediación.- 2. Los sistemas alternativos para la resolución de conflictos en los países del continente europeo y americano.- 3. La mediación en España, con especial referencia a la mediación concursal y la formación de los mediadores.- Conclusión.**

INTRODUCCIÓN

Un año más, la Fundación Instituto de Derecho Concursal (FUNDIECO) ha organizado un nuevo foro de discusión sobre el Derecho concursal, el V Foro Concursal, en un lugar espléndido como es la Real Academia de Bellas Artes de San Fernando, y dedicado esta vez a un tema de plena actualidad, como es el de la mediación concursal, contemplada ahora en la Ley Concursal, según la última reforma operada por la Ley 14/2013, de 27 de septiembre, de apoyo a los emprendedores y su internacionalización, que regula los acuerdos extrajudiciales de pagos:

> *"1. El deudor podrá poner en conocimiento del juzgado competente para la declaración de su concurso que ha iniciado negociaciones para alcanzar un acuerdo de refinanciación o para obtener adhesiones a una propuesta anticipada de convenio en los términos previstos en esta Ley.*
> *En el caso en que solicite un acuerdo extrajudicial de pago, una vez que el* **mediador concursal** *propuesto acepte el cargo, el registrador mercantil o notario al que se hubiera solicitado la designación del mediador concursal deberá comunicar, de oficio, la apertura de las negociaciones al juzgado competente para la declaración de concurso (...)" (art. 5 bis).*

Para la publicidad de estos acuerdos extrajudiciales se crea una nueva sección en el Registro Público Concursal, bajo la dependencia del Ministerio de Justicia (art. 198).

Esta nueva configuración del Registro Público Concursal requería un nuevo régimen, para la adaptación del Registro al reformado art. 198 de la Ley Concursal y para concretar los mecanismos de coordinación entre los diversos registros públicos, tal y como lo establece el art. 24.1 de la Ley Concursal:

> *"Reglamentariamente podrán establecerse mecanismos de coordinación entre los diversos registros públicos en los que, con arreglo a lo previsto en los apartados anteriores, habrán de hacerse constar el auto de declaración y las demás vicisitudes de concurso".*

Pues bien, de ello se ha ocupado el Real Decreto 892/2013, de 15 de noviembre, por el que se regula el Registro Público Concursal, cuya vigencia está prevista para marzo de 2014.

1. SISTEMAS ALTERNATIVOS PARA LA RESOLUCIÓN DE CONFLICTOS: ARBITRAJE Y MEDIACIÓN

1. Aunque es la mediación el sistema alternativo que está adquiriendo en la actualidad mayor importancia, hay otros medios de solución de conflictos muy difundidos ya desde hace tiempo, como es el caso de la negociación, tan importante en el ámbito laboral, o la conciliación y el arbitraje, tan importante este último mecanismo en la resolución de las disputas comerciales, que representan otras formas de resolver extrajudicialmente las controversias, aunque aquí, al menos en el arbitraje, no son las partes las que los resuelven, sino que éstas se limitan a exponer sus pareceres y los documentos de que dispongan en su defensa ante un árbitro, que es finalmente quien resuelve el conflicto mediante un laudo arbitral que las partes están dispuestas a acatar. Arbitraje que hace ya tiempo viene funcionando en nuestro país.

La ley 60/2003, de 23 de diciembre, de arbitraje, reformada por la Ley 11/2011, de 20 de mayo, supuso un gran avance del arbitraje en España, mejorando la de 1988 (Ley 36/1988, de 5-12), al ofrecer una formulación unitaria del arbitraje y un reconocimiento del arbitraje internacional. La nueva normativa contenida en la Ley 60/2003 se basó en la Ley Modelo elaborada por la Comisión de las Naciones Unidas para el Derecho Mercantil Internacional de 21 de junio de 1985, recomendada por la Asamblea General con el fin de lograr la deseada uniformidad del derecho procesal arbitral y cumplir las necesidades de la práctica del arbitraje comercial internacional.

La reforma operada por la ley 11/2011, de 20 de mayo, introdujo algunas modificaciones, como la relativa al control judicial del arbitraje, a través de la acción de anulación del laudo, que se encomienda a la Sala de lo Civil y de lo Penal del Tribunal Superior de Justicia, y lo mismo se prevé para el exequátur de resoluciones arbitrales extranjeras, salvo lo que se disponga en tratados y otras normas internacionales, o la competencia territorial para conocer de la acción de anulación, que se vincula al lugar donde se hubiera dictado el laudo.

En fin, no cabe duda del notable avance que ha adquirido la institución arbitral en nuestro país a partir de dicha ley, tanto al nivel del arbitraje interno como del internacional.

La importancia del arbitraje en España queda reflejada claramente en el elevado número de arbitrajes que se desarrollan en nuestro país. Algo que puede comprobarse consultando simplemente las estadísticas que la Corte de Arbitraje de Madrid proporciona en su página de internet.

2. El futuro está, pues, en la resolución extrajudicial de conflictos, en su desjudicialización, potenciando los sistemas alternativos frente al proceso judicial, mucho más costoso y lento, que debe ser siempre la última vía de solución.

Y no cabe duda que la Ley 5/2012, de 6 de julio, de mediación en asuntos civiles y mercantiles, ha supuesto un paso muy importante en la consolidación de esta nueva filosofía, que será mucho más aún cuando finalmente logré aprobarse el código procesal penal, con el reconocimiento del principio de oportunidad y la mediación en la jurisdicción penal.

También constituye un paso más en la misma dirección de descargar todo lo posible la Administración de Justicia, la elaboración de una Ley de Jurisdicción Voluntaria, aplicable en aquellos mismos ámbitos jurisdiccionales, civil y mercantil, pues muchos de los actos que aquélla comprenderá podrán encomendarse a otros órganos no judiciales, descargando así de trabajo a los jueces. Ciertos expedientes relacionados con las personas, como la autorización del reconocimiento de filiación no matrimonial o la donación de órganos de donantes vivos, o relacionados con la familia, como las dispensas para contraer matrimonio cuando haya impedimento por parentesco, la fijación de la patria potestad y las controversias conyugales en el ámbito de la administración de bienes gananciales, y el derecho sucesorio, como el albaceazgo y la aprobación de la partición, seguirán siendo resueltos por los jueces, sin necesidad de la presencia de abogado y procurador, y otros quedarán encomendados a notarios, como la celebración de matrimonios y divorcios y separaciones de mutuo acuerdo, declaración de herederos, subastas voluntarias, reclamación de deudas reconocidas, y registradores, como las convocatorias de junta general de las sociedades, nombramiento de auditores, etc. Por el momento, sólo hay un anteproyecto, que es previsible pueda culminar su tramitación y posterior aprobación por el Congreso en la presente legislatura, dando así cumplimiento al mandato previsto en la Ley de Enjuiciamiento Civil.

Hay que seguir apostando, pues, por el arbitraje, la mediación, y demás sistemas alternativos de resolución de conflictos, en todas las jurisdicciones, como las vías naturales de solución, en el marco de una cultura que fortalezca la paz social, sin necesidad de acudir a la vía judicial, más costosa y lenta, que debe quedar reservada para aquellos casos en los que resulte absolutamente imprescindible.

Como dice la Ley 5/2012, de 6 de julio, en su preámbulo, en referencia concreta a la mediación, se logra así "un procedimiento de fácil tramitación, poco costoso y de corta duración en el tiempo". No olvidemos que hace ya tiempo que se ha apostado en el derecho comparado por los sistemas alternativos para la resolución de conflictos, alcanzando un elevado desarrollo en países de la Unión Europea, así como también en otros países, que tienen muchas veces menor volumen de litigiosidad precisamente por la importancia que se le da hace ya tiempo a la resolución extrajudicial de conflictos.

3. La verdad es que en el panorama jurídico actual uno de los temas de mayor actualidad es el de la mediación, más en general los sistemas alternativos para la resolución de conflictos. La negociación, el arbitraje, la mediación y la conciliación, están llamados a tener cada vez más importancia, e incluso a sustituir, en muchos casos, al mismo proceso judicial. Y es que, en verdad, esos sistemas alternativos, cada uno en su ámbito de aplicación, representan una fórmula ideal de resolución de los conflictos y disputas cuya solución demandan los ciudadanos y agentes económicos.

Esta fórmula, incluso, se pretende ahora trasladar también, como ya ha ocurrido hace tiempo en otros países de nuestro entorno, al ámbito penal en el proyectado código procesal penal, en el que se introduce, gracias al principio de oportunidad que se reconoce en aquel texto, un procedimiento de solución del conflicto entre el encausado y la víctima, libre y voluntariamente asumido por ambos, en el marco de instituciones de mediación o de profesionales de la mediación, con aplicación de las normas establecidas para la mediación en asuntos civiles y mercantiles, aunque en el ámbito penal con intervención siempre del Ministerio Fiscal. En este futuro código procesal penal, pues, se contempla un sistema de gestión de conflictos en que el mediador, como parte neutral, independiente de los actores institucionales del proceso penal e imparcial, ayudará a las personas implicadas en una infracción penal a comprender el origen del conflicto, sus causas y consecuencias, a confrontar sus puntos de vista y a elaborar acuerdos sobre modos de reparación tanto material como simbólica, lográndose como resultado lo que se viene denominando una «justicia restaurativa». No cabe duda que ello permitirá en un futuro una resolución más eficaz y mucho menos costosa de los conflictos que se generan en la sociedad en este ámbito, y permitirá al mismo tiempo que los jueces y tribunales dispongan de más tiempo para la solución de los asuntos que finalmente lleguen a la jurisdicción.

Pero volviendo al presente, es en el ámbito del Derecho civil y mercantil donde la mediación es ya una realidad. Aprobado el Real Decreto-Ley 5/2012, de 5 de marzo, para incorporar a la mayor brevedad la Directiva de 2008 del Parlamento y del Consejo sobre ciertos aspectos de la mediación en asuntos civiles y mercantiles, la mediación cuenta ya con la Ley 5/2012, de 6 de julio, de mediación en asuntos civiles y mercantiles, que cuenta ya con los necesarios desarrollos previstos en la propia ley: formación y alcance de la obligación de aseguramiento de la responsabilidad profesional de los mediadores; el procedimiento simplificado de mediación por medios electrónicos, referido a aquellos supuestos en los que se reclamen cantidades inferiores a 600 euros, siempre y cuando las partes voluntariamente acepten y puedan utilizar estos medios; y la publicidad de los mediadores y de las instituciones de mediación.

La mediación y el arbitraje, por supuesto, como la propia Ley 5/2012 lo señala, son instituciones diferentes, aunque ambas representan sistemas alternativos de resolución de conflictos, complementarios de la Administración de Justicia. Mientras que la mediación (o la conciliación) es un método a través del cual las partes intentan voluntariamente alcanzar un acuerdo satisfactorio, con la ayuda de un mediador, pero son aquéllas quienes resuelven por sí mismas el conflicto, conservando en todo momento el control sobre el acuerdo final, el arbitraje implica la presencia de un tercero, cuya decisión, a través de un «laudo arbitral», debe acatarse, es decir, tiene carácter vinculante. Pero ambos sistemas representan un método alternativo de resolución de conflictos, conocido en el sistema anglosajón, en donde hace ya tiempo que está implantado, bajo las siglas ADR (*Alternative Dispute Resolution*), permitiendo alcanzar una solución eficaz, rápida y con menos costes que el proceso judicial.

En verdad, este sistema de resolución de conflictos constituye hoy día en España un tema de extraordinaria actualidad, especialmente a partir de la mencionada Ley 5/2012 de mediación, provocando un alto interés, no sólo porque puede permitir el logro de una solución del conflicto con la celeridad que no siempre puede proporcionar la Justicia, sino también porque ello se hará con un mínimo coste, tanto para la Administración de Justicia como para el ciudadano, que no tendrá que pagar tasas, ni necesitará abogado y procurador, y porque abre muchas posibilidades profesionales para el desempeño de esta especialidad, que naturalmente exigirá una formación especialmente dirigida al conocimiento de los procesos y técnicas de mediación, que permita desempeñar eficaz y responsablemente la labor de mediador.

Y, en fin, una vez hayamos logrado que los ciudadanos acudan a esta vía, concebida como el espacio natural de resolución de conflictos (conflictos entre socios de entidades jurídicas, de empresas con clientes y proveedores, conflictos en el ámbito de los seguros, en las comunidades de propietarios, de consumidores y usuarios, conflictos familiares, sucesorios, laborales, etc.), dejando la vía judicial como último recurso, y logremos que se extienda esta nueva cultura de resolución alternativa de conflictos a todos los órdenes jurisdiccionales, habremos conseguido al mismo tiempo ofrecer una solución a la actual sobrecarga de trabajo que sufren muchas jurisdicciones, de manera que los jueces puedan dedicar más tiempo a ofrecer a la sociedad esa justicia de calidad que los ciudadanos demandan permanentemente.

Con ocasión de su participación en el seminario de Derecho penal y filosofía jurídica de la Fundación Ortega-Marañón en diciembre de 2013, la Magistrada de enlace de la República francesa en España Hélène Davo, hacía hincapié en la importancia de los sistemas alternativos de resolución de conflictos en Francia, que han contribuido significativamente a disminuir la sobrecarga de trabajo que tradicionalmente tenían los tribunales. Ello ha sido posible en la jurisdicción penal gracias al principio de oportunidad. Este principio facilita la utilización de las vías alternativas, que reducen las cargas de trabajo y los costes de la Justicia; aproximadamente, nos contaba la Magistrada de enlace francesa, un 70% de los asuntos litigiosos quedan desjudicializados, y ello gracias en buena medida a la mediación.

2. LOS SISTEMAS ALTERNATIVOS PARA LA RESOLUCIÓN DE CONFLICTOS EN LOS PAÍSES DEL CONTINENTE EUROPEO Y AMERICANO

1. En la Unión Europea hay que partir de lo dicho en el Libro Verde sobre las modalidades alternativas de solución de conflictos en el ámbito del derecho civil y mercantil (COM/2002/196), incluyéndose el derecho laboral y el relacionado con el consumo. Dice este Libro Verde que en la Unión Europea los ADR suscitan un interés renovado, por su beneficio para los ciudadanos, al mejorar su acceso a la Justicia, y que representan una prioridad política para las instituciones de la Unión Europea, "a las que incumbe promover estas modalidades alternativas, procurar el mejor entorno posible para su desarrollo y esforzarse por garantizar su calidad".

La principal razón del desarrollo de las ADR, explica el Libro Verde, está en las dificultades de acceso a la Justicia a las que se enfrentan muchos países, "por el hecho de que los litigios ante los tribunales se multiplican, los procedimientos tienden a alargarse y los gastos inherentes a dichos procedimientos tienden a aumentar".

Una de las consecuencias del Libro Verde fue la Directiva 2008/52/CE del Parlamento Europeo y del Consejo, de 21 de mayo, sobre ciertos aspectos de la mediación en asuntos civiles y mercantiles, que aunque referida a procedimientos de mediación en litigios transfronterizos, nada debe impedir, dice la Directiva, que "los Estados miembros apliquen dichas disposiciones también a procedimientos de mediación de carácter nacional". Puede decirse que la implantación de los ADR en la Unión Europea surge como un signo de identidad y como un medio de aliviar la carga de la Administración de Justicia y su elevado coste.

Todos los Estados Miembros, en mayor o menor medida, tiene recocidas las ADR, y desde distintas instituciones, como la asociación GEMME España (Grupo Europeo de Magistrados por la Mediación de España), se está contribuyendo a promover estos sistemas alternativos de resolución de conflictos, especialmente la mediación.

2. En Inglaterra existe un portal telemático, llamado *Her Majesty's Courts Service*, dependiente del Ministerio de Justicia, que pretende asegurar a los ciudadanos un acceso a la Justicia rápido y con el menor coste posible. A través de ese portal pueden efectuarse demandas sobre pequeñas cuantías, y el Ministerio de Justicia en ese país tiene prevista una línea nacional de ayuda para la mediación (*National Mediation Help Line*), pudiéndose incluso realizar una solicitud de mediación *on line* y recibir ayuda telefónica.

En Francia, en el ámbito civil, la mediación está prevista extensamente en el código de procedimiento civil, en donde se prevé que aquélla pueda celebrarse por un tercero, mediador, dentro del mismo proceso, a iniciativa del juez, teniendo éste facultades para acordar las medidas que sean necesarias para dar por finalizada la mediación, que no puede exceder de tres meses. Además, el Ministerio de Justicia francés tiene publicada en su página de internet la existencia de un sistema de mediación y conciliación civil, ofreciendo una extensa información sobre los servicios que ofrece.

En Alemania, los sistemas alternativos de resolución de conflictos están desarrollados en forma diferente en cada Estado, por lo general con amplia información en portales virtuales. Y, en particular, en el ámbito civil, la ley de enjuiciamiento prevé que los jueces tengan siempre en cuenta la posibilidad de una solución del asunto de mutuo acuerdo, actuando ellos mismos como mediadores. Es más, esta ley autoriza a los distintos Estados a establecer la conciliación con carácter obligatorio cuando se trata de pequeñas cuantías.

3. En Estados Unidos hay una cultura consolidada hace ya tiempo favorable a las *Alternative Dispute Resolution,* que surgió ante la evidencia de que muchos de los casos que se residenciaban en los órganos jurisdiccionales no eran apropiados a la vía jurisdiccional, más formal, lenta y costosa. Por ejemplo, el gobierno de Nueva York dispone de un servicio *on line,* con información exhaustiva sobre la mediación, y el poder judicial de este mismo Estado tiene una página en internet, en la que se ofrecen servicios alternativos de solución de conflictos, como mediación, arbitraje y *Collaborative Law,* contando con Centros de Resolución de Conflictos (*Community Dispute Resolution Centers*).

En otros Estados, como Columbia, los Centros de Resolución de Conflictos se han transformado en lo que llaman Palacio de Justicia de Puertas Múltiples (*the multi-door court house*), con lo que se hace referencia al concepto de Casas de Justicia, con múltiples alternativas de resolución de conflictos y programas, remitiéndose en cada caso el asunto concreto a la puerta más apropiada, que ha sido ya implementada en la Administración de Justicia de EEUU, en el marco de un sistema multipuerta de solución de conflictos (*Multi-Door Dispute Resolution Division of the DC Superior Court*), conflictos tales como los referidos al consumo, los que se producen entre propietarios y arrendatarios, los familiares, vecinales, etc., que deben quedar al margen de la jurisdicción.

3. LA MEDIACIÓN EN ESPAÑA, CON ESPECIAL REFERENCIA A LA MEDIACIÓN CONCURSAL Y LA FORMACIÓN DE LOS MEDIADORES

1. Aunque ya antes de la Ley 5/2012, de 6 de julio, de mediación en asuntos civiles y mercantiles, que sustituyó al Real Decreto 5/2012, que fue necesario aprobar en su día para poner fin cuanto antes al retraso en el cumplimiento de la obligación de transposición, manteniendo, en esencia el régimen implantado por este Real Decreto, existían diversos artículos, dispersos en distintas leyes, referidos a esta materia, como es el caso de la mediación familiar, especialmente regulada también a nivel de legislación autonómica, lo cierto es que fue esta Ley la que vino a establecer un régimen general para la mediación, en materia civil y mercantil, como un sistema alternativo de resolución de conflictos distinto a la Administración de Justicia, aunque sin duda complementario a éste. La Ley la define claramente en su primer artículo: "se entiende por mediación aquel medio de solución de controversias, cualquiera que sea su denominación, en que dos o más partes intentan voluntariamente alcanzar por sí mismas un acuerdo con la intervención de un mediador".

Se dio entonces cumplimiento a la necesidad de transposición de la Directiva 2008/52/CE del Parlamento Europeo y del Consejo, incorporando al ordenamiento jurídico español, como dice el preámbulo de la Ley, "la mediación, como fórmula de autocomposición", e "instrumento eficaz para la resolución de controversias cuando el conflicto jurídico afecta a derechos subjetivos de carácter disponible", que podrá contribuir a "concebir a los tribunales de justicia en este sector del ordenamiento jurídico como un último remedio, en caso de que no sea posible componer la situación por la mera voluntad de las partes", e incluso reducir la carga de trabajo de aquéllos.

Entre las mejoras que se introdujeron en la Ley, con relación al Real Decreto que se había aprobado pocos meses antes, está la regulación del estatuto del mediador, referida a las condiciones para ejercer de mediador, alcance de su actuación, responsabilidad y coste de la mediación (arts. 11-15). A las condiciones o requisitos requeridas por los mediadores quería referirme finalmente, tanto con relación a los mediadores en general, en ese ámbito civil o mercantil al que se refiere la Ley, como en relación a los mediadores concursales, respectos a los cuales hay determinadas condiciones especiales que singularizan su labor y, en definitiva, la mediación misma en este ámbito concreto del derecho concursal.

2. La Ley 5/2012, de 6 de julio, fija las condiciones necesarias para poder ejercer de mediador en el ámbito del derecho civil y mercantil (art. 11): respecto a las personas físicas, que "se hallen en pleno ejercicio de sus derechos civiles", que cuenten con "título oficial universitario o de formación profesional superior" (requisito inicialmente no previsto en el Real Decreto 5/2012) y "con formación específica para ejercer la mediación, que se adquirirá mediante la realización de uno o varios cursos específicos impartidos por instituciones debidamente acreditadas"; y respecto a las personas jurídicas que se dediquen a la mediación, puede tratarse de "sociedades profesionales o cualquier otra prevista en el ordenamiento jurídico", debiendo designar para su ejercicio a una persona física que reúna los requisitos previstos en esta Ley. En uno y otro caso, la Ley contempla la necesidad de "suscribir un seguro o garantía equivalente que cubra la responsabilidad civil derivada de su actuación en los conflictos en que intervenga".

Las anteriores condiciones sugerían dudas que era necesario despejar con un desarrollo adecuado, como la propia Ley lo adelantaba ya en su Disposición adicional octava, al señalar que se desarrollarán reglamentariamente "los instrumentos que se consideren necesarios para la verificación del cumplimiento de los requisitos exigidos en esta Ley a los mediadores y a las instituciones de mediación, así como su publicidad", refiriéndose ya a la creación de un Registro de Mediadores y de Instituciones de Mediación, dependiente del Ministerio de Justicia, así como a la necesidad de "determinar la duración y contenido mínimo del curso o cursos que con carácter previo habrán de realizar los mediadores para adquirir la formación necesaria para el desempeño de la mediación, así como la formación continua que deben recibir" y, finalmente, a la necesidad de "desarrollar el alcance de la obligación de aseguramiento de la responsabilidad civil de los mediadores".

3. Pues bien, todos estos aspectos (formación del mediador, publicidad de los mediadores a través de un Registro, obligación de aseguramiento a cargo de los mediadores y procedimiento simplificado de mediación por medios electrónicos), además del procedimiento simplificado de mediación por medios electrónicos, son objeto de regulación en el Real Decreto 980/2013, de 13 de diciembre, por el que se desarrollan determinados aspectos de la Ley 5/2012, de 6 de julio, de mediación en asuntos civiles y mercantiles.

Concretamente, en cuanto a la formación específica de los mediadores, dice que el Real Decreto que "se podrá adquirir en uno o varios cursos y deberá permitirle el dominio de las técnicas de la mediación y el desarrollo del procedimiento de acuerdo con los principios y garantías que establece la ley, en especial respecto a los asuntos que no puedan someterse a mediación, el respeto a los derechos y legítimas expectativas de terceros, así como la responsabilidad del mediador" (art. 3) y "deberá proporcionar a los mediadores conocimientos y habilidades suficientes para el ejercicio profesional de mediación, comprendiendo, como mínimo, en relación con el ámbito de especialización en el que presten sus servicios, el marco jurídico, los aspectos psicológicos, de ética de la mediación, de procesos y de técnicas de comunicación, negociación y de resolución de conflictos" (art. 4.1), desarrollándose dicha formación específica "tanto a nivel teórico como práctico, correspondiendo a este último, al menos, un 35 por ciento del de la duración mínima prevista en este real decreto para la formación del mediador", incluyendo las prácticas "ejercicios y simulación de casos y, de manera preferente, la participación asistida en mediaciones reales" (art. 4.2).

En cuanto a la duración mínima de la formación específica del mediador "será de 100 horas de docencia efectiva", y "será válida la formación recibida ante instituciones extranjeras siempre que las mismas estuvieran debidamente acreditadas en sus respectivos países y, en su caso, se tendrá en cuenta para completar la duración mínima exigida" (art. 5).

Los mediadores, además, "deberá realizar una o varias actividades de formación continua en materia de mediación, de carácter eminentemente práctico, al menos cada cinco años, las cuales tendrán una duración total mínima de 20 horas" (art. 6).

Por último, en cuanto a los centros de formación, dice el Real Decreto que la formación específica se impartirá "por centros o entidades de formación, públicos o privados, que cuenten con habilitación legal para llevar a cabo tales actividades o con la debida autorización por la Administración pública con competencia en la materia" (art. 7.1), que "habrán de contar con un profesorado que tenga la necesaria especialización en esta materia y reúna, al menos, los requisitos de titulación oficial universitaria o de formación profesional de grado superior" (art. 7.2), añadiendo que "quienes impartan la formación de carácter práctico habrán de reunir las condiciones previstas en este real decreto para la inscripción en el Registro de Mediadores e Instituciones de Mediación". Estos centros "remitirán al Ministerio de Justicia, a través de su sede electrónica, sus programas de formación en mediación, indicando sus contenidos, metodología y evaluación de la formación que vayan a realizar, así como el perfil de los profesionales a los que vaya dirigida en atención a su titulación y experiencia, acompañando el modelo de certificado electrónico de la formación que entreguen a sus alumnos" (art. 7.3).

4. Pero los mediadores concursales han de reunir, además, otras condiciones, previstas en la Ley Concursal, con la última reforma operada en la misma a través de la Ley 14/2013, de 27 de septiembre, de apoyo a los emprendedores y su internacionalización. Concretamente, según el art. 233 de la Ley Concursal, el mediador concursal deberá reunir alguna de las condiciones que se indican en el art. 27.1 para ser administrador concursal, esto es: "ser abogado en ejercicio con cinco años de experiencia profesional efectiva en el ejercicio de la abogacía, que hubiera acreditado formación especializada en Derecho concursal", "ser economista, titulado mercantil o auditor de cuentas con cinco años de experiencia profesional, con especialización demostrable en el ámbito concursal", o ser "una persona jurídica en la que se integre, al menos, un abogado en ejercicio y un economista, titulado mercantil o auditor de cuentas, y que garantice la debida independencia y dedicación y desarrollo de la funciones de la administración concursal".

Además, de acuerdo con el Real Decreto 980/2013, los mediadores concursales, sean personas físicas o jurídicas, deberán inscribirse como tales "en la sección segunda del Registro de Mediadores e Instituciones de Mediación, a efectos de poder ser designados en los procedimientos para alcanzar un acuerdo extrajudicial de pagos" (art. 18.1), de acuerdo con el procedimiento y las reglas establecidas al efecto en este Real Decreto (arts. 18 y 19).

Otro requisito para los mediadores concursales es el relativo al seguro. Deben tener contratado un "seguro de responsabilidad civil o una garantía equivalente por cuya virtud el asegurador de crédito se obligue, dentro de los límites pactados, a cubrir el riesgo del nacimiento a cargo del mediador asegurado de la obligación de indemnizar pos los daños y perjuicios causados en el ejercicio de su función" (art. 26.1 del Real Decreto 980/2013), seguro que es el general que corresponde a todo mediador. Pero, además, deberá contar, en principio, con el seguro que, como administrador concursal, debe tener con arreglo a lo previsto en el Real Decreto 1333/2012, de 21 de septiembre, por el que se regula el seguro de responsabilidad civil y la garantía equivalente de los administradores concursales.

La necesidad de este doble seguro para los mediadores concursales es dudoso, pues en realidad la función que éstos desempeñarán en la hipótesis administrador concursal que se dedica a la mediación concursal, es única, como único es también el riesgo cubierto, por lo que puede producirse en este ámbito una duplicidad perturbadora para el correcto ejercicio de la profesión.

Por último, la Ley Concursal exige un último requisito para poder ser mediador concursal: "al aceptar el cargo, deberá facilitar al juzgado las direcciones postal y electrónica en las que efectuar la comunicación de créditos, así como cualquier otra notificación" (art. 29.1). Es decir, deberá contar con una dirección electrónica, que además deberá cumplir "las condiciones técnicas de seguridad de las comunicaciones electrónicas en lo relativo a la constancia de la transmisión y recepción, de sus fechas y del contenido íntegro de las comunicaciones" (art. 29.6).

CONCLUSIÓN

En fin, la novedosa figura del mediador concursal introducida por la Ley 14/2013 de apoyo a los emprendedores, es de una importancia extraordinaria, pues es la que habrá de permitir la consecución de acuerdos extrajudiciales de pago, gestionando el trámite correspondiente, para lo que se le otorgan facultades extraordinarias.

Ello significa que, en realidad, el mediador concursal no es exactamente un «mediador», que se rige, como se señala en la Ley 5/2012, de 6 de julio, por los principios de voluntariedad y libre disposición, igualdad de las partes e imparcialidad, neutralidad y confidencialidad, ayudando a encontrar una solución dialogada y voluntariamente querida por las partes, pues cuando el registrador mercantil o el notario proceden a su nombramiento para llevar a cabo la mediación, el mediador concursal designado debe proceder a llamar a los acreedores a una reunión para tratar el acuerdo extrajudicial que él mismo propone a través de un plan de pagos, que el mismo mediador concursal deberá supervisar, instando el concurso ante el juzgado en caso de incumplimiento (art. 241 de la Ley Concursal, según la reforma operada por la Ley 14/2013, de 27 de septiembre, de emprendedores).

Puede concluirse, pues, que el mediador concursal representa una especialidad justificada por las peculiaridades recogidas en la Ley 14/2013, de 27 de emprendedores, que sitúa a la mediación en el ámbito concursal entre la mediación a la que se refiere la Ley 5/2012, de 6 de julio, de mediación en asuntos civiles y mercantiles, y el arbitraje, al que se refiere la Ley 60/2003, de 23 de diciembre, de Arbitraje, una figura, pues, híbrida entre estas dos formas de resolución de conflictos, llamada a tener un importante protagonismo en el derecho concursal.

ACUERDO DE MEDIACIÓN EN ASUNTOS MERCANTILES

MACARENA VALCARCEL GARCÍA
Secretaria Judicial. Murcia
Secretaria Sección Mercantil Protocolos de Derivación a la Mediación

1. INTRODUCCIÓN

Las instituciones de la Unión Europea fijaron unas normas mínimas para fomentar la mediación en litigios que afectaran a asuntos civiles y mercantiles poniéndolo así de manifiesto a través de la Directiva 2008/52/CE del Parlamento Europeo y del Consejo de 21 de mayo de 2008. Sin embargo el Real Decreto 5/2012 de 5 de marzo, se ha hecho esperar, agotando el plazo para su cumplimiento. Ahora que ha transcurrido más de un año de vigencia, empieza a hacerse eco, por parte de la población en general, la resolución de conflictos, intentando alcanzar un acuerdo a través de "la mediación" como medio alternativo. En el ámbito mercantil, la mediación entre empresas es un éxito en otros países europeos como Francia e Inglaterra, donde los litigios mercantiles se reducen un treinta por ciento. Esta práctica es aún mayor en Estados Unidos, donde más de un tercio de los conflictos no se judicializan o, una vez que llegan a los juzgados, se resuelven por otra vía que no implica una resolución judicial.

Ahora se pretende trasladar esa mentalidad tanto al ciudadano como al profesional español en aras, sobre todo a mejorar el servicio público que se presta y, en los que está involucrado el Ministerio de Justicia. En el ámbito empresarial los conflictos surgen como algo inherente a la propia actividad y, por tanto, hay que afrontarlos. Veamos el Acuerdo de mediación como otra alternativa ágil, rápida y menos costosa a la solución de conflictos.

2. UNIDADES DE MEDIACIÓN. DONDE ALCANZAR LOS ACUERDOS

El Acuerdo de Mediación, entendido como tal, es el resultado de un proceso iniciado entre partes en las que existe un conflicto y, para ayudar a solucionarlo interviene un tercero llamado Mediador. El Mediador actúa como intermediario para acercar a las partes y les ayuda a encontrar un punto en común desde el que se pueda llegar a un posible acuerdo. No deberá juzgar ni ofrecer su opinión sobre la pertinencia de los argumentos de las partes. Sin embargo, es interesante dar a conocer cómo se llega a ese momento final del procedimiento y el lugar donde se desarrolla las sesiones, conversaciones, a tenor del momento en que se halle el conflicto, es decir si se ha judicializado o no.

En general y, en asuntos mercantiles en particular, ante el conflicto pueden acudir a: Instituciones y lugares ajenos al ámbito judicial y a unidades de Mediación intrajudicial.

2.1. Extrajudiciales. Instituciones y personas físicas Mediadores

Las instituciones de mediación son por tanto instrumentos eficaces para difundir y acercar la mediación, a fin de conocer que los conflictos que puedan surgir, si no es posible su resolución de mutuo acuerdo, las partes pueden solicitar la intervención de profesionales distintos a abogados –los Mediadores– y a través de procedimientos distintos a los judiciales, como otra alternativa a la judicial, sin perjuicio de otros mecanismos alternativos de resolución de litigios, como el Arbitraje ante las Cámaras de Comercio.

Entre estas Instituciones se encuentras las propias Cámaras de Comercio, asociaciones profesionales de Mediación como la Asociación Madrileña, Asociaciones de psicólogos… que establecen sus criterios, fijando el procedimiento a seguir para el caso que sean propuestos.

Estos profesionales ofrecen garantías suficientes para su intervención en la resolución de conflictos. Recientemente se ha publicado el Real Decreto 980/2013 de 13 de diciembre que desarrolla determinados aspectos de la ley 5/2012 de 6 de julio y da pu**blicidad de los Mediadores al crear e**l Registro de Mediadores e Instituciones de Mediación, dependiente del Ministerio de Justicia y cuya finalidad será facilitar la publicidad y la transparencia de la mediación, dando a conocer a los ciudadanos los datos relevantes que se refieren a la actividad de los mediadores profesionales y las instituciones de mediación.[1]

---

[1] El registro se estructura en tres secciones: la primera destinada a la inscripción de los mediadores, la segunda en la que se inscribirán los mediadores concursales, que regula el título X

Es de destacar en el ámbito europeo y, por su localización en España, la Oficina de Armonización del Mercado Interior, marcas, dibujos y modelos (OAMI).Entre sus servicios ofrecen el de la Mediación como alternativa al Recurso ante la misma. Las Salas de Recursos invitarán a las partes a que lleguen a un acuerdo amistoso para resolver sus controversias en cualquier procedimiento.

2.2. Unidades de Mediación Intrajudicial. UMIN

Para aquellos supuestos en los que se ha iniciado el procedimiento judicial, éste no empece optar por buscar otra solución al mismo tiempo. Se desarrolla en las Unidades de Mediación que se están creando actualmente. Al respecto, es pionera la Unidad de Mediación Intrajudicial de Murcia UMIN, que ante la implantación de la Nueva Oficina Judicial en el año 2010 se ha puesto en marcha sólo para asuntos judicializados. Esta unidad está integrada en el Servicio Común Procesal General, de su capital y al frente de la mismas dos Secretarias Judiciales, del Servicio Común General y otra de la Unidad. Esta Unidad incorpora un novedoso principio que inspira todo su desarrollo estimulando, en estos tiempos de dificultades económicas el acceso a la Mediación, es la GRATUIDAD.

2.1.1. Intervención del Secretario Judicial y Juez o Magistrado para la derivación a Conseguir un Acuerdo de Mediación

El Secretario Judicial está integrando el Tribunal pero no forma parte del Poder Judicial, motivo por el cual se les ha considerado idóneos para la promoción y ejecución de la Mediación, poniendo de manifiesto El Consejo de Europa la conveniencia de estos Servicios de Mediación dentro de los edificios judiciales, con un ambiente bastante más acogedor que las salas judiciales. Cosa bien distinta es quien pueda derivar los asuntos a Mediación. Al respecto, tanto Juez-Magistrado como Secretario Judicial pueden hacerlo.

EL modo en que la misma se lleve a efecto corresponde al ámbito inherente a la Oficina Judicial y a la función directiva que sobre la misma tiene legalmente atribuida el Secretario Judicial, sin olvidar las cuestiones afectas al ámbito procesal y sin perjuicio de los supuestos afectos a la función jurisdiccional ex art. 456 Ley Orgánica del Poder Judicial.

Así el Secretario judicial al admitir las demandas judiciales como norma general, en los Decretos de admisión a trámite y en los Decretos y Diligencias que convocan a las partes a vista oral con los apercibimientos legales, puede invitar a los contendientes a acudir a una sesión informativa ante el Servicio de

---

de la ley concursal 22/2003 de 9 de julio (que añadió la ley 14/13 de 27 de septiembre de apoyo a los emprendedores y su internacionalización)) y la tercera para las instituciones de mediación. Con la excepción de los mediadores concursales, la inscripción en el registro no tendrá carácter obligatorio.

Mediación, y ello sin perjuicio de las facultades de la autoridad judicial para insistir sobre la cuestión a lo largo del procedimiento. Y, por otra parte, los jueces tienen un papel fundamental en el impulso de la mediación, bien porque hasta el momento de su intervención no se haya valorado la conveniencia de proponerles un intento de solución negociada del conflicto o bien porque hasta entonces aquellos no han aceptado dicha sugerencia ya efectuada–. Cualquier iniciativa de mediación intrajudicial, resulta mucho más efectiva cuando es la autoridad judicial quien la explica personalmente a las partes en vistas, comparecencias, etc., recomendación que haga a sus letrados o por escrito con la citación o al notificarles una resolución.

Resulta, pues, necesario establecer unos Protocolos que contenga el iter procesal para llegar a alcanzar el objetivo a través de un Acuerdo: qué supuestos pueden derivarse a mediación, quién, cuándo y de qué modo y el actuar de la oficina judicial en cada caso. En principio, pueden derivarse todas aquellas materias de las que las partes pueden disponer y, en supuestos de procesos concursales, siempre que no perjudiquen a los intereses de los acreedores, como procedimiento universal. En estos casos también es posible intentarlos solicitando posteriormente la homologación judicial.

Al respecto no puede omitirse la labor desarrollada a través de la red de Puntos neutros de profesionales de la Mediación, patrocinada por el Grupo Europeo de Magistrados por la Mediación GEMME España coordinada con el Tribunal de Justicia de la Región de Murcia y, de la que forma parte el Punto Neutro de Murcia, en la que se han elaborado dichos Protocolos.[2]

3. EL ACUERDO DE MEDIACIÓN. LEY 5/2012 DE 6 DE JULIO DE MEDIACIÓN EN ASUNTOS CIVILES Y MERCANTILES

Acuerdo como decisión tomada, en común por varias personas sobre algo en conflicto, tiene la particularidad, cuando hablamos de Mediación Mercantil, que tal decisión es adoptada libre y voluntariamente por las propias partes en conflictos, con la ayuda de unos profesionales neutrales, los Mediadores, quie-

---

[2] El PNPM de Murcia ha recibido de la Asociación Madrileña de Mediadores, el premio AMMIS 2013 al mejor proyecto nacional de Mediación, premios que concede a aquellas personas o entidades que, o bien a través de una obra o trabajo concreto, o bien a lo largo de su trayectoria profesional, han contribuido al desarrollo y difusión de la mediación, aportando algún elemento capaz de acrecentar su implantación profesional y social.

El 31 de enero de 2013 se constituyó en Murcia, promovido por el Grupo Europeo de Magistrados por la Mediación (GEMME), el Punto Neutro de Promoción de la Mediación (PNPM) para la Región de Murcia. Su objetivo general era conformar un espacio de encuentro y trabajo de profesionales interesados en la promoción de la mediación.

El PNPM-Murcia se marcó como un primer objetivo específico la elaboración de materiales para su posterior puesta en común con el resto de PNPM constituidos en otras ciudades españolas. Este inicial objetivo se alcanzó en el mes de septiembre de 2013, con ocasión de la celebración del Simposium “Balance de un año de la Ley 5/2012”. Se han elaborado efectivamente Protocolos para la Derivación de asuntos tanto judicializado como no judicializados en materia mercantil.

nes deben acreditar su cualificación en esta materia, para intentar que sean éstas quienes ofrezcan las soluciones a su problema, que no se impongan por los profesionales, aunque necesiten de ellos, facilitando la resolución del conflicto, de una forma equitativa, permitiendo el mantenimiento de las relaciones subyacentes y conservando el control sobre el final del conflicto. Conflictos que afectan a derechos subjetivos de carácter disponible, al que hace referencia el preámbulo de la Ley 5/2012 de 6 de julio.

Por asuntos mercantiles en este campo de la Mediación, no debemos excluir a aquellos sometidos a un procedimiento concursal. Unos asuntos serán por su naturaleza mercantil y de aplicación normas mercantiles. Sin embargo, otros pueden ser de distinta naturaleza que se han visto involucrados involuntariamente, en un proceso judicial y especial y, por lo tanto se intentarán resolver en este ámbito. En la medida que las partes puedan disponer del objeto, bien como acto propio del Administrador Concursal o con autorización judicial, no puede impedir que se intenten solucionar por esa vía a conflictos en curso, con implicaciones en un procedimiento concursal y por ende judicial.

En consecuencia, busquemos primeramente soluciones a los conflictos fuera de un proceso judicial, es decir EXTRAJUDICIALMENTE. Para el caso de no ser posible esa vía o ya esté iniciado un proceso judicial, busquémoslo también, no esperando que resuelva la autoridad judicial, sino como alternativa a ello, es decir solución INTRAJUDICIAL, siempre que no se infrinjan normas imperativas.

En los tiempos que corren, los conflictos pueden intentar solucionarse al margen de los Tribunales de justicia, como persigue la ley de mediación y de manera ágil. Cada día con más frecuencia, con la iniciación de un proceso concursal y del que es ajeno cualquier acreedor, sin pensarlo la cuestión controvertida latente entre partes se judicializa, surgiendo otro problema añadido.

Expresamente la ley 5/2012 el Acuerdo de Mediación lo regula en un solo precepto, el art. 23:

> *"1. El acuerdo de mediación puede versar sobre una parte o sobre la totalidad de las materias sometidas a la mediación. En el acuerdo de mediación deberá constar la identidad y el domicilio de las partes, el lugar y fecha en que se suscribe, las obligaciones que cada parte asume y que se ha seguido un procedimiento de mediación ajustado a las previsiones de esta Ley, con indicación del mediador o mediadores que han intervenido y, en su caso, de la institución de mediación en la cual se ha desarrollado el procedimiento.*
> *2. El acuerdo de mediación deberá firmarse por las partes o sus representantes.*
> *3. Del acuerdo de mediación se entregará un ejemplar a cada una de las partes, reservándose otro el mediador para su conservación.*
> *El mediador informará a las partes del carácter vinculante del acuerdo alcanzado y de que pueden instar su elevación a escritura pública al objeto de configurar su acuerdo como un título ejecutivo.*
> *4. Contra lo convenido en el acuerdo de mediación sólo podrá ejercitarse la acción de nulidad por las causas que invalidan los contratos".*

Sin embargo no es el único momento en el proceso de mediación que puede hablarse de acuerdo. Entonces, **¿en cuántos momentos se pueden adoptar Acuerdos de Mediación en Asuntos mercantiles?**

3.1. Momento inicial de acuerdo de mediación

Este primer intento de llegar a un acuerdo, la ley 5/12 lo recoge en su art. 16 b), al referirse al PACTO DE SOMETIMIENTO A MEDIACION, llamado también ACUERDO DE CONFIDENCIALIDAD. Esta segunda denominación, resulta de la conclusión de los trabajos de elaboración de los protocolos de derivación de conflictos en materia mercantil ya mencionados.

¿Cómo debe ser ese primer Acuerdo? En cualquiera de los supuestos que seguidamente se expondrán el Acuerdo tiene un contenido mínimo, partiendo del cumplimiento legal del inicio de solución vía mediación. Resulta evidente pero necesario indicarlo, que las partes en conflictos deben conocer esta alternativa de solución y voluntad de iniciarlo según el momento en que se encuentren judicial o extrajudicialmente.

Este primer Acuerdo debe contener:

a. **La Identificación de las partes y lugar** donde se está desarrollando el acto, y la lengua en la que se redacta. Esto tiene gran importancia si tenemos en cuenta que, en los conflictos referentes a marca comunitaria y asuntos de dibujos y modelos intervienen partes de cualquier estado de la Unión Europea.

b. Indicarse la **designación del Mediador**, si los afectados han acordado designar de mutuo acuerdo en ese acto, o bien indicar que se remiten a una institución de mediación que se encargue de nombrarlo.

c. Es fundamental el **objeto del conflicto** que se somete al procedimiento de mediación, en qué consiste para fijar las bases de una posible y deseada solución.

d. Las partes deben conocer el **tiempo del proceso**, que se efectuará en el más breve plazo posible y menor número de sesiones que, comparándolo con los plazos de los procesos judiciales, resulta más rápido y ágil. Por ello se debe indicar el programa de actuaciones y duración, remitiéndome al procedimiento de Mediación contenido en la ley.

e. **La aceptación voluntaria por las partes**, debe reflejarse, sin dejar lugar a dudas, la intención de solucionar el conflicto a través de la mediación y la **asunción de las consecuencias** de las que se debe informar.

Entre esas consecuencias se encuentra el **Compromiso de no revelar**, ni transmitir a terceros informaciones obtenidas en las sesiones de mediación, ni utilizarlas en beneficio propio fuera de ese proceso; el compromiso de la imposibilidad de que los mediadores sean citados cuando no llegara a un acuerdo. Sin embargo, ¿qué ocurre cuando posteriormente no se consigue el Acuerdo deseado ya que el acceso posterior a los Tribunales no está vetado a quienes extrajudicialmente inician la Mediación? Y, ¿respecto de los que su asunto está suspendido judicialmente? En tal caso es lógico que el compromiso de confidencialidad si se revela se infringiría. Pero se plantea otro problema ¿se quedarán las partes sin prueba con el riesgo de no poder articular su defensa? Lo que está claro es que las partes firman un acuerdo inicial que si no cumplen igualmente tiene sus consecuencias ex art. 1091 C.Civil. Ahora bien, existen supuestos excepcionales que justifican la ruptura de la confidencialidad, cuando se pueda derivar responsabilidad penal u otros motivos que un juez pueda determinar en una resolución judicial. Al respecto no podemos olvidar lo dispuesto en la L.O.15/99, de 13 de diciembre, de Protección de Datos de Carácter personal, y demás legislación vigente en la materia, los datos contenidos en esta comunicación y en la documentación que pueda adjuntarse son confidenciales, quedando prohibida su transmisión o comunicación pública por cualquier medio o procedimiento, y debiendo ser tratados exclusivamente para los fines propios.

3.1.1. Efectos

Las partes deben conocer los efectos que produce un Acuerdo de Confidencialidad, para garantizar sus derechos. Entre esos efectos se encuentra la suspensión de la prescripción y caducidad de las acciones que pudieran ejercitar o bien, como se ha expuesto anteriormente la suspensión del procedimiento judicial. Pero ¿qué ocurre si negociando expira el plazo de caducidad para ejercitar alguna acción? En tal caso, es obvio aque habrá que plantear la demanda o reclamación correspondientes interesando al mismo tiempo la suspensión de su tramitación judicial o administrativa en tanto penda el procedimiento de Mediación. En los procesos concursales, a los que la ley concursal 22/2003 de 9 julio no prohíbe la posible solución que pudiera alcanzarse, no pueden perjudicar a la masa del concurso, preservando el principio de la par condictio creditorum, con la que requerirá posteriormente la consiguiente autorización judicial, sin olvidar los derechos-créditos privilegiados. En este supuesto no hay duda que se trata de un proceso judicial y por tanto la mediación debe llevarse a cabo en la Unidad de Mediación Intrajudicial.

En el Acta de Confidencialidad no puede olvidarse indicar el coste que puede suponer iniciar y concluir el proceso de Mediación, en cualquiera de las Instituciones involucradas en este proyecto. Actualmente y, a diferencia de la Mediación extrajudicial, en las unidades intrajudiciales el coste es cero, como ocurre en la Región de Murcia, tanto en proceso judiciales concursales o no concursales gestionándose en la misma unidad de Mediación Intrajudicial, al incorporar el principio de la Gratuidad.

La Unidad de Mediación deberá comunicar a la oficina judicial correspondiente u órgano judicial el inicio del proceso a los efectos de acordar la correspondiente suspensión del mismo.

3.2. Momento final

El llamado momento final, es el momento para la culminación del proceso de Mediación. Lo deseable sería obtener un resultado positivo pero lo cierto es que no ocurre en todas las ocasiones. Tampoco debiera tratarse como un fracaso total, pues al menos las partes han mostrado una voluntad de comunicarse entre ellas y después en la posible fase judicial les pueda resultar más fácil encontrar una solución o delimitar los puntos de conflictos.

En cualquier caso, una vez realizadas las sesiones fijadas para el desarrollo del proceso, se extiende un Acta, con el contenido del art. 23 transcrito anteriormente.

3.2.1. Redacción del Acuerdo de Mediación

El resultado de las sesiones nos lleva a ese Acuerdo: puede ser parcial o total, con la solución al conflicto, o bien en parte; incluso temporal o definitivo. Por ello su redacción es fundamental. Debe ser precisa, clara y minuciosa, evitando tecnicismos, y desde luego no farragosa; que no se dé por entendido lo que pueda ser evidente, pues la práctica nos muestra muchas veces lo incompleto de los acuerdos que se presentan, precisamente por parecer evidente extremos que luego no se puede materializar. Por ejemplo, se suele omitir el lugar de entrega, plazo, terceros que pueda intervenir, garantía que puedan establecerse etc ... y originan problemas a la hora de su ejecución. Por ello junto al profesional que interviene-Mediador– y, en asuntos mercantiles muchos de ellos de gran complejidad, las partes puede asistir de letrados de su confianza que colaboren en la buena redacción, en ningún momento imponiendo su voluntad. En la redacción del acuerdo deben asegurarse de su posterior cumplimiento, sin que ofrezca ningún tipo de duda y, para el indeseable supuesto de tener que exigirlo judicialmente, que el mismo también pueda ejecutarse en sus propios términos, evitando una posterior interpretación que incluso pueda perjudicar y, es lo que se trató de evitar.

En definitiva se deben prever las consecuencias de un posible incumplimiento y adoptar las medidas de garantía que considere oportunas. Su redacción debe ser meditada en el tiempo, aunque no se redacte en su integridad en un solo momento, no debe demorarse, tratando de alcanzar un acuerdo duradero y flexible a los cambios de la realidad. De ahí que se hable de redacción de Acuerdos intrasesión o extrasesión.

El acuerdo intrasesión podrá redactarse en presencia de las partes, aceptando las rectificaciones o matices procedentes que las mismas aporten y dando la forma final al Acuerdo. Importe es la lectura final del mismo en presencia de todos o hacer las correcciones necesarias para elevarlo a definitivo.

Cuando no sea posible realizarlo en la última sesión, el Mediador junto con los letrados o asesores que hayan intervenido y sobre las bases y voluntad de las partes lo redactarán en el más breve plazo posible citando a las partes, si no lo han hecho con anterioridad, para conseguir la conformidad en el mismo y firmarlo, quedando vinculados.

El Acuerdo debe cumplirse en los términos que han quedado plasmados por las partes dejando claro que para el caso de incumplimiento será ejecutivo sin volver otra vez al proceso de Mediación.

Una tercera fase seria la llamada postmediación, que en otros Puntos Neutros judiciales le han llamado "follow up", es decir el procedimiento para la verificación de la eficacia de la mediación mediante el cumplimiento de los acuerdos alcanzados o su modificación. Lo normal es que sea el Mediador. Pero cabe plantearnos otra cuestión ¿Es posible que el Mediador inste la ejecución del Acuerdo incumplido? Lo veremos al tratar de la Ejecución.

Naturalmente que del Acuerdo de Mediación plasmado por escrito, se entregará un ejemplar a cada una de las partes, reservándose otro el Mediador para su conservación. Se custodiará en la Unidad Intrajudicial o ante Notario o registrador Mercantil, en cada caso, el expediente que haya dado lugar al Acuerdo.

Una vez terminado el proceso de Mediación, independientemente de lo que resulte, el Mediador o Servicio de Mediación, dentro del protocolo intrajudicial iniciado, envía un comunicado al Juzgado derivador, dirigido a los autos, donde informan sucintamente de que ha terminado el proceso de mediación, comunicado que se incorpora al procedimiento a los efectos procesales oportunos. Si finalizada la mediación no hubiera acuerdo, o este fuera parcial, se reanuda el proceso judicial, resolviendo sólo en el aspecto en que discrepaban, y se recogería en la resolución judicial el acuerdo parcial de las partes.

4. REFERENCIAS AL ACUERDO EN EL PROCEDIMIENTO POR MEDIOS ELECTRÓNICOS

La nueva regulación recoge un tipo de procedimiento para reclamaciones de cantidad, que no excedan de 600 euros y, en el ámbito mercantil ocurre con frecuencia. Es el procedimiento simplificado de mediación por medios electrónicos al que hace referencia el art. 24 de la ley 5/2012 cuando regula la posibilidad de actuaciones de mediación por medios electrónicos siempre que se garantice la identidad de los intervinientes y el respeto a los principios de la mediación previsto en la ley.

Una vez iniciado el mismo, para cumplir con la legalidad contamos con la garantía igualmente, de la intervención de un profesional que velará por ello como es el Mediador. Ahora bien la referencia a como se llega al Acuerdo no lo desarrolla el Real Decreto 980/2013, de 13 de diciembre. Resulta ahora interesante hacer referencia al certificado que establece el art. 37.2 del Reglamento; ya iniciado el proceso de mediación(al solicitarlo previamente la parte interesada) cuando recoge que una vez recibida la contestación de la parte contraria, por el Mediador, se remitirá a las partes un CERTIFICADO que tendrá la consideración de acta de la sesión constitutiva a los efectos de generar un número de expediente. Pero nada dice el Reglamento del contenido del Certificado-Acta, más allá de lo dispuesto en el art. 24 de la ley 5/2012; evidentemente deberá constar por la parte que ha contestado si ha reconocido la reclamación efectuada o en cuyo caso está claro que contiene el Acuerdo final resolutorio de la controversia. También puede proponer o sugerir otra forma de solucionar la controversia. Dicho reglamento no desarrolla más fases que ese Certificado. Por lo que tenemos que remitirnos al contenido de la ley y a lo expuesto sobre cómo redactar los acuerdo unificándose los dos momentos, sin olvidar que para estos supuesto el trámite no debe superar un mes tanto para supuestos judiciales como no judiciales.

Esta forma de resolución pone de manifiesto otro servicio más que también ofrece la Administración, sistema ODR (On line despute Resollution) aunque sea como opción de futuro desarrollo, por la creciente importancia que está alcanzando la filosofía Web dentro del mudo de la mediación. Internet está transformando la manera de entender la relación entre la Administración Pública y los ciudadanos. Y que hace referencia el Manual operativo de la UMIN de 2013, así como el libro Verde de la Comisión Europea sobre las modalidades alternativas de solución de litigios transfronterizos a través de Internet.

5. MEDIACIÓN SECTORIAL MERCANTIL. OAMI

En asuntos mercantiles resulta más difícil el acceso a la Mediación por el desconocimiento de esta alternativa y la complejidad que supone en la mayoría de los asuntos, pese a que en otros países es ya algo natural. Al inicio hemos hecho referencia a las Instituciones de Mediación. Sin embargo hay que hacer mención especial a la realidad de este proceso en un sector muy específico y desarrollado activamente con anterioridad a la citada ley, desde hace aproximadamente dos años. Este se lleva a cabo a través de la denominada OAMI, Oficina Europea de Armonización del Mercado interior. Es la primera Oficina Europea en aplicar este modo alternativo, entre usuarios no solo europeos sino de ámbito internacional.

Se están alcanzando Acuerdos de Mediación muy importantes al estar involucrados empresas de gran importancia mundial, y el lugar de desarrollo del proceso se realiza en sus propias dependencias.

Para iniciar el proceso de Mediación es obvio que el conflicto tiene que estar planteado, mediante la iniciación del recurso ante la OAMI y, el efecto que produce es la suspensión también del recurso, al igual que ocurre en los procesos judiciales. El servicio de Mediación se lleva por los mismos funcionarios de la Oficina con alta cualificación profesional en esta materia tan específica relativa a la propiedad Industrial –Marcas y diseños– así como formados en Mediación, con la posibilidad de acercamiento inter partes al poder desarrollar el proceso en cinco idiomas diferentes, inspirado en el principio de la Gratuidad como la UMIN.

En esta Oficina Europea los resultados son sorprendentes evitando muchos conflictos, de cuantía muy elevadas, reduciendo los tiempos de espera de solución, aunque a otros casos se intenta dar la solución con el inicio de acciones judiciales inevitablemente. Para la redacción del mismo son de aplicación los criterios ya expuestos, sin olvidar el modo de ejecutarlos en los distintos países, por lo que debe incluirse la legislación aplicar y formalidades necesarias para ejecutarse en otro país a tenor del compromiso de las partes, normas y convenios internacionales.

En España existe un único órgano jurisdiccional que se ocupa de esta materia tan especial, es el Juzgado de Marca Comunitaria, sito en Alicante. Según los datos estadísticos judiciales referentes al año 2013, asuntos relativos a marca comunitaria no superan los ochenta asuntos pendientes, sin que existan asuntos pendientes relativos a asuntos sobre los dibujos y modelos comunitarios.

6. ACUERDO EXTRAJUDICIAL DE PAGOS

La ley 14/2013 de apoyo a los Emprendedores y su internacionalización crea como novedad en el ámbito concursal una alternativa a la situación de insolvencia en la que se puede encontrar el empresario con problemas económicos financieros, con la creación en la Ley Concursal de un Título X "Acuerdo extrajudicial de Pagos". Adelantar que haré unas breves referencias a este Acuerdo extrajudicial del que es tratado en exclusiva en otras intervenciones, evitando reiteraciones innecesarias.

La situación de insolvencia que requiere la ley concursal para obligar a los deudores en general, a solicitar la declaración de concurso de acreedores, inevitablemente supone un estigma, tanto para la persona jurídica como para la persona física que lo solicita. Si bien, se intentaba dar una oportunidad a través del procedimientos del art. 5 bis de la ley 2/2003 de 9 de julio, con la modificación posterior aprobada por ley 38/2011 de 10 de octubre de Reforma de la ley concursal y ahora con ley 14/13 de 27 de septiembre de apoyo a los emprendedores y su internacionalización.

La realidad nos ha demostrado el fracaso del mismo avocando a la solicitud del proceso concursal con un porcentaje elevadísimo de la conclusión del proceso con la liquidación sus bienes, en los casos que existiera, dejando infinidad de deudas impagadas, con la consiguiente responsabilidad del Administrador social o persona física, máximo si la calificación del concurso resultaba culpable.

Este Acuerdo extrajudicial, no está al alcance de cualquier deudor sino de los que reúnan los requisitos legales; en definitiva de aquellos que cumplan con la condición de empresarios o asimilidados, personas jurídicas o naturales que ejerzan actividades profesionales o asimilados en Seguridad Social o autónomos, con un límite de 50 acreedores y una estimación de activo y pasivo no superior a cinco millones de euros.

La finalidad del acuerdo extrajudicial es precisamente evitar la liquidación de la empresa, intentando el acuerdo con los acreedores y permitiendo la continuación de la actividad, que choca con la limitación legal de supresión de operaciones financieras, su disponibilidad de tarjetas que hace más difícil cuando no imposibilite la continuación en el tráfico mercantil del deudor.

6.1. Plan de pagos

En cuanto nos interesa al Acuerdo en sí, este debe contener un mínimo y esencialmente el objeto del mismo se centrará en **el plan de pagos** de los créditos pendiente a la fecha de la solicitud del proceso, naturalmente con las quitas que no superen el 25 % y esperas de 3 años, incluso operación de cesiones de crédito en pago de deuda; el plan de viabilidad debe indicar cómo hacer frente a la continuidad de la actividad, con la necesidad de negociación y cómo poder financiación para satisfacerlo.

No podemos olvidar que la persona física debe atender sus necesidades, alimentos y los de su propia familia y deben garantizarse en ese plan de pagos. Los créditos de derecho público deben tratarse si bien ningún acuerdo sobre ellos puede llevarse a efecto, con lo que naturalmente dificultará más la viabilidad perseguida. Extremos cuya redacción debe cuidarse como en cualquier otro asunto mercantil que hemos abordado y, aquí el Mediador concursal asume un papel importantísimo, sobre todo en controlar la legalidad de las decisiones que se adopten así como en la forma que se adopten con los quórum necesarios; en esa fase no existe un control judicial, pese a que de conformidad a lo dispuesto en el art. 5.bis el Registrador o Notario lo ha comunicado al juzgado que fuere competente, en su caso, para la solicitud de concurso voluntario.

Dentro del Titulo X de la ley 22/2003, el art.238 regula expresamente el Acuerdo Extrajudicial indicando necesario para que se considere aceptado, el voto de acreedores titulares al menos del 60 % del pasivo y del la aprobación del 75% así como del acreedor que tenga constituida, en su caso una garantía real, si se ha incluido una posible cesión de bienes. Por lo demás el precepto hace referencias al resto de formalidades, su publicación en el BOE y Registro Concursal.

Efectos

Este Acuerdo despliega unos efectos frente a los acreedores quienes deberán actuar conforme a lo convenido. Con la publicación del inicio del expediente se paralizan las ejecuciones que el deudor tuviera pendiente y no podrán anotarse embargos, con las salvedades respecto a los acreedores con garantía real y los créditos públicos.

Si con la Mediación Concursal el deudor no consigue la aprobación de un Plan de Pago, el consiguiente efecto es solicitar el Concurso consecutivo continuando ahora el Mediador como Administrador Concursal directamente. O por el contrario, conseguido ese Plan, se incia la fase postmediación que le corresponde al Mediador quien velará por ello y, cuando no sea posible, el Mediador tiene la obligación de solicitar el Concurso consecutivo que es lo que se evitaba realmente. En la mayoría de las ocasiones se iniciará lamentablemente ese concurso con la solicitud de liquidación simultánea, aperturándose tanto la fase común como la de liquidación.

Poco tiempo ha transcurrido desde su entrada en vigor pero las críticas no cesan, la ley no incentiva llegar a un acuerdo con las limitaciones impuestas para continuar el tráfico mercantil, incluso se puede premiar no llegar a acuerdo, con la remisión de todas las deudas referidas en el art. 242.5 LC.

7. FORMALIZACION DEL ACUERDO. FUERZA EJECUTIVA

El Acuerdo de Mediación inicialmente se incorpora a un Acta donde se identifican todas las partes intervinientes, el contenido de la resolución al conflicto, claro y preciso y las firmas de los intervineites, debiendo entregar una copia a todos ellos y vinculante entre ellas.

Distinguir Acuerdos adoptados intrajudicial o extrajudicialmente.

En cuanto al Acuerdo extrajudicial, todos los asuntos derivados a Mediación cuando resuelven la controversia inicial o, al menos, algunos de sus extremos, se documentan en un Acta. Ahora bien, ¿qué eficacia tiene dicha Acta? Es la que recoge el acuerdo y, es esencial y vinculante entre las partes, como así se les informa, pero la ley debió concederle eficacia ejecutiva, partiendo de la intervención de un Profesional Mediador que velará porque no se alcancen acuerdos fraudulentos, además inscrito en un Registro con todas las garantías para el cumplimiento de la ley.

Ahora bien, la novedosa y esperada ley 5/2012, en estos supuestos, concede la facultad a la partes de elevar a escritura pública en su art 25 para configurar ese acuerdo como título ejecutivo. Para hacerlo efectivo se presentará el Acuerdo de Mediación ante un Notario, acompañado de copia de las actas de la sesión constitutiva y final del procedimiento. En consecuencia, jurídicamente adolece de la fuerza ejecutiva, si las partes no optan por instar y llevar a cabo su elevación a escritura pública, para un supuesto de incumplimiento, obligando además a sufragar otro gasto más al proceso que se pretende ágil y rápido, que debió prever el legislador; instar ahora a la parte para elevarlo a escritura pública, resulta impensable, por lo que obligaría a iniciar un nuevo procedimiento, contradiciendo así el espíritu de la ley. Complicándose igualmente su cumplimiento judicial en asuntos transfronterizos y a los que hace referencia el art. 27 de citada ley, cuando exige que el titulo haya adquirido fuerza ejecutiva o en otro caso requiere su elevación a escritura pública, a solicitud de una de las partes y con el consentimiento de los demás, lo que resultará si no imposible sí improbable.

Frente a esa incongruencia, el Acuerdo adoptado intrajudicialmente resulta más favorable; hallándose en suspenso el proceso judicial, se presenta ante la autoridad judicial a fin de homologar el mismo y con la resolución que adopte, por entenderlo ajustado a derecho, adquiere naturaleza de título ejecutivo sin la formalidad exigida al Acuerdo extrajudicial para alcanzar el mismo fin y, estar incluido en la relación de títulos del art. 517.2.2ª de la Ley de Enjuiciamiento civil al indicar los títulos que llevan aparejada ejecución, para incluir en el apartado segundo a Laudos o resoluciones arbitrales y Acuerdos de Mediación, debiendo estos últimos haber sido elevados a escritura pública.

La resolución judicial que homologa el Acuerdo adopta la forma de Auto y a él se refiere la ley 5/2012 cuando el art. 26 nos indica quien es el Tribunal competente para instar la ejecución del Acuerdo distinguiendo entre los acuerdos resultado de una mediación iniciada estando en curso un proceso judicial (en cuyo caso será el mismo que lo adoptó) y, para aquellos otros acuerdos formalizados tras un procedimiento de mediación, debiendo entender los extrajudiciales, (el competente lo será el del Primera instancia del lugar en que se hubiera firmado el Acuerdo de Mediación), a tenor de lo dispuesto el art. 545.5 de la Ley de Enjuiciamiento civil.

La exigencia de la formalización del acuerdo de mediación extrajudicial va a dificultar el acceso a esta alternativa de solución de conflictos incluso frente a los laudos arbitral que sí tiene fuerza ejecutiva.

Resulta interesante plantear otras cuestiones como:

¿Para instar la ejecución del Acuerdo lo podrá realizar el Mediador que ha intervenido en el proceso de Mediación? La Ley 5/2012 expresamente lo recoge en la Ley de Enjuiciamiento civil art. 539.1 cuando indica que para la ejecución de un acuerdo de mediación o laudo arbitral requerirá la intervención de Abogado y procurador siempre que la cuantía por la que se despache sea superior a dos mil euros. En consecuencia, no puede intervenir el Mediador que, por otra parte, resulta lógico pues tendría que decantarse por una de las partes cuando su intervención era la de ayudarlas.

¿Prescribe o caduca la acción para exigir el cumplimiento del Acuerdo? El art. 518 LEC al modificarse por ley 5/2012 expresamente lo regula al incluir los acuerdos de Mediación que se eleven a escritura pública, fijando el plazo de cinco años siguientes a la firmeza de la sentencia o resolución. Pero si el acuerdo no se eleva a escritura pública, entonces no sería de aplicación.

Del mismo modo también se regula la posible oposición a esa ejecución del Acuerdo de Mediación; no olvidemos que esos acuerdos derivan del conflicto surgido en asuntos mercantiles, de aplicación supletoria la modificada Ley de enjuiciamiento Civil. Si bien, contra lo convenido en el Acuerdo de mediación sólo podrá ejercitarse la acción de nulidad por las causas que invalidan los contratos. Ello implicaría otro conflicto, hay que evitarlo con la intervención de los profesionales en el estudio previo y posterior redacción del Acuerdo.

Para concluir, hay que resaltar el entusiasmo que la Ley de Mediación, en asuntos civiles como mercantiles está generando en todos los ámbitos profesionales, como alternativa a la resolución de conflictos, con sus inconvenientes, que seguro se irán salvando entre todos los operadores jurídico y no jurídicos, si apuestan por lograr iniciar un proceso de Mediación alcanzando el Acuerdo deseado.

MODIFICACIONES DE LA LEY DE EMPRENDEDORES A LA LEY CONCURSAL

JACINTO TALENS SEGUÍ
Magistrado Juzgado nº 2 Valencia

SUMARIO: **1. Legitimación.- 2. Comunicación de negociaciones y efectos sobre el deber de solicitud de concurso del Art. 5bis LC.- 3. Provisión sobre la solicitud de otro legitimado y acumulación de solicitudes 15-3-1 LC.- 4. Acciones de reintegración.- 5. Segunda oportunidad.- 6. Publicidad registral.- 7. Tratamiento de créditos de derecho público en caso de acuerdo extrajudicial de pagos (DA 7ª LC).- 8. Remuneración de los mediadores concursales.**

La Ley 14/2013 de Apoyo al emprendedor ha efectuado múltiples modificaciones en diferentes normas, de las cuales la Ley Concursal no ha sido una exclusión. El Art. 21 de la Ley 14/2013 introduce las siguientes modificaciones en la Ley Concursal:

a) Legitimación: Arts. 3-1
b) Comunicación de negociaciones y efectos sobre el deber de solicitud de concurso del Art. 5bis LC: Art. 5bis-1, 3 y 4
c) Provisión sobre la solicitud de otro legitimado y acumulación de solicitudes 15-3-1 LC
d) Acciones de reintegración del Art. 71-6-2º LC
e) Experto independiente nombrado por el Registrador Mercantil del Art. 71 bis
f) Segunda oportunidad: Art. 178-2 LC
g) Publicidad registral: Art. 198-1 LC
h) Acuerdos extrajudicial de pagos: Arts. 231-241 LC
i) Concurso consecutivo: Art. 242 LC
j) Tratamiento de créditos de derecho público en caso de acuerdo extrajudicial de pagos (DA 7ª LC)
k) Remuneración de los mediadores concursales (DA 8ª LC)

Con las presentes líneas se pretende hacer un breve resumen de las modificaciones respecto a la legitimación, segunda oportunidad y publicidad registral, así como del tratamiento de los créditos de derecho público y la remuneración de los mediadores concursales, ya que tanto el acuerdo extrajudicial de pago y el concurso consecutivo son objeto de tratamiento de otras ponencias.

1. LEGITIMACIÓN

Las modificaciones en materia de legitimación van en la línea del acuerdo extrajudicial de pagos, el cual legitima al mediador a instar el concurso cuando no se alcance el acuerdo, cuando los acreedores no quieran acudir a la negociación y en el caso de incumplimiento de acuerdo extrajudicial.

La primera de las modificaciones se haya en el Art. 3-1 LC, que dispone que: *"Para solicitar la declaración de concurso están legitimados el deudor, cualquiera de sus acreedores y* ***el mediador concursal cuando se trate del procedimiento regulado en el Título X de esta Ley."***.

El precepto guarda consonancia con la regulación que hay del acuerdo extrajudicial de pagos:

— Negociación infructuosa del acuerdo extrajudicial de pagos (Art. 236-4 LC): *"El mediador concursal deberá solicitar de inmediato la declaración de concurso de acreedores si, dentro del plazo mencionado en el apartado 3 de este artículo, decidieran no continuar con las negociaciones los acreedores que representasen al menos la mayoría del pasivo que necesariamente pudiera verse afectado por el acuerdo, excluidos los créditos con garantía real cuyos titulares no hubiesen comunicado su voluntad de intervenir en el mismo o cualquier acreedor de derecho público."*;

— Falta de acuerdo extrajudicial de pagos (Art. 238-3 LC): *"Si el plan no fuera aceptado, y el deudor continuara incurso en insolvencia, el mediador concursal solicitará inmediatamente del juez competente la declaración de concurso, que el juez acordará también de forma inmediata. En su caso, instará también del juez la conclusión del concurso por insuficiencia de masa activa en los términos previstos en el artículo 176 bis de esta Ley."*;

— Incumplimiento del acuerdo extrajudicial de pagos (Art. 241-3 LC): *"Si el acuerdo extrajudicial de pagos fuera incumplido, el mediador concursal deberá instar el concurso, considerándose que el deudor incumplidor se encuentra en estado de insolvencia."*

2. COMUNICACIÓN DE NEGOCIACIONES Y EFECTOS SOBRE EL DEBER DE SOLICITUD DE CONCURSO DEL ART. 5BIS LC

La segunda de las modificaciones se produce en el Art. 5bis-1, 3 y 4 LC:

El apartado 1: *"El deudor podrá poner en conocimiento del juzgado competente parta la declaración de su concurso que ha iniciado negociaciones para alcanzar un acuerdo de refinanciación o para obtener refinanciación o para obtener adhesiones a una propuesta anticipada de convenio en los términos previstos de esta Ley.*

En el caso en que solicite un acuerdo extrajudicial de pagos, una vez que el mediador concursal propuesto acepte el cargo, ***el registrador mercantil o notario al que se hubiera solicitado la designación del mediador concursal deberá comunicar, de oficio, la apertura de las negociaciones al juzgado competente para la declaración de concurso."***

El precepto guarda sintonía con la obligación impuesta en el Art. 233-3 LC: "*El registrador o el notario procederá al nombramiento de mediador concursal. Una vez que el mediador concursal acepte el cargo, el registrador mercantil o el notario dará cuenta del hecho por certificación o copia remitidas a los registros públicos de bienes competentes para su constancia por anotación preventiva en la correspondiente hoja registral, así como al Registro Civil y a los demás registros públicos que corresponda, comunicará de oficio la apertura de negociaciones al juez competente para la declaración de concurso y ordenará su publicación en el "Registro Público Concursal*".

El apartado 3: "*El secretario judicial, sin más trámite, procederá a dejar constancia de la comunicación presentada por el deudor o, en los supuestos de negociación de un acuerdo extrajudicial de pago, por el notario o por el registrador mercantil.*"

Y el apartado 4: "*Transcurridos tres meses de la comunicación al juzgado, el deudor, haya o no alcanzado un acuerdo de refinanciación, un acuerdo extrajudicial de pagos o las adhesiones necesarias para la admisión a trámite de una propuesta anticipada de convenio, deberá solicitar la declaración de concurso dentro del mes hábil siguiente, a menos que ya lo hubiera solicitado el mediador concursal o no se encontrara en estado de insolvencia.*"

Este ultimo apartado es contradictorio en lo que al acuerdo extrajudicial de pagos se refiere, pues en el caso de que este se fruste antes durante o tras el acuerdo, existe obligación del mediador concursal de presentar el concurso, lo que cual implica que será la obligación del deudor que se dará cuando el mediador no la haya realizado.

3. PROVISIÓN SOBRE LA SOLICITUD DE OTRO LEGITIMADO Y ACUMULACIÓN DE SOLICITUDES 15-3-1 LC

También se ha modificado el primero apartado del Art. 15-3 LC respecto al concurso necesario, que dice que:

> *"Una vez realizada la comunicación prevista en el artículo 5 bis y mientras no transcurra el plazo de tres meses previsto en dicho precepto, no se admitirán solicitudes de concurso a instancia de otros legitimados distintos del deudor o, en el procedimiento previsto en el Título X de esta Ley, distintos del deudor o del mediador concursal."*

El precepto tiene su coordinación con el Art. 235-6 LC: "*El deudor que se encontrase negociando un acuerdo extrajudicial no podrá ser declarado en concurso, en tanto no concurran las circunstancias previstas en el artículo 5 bis.*"

4. ACCIONES DE REINTEGRACIÓN

Se ha modificado el Art. 71-6-2 LC en cuanto al informe del experto independiente, el cual es nombrado ahora por el Registrador Mercantil:

> *"2.º El acuerdo haya sido informado favorablemente por un experto independiente, que cumpla las condiciones del artículo 28, designado por el registrador mercantil del domicilio del deudor. Si el acuerdo de refinanciación afectara a varias sociedades del mismo grupo, el informe podrá ser único y elaborado por un solo experto, designado por el registrador del domicilio de la sociedad dominante, si estuviera afectada por el acuerdo o en su defecto por el del domicilio de cualquiera de las sociedades del grupo. El informe del experto contendrá un juicio técnico sobre la suficiencia de la información proporcionada por el deudor, sobre el carácter razonable y realizable del plan en las condiciones definidas en el párrafo primero y sobre la proporcionalidad de las garantías conforme a condiciones normales de mercado en el momento de la firma del acuerdo. Cuando el informe contuviera reservas o limitaciones de cualquier clase, su importancia deberá de ser expresamente evaluada por los firmantes del acuerdo.".*

Esta modificación constituye otra ampliación de facultades del Registrador Mercantil junto con el nombramiento del mediador concursal. Sin embargo, frente a este último caso, donde se suscita la polémica con esa forma *"secuencial"* de efectuar el nombramiento, en el caso del experto independiente dedica la Ley 14/2013 un precepto completo como es el nuevo Art. 71 bis LC:

> *"El nombramiento del experto independiente que hubiere de verificar los acuerdos de refinanciación se ajustará a las siguientes previsiones:*
> ***1.** Será competente para su tramitación el registrador mercantil del domicilio del deudor. Si se tratare de un acuerdo de grupo y el informe hubiere de ser único, el experto será designado por el registrador del domicilio de la sociedad dominante, de estar afectada por el acuerdo y, en su defecto, por el del domicilio de cualquiera de las sociedades del grupo.*
> ***2.** La solicitud del nombramiento se hará mediante instancia firmada por el deudor, incluso antes de que esté concluido el acuerdo y redactado un plan definitivo, que puede ser cumplida telemáticamente y dirigida al registrador mercantil competente, suscrita por el solicitante o solicitantes del grupo y en la que expresarán las circunstancias siguientes:*
> ***1.º** La denominación y los datos de identificación registral, en su caso, del solicitante o solicitantes, así como su respectivo domicilio. La solicitud precisará en todo caso el ámbito de las sociedades afectadas con suficiente indicación de las relaciones de grupo existentes así como un detalle suficiente del estado de las negociaciones pendientes o concluidas que permita formarse una idea del grupo de acreedores cuya adhesión se contempla.*
> ***2.º** Los documentos necesarios para que el experto pueda pronunciarse. En el caso de que no se hubiera suscrito aún el acuerdo y estuviere pendiente su negociación deberá acompañarse un proyecto de acuerdo y del plan de viabilidad o, al menos, el acuerdo marco o pacto preliminar en que se fijan las condiciones de la negociación.*
> ***3.º** Una relación de acreedores del deudor y de las entidades afectadas del grupo, por orden alfabético y en los términos previstos en el artículo 6 de la Ley Concursal.*

3. El Registrador, antes de proceder al nombramiento, podrá solicitar varios presupuestos a uno o a varios profesionales idóneos y antes de decidirse sobre el más adecuado.
4. Son causas de incompatibilidad para ser nombrado experto las establecidas para los auditores en la legislación de auditoría de cuentas. No puede ser nombrado experto independiente el auditor que lo fuere del deudor o de cualquiera de las sociedades del grupo afectadas ni tampoco quien hubiere elaborado el propio plan de viabilidad.
5. El informe deberá ser emitido en el plazo que hubiere señalado el solicitante y en todo caso en el de un mes, contado desde la aceptación del nombramiento y sin perjuicio de la posibilidad de prórroga o prórrogas sucesivas por causas justificadas. Si el informe no fuera emitido en plazo se entenderá caducado el encargo, procediéndose por el registrador a un nuevo nombramiento.
6. Podrá nombrarse al mismo experto en cualquier otra refinanciación que se plantee con posterioridad a la primera o anterior refinanciación acordada por el mismo deudor y grupo aunque cambien parte de los acreedores firmantes.".

De dicho precepto se destaca varias cosas:

a) La competencia para el nombramiento de experto independiente es del Registro Mercantil del domicilio del deudor;
b) Se nombra a instancia del deudor; y
c) Se aplica la normativa de auditores en cuanto a requisitos e incompatibilidades del experto independiente.

5. SEGUNDA OPORTUNIDAD

Se ha modificado los efectos de la **conclusión de concurso en los casos de liquidación de masa activa** del Art. 178-2 LC, introduciéndose la segunda oportunidad mediante la remisión de deudas, si bien el régimen es nuevo en la LC, pero es más exigente que en los casos de acuerdo extrajudicial de pagos: *"La resolución judicial que declare la conclusión del concurso del deudor persona natural por liquidación de la masa activa declarará la remisión de las deudas insatisfechas, siempre que el concurso no hubiera sido declarado culpable ni condenado por el delito previsto por el artículo 260 del Código Penal o por cualquier otro delito singularmente relacionado con el concurso y que hayan sido satisfechos en su integridad los créditos contra la masa, y los créditos concursales privilegiados y, al menos, el 25 por ciento del importe de los créditos concursales ordinarios. Si el deudor hubiere intentado sin éxito el acuerdo extrajudicial de pagos, podrá obtener la remisión de los créditos restantes si hubieran sido satisfechos los créditos contra la masa y todos los créditos concursales privilegiados".*

Del precepto se desprenden los siguientes presupuestos:

a) Deudor persona física
b) Concurso finalizado por liquidación (Art. 176-1-2º y 152-2 LC)
c) Ausencia de antecedentes en procesos penales
d) Satisfacción de todos los créditos contra la masa, todos los créditos con privilegio especial o general, y 25% de créditos ordinarios.

En el caso de que se haya tratado de llegar a un acuerdo extrajudicial, basta con que se den todos los presupuestos anteriores y se hayan pagados todos los créditos contra la masa y los privilegiados.

Supone esta modificación uno de los grandes avances y novedades, si bien se puede decir que el legislador recoge lo que habían hecho las resoluciones de 26/10/2010 (JM 3 Bcn) y 23/02/2013 (JM 10 Bcn), si bien se puede decir que el legislador se ha ajustado s los mismos criterios tenidos en cuenta por el Juzgado de lo Mercantil nº 3 de Barcelona, que son los mismos del actual Art. 178-2 LC.

6. PUBLICIDAD REGISTRAL

Se ha modificado el apartado primero del Art. 198-1 LC:

"1. El Registro Público Concursal se llevara bajo la dependencia del Ministerio de Justicia y contará de tres secciones: a) En la sección primera, créditos concursales, se insertarán ordenados por concursado y fechas, de la resoluciones que llevan de publicarse con arreglo a lo previsto en el artículo 23 y en virtud de mandamiento remitido por el secretario judicial. b) En la sección segunda, de publicidad registral, se harán constar, ordenadas por concursado y fechas, las resoluciones registrales anotadas o inscritas en todos los registros públicos de personas referidos en el artículo 24.1, 2 y 3, incluidas las que declaren concursados culpables o acuerden la designación o inhabilitación de los administradores concursales y en virtud de certificaciones remitidas de oficio por el encargado del registro una vez practicado el correspondiente asiento. c) En la sección tercera, de acuerdos extrajudiciales, se hará constar la apertura de las negociaciones para alcanzar tales acuerdos y su finalización.".

Este Registro ha sido objeto de desarrollo normativo por el Real Decreto 892/2013, de 15 de noviembre, siendo su entrada en vigor a los tres meses de su publicación en el «Boletín Oficial del Estado (DF 3º RD 892/2013), es decir, el 15/02/2014.

7. TRATAMIENTO DE CRÉDITOS DE DERECHO PÚBLICO EN CASO DE ACUERDO EXTRAJUDICIAL DE PAGOS (DA 7ª LC)

Se ha introducido una nueva DA 7º Ley 14/2013 sobre el "*Tratamiento de créditos de derecho público en caso de acuerdo extrajudicial de pagos*" que adapta el nuevo régimen de los acuerdos extrajudiciales de pago a los créditos de derecho público, los cuales, no son pueden ser objeto del plan de pagos del acuerdo extrajudicial. Esta es otra de las situaciones de privilegio que el legislador ha considerado para el crédito público, el cual es independiente de su ulterior clasificación o garantías. Lo que se regula es la forma de solicitud de aplazamiento de deuda en el caso de alcanzar un acuerdo extrajudicial de pagos.

La DA 7ª dispone que:

"1. Lo dispuesto en el Título X de esta Ley no resultará de aplicación a los créditos de derecho público para cuya gestión recaudatoria resulte de aplicación

lo dispuesto en la Ley 58/2003, de 17 de diciembre, General Tributaria, en la Ley 47/2003, de 26 de noviembre, General Presupuestaria o en el Real Decreto legislativo 1/1994, de 20 de junio, por el que se aprueba el Texto Refundido de la Ley General de la Seguridad Social.

2. El deudor persona natural o jurídica al que se refiere el artículo 231 que tuviera deudas de las previstas en el apartado anterior, una vez admitida la solicitud de acuerdo extrajudicial de pagos regulada en el artículo 232, deberá solicitar de la Administración Pública competente un aplazamiento o fraccionamiento de pago comprensivo de las deudas que, a dicha fecha, se encontrasen pendientes de ingreso, siempre que no tuviera previsto efectuar el mismo en el plazo establecido en la normativa aplicable.

3. Tratándose de deudas con la Hacienda Pública la tramitación de las solicitudes de aplazamiento o fraccionamiento a que se refiere el apartado anterior se regirá por lo dispuesto en la Ley General Tributaria y en su normativa de desarrollo, con las siguientes especialidades:

- *a) El acuerdo de resolución del aplazamiento o fraccionamiento sólo podrá dictarse cuando el acuerdo extrajudicial de pagos haya sido formalizado. No obstante, será posible resolver antes de la concurrencia de tal circunstancia si transcurren tres meses desde la presentación de la solicitud sin que se haya publicado en el "Boletín Oficial del Estado" la existencia de tal acuerdo o se declarara el concurso.*
- *b) El acuerdo de concesión del aplazamiento o fraccionamiento, salvo que razones de cuantía discrecionalmente apreciadas por la Administración determinen lo contrario, tendrá como referencia temporal máxima la contemplada en el acuerdo extrajudicial de pagos, si bien la periodicidad de los plazos podrá ser diferente.*

Los aplazamientos y fraccionamientos de pago en su día concedidos y vigentes a la fecha de presentación de la solicitud de aplazamiento o fraccionamiento a que se refiere el apartado 2 anterior continuarán surtiendo plenos efectos, sin perjuicio de las peticiones de modificación en sus condiciones que puedan presentarse, en cuyo caso las deudas a que las mismas se refiriesen se incorporarán a la citada solicitud.

En todo caso se incorporarán a la solicitud de aplazamiento o fraccionamiento las deudas que a la fecha de presentación de la misma estuvieran incluidas en solicitudes pendientes de resolución.

4. Tratándose de deudas con la Seguridad Social la tramitación de las solicitudes de aplazamiento o fraccionamiento a que se refiere el apartado 2 anterior se regirá por lo dispuesto en el Texto refundido de la Ley de la Seguridad Social y en su normativa de desarrollo, con las siguientes especialidades:

- *a) El acuerdo de resolución del aplazamiento sólo podrá dictarse cuando el acuerdo extrajudicial de pagos haya sido formalizado. No obstante, será posible resolver antes de la concurrencia de tal circunstancia si transcurren tres meses desde la presentación de la solicitud sin que se haya publicado en el "Boletín Oficial del Estado" la existencia de tal acuerdo o se declarara el concurso.*

b) *El acuerdo de concesión del aplazamiento, salvo que razones de cuantía discrecionalmente apreciadas por la Administración determinen lo contrario, tendrá como referencia temporal máxima la contemplada en el acuerdo extrajudicial de pagos, si bien la periodicidad de los plazos podrá ser diferente.*

En el caso de que el sujeto responsable tuviese aplazamiento de pago vigente a la fecha de la presentación de la solicitud del acuerdo extrajudicial, el mismo continuará surtiendo plenos efectos, sin perjuicio de las reconsideraciones o modificaciones que puedan solicitarse a efectos de incluir en el aplazamiento algún periodo de deuda corriente o de alterar alguna de las condiciones de amortización, respectivamente."

8. REMUNERACIÓN DE LOS MEDIADORES CONCURSALES.

Otro de los aspectos relevantes objeto de regulación en la ley 14/2013 es el régimen retributivo de los mediadores, el cual se equipara al de los Administradores Concursales en cuanto al arancel el los términos del RD 1860/2004. La cuestión surge en que cantidad se debe de fijar, pues en el acuerdo extrajudicial de pagos no hay una fase común, ni una fase de convenio o liquidación, lo cual genera incertidumbre. La lógica obliga a pensar que el tratamiento seria como si un concurso hubiera alcanzado un convenio. Sin embargo, esta interpretación tampoco es exacta, pues se dice en el Art. 242 LC que el administrador concursal que ha sido mediador "*no podrá percibir por este concepto más retribución que la que le hubiera sido fijada en el expediente de arreglo extrajudicial*", lo que induce a equivoco, pues ¿solo debe de percibir lo cobrado como mediador y que esta garantizado por el activo al iniciarse el acuerdo extrajudicial de pagos?, o por el contrario, ¿se obtienen dos remuneraciones, una por mediador, y otra por Administrador Concursal liquidar, siendo esta segunda limitada a la cuantía cobrada como mediador?. Son cuestiones sin respuesta que exigirá de jurisprudencia de los Tribunales para llegar a un criterio unánime.

LOS ACUERDOS DE REFINANCIACIÓN EN EL PROCESO DE MEDIACIÓN Y EN EL PRECONCURSO

Raúl N. García Orejudo
Magistrado JM 7 de Barcelona

SUMARIO: **1. Introducción.- 2. Relación entre los sistemas alternativos de concurso.- 3. Relación entre los acuerdos de refinanciación y los acuerdos extrajudiciales de pago.- 4. Relación entre los acuerdos de refinanciación y la propuesta anticipada de convenio.- 5. Relación entre los acuerdos extrajudiciales de pago y el convenio concursal.**

El objeto de esta intervención no es tanto destacar las novedades que en materia de acuerdos de refinanciación ha traído la Ley 14/2013, de 27 de septiembre, de apoyo a los emprendedores y su internacionalización (que se resumen en unas reglas sobre designación de experto independiente –art. 71 bis–, la reducción al 55% del pasivo financiero y la no exigencia del doble quórum en la D. A. 4ª), como realizar un primer análisis de las interesantes relaciones que pueden establecerse entre los sistemas alternativos al concurso, el preconcurso y el concurso con presentación de propuesta anticipada de convenio, que determinan, con la publicación de la citada ley, un nuevo sistema de insolvencia en nuestro país, que parece caminar indeciso a la espera de futuras e inminentes reformas.

1. INTRODUCCIÓN

Con la Ley Concursal el legislador quiso romper, hace ya 10 años, con la tradicional división legal entre las situaciones de insolvencia que afectaba a personas físicas, de las que afectaban a las sociedades y personas jurídicas, apostando por la unidad en la regulación legal del concurso de acreedores que recoge como principio la Exposición de Motivos de la ley.

Asimismo la apuesta inicial del legislador se centraba en la consecución, en el seno del procedimiento concursal de un convenio con los acreedores mediante la aceptación de la tradicional quita y espera, bajo determinados requisitos de forma, tramitación y contenido.

Esta apuesta por el convenio concursal se refleja, no sólo en la propia Exposición de Motivos de la ley como es sabido, sino en la misma regulación de casi una cuarta parte de la ley (más de 40 artículos) dedicada al convenio concursal, frente a los escasos 22 artículos que se dedican a la liquidación.

Después de casi 10 años de aplicación de la Ley Concursal y con la importante coyuntura de la actual crisis económica el legislador parece haber cambiado su punto de mira y su percepción del propio sistema, con las sucesivas reformas que se han realizado hasta el momento y las que se puede aventurar que se avecinan en un futuro no muy lejano.

En efecto, en primer lugar, se puede asegurar que existe una clara apuesta por el legislador hacia los llamados institutos o situaciones preconcursales, que también pueden recibir, apropiadamente la calificación de "anti-concursales". Se trata de una doble inclinación. Por un lado, se están potenciando las situaciones en que se va a permitir a quienes estén en una situación de insolvencia, actual o inminente, acogerse al juego de los plazos que recoge el art. 5 bis, para preparar la entrada en el concurso de concurso de una manera más satisfactoria para los intereses del deudor y de sus acreedores. Por otro lado, también mediante el juego de los plazos del art. 5 bis, se está potenciando la posibilidad de evitar el concurso, en los casos en que pueda alcanzarse, previa la correspondiente tramitación, un Acuerdo de Refinanciación, un Acuerdo Extrajudicial de Pagos o, simplemente, un acuerdo con determinados acreedores (estratégicos) o una refinanciación (sin homologación) que permita salir de la situación de insolvencia y del riesgo de una solicitud de concurso necesario.

En segundo lugar, se empieza a observar una tímida inclinación del legislador hacia la separación en la unidad del sistema legal de insolvencia, ante el escaso o nulo éxito, en términos cualitativos y cuantitativos que ha tenido el Concurso de Acreedores para las personas físicas, frente a la innegable y dura crisis económica que ha repercutido en un claro sobreendeudamiento de muchas familias, que no han hallado en la Ley Concursal, solución alguna.

Como ejemplo de esta incipiente separación en la regulación se encuentran, en primer lugar, las tímidas medidas adoptadas en el marco del RD de 9 de marzo de 2012 de medidas urgentes de protección de deudores hipotecarios sin recursos, retocada por la Ley 1/13 de medidas para reforzar la protección de los deudores hipotecarios, reestructuración de deuda y alquiler social, normativa aplicable únicamente para las personas físicas, aunque con un ámbito de aplicación muy limitado.

También es ejemplo de esta división la propia regulación que contempla la Ley 14/2013 del acuerdo extrajudicial de pagos con requisitos objetivos, subjetivos y formales claramente diferenciados para las que llama personas naturales, respecto de las personas jurídicas e incluso la regulación de la remisión de deudas insatisfechas del art. 178.2 de la LC, aplicable solamente para las personas naturales, frente a la previsión del concurso consecutivo.

Parece que empiezan a resonar con fuerza las estadísticas que comparan, en el ámbito de los países de nuestro entorno, el número de concursos de personas físicas tramitados en España, frente al número de procedimientos de insolvencia, en sentido propio, o de sistemas alternativos al concurso seguidos en otros países.

En tercer lugar, se ha podido percibir en nuestro sistema un intento de potenciar la reducción en los plazos de tramitación del concurso a través del concurso abreviado y, en particular, en materia de convenio, con la regulación del art. 191 bis. El famoso "estigma concursal" pesa sobre esta concepción y sobre la necesidad de que el deudor abandone cuanto antes la losa de encontrarse en situación de concurso (aunque todos sabemos que con la aprobación de un convenio, no finaliza en sentido estricto el procedimiento concursal).

Finalmente, relacionado con lo anterior, ante la situación actual y a la espera de futuras reformas, tal vez se debería volver a mirar a la posibilidad del convenio concursal, en particular la posibilidad de lograr la aprobación de una PAC, como una adecuada solución a la situación de insolvencia, aun con todas las dificultades, tratando de buscar interpretaciones de la norma que sean favorables a su consecución, en especial, cuando se trate de personas físicas. Las estadísticas en este punto no son nada halagüeñas, pero son varios los concursos tramitados en los Juzgado Mercantiles de Barcelona en los que se ha podido aprobar un convenio, vía PAC o vía propuesta ordinaria de convenio en el marco del art. 191 LC, en un plazo de tiempo no superior a seis meses desde la declaración. Ello exige, lógicamente, entrar en concurso con los deberes hechos.

2. RELACIÓN ENTRE LOS SISTEMAS ALTERNATIVOS DE CONCURSO

Los que se conocen como institutos preconcursales, dentro de los que podemos incluir las que hemos llamado situaciones "anticoncursales", básicamente los acuerdos de refinanciación del art. 71.6 y la DA 4ª y los acuerdos extrajudiciales de pago del Título X de la LC, convergen en un único precepto, el art. 5 bis, el cual debe complementarse con las previsiones de los arts. 15. 3 y 22.1 párrafo 2º LC.

El art. 5 bis dispone, después de la reforma operada por la Ley 14/13:

> *1. El deudor podrá poner en conocimiento del juzgado competente para la declaración de su concurso que ha iniciado negociaciones para alcanzar un acuerdo de refinanciación o para obtener adhesiones a una propuesta anticipada de convenio en los términos previstos en esta Ley.*
> *En el caso en que solicite un acuerdo extrajudicial de pago, una vez que el mediador concursal propuesto acepte el cargo, el registrador mercantil o notario al que se hubiera solicitado la designación del mediador concursal deberá comunicar, de oficio, la apertura de las negociaciones al juzgado competente para la declaración de concurso.*

2. Esta comunicación podrá formularse en cualquier momento antes del vencimiento del plazo establecido en el artículo 5. Formulada la comunicación antes de ese momento, no será exigible el deber de solicitar la declaración de concurso voluntario.
3. El secretario judicial, sin más trámite, procederá a dejar constancia de la comunicación presentada por el deudor o, en los supuestos de negociación de un acuerdo extrajudicial de pago, por el notario o por el registrador mercantil.
4. Transcurridos tres meses de la comunicación al juzgado, el deudor, haya o no alcanzado un acuerdo de refinanciación, un acuerdo extrajudicial de pagos o las adhesiones necesarias para la admisión a trámite de una propuesta anticipada de convenio, deberá solicitar la declaración de concurso dentro del mes hábil siguiente, a menos que ya lo hubiera solicitado el mediador concursal o no se encontrara en estado de insolvencia.

Ofrece entonces nuestro sistema de insolvencia en la actualidad varias posibilidades al deudor que se encuentra en estado de insolvencia actual o inminente y reúna los requisitos objetivos y subjetivos que se recogen en el art. 231 para el caso de acuerdo extrajudicial. Una vez hecha al Juzgado la comunicación del art. 5 bis, las opciones son variadas (además de solicitar un indeseado concurso voluntario para liquidación):

1) Puede alcanzar un acuerdo con sus acreedores de cara a presentar una PAC con las adhesiones necesarias para la admisión a trámite y asegurar las necesarias para la aprobación.
2) Puede alcanzar un acuerdo con sus acreedores con la finalidad de presentar una propuesta ordinaria de convenio, dentro de los diferentes vías de tramitación (demasiadas tal vez) que recoge nuestra Ley Concursal a fin de aprobar un convenio (Convenio del art. 191 bis, tramitación escrita del art.115. bis, tramitación general del art. 113.2 o el caso especial del art. 113.1).
3) Puede iniciar un expediente de acuerdo extrajudicial de pagos del Titulo X con el nombramiento de mediador concursal para alcanzar un acuerdo con los acreedores que resulten afectados y con los efectos que señala la ley.
4) Puede alcanzar un acuerdo de refinanciación con sus acreedores en los términos del art. 71. 6 LC y una vez alcanzado, si así lo desea, pretender su homologación judicial para extender sus efectos de conformidad con la D.A. 4ª.
5) O puede alcanzar un acuerdo de reestructuración de la deuda, o un acuerdo de refinanciación con sus acreedores al que le falten alguna de las formalidades exigidas en el art. 71.6 de la LC y no solicitar su homologación simplemente porque a través de dichos acuerdos elimina la situación de insolvencia.
6) O, finalmente, puede, sin más, comunicar al Juzgado que no se encuentra en situación de insolvencia y no presentará concurso por haber obtenido una financiación interna o, en definitiva, haber removido situaciones que conllevaban una insolvencia inminente por otras causas.

A partir de aquí podemos plantearnos cómo pueden jugar las diversas opciones entre sí, esto es, si existen puentes a través de los cuales podamos cruzar de uno de los caminos inicialmente elegido a otra de las opciones, sin caer en la temible liquidación.

3. RELACIÓN ENTRE LOS ACUERDOS DE REFINANCIACIÓN Y LOS ACUERDOS EXTRAJUDICIALES DE PAGO

La primera pregunta que podría plantearse, al menos sobre el papel, es si resulta compatible un acuerdo de refinanciación y un acuerdo extrajudicial de pago. La única mención que contempla la LC al respecto es prohibitiva y clara: "*No podrán acceder al acuerdo extrajudicial de pagos quienes se encuentren negociando con sus acreedores un acuerdo de refinanciación o cuya solicitud de concurso hubiera sido admitida a trámite*" (Art. 231.4. LC)

Pero, a continuación podemos plantearla situación a la inversa: ¿Cabría alcanzar un acuerdo de refinanciación con las exigencias del art. 71.6 LC e incluso con la vocación de alcanzar la homologación judicial de la D.A. 4ª, en el marco de un proceso de mediación concursal?

En teoría, la LC no impide este planteamiento puesto que el deudor que ha iniciado un acuerdo extrajudicial de pagos podría a priori, a mi juicio, renunciar o desistir en cualquier momento de este expediente como veremos más adelante. Otra cosa son las consecuencias. Y, en hipótesis, podría llegar a lograrse un acuerdo de refinanciación con los requisitos del art. 71.6 LC, incluso para su homologación con el trámite de la D.A. 4ª como consecuencia de las negociaciones y la intervención del mediador concursal.

Lógicamente el planteamiento es más hipotético que real puesto que los sistemas alternativos al concurso que constituyen los acuerdos de refinanciación y los acuerdos extrajudiciales de pago parecen estar diseñados para perfiles de deudor diferentes y responder a una diferente finalidad. Pero la ausencia de requisitos subjetivos del deudor para los acuerdos de refinanciación y la amplitud con que se diseñan los requisitos que debe cumplir el deudor que quiera iniciar un acuerdo extrajudicial de pagos (pasivos de hasta 5 millones de euros, por ejemplo), permitiría sostener la anterior tesis.

4. RELACIÓN ENTRE LOS ACUERDOS DE REFINANCIACIÓN Y LA PROPUESTA ANTICIPADA DE CONVENIO

De nuevo podemos plantearnos algunas hipótesis sobre el juego que en la práctica podría originarse con la posibilidad de que el intento de un acuerdo de refinanciación fallido pueda avocar a una situación concursal de convenio.

La cuestión aquí, en primer lugar, se centra en si resulta compatible un acuerdo de refinanciación y una propuesta anticipada de convenio. La LC únicamente nos ofrece, al igual que en el caso anterior, una norma prohibitiva y clara: D.A. 4ª apartado 7: *Solicitada una homologación no podrá solicitarse otra por el mismo deudor en el plazo de un año.*

A partir de aquí las hipótesis son variadas puesto que solamente tenemos la norma indicada y el art. 5 bis antes trascrito. Pero no resulta descabellado pensar que alcanzado un acuerdo de refinanciación con los requisitos del art. 71.6 LC, se halla o no logrado la homologación judicial del acuerdo de refinanciación, por la vía y para la finalidad que se recoge en la D. A. 4ª, se encuentre todavía el deudor en situación de insolvencia actual o inminente (o entre en dicha situación), como consecuencia de las relaciones que mantenga con otros acreedores a quienes no haya alcanzado el efecto del acuerdo de refinanciación. Al fin y al cabo uno de los efectos de dichos acuerdos es el de blindaje frente a las acciones rescisorias de un concurso posterior.

En consecuencia, en la hipótesis anterior, tenemos a un deudor que ha negociado y logrado (o no) un acuerdo de refinanciación que ha de entrar en concurso porque mantiene una situación de insolvencia actual o inminente y quiere negociar con sus acreedores una propuesta anticipada de convenio. En este caso ¿podría el deudor poner en conocimiento nuevamente que se encuentra en negociaciones para alcanzar una propuesta anticipada de convenio?

La respuesta que por inercia se ha ofrecido en la práctica de los Juzgados Mercantiles, cuando no existían los institutos alternativos al concurso, fue la negativa a concatenar o prorrogar los plazos del art. 5 bis.

Pero la existencia de dichas opciones y la posibilidad, algo más que teórica, de que se produzcan situaciones como la planteada con anterioridad podrían conducir hacia una mayor flexibilidad en la apreciación de que puedan realizarse sucesivas comunicaciones del art. 5 bis.

A salvo, claro está, de que no se ampare con ello situaciones de fraude de ley.

5. RELACIÓN ENTRE LOS ACUERDOS EXTRAJUDICIALES DE PAGO Y EL CONVENIO CONCURSAL

Los acuerdos extrajudiciales de pago y la mediación concursal son instituciones novedosas en nuestro derecho y en la práctica concursal, que todavía no han recibido una aplicación práctica, de manera que las interpretaciones que en este momento puedan realizarse de la norma han de ser, con carácter general, (además de escasas habida cuenta la falta de experiencia) abiertas y favorables a la consecución de estos acuerdos en aras de las finalidades que persigue la reforma legal recogidas en la Exposición de Motivos de la Ley 14/13.

El planteamiento de las relaciones entre el acuerdo extrajudicial de pagos y el concurso de acreedores pasa por cuestionarse, como pregunta nuclear, si todo expediente de acuerdo extrajudicial de pagos frustrado debe acabar en un concurso consecutivo. Como primera aproximación en la línea interpretativa antes expuesta la respuesta ha de ser negativa.

Parece claro que el deudor que ha iniciado un acuerdo extrajudicial de pagos puede "escapar" de dicho expediente, renunciar a su continuación, en cualquier momento interesando del Juzgado Mercantil que resulte competente que sea declarado en concurso con la naturaleza de consecutivo. Del juego de los arts. 242.1 y 5 bis se desprende la posibilidad de que el deudor pueda solicitar que sea declarado en concurso y que lo sea con la naturaleza de concurso consecutivo. A fin de cuentas el deudor puede pedir la liquidación en cualquier momento (art. 142.1 LC)

También parece claro que, una vez iniciado el expediente de acuerdo extrajudicial de pagos, el deudor puede, por diversas razones ajenas al propio expediente, salir de la situación de insolvencia y solicitar que se proceda a la finalización del expediente extrajudicial, realizando la correspondiente comunicación al Juzgado, tal y como expresa el párrafo final del art. 5 bis.4. Si no está en situación de insolvencia no parecería razonable exigirle su continuación en el expediente extrajudicial.

La cuestión es si puede el deudor interesar en algún momento de la tramitación del acuerdo extrajudicial de pagos ser declarado en concurso y que este no tenga la naturaleza de consecutivo, sino de concurso no consecutivo, generalmente abreviado, dentro del cual pueda realizar una propuesta de convenio por los diferentes cauces que ofrece la ley.

Ciertamente el art. 242.1 indica que "*Tendrá la consideración de concurso consecutivo el que se declare a solicitud del mediador concursal, del deudor o de los acreedores por la imposibilidad de alcanzar un acuerdo extrajudicial de pagos o por incumplimiento del plan de pagos acordado*".

Una interpretación rigorista de la norma trascrita nos llevaría a considerar que en todo caso de imposibilidad de alcanzar de alcanzar un acuerdo extrajudicial de pagos debe conducir al deudor hacia el concurso consecutivo, hacia la liquidación.

Sin embargo, la inclusión del sistema de acuerdo extrajudicial de pagos dentro de la Ley Concursal, regida por una clara tendencia favorecedora del convenio concursal frente a la liquidación ("con efectos severos" que dice su Exposición de Motivos) y la Exposición de Motivos de la propia Ley 14/13, parecerían conducirnos hacia una interpretación finalista de la norma que podría permitir, bajo determinadas circunstancias, que el deudor no se viera avocado irremediablemente hacia la liquidación de su patrimonio.

No resultaría absurdo pensar que en la práctica del acuerdo extrajudicial de pagos, tal y como se ha diseñado, se produzcan situaciones en las el mediador concursal presente un plan de pagos (con plan de viabilidad, propuesta de cumplimiento regular de nuevas obligaciones etc.) que, de acuerdo con los límites infranqueables de quita y espera que recoge el art. 236 de la LC, el deudor considere que es imposible que pueda cumplir. Y que ese mismo deudor, en el mismo escenario, incluso con el mismo plan de viabilidad, pudiera cumplir un convenio concursal con los límites de quita y espera y restantes exigencias de contenido que contemplan los artículos 99 y 100 LC.

No parecería razonable que en situaciones como la expuesta, en que el deudor no presta su consentimiento (exigido por el art. 236 LC) a la propuesta que realiza el mediador concursal, se debiera, en todo caso, considerar que la solicitud de concurso que realice ese mismo deudor deba ser un concurso consecutivo.

Prestado el consentimiento o aceptado el plan de pagos y restantes propuestas que presente el mediador concursal, provisional o definitivamente, el mismo quedaría ya sometido a la voluntad de los acreedores. De ahí que la referida posibilidad de solicitud de concurso no consecutivo debiera tener como límite ese momento en la tramitación del expediente.

Todo ello, de nuevo, a salvo de situaciones de fraude de ley, que, a priori, deben entenderse patológicas.

En cualquier caso, será la realidad práctica y la mayor o menor utilización del sistema alternativo presentado por el legislador, que todavía no ha empezado a caminar, el que dejará encima de la mesa de los operadores jurídicos estos y otros problemas que no hemos podido llegar a plantear.

MEDIACIÓN Y ADMINISTRACIÓN CONCURSAL, PERSONA FÍSICA *VERSUS* PERSONA JURÍDICA

PEDRO MALAGÓN RUIZ
Magistrado JM nº 1 San Sebastián

El mediador concursal ¿puede ser tanto persona física como jurídica?; ¿ Cuales son los requisitos para ser mediador?; ¿las personas jurídicas que puedan ser mediadoras concursales deben de ser sociedades profesionales?; ¿Se debe de tener en cuenta las circunstancias del caso a la hora de la designación de persona jurídica o natural?

La palabra "versus" según el diccionario de la RAE es una voz de origen ingles, que a su vez proviene del latín; en su acepción original latina significaba hacia; en la actualidad ese significado ha evolucionado a "frente a" o "contra".

Por lo tanto, el enunciado de esta intervención viene a contraponer la persona física y jurídica a la hora de asumir la función de mediador o administrador concursal.

Precisamente, la Ley 14/2013 de apoyo a los emprendedores y su internacionalización, ha introducido una nueva figura dentro del panorama del derecho concursal, la del denominado mediador concursal que viene a aunar los dos cargos, por cuanto que el nombrado mediador, en el caso de que su actuación conciliadora no tenga éxito, será, probablemente, el administrador concursal del deudor cuya deuda era objeto de negociación.

Para comprender la razón de ser y la naturaleza de esta nueva figura, debemos de partir de que su nombramiento es obligado ante la solicitud, por parte el interesado, deudor, de intentar un acuerdo extrajudicial de pagos y, en segundo lugar, de que se configura a partir de una posible doble función, la del mediador especializado, dentro de la Ley 5/2012, de 6 de julio, de mediación y la del posible administrador concursal ante, en su caso, el nuevo instituto del concurso consecutivo del 242 LC ex novo. En términos literales así lo regula el artículo 233 LC tras su incorporación en virtud de la Ley 14/2013, con el tratamiento subsidiario de la explícita referencia, también novedosa, al experto independiente, del articulo 71.bis LC dedicado al experto nombrado por el Registrador ante los acuerdos de refinanciación; este art. 71bis ha sido introducido en la L.C. por el artículo 31. Uno, de la Ley de 14/2013.

Si nos vamos al nuevo art. 233 de la L.C. "El nombramiento de mediador concursal podrá recaer en la persona natural o jurídica a la que de forma secuencial corresponda de entre las que figuren en la lista oficial que se publicará en el portal correspondiente del Boletín Oficial del Estado, la cual será suministrada por el Registro de Mediadores e Instituciones de Mediación del Ministerio de Justicia.

El mediador concursal deberá reunir, además de esta condición de acuerdo con la Ley 5/2012, de 6 de julio, de mediación en asuntos civiles y mercantiles, alguna de las que se indican en el apartado 1 del artículo 27.

En todo lo no previsto en esta Ley en cuanto al mediador concursal, se estará a lo dispuesto en materia de nombramiento de expertos independientes"

El mediador concursal ¿puede ser tanto persona física como jurídica?

Una primera lectura del precepto anterior nos lleva a plantearnos la cuestión relativa a si, efectivamente, tal como indica el art. 233, el mediador concursal puede ser tanto persona natural como persona jurídica.

Parece que sí, de forma literal se indica así.

Profundizando mas, el art. 233, en su segundo párrafo indica que el mediador concursal deberá reunir, una doble condición, por un lado, la de mediador con arreglo a la ley 5/2012 de Mediación en Asuntos Civil es y Mercantiles, y en segundo lugar, alguna de las condiciones que se indican en el apartado 1 del art. 27.

¿ Como se concretan esas dos condiciones?

El Artículo 11 de la referida Ley 5/12, bajo el titulo "Condiciones para ejercer de mediador" señala, en su apartado 1°, primer párrafo, que "pueden ser mediadores las personas naturales que se hallen en pleno ejercicio de sus derechos civiles, siempre que no se lo impida la legislación a la que puedan estar sometidos en el ejercicio de su profesión."; de este apartado parece deducirse que solo las personas naturales, que no jurídicas, pueden ser mediadores en el ámbito civil y mercantil.

Esto se complica un poco si continuamos leyendo, puesto que el segundo párrafo del mismo apartado dispone que "las personas jurídicas que se dediquen a la mediación, sean sociedades profesionales o cualquier otra prevista por el ordenamiento jurídico, deberán designar para su ejercicio a una persona natural que reúna los requisitos previstos en esta Ley."

Es decir, el primer párrafo indica que pueden ser mediadores las personas naturales y el segundo se refiere a las personas jurídicas que se dediquen a la mediación, lo cual parece un contrasentido si se entiende que solo las personas naturales pueden ser mediadores; es más, del apartado 2° parece deducirse que una cosa es dedicarse a la mediación y otra ejercer la mediación por cuanto que, siguiendo además el titulo del articulo ("Condiciones para ejercer de mediador"), cuando se exige a las personas jurídicas que se dediquen a la mediación que designen para su ejercicio a una persona natural, ello parece implicar que, en el caso de que a la persona jurídica se le haga un encargo de mediar, éste deberá de cumplirlo no ella directamente, sino la persona natural que designe.

Sin embargo, esto no se corresponde muy bien con la naturaleza de las sociedades profesionales, que también son mencionadas en el articulo; Veamos, según los casos, parece que el tenor literal del art. 11 admite que puedan dedicarse a la mediación tanto personas naturales como sociedades profesionales u otras previstas en el ordenamiento jurídico.

Si se trata de sociedades profesionales, a tenor de lo que indica el art. 1 de la Ley 2/2007, tales sociedades prestan el servicio profesional directamente, como verdadero profesional persona jurídica, y centro de imputación de los derechos y obligaciones inherentes al servicio profesional en relación con el cliente, por lo cual, parece que, respecto de estas sociedades dedicarse a la mediación y ejercer la mediación es lo mismo y no parece muy coherente con el régimen de las mismas exigir que designen un profesional para el ejercicio de la mediación, cuando según la norma que las regula es la sociedad quién directamente presta el servicio.

Por el contrario, otras sociedades que pueda contemplar el ordenamiento jurídico, distintas de las profesionales, es decir, sociedades integradas por profesionales, pero no profesionales, no prestan el servicio directamente sino los profesionales persona física que la integran; a estas si les podría ser aplicable el tenor literal del precepto.

Por ello, hay que considerar que el art. 11 de la Ley 5/12, cuando hace referencia a "dedicarse" a la mediación, lo hace en sentido amplio; es decir, significando tanto prestación del servicio como facilitación del profesional que lo preste.

Entendemos que la designación de la persona natural será, según los casos, de diverso significado; si se trata de una verdadera sociedad profesional, esta designación tendrá una significación similar a la del art. 30 de la L.C., es decir, a los solos efectos de representar a la sociedad profesional en el ejercicio del cargo de mediador, sobreentendiendo que es la sociedad la que presta el servicio.

Si, por el contrario, estamos ante una sociedad de intermediación o sociedad de profesionales, que no presta directamente el servicio, sino que facilita a profesionales para que lo presten, estaremos ante una verdadera designación de mediador, es decir, el mediador designado por esa sociedad será el que ejerza la mediación.

Otra cuestión es si una sociedad que no sea profesional puede entenderse que se dedica a la mediación; si en sentido estricto, se considera que no, que solo la sociedad profesional puede dedicarse a la mediación, por cuanto que en las otras sociedades mencionadas, quien se dedica no es la sociedad, sino los proefesionales que la integran, ello hará difícil que, aparte de las sociedades profesionales, hayan otras que puedan dedicarse a la mediación.

Aclarado lo anterior, habrá que entender que, a pesar del tenor literal del art. 11.1, párrafo 1º de la Ley 5/12, el mediador puede ser tanto persona física como persona jurídica, sin perjuicio de que esta tenga que designar a una persona natural que la represente en el ejercicio de su cargo.

La persona natural y la persona jurídica profesional (en su caso, los profesionales que la integren) deberán de reunir los requisitos previstos en la Ley.

¿Cuáles son esos requisitos?

Los establecidos en el art. 11.2 y 3 de la Ley 5/12, a saber:

— Estar en posesión de título oficial universitario o de formación profesional superior.

— Contar con formación específica para ejercer la mediación, que se adquirirá mediante la realización de uno o varios cursos específicos impartidos por instituciones debidamente acreditadas, que tendrán validez para el ejercicio de la actividad mediadora en cualquier parte del territorio nacional.

— Suscribir un seguro o garantía equivalente que cubra la responsabilidad civil derivada de su actuación en los conflictos en que intervenga.

La segunda condición del mediador concursal era, recordemos, que en él concurriera alguna de las que se indican en el apartado 1 del artículo 27.

Este apartado se refiere a las condiciones subjetivas para ser nombrado administrador concursal con carácter general; el apartado 2, por su parte, contiene las excepciones a esta regla general, en cuyo caso, se contemplan características diferentes de quien ha de ser nombrado administrador concursal según los casos (sociedades cotizadas, entidades aseguradoras, concursos de especial trascendencia en cuanto al nombramiento de un segundo administrador, etc...).

Por lo tanto, ¿Quién puede, con carácter general, ser nombrado administrador concursal?:

1. Abogados en ejercicio con cinco años de experiencia profesional efectiva en el ejercicio de la abogacía, que hubieran acreditado formación especializada en Derecho Concursal.
2. Economistas, titulados mercantiles o auditores de cuentas con cinco años de experiencia profesional, con especialización demostrable en el ámbito concursal.
3. Persona jurídica en la que se integre, al menos, un abogado en ejercicio y un economista, titulado mercantil o auditor de cuentas, y que garantice la debida independencia y dedicación en el desarrollo de las funciones de administración concursal.

A estos profesionales y personas jurídicas también se les exige, con arreglo al art. 29 de la L.C. un seguro de responsabilidad civil o garantía equivalente proporcional a la naturaleza y alcance del riesgo cubierto en los términos que se desarrollen reglamentariamente, para responder de los posibles daños en el ejercicio de su función y manifestar si acepta o no el encargo.

Expuestas las dos condiciones necesarias para poder ser nombrado mediador concursal, volvemos a la pregunta inicial ¿una persona jurídica puede ser mediadora concursal?

Evidentemente sí, una sociedad profesional del art. 27.1 puede reunir las condiciones para ser administrador concursal y también ejercer de mediador civil o mercantil según la ley 5/12.

Por lo tanto una persona jurídica, que reúna los requisitos del art. 27.1 L.C. puede ser nombrado mediador concursal; esta sociedad profesional, con arreglo al art. 11.1 de la Ley 5/12, deberán designar a una persona natural que reúna los requisitos previstos en esta Ley para que la represente en el ejercicio de la mediación.

Se sobreentiende que esta persona designada será alguno de los profesionales (abogados, economistas, etc) que la integran y que, a su vez, reúna los requisitos del art. 11 de la ley 5/12 es decir, dando por hecho que ya son licenciados universitarios, deberán contar con formación específica para ejercer la mediación, que se adquirirá mediante la realización de uno o varios cursos específicos impartidos por instituciones debidamente acreditadas, que tendrán validez para el ejercicio de la actividad mediadora en cualquier parte del territorio nacional.

Expuesto lo anterior,

¿Las personas jurídicas que puedan ser mediadoras concursales deben de ser sociedades profesionales?

Desde mi modesta opinión si; ya hemos indicado antes que solo se puede predicar de una sociedad profesional que se dedica a la mediación y ejerce la mediación, por lo que parece que solo las sociedades profesionales pueden ser mediadoras "strictu sensu".

Por su parte, respecto de las personas jurídicas administradoras del art. 27.1 L.C., si bien la ley ha previsto como tal, de forma abierta, aquella en la que se integre al menos un abogado en ejercicio y un economista, titulado mercantil o auditor de cuentas, la referencia a la sociedad profesional contenida en la Exposición de motivos de la Ley 38/11 de Reforma de la Ley Concursal ha dado pie a que los comentaristas hayan entendido generalmente que ésta debe ser la forma idónea en la que debe operar la administración concursal como persona jurídica. Es de tal manera se reflejó en las Conclusiones adoptadas por el grupo de jueces de lo mercantil de Madrid en su reunión del 13 de diciembre de 2011, en votación mayoritaria de seis votos a favor y tres desfavorables.

Reflejan las Conclusiones que "para las personas jurídicas que se postulen como administradores concursales, se entiende que deberán constituirse como sociedades profesionales, cualquiera que sea el tipo societario adoptado bajo tal clase, ya que: (i).- el régimen jurídico de las sociedades profesionales es el que guarda mayor coherencia con la profesionalidad, rigor y responsabilidad propia del ejercicio del cargo de Administrador concursal (véanse los arts. 9 y 11 LSP); (ii).- dicho cargo se imputa directamente a la persona jurídica, tal cual ocurre con la actividad de las sociedades profesionales (art. 5 LSP); (iii).- ofrece cierta garantía de estabilidad en los socios integrantes de la misma, en cuya atención se puede haber deferido el cargo de Administrador concursal (art. 12 LSP); (iv).- evita problemas relacionados con la propia personalidad jurídica, y por tanto con la posibilidad de ser nombradas Administrador concursal, de las sociedades en formación o irregulares (art. 8.1 LSP); (v).- incluso permite establecer ciertos paralelismos entre las exigencias de la LC y el desarrollo de su actividad (v.gr. art. 9.4 LSP); o (vi).- hay que entender que cuando la LC ha empleado la expresión "persona jurídica", ha utilizado tal término genérico porque precisamente la sociedad profesional no es un tipo societario concreto, sino una clase que puede englobar bajo sus previsiones distintos tipos sociales de los existentes en la legalidad de la sociedad.

Además de estos criterios es posible argumentar también la propia definición de la sociedad profesional, ya que el art 1 LSP considera como tales las que tengan por objeto social el ejercicio en común de una actividad profesional, entendiendo por ésta aquella para cuyo desempeño se requiere titulación universitaria oficial o titulación profesional, e inscripción en el correspondiente Colegio Profesional. En este sentido, el ejercicio de la administración concursal requiere acreditar la titulación universitaria oficial por lo que la persona jurídica que realice esta actividad debe constituirse como sociedad profesional.

Esto se identifica también con los requisitos del mediador civil y mercantil, dada la exigencia de una titulación y formación, lo cual nos lleva, dada la identidad, a considerar que la persona jurídica mediadora deberá de ser también una sociedad profesional.

Teniendo en cuenta lo anterior, sin perjuicio de entender que se trata de una cuestión polémica y que choca con la relación abierta de la Ley Concursal, parece claro que la persona jurídica mediadora concursal, si quiere cumplir a la vez con los condicionantes que le exigen la ley de Mediación y la Ley Concursal debe de ser sociedad profesional en la que se integren, por lo menos, una abogado en ejercicio y un economista, titulado mercantil o auditor de cuentas, que garantice la debida independencia y dedicación en el desarrollo de las funciones de administrador concursal, que, además, acrediten la formación especifica exigida para ser mediador civil y mercantil y tenga suscrito el correspondiente seguro de responsabilidad civil.

En relación con la exigencia de que la persona juridica sea sociedad profesional para poder ser nombrada administrador concursal, cabe aquí reseñar la Resolución de 20 de junio de 2013 de la Dirección General de los Registros y del Notariado (DGRN); Se presenta a inscripción la escritura de una sociedad limitada en cuya denominación aparece la referencia "concursal", lo que lleva al Registrador Mercantil a denegar tal inscripción por considerar, conforme a lo establecido en la legislación especial, que la administración concursal se reserva a las sociedades profesionales y, por lo tanto, que la sociedad constituida debía eliminar esa actividad de su objeto social.

En concreto, dicha resolución indica sobre el particular lo siguiente:

"........el ejercicio del cargo de administrador concursal es una actividad reservada exclusivamente a determinados profesionales lo que conlleva que tratándose de personas jurídicas han de adoptar imperativamente la forma de sociedad profesional (sentencia del Tribunal Supremo de 18 de julio de 2012). Cuando el administrador concursal es persona jurídica los derechos y obligaciones de la actividad profesional desarrollada se imputan a la sociedad, sin perjuicio de la responsabilidad personal de los profesionales tal y como exige el artículo 5.2 de la Ley de Sociedades Profesionales. Es la sociedad a quien se nombra administrador concursal en base a un listado proporcionado por los Colegios Profesionales (lo que implica la colegiación de la sociedad), es la sociedad la que debe responder del ejercicio del cargo y tener suscrito el seguro de responsabilidad correspondiente o prestar oportunas garantías, es la sociedad la que se sujeta al mismo régimen de incompatibilidades y prohibiciones que las personas físicas y es la sociedad a quien se cesa en el ejercicio del cargo si el juez entiende que no procede que se designe otro representante. Como resulta del articulado, la sociedad debe estar integrada por los profesionales personas físicas que reúnan el carácter profesional que la misma exige y es la propia sociedad la que debe reseñar quienes son y qué características reúnen desde que su denominación se incorpora a la lista de candidatos (circunstancias superfluas todas ellas en sociedades que limitan su actividad a poner en contacto a los profesionales con la autoridad judicial).
En definitiva, se exige el carácter profesional precisamente de la persona jurídica que ejercite el cargo de administrador concursal de modo que sea la sociedad el centro subjetivo de imputación de los actos que conlleven su ejercicio, atribuyéndole los derechos y obligaciones que nacen del mismo y desarrollados directamente bajo su razón o denominación social. No es posible en consecuencia el ejercicio del cargo por medio de otras opciones sociales que no impliquen dichas circunstancias como ocurre con las sociedades de medios, las de comunicación de ganancias y las de intermediación (Resoluciones de 5 y 16 de marzo de 2013)......"

¿Se debe de tener en cuenta las circunstancias del caso a la hora de la designación de persona jurídica o natural?

La designación de mediador concursal tiene una evidente relación con el concurso consecutivo; en el art. 242 L.C. se indica que, salvo justa causa, el juez designará administrador del concurso al mediador concursal, quien no podrá percibir por este concepto más retribución que la que le hubiera sido fijada en el expediente de arreglo extrajudicial a menos que atendidas circunstancias excepcionales el juez acordare otra cosa.

Ello implica, por un lado, que el Juez no elegirá al administrador concursal, sino que nombrará al que haya sido designado previamente como mediador concursal por el Notario o Registrador Mercantil, según los casos y, por otro lado, como consecuencia de lo anterior, que el Juez del concurso, en estos concretos supuestos no podrá tener en cuenta los anteriores nombramientos del designado como administrador concursal y los criterios de distribución equitativa indicados en la la L.C., para la designación entre los diversos profesionales y personas jurídicas que integran las listas; además de ello, como es obvio, tampoco podrá hacer el Juez un examen de la idoneidad o adecuación a las características concretas que pueda tener el concurso, a la hora de nombrar bien, abogado, bien profesional del área económica o bien persona jurídica.

La introducción de las personas jurídicas como administradoras concursales por la Ley 38/11 tenía su razón de ser en que, según el propio preámbulo (epígrafe VII), una de sus formas, la sociedad profesional, favorece el ejercicio de la función por la pluralidad de profesionales que la integran que ostentan la necesaria formación y experiencia. Es decir, se buscaba solventar las carencias que podía tener el nombramiento de un profesional de una de las dos áreas, jurídica o económica, con la posibilidad de nombrar una persona jurídica que tuviera ambas; de este modo, también, se eliminaba aquí la obligación de nombrar auxiliares delegados, que el art. 32 L.C. exige en determinados casos de concursos complejos cuando el administrador nombrado era una persona física. Así, con el nombramiento de personas jurídicas se garantiza una unidad en la administración y un dominio de las diversas áreas de conocimiento que exige el desempeño de la función de administrador concursal.

En todo caso, no existe preeminencia alguna de la persona jurídica sobre los profesionales personas físicas para acceder al ejercicio de la Administración concursal. Y de hecho, la persona física tiene la ventaja de la confianza en la cualificación profesional y dedicación personal que se espera de una profesional persona física, individualizada y conocida por el Juez que ha de nombrarlo, respecto de los otros factores ofrecidos por las personas jurídicas.

En definitiva, siguiendo los criterios de distribución equitativa correspondientes, el Juez deberá de valorar la procedencia del nombramiento de persona física o jurídica en cada concurso de que se trate.

Obviamente, esta valoración solo se podrá hacer desde el conocimiento por parte del Juez de los medios, capacidad o experiencia que puedan tener los integrantes de las listas; en todo caso, si ese conocimiento no se tiene, generalmente por el gran numero de inscritos, a priori, una persona jurídica, por la doble faceta de conocimiento que asegura, da mayor garantía a la hora de afrontar concursos que tengan un cierto grado de complicación.

Todo esto es extrapolable al mediador concursal que pasa a ser administrador concursal, pero éste, como hemos indicado, le viene designado al Juez del concurso, por lo cual, difícilmente podrá tener ninguna influencia su criterio sobre la mayor o menor adecuación del nombrado (abogado, profesional del área económica, sociedad profesional) al concurso de que se trate.

Tampoco sabemos si el Notario o Registrador vendrá a designar sin más automáticamente al que le toque o designara en función de algún tipo de criterio de adecuación según el caso concreto.

Si seguimos al pie de la letra al legislador nos encontramos con que el nombramiento del mediador concursal habrá de recaer en la persona natural o jurídica a la que de forma secuencial corresponda de entre las que figuren en la lista oficial correspondiente, articulo 233.1 de la LC.

Cabe preguntarse si este nombramiento a quien "de forma secuencial corresponda de los que estén en la lista debe de entenderse de una forma lineal, es decir uno después de otro, y según un orden numérico preestablecido, sin más requisitos que los genéricos mencionados, o bien de una forma racional, entendiéndose "corresponda", con la adecuación correspondiente según el caso de que se trate y la lista de que se disponga; es decir, con un margen de adecuación, también subsumible en la "distribución equitativa de designaciones" a que se refiere el art. 27.4 de la L.C. como criterio que debe de presidir el nombramiento de administradores concursales por el Juez de entre las varias listas de que disponga en cada caso.

Si es así, también deberá el Notario o Registrador determinar si para el caso concreto de que se trate será mas adecuado el nombramiento de un mediador persona física o jurídica.

Otro problema evidente que conlleva el nombramiento del mediador concursal como administrador concursal es la dificultad de conciliar la doble función del mismo, mediador en el acuerdo y después administrador concursal.

No parece que puedan conjugarse las funciones del mediador que, como recuerda la propia Ley 5/2012 y remarca el Dictamen del Consejo de Estado cuando se ocupa del desarrollo reglamentario de la misma, están sometidas al Código de conducta europeo para mediadores, con las funciones y actuaciones en el caso de que se tengan que trasladar a la figura del administrador concursal, donde deja de ser una cuestión de simple buena fe entre las partes y de habilidades entre técnicas y emocionales, para convertirse en una parte beligerante del proceso concursal, como es el caso de la necesaria apertura de la sección de calificación, ya que el concurso consecutivo se inicia con la liquidación del concursado.

Ante este nada desdeñable posible conflicto, el legislador redacta el nombramiento del administrador concursal del artículo 242 LC estableciendo que, salvo justa causa, el juez designará administrador del concurso al mediador concursal, trasladando al mismo una carga de la prueba que puede ser de imposible conocimiento en la propia declaración del concurso consecutivo; es decir, el Juez no sabrá si concurre justa causa para no nombrar administrador concursal al mediador, pues parece que esa justa causa habrá que situarla en lo que haya ocurrido en el previo expediente del acuerdo extrajudicial

Sobre esta cuestión ya se han pronunciado, en un primer posicionamiento, los magistrados de lo mercantil de Madrid, en una reunión mantenida el 11 de octubre de 2013, entendiendo los magistrados que esta nueva figura reúne una serie de especialidades respecto a la mediación común, pudiéndose derivar una exoneración legal implícita del deber de confidencialidad, pero sólo específicamente respecto de su posterior actuación como administrador concursal, y no en otros aspectos.

LA RETRIBUCIÓN DEL MEDIADOR CONCURSAL Y DEL ADMINISTRADOR CONCURSAL EN EL CONCURSO CONSECUTIVO

ELENA DEL CORRAL LOSADA
Audiencia Provincial Mercantil de Las Palmas

SUMARIO: **1. Planteamiento de la cuestión.- 2. ¿Qué hace y qué no hace el mediador concursal –en relación con lo que hace el administrador concursal?- 3. ¿Cuál es la retribución del mediador concursal? ¿sobre qué valores se determina esa retribución en aplicación del arancel?- 4. ¿Qué se retribuye al mediador concursal? ¿a quién se le retribuye?- 5. ¿Quién fija la retribución del mediador concursal? ¿Pueden los interesados contradecirla o impugnarla? ¿Ante quien?- 6. ¿Cuándo y cómo se devenga la retribución del mediador concursal?- 7. El mediador concursal ¿ha de rendir cuentas?- 8. ¿Cuál ha de ser la retribución del administrador concursal en el concurso consecutivo?**: A) Cuando es la misma persona. B) Cuando no es administrador concursal la misma persona que fue mediador concursal

Ley 14/2013 de 27 de septiembre de apoyo a los emprendedores y su internacionalización.

1. PLANTEAMIENTO DE LA CUESTIÓN

El R.D. 1860/2004 de 6 de septiembre por el que se establece el arancel de los administradores concursales no contempla ni la actuación ni las retribuciones de los mediadores concursales en la fase de mediación –se tramite o no concurso consecutivo ulteriormente–. Pese a ello la D.A. 8ª de la LC en lugar de establecer normas específicas para la remuneración de los mediadores concursales remite para fijar su remuneración a las "normas establecidas o que se establezcan para la remuneración de los administradores concursales". Pues bien, desde que en el arancel no se contempla intervención alguna de la administración concursal previa a la declaración de concurso resulta difícilmente comprensible (y aplicable) esta remisión en bloque a las normas de retribución de la administración concursal cuando para la fijación de la del mediador concursal, como veremos, la actuación del mediador concursal y la del administrador concursal son totalmente y diferentes la posible responsabilidad del administrador concursal es muy superior.

Si a eso se añade la extraña norma establecida en el artículo 242,2,1ª LC que establece en primer lugar que "salvo justa causa, el juez designará administrador del concurso al mediador concursal" y añade que dicho mediador concursal como administrador concursal "no podrá percibir por este concepto más retribución que la que le hubiera sido fijada en el expediente de arreglo extrajudicial a menos que atendidas circunstancias excepcionales el juez acordare otra cosa", y que el art. 242,2,2ª LC considera créditos contra la masa "los gastos del expediente extrajudicial y los demás créditos que, conforme al art. 84 de esta Ley, tengan la consideración de créditos contra la masa, que se hubiesen generado durante la tramitación del expediente extrajudicial, que no hubieran sido satisfechos, la confusión y la indeterminación sobre cuestión tan esencial para el concurso como lo son los créditos contra la masa y de entre ellos la cuantía y fecha de devengo de la retribución del mediador concursal (y en su caso del administrador concursal cuando lo es quien fue mediador) están servidas, planteándose interrogantes de difícil respuesta sobre la base de dicha regulación, para cuya comprensión se requiere dar respuesta a interrogantes previos sobre la actuación de ambos profesionales y sobre la finalidad que parecen perseguir las nuevas normas establecidas por la reforma de la LC efectuada por la Ley 14/2013 de 24 de septiembre en este punto.

2. ¿QUÉ HACE Y QUÉ NO HACE EL MEDIADOR CONCURSAL –EN RELACIÓN CON LO QUE HACE EL ADMINISTRADOR CONCURSAL?

1) El mediador concursal no hace llamamiento a todos los posibles acreedores del concursado, sino que se limita a convocar a una reunión a los relacionados por el deudor en la lista que presentó al solicitar su intervención a los que pueda afectar el acuerdo extrajudicial de pagos (art. 234,1 LC). Lo que plantea la cuestión de si pueden o no aparecer espontáneamente otros acreedores en cualquier momento, comunicándolo (art. 235,5 LC).
2) El mediador concursal no emite informe alguno semejante al emitido por la administración concursal comprensivo de inventario de bienes o lista de acreedores (respecto a los que se atiene a los presentados por el deudor –art. 232,2 LC–), ni clasifica los créditos, ni valora los bienes, ni evalúa el ejercicio de posibles acciones de reintegración.
3) El mediador concursal sí "comprueba la existencia y cuantía de los créditos" (art. 234,1 LC), pese a que nada se establece sobre los medios de que dispone para efectuar dicha comprobación (especial-

mente en caso de no colaboración del deudor) ni sobre que pueda excluir de la mediación a todos o algunos acreedores de los incluidos por el deudor en la lista por él presentada ni sobre que pueda aceptar la intervención en la mediación de otros acreedores eventualmente no incluidos por el deudor en la lista presentada.

4) El mediador concursal sí elabora un "plan de pagos de los créditos pendientes de pago a la fecha de la solicitud" que puede comprender quitas y esperas, fijación de alimentos para el deudor y su familia y propuestas de cesión de bienes en pago de deudas, y que debe incluir un plan de continuación de la actividad empresarial o profesional, propuesta de negociación de las condiciones de los préstamos y créditos y copia del acuerdo o solicitud del aplazamiento de los créditos de derecho público o al menos de las fechas de pago de los mismos.
5) El mediador concursal sí tramita el procedimiento establecido para la adopción del acuerdo extrajudicial de pagos, intentando poner de acuerdo a las partes.
6) El mediador concursal solicita la declaración de concurso si: a) Deciden no continuar la mediación acreedores que representen la mayoría del pasivo que necesariamente pudiera verse afectado por el acuerdo (art. 236,4 LC); b) El plan no fuera aceptado y el deudor continuara incurso en insolvencia, instando en su caso también la conclusión por insuficiencia de masa en los términos del art. 176 bis LC (art. 238,3 LC); c) Se anula el acuerdo extrajudicial de pagos (art. 239,6 LC); d) se incumple el acuerdo extrajudicial de pagos (art. 241,3 LC).
7) El mediador concursal no interviene en ningún incidente o recurso, sin que siquiera se prevea que tenga intervención preceptiva en el incidente de impugnación del acuerdo adoptado (art. 239 LC).
8) El mediador concursal supervisa el cumplimiento del acuerdo extrajudicial de pagos (art. 241 LC), sin que se exprese los medios con que pueda contar para efectuar semejante supervisión.
9) El mediador concursal hace constar el cumplimiento del acuerdo extrajudicial de pagos "si el plan de pagos fuera íntegramente cumplido" en acta notarial publicada en el BOE y en el Registro Público Concursal.
10) El mediador concursal es designado, salvo justa causa, administrador concursal del concurso consecutivo (art. 242,1 LC).

En resumen, si no se tramita concurso consecutivo, o si no es nombrado administrador concursal en el concurso consecutivo, ni recibe insinuación de los créditos, ni elabora el informe de la Administración Concursal, ni interviene supliendo las facultades de disposición del deudor, ni le sustituye en ningún caso, ni autoriza enajenaciones de bienes y derechos del concursado, ni enajena sus bienes, ni elabora plan de liquidación ni liquida el patrimonio, ni rinde cuentas por lo que su responsabilidad es, además, indudablemente muy inferior a la que se prevé para el administrador concursal en el artículo 36 de la LC.

3. ¿CUÁL ES LA RETRIBUCIÓN DEL MEDIADOR CONCURSAL? ¿SOBRE QUÉ VALORES SE DETERMINA ESA RETRIBUCIÓN EN APLICACIÓN DEL ARANCEL?

La extraña norma del art. 242,2,1ª LC en relación con la no menos extraña de la DA 8ª parece que pretenden que el mediador concursal reciba la misma retribución que percibiría el administrador concursal y que la reciba completa, haya o no concurso consecutivo ulterior, y que sólo por "circunstancias excepcionales" el juez acuerde una retribución mayor para el concurso consecutivo en el que se le nombre ulteriormente, en su caso, administrador concursal.

La finalidad de la norma es pues clara, estimular el celo del mediador concursal para lograr la cesación de la insolvencia sin llegar al concurso ya que en principio parece que cobraría lo mismo sin llegar a él y en consecuencia sin intervenir en él y que no cobraría más por su actuación ulterior (o, en otra posible interpretación del art. 242,2,1ª LC, que como administrador concursal no podría cobrar más de lo que hubiera cobrado como mediador concursal). Por ello sólo se autoriza al juez para acordar otra cosa en caso de concurrencia de "circunstancias excepcionales".

Pero desde que el RD regulador del arancel no contempla en absoluto la actuación de los administradores concursales fuera del concurso y con carácter previo al mismo, ni contempla tampoco la intervención del mediador concursal, ¿cuál ha de entenderse, a falta de toda regulación específica en el arancel, que ha de ser esta retribución?

Sólo parecen presentarse como posibles dos respuestas (cuya cuantía será muy diversa, según se opte por una u otra y planteará a su vez otros problemas en ambos casos):

1) La retribución de la fase común del concurso completa, sin aplicación de los factores de reducción o incremento previstos en los artículos 5 y 6 del Real Decreto 1860/2004 regulador del arancel (en todo caso sin posibles incrementos por fases de convenio o liquidación o por ejercicio con éxito de acciones de reintegración).
2) La que correspondería a la fase de convenio, por analogía de dicha fase con el acuerdo extrajudicial de pagos.

La primera opción parece ser más congruente con lo dispuesto en el art. 242,2,1ª LC, especialmente si se entiende que el mediador concursal que intervino en mediación que evitó el concurso devengaría la total retribución correspondiente a la fase común no percibiendo otra retribución en el concurso por la fase común salvo concurrencia de circunstancias excepcionales (que en principio parece que serían los factores de reducción o incremento previstos en los arts. 5 y 6 del arancel, además de la intervención en la fase de liquidación que, pese a no ser excepcional en la tramitación del concurso consecutivo, parece que sí habría en todo caso de percibir el administrador concursal –y así lo han entendido los jueces de los Juzgados de lo Mercantil de Madrid en los criterios interpretativos por ellos aprobados–).

Sin embargo parece más correcta y más adecuada a la retribución que por su actuación correspondería al mediador concursal que la retribución del mediador concursal se limitara a la que correspondería a la fase de convenio ya que en la tramitación del ulterior concurso consecutivo sería necesario en todo caso la tramitación de la fase común (desde que será necesario clasificar los créditos, evaluar el activo, ejercitar acciones de reintegración, intervenir en incidentes de impugnación y de otro tipo, intervenir las facultades del deudor o sustituirlo, etc...) sin que se presente como justificado ni que el mediador concursal perciba la retribución correspondiente a toda la fase común ni que el administrador concursal no perciba retribución alguna por esta fase "salvo circunstancias excepcionales" –que no serían tales, al menos en lo que se refiere a la liquidación– cuando su actuación y su responsabilidad son considerablemente superiores (o, en otra posible interpretación, se limite su retribución a la cantidad "que le hubiere sido fijada en el expediente de arreglo extrajudicial" –cuando no existe, por otra parte "fijación" alguna de esa cantidad en el expediente extrajudicial de pagos que se caracteriza, precisamente, por la no intervención de la autoridad judicial, o de fijarse, no parece que pueda vincular la fijada al juez del concurso–).

Pero es que además la remisión sin reflexión alguna que se hace a los criterios de determinación de la retribución de la administración concursal olvida que ésta se fija sobre dos parámetros básicos: el valor real de la masa activa y la masa pasiva determinados, en principio, en el informe de la administración concursal. La fijación de la retribución del mediador concursal en consecuencia sólo podría efectuarse sobre unos valores fijados unilateralmente y sin contradicción por el deudor en la solicitud presentada de nombramiento del mediador concursal (art. 232,2 LC), solicitud en la que por ello habría de entenderse que al menos habrá de fijar el deudor la valoración de los activos del deudor y de las deudas del mismo (aunque fueren ilíquidas). Listado de bienes y derechos y de deudas y su valoración que, especialmente si no se llega al concurso consecutivo, puede ocultar bienes o deudas o no responder al valor real, sin que ni el mediador concursal (especialmente si no llega a declararse concurso consecutivo) pueda cuestionar dichos valores (salvo la "comprobación" de la existencia y cuantía de los créditos a que se refiere el art. 234,1 LC).

Tampoco se aborda en la regulación de la mediación concursal y su retribución si es posible que en el acuerdo extrajudicial de pagos se incluya la intervención del mediador concursal con facultades para intervenir o controlar de algún modo los pagos que efectúe el deudor y las nuevas obligaciones que el mismo pueda contraer hasta el cumplimiento del acuerdo. Lo que en principio no parece posible, tanto por ser contrario a la naturaleza jurídica de la intervención del mediador como por ser éste el que redacta y propone el plan de pagos que constituiría el acuerdo, pero que podría plantearse si así lo acuerdan acreedores y deudor en la reunión convocada al efecto de alcanzar el acuerdo extrajudicial de pagos desde que es indudablemente congruente con la función otorgada al mediador concursal por el art. 241,1 LC de supervisión del cumplimiento del acuerdo.

4. ¿QUÉ SE RETRIBUYE AL MEDIADOR CONCURSAL? ¿A QUIÉN SE LE RETRIBUYE?

Como anticipamos el art. 242,2,1ª LC establece que el mediador concursal que ulteriormente fuere nombrado administrador concursal no podrá recibir "por este concepto más retribución que la que le hubiere sido fijada en el expediente de arreglo extrajudicial" salvo circunstancias excepcionales.

En primer lugar, al mediador concursal no se le fija retribución alguna en el expediente de arreglo extrajudicial (salvo que se entienda que la fijará el Registrador Mercantil aplicando supletoriamente la regulación prevista para el nombramiento de expertos independientes y con sujeción a un RD que regula un arancel que no contempla la actuación del mediador concursal –y en ese caso no parece que el juez al fijar la retribución del administrador concursal pueda quedar vinculado por lo acordado por el Registrador en el expediente de acuerdo extrajudicial de pagos previamente tramitado, pese a la dicción del art. 242,2 LC–).

En todo caso, se entienda que el mediador concursal anticipa el cobro de los derechos que habría de percibir por una eventual fase común del concurso consecutivo que finalmente se tramite, se entienda que al administrador concursal ha de retribuírsele como al mediador concursal –cuya retribución se haya fijado sobre la base de la de la fase común, duplicando así el coste del concurso–, la norma se presentaría como arbitraria e injusta y sólo podría cobrar sentido si con el acuerdo extrajudicial de pagos se evitara el concurso.

Pagar al mediador concursal la retribución prevista para la fase común, cuando finalmente se llega al concurso consecutivo, en principio se presenta como remuneración excesiva y desmesurada. Si como hemos visto la actuación del mediador concursal es totalmente diferente a la del administrador concursal y su responsabilidad también y si la única consecuencia que el intento o consecución del acuerdo extrajudicial de pagos previo al concurso es que se prescinde de la fase de convenio y que por ello la fase común del concurso consecutivo ha de tramitarse con simultánea liquidación (salvo el supuesto de insuficiencia de masa en el caso del art. 176 bis LC), sin que sea además de aplicación el art. 191 ter LC (desde que no se prevé la presentación de plan de liquidación por el mediador concursal al solicitar el concurso) por lo que habrían de seguirse en paralelo fase común y liquidación, no parece razonable ni que se anticipe totalmente la retribución de la fase común a la de mediación, se llegue o no al concurso consecutivo ulterior, ni que se duplique el coste de la fase común del concurso pagándola íntegra al mediador concursal (que no la tramitó) y al administrador concursal. Es cierto que el pago íntegro de la retribución correspondiente a la fase común sin percepción ulterior de nuevas retribuciones en caso de ser nombrado administrador concursal en el concurso consecutivo incentivaría enormemente al mediador concursal a emplearse a fondo en conseguir un acuerdo que evite un posible concurso consecutivo (especialmente en concursos denominados "de baja calidad" por sus escaso activos) pero también lo es que esa interpretación desincentivaría totalmente al administrador concursal que fue previamente mediador en las funciones a realizar en el concurso consecutivo en el que sólo se le abonarían más retribuciones por concurrencia de "circunstancias excepcionales".

El legislador al establecer la norma del art. 242,2,1ª de la LC ha dado por sentadas circunstancias que en modo alguno están aseguradas. Ha dado por sentado que los mediadores concursales tendrán simultáneamente la condición de administradores concursales cuando en modo alguno es así, puesto que quien sea mediador no está obligado a ser a su vez administrador concursal (sólo se le exige la misma formación que éste, además de la específica como mediador), ha dado por supuesto que los inscritos en la lista de mediadores concursales del lugar de domicilio del deudor estarán inscritos en alguna de las listas de administradores concursal de la provincia en que haya de tramitarse el concurso (que no tiene por qué ser la misma del domicilio del deudor en que se tramitó el expediente de acuerdo extrajudicial de pagos) y ha dado por sentado que incluso siendo el mediador también administrador concursal y estando inscrito en la lista correspondiente, va a aceptar la designación como administrador concursal.

En suma, la interpretación literal de la regla del art. 242,2,1ª LC, pese a ser evidente que el legislador pretende incentivar la solución extrajudicial incentivando al mediador para que evite por todos los medios que pueda la apertura del ulterior concurso, es absurda, ilógica y, si es la opción del legislador, es, a mi juicio, claramente errónea, porque retribuye en exceso la actuación de menor dificultad, complejidad y responsabilidad, porque deja sin retribución alguna la actuación de mayor dificultad, complejidad y responsabilidad (y sólo podría considerarse razonable en los concursos con insuficiencia de masa activa en que no se llegue a tramitar la fase común), y porque puede comportar duplicar el coste del concurso en este ámbito si el mediador concursal no tiene la condición de administrador concursal inscrito en la lista del Juzgado que ha de conocer del concurso, ya que el mediador concursal habría percibido la retribución correspondiente a la fase común que habría de pagarse igualmente al nuevo administrador concursal al que además habría de retribuir por el concurso completo (lo que sucedería igualmente si se entendiera que ambos, mediador y administrador, han de cobrar la cantidad correspondiente a la retribución de la fase común –que parece contrario al espíritu de la norma puesto que supondría incentivar al mediador para que no se alcanzara acuerdo y así lograr duplicar su retribución–).

Por todo lo expuesto, y aún siendo consciente de que no responde al espíritu que parece presidir la redacción de la DA 8ª LC y el art. 242,2,1ª LC, considero que al mediador concursal debería retribuírsele por la fase de mediación con la retribución correspondiente a la fase de convenio, fase que no se producirá en el convenio consecutivo. Pudiendo tenerse en cuenta por quien haya de fijar su retribución la importancia de la función del mediador en el caso concreto conforme al art. 1,2 del Arancel, lo que difícilmente podrá hacer el Registrador Mercantil (o el Notario) en el momento del nombramiento (si se aceptara que fuera éste quien fijara la retribución por aplicación subsidiaria de las normas que rigen el nombramiento de expertos independientes).

En cualquier caso lo razonable habría sido que el legislador en lugar de arbitrar esta confusa D.A. hubiera previsto en ella la modificación del arancel y simultáneamente hubiera aprobado el Gobierno la modificación del Real Decreto, a fin de contemplar la específica función de los mediadores concursales con retribuciones específicas y acordes con su función, reduciendo en su caso la ulterior retribución como administrador concursal si lo fuere quien fue previamente mediador concursal, estableciendo además cómo y por quien se ha de fijar su retribución y los cauces de impugnación, en su caso, de la fijada.

5. ¿QUIÉN FIJA LA RETRIBUCIÓN DEL MEDIADOR CONCURSAL? ¿PUEDEN LOS INTERESADOS CONTRADECIRLA O IMPUGNARLA? ¿ANTE QUIEN?

Lo cierto es que la escueta, confusa y criticable regulación de la LC en este punto tras la reforma efectuada no contempla en modo alguno la cuestión. Desde que es el mediador concursal el que propone el plan de pagos y "comprueba la existencia y cuantía de los créditos" no parece que pueda fijar unilateralmente su retribución, siendo más dudoso que la pueda fijar el deudor de acuerdo con él (no se olvide que el deudor no tiene más limitaciones de facultades durante el expediente de acuerdo extrajudicial de pagos que las previstas en el art. 235,1 LC).

Lo cierto es que la remisión del art. 242,2,1ª LC a la "retribución fijada" para el mediador concursal parece entender que se ha producido una fijación por tercera persona de esa retribución (máxime cuando se pretende limitar la retribución en el concurso consecutivo ulterior en función de esa "fijación"), pero no señala ni quién sería competente para fijarla ni si pueden los interesados contradecir o impugnar la retribución fijada y por qué procedimientos.

La remisión del art. 233 LC a la regulación del nombramiento de expertos independientes como supletoria, permitiría entender que se atribuye al Registrador Mercantil o al Notario (que haría sus veces cuando la persona deudora no es inscribible en el Registro Mercantil) la fijación de la retribución del mediador concursal (art. 340 del Reglamento del Registro Mercantil), siendo de aplicación también el art. 348 del Reglamento del Registro Mercantil en cuanto se percibirá la retribución directamente de la sociedad en cuyo nombre se hubiera solicitado el informe y, si ésta no se hubiera constituido, de quien hubiera firmado la solicitud y en cuanto resultará posible solicitar provisión de fondos a cuenta de sus honorarios antes de iniciar el ejercicio de sus funciones.

Se podría plantear la disconformidad del mediador concursal nombrado –o de otros interesados como el deudor o los acreedores– con la retribución fijada por el Registrador de lo Mercantil o el Notario, y cuáles serían los cauces procedimentales para impugnarla o hacerla valer. No parece contemplar la cuestión el Reglamento del Registro Mercantil que presume que la aceptación del cargo comporta la aceptación de la retribución fijada para el experto independiente, aunque tampoco se encuentre expresamente excluida la posibilidad de que el mediador concursal o el concursado interpusieran recurso gubernativo ante la Dirección General de los Registros y del Notariado (sin que sin embargo se derive a la jurisdicción civil la impugnación de sus resoluciones –pese a su indudable naturaleza jurídico privada–, ya que sólo se prevé por el artículo 86 ter, 2 de la LOPJ la atribución al Juzgado de lo Mercantil del lugar en que radique el Registro el conocimiento para conocer de las impugnaciones de las calificaciones negativas de los Registradores Mercantiles, naturaleza que no tiene la resolución que examinamos).

Pese a ello, teniendo en consideración las consecuencias negativas que para el mediador comporta la no aceptación del cargo, el sometimiento a arancel de la fijación de la retribución y el hecho de que conforme a la norma del art. 242,2,1ª LC la fijación de la retribución por el Registrador Mercantil o el Notario podría determinar la retribución que habría de corresponder al administrador del ulterior concurso consecutivo, así como la naturaleza claramente jurídico privada de la relación jurídica establecida entre el mediador concursal y el concursado, no parece que pueda excluirse que la cuestión de la retribución "fijada" por el Registrador Mercantil pueda suscitarse en un procedimiento declarativo judicial contradictorio por cualquier interesado. Pero, en ese caso ¿ante qué Juzgado?

No existe norma expresa de atribución de competencia fuera de las generales de la LC (especialmente su artículo 8), pero si la cuestión se suscita una vez declarado el concurso consecutivo el competente para la fijación judicial de la cuantía de la retribución habría de ser el Juez competente para el conocimiento del concurso. Sin embargo en caso de que no se haya declarado el concurso consecutivo no se prevé la atribución de la competencia al juez que hubiera debido conocer del ulterior concurso consecutivo (como parece que debía haber sido lo procedente, de modo similar a la atribución de competencia para la impugnación del acuerdo extrajudicial de pagos –especialmente en cuanto el art. 242 LC pretende vincular al juez del concurso por la retribución ya fijada en el expediente de acuerdo extrajudicial de pagos), por lo que la competencia habría de determinarse por las reglas generales y parece que habría de considerarse competente al juez de primera instancia de la localidad en que tenga su domicilio la entidad deudora, siguiéndose el procedimiento declarativo ordinario que correspondiere por razón de la cuantía.

Pese a que no conozco que se hayan planteado litigios en relación con la retribución de los expertos independientes nombrados por los Registradores, la caótica situación que puede producirse por las imprecisas normas que dicen regular la retribución del mediador concursal (sin regularla, o regulándola por remisión a normas que no contemplan su actuación) y el hecho de que la retribución del mediador concursal puede determinar la retribución que ulteriormente se devengaría por la función del administrador concursal en el concurso consecutivo (y las variadas y posibles interpretaciones de la D.A. 8ª y el art. 242 LC, en relación con el arancel de administradores concursales) obligan a prever el más que posible mantenimiento de litigios sobre la cuestión y ante qué órgano jurisdiccional habrían de promoverse.

6. ¿CUÁNDO Y CÓMO SE DEVENGA LA RETRIBUCIÓN DEL MEDIADOR CONCURSAL?

En todo caso debe entenderse que la retribución del mediador concursal se devenga íntegramente antes de que se declare el concurso. El art. 242,2,2ª de la LC dispone claramente que "tendrán también la consideración de créditos contra la masa los gastos del expediente extrajudicial y los demás créditos que, conforme al artículo 84 de esta ley, tengan la consideración de créditos contra la masa, que se hubieren generado durante la tramitación del expediente extrajudicial y que no hubieran sido satisfechos".

La remisión a la normativa reguladora de la designación de expertos independientes con carácter supletorio permite, además, que el mediador concursal solicite provisión de fondos, anticipando así el cobro del crédito a los primeros momentos de tramitación del expediente. Devengándose el crédito desde el momento de la aceptación del cargo.

De este modo, si se entiende que como parece la intención del legislador es que el mediador concursal reciba la retribución que habría de recibir por la fase común del concurso por su intervención en el acuerdo extrajudicial de pagos, sin retribución ulterior como administrador concursal (salvo "circunstancias excepcionales") "premiándole" por haber contribuido a evitar el concurso consecutivo, en caso de plantearse dicho concurso ulteriormente el mediador concursal nombrado administrador concursal en el concurso consecutivo obtendrá la enorme ventaja de que en principio el grueso de su crédito se habrá devengado –y normalmente cobrado– antes de la declaración del concurso y que, incluso en caso de no haberse cobrado con anterioridad, el mismo será prededucible respecto a todos los créditos contra la masa que se puedan generar durante el concurso.

Solución que se presenta razonable si no se llega al concurso consecutivo pero que no lo parece tanto si en él se nombra administrador concursal al mediador, ya sin retribución "salvo circunstancias excepcionales" y por tanto con total desmotivación, como si no se nombra administrador concursal al mediador (o éste no acepta), supuesto en el que no parece que pueda aplicarse al administrador concursal que no fue mediador lo dispuesto en el art. 242,2,1ª LC por lo que parece que se duplicaría la retribución de la fase común, algo no perseguido por el legislador.

Y es que si se entiende que el mediador concursal "anticipa" el cobro de la fase común a la previa del acuerdo extrajudicial de pagos beneficiándose si se evita el concurso, dicho cobro anticipado de la retribución comprensiva de la fase común debería condicionarse al nombramiento y aceptación ulterior como administrador concursal en el concurso consecutivo, de modo que si fuere otro el finalmente designado como administrador concursal su retribución quedara reducida a la que hubiera correspondido a la fase de convenio (fase que no comprende el concurso consecutivo y que se sustituye por la tramitación anticipada del expediente de acuerdo extrajudicial de pagos).

7. EL MEDIADOR CONCURSAL ¿HA DE RENDIR CUENTAS?

No, desde que no interviene siquiera las facultades del deudor y mucho menos le sustituye ni tiene capacidad para disponer de sus bienes o derechos. No tiene la condición de administrador ni de representante por lo que, sin perjuicio de la responsabilidad en que pueda incurrir en el ejercicio de su función, no tiene que rendir cuentas.

8. ¿CUÁL HA DE SER LA RETRIBUCIÓN DEL ADMINISTRADOR CONCURSAL EN EL CONCURSO CONSECUTIVO?

Como ya he venido apuntando, entiendo que la cuestión ha de tratarse de modo diverso según sea administrador concursal la misma persona que fue mediador concursal o sea persona distinta, y según se haya optado por una u otra de las tesis posibles para la fijación de la retribución del mediador concursal.

A) Cuando es la misma persona

Si se consideró que tenía derecho a percibir los honorarios de la fase de convenio:

Las "circunstancias excepcionales" no serían tales, ya que habría de percibir por su actuación como administrador concursal los honorarios de la fase común, los de la fase de liquidación (pudiendo cuestionarse si desde el inicio del concurso o sólo desde que termine la fase común –Conclusiones de la reunión de Magistrados de lo Mercantil de Madrid de 11 de octubre de 2013 sobre criterios de aplicación de la reforma de la Ley de Apoyo a Emprendedores sobre cuestiones concursales–) y los correspondientes a eventuales acciones de reintegración exitosas.

Además de las anteriores, también la retribución que eventualmente pudiera plantearse por actuaciones "no comprendidas en el arancel", consideradas circunstancias excepcionales (DA 8ª LC) o justa causa (art.34,5 LC).

Si se consideró que tenía derecho a percibir los honorarios de la fase común genérica, sin factores de incremento o decremento:

Además de ellas habrá de examinarse si concurren otras circunstancias excepcionales o justa causa (normalmente no contempladas en el arancel y comprendidas genéricamente en el concepto indeterminado "justa causa" del art. 34,4 LC).

Los factores de incremento por mayor complejidad, especialmente desde que tramitándose la liquidación en todo caso se han de entender suspendidas las facultades del deudor.

Los supuestos contemplados en alguna jurisprudencia menor, discutida y discutible, tales como seguimiento de concursos conexos, tramitación de pieza de liquidación en convenios gravosos, o mantenimiento de funciones por la AC con posterioridad a la aprobación de un convenio.

Se plantea si tiene o no derecho a cobrar por la liquidación en el concurso, entendiendo que sí los Magistrados de lo Mercantil de Madrid en su reunión de 11 de octubre de 2013.

B) Cuando no es administrador concursal la misma persona que fue mediador concursal

Si se consideró que el mediador tenía derecho a percibir los honorarios de la fase de convenio: no se plantea problema, al no existir concurrencia de actuación se fijarán los honorarios correspondientes a su actuación conforme al arancel.

Si se consideró que tenía derecho a percibir los honorarios de la fase común genérica entiendo que la retribución del mediador concursal (que se fijaba sobre el presupuesto de que sería la misma persona que el administrador concursal y que en consecuencia recibía la retribución sobre toda la fase) resultaría excesiva y debería ser corregida, por concurrencia de justa causa, por el juez del concurso (art. 34,5 LC) pudiendo a mi entender reducir la retribución y exigirse al mediador, del mismo modo que a los administradores concursales en su caso, el reintegro de las cantidades percibidas en exceso, ante el Juez del concurso y por el trámite del incidente concursal, a instancia de la administración concursal, el concursado (o los acreedores si la administración concursal requerida para ello no lo hiciere).

No parece que en tal caso existan razones que justifiquen una reducción de la retribución del nuevo administrador concursal, que no intervino en la fase extrajudicial, por lo que indudablemente el que mediador y administrador concursal sean distintas personas incrementará el importe de los créditos contra la masa, innecesariamente a mi juicio (salvo que se aceptara que la retribución del mediador ha de ser la fijada en el arancel para la fase de convenio, al menos en todos los casos en que se siga concurso consecutivo nombrando persona distinta como administrador concursal).

EFECTOS DE LA INICIACIÓN DEL EXPEDIENTE DE ACUERDO EXTRAJUDICIAL DE PAGOS

ENRIQUE DÍAZ REVORIO
Secretario del Juzgado de lo Mercantil de Toledo.

SUMARIO: **1. ¿Cómo influye la iniciación del expediente en la actividad del deudor?- 2. ¿Cómo influye la iniciación del expediente en los procedimientos en curso del deudor?- 3. ¿En qué momento se producen los efectos de la iniciación del expediente?- 4. ¿Qué ocurre durante el periodo transitorio del Real Decreto 980/13?- 5. ¿Qué otros efectos tiene sobre los acreedores la iniciación del expediente?- 6. ¿Qué gastos implica la iniciación del expediente?- 7. ¿Qué efectos tiene la aprobación del expediente?- 8. ¿Qué efectos tiene la falta de aprobación del expediente?**

La Ley 14/13 de 27 de septiembre (BOE de 28 de septiembre) de apoyo a los emprendedores y su internacionalización, modifica la Ley Concursal incluyendo un Título X dedicado al "acuerdo extrajudicial de pagos" que en palabras de la Exposición de Motivos es un mecanismo de negociación extrajudicial de deudas de empresarios, similar a los existentes en países próximos, que se sustancia mediante un procedimiento flexible y harto sencillo, en brevísimos plazos ante funcionarios idóneos que designan un profesional idóneo e independiente que impulse la avenencia para conseguir un acuerdo con los acreedores, generoso en las posibilidades de negociación de deudas y que para el caso de fracaso en la negociación sirva de tránsito al concurso con las especialidades adecuadas y en el que el deudor podrá verse exonerado de sus deudas residuales. Sin embargo como veremos, la redacción de la exposición de motivos resulta tan optimista y loable como alejada de la realidad.

La Ley prevé un procedimiento extrajudicial al que pueden acudir, siempre que no concurra alguna de las prohibiciones o incompatibilidades previstas en el artículo 231 LC:

a) El empresario persona natural, los que ejerzan actividades profesionales o los trabajadores autónomos, que se encuentren en situación de insolvencia o que prevean que no podrán cumplir regularmente con sus obligaciones, siempre que aportando el correspondiente balance, justifiquen que su pasivo no supera los cinco millones de euros.
b) Cualesquiera personas jurídicas, sean o no sociedades de capital, que se encuentren en estado de insolvencia, siempre que tengan menos de cincuenta acreedores y la valoración inicial del pasivo o del activo no supere los cinco millones de euros, dispongan de activos líquidos suficientes para satisfacer los gastos propios del acuerdo y su patrimonio y sus ingresos previsibles permitan lograr con posibilidades de éxito un acuerdo de pago en los términos que se recogen en el apartado 1 del artículo 236.

Para hacerlo, deberán solicitar el nombramiento de un mediador concursal mediante instancia suscrita por el deudor, que podrá ser cursada telemáticamente, en la que hará constar:

— El efectivo y los activos líquidos de que dispone, los bienes y derechos de que sea titular y los ingresos regulares previstos.
— Una lista de acreedores con expresión de la cuantía y vencimiento de los respectivos créditos, una relación de los contratos vigentes y una relación de gastos mensuales previstos.
— Si el deudor fuere persona casada, salvo que se encuentre en régimen de separación de bienes, indicará la identidad del cónyuge, con expresión del régimen económico del matrimonio.
— Si estuviera legalmente obligado a la llevanza de contabilidad, acompañará asimismo las cuentas anuales correspondientes a los tres últimos ejercicios.

Esta solicitud se presentará:

— Al Registrador Mercantil del domicilio del deudor cuando se trate de empresarios o entidades inscribibles (aunque no estén inscritos, en cuyo caso el Registrador procederá con carácter previo a la apertura de la hoja correspondiente).
— Al Notario del domicilio del deudor en los demás casos.

El expediente dará lugar a una reunión de los acreedores con el mediador designado por el Notario o el Registrador en la que el deudor, si consigue el voto favorable del 60% del pasivo que deba verse afectado (no existe en esta fase clasificación de créditos, pero se excluye el de derecho público y el garantizado especial cuando no se adhiera voluntariamente el acreedor) podrá conseguir ante el mediador y elevar a público, un acuerdo que incluya esperas de hasta tres años y quitas de hasta el 25%, pudiendo incluir el acuerdo daciones en pago de bienes en cuyo caso se elevará a 75% la mayoría exigida para votar a favor del acuerdo.

La solicitud de este expediente se convierte así en una opción más para el deudor que le permitirá eludir los procedimientos judiciales de insolvencia o incluso acceder a los mismos por la vía del acuerdo extrajudicial. Para optar por una u otra opción, el deudor que cumpla con las condiciones exigidas en el artículo 231 LC deberá estudiar antes de presentar su solicitud los efectos que provocará la iniciación del expediente regulados en el artículo 235 LC, los cuales deberán ponerse en relación con otros efectos que encontramos dispersos por el articulado de la ley, con los gastos que implicará el expediente y con las consecuencias que pueden derivarse del éxito o del fracaso del acuerdo extrajudicial, para decidir en cada caso concreto sobre la conveniencia y los riesgos de acudir al intento de negociación. También debemos hacer una previsión de lo que ocurrirá durante el periodo transitorio entre la entrada en vigor de la ley y el funcionamiento de la lista de mediadores concursales.

1. ¿CÓMO INFLUYE LA INICIACIÓN DEL EXPEDIENTE EN LA ACTIVIDAD DEL DEUDOR?

El primero de los efectos que prevé el nuevo artículo 235 LC es en realidad un "no efecto". Es la continuidad de la actividad del deudor:

> *Art. 235.1 LC: "Una vez solicitada la apertura del expediente, el deudor podrá continuar con su actividad laboral, empresarial o profesional".*

La previsión tiene toda la lógica de la finalidad que se predica de un expediente, que pretende refinanciar al deudor mediante la renegociación de sus deudas y mantener así las unidades económicas viables permitiendo al emprendedor continuar con su actividad. No obstante el apartado primero del artículo 235 continúa diciendo:

> *"Desde la presentación de la solicitud, el deudor se abstendrá de solicitar la concesión de préstamos o créditos, devolverá a la entidad las tarjetas de crédito de que sea titular y se abstendrá de utilizar medio electrónico de pago alguno".*

Por tanto la iniciación del expediente incide de forma directa en la actividad del emprendedor que aunque continúa, lo hará mediatizada por las limitaciones de esta segunda parte del precepto.

a) Se abstendrá de solicitar la concesión de préstamos o créditos

El legislador pretende evitar que nazcan nuevos créditos que pudiesen lastrar al deudor, y ser contrarios al principio de la *par conditio creditorum* pues como veremos más adelante se convertirán en caso de concurso en créditos contra la masa; pero con un exceso de celo que puede llevar a ahogar la actividad por insuficiencia de liquidez en relación con las exigencias de funcionamiento del mercado. Quizá habría sido más conveniente supeditar la concesión del crédito a la intervención del mediador sin prohibirlos totalmente.

En este sentido es importante distinguir los conceptos de préstamo y crédito, pues mientras el préstamo es la cantidad de dinero u otra cosa fungible que se recibe con obligación de devolver al acreedor otro tanto de la misma especie y calidad y generalmente con intereses, el crédito puede surgir de cualquier operación comercial que se realice sin pago al contado. Mientras que la prohibición de los préstamos cumple la intención de la ley antes mencionada, la prohibición del crédito es contraria al funcionamiento de los mercados y como he dicho puede frustrar la finalidad de la continuidad de la actividad del deudor ante la imposibilidad de acudir al mercado en condiciones de igualdad respecto de sus directos competidores.

b) Devolverá a la entidad las tarjetas de crédito de que sea titular

El argumento es el mismo que el anterior, tanto en lo que respecta a la finalidad que pretende el legislador como en lo referente a lo contraproducente que puede resultar para la actividad del deudor. Se pretende evitar que mediante el uso de tarjetas de crédito se acceda a financiación ajena prohibida como hemos visto en el apartado anterior, generando así más deuda para el emprendedor, sin valorar la dificultad que implica hoy en día actuar en el mercado sin tarjetas. Debemos tener en cuenta además que devolver las tarjetas es una exigencia que ni siquiera surge en el concurso de acreedores que teóricamente se pretende evitar con este expediente.

c) Se abstendrá de utilizar medio electrónico de pago alguno

Por si fuera insuficiente la medida anterior, se prohíbe al deudor el uso de cualquier medio de pago electrónico, como son las tarjetas de débito, la mayoría de las compras por internet, las transferencias bancarias, etc, impidiendo al emprendedor afrontar cualquier operación cuyo pago no pueda afrontar al contado, lo cual debe ponerse en relación con el artículo 7 uno 1 de la Ley 7/2012, de 29 de octubre, de modificación de la normativa tributaria y presupuestaria y de adecuación de la normativa financiera para la intensificación de las actuaciones en la prevención y lucha contra el fraude, según el cual *no podrán pagarse en efectivo las operaciones, en las que alguna de las partes intervinientes actúe en calidad de empresario o profesional, con un importe igual o superior a 2.500 euros o su contravalor en moneda extranjera.*

d) Cese de las prohibiciones

Estudiados conjuntamente los tres apartados anteriores, podemos decir que el emprendedor que solicite un acuerdo extrajudicial de pagos continuará con su actividad comercial o profesional pero deberá hacerlo sin realizar operaciones a crédito, sin hacer pagos electrónicos y sin hacer pagos en metálico superiores a 2.500 euros, para los cuales además no podrá pedir un préstamo. Con estas limitaciones resulta francamente difícil operar en el mercado, por lo que será importante interpretar de manera flexible estas prohibiciones e intentar acortar los plazos de tramitación del expediente.

Una buena forma de interpretar de la manera más favorable posible al deudor estas prohibiciones es entender que las mismas se alzan con la aprobación del acuerdo y no con su conclusión, en una aplicación analógica del artículo 133 LC.

Hay que tener en cuenta que la Ley de Emprendedores no ha previsto en qué momento cesan estos efectos por lo que una interpretación literal puesta en relación con el artículo 236 que prevé planes de pagos con esperas de hasta tres años, podría llevarnos a entender que el deudor debe mantenerse estos tres años sin crédito, sin tarjetas y sin pagos electrónicos, lo que sin duda acabaría estrangulando su actividad lo que le llevaría al incumplimiento del plan aprobado y por tanto a la liquidación concursal.

En defensa de mi tesis también el estudio conjunto de la literalidad de los artículos 235 y 238 LC que hablan respectivamente de *efectos de la iniciación del expediente* y de *cierre del expediente* cuando se aprueba el acuerdo extrajudicial.

Igualmente si el expediente fracasa, el acuerdo se incumple o prospera una impugnación contra el mismo, se declara el concurso consecutivo y el Auto de declaración de concurso extingue los efectos estudiados que serán sustituidos por los que le son propios sumados a los de la apertura de la liquidación.

2. ¿CÓMO INFLUYE LA INICIACIÓN DEL EXPEDIENTE EN LOS PROCEDIMIENTOS DEL DEUDOR?

a) Los procedimientos de ejecución

La iniciación del expediente implica con carácter general la suspensión de las ejecuciones en curso del deudor, con prohibición de despachar nuevas. El legislador persigue con este precepto facilitar el éxito de la negociación eliminando la espada de Damocles que supone para el deudor el curso de estos procedimientos mientras intenta llegar a un acuerdo con sus ejecutantes. También se intenta evitar que la continuación de estos procedimientos supusiera la contravención de la *par conditio creditorum* en un hipotético concurso posterior.

Por otra parte, la redacción es bastante defectuosa, dado que se establece que los acreedores no podrán seguir ni iniciar ejecuciones singulares pero no se prevé sanción alguna para los que contravengan esta prohibición. Se da por hecho que los Juzgados de Instancia en los que se sigan estas ejecuciones las suspenderán, pero ni se modifica en paralelo la Ley 1/2000 de Enjuiciamiento Civil, cuyo artículo 568 sólo prevé la suspensión de ejecuciones en curso y prohibición de nuevas cuando se declara el concurso, ni se articula un sistema para comunicar a los Juzgados de Primera Instancia la iniciación del expediente.

Art. 235.2 LC: "*Desde la publicación de la apertura del expediente y por parte de los acreedores que pudieran verse afectados por el posible acuerdo extrajudicial de pagos, no podrá iniciarse ni continuarse ejecución alguna sobre el patrimonio del deudor mientras se negocia el acuerdo extrajudicial hasta un plazo máximo de tres meses. Se exceptúan los acreedores de créditos con garantía real, en cuyo caso, el inicio o continuación de la ejecución dependerá de la decisión del acreedor. El acreedor con garantía real que decida iniciar o continuar el procedimiento no podrá participar en el acuerdo extrajudicial. Practicada la correspondiente anotación de la apertura del procedimiento en los registros públicos de bienes, no podrán anotarse respecto de los bienes del deudor instante embargos o secuestros posteriores a la presentación de la solicitud del nombramiento de mediador concursal, salvo los que pudieran corresponder en el curso de procedimientos seguidos por los acreedores de derecho público y los acreedores titulares de créditos con garantía real que no participen en el acuerdo extrajudicial*".

Además el apartado segundo del artículo 235 LC, prevé varias excepciones que dejan casi sin contenido el principio general:

- Sólo se extiende la prohibición a aquellos acreedores que pudieran verse afectados por el posible acuerdo extrajudicial de pagos, lo que puesto en relación con el artículo 231.5 párrafo segundo, excluye los créditos de derecho público y los que gocen de garantía real con las especialidades que veremos después.

  Por tanto las ejecuciones de Hacienda y de la Seguridad Social continuarán, pero el deudor deberá solicitar el aplazamiento de los créditos una vez que se haya formalizado el acuerdo extrajudicial en los términos que prevé la nueva disposición adicional séptima, la cual regula la solicitud de aplazamiento pero remite a la LGT y a la LGSS la tramitación del mismo con las especialidades previstas en esta disposición, por lo que las administraciones públicas podrán conceder o denegar el aplazamiento.
- La exclusión anterior hace referencia a los créditos de derecho público, pero no a los créditos privilegiados y en este sentido hay que recordar que en sede de acuerdo extrajudicial de pagos no se prevé una clasificación de los créditos. Por este motivo, los trabajadores que en el concurso tendrían un crédito privilegiado y contra la masa, sí pueden verse afectados por el acuerdo extrajudicial por lo que también les afecta la prohibición de continuar sus ejecuciones y de iniciar nuevas.

  Llama la atención una falta de previsión expresa en defensa de los intereses de los trabajadores que sí existe en el artículo 55 LC para el supuesto de concurso declarado, pues *hasta la aprobación del plan de liquidación, podrán continuarse las ejecuciones laborales en las que se hubieran embargado bienes del concursado con anterioridad a la fecha de declaración del concurso, siempre que los bienes objeto de embargo no resulten necesarios para la continuidad de la actividad profesional o empresarial del deudor.*
- A diferencia del efecto analizado en el apartado d) del epígrafe primero, en este caso sí se prevé un plazo máximo de duración de la prohibición de ejecutar o de la suspensión de las ejecuciones, que será de tres meses. Terminado este plazo pueden presentarse tres posibilidades:
  - — Que se haya logrado el acuerdo extrajudicial, en cuyo caso el artículo 240.1 LC establece que *ningún acreedor afectado por el acuer-*

do podrá iniciar o continuar ejecuciones contra el deudor por deudas anteriores a la publicación de la apertura del expediente. El deudor podrá solicitar la cancelación de los correspondientes embargos del juez que los hubiera ordenado; por tanto la prohibición de ejecutar contra el patrimonio del deudor y la suspensión de las ya despachadas se mantendrá durante el plazo de cumplimiento que podrá ser mayor o menor en función de las esperas pactadas con el límite de tres años que establece el artículo 236 LC.

— Que no se haya logrado el acuerdo extrajudicial, que se haya incumplido o se haya estimado una impugnación y se haya declarado el concurso consecutivo, en cuyo caso serán de aplicación los artículos 55 y 56 LC sobre suspensión de las ejecuciones por declaración de concurso, pero teniendo en cuenta que el concurso consecutivo implica la apertura inmediata de la liquidación, por lo que habrá que suspender las ejecuciones incluyendo las laborales y las administrativas una vez que se apruebe el plan, y los acreedores hipotecarios que no lo hayan hecho antes no podrán iniciar sus ejecuciones en pieza separada (art. 57.3 LC).

— Que se encuentre todavía en tramitación el expediente extrajudicial, lo cual no debería ocurrir, atendiendo a los plazos que se regulan en la ley como veremos más adelante, pero lo cierto es que los plazos previstos por el legislador no siempre pueden llevarse a la práctica por diversas vicisitudes, por lo que no es descartable que transcurridos los tres meses se encuentre todavía en tramitación el acuerdo extrajudicial de pagos, en cuyo caso debe cesar la prohibición de ejecutar y alzarse las suspensiones que en su caso se hubiesen acordado.

- Se exceptúan los acreedores de créditos con garantía real en cuyo caso, el inicio o continuación de la ejecución se hace depender de la decisión del acreedor, quien podrá optar voluntariamente por abstenerse de iniciar o continuar la ejecución sobre el bien sujeto a la garantía; pero si decide no hacerlo, es decir, si solicita el despacho de ejecución o continúa con la ya despachada, no podrá participar en el acuerdo extrajudicial.

  En este supuesto, las ejecuciones se encuentran en suspenso o no despachadas por la decisión voluntaria del acreedor, por lo que no puede entenderse que se encuentren sujetas al plazo de tres meses del artículo 235 LC, sino que la misma voluntad unilateral que dio lugar a la suspensión puede alzarla, en cuyo caso será de aplicación la prohibición de participar en el acuerdo.

  Cabe decir que no se establece un gran aliciente para que el acreedor privilegiado especial opte por suspender la ejecución, pues teniendo el crédito garantizado con un bien, será el producto del mismo lo que satisfaga su crédito tanto en sede concursal como por vía extrajudicial, por lo que *a priori* es poco probable que opte por suspender la ejecución. Por tanto, como dije al principio del epígrafe, si la suspensión de ejecuciones no alcanza ni a las de derecho público ni a los créditos garantizados con bienes, como ocurre por ejemplo con el crédito hipotecario, estadísticamente hablando, el número de ejecuciones suspendidas será escaso, por lo que se vacía de contenido la finalidad que el legislador persigue con el precepto.

- La suspensión de ejecuciones tampoco alcanza a las acciones que los acreedores tengan contra los garantes, que se mantienen por la disposición expresa en este sentido del apartado quinto del artículo 235.

Art. 235.5 LC: "El acreedor que disponga de garantía personal para la satisfacción del crédito podrá ejercitarla siempre que el crédito contra el deudor hubiera vencido. En la ejecución de la garantía, los garantes no podrán invocar la solicitud del deudor en perjuicio del ejecutante".

Por último, como garantía de la paralización de las ejecuciones se prevé el cierre registral una vez practicada la anotación de la apertura del procedimiento en los registros públicos de bienes, que impedirá el acceso al Registro de embargos o secuestros posteriores a la presentación de la solicitud del nombramiento de mediador concursal sobre los bienes del deudor instante.

Este precepto queda también ligeramente vacío de contenido al exceptuarse los que pudieran corresponder en el curso de procedimientos seguidos por los acreedores de derecho público y los acreedores titulares de créditos con garantía real que no participen en el acuerdo extrajudicial. Puesto en relación con el artículo 584 LEC que prohíbe el embargo de bienes cuyo valor exceda notablemente de la cuantía de la ejecución, la exclusión de los créditos de derecho público y de los hipotecarios convierte en poco frecuente el embargo por otros créditos sobre bienes registrables del deudor.

Cabe señalar que la redacción literal, en términos parecidos a como preceptúa el artículo 24 LC, prevé el cierre registral para los embargos o secuestros posteriores a la presentación de la solicitud ante el Notario el Registrador Mercantil, por lo que nada obstaría a que el Registrador de la Propiedad pudiese anotar un embargo que hubiese sido acordado con anterioridad a la solicitud y aún no hubiese tenido acceso al Registro. Sin embargo esta interpretación literal sería contraria a los principio registrales, por lo que, aunque todavía no hay doctrina al respecto, debemos interpretar el precepto de manera parecida a como ha hacho la Dirección General de Registros y del Notariado al interpretar el artículo 24 (v.gr. RDGRN 20 de septiembre de 2013) entendiendo que el cierre registral se produce desde el Auto de declaración de concurso para cualquier embargo o secuestro que no haya tenido acceso al Registro con anterioridad. Hay que tener en cuenta que la interpretación literal llevaría a innecesarios gastos de inscripción y posterior cancelación de los embargos.

b) Los procedimientos concursales

El apartado sexto del artículo 235 LC establece que *el deudor que se encontrase negociando un acuerdo extrajudicial no podrá ser declarado en concurso, en tanto no concurran las circunstancias previstas en el artículo 5 bis.* Por tanto, por la remisión expresa al artículo 5 bis LC, la solicitud de acuerdo extrajudicial de pagos producirá unos efectos sobre la posibilidad de declarar en concurso al deudor que tienen consecuencias tanto temporales como materiales:

- Una vez comunicada al juzgado la iniciación del expediente extrajudicial de pagos, lo cual podrá hacerse en cualquier momento antes del vencimiento del plazo establecido en el artículo 5, es decir, dentro de los dos meses siguientes a la fecha en que hubiera conocido o debido conocer su estado de insolvencia, no será exigible al deudor el deber de solicitar la declaración de concurso voluntario. Aunque la literalidad del precepto se refiere al momento de comunicación al juzgado de la aceptación del mediador, entiendo que el deudor cumple con solicitar en plazo el acuerdo extrajudicial de pagos, pues no está legitimado para comunicar al juzgado la presentación de la solicitud sino que deberá ser el Registrador Mercantil o el Notario quienes realicen esta comunicación, por lo que los posibles efectos perjudiciales de la comunicación extemporánea no deben perjudicar al deudor que ha presentado en el plazo que marca el artículo 5 LC su solicitud.
- Transcurridos tres meses de la comunicación al juzgado, el deudor, haya o no alcanzado un acuerdo extrajudicial de pagos, deberá solicitar la declaración de concurso dentro del mes hábil siguiente, a menos que ya lo hubiera solicitado el mediador concursal o no se encontrara en estado de insolvencia. En este caso, el *dies a quo* determinado por el legislador es también, desde mi punto de vista, incorrecto, pues el precepto prevé el cómputo del plazo desde la comunicación y no desde la solicitud, sin embargo en este caso esta diferencia no perjudica al deudor sino que le beneficia por lo que sí se debe computar desde la comunicación.
- También se modifica el artículo 15.3 LC para las solicitudes de concurso necesario, intentando evitar que la solicitud de declaración de concurso por un acreedor pudiese frustrar el acuerdo extrajudicial. Conforme al mismo, *una vez realizada la comunicación prevista en el artículo 5 bis y mientras no transcurra el plazo de tres meses previsto en dicho precepto, no se admitirán solicitudes de concurso a instancia de otros legitimados distintos del deudor o del mediador concursal.* Nuevamente el legislador olvida el lapso de tiempo que media entre la solicitud de acuerdo extrajudicial y su comunicación al juzgado, debiendo por tanto a pesar de la literalidad del precepto, inadmitir las solicitudes que se presenten en el mismo, para que la falta de finura del legislador y la posible demora de los intervinientes en el expediente no puedan perjudicar al deudor que ha cumplido sus obligaciones en el plazo legal.

- Por último se regula también la legitimación del mediador para instar el concurso, que en algunos casos exigirá que éste realice una valoración de la insolvencia del deudor y en otros le supondrá la obligación de instar el concurso por causas objetivas:
  - El artículo 236.4 LC exige al mediador concursal solicitar de inmediato la declaración de concurso si, dentro de los diez días naturales posteriores al envío de la propuesta de acuerdo a los acreedores, decidieran no continuar con las negociaciones los acreedores que representasen al menos la mayoría del pasivo que necesariamente pudiera verse afectado por el acuerdo.
  - El artículo 238.3 LC prevé que si el plan no fuera aceptado, y el deudor continuara incurso en insolvencia, el mediador concursal solicitará inmediatamente del juez competente la declaración de concurso, que el juez acordará también de forma inmediata.
  - El artículo 241.3 LC prevé que si el acuerdo extrajudicial de pagos fuera incumplido, el mediador concursal deberá instar el concurso, considerándose que el deudor incumplidor se encuentra en estado de insolvencia.

c) Los procedimientos declarativos

No existe ninguna declaración expresa en la Ley de Emprendedores sobre paralización de procedimientos declarativos en curso, procedimientos que como sabemos tampoco se suspenderían por la declaración de concurso (art. 51 LC) por lo que debemos entender que la solicitud de acuerdo extrajudicial de pagos no tiene influencia en los mismos, sin perjuicio de los efectos novatorios que se producirían por la aprobación del acuerdo. En parecidos términos no se establece ninguna prohibición a la admisión de nuevos juicios declarativos, semejante a la prevista en el artículo 50 en sede concursal, por lo que podrán ejercitarse nuevas acciones declarativas contra el deudor mientras tramita el expediente.

No obstante, de cara a favorecer que se consigan acuerdos, es posible poner en relación estos procedimientos con la Ley 5/2012, de 6 de julio, de mediación en asuntos civiles y mercantiles cuyo artículo 16 prevé en su apartado tercero que cuando de manera voluntaria se inicie una mediación estando en curso un proceso judicial, las partes de común acuerdo podrán solicitar su suspensión de conformidad con lo dispuesto en la legislación procesal. El Juez podrá en estos procedimientos derivar la materia a mediación dejando entre tanto en suspenso la causa en los términos del artículo 19 LEC y esta mediación puede ser la mediación concursal que implica la tramitación del acuerdo extrajudicial de pagos.

3. ¿EN QUÉ MOMENTO SE PRODUCEN LOS EFECTOS DE LA INICIACIÓN DEL EXPEDIENTE?

Ya hemos visto en el epígrafe anterior como el legislador establece diferentes momentos como *dies a quo* para la producción de los efectos que se derivan de la iniciación del expediente de acuerdo extrajudicial de pagos. Estas diferencias pueden ser abultadas, especialmente durante el tiempo que ha quedado entre la entrada en vigor de los aspectos concursales de la Ley 14/13 de emprendedores y la entrada en vigor del Real Decreto 980/2013, de 13 de diciembre, por el que se desarrollan determinados aspectos de la Ley 5/2012, de 6 de julio, de mediación en asuntos civiles y mercantiles.

Es necesario comenzar la exposición con un breve calendario imaginario de plazos para la iniciación del expediente que prevé la Ley de Emprendedores, bien directamente o bien por la remisión que el artículo 233.1 3º realiza al nombramiento de expertos independientes que se regula en el artículo 338 del Reglamento del Registro Mercantil:

— El deudor solicitará del Registrador Mercantil si es persona inscribible o del Notario si no lo es, la iniciación del expediente.

— El Registrador o el Notario dispondrán de un plazo de quince días para nombrar mediador, que se computarán desde la presentación de la solicitud o si la misma adoleciese de defectos subsanables desde la subsanación de los mismos, pues si bien no se prevé en la Ley de Emprendedores esta subsanación, debemos entender que en parecidos términos a la calificación registral, el Registrador o el Notario pueden apreciar defectos y considerar los mismos subsanables.

— El mediador nombrado dispondrá de cinco días para aceptar el cargo.

— Una vez aceptado (en ningún caso antes, pues la aceptación es uno de los datos preceptivos de la publicidad) el Notario o Registrador dará a la iniciación del expediente la oportuna publicidad tanto edictal como registral y comunicará al juzgado la iniciación.

Pues bien, los diferentes efectos que el artículo 235 predica de la iniciación del expediente se producen desde diferentes momentos:

— El deber del deudor de abstenerse de solicitar préstamos o créditos así como de devolver las tarjetas de crédito y de utilizar medios electrónicos de pago se producen desde la presentación de la solicitud al Notario o Registrador según los casos.

— La prohibición de los acreedores de iniciar o continuar ejecuciones singulares se produce con la publicación de la apertura del expediente.

— El cierre registral que impide el acceso a los registros de bienes de embargos o secuestros sobre bienes del deudor se produce desde la práctica de la anotación de la apertura del expediente.

— Sólo desde la comunicación de la iniciación del expediente al juzgado opera la prohibición admitir demandas de concurso necesario contra el deudor.

Como vemos, desde la solicitud de inicio del expediente hasta la publicidad de la misma, puede mediar un lapso más o menos prolongado de tiempo durante el cual el deudor no se verá amparado por los efectos protectores de la iniciación del expediente, pero sí asumirá las obligaciones que para él se derivan de la presentación de la solicitud, es decir, no se suspenderán las ejecuciones contra él ni se producirá el cierre registral sobre sus bienes y podrá ser declarado en concurso, pero no podrá pedir créditos ni préstamos, devolverá las tarjetas y se abstendrá de realizar pagos por medios electrónicos, sin que la Ley 7/12 le permita realizar pagos en metálico en cantidad superior a 2.500 Euros. Por este motivo como ya he expuesto, la interpretación del *dies a quo* para el cómputo de los plazos debe hacerse siempre de la forma más favorable para el deudor.

4. ¿QUÉ OCURRE DURANTE EL PERIODO TRANSITORIO DEL RD. 980/13?

La situación se agrava por las fechas de entrada en vigor de los aspectos concursales de la Ley de Emprendedores y la del Real Decreto 980/2013, de 13 de diciembre, por el que se desarrollan determinados aspectos de la Ley 5/2012, de 6 de julio, de mediación en asuntos civiles y mercantiles.

Mientras que la Disposición Final decimotercera (letra a) de la Ley 14/13 prevé la entrada en vigor del Capítulo V del Título I a los 20 días de su publicación en el BOE, es decir, el 18 de octubre de 2013, la Disposición Final tercera del RD 980/13 prevé su entrada en vigor a los tres meses de su publicación en el BOE (se publicó el 27 de diciembre) y además establece para la puesta en funcionamiento del Registro de Mediadores e Instituciones de Mediación los siguientes plazos:

- La fecha para el envío por parte de los centros de formación de la información que se indica en el apartado 3 del artículo 7 comienza el 1 de marzo de 2014.
- La fecha de apertura del Registro para la realización de solicitudes de inscripción por parte de los mediadores, los mediadores concursales y las instituciones de mediación será el 1 de abril de 2014.
- La fecha de inicio de la publicidad del Registro será el 1 de junio de 2014.

Las prisas del legislador en relación con las pausas del Ministerio, han generado una situación de interinidad que durará (al menos) desde el 18 de octubre de 2013 hasta el 1 de junio de 2014, durante la cual el deudor tiene derecho a solicitar el inicio de su expediente con la consiguiente obligación de nombramiento de mediador, nombramiento que deberá hacerse conforme al artículo 233 LC (ya en vigor) de forma secuencial de las listas que se publicarán en el portal correspondiente del BOE (con suerte) el 1 de junio.

Es fácil imaginar las disfunciones que esta imprevisión puede generar poniendo en relación este epígrafe con el anterior, dado que los efectos de la iniciación del expediente sobre el deudor se producen con la presentación de la solicitud, mientras que los efectos sobre los acreedores se computan desde la publicidad, la cual no puede producirse hasta la aceptación, la cual no puede producirse hasta el nombramiento. ¿Puede el deudor aguantar en el mercado sin créditos ni préstamos, sin tarjetas ni medios electrónicos de pago y sin pagos en metálico en cantidad superior a 2.500 Euros hasta el uno de junio?

Los Registradores y Notarios, a la vista de lo expuesto, se ven, sin tener culpa ninguna, con la pelota en su tejado. Ante la solicitud de iniciación de expediente de acuerdo extrajudicial de pagos deben adoptar una decisión en un sentido o en otro, sabiendo que su decisión tendrá inevitables efectos económicos en el deudor. El artículo 232 LC regula los supuestos en los que los Notarios y registradores deben inadmitir la solicitud, por supuesto sin incluir la imposibilidad de nombramiento de mediador por falta de previsión reglamentaria:

- Cuando el deudor no justifique el cumplimiento de los requisitos legalmente exigidos para alcanzar un acuerdo extrajudicial.
- Cuando concurra alguna de las prohibiciones o incompatibilidades previstas en los apartados 3 ó 4 del artículo 231 de la Ley.
- Cuando falte alguno de los documentos exigidos o los presentados fueran incompletos.

Además la Ley tiene en este sentido una importante carencia: no prevé qué instrumento pueden utilizar los Notarios y Registradores ni qué recurso podría interponerse en su caso contra la decisión que adopten. La práctica parece indicar que el instrumento notarial para articular una respuesta a la solicitud debe ser un acta, mientras que el Registrador podrá calificar la solicitud. Aunque tampoco lo regula la Ley, considero que en ambos casos se debe permitir al deudor plantear recurso ante la Dirección General de los registros y del Notariado. Finalmente y a pesar de que tampoco se regula en la Ley, entiendo que al menos en el tercero de los supuestos de inadmisión notarial o registral expuestos, se debe permitir la subsanación del defecto por parte del deudor, sin que pueda acordarse la inadmisión directa (lo expuesto tanto en este párrafo como en el anterior es de aplicación no sólo al periodo transitorio, sino a cualquier decisión del Notario o Registrador sobre la solicitud presentada por el deudor).

La primera resolución que he encontrado en el ámbito del periodo transitorio es del Registro Mercantil de Palma (Expte. 1/13) de fecha 4 de diciembre de 2013, en la que el Registrador deniega el nombramiento pues "*debe advertirse que…el Registro no podrá proceder con el nombramiento hasta que en el portal correspondiente del Boletín Oficial del Estado figure la lista oficial de mediadores aptos para su nombramiento tal y como señala el artículo 233 de la Ley 22/03 de 9 de julio concursal*".

Poco antes, el 28 de noviembre de 2013, el Registrador Mercantil de Barcelona en el expediente 1/13 dicta una resolución por la que acuerda "*solicitar de la Dirección General de Registros y del Notariado autorización para que pueda solicitarse del decanato de los Juzgados de lo Mercantil de Barcelona la puesta a su disposición de la lista a que se refiere el artículo 27.3 de la Ley Concursal para pro-*

ceder a un nombramiento aleatorio de mediador concursal que cumpla con los requisitos de los artículos 27.1 y 233.1 de la Ley Concursal". Esta resolución se fundamenta en la aplicación analógica del artículo 356 del Reglamento Mercantil que permite que en condiciones especiales el Registrador pueda a falta de normas conforme a las cuales proceder, solicitar de la Dirección General de los Registros y del Notariado la designación de auditor para proceder a su nombramiento.

Esta resolución de Barcelona presenta una ventaja y un inconveniente, la ventaja es que obligará a la DGRN a pronunciarse (esperemos que antes del uno de junio) sobre la forma de actuar durante el periodo transitorio, respuesta que podrá ser utilizada posteriormente por todos los Notarios y Registradores. El inconveniente es que el artículo 233.1.2º LC exige al mediador concursal el doble requisito de reunir la condición de mediador de acuerdo con la Ley 5/2012, puesto en relación ahora con los requisitos que adiciona el RD 980/13 y alguna de las que se indican en el apartado 1 del artículo 27 LC para actuar como administrador concursal. Aunque la DGRN autorice al Registrador a solicitar las listas de las que disponemos en el juzgado, en las mismas sólo sabemos que son administradores concursales pero no reflejan quiénes cumplen también con los requisitos de la Ley 5/12.

Por otra parte, tanto una solución como otra presentan el problema ya expuesto de mantener durante un plazo excesivamente prolongado al deudor en una situación en la que los restrictivos efectos de la presentación de la solicitud le son aplicables sin que los protectores efectos de la publicación empiecen a producirse respecto de sus acreedores.

5. ¿QUÉ OTROS EFECTOS TIENE SOBRE LOS ACREEDORES LA INICIACIÓN DEL EXPEDIENTE?

a) Prohibición de intentar mejorar su situación

El aparado tercero del artículo 235 LC contiene una previsión que intenta evitar que durante la tramitación del expedíentelos acreedores pudieran mejorar su situación haciendo quebrar el principio de la *par conditio creditorum* en un hipotético concurso.

> *Art. 235.3 LC: "Desde la publicación de la apertura del expediente, los acreedores que puedan verse afectados por el acuerdo deberán abstenerse de realizar acto alguno dirigido a mejorar la situación en que se encuentren respecto del deudor común".*

Nuevamente se excluyen los créditos de derecho público, dado que los mismos no pueden verse afectados por el acuerdo y de hecho no solamente se excluyen de esta prohibición, sino que se impone en la disposición adicional séptima la obligación, una vez admitida la solicitud, de solicitar de la Administración Pública un aplazamiento o fraccionamiento de los pagos, el cual no será concedido por la Administración, con carácter general, si no se garantiza la deuda que se aplaza o fracciona.

b) Facilitación de los actos de comunicación

Art. 235.4 LC: "Desde la publicación de la apertura del expediente, los acreedores que lo estimen oportuno podrán facilitar al mediador concursal una dirección electrónica para que éste les practique cuantas comunicaciones sean necesarias o convenientes, produciendo plenos efectos las que se remitan a la dirección facilitada".

Se permite la posibilidad de que los acreedores señalen un correo electrónico a efectos de comunicaciones, intentando así facilitar y agilizar la tramitación del procedimiento, dotando de plenos efectos a las comunicaciones que se realicen en la dirección facilitada.

6. ¿QUÉ GASTOS IMPLICA LA INICIACIÓN DEL EXPEDIENTE?

La iniciación del expediente lleva consigo la asunción de una serie de gastos, que pese a no regularse en la Ley concursal en sede de efectos de la iniciación del expediente, deberán ser tenidos en cuenta por el deudor a la hora de valorar la oportunidad de acudir al acuerdo extrajudicial.

a) El Notario y el Registrador Mercantil

El expediente necesitará en todo caso Notario (aunque no haya que instar el expediente ante Notario, será necesario elevar a público el acuerdo) y si se trata de una persona inscribible también de Registrador Mercantil, por lo que deberán regularse en los aranceles de Notarios y Registradores las cantidades que deben devengar por su intervención en el procedimiento, dado que como vamos a ver no es sencillo ni unitario el criterio de subsunción del acuerdo extrajudicial de pagos en los aranceles existentes. Con carácter general, cabe decir que (en contra del sentir popular) se trata de profesionales que realizan un trabajo jurídico excepcional por una retribución reducida.

El Real Decreto 1426/89 de 17 de noviembre (actualizado por la Instrucción de 22 de mayo de 2002, de la Dirección General de los Registros y del Notariado, por la que se convierten a euros los Aranceles de los Notarios y Registradores de la Propiedad y Mercantiles) regula el arancel notarial, que distingue los documentos de cuantía de aquéllos que no tienen cuantía Se considerarán instrumentos públicos de cuantía aquellos en que ésta se determine o sea determinable, o estén sujetos por su contenido a los Impuestos sobre Sucesiones y Donaciones, Transmisiones Patrimoniales y Actos Jurídicos Documentados, sobre el Valor Añadido o cualquier otro que determine la legislación fiscal, figurando en el Número 1 del arancel el acta con carácter general como instrumento sin cuantía. Aplicando este criterio de la norma cuarta del arancel parece que el acta que recoja la solicitud de acuerdo debe considerarse instrumento sin cuantía, mientras que la escritura que eleve a público el acuerdo debe ser instrumento con cuantía, no obstante, como dije antes, no se regula cuál es el Instrumento que deberá usar el Notario para el acuerdo extrajudicial.

En lo que respecta al Registrador Mercantil, el Decreto 757/1973, de 29 de marzo, aprueba el Arancel de los Registradores Mercantiles, actualizado por la misma Instrucción antes mencionada, regulando un arancel por la presentación del documento, por su calificación y por su inscripción, así como por el nombramiento de experto independiente, por lo que podría facturarse con el actual arancel un acuerdo extrajudicial, a pesar de lo cual, como he dicho, sería deseable la inclusión de un precepto arancelario claro y unitario para que el deudor sepa de antemano el coste que le va a conllevar la solicitud.

b) El mediador concursal

La Ley de Emprendedores sí regula, aunque por remisión, los honorarios que debe devengar el mediador concursal, al introducir una disposición adicional octava en la Ley Concursal que establece que *serán de aplicación a la remuneración de los mediadores concursales a los que se refiere la presente Ley las normas establecidas o que se establezcan para la remuneración de los administradores concursales* por lo que les será de aplicación el Real Decreto 1860/2004, de 6 de septiembre, por el que se establece el arancel de derechos de los administradores concursales.

No obstante, en la actual redacción de este Real Decreto, no es fácil subsumir las funciones del mediador, sobre todo cuando sí se consiga el acuerdo extrajudicial, por lo que considero que se debe interpretar la disposición adicional octava, cuando dice las normas establecidas *"o que se establezcan"* como un mandato al Ejecutivo para que regule de manera expresa los honorarios de los mediadores.

En este sentido cabe mencionar que con carácter general el mediador no es un profesional sujeto a arancel, sin perjuicio de las normas que puedan establecer instituciones como las Cámaras de Comercio sobre sus honorarios (que muy posiblemente pueden resultar contrarias a la normativa europea sobre liberalización de servicios). Sin embargo, por la remisión expresa de la disposición adicional octava, el mediador concursal sí se convierte en un profesional sujeto a arancel, por lo que es exigible que se regule el mismo de manera expresa para que el deudor interesado en acudir al expediente extrajudicial de pagos pueda saber de antemano los gastos en los que incurrirá con su solicitud.

c) El Registro de la Propiedad y otros Registros de Bienes

Cuando el deudor tenga bienes registrables, el artículo 233.3 LC prevé que una vez que el mediador concursal acepte el cargo, el Registrador Mercantil o el Notario den cuenta del hecho por certificación o copia remitidas a los registros públicos de bienes competentes para su constancia por anotación preventiva en la correspondiente hoja registral.

En lo que respecta a inmuebles, el Real Decreto 1427/1989, de 17 de noviembre, aprueba el Arancel de los Registradores de la Propiedad, regulando el coste de cada anotación en función del valor de la finca, con una previsión en el apartado 6 c) que prevé un descuento del 75 % en los asientos causados en procedimientos concursales, que considero que debería aplicarse también en los supuestos de acuerdo extrajudicial, dado que el objetivo de la Ley, según la propia exposición de motivos, es abaratar y agilizar el trámite, por lo que no tendría sentido que la anotación de la iniciación del expediente resultase cuatro veces más cara que la del propio Auto de declaración de concurso. No obstante la literalidad del precepto prevé el descuento sólo en procedimientos de *suspensión de pagos, concurso o quiebra de personas físicas o jurídicas.*

d) Otros gastos de publicidad: el Boletín Oficial del Estado y el Registro Público Concursal

El artículo 233 LC prevé igualmente como parte de la publicidad de la iniciación del expediente la publicación en el BOE y en el Registro Público Concursal una vez que acepte el mediador.

En lo que respecta a la publicación en el Boletín Oficial del Estado, el legislador ha olvidado predicar la gratuidad de esta publicación y el artículo 23 LC sólo la recoge respecto del Auto que declara el concurso, por lo que no hay ningún precepto que pueda hacerse constar como justificativo de la gratuidad (es preceptivo en el portal virtual del BOE hacer constar el precepto que acuerda la gratuidad) por lo que si no se reforman el artículo 23 o el 233 la inscripción hay que pagarla, actualmente a 11,524077 € cada línea de título y 12,804531 € cada línea del texto y el doble si la publicación es urgente.

En cuanto al Registro Público Concursal, el Real Decreto 892/2013, de 15 de noviembre, por el que se regula el Registro Público Concursal que entrará en vigor (si nada lo impide y los medios materiales lo permiten) el 3 de marzo de 2014, configura en su capítulo IV la Sección tercera del Registro que se dedicará a los acuerdos extrajudiciales y presumiblemente será gratuito.

Finalmente cabe hacer referencia a un lucro cesante que se producirá para el deudor por la iniciación del expediente y que es difícilmente cuantificable en términos numéricos, que vendrá dado por el estigma social que producen en el mercado todas las situaciones relacionadas aunque sea lejanamente con el concurso de acreedores, que retraen a los operadores económicos de negociar con el deudor y de hacerlo pueden exigirle especiales condiciones de precio o garantía.

e) Breve referencia a los aspectos fiscales

Siguiendo el criterio antes expuesto, el Notario deberá recoger en un acta la solicitud de acuerdo extrajudicial de pagos, acta que tributará por el concepto de Acto Jurídico Documentado de la Ley ITP-AJD solamente por el papel, sin que sea de aplicación el resto del tributo por considerarlo instrumento sin cuantía propia. Sin embargo, si por aplicación del artículo 233.3 LC, teniendo el deudor bienes inscribibles, entendemos que el acta contiene un acto inscribible, deberá tributar también al tipo de gravamen que haya sido aprobado por la Comunidad Autónoma o en su defecto al 0,50 por 100, en cuanto a tales actos. Considero no obstante que esta interpretación resulta excesiva por lo que debe considerarse que el acta es un documento sin cuantía que no tributa AJD (más allá del papel).

Cuestión distinta es la escritura que en su caso recoja el acuerdo y que deberá formalizarse tanto en los supuestos de expediente notarial como en los que se insten en el Registro, pues el mismo deberá elevarse a público. En este supuesto, la escritura no es un documento sin cuantía por lo que tributará por la misma en concepto de AJD al tipo de gravamen que haya sido aprobado por la Comunidad Autónoma o en su defecto al 0,5%, salvo la tributación que corresponda por Donaciones o en su caso por Sociedades.

En este sentido cabe recordar que desde la Sentencia del Tribunal Supremo de 10 de febrero de 2011 las quitas se consideran liberalidades parciales, por tanto, en aplicación de lo dispuesto en el artículo 3 de la Ley 29/1987, de 18 de diciembre, del Impuesto sobre Sucesiones y Donaciones, en los supuestos de deudor persona física tributarán como donaciones y en los supuestos de deudor persona jurídica se someterán al Impuesto de Sociedades.

a) En lo que respecta al Impuesto de Sociedades, la quita para la empresa que condona no es deducible y debe contabilizarse como (678) Gastos excepcionales y tratarlo fiscalmente como una diferencia permanente, mientras que para la empresa que deja de pagar la parte condonada, se contabiliza como (778) Ingreso excepcional, por el que debe tributar, si bien con carácter general podrá compensarse con pérdidas, dada la situación que se presume de la sociedad que acude a este expediente por lo que no supondrá tributación para el deudor.

   Además para estos supuestos, la Ley 16/13 de medidas de fiscalidad medioambiental y otras medidas tributarias, modifica la Ley del Impuesto de Sociedades e introduce una excepción a la limitación en la compensación de bases imponibles negativas cuando se produzcan quitas tanto si el acuerdo con los acreedores se alcanza en el seno de un proceso concursal como si no.

b) Por el contrario en el supuesto de deudor persona física, la donación que supone la quita, tributa por la cantidad condonada según la escala que haya sido aprobada por la Comunidad Autónoma y en su defecto por la prevista en la LISD, teniendo en cuenta la cantidad condonada, el patrimonio del donatario y la relación entre las partes, por lo que las quitas no tributarán por Sociedades.

No obstante, el artículo 12 del Reglamento del Impuesto de Sucesiones y donaciones establece que tendrá la consideración de negocio jurídico gratuito inter-vivos la condonación de deuda, total o parcial, realizada con ánimo de liberalidad. En el caso de las quitas concursales, tanto en sede judicial como ante el mediador, debemos entender que el ánimo del condonante no es liberatorio, (qué más querría él que no condonar), sino que intenta con la quita minimizar sus pérdidas, por lo que considero que no debe quedar sujeto al Impuesto de Donaciones, sujeción que por otra parte resultaría sumamente injusta, pues no debe hacerse tributar a las personas físicas por este concepto cuando no se hace tributar a las jurídicas y además podría frustrar el cumplimiento del acuerdo alcanzado, por resultar extremadamente gravosa para el deudor.

El fundamento jurídico de no tributación por falta de *animus donandi* lo ha recogido en un supuesto diferente la Dirección General de Tributos en su informe de 9 de marzo de 2013 en el que considera que la dación en pago está sujeta a ITP-AJD pero no a donaciones por el exceso de adjudicación por no existir intención liberatoria en el acreedor.

En todo caso es importante reseñar que si se cumple el acuerdo, la deuda tributaria, al ser de derecho público no se ve afectada por las quitas y esperas recogidas en el acuerdo sin perjuicio de solicitar el fraccionamiento o aplazamiento en los términos de la disposición adicional séptima y además si el acuerdo se incumple o prospera la impugnación que se formule contra el mismos, en el concurso consecutivo será un crédito masa por aplicación de la retroacción que prevé el artículo 242 LC.

7. ¿QUÉ EFECTOS TIENE LA APROBACIÓN DEL ACUERDO?

Por último, aunque excede del ámbito del presente artículo, es necesario hacer una breve referencia a los efectos que van a producirse si se consigue el acuerdo y a los que se producirán si el mismo fracasa. El deudor a la hora de sopesar la conveniencia de acudir a este procedimiento debe considerar de manera conjunta los efectos de la iniciación y los de la conclusión, tanto si ésta tiene éxito como si no, poniéndolo en relación con los gastos que el expediente conlleva y que acabamos de ver.

El artículo 240 LC regula los efectos de la aprobación del acuerdo sobre los acreedores, que podemos sistematizar de la siguiente manera:

a) Se suspenden las ejecuciones singulares

> *Art. 240.1 LC: "Ningún acreedor afectado por el acuerdo podrá iniciar o continuar ejecuciones contra el deudor por deudas anteriores a la publicación de la apertura del expediente. El deudor podrá solicitar la cancelación de los correspondientes embargos del juez que los hubiera ordenado".*

Como ya indiqué al tratar la suspensión de ejecuciones por iniciación del expediente a la que me remito, se excluyen los créditos de derecho público y los créditos con garantía real que no se hayan adherido voluntariamente al acuerdo.

También se excluyen los créditos posteriores a la publicación de la apertura del expediente, es decir, el deudor deberá cumplir no sólo las obligaciones comprometidas en el acuerdo, pues su incumplimiento determinaría la apertura del concurso consecutivo, sino las que surjan de la continuación de su actividad, pues la prohibición de iniciar o continuar ejecuciones sólo alcanza a los créditos anteriores.

Se prevé además que el deudor pueda solicitar del Juez (o en su caso del Secretario) que acordó los embargos el alzamiento de los mismos. No se regula los criterios en virtud de los cuales el Juzgado que acordó el embargo deberá atender esta petición, pero está claro que el precepto no está redactado en tiempo imperativo.

b) Quitas y esperas

Art. 240.2 LC: "Por virtud del acuerdo extrajudicial, los créditos quedarán aplazados y remitidos conforme a lo pactado.
En caso de cesión de bienes a los acreedores, los créditos se considerarán extinguidos en todo o en parte, según lo acordado".

Según el artículo 236 LC el plan de pagos que se somete a la aprobación de la reunión de acreedores puede contener quitas de hasta el 25% y esperas de hasta tres años. A priori parece una posibilidad mucho menos atractiva que las quitas y esperas que pueden conseguirse en sede concursal, pero debemos tener en cuenta tres aspectos:

- En primer lugar, que las quitas en sede concursal pueden alcanzar el 50 %, pero sólo se referirán al crédito ordinario y subordinado, mientras que el 25% del acuerdo extrajudicial afecta a todo el crédito con excepción del de derecho público y del garantizado que no haya querido adherirse, por lo que habrá que calcular en cada caso concreto el alcance de las quitas sobre el total del pasivo.
- En segundo lugar, que el plazo para la consecución del acuerdo en sede extrajudicial, siempre será menor que el necesario para aprobar un convenio dentro del concurso, lo que en supuestos de urgencia pueden hacer más atractiva la mediación concursal.
- Por último, que en el acuerdo extrajudicial sí se permiten las daciones en pago o para pago prohibidas en sede concursal aunque su inclusión en el acuerdo eleven las mayorías exigibles del 60 al 75 % del voto a favor.

c) Conservación de las acciones frente a terceros

Art. 240. 3 LC: "Los acreedores conservarán las acciones que les correspondan por la totalidad de los créditos contra los obligados solidarios y los garantes personales del deudor"

La aprobación del acuerdo sólo tendrá efectos respecto del deudor por lo que los acreedores conservarán sus acciones frente a los deudores solidarios y frente a los garantes, quienes al repetir contra el deudor sí verán sus créditos sujetos a las quitas y esperas referidas en el apartado anterior.

8. ¿QUÉ EFECTOS TIENE EL FRACASO DEL EXPEDIENTE?

El efecto del fracaso del expediente será el concurso de acreedores del deudor que se tramitará como concurso consecutivo con las especialidades previstas en el artículo 242 LC lo cual sucederá en las siguientes situaciones:

- Cuando dentro de los diez días naturales posteriores al envío de la propuesta de acuerdo a los acreedores, decidieran no continuar con las negociaciones los acreedores que representasen al menos la mayoría del pasivo que necesariamente pudiera verse afectado por el acuerdo (Art. 236.4 LC).
- Cuando el plan no fuera aceptado por la reunión de acreedores si el deudor continuara incurso en insolvencia (Art. 238.3 LC).
- Cuando prospere la impugnación del acuerdo que hubiese planteado algún acreedor (art. 239.6 LC).
- Cuando el acuerdo extrajudicial de pagos fuera incumplido (Art. 241.3 LC).

El concurso consecutivo es siempre concurso de liquidación, por lo que se extinguirá la persona jurídica del deudor y cesarán los administradores sociales que serán sustituidos por los concursales, lo cual deberá ser tenido muy en cuenta por el deudor a la hora de solicitar la iniciación del expediente, pues su fracaso si se produce alguna de las circunstancias enumeradas en el párrafo anterior, implicará su propia liquidación.

Además de la liquidación directa, este concurso presenta algunas especialidades que pueden producir efectos en el deudor, como la retroacción de la clasificación del crédito contra la masa y de los plazos rescisorios al momento de la solicitud del expediente (Art. 242 LC).

Otra especialidad es el nombramiento del mediador como administrador del concurso consecutivo, salvo que el Juez considere justa causa para no hacerlo, no pudiendo el administrador percibir por este concepto más retribución que la que le hubiera sido fijada en el expediente de arreglo extrajudicial a menos que atendidas circunstancias excepcionales el juez acuerde otra cosa. En este sentido cabe decir que el legislador, al intentar abaratar el expediente evitando el nombramiento de un segundo profesional, se salta el principio de confidencialidad que exige al mediador el Real Decreto-Ley 5/12 de mediación en asuntos civiles y mercantiles.

Pero la principal novedad de la ley de emprendedores en el supuesto de concurso consecutivo es la remisión de deudas que prevén ahora el artículo 178 LC con carácter general para todos los concursos y el artículo 242.5 LC con carácter especial para el concurso consecutivo.

La exposición de motivos lo llama *exoneración de deudas residuales en los casos de liquidación del patrimonio del deudor que, declarado en concurso, directo o consecutivo, no hubiere sido declarado culpable de la insolvencia, y siempre que quede un umbral mínimo del pasivo satisfecho* y básicamente implica para las personas físicas no culpables de la insolvencia, la remisión de las deudas pendientes en su liquidación una vez satisfecho el crédito contra la masa y el privilegiado y en su caso parte del ordinario.

Esta circunstancia puede ser sumamente conveniente para el deudor y por tanto también deberá tenerla en cuenta al solicitar el expediente. Sin embargo su ubicación implica necesariamente concurso en liquidación por lo que en contra del espíritu de la ley puede convertirse en un aliciente para el fracaso del acuerdo, si bien puede también ser un incentivo para que los acreedores acepten acuerdos y por tanto un arma de negociación durante la mediación. En todo caso hay que tener en cuenta algunos particulares:

— Sólo es de aplicación a personas naturales, tanto empresario persona natural haya acudido o no al expediente de acuerdo extrajudicial (con diferentes efectos en cada caso como veremos a continuación) como persona física sin más requisitos en la liquidación ordinaria de su concurso.
— Es necesario que el concurso se califique como fortuito, tanto si es consecutivo como si no, exigiéndose además en el artículo 178 LC (no en el 242.5) que el deudor no haya sido condenado por el delito previsto en el artículo 260 del Código Penal (causar o agravar dolosamente la insolvencia) o cualquier otro directamente relacionado con el concurso.
— Debe satisfacerse todo el crédito contra la masa, lo cual es muy importante en los supuestos de concurso consecutivo, en los que por efecto del artículo 242 LC se consideran créditos contra la masa los gastos del acuerdo extrajudicial de pagos, que ya vimos en el epígrafe sexto de este mismo artículo, así como los créditos que siendo clasificados como contra la masa por el artículo 84 LC se devenguen desde la solicitud del acuerdo extrajudicial.
— La parte del crédito concursal de obligada satisfacción es distinta si se ha intentado el expediente extrajudicial que si no se ha intentado y en este sentido, pese a que todavía no existe jurisprudencia sobre la materia, los criterios publicados por la reunión de Jueces de lo Mercantil de Madrid consideran que la mera solicitud de expediente que no sea admitida por el Registrador o Notario no debe ser entendida como intento de acuerdo.

El crédito privilegiado también deberá satisfacerse íntegramente para poder solicitar la remisión de deudas, pero en cuanto al crédito ordinario, el porcentaje que debe ser satisfecho es diferente si acudimos al artículo 178 LC que si lo hacemos al 242.5 LC. En este sentido, parece que la intención del legislador es que en la liquidación ordinaria la remisión de deudas exija los requisitos del artículo 178 mientras que en la del concurso consecutivo se regule por el artículo 242.5 LC, sin embargo incluye después (entiendo que por error) una exoneración del 25% del crédito ordinario en el artículo 178 LC para los deudores que hubiesen intentado sin éxito el acuerdo extrajudicial de pagos, lo que implica permitir el acceso a la vía del artículo 178 LC a los deudores en concurso consecutivo.

Aunque como he dicho considero que es un error del legislador, lo cierto es que éstos no pueden interpretarse mediante una jurisprudencia correctora en perjuicio del deudor, por lo que tal y como está redactado actualmente el precepto, el deudor que no haya intentado el acuerdo extrajudicial de pagos deberá acudir necesariamente a la exoneración del artículo 178 LC mientras que el que sí lo haya hecho puede acudir al criterio especial del 242.5 o al general del 178 LC, y según los casos puede resultarle más ventajoso uno u otro. Además, vetar el acceso al artículo 178 LC a los deudores en concurso consecutivo supondría en muchos supuestos colocarles en una situación más gravosa a la que se concede a los deudores en concurso ordinario, lo que implica, en contra del texto y de la finalidad de la ley premiar a los deudores que no han intentado el acuerdo.

Mientras que el artículo 242.5 LC exige el pago de todo el crédito privilegiado y de todo el crédito público (del cual, con carácter general, en sede concursal sólo el 50% será privilegiado), el 178 LC exige el pago de todo el privilegiado y del 25% del ordinario, porcentaje que se exonera al deudor que intentó el acuerdo. Por tanto, el deudor persona física, a la hora de decidir si plantear o no la solicitud de expediente, debe tener en cuenta que si el mismo fracasa acabará en concurso de liquidación, en el cual, si el concurso es fortuito:

1. Si no intentó el acuerdo extrajudicial de pagos podrá remitir el resto de sus deudas satisfaciendo el crédito contra la masa (que lógicamente no incluirá los gastos del expediente), el crédito privilegiado y el 25% del crédito ordinario.
2. Si intentó el acuerdo extrajudicial de pagos podrá remitir el resto de sus deudas satisfaciendo el crédito contra la masa (que sí incluirá los gastos del expediente), el crédito privilegiado y
    a. La parte del crédito ordinario que es de derecho público por la vía especial del artículo 242.5 LC.
    b. Nada del crédito ordinario por la vía general del artículo 178 LC.

Por tanto, a la hora de decidir si acudirá o no al expediente extrajudicial de pagos, el deudor deberá valorar sus efectos, los gastos y las expectativas de éxito del mismo y las consecuencias que tendrá tanto el éxito del expediente como su fracaso y en este caso, la posibilidad de exoneración de pasivo insatisfecho teniendo en cuenta cómo incrementarán el crédito contra la masa los gastos del expediente y si el 25% de su pasivo ordinario total supera el 50% de su crédito de derecho público que con carácter general no estará privilegiado en sede concursal.

EL ACUERDO EXTRAJUDICIAL DE PAGOS DESDE LA PERSPECTIVA DEL NOTARIO

FERNANDO RODRÍGUEZ PRIETO
Notario

Tengo que empezar por decir que el juicio que merece la regulación de este acuerdo extrajudicial es bastante semejante al que merece el conjunto de la Ley de Emprendedores que lo ha introducido.

En términos generales, creo que puedo decir que la Ley supone una nueva oportunidad perdida. Tal vez porque le ha faltado lo esencial: un diagnóstico adecuado de cuál era la situación real, de qué le faltaba a nuestro ordenamiento para impulsar el espíritu empresarial (hoy vergonzantemente disfrazado desde un punto de vista semántico en esa expresión de moda, emprendimiento), y para solucionar las deficiencias de nuestra regulación de las insolvencias.

Por eso la ley dedica notable número de artículos y de hojas del BOE a intentar solucionar problemas inexistentes, y además con una absoluta falta de rigor técnico, (la Sociedad Limitada de fundación sucesiva, la limitación de responsabilidad del mal llamado Emprendedor de responsabilidad limitada, ...) y deja los verdaderos problemas prácticamente intactos. Nuestro legislador no ha atendido a otras interesantes soluciones legislativas que han triunfado en otros países, ni ha considerado necesario atender el consejo de los expertos en la materia que se regulaba. Si, como dijo el otro día Antonio Garrigues, nuestra clase política vive aislada de la realidad, en una verdadera burbuja (mientras no estalle), resulta casi ingenuo el pretender traspasar ésta con sugerencias que redunden en beneficio de la sociedad. Pero intentarlo, y pedir para ello ya la reforma de las regulaciones recién nacidas es un verdadero deber ciudadano de los expertos.

Se trata de una ley cocinada por quienes no saben lo suficiente sobre el mundo de las insolvencias, sus necesidades y las posibles soluciones a sus carencias y deficiencias. Es decir, creada por nuestros legisladores, y por sus amigos y parientes, quienes además no han tenido la elemental prudencia de reconocer sus carencias y asesorarse debidamente. Y al leerla detenidamente me asalta la sospecha de si sus autores, más que resolver problemas, hayan tenido como en realidad como objetivo fundamental el sacar unos bonitos titulares en los periódicos. Es decir, que su esfuerzo se haya concentrado en que parezca que hacen cosas para solucionar los problemas, sin que importe demasiado si en realidad se resuelven o no.

Si este el el juicio que me merece la Ley, no es mucho mejor el que creo que merece la regulación del acuerdo extrajudicial de pagos. Pero voy a intentar buscar su posible utilidad, aunque no sea labor fácil, y no sólo porque una lectura atenta del texto legal plantea inevitablemente más preguntas que respuestas. También por la sensación que a uno le entra de oportunidad perdida. Porque no puedo dejar de apuntar lo que se habría podido conseguir con una mejor regulación de un proceso extrajudicial en el que se hubiera utilizado de forma adecuada, y sin prostituirla, la herramienta de la mediación.

Existe una conciencia general entre los expertos de que nuestro sistema legal de tratamiento de las insolvencias tiene graves defectos. Y buena prueba de ello son los resultados. Más del 90 % de las empresas que entran en concurso son finalmente liquidadas, y es rara la que logra continuar. Nuestro sistema concursal, en vez de ser un hospital para la curación de empresas en dificultades, resulta una verdadera morgue, un cementerio para ellas. Lo que supone una enorme pérdida de puestos de trabajo, y de riqueza material e inmaterial, como el know how desaprovechado, pues no hace falta explicar que lo que se obtiene en la liquidación vale mucho menos de lo que valdría la empresa como una unidad dinámica, si fuera posible su continuación.

Además, en uno los objetivos esenciales proclamados por la Exposición de Motivos de la Ley Concursal, conseguir la satisfacción de los acreedores ordinarios, el fracaso es manifiesto. Con frecuencia sólo son los acreedores preferentes, aparte de la administración concursal, los que de verdad obtienen algo sustancial de tanta destrucción. En perjuicio, por ejemplo, de los consumidores, que raramente obtienen la devolución por servicios ya pagados y no satisfechos, como en los casos conocidos de agencias de viajes, academias de idiomas, etc. Y sobre todo de las empresas proveedoras y acreedoras de la concursada, que reciben un daño terrible con esos impagos definitivos. Algunas incluso se pueden ver abocadas a su vez al concurso por causa de ellos.

La inflexible consideración de los créditos públicos privilegiados, a Hacienda y Seguridad Social principalmente, supone también un grave lastre para las posibilidades de supervivencia de las empresas en dificultades. Esa implacable exigencia de cobro íntegro supone en no pocas ocasiones el sacrificar a la gallina de los huevos de oro, es decir, a la empresa. Es mucho más lo que en definitiva pierde el erario público con ello, al acabar con ella con una fuente de riqueza y, por tanto, de múltiples ingresos dilatados en el tiempo.

A estos inconvenientes se ha de añadir el de los excesivos costes económicos del proceso concursal, que tanto perjudican al deudor, hundiéndole aún más. Y además de los económicos, los costes temporales, por los largos plazos en los que casi siempre se desenvuelve en la práctica el proceso judicial. Si la empresa tenía alguna esperanza de supervivencia, plazos tan largos acaban definitivamente con ella.

La situación de concurso supone en España un verdadero estigma para el empresario y su empresa. Es verdad que en ello pesan factores culturales. En nuestro país el fracaso está mal visto, no se percibe en la debida medida, como en otras culturas, como un medio para aprender y progresar. Mientras en otros países se sabe que es muy improbable que el emprendedor triunfe en su primer intento, pero que sus posibilidades aumentan en progresión geométrica en las siguientes, en el nuestro hasta la inclusión de un deudor en ficheros de morosos casi le acerca a la condición de muerte civil, o al menos a la de "muerte mercantil".

Pero no se trata tan sólo de factores culturales, únicos a los q se refiere la E de M de la Ley de Emprendedores, sino también de las consecuencias económicas que ese estigma genera: La solicitud y apertura pública de la situación concursal, es decir, el público conocimiento de la situación de insolvencia, supone una verdadera huída de proveedores y clientes, y hunde las esperanzas de recuperación de la empresa.

Por último, para el empresario persona física, cuando hubiere llegado sin mala fe a la situación de insolvencia, la inexistencia de la posibilidad de *fresh start* le condenaba a la economía sumergida, perdiendo así la sociedad la potencialidad de elementos tan valiosos desde el punto de vista económico.

En definitiva, tantos efectos tan negativos para el deudor hacen que éste retrase en exceso la solicitud de concurso, y que se llegue a ésta en una situación de insolvencia tan deteriorada que sea ya muy difícil la recuperación de la empresa.

Éste es el diagnóstico que yo soy capaz de hacer con mis limitados medios. Pero presumo que es mucho más acertado que el del legislador. Porque, aunque en la E de M se refiere a estudios de derecho comparado que pretende que han inspirado este procedimiento, en realidad las cosas distan de ser así.

En los procesos extrajudiciales de derecho comparado más exitosos, se trata de que el deudor llegue al mismo en una fase más temprana, cuando aún no ha llegado a la situación de insolvencia, aunque ésta pueda llegar a ser predecible. Y se eliminan en el mismo los elementos más dañinos para lastrar el futuro de la empresa, como son todos aquellos elementos de publicidad negativa que limitan las posibilidades de recuperación. Es decir, el acento se pone en lo más valioso: el potencial de recuperación de la empresa. Para ello se trata de involucrar a los acreedores, y darles un protagonismo esencial en la búsqueda de soluciones, en las que ellos mismos tienen un gran interés para no perder clientes, y sin que sientan que se se les imponen soluciones perjudiciales para ellos como un trágala, y que la pérdida de ese cliente en dificultades es inevitable.

La mediación se configura para ello, como herramienta idónea para alcanzar ese mejor resultado posible. Facilita el conocimiento de la situación, la involucración de las partes interesadas, y la generación de alternativas (a veces muy imaginativas) que ayuden a alcanzar el resultado más satisfactorio posible para todas las partes implicadas.

Sin embargo, por contraste, en la nueva regulación, de tantos frentes abiertos, de tantos inconvenientes de nuestra regulación de insolvencias, sólo se atienden unos pocos, y además de una manera bastante torpe e ineficiente.

1. De manera sorprendente, el legislador parece haber renunciado al mejor objetivo, al más ambicioso, el de la salvación de la empresa, para concentrarse en minimizar los efectos negativos del fracaso. Y no habría sido tan difícil establecer mecanismos que permitieran ampliar las posibilidades de esa salvación.

2. El proceso se limita a los empresarios personas naturales, o a los profesionales o autónomos, en situación de insolvencia o "que prevean que no podrán cumplir regularmente con sus obligaciones", o a determinadas personas jurídicas (PYMES), que cumplan ciertos requisitos.

No se entiende que, si el legislador cree que está diseñando un instrumento útil, lo limite de esa manera, sin dar explicación alguna de por qué no considera que pueda ser de utilidad para empresas más grandes.

Tiene, además, algunas exclusiones de esta opción sorprendentes: no haber depositado las cuentas en el RM (¡equiparada como causa a no haber cometido ciertos delitos!) o que alguno de los acreedores que haya de verse vinculado por el acuerdo hubiera sido declarado en concurso. ¿Por qué? ¿Y aunque su crédito sea solo de unos pocos euros? Si el legislador cree estar ofreciendo una herramienta útil (cosa de la que a veces puede dudarse) no se entiende por qué ponerle cortapisas sin fundamento.

3. No se ven afectados por el acuerdo ni los créditos de derecho público ni (salvo que lo quieran sus titulares) los garantizados con garantía real. Por tanto, se mantiene incólume uno de los principales obstáculos para la potencial recuperación del deudor: la inflexibilidad respecto a créditos públicos: se prefiere seguir matando la gallina de los huevos de oro. Y tan sólo cabe pedir un aplazamiento de los mismos con la propuesta de convenio, que no puede concederse además sino cuando éste se alcance, y que se rige por las reglas generales, salvo que se intenta adaptar a los límites temporales del convenio.

Y los créditos garantizados siguen también su vida independiente al margen. Y estos acreedores garantizados, cuando no vayan al acuerdo (que será probablemente en la mayoría de las ocasiones) pueden comenzar o continuar sus ejecuciones sin obstáculo alguno.

Por supuesto, esas exclusiones limitarán enormemente las posibilidades no ya sólo de salvar la empresa, sino también de llegar a soluciones satisfactorias sin necesidad de llegar al concurso.

El resultado es que los que suelen ser los acreedores principales, las Administraciones públicas, y los bancos con garantías, por motivos obvios, se van a ver fuera del proceso.

4. Al proceso se le da toda la publicidad posible. No sólo se comunica al juzgado, sino que se publica en toda clase de Registros públicos: de la propiedad, Mercantil, civil, concursal... Además se comunica a Hacienda, y se convoca a todos los deudores y a los trabajadores. El efecto estigma, por tanto, con todos los inconvenientes económicos y personales citados, y que minimizan las

posibilidades de recuperación de la empresa, no sólo no se evita, sino que se potencia. Y ya no sólo con esta publicidad desaforada, sino con otras medidas tan poco simpáticas como:

— Prohibirle solicitar préstamos o créditos, que podrían ser imprescindibles para salvar la empresa. Hubiera bastado con exigir al deudor ofrecer la información adecuada para ello a la entidad financiera (aunque éstas ya se ocupan de obtener la información por la cuenta que les trae). Una vez más parece que se trata de evitar en lo posible la salvación de la empresa!

— Tiene que devolver las tarjetas de crédito y no puede utilizar medios electrónicos de pago! Lo que, aplicado literalmente, supone prohibirle hasta hacer transferencias, pues éstas también se hacen por medios electrónicos. Parece que el pobre deudor tendrá que ir pagando aquí y allá con fajos de billetes. Cuando además otra reciente norma fiscal prohibe muchos pagos en metálico por encima de 2.500 euros! En cualquier caso ni se entiende que un deudor vaya a estar más controlado ni se entiende la aversión a la tecnología que rezuma el legislador.

En fin, que casi sólo ha faltado, para completar este cuadro de estigmatización, que el legislador redescubriera el castigo del "sambenito", esos gorros picudos que la inquisición obligaba a llevar a los pecadores. Como se ve, muchos incentivos para animar al deudor a no utilizar este expediente!

Supongo que se tratará de justificar tanta publicidad (por cierto, con los costes correspondientes) en la necesidad de que la situación sea conocida por todos los acreedores. Pero, por una parte, no habría sido necesaria esa afectación para un acuerdo efectivo, si los créditos de los que no intervienen quedan intactos (modelo belga). Y, por otra, dado que estamos hablando de pequeñas empresas, podría haberse previsto otro sistema sin tanto "ruido". Creo que no es revelar ningún secreto, en la génesis de la Ley han tenido destacado protagonismo Registradores Mercantiles. Yo no puedo dejar de preguntarme si no se han visto ellos influidos por el deseo de destacar la importancia de su función.

En todo caso creo que el efecto de esta publicidad supone el reducir los incentivos para que los deudores usen este procedimiento.

5. El proceso se inicia por una petición dirigida al Registrador Mercantil (si se trata de entidades inscribibles), o ante el Notario (sobre todo personas físicas), ante los que "se sustancia el procedimiento". La E de M nos considera a unos y otros "funcionarios idóneos" por nuestra "experiencia y cualificación", pero luego nos pone a hacer una actividad puramente formal y mecánica: comprobar que se cumplen ciertos requisitos, que se publica todo lo publicable y sacar la bolita a ver a qué pseudomediador le toca, pues no cabe una selección de éstos para encontrar personas idóneas, sino que se sigue un sistema "secuencial" que es como una lotería. Es como si, después de alabar la altura científica de los catedráticos, se les encargara la encomiable función de abrir las puertas de la universidad por la mañana y de cerrarlas por la noche, o

de encender y apagar la calefacción. No sé si ha sido intención del legislador (uno llega a sospechar que, en realidad, el legislador no tiene intención, o no llega a encontrarla), pero desde luego suena a broma ridícula.

6. El proceso que se establece para intentar llegar al acuerdo es dirigido por un mal llamado "mediador concursal". Porque ni se está aún en situación de concurso (de hecho se intenta evitar éste), ni se trata por sus funciones de un verdadero mediador. En este punto el legislador ha exhibido de nuevo una soberana ignorancia, no ya sólo sobre las necesidades reales de las insolvencias, sino también sobre qué es la mediación y sobre la función del mediador. Se ha desperdiciado la experiencia internacional y la potencialidad de la figura, pues ese mal llamado mediador no es sino un director del proceso que tiene que hacer la propuesta de acuerdo e intentar arrastrar al mismo a los deudores. No se cumplen los rasgos esenciales de la mediación, como son:

— La confidencialdad, dada la publicidad del proceso.
— La voluntariedad del proceso: los acreedores participan les guste o no, hasta el punto de que si no asisten a la reunión, sus créditos en el futuro concurso de rebajan a subordinados. Y la capacidad decisoria del deudor, una vez iniciado el proceso, se reduce al mínimo.
— La neutralidad respecto a las partes y al resultado del proceso.
— El mediador no propone o fuerza acuerdos, al contrario que este pseudomediador.
— La no autoridad del mediador, que sí tiene el pseudomediador.

Convoca a todos los acreedores "manu militari", a una reunión, lo que hace que difícilmente se puedan considerar sus intereses, ni se puedan éstos sentir artífices de las propuestas, por la rigidez como éstas han de presentarse (dentro de los diez días siguientes al envío de la propuesta de acuerdo) y por el necesario acuerdo del deudor... Salvo que el pseudomediador haga lo que la ley, por lo demás tan detallada, no le pide que haga: que tenga reuniones separadas con el deudor y los acreedores que puedan ser claves. Eso harán sin duda los buenos pseudomediadores.

Así las cosas... ¿Qué sentido tiene que se le exija formación de mediador, cuando no tiene nada que ver con éstos (excepto en el nombre legal)? En realidad hubiera bastado con una formación en técnicas de negociación. Desde luego que la formación como mediador puede resultar útil, pero muchas de las habilidades que se entrenan en éstos apenas van a servirle.

Tampoco entiendo muy bien que la Ley diga que en lo no dispuesto "se estará a lo dispuesto en materia de nombramiento de expertos independientes". ¿De lo dispuesto dónde? ¿En el RRM? ¡Pero si precisamente lo que se regula éste de una forma totalmente distinta es ese nombramiento!

7. También presume la E de M de haber diseñado un proceso muy flexible. Se cumple de nuevo el sabio adagio, pues detrás de esa presunción lo que nos encontramos es precisamente todo lo contrario:

Un proceso rígido en cuanto a sus formalidades y plazos.

Y, sobre todo, enormemente rígido en las soluciones admisibles. La mora no puede superar los tres años ni la quita el 25 % ¿Y si todos los acreedores quisieran poner condiciones más generosas y flexibles? Porque este supuesto no es imposible, tratándose de pequeñas empresas que pueden tener un número limitado de acreedores: por ejemplo, en un negocio franquiciado. Pues nada, la Ley no lo permite. No es posible.

Esta es una característica de toda la regulación de la nueva ley. El legislador parece no fiarse de nadie: ni de notarios y registradores, ni de los jueces, ni siquiera de la autonomía de la voluntad de las partes. Sólo se fía de quien menos se debería fiar: de sí mismo. Por eso impone un traje predefinido, al que se han de adaptar estos procesos en todos los casos. No puede éste adaptarse a la realidad del caso concreto, sino que es la realidad, tantas veces rebelde, la que ha de adaptarse, aunque sea con calzador, al proceso.

En la regulación de los efectos del acuerdo, de nuevo no hay previsión alguna, no ya que favorezca, sino que siquiera prevea la salvación de la empresa. Esa cuestión al legislador le debe parecer nimia.

Si los acreedores no aceptan el acuerdo, o este no es posible, o si se incumple, (supuestos que me temo que van a ser demasiado abundantes), se declara el concurso por el pseudomediador. Y además, el plazo de dos años para la determinación de los créditos rescindibles se computa desde la fecha de la solicitud al notario o registrador para iniciar el proceso ¡Un incentivo más para no someterse a él!

8. Al final, lo que resultará en la mayoría de los casos es un trámite que no va a evitar ni el concurso, con todos sus inconvenientes, ni la liquidación de la empresa, y que casi no añadirá mas que más gastos.

Pero me he comprometido a encontrar aspectos positivos de la regulación y tengo que responder a ese compromiso, aunque no sea fácil. Efectivamente, hay una cosa buena: la posibilidad de remisión de las deudas pendientes al deudor persona física en el concurso posterior, del art 242.2, 5ª LC. Es decir. Se admite por primera vez en nuestro Derecho, la posibilidad, tan beneficiosa, del *fresh start* o *discharge*. Aunque limitada al empresario (y profesionales y autónomos). Y aunque para ello tengan que estar dispuestos a someterse a las expuestas torturas legales, tan sofisticadas.

Sin embargo, esta admisión también es muy defectuosa. No sólo por la estrechez de la puerta de entrada. También porque no se toma en cuenta si ha habido o no un comportamiento de buena fe, negligente o malicioso para llegar a esta situación de insolvencia. Cuando en todos los países que admiten el *fresh start* la mayor preocupación es limitarlo a los deudores de buena fe, y excluir a los caraduras y morosos habituales para evitar que se convierta en un incentivos negativos para el cumplimiento de obligaciones, nuestro legislador simplemente prescinde del problema. Tal vez para no tener que dar facultades al juez para evaluar estos esenciales datos subjetivos. A pesar de ello, sin duda es un paso en la buena dirección.

Pero no es ésta la principal virtud de la regulación de esta figura nueva. La principales que se va a poner de manifiesto, necesariamente, que es una legislación bastante inútil y deficiente, que no va a resolver los graves problemas de nuestra regulación de las insolvencias. Y que se va a poner de manifiesto la negligencia de nuestro legislador y la necesidad de hacer una nueva reforma que atienda a los problemas reales. Y que se deben considerar las aportaciones de los verdaderos expertos. Que todo esto sea pronto una evidencia, y que se señale con claridad, creo que es la principal misión de los operadores jurídicos implicados, muchos de los cuales están hoy aquí.

En fin, que en esta regulación nos encontramos un verdadero paradigma de la decadencia de nuestro sistema jurídico/político, donde campea triunfante la más ramplona mediocridad. Y que debe quedar manifiesta la escasa utilidad de la la misma... y de sus responsables.

EL ACUERDO EXTRAJUDICIAL DE PAGOS DESDE LA PERSPECTIVA DEL REGISTRADOR

Mª JOSÉ MIRANDA DE LAS HERAS
Registradora de la Propiedad de Fuenlabrada

SUMARIO: **Solicitud del acuerdo extrajudicial de pagos.- Nombramiento del mediador concursal.- Iniciacion del expediente.- Finalizacion del procedimiento.**

Este es un análisis del acuerdo extrajudicial de pagos regulado en la Ley 14/2013 de 27 de septiembre, de apoyo a los emprendedores y su internacionalización (BOE 28 de septiembre de 2013), desde la perspectiva del registrador tanto mercantil como de la propiedad.

Se trata de una regulación introducida por la Ley Concursal por primera vez, añadiendo el Título X a la citada regulación concursal, concretamente los artículos 231 y siguientes y que es similar a la ya existente en países de nuestro entorno. En definitiva, se regula la figura, ya existente en la práctica, del procedimiento "preconcursal" que abogados, notarios y registradores de la propiedad han tenido la experiencia de ver en la práctica diaria estos últimos años y con los que se trataba de evitar el concurso de acreedores.

El acuerdo extrajudicial de pagos, tal y como establece la Exposición de Motivos de la Ley de Emprendedores, es un mecanismo de negociación extrajudicial de deudas de empresarios, ya sean personas físicas o jurídicas, siempre que estas últimas reúnan determinados requisitos.

Se trata de un procedimiento muy flexible que se desarrolla en muy breves plazos ante el notario o el registrador, quienes, además de cumplir con los requisitos de publicación y publicidad necesarios, designarán un tercero independiente, el mediador concursal, que será quien propicie la reunión de todos los acreedores para que estos discutan el plan de pagos o el eventual acuerdo de cesión de bienes en pago de deudas, pudiendo pactarse quitas de hasta el 25% de los créditos y esperas de hasta tres años.

El procedimiento fracasará en caso de falta de acuerdo o cuando se incumpla el acuerdo alcanzado, dando paso al concurso de acreedores, con las especialidades pertinentes.

Una vez esbozado mínimamente el esquema del acuerdo extrajudicial de pagos, corresponde analizar las cuestiones más dudosas que, en la práctica del Registro de la Propiedad y Mercantil, pueden surgir en la aplicación de la nueva regulación, dividiéndolas en varios apartados: solicitud del acuerdo extrajudicial de pagos, nombramiento de mediador concursal, iniciación del expediente y finalización del procedimiento.

SOLICITUD DEL ACUERDO EXTRAJUDICIAL DE PAGOS

¿ Cómo deben acreditarse ante el registrador mercantil los requisitos que exige el artículo 231?

En primer lugar hay que advertir que la mayoría de los requisitos del citado artículo requieren de una regulación específica que determinará la forma de acreditarlos. Concretamente, la Disposición Final 10ª de la Ley establece que en el plazo de seis meses a contar desde su entrada en vigor se aprobará un nuevo Reglamento del Registro Mercantil y la modificación necesaria del Reglamento Hipotecario.

1. En cuanto a la tipificación de las personas que pueden solicitar el procedimiento son los empresarios personas naturales con arreglo a la legislación mercantil, incluyendo a profesionales, autónomos y también personas jurídicas que cumplan determinados requisitos (las del número 2 del artículo 231). La acreditación más complicada es la de los autónomos y profesionales que deberán acreditar la documentación necesaria para hacer valer su derecho.
2. Las personas naturales deben encontrarse en estado de insolvencia con arreglo al artículo 2 de la Ley Concursal o prever que no van a poder cumplir con las obligaciones. La acreditación de este requisito para las personas naturales podría resultar de la necesaria aportación del balance que tendrán que presentar para justificar que su pasivo no supera los cinco millones de euros. Y respecto de las personas jurídicas, no se pide el requisito del balance pero el legislador las diferencia de las personas naturales restringiendo las posibilidades únicamente al estado de insolvencia, pero sin recoger la posibilidad de iniciar el procedimiento por previsión de incumplimiento regular de sus obligaciones, como si se hace para las personas naturales.
3. Además a las personas jurídicas se les impone que deben disponer de activos líquidos para satisfacer los gastos del acuerdo y que por su patrimonio e ingresos sea previsible el éxito del acuerdo de pago. Estos requisitos serán de muy difícil justificación ante el registrador mercantil.
4. Además el registrador mercantil deberá comprobar que el solicitante no es ninguna de las personas enumeradas en el artículo 231.3,

tarea fácil en cuanto a los números 2º (las no inscritas en el Registro Mercantil), 3º (las que no hayan presentado cuentas anuales en los tres ejercicios anteriores) y 4º (las que en los tres últimos años hayan alcanzado un acuerdo extrajudicial, hayan obtenido una homologación judicial de un acuerdo de refinanciación o hayan sido declaradas en concurso de acreedores), esto puede ser difícil de comprobar por el registrador mercantil ya que los datos de los acuerdos extrajudiciales en el Registro Público Concursal se cancelan de oficio, y en cuanto a las homologaciones pueden comprobarse por su publicación en el Registro Público Concursal.

Sin embargo será tarea difícil en cuanto al número 1º del artículo 231.3 porque la inexistencia de condenas solo puede comprobarse con un certificado de antecedentes penales. La presentación de este documento en el momento de la solicitud, eliminaría la rapidez que la ley quiere dar a la tramitación de la solicitud, pero no existe otra forma de acreditarlo.

En cuanto al 231.4 ¿ puede comprobarse la negociación de un acuerdo de refinanciación? No, porque mientras no esté homologado no se publica en el Registro Público Concursal. Tampoco podrá comprobarse la admisión a trámite del concurso porque se trata de una fase judicial del concurso, de la que no podrá tener conocimiento el registrador mercantil.

El 231.5 es de fácil calificación, puesto que del listado de acreedores que debe contener la instancia de conformidad con el artículo 233.2, el registrador mercantil podrá comprobar si alguno de ellos ha sido declarado en concurso.

También es de fácil calificación por el registrador mercantil que no sean solicitantes del acuerdo extrajudicial las entidades aseguradoras ni reaseguradoras.

¿Sería posible cumplir en el momento de la presentación alguno de estos requisitos que no se hubieran cumplido con anterioridad?

Entendemos que si, nos referimos a la inscripción en el Registro Mercantil y al depósito de cuentas, cuya presentación en el momento de la solicitud puede evitar la inadmisión de la instancia por el registrador mercantil.

¿Puede solicitar la iniciación del acuerdo extrajudicial quien haya sido declarado en concurso de acreedores?

La regla general es que no, tal y como se desprende del artículo 231.3.4º, pero sin embargo existe una excepción y es la del artículo 231.2 b) que lo permite a las personas jurídicas que hayan sido declaradas en concurso que no revista especial complejidad en los términos del artículo 190 de la Ley Concursal, es decir, se refiere al concurso abreviado. De hecho, la solicitud de acuerdo extrajudicial justifica al deudor el no tener que solicitar el concurso (artículo 5 bis LC)

¿ Quién puede solicitar el nombramiento de un mediador concursal?

Según el artículo 232 será el deudor y si fuese persona jurídica, el órgano de administración o su liquidador. La calificación de la representación la hará el registrador mercantil con una fácil comprobación en el Registro Mercantil.

¿Qué tipo de documento es necesario para la solicitud?

El artículo 232 exige simplemente una instancia, que conforme al artículo 232.3 podrá ser telemática y, aunque no lo dice este artículo, con los requisitos de seguridad exigidos por medio de una firma electrónica reconocida. Caso de no presentarse de forma telemática, la instancia deberá tener la firma legitimada ante notario o ratificada ante el registrador.

Habría sido útil que el DUE (Documento Único Electrónico), regulado en la Disposición Adicional 3ª de la Ley de Sociedades de Capital hubiera servido también para la solicitudes de acuerdos extrajudiciales de pago.

¿Que contenido deberá tener la instancia?

El que establece el artículo 232.2: efectivo, activos líquidos, bienes y derechos de que sea titular, ingresos regulares previstos, lista de acreedores con la cuantía y vencimiento de sus créditos, relación de contratos vigentes y de gastos mensuales previstos e identidad del cónyuge (salvo que fuera el de separación de bienes) y régimen económico matrimonial y cuentas anuales de los tres últimos ejercicios. Deberá ser más ampliamente regulado por el futuro Reglamento del Registro Mercantil.

¿Será necesario acreditar la inscripción en el Registro Civil?

Sólo será necesario en caso de existencia del régimen de separación de bienes (a salvo las especialidades forales). El mismo tratamiento habrá que darle a cualquier otro régimen económico matrimonial pactado distinto del de separación de bienes que, aunque muy poco frecuente en nuestra realidad jurídica, pueda haberse pactado y, por tanto, deberá exigirse la acreditación de la inscripción en el Registro Civil.

¿Ante el registrador mercantil debe acreditarse la presentación de las cuentas anuales de los tres últimos ejercicios?

No parece necesario, dado que el registrador puede comprobarlo en el Registro Mercantil con facilidad.

¿En qué casos debe presentarse la solicitud ante el registrador mercantil y en qué Registro Mercantil?

En caso de que el deudor sea empresario o entidad inscribible, incluso aunque no estuviera inscrito, y ante el Registro Mercantil correspondiente al domicilio del deudor (artículo 231 LC).

La expresión "aunque no estuviera inscrito" parece referirse a los casos en que si puede ser objeto de inscripción pero no estaba inscrito y se solicita la inscripción al mismo tiempo que la solicitud de mediador concursal.

¿En qué casos podrá el registrador mercantil inadmitir la solicitud del acuerdo extrajudicial de pagos?

Cuando el deudor no cumpla los requisitos o se encuentre en alguna de las situaciones ya mencionadas o la documentación presentada fuera incompleta.

¿Tendrá el solicitante la posibilidad de recurso contra la inadmisión de la solicitud?

Si, puesto que estamos ante una calificación negativa del registrador mercantil y como tal, puede ser objeto de recurso conforme a la legislación hipotecaria y del Reglamento del Registro Mercantil.

¿Podrá el solicitante pedir la anotación preventiva por defecto subsanable para asegurar su derecho en caso de calificación negativa del registrador mercantil?

Solamente en los casos en que el defecto sea subsanable podrá pedirse, no en aquellos casos en que el registrador mercantil califique el defecto como insubsanable.

¿Qué asiento practica el registrador mercantil?

La ley dice que el registrador mercantil procederá a la apertura de la hoja correspondiente, en caso de no figurar inscrito (artículo 232 LC), así que podemos interpretar que extenderá un asiento haciendo constar la solicitud en la hoja del deudor, con el contenido necesario a juicio del registrador, a falta de regulación reglamentaria, y si no constara inscrito, procederá a la apertura de la hoja correspondiente.

NOMBRAMIENTO DEL MEDIADOR CONCURSAL

¿Quién será nombrado mediador concursal?

El registrador mercantil nombrará mediador concursal a la persona natural o jurídica que secuencialmente resulte de la lista oficial publicada en el BOE y suministrada por el Registro de Mediadores e Instituciones de Mediación del Ministerio de Justicia (artículo 233 LC).

La ley establece los requisitos para poder ser mediador concursal pero estos no van dirigidos al registrador mercantil sino a quien tenga la misión de confeccionar la lista antes mencionada, lista que aún no existe por lo que, de momento,la elección de mediador concursal no puede llevarse a efecto.

¿Qué plazo tiene el mediador concursal para aceptar el cargo?

La ley no fija plazo alguno para la aceptación, a pesar de que establece plazos muy breves para otros trámites del procedimiento, así que el registrador mercantil no podrá seguir con la tramitación mientras el mediador no acepte.

¿ Qué efectos produce la aceptación del mediador concursal?

El artículo 233 de la LC establece que una vez aceptado el cargo, el registrador mercantil o el notario, según corresponda, expedirán certificación o copia dando cuenta del nombramiento de mediador concursal y de su aceptación y la remitirán a los registros públicos de bienes, al Registro Civil y a los demás registros públicos que corresponda; comunicarán la apertura de las negociaciones al juez competente para la declaración de concurso y ordenarán su publicación en la sección tercera de acuerdos extrajudiciales del Registro Público Concursal, regulado por Real Decreto 892/2013, de 15 de noviembre que no entrará en vigor hasta el 3 de marzo de 2014, por lo que, hasta esa fecha, la publicidad concursal seguirá haciéndose con arreglo a lo establecido en el Real Decreto 685/2005.

Además comunicarán electrónicamente a la Agencia Estatal de la Administración Tributaria y a la Tesorería General de la Seguridad Social los datos del deudor, del mediador y la fecha de la aceptación de éste. Igual comunicación se remitirá a la representación de los trabajadores, en su caso.

¿Qué debe hacer el registrador de la propiedad al recibir la comunicación antes mencionada?

Cuando en el Registro de la Propiedad se presente la certificación expedida por el registrador mercantil o la copia notarial antes mencionada, el registrador de la propiedad practicará una anotación preventiva en el folio registral de las fincas afectadas haciendo constar la iniciación de las negociaciones con la fecha de presentación de la solicitud y todas las circunstancias del deudor, del mediador concursal y su aceptación (artículo 233 LC).

También sería muy útil hacer constar en la anotación el listado de acreedores, para poder facilitar la calificación de documentos posteriores relativos a esos acreedores.

¿Sobre qué fincas practicará el registrador de la propiedad la anotación preventiva citada?

Es esta una cuestión discutida que la Ley no ha contribuido a solucionar como tampoco lo hace la Ley Concursal. Si en la certificación expedida por el registrador mercantil no se relacionaran todas las fincas propiedad del deudor el registrador de la propiedad podrá optar por dos soluciones:

1. Practicar la anotación preventiva solamente en las fincas que se describieran en la certificación, basándose en que las fincas omitidas lo han sido porque probablemente ya no sean propiedad del deudor aunque registralmente estén aún a su nombre.
2. O anotar sobre todas las fincas propiedad del deudor aun cuando no consten en la certificación para asegurar la protección del patrimonio del deudor en su integridad, evitando así los perjuicios que para el deudor pueden causar olvidos involuntarios en la lista de bienes.

¿Qué efectos producirá esta anotación preventiva en el Registro de la Propiedad?

Los efectos son objeto de análisis pormenorizado en el apartado siguiente y el plazo de vigencia será el general de cuatro años del artículo 86 de la Ley Hipotecaria, a falta de regulación especial en la Ley que examinamos.

INICIACIÓN DEL EXPEDIENTE

¿Pueden inscribirse hipotecas sobre las fincas afectadas?

El artículo 235 LC establece que el deudor se abstendrá de solicitar la concesión de préstamos o créditos, de manera que desde la fecha de presentación de la solicitud, no podrá inscribirse ninguna hipoteca en garantía de préstamo o crédito sobre las fincas a las que afecte y en su caso, serán objeto de denegación por el registrador de la propiedad.

Cabría plantearse qué ocurrirá con las escrituras de hipoteca otorgadas antes de la presentación de la solicitud pero que se presenten con posterioridad a la práctica de la anotación preventiva en el Registro de la Propiedad. Lo más lógico es suspender la inscripción y esperar al resultado del acuerdo extrajudicial, dados los breves plazos de este procedimiento.

¿Cuáles son los efectos sobre los procedimientos de ejecución, embargos y secuestros?

Conforme al artículo 235 de la LC, hasta un plazo de tres meses desde la publicación de la apertura del expediente, tampoco podrá iniciarse o continuarse ninguna ejecución por parte de los acreedores que pudieran verse afectados por el posible acuerdo, salvo que se trate de acreedores de créditos con garantía real que así lo hayan decidido o acreedores de derecho público, y tampoco podrán anotarse embargos o secuestros posteriores a la presentación de la solicitud.

La acreditación ante el registrador de la propiedad de la decisión del acreedor con garantía real que quiera continuar con la ejecución corresponderá establecerla al juez en el mandamiento, pues sin ella, no se podrá practicar el correspondiente asiento en el Registro de la Propiedad.

En cuanto a los mandamientos de ejecución presentados en el Registro de la Propiedad con posterioridad a la práctica de la anotación de iniciación del acuerdo extrajudicial pero iniciadas con anterioridad a la publicación de la apertura del expediente, tampoco podrán ser objeto de inscripción por las mismas razones dadas anteriormente para las escrituras de hipoteca.

Cabe destacar que la ley establece una cierta confusión puesto que la fecha establecida por la ley para impedir al deudor solicitar préstamos y créditos es la presentación de la solicitud, mientras que en el caso de las ejecuciones es la publicación de la apertura del expediente, y en caso de los embargos y secuestros vuelve a ser la presentación de la solicitud, sin que se encuentre justificación aparente para esta diferencia y sobre todo, para asimilar los préstamos y créditos con los embargos. Por tanto cabría entender que, en todo caso, ha de estarse a la fecha de presentación de la solicitud.

¿Puede el registrador anotar el concurso del deudor que se encuentre negociando un acuerdo extrajudicial de pagos?

Mientras se está negociando no, pero una vez que hayan transcurrido tres meses desde que se comunicó la iniciación del acuerdo extrajudicial al Juzgado del concurso deberá solicitarse el concurso, salvo que el deudor no se encuentre en estado de insolvencia (artículos 235.6. y 5 bis LC)

También podrá anotarse cuando se justifique que el concurso ha sido solicitado por el mediador concursal debido a que los acreedores no quieran continuar con las negociaciones en los términos establecidos en el artículo 236.4 de la LC.

Este concurso se denomina concurso consecutivo y sus especialidades se regulan en el artículo 242 de la Ley Concursal.

FINALIZACIÓN DEL PROCEDIMIENTO

¿Cuándo deberá cancelar el registrador los asientos practicados como consecuencia de la iniciación del acuerdo extrajudicial de pagos?

El artículo 238 de la LC establece que si se alcanzare un acuerdo, este se elevará a escritura pública que se presentará en el Registro Mercantil para que pueda cerrarse el expediente, si lo hubiese abierto el registrador mercantil. Seguidamente el registrador mercantil o el notario comunicarán el cierre del expediente al Juzgado competente para el concurso y expedirán certificación o copia que remitirán a los registros públicos de bienes, concretamente al Registro de la Propiedad para que se cancele la anotación preventiva practicada. Asimismo se publicará el acuerdo en el Boletín Oficial del Estado y en el Registro Público Concursal.

¿Podrán inscribirse en el Registro de la Propiedad ejecuciones por deudas anteriores al acuerdo una vez finalizado éste?

Los acreedores afectados por el acuerdo extrajudicial de pagos no podrán iniciar o continuar ejecuciones contra el deudor por deudas anteriores a la publicación de la apertura del expediente. Si llegasen a anotarse embargos de esta naturaleza, el deudor podrá obtener su cancelación del juez que los hubiera ordenado (artículo 240 LC).

¿El cumplimiento o incumplimiento del acuerdo se hace constar en los Registros Mercantil o de la Propiedad?

No, únicamente el íntegro cumplimiento del plan de pagos se publicará en el Boletín Oficial del Estado y en el Registro Público Concursal.

Solo indirectamente, se inscribirán en el Registro de la Propiedad las consecuencias del acuerdo por medio de las escrituras de cesión de bienes, de hipotecas de refinanciación de deudas, de novación de hipotecas consecuencia de la espera pactada, cancelación de hipotecas en cumplimiento de la quita, entre otros documentos posibles.

ACUERDO EXTRAJUDICIAL DE PAGOS Y SEGUNDA OPORTUNIDAD

MARÍA TERESA ENCISO ALONSO-MUÑUMER
Profesora Titular de Derecho Mercantil
Universidad Rey Juan Carlos

SUMARIO: **1. Consideraciones previas.- 2. ¿Cómo incide la regulación del acuerdo extrajudicial de pagos en la concepción de la preconcursalidad de la LC?- 3. ¿Quién y en qué circunstancias puede negociarse un acuerdo extrajudicial de pagos?- 4. ¿Cómo se inicia la tramitación del acuerdo extrajudicial de pagos?- 5. ¿Qué papel ocupa el mediador concursal en la tramitación del acuerdo extrajudicial de pagos?- 6. ¿Qué efectos se anudan al inicio del expediente de acuerdo extrajudicial de pagos?- 7. ¿Cuál es el contenido del plan de pagos?- 8. ¿Qué créditos se ven afectados por el acuerdo extrajudicial de pagos?- 9. ¿Cabe la impugnación del acuerdo extrajudicial de pagos?**

1. CONSIDERACIONES PREVIAS

La Ley 22/2003, de 9 de julio, Concursal puso fin al caos normativo existente con una única ley reguladora tanto de los aspectos materiales como de los procesales de un único procedimiento formal, el concurso de acreedores, aunque con distintas soluciones, convenio y liquidación, caracterizado por una marcada intervención judicial que trata de propiciar un mayor orden en el desarrollo del procedimiento.

La aplicación de la LC durante estos años ha hecho aflorar sin embargo sus no pocas deficiencias. Como ha quedado de manifiesto en numerosas ocasiones, la excesiva judicialización del procedimiento provoca un cierto encorsetamiento y ausencia de flexibilidad para llegar a soluciones que permitan superar la insolvencia del deudor; su alto coste y su lentitud constituyen, por otra parte sendos factores que dificultan la satisfacción de los acreedores fin último del concurso de acreedores. Con frecuencia se llega al concurso con poca masa, que irá además perdiendo valor a medida que se dilata la tramitación del procedimiento en el tiempo, a lo que se añade la necesidad de hacer frente a las deudas que van surgiendo durante la tramitación del concurso.

Destaca en este mismo sentido la insuficiencia de las soluciones que la LC ofrece para los problemas de insolvencia de los deudores. El convenio solución normal del concurso propiciada por el legislador con distintas medidas en la LC y reforzada su importancia a través de las sucesivas modificaciones de la LC en 2009 y en 2011, se ha visto eclipsado sin embargo por la solución liquidativa configurada en la LC con carácter residual. Escaso éxito ha tenido también la propuesta anticipada de convenio. No obstante ello, conviene poner de manifiesto que tampoco la liquidación tal y como se configuró en la LC ha resultado del todo adecuada, frecuentemente porque cuando llega el momento no hay mucho que liquidar a pesar de los intentos del legislador de liquidar cuanto antes siempre que se constate que no hay nada que hacer: liquidación anticipada.

Otro de los factores que han revelado lo no siempre adecuado del concurso de acreedores para superar la situación de insolvencia, es la falta de distinción entre el concurso del consumidor y el de la gran empresa que sin duda requieren soluciones distintas adaptadas a sus peculiaridades.

Por otra parte, los problemas de financiación de los últimos años han hecho aflorar los denominados acuerdos de refinanciación que han de celebrarse siempre que haya posibilidad de salir adelante, dedicando las distintas reformas de la LC un importante protagonismo a su regulación por vez primera en nuestro ordenamiento jurídico. Las distintas reformas de la LC que se han ido sucediendo han incidido especialmente en el ámbito de la preconcursalidad explorado por vez primera en la reforma de 2009 y desarrollado de forma profusa en la Ley 38/2011 de reforma de la Ley concursal, aunque como es evidente no ha sido suficiente. Los acuerdos de refinanciación hecho han cumplido una importante función, sin embargo no al tenido el éxito esperado entre otros factores por no afectar a los acreedores con garantía real, que son una importante mayoría o al menos representan una gran parte del pasivo.

2. ¿CÓMO INCIDE LA REGULACIÓN DEL ACUERDO EXTRAJUDICIAL DE PAGOS EN LA CONCEPCIÓN DE LA PRECONCURSALIDAD?

En este marco de la preconcursalidad, la Ley 14/2013, de 27 de septiembre, de apoyo a los emprendedores y su internacionalización entre las diversas reformas que aborda, incorpora la regulación de un sistema extrajudicial de pagos que pretende en alguna medida aliviar la saturación de los Juzgados de lo Mercantil, y servir como alternativa al concurso de acreedores y a los acuerdos de refinanciación formales (art. 71 y DA 4ªLC). El referido texto legal introduce un nuevo Título el X en la Ley concursal (arts. 231 a 242 LC) que bajo la rúbrica "Acuerdo extrajudicial de pagos", regula este tipo de acuerdos como mecanismo de negociación extrajudicial de un "Plan de Pagos" con los acreedores, caracterizado por una pretendida celeridad y flexibilidad al sustanciarse extrajudicialmente ante mediadores concursales designados por el Notario o el Registrador Mercantil, con el que se pretende dar cauce a los problemas económico financieros que atraviesan los operadores del mercado español.

En la configuración legal del Acuerdo extrajudicial de pagos puede apreciarse un importante límite al principio de la autonomía de la voluntad de las partes ex art. 1255 CC, que rige con carácter general en el ámbito de la composición amistosa de las crisis económicas, que en ocasiones tendrá un efecto disuasorio para el deudor a la vista de las duras sanciones que se le pueden aplicar caso de optar por esta vía de solución de la crisis, tal es el caso de la pérdida de opción al convenio en un eventual concurso de acreedores que ha de declararse en caso de fracaso o incumplimiento del Acuerdo extrajudicial de pagos, por la previsión legal de que en dicho concurso, denominado concurso consecutivo, se abrirá necesaria y simultáneamente la fase de liquidación, salvo insuficiencia de activos, en cuyo caso se seguirán las normas específicas para los concursos sin masa activa, que en todo caso conlleva apertura de la pieza de calificación, no pudiendo alcanzarse en estos casos un convenio concursal (art. 242 LC) Esta circunstancia ha de suponer sin duda un desincentivo para acudir a la preconcursalidad, pues de no haber intentado el acuerdo extrajudicial y haber acudido directamente a la vía concursal habría sido posible intentar la solución convenida que no conlleva apertura de sección de calificación. El efecto disuasorio se extiende también a los acreedores en particular aquellos que en el lícito ejercicio de la referida autonomía de la voluntad no quieran participar en un acuerdo extrajuidicial de pagos, pues en tal caso sus créditos se verán subordinados en un eventual concurso de acreedores consecutivo (art.237 LC).

Se trata de una solución continuativa de la actividad empresarial o profesional pensada para aquellas empresas viables o con activos suficientes que por circunstancias puntuales del mercado no pueden atender al cumplimiento de sus obligaciones corrientes, y en lugar de acudir al concurso de acreedores, intentan lograr el acuerdo extrajudicial de forma mucho más simple y por supuesto menos costosa. En todo caso conviene precisar que se trata de una opción voluntaria.

3. ¿QUIÉN Y EN QUÉ CIRCUNSTANCIAS PUEDE NEGOCIARSE UN ACUERDO EXTRAJUDICIAL DE PAGOS?

El acuerdo extrajudicial de pagos sólo puede negociarlo el empresario persona natural que tenga tal concepto según la legislación mercantil, también los que desempeñan actividades profesionales o tengan tal consideración a los efectos de la Seguridad Social, así como los trabajadores autónomos, y el empresario persona jurídica, sea o no una sociedad de capital (art. 231 LC), quedando fuera del ámbito de aplicación de la norma entre otros, los consumidores, las familias, los funcionarios, los pensionistas, los que no desarrollen una actividad con encuadre en una normativa societaria o mercantil.

De forma cuestionable el legislador ha introducido una serie de límites a la posibilidad de acudir al acuerdo extrajudicial de pagos (art. 231.3 LC), impidiendo que acudan al mismo:

— Los condenados por sentencia firme por delito contra el patrimonio, contra el orden socioeconómico, por falsedad documental, contra la Hacienda pública, Seguridad social o contra los derechos de los trabajadores.
— Los no inscritos en el Registro mercantil cuando fuese obligatorio;
— quienes en los 3 ejercicios inmediatamente anteriores a la solicitud, estando obligadas legalmente a ello, no hubieran llevado contabilidad o hubieran incumplido en alguno de dichos ejercicios la obligación del depósito de las cuentas anuales en el Registro Mercantil;
— quienes en los últimos tres años hubieran alcanzado un acuerdo extrajudicial con los acreedores, homologado un acuerdo de refinanciación o hubieran sido declarados en concurso;
— quienes negocien un Acuerdo de Refinanciación Formal o hayan solicitado la declaración de concurso y su solicitud hubiera sido admitida a trámite;
— quien tenga un acreedor en situación de concurso que se vaya a ver afectado por el acuerdo.

Estas limitaciones al principio de la autonomía de la voluntad que responden a la concepción de esta figura como un instituto *favor debitoris*, del mismo modo que sucedía con el antiguo art. 104 LC relativo a la Propuesta anticipada de convenio, sólo que estos fueron suprimidos en la reforma de la Ley Concursal operada por el RD 3/ 2009, dificultan de forma no siempre justificada el acceso a los acuerdos extrajudiciales de pago.

De forma injustificada, la Ley da un trato diferenciado a los presupuestos objetivos que deben concurrir para poder acceder a este sistema de arreglo extrajudicial de la crisis económica según se trate de personas físicas o jurídicas, pues mientras para aquellas la situación de insolvencia que presupone el recurso a esta solución puede ser tanto actual como inminente, en el caso de la persona jurídica la insolvencia ha de ser en todo caso actual, obviando la ley cualquier referencia a la insolvencia inminente. Ello supondría que en este segundo caso al amparo del art. 232.3 *in fine* LC se pueda inadmitir a trámite la solicitud por falta de concurrencia de los presupuestos, lo que contradice el espíritu de la norma cual es alcanzar un acuerdo de pago con los acreedores que se sujeta a que el deudor tenga disponibilidad de numerario para afrontar los gastos del proceso, y pueda encauzar el acuerdo que eventualmente se alcance con recursos suficientes para continuar con la actividad empresarial que se viniese ejecutando.

Diferencias injustificadas asimismo en relación con las exigencias que se han de cumplir para acceder a este sistema, pues mientras que en el caso de persona natural se exige que tengan un pasivo inferior a 5 millones de euros, lo cual resulta adecuado a la flexibilidad y brevedad que ha de caracterizar este procedimiento, obviándose la exigencia del número de acreedores, o la valoración de sus activos, o lo que es más relevante que su estado patrimonial y financiero le permita afrontar con las debidas garantías el proceso que está en trámites de iniciar, eso es a la liquidez y a las previsiones de futuro, en el caso de las personas jurídicas la exigencia se extiende a que tengan menos de 50 acreedores o un activo o pasivo inferior a 5 millones de euros, siempre que en ambos casos se puedan sufragar los gastos del acuerdo y el patrimonio e ingresos previsibles permitan un acuerdo viable.

En caso de que no se reúnan los requisitos exigidos para alcanzar el acuerdo extrajudicial referidos procederá la inadmisión de la solicitud.

4. ¿CÓMO SE INICIA LA TRAMITACIÓN DEL ACUERDO EXTRAJUDICIAL DE PAGOS?

En caso de concurrir estas condiciones, el deudor que pretenda alcanzar con sus acreedores un acuerdo extrajudicial de pagos solicitará el nombramiento de un mediador concursal (art. 232 LC)

En la solicitud el deudor debe detallar, el efectivo y activos líquidos de que dispone; los bienes y derechos de los que el deudor sea titular; los ingresos regulares previstos; una lista de acreedores, con expresión de la cuantía y vencimiento de los créditos; una relación de los contratos vigentes y una relación de los gastos mensuales previstos. En la lista se incluirán a los titulares de préstamos o créditos con garantía real o de derecho público, sin perjuicio de que puedan no verse afectados por el acuerdo (art. 232 LC). El legislador no ha previsto ningún trámite de subsanación caso de no presentarse de forma adecuada.

5. ¿QUÉ PAPEL OCUPA EL MEDIADOR CONCURSAL EN LA TRAMITACIÓN DEL ACUERDO EXTRAJUDICIAL DE PAGOS?

La realización de cuantos actos sean necesarios para que el acuerdo pueda alcanzarse corresponde al denominado "mediador concursal". Esta figura es una de las grandes novedades de la reforma y constituye expresión de una clara tendencia a la desjudicialización de conflictos.

Aunque el deudor opta voluntariamente por recurrir al Acuerdo extrajudicial de pagos, el mediador será objeto de designación registral o notarial. Ni el deudor ni los acreedores elegirán el mediador concursal, sino que a solicitud del deudor será designado por el Registrador Mercantil del domicilio del deudor si éste es un empresario o una entidad inscribible, o en los demás casos por un Notario.

El nombramiento habrá de recaer en la persona natural y jurídica a la que de forma secuencial corresponda de las que figuren en la lista oficial que se publicará en el portal correspondiente del BOE, la cual será suministrada por el Registro de Mediadores e Instituto de Mediación del Ministerio de Justicia. El mediador será una persona natural o jurídica inscrita en el nuevo Registro de

Mediadores e Instituciones de Mediación del Ministerio de Justicia y, además de las condiciones exigidas por la Ley 5/2012, de 6 de julio, de mediación en asuntos civiles y mercantiles, deberá reunir la condición de abogado, economista o auditor con al menos cinco años de experiencia profesional efectiva. También cabe designar a una persona jurídica en la que se integre al menos un abogado en ejercicio y un economista, titulado mercantil o auditor de cuentas. Debe tener contratado un seguro doble uno para su condición de mediador y otro de administración concursal. Sus honorarios se establecerán de acuerdo con el arancel aprobado para los administradores concursales.

Una vez que el mediador concursal propuesto acepte el cargo, el Registrador Mercantil o el Notario al que se hubiere solicitado la designación, comunicará de oficio la apertura de las negociaciones al juzgado competente para la declaración del concurso.

En el breve plazo de los diez días naturales siguientes a la aceptación del cargo, el mediador debe comprobar la existencia de los créditos y convocar al deudor y a los acreedores que figuren en la lista presentada por el deudor y que puedan resultar afectados por el acuerdo a una reunión que se celebrará dentro de los dos meses siguientes a la aceptación en la localidad en que el deudor tenga su domicilio. Únicamente quedan fuera de la convocatoria los acreedores de derecho público, quedan incluidos en cambio los acreedores con garantía real aunque puedan no quedar afectados.

Recibida la convocatoria los acreedores con garantía real que deseen intervenir en el acuerdo deben comunicárselo expresamente al mediador en el plazo de un mes. El silencio de este tipo de acreedores carece de consecuencias jurídica alguna, puesto que no entraña la subordinación de su crédito en el concurso consecutivo posterior. Si lo comunican fuera de plazo no hay inconveniente para tenerles por adheridos.

6. ¿QUÉ EFECTOS SE ANUDAN AL INICIO EL EXPEDIENTE DE ACUERDO EXTRAJUDICIAL DE PAGOS?

El deudor no podrá ser declarado en concurso de acreedores mientras se encuentre negociando el acuerdo extrajudicial de pagos. El inicio de las negociaciones se acompaña de una preceptiva comunicación de la referida circunstancia por el notario o el registrador mercantil al juzgado mercantil que seria, en su caso competente para declarar el concurso, comunicación que tendrá los mismos efectos de las comunicaciones del art. 5 bis LC, que se modifica a tal efecto, afectando a los plazos sobre incoación obligatoria del concurso, y estableciendo la inadmisión durante tres meses de las solicitudes de concurso necesario.

Tras el inicio del expediente, el deudor podrá continuar con su actividad laboral, empresarial o profesional, sin embargo para impedir el agravamiento de la insolvencia debe abstenerse de solicitar préstamos o créditos, ha de devolver a la entidad las tarjetas de crédito de que sea titular y se le prohíbe realizar pagos por medios electrónicos. Estas limitaciones pueden sin embargo constituir un importante desincentivo para acudir al acuerdo extrajudicial de pagos, además de encajar de forma más que dudosa con la situación de crisis, dado que en tales circunstancias, los aplazamientos, la renegociación de la financiación, el uso del crédito y el uso de tarjetas de crédito suelen ser instrumentos habituales en el tráfico. Ante la falta de prescripción legal ha de entenderse que el deudor en estos casos, a diferencia de lo que sucede en el concurso de acreedores puede realizar sin restricción alguna cualquier otro acto de índole patrimonial, tales como la cesión o el gravamen de bienes cuya titularidad ostente el deudor. Por otra parte, si estas previsiones conducen a la obligación de realizar necesariamente los pagos en efectivo, además de los efectos que puede tener en la continuidad de la actividad del deudor dadas las importantes restricciones a los pagos en efectivo impuestas por la Ley 10/2010, ello no coordina de forma adecuada con la prescripción de que el plan de pagos contemple de forma imperativa incluir una propuesta de negociación de las condiciones de los préstamos y créditos, así como de solicitud de aplazamiento de los créditos de derecho público.

Respecto a los acreedores, desde la publicación de la apertura del expediente éstos no podrán iniciar ejecuciones individuales contra el patrimonio del deudor hasta un plazo máximo de tres meses (art. 235.2 LC), salvo los titulares de créditos con garantía real, en cuyo caso el inicio o continuación de la ejecución dependerá de la decisión del acreedor, al igual que sucede con los apremios administrativos; el inicio o continuación de la ejecución por parte de estos últimos, impide su participación en el acuerdo extrajudicial. No hay restricciones en cambio para el inicio o continuación de procedimientos no ejecutivos. El acreedor con garantía personal podrá ejecutar ésta si el crédito que ostenta frente al deudor principal ya hubiera vencido.

Practicada la anotación de apertura del expediente en los registros públicos, no se podrán anotar embargos posteriores, salvo que sean ejercitados por acreedores de derecho público o con garantía real que no participen del acuerdo.

Se prohíbe a los acreedores realizar actos dirigidos a mejorar su situación respecto del deudor común.

7. ¿CUÁL ES EL CONTENIDO DEL PLAN DE PAGOS?

Tan pronto sea posible, y al menos veinte días antes a la reunión, el mediador concursal remitirá a los acreedores el Plan de Pagos que deberá contener una quita no superior al 25% y una espera no superior a 3 años respecto de los créditos pendientes a la fecha de la solicitud.

El Plan de Pagos irá acompañado de un plan de viabilidad,y contendrá una propuesta de cumplimiento regular de las nuevas obligaciones que se vayan devengando, incluyendo, en su caso, la fijación de una cantidad en concepto de alimentos para el deudor y su familia, y un plan de continuación de la actividad profesional o empresarial que desarrollara. El Plan de Pagos podrá incluir cesiones de bienes a los acreedores en pago de las deudas, sin más limitación que la liquidación total del patrimonio del deudor por coherencia con el art. 100 LC y con el propósito de la reforma que es superar la situación de insolvencia del deudor común al margen del proceso judicial, para permitir de este modo seguir desarrollando la actividad empresarial o profesional.

Al igual que sucede con el convenio concursal cabe la posibilidad de plantear diversos escenarios de pago (planes de pago) para diferentes acreedores o distintos grupos de ellos siempre dentro de los límites de las quitas y/o esperas legalmente establecidos, y siempre partiendo de que salvo los acreedores de derecho público y los que tienen garantías reales, el resto tienen la misma naturaleza crediticia sin que existan clasificaciones de preferencia como en el procedimiento concursal.

En los diez días naturales posteriores al envío de la propuesta, los acreedores pueden presentar propuestas alternativas o de modificación, y en ese mismo plazo pueden comunicar que no desean continuar con las negociaciones, aunque aún así deben acudir a la reunión en caso de llegar a celebrarse so pena de subordinación de su crédito en un eventual concurso consecutivo.

Si tras el envío del Plan de Pagos los acreedores que representen la mayoría del pasivo que necesariamente pueda verse afectado por el acuerdo, decidieran no continuar con la negociación, el mediador concursal estará obligado a solicitar el concurso.

El mediador concursal también deberá solicitar el concurso si el plan de pagos fuera rechazado en la reunión, o en caso de que resultara aprobado y posteriormente incumplido por el deudor.

Los acreedores están obligados a asistir a la reunión que convoque el mediador concursal, salvo aquéllos que ya se hubieran pronunciado a favor o en contra del plan de pagos con anterioridad. A quienes no asistieren ni se manifestaren antes en favor o en contra, se les subordinarán sus créditos en el posible futuro concurso, salvo que fueran titulares de créditos con garantía real (art. 237 LC).

La mayoría necesaria para la aprobación del Plan de Pagos será del 60% del pasivo, o del 75% si incluye cesiones de bienes en pago, debiendo contar en este caso con la aprobación de los acreedores con garantías reales sobre los bienes cedidos en pago. A efectos del cómputo del quórum sólo se tendrán en cuenta a los acreedores afectados por el plan de pagos, que incluirán a los acreedores con garantía real cuando voluntariamente se hubieran incorporado al procedimiento.

En caso de aprobación del Plan de Pagos y, por tanto, del Acuerdo extrajudicial, ninguno de los acreedores afectados por el mismo podrá iniciar o continuar ejecuciones por deudas anteriores a la publicación del inicio del expediente.

8. ¿QUÉ CRÉDITOS SE VEN AFECTADOS POR EL ACUERDO EXTRAJUDICIAL DE PAGOS?

La aprobación del plan determinará la remisión o aplazamiento de la deuda conforme a las quitas y esperas acordadas o, en caso de cesión en pago de bienes, la extinción de los créditos. Las acciones frente a los obligados solidarios y los garantes personales del deudor permanecen intactas.

En cuanto a los créditos afectados por el acuerdo extrajudicial de pagos, la Ley reproduce la protección máxima de los créditos públicos y de los créditos con garantía real, lo que puede constituir un importante freno del éxito de la nueva regulación como ya sucedía con anterioridad.

Todos los créditos se van a ver afectados, salvo los créditos de derecho público cuyo pago se convierte en una prioridad, y los créditos con garantía real que no podrán verse afectados por el acuerdo, salvo en este último caso aceptación expresa de sus titulares.

La no afectación del crédito público por el Acuerdo extrajudicial de pago lleva al legislador a regular su tratamiento en estos casos. De este modo, una vez admitida la solicitud de Acuerdo extrajudicial de pagos, el deudor deberá solicitar el aplazamiento o fraccionamiento de las deudas con la Hacienda Pública y la seguridad Social pendientes de ingreso. El acuerdo que resuelva el fraccionamiento o aplazamiento de dichos créditos se dictará cuando se formalice el acuerdo extrajudicial de pagos y tendrá como límite la espera pactada en éste, aunque la periodicidad de los plazos podrá ser diferente.

9. ¿CABE LA IMPUGNACIÓN DEL ACUERDO EXTRAJUDICIAL DE PAGOS?

En caso de que el plan fuera aceptado por los acreedores, el acuerdo se elevará a escritura pública de forma inmediata, que cerrará el expediente que el notario hubiera abierto. Para los abiertos por el Registrador Mercantil, se presentará ante el Registro Mercantil, copia de la escritura para que el Registrador pueda cerrar el expediente. El cierre del expediente se comunicará al Juzgado competente, además de ser objeto de publicación en el Boletín Oficial del Estado y en el Registro Público Concursal (art. 238 LC).

A los diez días de la publicación, el acuerdo puede ser objeto de impugnación ante el juzgado de lo mercantil competente para conocer del concurso del deudor por el trámite del incidente concursal. La impugnación trata de proteger a los acreedores no convocados, porque no constan en la lista de acreedores presentada por el deudor, a los que no hubieran votado a favor del acuerdo o hubieran manifestado su oposición. Los motivos quedan limitados a la falta de mayorías, teniendo en cuenta a los acreedores no convocados, y la superación de los límites o desproporción de la quita o espera exigidas.

LA EXONERACIÓN DEL PASIVO INSATISFECHO EN LA LEY CONCURSAL TRAS LA LEY 14/2013

SANTIAGO SENENT MARTÍNEZ
Magistrado JM nº 7 Madrid

La Ley en el caso de conclusión del concurso con pasivo insatisfecho no trataba del mismo modo a la persona jurídica que a la persona física, tampoco facilitaba una explicación objetiva de porque se producía esa circunstancia en supuestos iguales o muy similares. Esta situación había provocado alguna resolución judicial (en este sentido el auto del Juzgado de lo Mercantil nº 3 de Barcelona de 26 de octubre de 2010, que liberó a los concursados, un matrimonio de pensionistas, de las deudas tras liquidar sus bienes) que había puesto de manifiesto lo injusto de dicha situación y adoptó mecanismos para enervar ese efecto en el caso concreto. La reforma llevada a cabo por Ley 38/2011, de 10 de octubre, de reforma de la Ley 22/2003, de 9 de julio, Concursal dejó pasar una oportunidad para abordar la introducción en nuestro derecho de algún mecanismo de, en terminología anglosajona, *"discharge"* o exoneración del pasivo insatisfecho para la persona física, tanto empresario, como profesional o consumidor. Esta figura no es desconocida en el derecho de nuestro entorno. Existe, entre otros, en los ordenamientos de Estados unidos, Francia, Alemania, Bélgica, Italia o Portugal. No se trata de perdonar las deudas de modo indiscriminado, sino de reconocer a los deudores que cumplan determinados requisitos de honestidad y buena fe, que hayan colaborado en todo momento con el concurso y a los que circunstancias ajenas han llevado a la insolvencia, en caso de que hayan satisfecho una parte de sus créditos, el derecho a un nuevo comienzo, un *"fresh start"*, libre de las cargas que la insolvencia anterior les provocó.

La Ley 14/2013, de 27 de septiembre, de apoyo a los emprendedores y su internacionalización, ha venido a introducir en nuestro derecho la *"discharge"*, colmando, así, la laguna que existía en nuestro Derecho en relación a este aspecto. Dispone el art. 178.2 LC que: *"La resolución judicial que declare la conclusión del concurso del deudor persona natural por liquidación de la masa activa declarará la remisión de las deudas insatisfechas, siempre que el concurso no hubiera sido declarado culpable ni condenado por el delito previsto por el artículo 260 del Código Penal o por cualquier otro delito singularmente relacionado con el concurso y que hayan sido satisfechos en su integridad los créditos contra la masa, y los créditos concursales privilegiados y, al menos, el 25 por ciento del importe de los créditos concursales ordinarios. Si el deudor hubiere intentado sin éxito el acuerdo extrajudicial de pagos, podrá obtener la remisión de los créditos restantes si hubieran sido satisfechos los créditos contra la masa y todos los créditos concursales privilegiados".*

Por su parte el art. 242.2. LC, en relación al concurso consecutivo, incoado como consecuencia del fracaso de un acuerdo extrajudicial de pagos, establece que: *"En el caso de deudor empresario persona natural, si el concurso se calificara como fortuito, el juez declarará la remisión de todas las deudas que no sean satisfechas en la liquidación, con excepción de las de Derecho público siempre que sean satisfechos en su integridad los créditos contra la masa y los créditos concursales privilegiados".*

El art. 178.2 LC establece la regla general, de tal modo que la conclusión del concurso de la persona natural como consecuencia de la conclusión de la fase de liquidación llevará aparejada la remisión de las deudas insatisfechas si se dan las circunstancias previstas en el citado precepto, sin distinguir entre quien ejerce o no una actividad económica.

No obstante, el empresario persona natural que haya intentado sin éxito un acuerdo extrajudicial de pagos se beneficia de algunas especialidades, como es la no necesidad de satisfacer el veinticinco por ciento del pasivo ordinario pendiente para beneficiarse de la *"discharge"*. A esta vía no puede acceder el deudor persona física que no ejerza una actividad económica ya que está vinculada al intento de un acuerdo extrajudicial de pagos.

Este beneficio está reservado el deudor honesto o de buena fe, es por ello que para acceder al mismo se exige superar lo que en la doctrina anglosajona se denomina *"Test de discharge"* que, en España es, ciertamente, menos riguroso que en otros sistemas de nuestro entorno. Así, se exige que el concurso no haya sido declarado culpable, expresión que comprende tanto los casos en que se dicte sentencia calificando el concurso como fortuito, como aquellos en los que por coincidir la Administración concursal y el Ministerio Fiscal en la calificación fortuita del concurso se archiva la sección por aplicación del art. 170.1 LC, ya que técnicamente no hay calificación culpable. El requisito es razonable, ya que no puede permitirse liberarse de sus obligaciones a quien ha contribuido de modo decisivo a su propia insolvencia. De otro lado, se contempla un requisito con fundamento equivalente, como es que el deudor no hay sido condenado por el delito previsto por el artículo 260 CP, relativo a la insolvencias punibles, o por cualquier otro delito singularmente relacionado con el concurso. Otras circunstancias, como son el retraso en la solicitud del concurso o la falta de colaboración del concurso, que en los sistemas de derecho comparado analizados, constituye causa objetiva de exclusión del beneficio de la liberación de deudas, en nuestro derecho solo se contemplan desde la perspectiva de la culpabilidad del concurso en el art. 165.1 y 2 LC como presunciones iuris tantum que, en todo caso, deben haber dado lugar a la generación o agravación de la insolvencia del deudor, pero que no se consideran de un modo autónomo. Tampoco el requisito temporal de no haberse beneficiado de la liberación de deudas en un plazo determinado, que en el derecho comparado oscila entre cinco y diez años, se contempla en el art. 178.2 LC como requisito que impida al deudor obtener la remisión de su deudas, permitiendo, al menos en teoría, sucesivas declaraciones de concurso que permitan a su conclusión, si se dan los requisitos del art. 178.2 LC una nueva remisión de deudas.

Las legislaciones que contemplan una herramienta de liberación de deudas del deudor insolvente suelen establecer una categoría de deudas excluidas, la obligación de haber satisfecho un porcentaje determinado de los créditos, o el sometimiento a determinadas obligaciones o condiciones coetáneas o posteriores a la conclusión del procedimiento. El art. 178.2 LC no contiene ni una categoría de deudas excluidas, ni somete a control alguno al deudor, pero si exige el pago íntegro de determinados créditos. De este modo según el citado precepto es necesario que hayan sido satisfechos en su integridad los créditos contra la masa, y los créditos concursales privilegiados y, al menos, el veinticinco por ciento del importe de los créditos concursales ordinarios.

La expresión créditos privilegiados comprende tanto los créditos con privilegio especial como los créditos con privilegio general. Ello suscita, en relación a los créditos con privilegio especial, qué se entiende por pago íntegro y ello porque el crédito especial, según el art. 90 LC, lo es por su vinculación a un bien que constituye la garantía del pago de ese crédito, de tal suerte que realizado el bien que garantiza la deuda, el remanente del crédito no satisfecho con el precio obtenido se convierte *"de facto"*, en un crédito ordinario, pagándose, en caso de liquidación, junto con los ordinarios y a prorrata con éstos, tal y como dispone el art. 157.2 LC, perdiendo, en consecuencia, cualquier tipo de beneficio en relación a su pago. Por tanto, a diferencia de lo que acontece con los créditos privilegiados que deben pagarse íntegramente, los créditos con privilegio especial, deben entenderse íntegramente satisfechos a estos efectos, una vez realizado el bien que le sirve de garantía y satisfecho el acreedor hasta donde llegue el valor obtenido con su venta. De este modo, al deudor hipotecario le sería más ventajoso acudir al proceso concursal, que someterse a la ejecución hipotecaria, pues de este modo se liberaría de mayor porcentaje del pasivo insatisfecho tras la liquidación, ya que en caso de concurso sería de un setenta y cinco por ciento, y en caso de ejecución, tan solo entre un treinta y cinco y un veinte por ciento, en aplicación de lo establecido en el art. 579.2 LECiv.

En relación al deudor empresario persona natural que haya intentado sin éxito un acuerdo extrajudicial de pagos el art. 178.2 LC establece una especialidad, ya que según dicho precepto si el deudor hubiere intentado sin éxito el acuerdo extrajudicial de pagos, podrá obtener la remisión de los créditos restantes si hubieran sido satisfechos los créditos contra la masa y todos los créditos concursales privilegiados. La diferencia con el régimen general es notoria, pues en este caso no se exige porcentaje de pago alguno de los créditos ordinarios. No obstante, este precepto debe completarse con lo establecido en el art. 242.2.5 LC que establece que: *"En el caso de deudor empresario persona natural, si el concurso se calificara como fortuito, el juez declarará la remisión de todas las deudas que no sean satisfechas en la liquidación, con excepción de las de Derecho público siempre que sean satisfechos en su integridad los créditos contra la masa y los créditos concursales privilegiados"*. En este supuesto sí que aparece una categoría de crédito excluido: el crédito público. Es verdad que parte de ese crédito ya debería haber sido satisfecho por su condición de crédito con privilegio general o crédito contra la masa. Sin embargo, en su condición de crédito ordinario, o incluso subordinado, deberá satisfacerse en su integridad, al estar excluido de la exoneración. Puede haber razones que justifiquen este trato diferenciado, ya que el crédito público no tiene la misma relevancia en el ámbito de quien ejerce una actividad económica que del consumidor. Además en este supuesto no tiene que pagar el veinticinco por ciento del resto de créditos ordinarios y existe un sistema específico de aplazamiento de crédito público en la nueva Disposición Adicional Séptima de la LC. Por ello deberían considerarse compatibles y aplicar según los casos uno u otro régimen, siendo el precepto del art. 242.2.5 especial en relación al art. 178.2 LC para los casos de empresario persona natural que haya intentado sin éxito un acuerdo extrajudicial de pagos. Lo que no parece tan justificado es que el empresario persona natural no deba satisfacer porcentaje alguno de los créditos ordinario, ya que en relación al acreedor público deberá pagar hasta los créditos subordinados y, en cambio, otros acreedores, como proveedores de servicios, mercancías, suministros, esenciales en el ámbito de una actividad comercial, empresarial o profesional no van a percibir deuda alguna, al margen de la que pudieran haber cobrado en su condición, si lo son, de acreedores privilegiados o de acreedores contra la masa.

Debe quedar claro que la *"discharge"* aparece vinculada a la resolución que pone fin a la fase de liquidación de la masa activa; en ningún caso parece que pueda reconocerse en caso de conclusión por insuficiencia de masa del art 176 bis LC, por tratarse de un motivo de conclusión distinto en el que no haya liquidación formal y que, además se justifica en la imposibilidad de satisfacer los créditos contra la masa, cuyo pago, por el contrario, es imperativo para beneficiarse de la exoneración.

La referencia a la conclusión de la liquidación nos remite al art. 152.2 y 3 LC en virtud del cual, concluida la liquidación de los bienes y derechos del concursado y la tramitación de la sección de calificación, la administración concursal presentará al Juez del concurso un informe final justificativo de las operaciones realizadas y razonará inexcusablemente que no existen acciones viables de reintegración de la masa activa ni de responsabilidad de terceros pendientes de ser ejercitadas ni otros bienes o derechos del concursado. En cualquier caso el informe incluirá una completa rendición de cuentas, conforme a lo dispuesto en la ley. Si en el plazo de audiencia concedido a las partes se formulase oposición a la conclusión del concurso, se le dará la tramitación del incidente concursal. En caso contrario, el Juez dictará auto declarando la conclusión del concurso por fin de la fase de liquidación.

La concurrencia del requisito del pago íntegro de los pagos contra la masa, los privilegiados y el veinticinco por ciento de los créditos concursales, deberá ser objeto del informe del administrador concursal justificativo de la conclusión de la fase de liquidación. En ese momento ya deberá haber concluido la fase de liquidación y constará su carácter fortuito. En cuanto a la inexistencia de condena, deberá ser el Juez del concurso el que recabe los antecedentes penales del concursado en orden a determinar si es merecedor o no del beneficio de la exoneración.

El art. 152.3 LC contempla un trámite de audiencia a las partes personadas, es en ese trámite en el que los acreedores pueden mostrar su oposición; ahora bien, la misma solo puede basarse en la concurrencia de alguno de los elementos objetivos previstos en el art. 178.2 LC y no en otras circunstancias de índole subjetivo, ya que el efecto de la remisión de las deudas insatisfechas opera ex lege, sin que sea preciso en modo alguno el consentimiento de los acreedores afectados.

El Juez del concurso dará a la oposición el trámite del incidente concursal, resolviendo sobre la misma en la sentencia que dicte, que a su vez resolverá sobre la conclusión del concurso. Lo que no parece que sea posible es que pueda concluirse el concurso sin que el juez se pronuncie sobre la concesión o denegación de la remisión de deudas.

En cuanto a los efectos, el art. 178.2 LC es claro al indicar que: *"La resolución judicial que declare la conclusión del concurso del deudor persona natural por liquidación de la masa activa declarará la remisión de las deudas insatisfechas..."*. En términos equivalentes se pronuncia el art. 242.2.5 LC al establecer que: *"En el caso de deudor empresario persona natural, si el concurso se calificara como fortuito, el juez declarará la remisión de todas las deudas que no sean satisfechas en la liquidación, con excepción de las de Derecho público..."*.

Nos encontramos ante una auténtica *"discharge"* legal propia ya que la remisión de las deudas insatisfechas en el concurso se produce como consecuencia ex lege de la conclusión del concurso, sin que sea preciso para ello que muestren su conformidad los acreedores.

Respecto a cuáles sean los efectos de esa liberación de deudas, la Ley no lo específica. Cabe entender que se trata de una derogación *"ad hoc"* del principio de responsabilidad patrimonial universal del art. 1911 CC. Por tanto, el deudor concursado no responde con sus bienes futuros, una vez liquidado su patrimonio, de las deudas pasadas, afectadas por la exoneración del pasivo. Las deudas afectadas están constituidas por el setenta y cinco por ciento del pasivo concursal ordinario y la totalidad del pasivo concursal subordinado, siendo irrelevante que el crédito hubiera sido reconocido o no en el concurso. Dentro del setenta y cinco por ciento del pasivo concursal ordinario debe incluirse la parte de los créditos con privilegio especial que no hubiera sido satisfecha con los bienes o derechos afectos (art. 157.2 LC). En el caso de empresario persona natural que hubiera intentado sin éxito un acuerdo extrajudicial de pagos, el pasivo insatisfecho afectado por la liberación de deudas viene constituido por la totalidad del pasivo concursal ordinario, en el que se incluirá, igualmente, la parte de los créditos con privilegio especial que no haya sido satisfecho con el producto de los bienes y derechos afectos, y por el pasivo concursal subordinado, sin embargo no quedarán afectadas las deudas de derecho público, tengan la consideración de crédito ordinario o subordinado (art. 242.2.5 LC), si bien, el pago de las mismas se realizará con arreglo al aplazamiento de pagos que deberá haber solicitado a la administración competente de acuerdo con lo establecido en la Disposición Adicional Séptima de la Ley concursal.

No podrán, en consecuencia, iniciarse reclamaciones individuales o acciones ejecutivas por los acreedores en relación a deudas anteriores respecto de las que se haya producido la remisión, incluso aunque el deudor viniera a mejor fortuna. A *"sensu contrario"*, la modificación del art. 178.2 LC no afecta a la subsistencia del principio de responsabilidad patrimonial universal del art. 1911 CC. Ciertamente, la modificación de la redacción del precepto comporta que en su redacción actual no se haga referencia expresa a la posibilidad de ejercer acciones individuales frente al deudor tras la conclusión del concurso, en relación al pasivo insatisfecho, ni a que el reflejo de los créditos en los textos definitivos sirva, a tal fin, como una sentencia de condena firme. No obstante, debe considerarse la remisión de deudas del art. 178.2 LC como una norma excepcional, de tal modo que, en caso de no ser procedente su aplicación, cobra plena vigencia la responsabilidad patrimonial universal a que se refiere el art. 1911 CC, pudiendo iniciar el acreedor las acciones que estime convenientes en orden a la satisfacción de su crédito, ya que la conclusión del concurso comporta el cese de sus efectos y en consecuencia, aunque no se diga expresamente, la posibilidad de entablar acciones individuales contra el deudor, siempre y cuando no haya sido liberado de sus deudas.

En cuanto a los efectos que la exoneración del pasivo insatisfecho produce en relación a los deudores garantes o solidarios la ley no dice nada, ello obliga a distinguir entre el deudor solidario y el mero fiador o garante. En el caso de deudor solidario, entre el que se encuentra el fiador que se obliga solidariamente, por remisión del art. 1822 CC, la cuestión puede resolverse por la aplicación del art. 1148 CC, conviene recordar que la deuda solidaria es aquella en la que cada uno de los deudores tiene por sí solo e individualmente el deber de cumplir íntegramente la prestación objeto de la relación obligatoria, es por ello que según el art. 1148 *"el deudor solidario podrá utilizar contra las reclamaciones del acreedor, todas las excepciones que se deriven de la naturaleza de la obligación y las que le sean personales. De las que personalmente correspondan a los demás, solo podrá servirse en la parte de deuda de que estos fueren responsables"*. Cabe entender que la expresión *"remisión de las deudas insatisfechas"* contemplada en el art. 178.2 LC se refiere a la situación particular del deudor concursado afectándole a él solamente, por lo que no implica una extinción de la obligación que derive de su propia naturaleza, ni es una excepción personal que pueda extenderse al deudor solidario, por lo que no podría oponerla frente al acreedor por aplicación del art. 1148 CC, ya que la referencia a las excepciones personales de los demás codeudores, de las que solo podrá servirse en la parte de deuda de que estos fueren responsables, parece referirse, más que al acreedor, a los restantes deudores solidarios y a los pactos que tengan entre éstos, ya que normalmente como consecuencia de la solidaridad el deudor solidario responderá por el todo. En consecuencia, el efecto liberatorio del art. 178.2 LC no implica, respecto de los codeudores solidarios, una extinción de la obligación por lo que las acciones contra deudores solidarios se mantienen incólumes. En cuanto a la posibilidad de reclamar por vía de regreso por el coobligado que haya pagado frente al deudor concursado liberado, debe observarse lo establecido en el art. 1145 in fine CC, en virtud del cual la falta de cumplimiento de la obligación por insolvencia del deudor solidario será suplida por sus codeudores, a prorrata de la deuda de cada uno. En cualquier caso, debería haber una correlativa declaración de liberación respecto a los acreedores en vía de regreso. Sería absurdo y difícilmente justificable que se declarase la exoneración y consiguiente extinción respecto a la deuda principal garantizada, y subsista sin embargo la deuda del concursado respecto al garante.

Más compleja es la solución en caso del garante que no responde modo solidario, pues falta de norma expresa, parece difícil evitar la disposición del art. 1847 CC en virtud del cual: *"La obligación del fiador se extingue al mismo tiempo que la del deudor y por las mismas causas que las demás obligaciones"*. Dado que el efecto del art. 178.2 LC es la extinción, siquiera parcial, de la deuda del concursado, debería producirse, por aplicación del art. 1847 CC, la extinción de la obligación del garante no solidario, problema que se hace extensivo en el caso de los terceros hipotecantes de bienes propios a favor de deuda ajena, deuda exonerada luego por aplicación del art. 178.2 LC. Si lo son en esa mera condición, la remisión legal del débito ajeno en cuya garantía habían constituido hipoteca sobre bienes propios implica la desaparición de la garantía prestada, ya que desaparece por completo aquel débito, y la garantía real carece ya de justificación.

La solución al problema tiene una trascendental importancia, por lo que por razones de seguridad jurídica debería abordarse una reforma legislativa, que zanje esta polémica cuestión. En cualquier caso, conviene recordar que la nueva redacción del art. 178.2 LC solo será de aplicación a los concursos que se declaren con posterioridad a la entrada en vigor de la Ley 14/2013, ya según la disposición transitoria de la citada Ley los concursos declarados con anterioridad seguirán rigiéndose hasta su terminación por la normativa concursal anterior a esta Ley.

La introducción de la figura de la exoneración del pasivo insatisfecho o *"discharge"* en nuestro ordenamiento comporta una nueva solución al concurso, además del convenio o la liquidación, que dota de sentido al concurso de la persona física, sobre todo, del consumidor, para el que, hasta esta reforma legislativa, la Ley concursal no ofrecía una respuesta satisfactoria.

Made in the USA
Middletown, DE
05 November 2026

36599643R00285